Das Ende eines Kolonialreiches

Eigene und fremde Welten
Repräsentationen sozialer Ordnung im Vergleich

Herausgegeben von Jörg Baberowski, Vincent Houben, Hartmut Kaelble und Jürgen Schriewer für den Sonderforschungsbereich 640 »Repräsentationen sozialer Ordnungen im Wandel – Interkulturelle und intertemporale Vergleiche« an der Humboldt-Universität zu Berlin

Band 17

Michael Pesek, Dr. phil., ist wissenschaftlicher Mitarbeiter am Sonderforschungsbereich 640 an der Humboldt-Universität zu Berlin.

Michael Pesek

Das Ende eines Kolonialreiches

Ostafrika im Ersten Weltkrieg

Campus Verlag
Frankfurt/New York

Bibliografische Information der Deutschen Nationalbibliothek:
Die Deutsche Nationalbibliothek verzeichnet diese Publikation in der Deutschen Nationalbibliografie.
Detaillierte bibliografische Daten sind im Internet unter http://dnb.d-nb.de abrufbar.
ISBN 978-3-593-39184-7

Das Werk einschließlich aller seiner Teile ist urheberrechtlich geschützt. Jede Verwertung ist ohne Zustimmung des Verlags unzulässig. Das gilt insbesondere für Vervielfältigungen, Übersetzungen, Mikroverfilmungen und die Einspeicherung und Verarbeitung in elektronischen Systemen.
Copyright © 2010 Campus Verlag GmbH, Frankfurt am Main.
Umschlagmotiv: Ein Askari der deutschen Schutztruppe in feldmarschmäßiger Ausrüstung, 1915/16 © ullstein bild
Gedruckt auf Papier aus zertifizierten Rohstoffen (FSC/PEFC).
Printed in Germany

Besuchen Sie uns im Internet: www.campus.de

Inhalt

Einleitung 7

Der Krieg in der Literatur. 16

Koloniale Ordnung. 24

Repräsentationen kolonialer Ordnungen 31

Das Schlachtfeld als agonales Theater kolonialer Ordnungen 36

Schlachtfelder

Der Krieg in Ostafrika 1914–1918 41

1914 –1916 47

1916–1917 71

1917–1918 101

Epilog 120

Akteure

Die *Safari ya Bwana Lettow* – Afrikaner im europäischen Krieg . . . 127

Askari 131

Träger 154

Ruga-Ruga 187

Frauen und Kinder 196

(Un)Ordnungen

Von der kolonialen Ordnung zur Ordnung des Schlachtfelds. . . . 207
    Der Krieg – ein Testfall für die koloniale Ordnung 212
    Die Krise der kolonialen Ordnung 221
    Der schwindende Nimbus des *Bwana mkubwa* 230
    Kriegsverbrechen 242
    Die Verkehrung kolonialer Ordnung – Britische Kriegsgefangene in deutschen Lagern. 266
    Deutsche Kriegsgefangene in alliierten Lagern 278
    Des Kaiserreichs *Jihad* in Ostafrika 282
    Die neue Ordnung 295
    Der Kampf um die neue Ordnung 320

Repräsentationen

Helden 335
    Die Geburt des Kolonialpioniers 341
    Die Rückkehr des kolonialen Helden 346
    Rituale des kolonialen Kriegshelden 355
Afrikanische Perspektiven auf den Krieg 364

Schluss 382
Abbildungen 391
Bibliographie 393
Index 410

Einleitung

Als historisches Ereignis ist die Bedeutung des Ersten Weltkriegs für die europäische Geschichte unbestritten. Er wird gleichsam als Auftakt für die Katastrophen des 20. Jahrhunderts und die Herausbildung der Moderne in Kunst und Gesellschaft Europas gesehen. Unzählige Bücher sind seit dem Ende des Krieges erschienen und meist handeln sie von den europäischen Kriegsschauplätzen. Aber der Erste Weltkrieg war eben auch ein außereuropäischer Krieg und das nicht nur, weil amerikanische, australische, indische und westafrikanische Soldaten auf den europäischen Schlachtfeldern ihr Leben ließen. Der Erste Weltkrieg war ein Krieg, der globale Raumdimensionen hatte. Nicht nur in Europa, sondern auch in Afrika, Asien und auf der arabischen Halbinsel wurde gekämpft. Erstmals griffen auch nichteuropäische Staaten in einen doch zutiefst europäischen Konflikt ein. Japan hoffte mit dem Eintritt in den Krieg auf eine Ausweitung seiner Kontrolle über China. Als formeller Verbündeter der Briten besetzte es gleich zu Beginn die deutschen Enklaven von Tsingtao und die von Deutschland kontrollierte Halbinsel Shantung. Zu mehr Engagement aber waren die Japaner, trotz Anfragen der Entente,[1] nicht bereit. Das Osmanische Reich ließ sich von deutschen Diplomaten überzeugen, dass ein Kriegseintritt an der Seite der Mittelmächte den osmanischen Interessen und vor allem der Abwehr russischer Gebietsansprüche am besten dienen würde.[2] Deutsche Militärbeobachter und Ausbilder hatten schon vor dem Weltkrieg einen bedeutenden Einfluss auf Politik und Armee des Osmanischen Reiches erlangen können. So waren es denn auch deutsche Kriegsschiffe, die allerdings unter osmanischer Flagge segelten, welche den Kriegseintritt Konstantinopels herbeiführten. Nichtsdestotrotz war der Seeweg durch die Dardanellen für

---

[1] Das 1907 zwischen Russland, Frankreich und Großbritannien geschlossene Militärbundnis, dem 1915 Italien beitrat.
[2] Das militärische Bündnis des Deutschen Kaiserreichs mit Österreich-Ungarn und dem Osmanischen Reich.

die Entente von solch hoher strategischer Bedeutung, dass das Osmanische Reich über kurz oder lang seine anfängliche Neutralitätshaltung hatte aufgeben müssen.

Es waren vor allem die überseeischen Territorien der europäischen Kolonialmächte, die dem Krieg seine globale Reichweite gaben. Großbritanniens Kolonien waren ein wichtiger Faktor in der Kriegsökonomie des Empires. Kanada, Australien, Neuseeland, Südafrika und nicht zuletzt Indien trugen maßgeblich zu den Kriegsanstrengungen des Empires bei. Von hier kamen kriegswichtige Güter und finanzielle Hilfen, von hier kamen aber auch mehr als 1,1 Millionen Soldaten, die an den verschiedenen Fronten des Weltkriegs eingesetzt wurden. Aus den Dominions des britischen Empire – Kanada, Neuseeland, Australien und Südafrika – kamen nochmals 1,2 Millionen Soldaten, von denen 900.000 in Europa kämpften. Mit mehr als 200.000 Gefallenen, fast ein Viertel der auf britischer Seite insgesamt gefallenen Soldaten, zahlten die Kolonien einen überdurchschnittlich hohen Blutzoll in diesem Krieg. Nicht anders sah es für das französische Kolonialreich aus. Mehr als 550.000 Soldaten aus den Kolonien kämpften in den Schützengräben des Ersten Weltkriegs aufseiten der Franzosen. 200.000 Arbeiter aus den Kolonien füllten die leeren Werkbänke der französischen Industrie und produzierten dort kriegswichtige Güter.

Einen solchen Zugriff auf überseeische Ressourcen konnten die Mittelmächte nicht aufbieten. Das Bruttoinlandsprodukt der Mittelmächte lag zu Beginn des Krieges bei 376 Millionen Dollar, die Entente verfügte mit 622 Millionen Dollar über fast das Doppelte. Zu diesem Bruttoinlandsprodukt trugen die Kolonien und Dominions Großbritanniens und Frankreichs mit immerhin 288 Millionen Dollar wesentlich bei. Auch bei den demographischen Daten war das Verhältnis für die Mittelmächte mehr als ungünstig: 156 Millionen Menschen umfasste die Bevölkerung der Mittelmächte, 259 Millionen Menschen dagegen konnten Großbritannien, Frankreich und Russland alleine aufbringen. Hinzu kamen 428 Millionen Menschen in den überseeischen Kolonien und Dominions der Entente. Ob die Mittelmächte aufgrund dieser ungleichen Kräfteverhältnisse den Krieg verloren, ist mithin Gegenstand einer heftigen Debatte unter heutigen Historikern. Nicht immer waren die Ressourcen ihrer überseeischen Gebiete für die Entente leicht zugänglich und mussten oft über Tausende von Seemeilen transportiert werden. Zudem war die wirtschaftliche Kraft der überseeischen Gebiete in hohem Maße uneinheitlich. Während in Großbritannien das

Bruttoinlandsprodukt pro Kopf bei 4.921 Dollar lag, so betrug es in seinen überseeischen Gebieten nur 676 Dollar.³ Das Argument, das hinter einer solchen Rechnerei steht, ist so simpel wie einleuchtend: Die globale Dimension des Ersten Weltkriegs lag nicht zuletzt in diesem Rückgriff auf die Ressourcen der beteiligten Kolonialmächte. Während sich die Entente auf einen Wirtschaftsraum mit globalen Dimensionen stützen konnte, blieb der Wirtschaftsraum der Mittelmächte auf den Kontinent Europa beschränkt. Eine ähnlich gelagerte Argumentation findet sich auch bei den eher militärhistorisch orientierten Büchern. Hier ist es die Summe der gewonnenen oder verlorenen Schlachten auf den weit verstreuten Kampfschauplätzen, die das Schicksal der Sieger oder Besiegten besiegelte. Gleichwohl die überseeischen Kampfschauplätze in den historischen Standardwerken oftmals nur eine Randbemerkung wert sind, so werden sie doch in ein Bild des Krieges eingebunden, das von einer klaren Zentrum-Peripherie-Beziehung geprägt ist. Diese Beziehung mutet, kaum verwunderlich, sehr militärisch an. Hier das Oberkommando in der Metropole, in dem alle Fäden zusammenliefen, wo die Entscheidungen über Strategien, Taktiken und Ressourcenverteilungen getroffen wurden; dort die Peripherie, wo die Befehle in die Realitäten des Schlachtfeldes umgewandelt wurden. Weltgeschichte erscheint hier als eine Befehlskette von London nach Nairobi oder Gallipoli, von Berlin nach Pommern, Dar es Salaam oder Konstantinopel etc. Eine solche Weltgeschichte des Weltkrieges kommt gerne mit Begriffen wie Hauptschauplatz und Nebenschauplätze der Kämpfe daher. Das mag angesichts der ungeheuren Dimensionen an Mensch und Material, die an den Fronten in Europa eingesetzt und verheizt wurden, seine Berechtigung haben. Afrika dagegen war eher eine kleinformatige Version dieser Materialschlachten. Für eine globalhistorische Perspektive auf den Krieg taugt diese Betrachtungsweise allerdings wenig. Denn wenn wir den Ersten Weltkrieg als globales Ereignis ernst nehmen wollen, müssen wir uns schon die Mühe machen, den Wegen der Befehle und Ressourcen zwischen den einzelnen Schauplätzen des Krieges zu folgen. Der Erste Weltkrieg war nicht zuletzt ein Krieg zwischen Kolonialreichen. Frankreich und Großbritannien waren spätestens im 19. Jahrhundert zu global operierenden Imperien geworden. Die schiere Reichweite die-

---

3 Hew Strachan, »The First World War as a global war«, *First World War Studies* 1 (2010), S. 3–14, insbesondere S. 8; Stephen Broadberry & Mark Harrison (Hrsg.), *The Economics of World War I*, (Cambridge: Cambridge University Press, 2005), S. 17.

ser beiden Imperien mag noch aus heutiger Zeit beeindrucken. Das deutsche Kaiserreich mit seinen wenigen Kolonien in Afrika und Asien nahm sich dagegen wie ein Kleingartenkolonieverein aus. Das Zarenreich und das Habsburgische Reich waren als Kolonialmächte eher kontinental orientiert: Ihre Kolonien lagen in unmittelbarer Nachbarschaft zur Metropole. Dennoch war der Erste Weltkrieg zunächst kein Krieg um Kolonien. Afrika war bis 1914 keiner europäischen Kolonialmacht einen Krieg wert. Das Kaiserreich hatte vor Kriegsausbruch keine Ambitionen auf neue Kolonialgebiete in Übersee, auch wenn es in kolonialbegeisterten Kreisen Pläne für ein deutsches »Mittel-Afrika« gab, das vom Pazifik bis zum Atlantik reichen sollte. Diese Pläne aber schafften es nie, zu einem Bestandteil deutscher Außenpolitik zu werden. Des Kaiserreiches wichtigste Interessen lagen in seiner unmittelbaren Nachbarschaft. Sie waren weniger territorial gefasst, sondern es ging um europäische Machtpolitik. Und auch für die Briten und Franzosen war eine Änderung des Status quo, den die europäischen Kolonialmächte in Übersee erreicht hatten, kein wirklicher Kriegsgrund. Sie hatten bei der Aufteilung Afrikas die besten Stücke von dem sprichwörtlichen Kuchen gewonnen. Großbritannien hatte zwar mit dem Beginn deutscher Kolonialexpansion in Ostafrika Abschied von seinem kolonialen Großprojekt, einer Eisenbahn vom Kap bis nach Kairo, nehmen müssen, doch Cecil Rhodes großartige Vision war nicht wenigen Verantwortlichen im *Colonial Office* schon von vornherein zu groß gewesen. Selbst als die Briten nach dem Weltkrieg die politischen Voraussetzungen durch die Übernahme der deutschen Kolonien geschaffen hatten, wurde es nicht in die Realität umgesetzt.

Belgien hatte mit dem Kongo ein riesiges Territorium zugeschanzt bekommen, das es kaum beherrschen oder kontrollieren konnte. Es hatte das Nachsehen in einigen Grenzstreitigkeiten mit Großbritannien und dem Kaiserreich gehabt. Der Grenzverlauf in Ruanda und Burundi hätte nach den Wünschen der belgischen Kolonialpolitiker einige Kilometer weiter östlich verlaufen sollen, aber deswegen war niemand in Brüssel ernsthaft bereit, einen europäischen Konflikt zu wagen. Vom Ausbruch des Krieges völlig überrascht und binnen weniger Wochen von den deutschen Armeen überrannt, hatten die Belgier Ende 1914 zudem ganz andere Sorgen als Ostafrika.

Wie die Belgier so hatten auch die Briten bis zum Kriegsausbruch das Parkett der Diplomatie zur Bereinigung kolonialer Grenzstreitigkeiten bevorzugt. Nur zweimal, in der Fashoda-Krise von 1899 und in der Marokko-

Krise von 1905, standen sich zwei waffenstarrende europäische Kolonialmächte unmittelbar gegenüber. In der Fashoda-Krise waren Frankreich und Großbritannien scheinbar zunächst bereit gewesen, die Ansprüche auf die Gebiete entlang des Weißen Nils notfalls auch mit Waffengewalt durchzusetzen. Doch die Diplomaten daheim dachten bereits an den heraufziehenden europäischen Konflikt und legten die Streitigkeiten bei. In der Marokko-Krise von 1905 und 1911 versuchte das Kaiserreich, Ansprüche auf französische Kolonialgebiete mithilfe einer aggressiven Kanonenbootpolitik durchzusetzen. Doch die Krise wurde schnell mit einem Tauschhandel beigelegt, in dem das Kaiserreich einige Gebiete in Westafrika seiner Kolonie Kamerun zuschlagen konnte. Alles in allem war das heiße Rennen zwischen Europas Großmächten auf Kolonialbesitz in Afrika bis 1914 äußerst friedlich verlaufen.

Dieses relativ friedliche, aber wohl nicht konkurrenzlose Beieinander europäischer Kolonialmächte erlaubte es vielen Akteuren vor Ort und in den Metropolen, den jeweiligen nationalen Kolonialprojekten eine europäische Note zu verleihen. Immerhin war der offizielle Startschuss für die koloniale Aufteilung Afrikas auf einer der größten europäischen Konferenzen seiner Zeit gefallen: Der Berliner Afrikakonferenz von 1884, in der europäische Monarchen, Diplomaten und Wissenschaftler sich ihr Stelldichein gegeben hatten. Der in Berlin vornehmlich zur Verhandlung stehende Kongo-Freistaat war nebenbei bemerkt ein Projekt, das Europäer aus den unterschiedlichsten Ländern vereinte. Skandinavier, Deutsche, Russen und selbst einige Amerikaner waren unter den ersten Agenten des Freistaates zu finden. Auch in der deutschen Kolonie gab es nicht nur Deutsche. Kolonialoffiziere mit ebenso schillernden wie internationalen Karrieren erfochten die Siege für den deutschen Kaiser. Ihre Soldaten kamen aus dem Sudan, dem Osmanischen Reich und aus dem erst später Portugiesisch-Ostafrika genannten Gebiet südöstlich des Nyassa-Sees. Die Kolonialverwaltung bestand zu einem großen Teil aus Indern und Sansibaris. Missionare aus aller Herren Länder kämpften mit ebenso großer Verve um das Seelenleben der Afrikaner wie die Offiziere um deren Land. Und selbst Deutsch war niemals die wichtigste Sprache der Kolonie, sondern Swahili und Englisch, denn das sprachen die vielen afrikanischen oder indischen Verwaltungsbeamten des kolonialen Staates. Die nationale Tonlage wurde in der deutschen Kolonie auf den Kasernenhöfen mit ihren zackig daher schreienden deutschen Offizieren und in den beschaulichen Idyllen deutscher Gastlichkeit wie den Kaiserhof-Hotels und den Siedlerhäusern eingeübt.

Die europäische Dimension der jeweiligen kolonialen Projekte in Afrika war auch im gegenseitigen Beobachten und Von-Einander-Lernen enthalten. Das Kaiserreich war zur Kolonialmacht geworden, ohne über ein einigermaßen ernsthaftes Kolonialprogramm, geschweige denn über eine richtungsweisende und in Ansätzen kohärente Kolonialpolitik zu verfügen. Vieles, was die Deutschen in ihrer Kolonie an Politik versuchten umzusetzen, war den benachbarten französischen oder britischen Kolonialherren abgeschaut. Führende Kolonialpolitiker des Kaiserreiches, wie die Kolonialstaatssekretäre Bernhard Dernburg oder Wilhelm Solf, unterhielten rege Kontakte zu britischen Kolonialpolitikern. Auch in der alltäglichen Verwaltungspraxis der Kolonie war der Blick über die Grenze der eigenen Kolonie ein wichtiges Mittel der Orientierung. Bevor die deutschen Behörden sich zwischen 1908 und 1914 zu einem Wandel der Politik gegenüber den muslimischen Untertanen ihrer ostafrikanischen Kolonie aufzuraffen versuchten, holten sie bei den in den französischen und britischen Kolonien tätigen deutschen Konsuln detaillierte Informationen über die dort praktizierte Politik ein. Bei seiner Reise nach Ostafrika im Jahre 1907, der wenig später ein Paradigmenwechsel deutscher Kolonialpolitik folgen sollte, suchte der Kolonialstaatssekretär Bernhard Dernburg einen nahezu intensiveren Austausch mit den Beamten der britischen Nachbarkolonie als mit den ihm untergebenen Kolonialbeamten in der deutschen Kolonie. Kaum anderswo war die Politik des Kaiserreiches so europäisch ausgerichtet wie in den Kolonien und das vor allem nach 1907 mit der Übernahme des Reichskolonialamts durch Bernhard Dernburg.[4]

So war es kaum verwunderlich, dass die obersten Kolonialbeamten in den britischen, belgischen und deutschen Kolonien zunächst nur wenige Ängste hatten, ein Krieg in Europa könne sich auch auf Afrika ausweiten. In den ersten Wochen des Krieges vertrauten sie auf das europäische Vertragswerk, das in diesem Falle eine Neutralität der Kolonien vorgesehen hatte. In einem hastigen wie halbherzigen Depeschenaustausch versuchten europäische Diplomaten das Schlimmste zu verhindern. Doch im August

---

4 Siehe Michael Pesek, »Islam und Politik in Deutsch-Ostafrika, 1905-1919«, in: *Alles unter Kontrolle – Disziplinierungsverfahren im kolonialen Tanzania (1850–1960)*, hrsg. von Albert Wirz, Katrin Bromber & Andreas Eckert (Hamburg: LIT, 2003), S. 99–140, insbesondere S. 103; Michael Pesek, »Praxis und Repräsentation kolonialer Herrschaft: Die Ankunft des Staatssekretärs Dernburg am Hofe Kahigis von Kianja, 1907«, in: *Die Ankunft des Anderen. Empfangszeremonien im interkulturellen und intertemporalen Vergleich*, hrsg. von Susann Baller, u. a. (Frankfurt a.M.: Campus, 2008a), S. 199–225, insbesondere S. 200, 211.

1914 versagte nicht nur das diplomatische Rahmenwerk, das die Kolonialfrage regelte, sondern die gesamte innereuropäische Diplomatie. Was in den nächsten Monaten und Jahren folgte, waren gegenseitige Beschuldigungen, den Krieg in den Kolonien angezettelt zu haben. Die Deutschen beschuldigten die Belgier durch die Inhaftierung eines deutschen Kaufmanns den Krieg in Ostafrika provoziert zu haben. Die Belgier wiederum warfen den Deutschen Kriegstreiberei durch ihr aggressives Verhalten auf dem Tanganyika-See vor. Ähnliche Debatten fochten auch Deutsche und Briten aus, hier allerdings war der Wille zum Krieg in den Kolonien weitaus offensichtlicher und so blieben die gegenseitigen Anschuldigungen eher das Hobby vereinzelter Redenschreiber.[5]

Wenn der Krieg auch nicht mit einer kolonialen Agenda begann, so heißt dies dennoch nicht, dass im Laufe des Krieges nicht auch koloniale Ziele für die Kriegsparteien wichtig wurden. Letzendlich ging es nicht mehr nur um eine politische Neuordnung Europas; sondern auch um Europas zukünftige koloniale Ordnung in Afrika. Vehement versuchten Kolonialpolitiker und Koloniallobbyisten ihre spezifische Agenda auf die kriegspolitische Tagesordnung zu bringen. In Großbritannien votierten das *Colonial Office*, das Kolonialministerium, und das *Indian Office*, das Ministerium für die indische Kronkolonie, vehement für einen ostafrikanischen Feldzug. Das Kriegsministerium setzte diesen Plänen heftigen Widerstand entgegen und beugte sich dem Druck nur, nachdem es die Verantwortung für den Feldzug zunächst den Kolonialbürokraten in die Hände gegeben hatte. Deutsche Offiziere, allen voran Paul von Lettow-Vorbeck, entwarfen fernab der Heimat ihre eigenen Visionen von der Rolle der Kolonien in diesem Krieg und sie taten dies zumindest gegen einen großen Teil des politischen und diplomatischen Establishments des Kaiserreiches. Die meisten politisch Verantwortlichen im Kaiserreich hatten kaum eine Vorstellung von einer kolonialen Nachkriegsordnung für Afrika. In zahllosen Memoranden und offenen Briefen, abgedruckt in der deutschen Tagespresse, versuchte eine

---

5 Kent Forster, »The Quest for East African Neutrality in 1915«, *African Studies Review* 22 (1979), S. 73-82. Zu Deutschland siehe auch: Imanuel Geiss, »The Outbreak of the First World War and German War Aims«, *Journal of Contemporary History* 1 (1966), S. 75–91. Zum britischen Empire siehe: John S. Galbraith, »British War Aims in World War I: A Commentary on Statesmanship«, *The Journal of Imperial and Commonwealth History* 13 (1984), S. 25–45. Zu Frankreich siehe: C. M. Andrew, and A. S. Kanya-Forstner, »The French Colonial Party and French Colonial War Aims, 1914–1918«, *The Historical Journal* 17 (1974), S. 79–106. Zu Italien siehe: Robert L. Hess, »Italy and Africa: Colonial Ambitions in the First World War«, *The Journal of African History* 4 (1963), S. 105–126.

einflussreiche Gruppe von Diplomaten und Koloniallobbyisten, ihre Pläne von einem deutschen »Mittel-Afrika« nun auch in die offiziellen Kriegsziele des Kaiserreiches emporzuheben. Sie taten dies mit einigem Erfolg, letztendlich spielten aber diese Pläne in den strategischen Kalkülen der politischen und militärischen Entscheidungsträger kaum eine Rolle.

Obgleich ein deutsches »Mittel-Afrika« letztendlich als offizielles Kriegsziel formuliert wurde, war kaum ein hochrangiger deutscher Militär bereit, für dessen Verwirklichung Ressourcen zur Verfügung zu stellen. Die deutschen Offiziere in Ostafrika wussten davon ein leidvolles Lied zu singen. Ihnen wurde rasch klar, dass sie eine logistische Unterstützung von der Heimat nicht zu erwarten hatten. Die kaiserliche Marine tat nur wenig, um die von der *Royal Navy* blockierten deutschen Häfen an der ostafrikanischen Küste zu entsetzen. Kaum mehr als zwei Versorgungsschiffe sandte das Oberkommando den Truppen nach Ostafrika. Zu unwichtig war Afrika und zu marginal die eigenen Kolonien in den politischen und militärischen Strukturen und Zielvorgaben des Kaiserreiches. Auch waren die Militärs und Politiker zu fokussiert auf das europäische Geschehen. Weltpolitisches Denken hörte im Kaiserreich an den Küsten Europas auf und vielleicht war es diese globalpolitische Engstirnigkeit, die mit zur deutschen Niederlage im ersten globalen Krieg des 20. Jahrhunderts beitrug.

Das Empire, und allen voran die Dominions, dagegen waren weitaus gewillter, den Krieg für eine Neuordnung der europäischen Kolonien in Afrika und Übersee zu nutzen. Immer noch waren die Pläne einer britischen Eisenbahn vom Kap nach Kairo nicht aus dem Denken einiger einflussreicher britischer Kolonialpolitiker verschwunden. Mit der Einverleibung deutschen Kolonialbesitzes schien dieser Plan nunmehr zum Greifen nahe. Wie kaum eine andere Kriegspartei forcierten sie eine Neugestaltung der kolonialen Landkarte Afrikas nach dem Krieg.[6] Kaum war der Krieg in Europa ausgebrochen, da begannen die britischen Militärplaner mit den Vorbereitungen für militärische Unternehmen in Afrika. Diese saßen allerdings weniger im britischen Kriegsministerium, als vielmehr im Kolonialministerium und Ministerium für die Kronkolonie Indien. Sie waren im ersten Jahr des Krieges federführend in der Planung des ostafrikanischen Feldzuges: Sicherlich ein Grund, warum die Briten 1914 und 1915 nicht besonders gut aussahen. Für die Verantwortlichen im Kriegsministerium war der Krieg in Ostafrika zunächst eine Marginalie, später ein fort-

---

6 Strachan, *First World War*, S. 3–14, insbesondere S. 8.

währendes Ärgernis und alles in allem kaum mehr als eine gigantische Verschwendung von Truppen, Geld und Ressourcen.[7] Auf den europäischen Kriegsschauplätzen kämpfte ein aus Frankreich, Großbritannien, Russland und Italien bestehendes Bündnis, das sich Entente nannte, gegen die so genannten Mittelmächte Deutschland, Österreich-Ungarn, das Osmanische Reich und später auch Bulgarien. In Ostafrika verlief die Bündnisbildung zwar nicht unbeeinflusst von Europa, aber dennoch auf mitunter anderen Wegen. Ich werde in diesem Buch daher lieber den Begriff der Alliierten anstelle der Entente wählen. Der wichtigste Verbündete der Briten in Ostafrika, Belgien, war noch nicht einmal offizielles Mitglied der Entente, sondern nur ein Alliierter. Das war auch für Großbritanniens zweiten Verbündeten, Portugal, der Fall. Das Deutsche Kaiserreich hatte auf dem ostafrikanischen Kriegsschauplatz keine europäischen Verbündeten. Man kann vielleicht sogar sagen, dass nicht die Mittelmacht Deutschland in Ostafrika kämpfte, sondern eine wechselvolle Allianz aus Deutschen und Afrikanern. Lettow-Vorbeck zumindest bekam von einigen Afrikanern mehr Schützenhilfe als von den Offizieren des deutschen Generalstabs daheim in der Heimat oder gar von den Österreichern. Nicht nur die quasi nicht-existente Anbindung an die Logistik und Befehlsketten der Heimatfront lässt eine solche Behauptung zu, sondern auch die Ziele mit denen die Truppen Lettow-Vorbecks in Ostafrika fochten. Wie ich im Weiteren zeigen werde, war das primäre Ziel Lettow-Vorbecks durchaus auf den europäischen Kriegsschauplatz ausgerichtet, in dem er britische Truppenkontingente in Ostafrika binden wollte. Doch ich bin mir nicht sicher, inwieweit auch ganz persönliche Eitelkeiten des hochbegabten Offiziers seine immerhin allein durch sich selbst verliehene Mission bestimmten. Diejenigen Afrikaner aber, die ihn in seinem Feldzug unterstützten, hatten ganz andere Ziele im Auge. Ihre Unterstützung auf eine reine Gefolgschaft im Rahmen deutscher Kolonialherrschaft zu reduzieren, halte ich für fahrlässig vereinfachend. Sie interessierte das globale Schachbrett der Europäer wenig, mehr aber lokale Rivalitäten, der Wunsch nach Vergeltung oder

---

7 William Roger Louis, *Ruanda-Urundi, 1884–1919* (Westport: Greenwood Press, 1979), S. 208; Jan Esche, »Koloniales Anspruchdenken in Deutschland im Ersten Weltkrieg, während der Versailler Friedensverhandlungen und in der Weimarer Republik (1914 bis 1933)« (Dissertation, Universität Hamburg, 1989), S. 37–54; Brian Kenneth Digre, *Imperialism's new clothes: the repartition of tropical Africa, 1914–1919* (New York: P. Lang, 1990), S. 4, 78; S. D. Pradhan, *Indian army in East Africa, 1914–1918* (New Delhi India: National Book Organisation, 1991), S. x; Corey S. Reigel, *The First World War in East Africa: A reinterpretation* (Ann Arbor: Univeristy Microfilms International, 1991), S. 91.

auch der Wunsch nach einem Ende der europäischen Herrschaft, und oft genug auch einfach der Kampf ums Überleben.

Um eine Geschichte des Krieges zu schreiben, die die Afrikaner mehr in den Fokus rückt, muss man von dem Paradigma des Nationalen in der Gesichtsschreibung des Krieges abrücken. Zum einen weil in Ostafrika eben zwar Nationen, aber auch Kolonialmächte gegeneinander antraten. Wenn Benedict Anderson in seinem vielzitierten Buch »Imagined Communities« die Nation als imaginierte Gemeinschaft beschreibt, dann lässt sich die Dynamik des Nationalen, wie es auf den europäischen Kriegsschauplätzen eine herausragende Rolle spielte, nicht eins zu eins auf den kolonialen Kontext übertragen.[8] Das Nationale war als Bindeglied in der kolonialen Ordnung nur innerhalb der europäischen Bevölkerung von Belang. Die überwiegende Mehrheit der Bevölkerung – die Afrikaner, aber auch Inder und selbst die zahlreichen Griechen in der Kolonie – war vom nationalen Projekt der Metropole ausgeschlossen. Koloniale Herrschaft war eine Fremdherrschaft, eine Herrschaft von Fremden. Fremd war den Kolonisierenden die Lebenswelt der Kolonisierten, fremd war ihnen auch deren Gedankenwelt. Das Band des Nationalen war nichts, was die Kolonisierenden und die Kolonisierten miteinander verband. So war auch vom Nationalen in Ostafrika während des Krieges wenig zu hören. Die Offiziere mochten ihren Krieg als einen zwischen Briten und Deutschen oder Belgiern und Deutschen sehen; die Mehrzahl der Kombattanten hatte zur Idee der Nation als Kriegsmotivation ein eher kühles Verhältnis, geschweige denn, dass man dafür sein eigenes Leben in die Waagschale werfen wollte.

Der Krieg in der Literatur

Angesichts der globalen Dimensionen des Weltkriegs mag es verwundern, dass die Kampfhandlungen in Übersee bislang nicht das Interesse gefunden haben, das den Kriegsschauplätzen in Europa von der Forschung gewidmet wurde. Trotz der Fülle der Publikationen über den Ersten Weltkrieg in Europa ist die Anzahl derer, die sich mit den afrikanischen Kriegsschauplätzen beschäftigen, verschwindend gering. Sicherlich, nahezu jedes einigermaßen seriöse Standardwerk über die Geschichte des Ersten Weltkriegs vermerkt

---

8 Benedict Anderson, *Imagined Communities: Reflections on the Origin and Spread of Nationalism* (London: Verso, 1983).

auch die Ereignisse in Afrika oder Asien. Oft genug sind diese Auslassungen aber wenig mehr als eine Fußnote oder Randbemerkung und oft genug gehen sie mit einem oftmals eher exotischen oder pittoresken Blick einher. Dieses Mauerblümchendasein verdanken die Ereignisse in Übersee zweifellos der geringen Bedeutung, die ihnen im Allgemeinen für den Ausgang des Krieges zugeschrieben wird. Allerdings gab es in den letzten Jahren eine Diskussion von Militärhistorikern, die den Ersten Weltkrieg in Ostafrika aus einer ganz anderen Perspektive beleuchtet. Diese Diskussion sieht die Kampfhandlungen in Ostafrika als eines der ersten Beispiele moderner Guerillakriege.[9]

Von den wenigen Büchern, die zu diesem Thema in den letzten Jahrzehnten erschienen sind, geht die Mehrzahl kaum über die Erinnerungsliteratur der europäischen Kriegsteilnehmer hinaus. Dies betrifft vor allem die Arbeiten anglophoner Populärhistoriker wie Edwin P. Hoyt, Kevin Patience, James A. Brown oder Leonard Mosley.[10] Da ist viel von einer gegenseitigen Ritterlichkeit der Offiziere die Rede, die den Krieg noch als Mann gegen Mann träumen konnten und nicht als eine Materialschlacht von hochgerüsteten und bürokratisch funktionierenden Militärmaschinerien. Da ist viel von Heldentaten fernab der Anonymität der Grabenkämpfe Flanderns, von der Exotik und manchmal Absurdität eines kleinen Gentlemen-Krieges im ewigen »Herzen der Finsternis« zu lesen. Lettow-Vorbeck und seine Soldaten kommen in diesen Betrachtungen erstaunlich gut weg. In dieser offenen Bewunderung seitens anglophoner Historiker ist Lettow-Vorbeck vielleicht nur mit dem späteren Wehrmachtsgeneral Erwin Rommel vergleichbar.

Von den militärhistorischen Arbeiten stechen einzig Byron Farwells und Corey W. Reigels Bücher heraus, die beide einen sehr detaillierten Überblick über die Kampfhandlungen und die Organisation der britischen Truppen geben.[11] Reigels These von der Kontinuität kolonialer Politik und

---

9 Ross Anderson, *Forgotten front. The East Africa Campaign 1914–1918* (Stroud: Tempus, 2004).
10 Leonard Mosley, *Duel for Kilimanjaro. An account of the East African Campaign, 1914–1918* (London: Weidenfeld & Nicolson, 1963); Edwin P. Hoyt, *The Germans Who Never Lost. The Story of The Königsberg* (New York: Funk & Wagnalls, 1968); Charles Miller, *Battle for Bundu: The First World War in East Africa* (New York: Macmillan, 1974); Edwin Palmer Hoyt, *Guerilla. Colonel von Lettow-Vorbeck and Germany's East African Empire* (New York: Macmillan, 1981); James Ambrose Brown, *They fought for King and Kaiser: South Africans in German East Africa, 1916* (Johannesburg: Ashanti Pub., 1991); Kevin Patience, *Königsberg: a German East Africa raider* (Bahrain: K. Patience, 1997).
11 Corey W. Reigel, *The First World War*; Byron Farwell, *The Great War in Africa, 1914–1918* (New York: Norton, 1986).

Kriegsführung in Ostafrika halte ich für stimmig. Ich folge ihr daher in diesem Buch ein gutes Stück weit, oft auch darüber hinaus. Farwells und Reigels Arbeiten haben aber ein klares Manko. Die Autoren benutzen nahezu ausschließlich britische Quellen. Das führt oft zu einer sehr einseitigen Sicht der Ereignisse. Die Teilnahme belgischer oder rhodesischer Truppen am Feldzug findet kaum ihre Beachtung und deren Anteil am Erfolg (oder auch Misserfolg) wird von ihnen stark unterschätzt. Portugiesische Truppen tauchen erst in der letzten Phase des Krieges auf und beide Autoren messen ihnen für den Ausgang des Krieges wenig Bedeutung bei. Auch die Rolle der afrikanischen Soldaten im Krieg spielt keine große Rolle. Es bleiben daher Bücher über Offiziere, über Europäer oder Südafrikaner. Die afrikanische Bevölkerung erscheint gleichsam nur am Rande. Dies ist in hohem Maße der ausschließlichen Nutzung britischer Quellen und vor allem der Dominanz von veröffentlichten Zeugnissen britischer Offiziere zuzuschreiben. In ihnen kommen Afrikaner kaum oder nur gleichsam schattenhaft vor.

Aber die Geschichte des Ersten Weltkriegs kann kaum aus nur einer Perspektive geschrieben werden. In den letzten Jahren sind nun doch eine Reihe von Büchern veröffentlicht worden, die auf neuem Quellenmaterial basieren und damit auch neue Akteure in den Blickpunkt rücken. Timothy Stapeltons Buch über das *Rhodesia Native Regiment* ist eines dieser Bücher. Dieses Regiment, das vor allem im Süden der deutschen Kolonie und in Portugiesisch-Ostafrika zwischen 1916 und 1917 gekämpft hatte, fand, so der Autor, bislang nur wenig Beachtung in der Literatur. Doch Stapleton bleibt in den engen Grenzen einer Regimentsgeschichte verhaftet.[12] Einen ähnlich engen Fokus hat S. D. Pradhans Geschichte der indischen Regimenter im ostafrikanischen Feldzug. Indische Soldaten stellten seit Beginn der Kampfhandlungen einen bedeutenden Anteil an den Truppen des britischen Empires in Ostafrika. Pradhans Buch ist ein durch und durch militärgeschichtliches Buch, das detailliert die Probleme der indischen Truppen auf dem ostafrikanischen Schlachtfeld beschreibt. Doch seine Schilderung dieser Schlachtfelder geht kaum über den Diskurshorizont der britischen Offiziere hinaus, deren Berichte und Erinnerungen ihm als Quellen dienen. Die Bevölkerung Ostafrikas wie auch die Truppen der Deutschen werden nach Kategorien des 19. bzw. 20. Jahrhunderts beschrieben. Da wimmelt es

---

12 Siehe Timothy Joseph Stapleton, *No insignificant part. The Rhodesian Native Reagiment and the East African Campaign of the First World War* (Waterloo: Wilfried Laurier University Press, 2006).

von kriegerischen Ethnien, selbst die *Ruga-Ruga*, die Hilfstruppen der Deutschen, werden in den Rang eines »Stammes« erhoben.[13]

Einen weitergehenden Fokus hat Edward Paice, dessen kürzlich erschienenes Buch über den Ersten Weltkrieg in Ostafrika vor allem die Portugiesen mehr ins Rampenlicht der Geschichte bringt. Das tut mehr denn Not, denn die Portugiesen hatten bis dahin nur ein Schattendasein in der Geschichte des Krieges geführt. Ihre Beteiligung am Kriegsgeschehen wird von den zeitgenössischen Beobachtern in der Regel herablassend negiert. Paice setzt dem zumindest eine differenziertere Sicht entgegen. Auch die Deutschen erfahren aufgrund eines sehr detaillierten Quellenstudiums eine neue Bewertung. Sein Buch ist ein gut geschriebenes militärhistorisches Werk, sehr gut recherchiert, aber mitunter auch etwas tendenziös in seinem Bemühen, die Alliierten besser wegkommen zu lassen als es bei Hoyt, Mosley oder Miller der Fall war. Das hat seine gute Seite, wenn dadurch Lettow-Vorbeck etwas entmythisiert wird, ein gewisser Nachgeschmack bleibt jedoch. Zudem setzt Paice die Tradition von Farwell, Reigel und den britischen Populärhistorikern im Wesentlichen fort. Auch bei ihm ist der Krieg ein im Grunde europäischer Krieg, der in Afrika stattfindet und in dem die Afrikaner nur eine Nebenrolle spielen.[14]

Erst die Arbeit des britischen Historikers Geoffrey Hodges hat uns einen Blick in den Alltag der afrikanischen Kriegsteilnehmer erlaubt.[15] Seine in den siebziger Jahren geführten Interviews mit ehemaligen Trägern der britischen *Carrier Corps* reißen die Afrikaner aus jener Anonymität eines willigen oder unwilligen Schlachtviehs heraus, als das sie in der Literatur so oft erscheinen. Mehr noch erlaubt der Fokus auf die Infrastruktur des Krieges weit tiefere Einblicke in dessen Natur als die vielen Darstellungen der Schlachten und Scharmützel seitens anderer Historiker. Denn die maßgebenden Kämpfe fanden eben nicht auf den Schlachtfeldern statt, sondern auf den Straßen und Fußwegen Deutsch-Ostafrikas. Hodges zeigt ein-

---

13 Pradhan, *Indian army*, S. 33.
14 Edward Paice, *World War I. The African Front* (New York: Pegasus Books, 2008).
15 Geoffrey Hodges, »African manpower statistics for the British forces in East Africa, 1914–1918«, in: *Journal of African History* xix, (1978) 1, S. 101–116; Geoffrey Hodges, *The Carrier Corps. Military Labor in the East African Campaign 1914–1918* (London: Oxford University Press, 1986); Geoffrey Hodges, »Military Labour in East Africa and its impact on Kenya«, in: *Africa and the First World War*, hrsg. von Melvin E. Page (New York: St. Martin's Press, 1987), S. 137–151; Geoffrey Hodges & Roy Griffin, *Kariakor: the Carrier Corps: the story of the military labour forces in the conquest of German East Africa, 1914 to 1918* (Nairobi: Nairobi University Press, 1999).

drücklich, wie die koloniale Ökonomie in eine Kriegsökonomie transformiert wurde und wie sehr der Krieg in die koloniale Ordnung Britisch-Ostafrikas eingebettet war. Einen ganz ähnlichen Ansatz verfolgt der Historiker Lewis J. Greenstein, dessen Studien über die kenianischen Nandi die widersprüchlichen Kriegserfahrungen der Ostafrikaner beschreiben. Für Greenstein wie auch für Hodges war dieser Krieg nur in seinem Anlass ein europäischer Krieg. Geführt wurde er in der Mehrzahl von Afrikanern, die nicht nur als Soldaten kämpften und starben, sondern als Träger und Arbeiter die Kriegsmaschinerie am Laufen hielten.[16]

Generell hat der Erste Weltkrieg in Ostafrika bei britischen bzw. anglophonen Historikern weit mehr Interesse gefunden als bei ihren deutschen Kollegen. Nur ein einziges Buch eines Militärhistorikers existiert von deutscher Seite: Dessen Autor Hans Krech beschränkt sich aber im Wesentlichen auf eine Schilderung deutscher Waffentaten in Ostafrika. Die Quellen des Buches sind die üblichen Verdächtigen; der Autor bezieht sich auf die Literatur der Offiziere Lettow-Vorbecks und der britischen Kriegsteilnehmer. Jüngst erschienen ist Eckard Michels Biografie über Lettow-Vorbeck, die dem Krieg in Ostafrika ein ganzes Kapitel widmet. Trotz vieler neuer und interessanter Einsichten bleibt Michels doch fokussiert auf den Haupthelden seines Buches Lettow-Vorbeck.[17]

Deutsche Historiker sind bisweilen sehr auf Europa konzentriert. Auf den großen Ratsversammlungen der deutschen Historikerzunft sind Afrika-Themen eher selten anzutreffen. Doch die deutsche Kolonialgeschichte hat, wie sich die damit beschäftigten Historiker stets gegenseitig zu versichern pflegen, in den letzten Jahren eine stärkere Aufmerksamkeit hervorgerufen. Prominent geworden sind Versuche, die Niederschlagung des Herero- und Nama-Aufstandes als Vorboten des Holocaust, jenem scheinbar übermächtigen historischen Narrativ der Deutschen im 20. Jahrhundert, zu interpretieren. Einer der Haupthelden dieses Buches, Paul von Lettow-Vorbeck, hat an diesem Feldzug gegen die Nama und Herero teilgenommen. Doch trotz

---

16 Lewis J. Greenstein, *Africans in a European war: the First World War in East Africa with special reference to the Nandi of Kenya* (Ann Arbor: University Microfilms International, 1977);Lewis J. Greenstein, »The Nandi experience in the First World War«, in: *Africa and the First World War*, von. Melvin E. Page (New York: St. Martin's Press, 1987), S. 81–94.

17 Hans Krech, *Die Kampfhandlungen in den ehemaligen deutschen Kolonien in Afrika während des 1. Weltkriegs*. (Berlin: Köster, 1999); Eckard Michels, »*Der Held von Deutsch-Ostafrika«: Paul von Lettow-Vorbeck: ein preussischer Kolonialoffizier* (Paderborn: Ferdinand Schoeningh 2008)

aller hoffnungsvollen Versicherungen, die deutsche Kolonialgeschichte sei stark im Kommen, erfreut sich dieses Kapitel deutscher Geschichte eines von der Historikerzunft immer noch nahezu unbehelligten Wildwuchses, in dem Autoren verschiedener Provenienz und Weltsicht emsig an dem vielleicht letzten großen Mythos deutscher Militärglorie weben. Man braucht nur einmal in den entsprechenden Suchmaschinen im Internet nachzuschlagen und man wird unverzüglich in die merkwürdige Welt der Kaiserreich-Apologeten, Militärfetischisten und exotisierenden Briefmarkensammler eintauchen, die das Thema der Kolonien und des Ersten Weltkriegs mit ihren nostalgischen Stilblüten bewirtschaften.

Obgleich die Geschichte der militärischen Ereignisse des Krieges mittlerweile doch relativ gut erforscht ist – dies ist nicht zuletzt das große Verdienst von Edward Paice –, bleiben in der Darstellung einer Reihe von Ereignissen viele Fragen und Aspekte offen. Daher beginnt dieses Buch in seinem ersten Abschnitt, vielleicht etwas martialisch »Schlachtfelder« genannt, mit einem Abriss des Kriegsverlaufs. Mir geht es bei dieser Darstellung vor allem um die Besonderheiten dieses Krieges, im Besonderen aber um die Einbettung des Krieges in die jeweiligen lokalen Kontexte sowie in die spezifischen Konfigurationen kolonialer Ordnung, die sich während des Krieges doch in einem erheblichen Maße wandelten. Dieses Kapitel ist im Hinblick auf den Hauptteil des Buches geschrieben, die Auswahl der militärischen Ereignisse folgt vor allem den Argumenten, die gerade den Wandel der kolonialen Ordnung beleuchten sollen. Dem dient die Periodisierung des Krieges in drei Phasen, dem dient aber auch der Fokus auf spezifische Ereignisse, wie etwa dem Zug von Heinrich Naumann und Max Wintgens durch Unyamwezi im Jahre 1917. Das kann man durchaus kritisieren, doch das Anliegen dieses Buches ist kein militärhistorisches. Darüber hinaus habe ich die belgischen Truppen etwas stärker in den Vordergrund gerückt, als es bislang in der Forschung üblich war. Nicht weil ich ein besonderer Verehrer des belgischen Militärs bin – ich gestehe, ein heilloser Pazifist zu sein –, vielmehr weil der Einsatz der belgischen Truppen nicht nur aus militärhistorischer Perspektive von hohem Interesse ist, sondern ihre Rolle im Feldzug interessante Einblicke in die Kontinuitäten von kolonialer Kriegsführung erlaubt.

Dass die Forschung über den Ersten Weltkrieg in Ostafrika noch in den Kinderschuhen steckt, mag nicht zuletzt an der schlechten Quellenlage liegen. Stapletons Klage ob des Mangels an Quellen, dem er in seiner Forschung über die Geschichte des *Rhodesia Native Regiment* gegenüberstand, kann ich nur beipflichten. Amtliche Berichte über die Formierung und die

Kampfeinsätze des *Rhodesia Native Regiment* gäbe es so gut wie keine. Die Verantwortlichen hätten weder Zeit noch Kapazitäten für ein bürokratisches Berichtswesen gehabt.[18] Das kann man auch für die Deutschen unterschreiben, und mit einigen Abstrichen auch für die Belgier und Briten. Der Erste Weltkrieg mochte in vieler Hinsicht ein moderner Krieg gewesen sein, in bürokratischer Hinsicht war er es jedoch kaum. Nur wenig Archivmaterial steht von deutscher Seite zur Verfügung. Ein Berichtswesen der lokalen Kommandeure vor Ort an ihre Vorgesetzten in Berlin gab es nicht, die Kolonie war während der Kampfhandlungen auch in der Kommunikation mit der Heimat isoliert. Viele der Akten wurden während der Kampfhandlungen vernichtet. Einige von der Vernichtung verschonte Akten sind im Bundesarchiv in Lichterfelde und im Militärarchiv in Freiburg zu finden. Diese betreffen allerdings im Wesentlichen die ersten zwei Jahre des Krieges. Dies gilt auch für die vielleicht detailliertesten Gefechtsberichte aus deutscher Hand, die in zwei Broschüren von der Regierungsdruckerei in Tanga für den Dienstgebrauch der Offiziere gedruckt wurden. Es scheint nur jeweils ein Exemplar den Krieg überlebt zu haben. Man findet sie im persönlichen Nachlass eines belgischen Offiziers mitsamt anderer erbeuteter Dokumente von der Hotelrechnung bis hin zum Liebesbrief.

Besser sieht es aufseiten der britischen Truppen aus, die im heutigen Kenia formiert und stationiert waren. Die Archive des *War Office* in London enthalten einiges Lohnenswertes. Einen Einblick in den Alltag des Krieges und der ersten Stunden der britischen Verwaltung geben die persönlichen Nachlässe der Offiziere im *Imperial War Museum* und in der Bibliothek des *Rhodes House* in Oxford. Bislang noch weitestgehend unbeachtet, aber von hohem Wert sind die belgischen Akten und Nachlässe, die in Brüssel im Archiv des Außenministeriums und im Zentralafrika-Museum zu finden sind. Die Vernachlässigung der belgischen Quellen hat vor allem in der anglophonen Geschichtsschreibung auch zu einem eher desinteressierten Blick auf die Rolle belgischer Truppen für den Ausgang des Krieges geführt. Es ist nicht zuletzt ein Anliegen, dies, wie bereits gesagt, etwas geradezurücken.

Die Akten der Kriegsparteien sind mit gebotener Vorsicht zu genießen. Der Erste Weltkrieg war nicht zuletzt auch ein Propagandakrieg. Und der Einfluss dieser Propaganda ist auch in den Akten spürbar. Angesichts der schmalen Aktenlage bleiben dem Historiker nur die persönlichen Erinnerungen der Beteiligten. Erinnerungen haben nicht nur die kommandierenden

---

18 Stapleton, *No insignificant part*, S. 8.

Offiziere publiziert, sondern auch einfache Soldaten. Oftmals geprägt vom nationalistischen »Geist des Jahres 1914«[19] enthalten sie nur sehr vereinzelt Einblicke in den Kriegsalltag. Dominierend ist die Verklärung der deutschen oder englischen Waffentaten in Ostafrika. Auch die Briten haben schnell die Ereignisse des abseits gelegenen Kriegsschauplatzes in ihre Propagandastrategien eingebunden. Ähnlich wie bei den Deutschen ging es im Wesentlichen um die Selbstvergewisserung nationaler bzw. imperialer Identitäten und inbesondere um die Abgrenzung von den als »Hunnen« verteufelten Deutschen. Darüber hinaus weben sie auch an einem Mythos des Krieges als einem relativ fairen, nahezu gentlemanliken Aufeinandertreffen zwischen Deutschen und Briten, oft mit der bereits erwähnten nonchalanten Vernachlässigung portugiesischer und belgischer Truppen.

Weitaus schmaler ist die Quellenlage hinsichtlich der afrikanischen Kriegsteilnehmer und der lokalen Bevölkerung. Eine Aufnahme der Erinnerungen der Afrikaner an den Krieg ist in den sechziger und siebziger Jahren des 20. Jahrhunderts nur für die aufseiten der Briten teilnehmenden Soldaten und Träger erfolgt. Hier haben Hodges und Greenstein unersetzliche Forschungsarbeit geleistet. Für die auf deutscher oder belgischer Seite kämpfenden und arbeitenden Afrikaner aber haben wir kaum Quellenmaterial und ich befürchte, hier hat die Zeit die Türen für ein Verständnis der afrikanischen Perspektiven auf den Krieg schon lange geschlossen. Kein Veteran des Krieges hat die Jahrtausendwende erlebt und damit ist auch ein wichtiger Erfahrungsschatz für die Geschichtsschreibung verloren gegangen. Einzig Fragmente aus der mündlichen Kultur Ostafrikas erlauben uns zumindest Hinweise auf diesen Erfahrungsschatz. Ich muss gestehen, dies ist ein klares Manko dieses Buches, das auch das viel zu kurz gehaltene letzte Kapitel nicht wirklich beheben kann.

Trotzdem ist es ein Anliegen des Buches, die Afrikaner mehr in den Fokus der Forschung über den Ersten Weltkrieg zu rücken. Die Frage ist angesichts der schmalen Quellenlage allerdings: wie? In diesem Buch verfolge ich zwei Wege: Einerseits geht es mir um die Rekonstruktion von Alltagserfahrungen sowohl der afrikanischen Zivilbevölkerung als auch der in den Truppen kämpfenden und mit ihnen ziehenden Afrikaner. Dass dies bei Weitem nicht nur Soldaten und Offiziere, sondern auch Frauen, Kinder, Hilfskrieger und Träger waren, wird im zweiten Teil des Buches gezeigt. Im Kapitel über Kriegsverbrechen geht es dagegen um die eher dunklen und

---

19 Roger Chickering, *Imperial Germany and the Great War, 1914–1918* (Cambridge: Cambridge University Press, 1998), S. 14.

bislang kaum bekannten Seiten des Krieges. Denn der Krieg war, ganz anders als es in den Erinnerungsbüchern der Militärs und auch in den meisten Büchern von Historikern nachzulesen ist, kein sauberer Krieg. Er brachte unsagbares Leid über die Bevölkerung Ostafrikas.

Koloniale Ordnung

Einen weiteren Weg beschreitet das Buch in seinem dritten Teil, in dem es um eine Rekonstruktion des Wandels der kolonialen Vorkriegsordnung hin zu einer kolonialen Ordnung des Krieges und des Schlachtfeldes geht. Es wird im Wesentlichen das Verhältnis von Kolonisierten und Kolonisierenden unter den Bedingungen einer sich rapide verändernden politischen, wirtschaftlichen und sozialen Situation untersucht. Der Krieg erscheint mithin als eine Fortführung kolonialer Herrschaft unter anderen Bedingungen. Herrschaft braucht ein Mindestmaß an Ressourcen, um sich zu behaupten und um sich durchsetzen zu können. Diese Ressourcen können materieller, sozialer und kultureller Art sein. Die Herrschenden müssen den Beherrschten immer wieder die Realität ihrer Herrschaft verdeutlichen. In Ostafrika waren dies oft Strafexpeditionen, aber auch eine Vielzahl von kolonialen Festen und Zeremonien. Im Hunger nach Ressourcen unterscheidet sich Herrschaft wenig vom Krieg. Auch der Krieg setzt, um geführt werden zu können, eine Vielzahl von Ressourcen voraus. Soldaten brauchen Verpflegung, Waffen, Munition und vieles andere mehr. Sie brauchen aber auch ein Mindestmaß an Motivation, ihr Leben für die Ziele des Krieges zu riskieren. Krieg und Herrschaft bringen jeweils andere Ordnungen hervor. In diesen Ordnungen gelten mitunter andere soziale Beziehungen und Hierarchien, andere Wertmaßstäbe und andere Symbolwelten. Oft werden diese Unterschiede marginal sein, wird eine herrschaftliche Ordnung, wenn sie in den Krieg zieht, eine ihr sehr ähnliche Ordnung des Krieges hervorbringen.

Einige Unterschiede gibt es dennoch und sie hängen vor allem mit den unterschiedlichen Raum- und Zeitstrukturen zusammen. Ordnungen des Krieges und herrschaftliche Ordnungen unterscheiden sich zunächst dadurch, dass Kriege in der Regel kurzlebiger als Herrschaftsordnungen sind. Die dreißigjährigen Kriege sind eher die Ausnahme. Mehr noch, Kriege werden mit dem Ziel geführt, dass sie bald ihr (hoffentlich siegreiches) Ende finden. Herrschaftsordnungen sind dagegen auf lange Zeit, man kann sogar sagen: meist auf die Ewigkeit, ausgerichtet. Nicht immer muss es ein laut herausgetöntes »Tausend Jahre« sein, wie die Nationalsozialisten die Dauer ihrer Herrschaft voraussagen wollten. Und möglicherweise sind diejenigen Herrschenden, die die Zukunft ihrer Herrschaft lauthals mit drei- oder vierstelligen Zahlen beschwören, sich insgeheim bewusst, das ihr letztes Stündlein bald schlagen wird. Anders kann es auch ein hartnäckiges Schweigen der Herrschenden sein, was die zu erwartende Dauer ihrer Herrschaft anbelangt, das uns auf einen gewissen Anspruch auf Ewigkeit, oder mit anderen Worten auf eine nonchalante Zeitlosigkeit, hinweist. Francis Fukuyamas These vom Ende der Geschichte wurde ausgerechnet zu einem Zeitpunkt formuliert, als die westlichen Demokratien siegreich aus dem Kalten Krieg hervorgegangen waren und allen Grund zum Selbstvertauen hatten, ihre Herrschaftsordnung sei für die Ewigkeit gemacht.

Verschieden sind auch die Raumstruktruren von Kriegsordnungen und Herrschaftsordnungen. Raum ist für jede Herrschaft eine wichtige Ressource oder doch zumindest Kategorie, mit der sie sich auseinandersetzen muss. In der Regel geht Herrschaft mit dem Versuch einher, den Raum, den sie für sich beansprucht, gemäß ihren Prämissen und Dispositionen umzuwandeln. Dabei muss Herrschaft nicht immer eine Herrschaft über einen Raum sein, die Herrschenden müssen jedoch in jedem Falle ein ihren Ressourcen angemessenes Verhältnis zum Raum finden. Herrschaft muss sich darüber hinaus im Raum platzieren, sich sichtbar machen. Sie muss sich den Raum aneignen, gleich ob in einem politischen Sinne als Territorium oder im symbolischen Sinne als räumliches Ensemble von Herrschaftsrepräsentationen. Kriege dagegen bedienen sich eines vorgefundenen Raums. Ihr Verhältnis zum Raum ist eher kühl und von kurzfristigen Überlegungen des Machbaren oder auch Vermeidbaren gekennzeichnet. Für Kriege hat der Raum nichts Symbolisches. Bedienen sich seine Akteure des Raums als einer symbolischen Größe, dann nutzen sie die vorgefundenen Repräsentationen des Herrschaftsraums. Die Eroberung der Hauptstadt des Feindes ist zwar ein gern gewähltes strategisches Ziel der Militärs, aber eben nur deswegen, weil die Hauptstadt im Zeitalter des Nationalstaates eine der wichtigsten Repräsentationen nationaler Raumvorstellungen ist. Die Besetzung der Hauptstadt ist in der Regel mehr symbolischer Akt als militärstrategische Notwendigkeit. Dass die ihrer Hauptstadt verlustig gegangenen Gegner, wie etwa im Deutsch-Französischen Krieg von 1871, daraufhin die Waffen strecken, zeugt allerdings auch von der Wirkungsmächtigkeit nationalstaatlicher Raumvorstellungen im Kontext des Krieges. Während herrschaftliche Ordnungen tendenziell danach streben, den Raum mit einem Netz dauerhafter sozialer und politischer Beziehungen zu durchweben, etablieren Kriegsordnungen nichts vergleichbar Dauerhaftes.

Gleichwohl sind Kriege machtvolle Dynamiken in der Umgestaltung von Herrschaftsräumen. In ihrem Ergebnis werden Herrschaftsräume ausgeweitet oder auch eingeengt. Das betrifft nicht nur die formellen Grenzziehungen, sondern auch die Nutzbarkeit des Raums als Ressource von Herrschaft. Die Verwüstungen, die Kriege anrichten können, mögen den Zugriff der Herrschenden auf den Raum stark einschränken. Anderseits ist das Schlachtfeld, zumindest wenn es ein Ort des Sieges ist, ein gern genutzter Raum der symbolischen Selbstvergewisserung von Herrschaft, die in Denkmälern und Ehrenfriedhöfen ihren entsprechenden Ausdruck findet.

Koloniale Ordnungen, vor allem wenn sie im Prozess ihrer Etablierung begriffen sind, stellen ein Zwitterwesen von Herrschaftsordnungen und Kriegsordnungen dar, vor allem wenn es um ihr Verhältnis zum Raum geht. Sie bedienen sich des Raums, den sie beanspruchen, als den Ort eines Schlachtfeldes und als eines Herrschaftsraums. Koloniale Ordnungen sind vor allem in ihren Anfängen Ordnungen eines permanenten Krieges und es ist gerade der Krieg, der diesen Ordnungen ihre spezifische Raumkonfiguration gibt. Mit anderen Worten: Der koloniale Raum ist vor allem die Bilanz gewonnener oder auch verlorener Schlachten und in seinen Dimensionen begrenzt von den Möglichkeiten der Kolonialherren mittels Strafexpeditionen ihre Präsenz den Kolonisierten vor Augen zu führen.

Anfangs bereitete es mir einige Probleme, die Begriffe »kolonial« und »Ordnung« zusammenzuschreiben. Als ich in die Geschichte der deutschen Kolonien in Ostafrika eingestiegen bin, habe ich stets steif und fest behauptet, koloniale Herrschaft und Ordnung passen nicht zusammen. Die deutsche Kolonialherrschaft habe eher Unordnung und Chaos hervorgebracht oder eine Vielzahl von Ordnungen, die vom jeweiligen lokalen Kontext abhängig waren. Die eine koloniale Ordnung gab es in Deutsch-Ostafrika nicht, so der Grundtenor meines Buches »Koloniale Herrschaft in Deutsch-Ostafrika«. Vielleicht aber ist dies genau das Typische kolonialer Ordnungen, dass sie eben weder eine Einheitlichkeit für sich beanspruchen können, noch dass sie ein fertiges Gebilde sind. Vor allem deshalb, weil sie in einem sehr komplexen und durch vielfältige Prozesse geprägten Umfeld etabliert wurden, in dem sie zunächst nicht über eine im Raum ihrer Entstehung gewachsene Geschichte verfügen. Wie man es auch drehen und wenden will, koloniale Ordnungen sind per definitionem fremde Ordnungen. Sie sind das Ergebnis einer mehr oder weniger gewaltsamen Aufoktroyierung von politischen und gesellschaftlichen Strukturen und Ordnungsvorstellungen. Die Afrikaner haben die Ankunft dieser neuen Ordnung am Ende des 19. Jahrhunderts als eine Gewalterfahrung erlebt. Anders als es vielfach in den zeitgenössischen Berichten beschrieben wurde, haben sie in dieser neuen Ordnung nur wenig Fortschritt und wohl noch weniger Heil gesehen. Wo sie es konnten, haben sie sich ihr widersetzt. Wo es ihnen angeraten schien, haben sie kooperiert und das Beste für sich daraus zu machen versucht. Und sie haben versucht, die Koordinaten dieser Ordnung zu verändern. In einem ebenso zähen, wie mitunter listenreichen Aushandlungsprozess haben sie die neuen Herren, die ihnen die Segnungen europäischer Zivilisation zu bringen meinten, zivilisiert, sie den lokalen Mustern gefügig gemacht. Zumindest bis zu einem gewissen Grade.

Der koloniale Staat als wesentlicher Akteur und Garant dieser neuen kolonialen Ordnung wiederum verfügte zwar über genügend militärische Mittel und manchmal auch über genügend diplomatische Finesse, seinen Willen durchzusetzen. Er vermochte es, die bestehenden lokalen Ordnungen zu schwächen oder gar zu zerstören. Aber er verfügte kaum über genügend Ressourcen, an deren Stelle etwas anderes zu setzen, was man ruhigen Gewissens eine europäische Kolonialordnung nennen könnte. Das lag aber auch daran, dass das Kaiserreich in seinen ersten fünfzehn Jahren als Kolonialmacht kaum über eine geordnete Kolonialpolitik verfügte. Verschieden waren die kolonialpolitischen Vorstellungen der mitunter recht schnell kommenden und gehenden Gouverneure, verschieden waren auch die Praxen und Vorstellungen der einzelnen Bezirkschefs, die sich nur widerwillig der Zentrale beugen wollten.

In den Jahren zwischen 1903 und 1914, vor allem mit der Wende deutscher Kolonialpolitik nach 1908, setzte ein Prozess ein, in dem die Deutschen mit mehr oder weniger Erfolg versuchten, ein gewisses Maß an Einheitlichkeit und Allgemeingültigkeit in der Verwaltung und Herrschaft über ihre Kolonie zu erringen. Mit dem Amtsantritt von Dernburg als Kolonialstaatssekretär im neu geschaffenen Reichskolonialamt wurde erstmals ein deutsches Kolonialprogramm formuliert. Mehr zivile Verwaltung und weniger kriegerische Mittel waren die Forderungen des ersten Bürgerlichen auf dem höchsten Stuhl der Kolonialverwaltung. Mehr Wirtschaftlichkeit und eine gerechtere und vor allem rechtmäßigere Behandlung der afrikanischen Bevölkerung sollten das Kaiserreich von den hohen Subventionszahlungen an die Kolonie befreien und Aufstände verhindern, die eine kostspielige Niederschlagung erfordern würden. Die deutsche Kolonialpolitik reagierte mit diesem Programm auf das offensichtliche Scheitern der bisherigen Versuche, die Afrikaner mit Gewalt unter die deutsche Kolonialherrschaft zu zwingen. 1905 war das Jahr zweier großer Aufstände in den afrikanischen Kolonien des Kaiserreiches gewesen. In Ostafrika hatte der Maji-Maji-Aufstand und in Deutsch-Südwestafrika der Herero- und Nama-Aufstand kaum Zweifel daran gelassen, dass die bisherige Politik mit einem hohen Kostenrisiko und geringen Chancen für eine profitable Entwicklung der deutschen Kolonien verbunden war. Die Niederschlagung der Aufstände hatte der Entsendung bedeutender Truppenkontingente aus der Heimat bedurft und sie hatte weite Teile der Kolonien zerstört und ganze Landstriche entvölkert.

Dass den Deutschen die Umsetzung des Dernburg-Programms nur ansatzweise gelang, davon konnten die britischen Kolonialbeamten, die ab 1916 in den besetzten Gebieten die Verwaltung aufbauten, ein leidvolles Lied singen. Zu ihrer Überraschung fanden sie eine Hinterlassenschaft vor, in der es kaum eine Ordnung gab. Ein gesetzliches Regelwerk, das die Beziehungen zwischen Kolonialherren und Afrikanern ordnete, existierte mancherorts ebensowenig, wie eine einheitliche Politik. Etablierte Standards der Verwaltungspraxis gab es kaum: Jeder deutsche Stationschef hatte sein eigenes kleines Königreich geschaffen, in dem seine Vorstellungen Maßgabe aller Politik waren. Man konnte geradezu die die Hände über den Kopf schlagenden britischen Kolonialprofis vor sich sehen, als sie 1916 oder 1917 vor den erbeuteten Aktenbergen lokaler deutscher Kolonialverwaltungssitze standen.

Als eine politische Ordnung war die koloniale Ordnung ein fragiles Gebilde. Sie basierte, wie der englische Historiker John Iliffe treffend bemerkt, auf lokalen Kompromissen.[20] Diesen lokalen Kompromissen waren häufig Jahre eines offenen bis latenten Bürgerkriegs vorangegangen und oft genug hatten die Kompromisse zwischen Kolonialherren und Kolonisierten eher den Charakter von Waffenstillstandsabkommen, als dass sie tragfähige politische Verhältnisse schufen. Selbst viele Deutsche in der Kolonie waren sich letztlich unsicher, wie tragfähig die lokalen Kompromisse mit den afrikanischen Chiefs waren. Der Maji-Maji-Aufstand hatte vielerorts, besonders im Süden, die lokalen Kompromisse hinweg gefegt und deren Stelle

---

20 John Iliffe, *A Modern History of Tanganyika* (Cambridge: Cambridge University Press, 1979), S. 118.

entweder mehr oder weniger offene Formen einer kolonialen Militärdiktatur oder einfach den Abzug der Deutschen hervorgebracht. Auch wenn die deutschen Kolonialherren in ihren Zeugnissen so oft preußische Kraftmeierei und Herrenmenschentum vor sich hertrugen, fürchteten sie bezeichnenderweise zu Beginn des Krieges mehr die Aufstände ihrer Untertanen als eine mögliche britische Invasion.

Die Verzahnungen zwischen dem kolonialen Staat und den afrikanischen Gesellschaften waren oft fragil und auch wenig zahlreich. Zum größten Teil der afrikanischen Bevölkerung hatten die Kolonialherren wenig Zugang. Kaum dass die Stationschefs verlässliche Angaben über die Anzahl der Steuerpflichtigen ihres Amtsbereiches machen konnten, geschweige denn, dass sie viele Einblicke in deren Alltag hatten. Lokale Chiefs oder von der Kolonialverwaltung eingesetzte sogenannte *Akiden* und *Jumben* sollten als Intermediäre kolonialer Herrschaft den Willen der Kolonialverwaltung durchsetzen und dem kolonialen Staat Bericht über ihre afrikanischen Untertanen geben. Doch sie waren weit davon entfernt, blinde Befehlsempfänger der *Boma*, wie die Verwaltungsstützpunkte der Deutschen hießen, oder der Dar es Salamer Bürokraten zu sein. Für eine effektive Kontrolle ihrer afrikanischen Intermediäre fehlten den Deutschen nicht nur die Zeit und die Infrastruktur, sondern auch das Wissen und die Sprachkompetenz. Swahili war zwar spätestens seit der Jahrhundertwende eine gern gesehene Qualifikation der nach Ostafrika abreisenden Kolonialbeamten und -offiziere, dessen Meisterung seitens der Deutschen aber war höchst unterschiedlich. Auch die Afrikaner waren weit davon entfernt, sich dem Swahiliimperialismus, den die Deutschen von den Küstenhändlern des 19. Jahrhunderts geerbt hatten, ohne weiteres zu beugen. Swahili war eine wichtige Verkehrssprache, doch vielen Afrikanern war sie im Grunde ebenso fremd wie Deutsch oder Englisch. Jenseits der Küste des Indischen Ozeans und der größeren Siedlungen sprachen nur wenige Afrikaner Swahili. Man muss den Deutschen zumindest in dieser Frage jedoch Respekt zollen: Mit der Wahl einer afrikanischen Sprache zur offiziellen Verwaltungssprache standen sie unter den damaligen Kolonialmächten ziemlich alleine da. Ob es geholfen hat, die Afrikaner besser zu verstehen, mag allerdings bezweifelt werden.

Fehlte den Deutschen vielfach das Wissen, wie die lokalen Gesellschaften funktionierten, so fehlte den afrikanischen Intermediären des kolonialen Staates oftmals das Verständnis dessen, was den kolonialen Staat ausmachte. Die koloniale Subjektbildung steckte noch in den Kinderschuhen, als der Krieg ausbrach. Die erste Generation der in den Regierungsschulen ausgebildeten Söhne lokaler Würdenträger saß noch auf der Schulbank. Sie hätten, wenn es der Krieg nicht verhindert hätte, die Bindungen zwischen Kolonialverwaltung und lokalen Gesellschaften bis in den Habitus der afrikanischen Intermediäre hinein vertiefen sollen. Doch dazu kam es nicht oder nur in wenigen Fällen. Im Laufe des Krieges mussten die Deutschen zur Kenntnis nehmen, dass die Afrikaner die einst gefürchteten deutschen Kolonialherren schnell vergaßen, sobald sie abgezogen waren, oder, mehr noch, ihre Abneigung gegen sie mit der Unterstützung der alliierten Truppen zum Ausdruck brachten. Bei vielen afrikanischen Chiefs und ihren Untertanen hatten Gewalt und Pomp der Deutschen keinen bleibenden Eindruck hinterlassen.[21]

Brachte die deutsche Kolonialherrschaft schon keine einheitliche koloniale Ordnung im Sinne einer gleichförmigen Ausprägung ihrer Strukturen und Praxen hervor, so zeitigte auch der Krieg kaum homogene Folgen auf diesem Flickenteppich lokal unterschiedlicher Kolonialordnungen. Zu uneinheitlich waren die Dauer und Art der Kämpfe in den jeweiligen Regionen und damit auch deren Einfluss auf die jeweiligen afrikanischen Gesellschaften. Generell begannen die militärischen Auseinandersetzungen an den Grenzen der deutschen Kolonie. Im Süden und Westen waren diese Auseinandersetzungen allerdings selten mehr als zufällige Zusammenstöße patrouillierender Einheiten. Das Kilimanjaro-Gebiet war in den ersten zwei Jahren am stärksten vom Krieg zwischen Briten und Deutschen betroffen. Hier standen sich deren Hauptstreitkräfte gegenüber und hier gab es monatelange Stellungskriege, Patrouillenunternehmungen und mitunter auch regelrechte Schlachten. Einen ganz anderen Krieg fochten die Deutschen gegen die Belgier am Kivu-See: Nicht nur, was das Ausmaß der Kämpfe betraf, sondern auch die eingesetzten Truppen und damit einhergehenden Taktiken. Hier gab es nur wenige reguläre Truppen, dafür um so mehr afrikanische Hilfstruppen. Das zentrale Hochplateau der Kolonie wurde erst Mitte 1916 von den Kampfhandlungen ereilt, dann aber wurden die Auseinandersetzungen zu einem Horror für die Zivilbevölkerung, der erst in den letzten Wochen des Jahres 1917 sein Ende fand. Der Süden der Kolonie war Ende 1916 bis Mitte 1917 Schauplatz einiger der heftigsten Gefechte des ganzen Krieges. Diese Kämpfe beschränkten sich jedoch auf einen Kor-

---

21 Zur Politik des Pomps und der Gewalt in Deutsch-Ostafrika siehe: Michael Pesek, *Koloniale Herrschaft in Deutsch-Ostafrika. Expeditionen, Militär und Verwaltung seit 1880* (Frankfurt a. M.: Campus, 2005), S. 191–219.

ridor von einigen Hundert Kilometern zwischen der Küste und dem Landesinneren. Auch die afrikanischen Individuen und Gesellschaften erlebten den Krieg auf ganz unterschiedliche Weise. Für einen Großteil der Zivilbevölkerung bedeutete der Krieg, wie John Iliffe richtig bemerkte, Vertreibung, Hunger und Furcht vor Ausplünderung, Vergewaltigung und Verschleppung. Für einige wenige war er dagegen eine Möglichkeit, sich zu bereichern, alte Machtansprüche wieder aufleben zu lassen oder neue Macht zu gewinnen.[22] Zu unterschiedlich waren auch die Ordnungen, die auf den Abzug der Deutschen folgten. Die Briten verfochten eine andere Politik als die Belgier und auch die afrikanischen Herrscher positionierten sich in der jeweiligen neuen Ordnung in ganz unterschiedlicher Weise.

Repräsentationen kolonialer Ordnungen

Mit Ordnungen ist es so eine Sache: Sie erscheinen in ihren Beschreibungen oft als eherne und fest umrissene Welten, in der jeder und alles nach bestimmten Prinzipien und Mustern geordnet ist. Bei näherem Hinschauen erweisen sich diese Ordnungen aber oftmals als weitaus unordentlicher und weniger festgefahren, ihre Ränder sind ausgefranster und durchlässiger als ihre Chronisten und Agenten es sich eingestehen möchten. Bei der Lektüre kolonialer Berichte fällt es oft schwer, zwischen der Beschreibung einer konkret realen Herrschaftspraxis und dem Entwurf einer zukünftigen Welt zu unterscheiden. Koloniale Herrschaft war der Versuch, Gesellschaften in einer mehr als radikalen Form umzugestalten. Doch oft wollte sich diese Zukunft nicht so rasch und nicht in der gewünschten Form einstellen. Koloniale Diskurse spielten und rechneten daher immer mit dem Zukünftigen. Eine Zukunft, die aus der Sicht der Kolonisierenden unabwendbar schien. Aus der Sicht der Kolonisierten mochte sie dagegen ganz andere Wege gehen.

So mag man mit einigem Recht fragen, ob Ordnungen wie die koloniale nicht eher im Bereich der Repräsentationswelten anzutreffen sind als in sozialen Realitäten. Doch wenn man gerade kolonialen Ordnungen, wie etwa der in Deutsch-Ostafrika, einen gewissen Hang zur Illusion nachsagen kann, so ließe sich der Einfluss dieser Illusionen auf den Alltag der Ko-

---
22 Iliffe, *Modern History*, S. 251.

lonisierten und Kolonialisierenden kaum abstreiten. Als Konfiguration einer sozialen Welt und als ein Diskurs zur Einordnung eben dieser Welten in die Vorstellungswelt der Kolonisierenden ging es in kolonialen Ordnungen vor allem um die Herstellung und Sichtbarmachung von Differenzen zwischen Europäern und Afrikanern. Das war, um einen durch und durch Brechtschen Begriff zu verwenden, der grundlegende *Gestus* kolonialer Ordnungspolitik und -vorstellungen. Wobei der Begriff des *Gestus* genau dieses Zusammenfallen von Vorstellung, Darstellung und Transformation von sozialen Welten zu fassen vermag.[23] Die von kolonialen Diskursen so vehement konstruierten Unterschiede zwischen Europäern und Afrikanern wurden im kolonialen Alltag in immer wiederkehrenden Spektakeln inszeniert. Das fing beim einfachen Grüßen auf der Straße an, bei dem ein unachtsamer Afrikaner schon mal die Peitsche riskierte, grüßte er den hohen deutschen Herrn nicht ordnungsgemäß. Und es endete in der Planung kolonialer Städte wie Dar es Salaam und Tanga, wo die afrikanischen Quartiere sorgsam von denen der Europäer getrennt wurden. Mit der gleichen Vehemenz, mit der koloniale Diskurse soziale Welten entlang rassischer Kategorien ordneten, versuchte koloniale Politik eine soziale Welt zu erschaffen, in denen diese Kategorien grundlegende Ordnungsmerkmale waren. In der die Hautfarbe die Mächtigen von den Machtlosen, die Herrschenden von den Beherrschten, die Reichen von den Armen unterschied. Während die deutsche Kolonialherrschaft einen weitaus geringeren Einfluss auf die afrikanischen Gesellschaften haben mochte, als die Kolonialherren glaubten oder in ihren Berichten an die Heimat glaubhaft machen wollten, war die koloniale Ordnung in der Figur des Kolonialherren am stärksten ausgeprägt. Koloniale Herrschaft erschuf vor allem eine Ordnung, in der die Kolonialherren einen exklusiven Zugang zu den Ressourcen des Staates und zu globalen Konsumwelten beanspruchten. Diese relative Exklusivität versetzte die Kolonialherren in die Lage, ihre selbst verliehene Identität als die *Bwana Mkubwas*, oder die großen Herren, in jedem Moment ihres Alltags in Szene zu setzen.

Koloniale Ordnung war, wie kaum eine andere soziale Ordnung in der modernen Geschichte, eine Ordnung, in der dem Körper als Verkörperung dieser Ordnung eine hohe Bedeutung zukam. Der Körper des Kolonisierenden war die verkörperte Legitimation kolonialer Herrschaft als eine Herrschaft, die auf rassisch konstruierten Differenzen beruhte. Er war ihr

---

23 Zum Konzept des Brechtschen *Gestus* siehe: Astrid Oesmann, *Staging history: Brecht's social concepts of ideology* (New York: SUNY Press, 2005), S. 23.

ideologisches Leitbild, in dem sich die zivilisatorische Mission kolonialer Herrschaft spiegelte. Er war das Modell, nach dem die Kolonisierten im Prozess kolonialer Subjektbildung transformiert werden sollten. Und oft genug war es der Körper des Europäers, der mit seiner alleinigen Präsenz koloniale Herrschaft vor den Augen der Kolonisierten präsentierte, insbesondere jenseits der kolonialen Zentren, in den abseits gelegenen Verwaltungsstationen im »Busch«.²⁴

Die Geschichte des kolonialen Körpers im Ersten Weltkrieg ist die Geschichte einer Krise. Seit den ersten kolonisierenden Schritten Europas in überseeische Gebiete gingen Körperdiskurse auch immer mit Vorstellungen der Krise einher. Wie Untersuchungen über die europäische Tropenmedizin gezeigt haben, wurde der Körper des kolonisierenden Europäers als in ständiger Bedrohung befindlich wahrgenommen. Die Tropen wurden dabei als ein von Krankheiten und ungesundem Klima heimgesuchter Ort gesehen, dessen Bevölkerung unter unhygienischen Bedingungen lebte, die diese Gefahren noch potenzierten. Hinzu kamen Ängste über ganz andere Körperpraxen, wie sie in den vermeintlich loseren Sexualvorstellungen der lokalen Bevölkerung vermutet wurden.²⁵ Erst die Schaffung einer neuen kolonialen Raumordnung, einer kolonialen Infrastruktur und eines rationalisierten und mit dem, was man Prothesen der Moderne nennen könnte, ergänzten Körpers vermochte das Überleben des Europäers in dieser Umgebung zu garantieren. Prothesen der Moderne – das waren all die Requisiten und Apparaturen einer metropolitanen Moderne, mit deren Hilfe die Europäer in Afrika nicht nur ihr Überleben zu sichern hofften, sondern auch ihre Identität als den Afrikanern qua ihres Monopols über die Moderne und ihren technologischen Segnungen überlegenen Kolonialherren.²⁶

---

24 Pesek, *Deutsch-Ostafrika*, S. 274
25 Warwick Anderson, »Disease, Race, and Empire«, in: *Bulletin of the History of Medicine* 70, (1996) 1, S. 62–67, insbesondere S. 63; David Arnold, »Introduction: disease, medicine and empire«, in: *Imperial medicineand indegenous societies*, hrsg. von David Arnold (Manchester: Manchester University Press, 1988), S. 1–26, insbesondere S. 3; Elisabeth M. Collingham, *Imperial Bodies. The Physical Experience of the Raj, c. 1800–1947* (Cambridge: Polity, 2001), S. 1; Philip D. Curtin, *Disease and empire: The health of European troops in the conquest of Africa* (Cambridge New York: Cambridge University Press, 1998), S. 28.
26 Michael Pesek, »Performing the Metropolitan habitus. Images of European modernity in cross-cultural encounters in 19th century Eastern Africa«, in: *Configurations of modernity*, hrsg. von Vincent Houben & Mona Schrempf (Frankfurt a. M.: Campus, 2008b), S. 41–66, insbesondere S. 43.

Die Geschichte der Etablierung kolonialer Herrschaft kann durchaus in diesem Sinne gelesen werden: Als Schaffung einer sozialen Ordnung, in der der Körper des Kolonialherren nicht nur überleben konnte, sondern auch die ihm zugewiesene Rolle als Repräsentation kolonialer Herrschaft erfüllen konnte. In Ostafrika musste der Gewaltraum des Krieges, so kann man an dieser Stelle vermuten, unweigerlich Konsequenzen für die koloniale Ordnung und deren Repräsentationen haben. Die Zerstörung kolonialer Infrastruktur barg die Gefahr in sich, auch die Grundlagen für die Inszenierung kolonialer Distinktionen zu zerstören und somit den Habitus des Kolonialherren seiner Repräsentationsmacht zu berauben. Mit der Transformation des Raumes kolonialer Herrschaft zu einem Gewaltraum, wo Gewaltpraktiken sich nun auch gegen den Körper des Kolonialherren richteten, war auch die koloniale Ordnung bedroht.

Diese Perspektive auf den kolonialen Körper ist im Wesentlichen inspiriert von Greg Denings Buch über die Meuterei auf der *Bounty*. Der australische Historiker schildert die soziale Ordnung des Schiffes als eine räumliche Anordnung, über die die sozialen Hierarchien symbolisiert wurden. Das Achterdeck war ein Ort der Autoritäten und ein Ort, an dem Autorität repräsentiert wurde. Da es nur von den Offizieren des Schiffes betreten werden durfte, war es auch ein Ort in und mit dem soziale Hierarchien und Differenzen praktiziert und repräsentiert wurden. Dening sieht in der Aufhebung dieser räumlichen Ordnung des Schiffes durch den Umbau zu einem botanischen Forschungsschiff den wesentlichen Grund für die Meuterei. Sie schränkten die Fähigkeit des Kapitäns William Bligh, seine Autorität zu repräsentieren in solchem Maße ein, dass die soziale Ordnung des Schiffes ins Wanken geriet.[27]

Deutsch-Ostafrika war indes nicht die abgeschlossene und überschaubare Welt eines Handelsschiffs der britischen Marine. Es war in seinen Grenzen weniger bestimmt und in seinen vielfältigen lokalen Konfigurationen auch unübersichtlicher. Bezeichnenderweise markiert Dening den Beginn der Krise auf der *Bounty*, die zur Meuterei kulminierte, in der Begegnung mit einer anderen Ordnung bzw. mit der Ankunft in einem durch andere Ordnungen konfigurierten Raum: Der Moment, als die Offiziere und Matrosen des Schiffes auf Tahiti landeten. Für mehr als fünf Monate pendelten die britischen Seeleute zwischen dem Schiff und dem Leben auf dem Land hin und her. Einige versuchten, sich der Ordnung des Schiffes durch Flucht

---

27 Greg Dening, *Mr Bligh's bad language – passion, power and theatre on the Bounty* (Cambridge: Cambridge University Press, 1992), S. 80ff.

zu entziehen. Letztendlich kollabierte die Ordnung des Schiffes und es kam zur Meuterei. Die koloniale Ordnung in Deutsch-Ostafrika war dagegen, wie bereits gesagt, ein Raum in dem ganz unterschiedliche Konfigurationen kolonialer Ordnung nebeneinander existierten, sich überlappten und in gewisser Weise auch einander transformierten. Die koloniale Ordnung in den urbanen Zentren der Küste etwa konfigurierte sich anders als im entfernten Bukoba am Viktoria-See. Nichtsdestotrotz war die Hauptstadt der Kolonie mit ihrem Gouverneurspalast und den geraden Straßen, die die Europäerviertel von denen der Inder und Afrikaner teilten, gleichsam ein Modell, nach dem die Zukunft anderer kolonialer Zentren gestaltet werden sollte. Bukoba wurde wiederum zu einem Modell für die deutsche Kolonialpolitik, nachdem der Staatssekretär Dernburg im Jahre 1907 die dortige Version des von den Briten abgeschauten Modells indirekter Herrschaft begutachtet und für nachahmenswert empfunden hatte.[28]

Doch nicht nur die Kolonialherren konfigurierten diesen Raum unterschiedlicher kolonialer Ordnungen, sondern auch die Afrikaner. Teils mit offenem, teils mit zähem passiven Widerstand drängten sie die Kolonialherren auf Inseln kolonialer Herrschaft zurück. Besonders in den Grenzregionen der Kolonie, an der portugiesisch-deutschen Grenze oder am Ostufer des Tanganyika-Sees gab es so manches No-Go-Gebiet, das die Deutschen wenn, dann nur mit starker militärischer Bedeckung betraten. Flucht, eine der häufigsten Formen des Widerstandes gegen die Deutschen, entvölkerte zeitweise ganze Landstriche. Mit ihrer Abwesenheit schränkten die Afrikaner die Bewegungsfreiheit der Kolonialherren ein, und wenn, wie Raumtheoretiker immer behaupten, Raum auch eine Konfiguration von sozialen Beziehungen ist, dann entkolonialisierten sie mit ihrer Flucht zumindest Teile des kolonialen Raums.[29] Mehr noch, die Ostafrikaner waren keine Inselbewohner, sie pflegten vielfältige Beziehungen zu anderen Regionen Afrikas und oft genug auch darüber hinaus, wie etwa die ostafrikanischen Händler, die rege Beziehungen zu Handelshäusern in Indien und im Oman hatten. Auch am Viktoria-See waren die Bewohner in ein etabliertes Beziehungsnetz bis nach Buganda eingebunden. Diese Kontakte beschränkten sich nicht auf den Austausch von Gütern, sie hatten auch vielfältige diplomatische und kulturelle Beziehungen etabliert.

---

28 Michael Pesek, *Praxis und Repräsentation*, S.199–225, insbesondere S. 211.
29 Zur Theorie von Raum als Konfiguration sozialer Beziehungen siehe vor allem: Henri Lefebvre, *The production of space* (Oxford: Blackwell, 2004).

Der Erste Weltkrieg trug wesentlich zu einer Rekonfiguration des kolonialen Raums in Ostafrika bei. Im Ergebnis des Weltkriegs wurde Deutsch-Ostafrika zum »Tanganyika-Territory« und somit Teil des britischen Empires. Ruanda und Burundi wurden Teil des belgischen Kolonialreiches. Damit eröffneten sich neue Kommunikationswege, alte dagegen versiegten. Die afrikanischen Eliten gingen nun nicht in Dar es Salaam oder Tanga zur Schule, sondern in Leopoldville im belgischen Kongo oder in Makerere in Uganda. Während des Krieges wurden in Ostafrika Truppen aus anderen Teilen Afrikas, aus Indien und Europa von den Alliierten eingesetzt. Diese Soldaten kämpften nicht nur, sie hatten auch ihre spezifischen Erfahrungen mit dem europäischen Kolonialismus im Gepäck. Sie öffneten somit neue Horizonte für ihre ostafrikanischen Kameraden. Und selbst die vielen Offiziere, die nun aus der Metropole nach Afrika kamen, lassen sich, wie ich zeigen werde, durchaus als Agenten einer Öffnung des kolonialen Raums interpretieren. Sie brachten zumindest neue Perspektiven auf die Rechte der afrikanischen Bevölkerung in einem Krieg mit.

Das Schlachtfeld als agonales Theater kolonialer Ordnungen

Schlachtfelder sind Begegnungsräume der besonderen Art. Hier stehen sich militärische Ordnungen agonal gegenüber. Stimmt die These, dass der Erste Weltkrieg in Ostafrika in vielem eine Kontinuität zur kolonialen Ordnung der Vorkriegsjahre darstellte, dann lässt dieser Begegnungsraum auch einige Rückschlüsse auf die jeweiligen kolonialen Ordnungen zu, in der die Soldaten und Offiziere eingebettet waren. Dies gilt um so mehr, als dass die kolonialen Ordnungen der Vorkriegsjahre, wenn nicht in ihrem Grundcharakter, dann doch in ihrem Habitus, in ihrem Flair oftmals militärische Ordnungen waren. Sie waren von Militärs gemacht und militärische Muster waren tief in das Verhältnis von Kolonialherren und Kolonisierten eingeprägt. Kolonialarmeen wiederum waren eben nicht nur durch metropolitane Militärtraditionen, sondern auch durch koloniale Praktiken und Diskurse beeinflusst. Auch wenn die belgische *Force Publique*, die Schutztruppe, die britischen *King's African Rifles* und das *Rhodesia Native Regiment* sich in Vielem ähnelten, so gab es doch einige markante Unterschiede. Diese Unterschiede hatten ihre Ursachen in den unterschiedlichen kolonialen Kulturen und Ordnungen der Belgier, Briten und Deutschen. Mehr noch waren sie auch Produkte der jeweils ganz eigenen Aushandlungsprozesse zwischen den lokalen Kulturen und den europäischen Ordnungsvorstellungen.

Diesem Buch wohnt daher in einem gewissen Sinne ein Vergleich ganz unterschiedlicher Konfigurationen kolonialer Ordnungen inne. Was diese Konfigurationen miteinander gemein hatten, war die Dynamik des Gewaltraums des Ersten Weltkriegs. In dieser Dynamik lag nicht nur ein großes zerstörerisches Potential, das die bestehenden kolonialen Ordnungen, seien sie nun politischer und repräsentativer Natur, in ihren Grundfesten zu erschüttern in der Lage war. Vielmehr lag in dieser Dynamik auch ein Potential des Wandels. Denn mit den durch die Lande streifenden Truppen kamen auch ganz unterschiedliche Vorstellungen und Praxen kolonialer Herrschaft daher. Die Schlachtfelder des Ersten Weltkrieges waren nicht zuletzt Begegnungsräume europäischer Kolonialmächte und ihrer spezifischen kolonialen Ordnungsvorstellungen.

Die unmittelbare Konfrontation von vier europäischen Kolonialmächten im Gewaltraum des Ersten Weltkrieges ging auch mit der Herausbildung eines Diskursraums über die jeweilige Identität als Kolonialmacht einher. Angesichts der bisweilen geradezu prätentiösen Art, in der die Akteure sich hierbei äußerten und entäußerten, ist man geneigt, von einem regelrechten Theater zu sprechen. Auf der Bühne dieses Theaters, die in den Erinnerungsbüchern der Kriegsteilnehmer mitunter zum Vorschein kommt, gab es einigermaßen feste Rollen: Da waren die kolonial erfahrenen und oft als etwas arrogant erscheinenden Briten, die gekränkten und auf Rache für Ypres und Antwerpen sinnenden Belgier, die ewig mit ihrer Unfähigkeit kämpfenden Portugiesen und schließlich die ebenso brutalen wie rätselhaften Deutschen.

Ein agonales Theater der besonderen Art spielte sich in den Kriegsgefangenenlagern in Ostafrika ab. Die Schauspieler, wenn man so sagen kann, waren vornehmlich britische Zivilpersonen, die in den ersten Monaten des Krieges in deutsche Internierungslager verbracht wurden und dort bis zu zwei Jahren verbringen mussten. Die Impresarios und Regisseure waren die deutschen Lagerkommandanten und ihre afrikanischen Wachmannschaften. Das Publikum sollte die afrikanische Bevölkerung geben. Das Stück, das in den Lagern aufgeführt wurde, könnte »Die weißen Sklaven Afrikas« geheißen haben, wie ein britischer Missionar in seinem Buch über die Gefangenschaft schrieb.[30] Für die Verantwortlichen mochte das Stück eher als eine Zurschaustellung der britischen (und später deutschen) Staatsbürger als unterlegener und schwacher Feind gedacht gewesen sein. Die Inszenierung der Kriegsgefangenen vor einem afrikanischen Publikum aber war eine veritable Verkehrung kolonialer Ordnung, wie sie vor dem Krieg bestanden hatte. Belgier und Briten revanchierten sich in einer gewissen Weise, wenn auch nicht in dem Umfange, als sie die deutsche Kolonie eroberten. Wie wohl kaum ein anderes Beispiel verweist das Schicksal der kriegsgefangenen Zivilisten auf den Wandel der kolonialen Ordnung im Krieg. Wo vor dem Krieg das Europäische doch einen gewissen Stellenwert im Selbstbewusstsein der Kolonialherren gehabt hatte, war nun das Agonale des Nationalen getreten.

---

30 Ernest Frederick Spanton, *In German Gaols: a narrative of two years captivity in German East Africa* (London: Society for Promoting Christian Knowledge, 1917), S. 63.

Schlachtfelder

Der Krieg in Ostafrika 1914–1918

Die ersten Kriegswochen waren in Deutsch-Ostafrika von einer gewissen Konfusion geprägt. In der Kolonie verfügte man nur über spärliche Nachrichten aus Europa. Am 1. August 1914 hatte das Gouvernement ein Telegramm aus Berlin bekommen, das den Ausbruch des Krieges in Europa vermeldete. Einen Tag später wurde dem Gouvernement in einem weiteren Telegramm zugesichert, dass das Kaiserreich nicht die Absicht habe, seine Kolonien in den Krieg hineinzuziehen. Mit Kriegsbeginn wurden Nachrichten aus der Heimat zunehmend zur Mangelware, denn die Briten taten alles, um die Deutschen von der Heimat abzuschneiden. Am 8. August bombardierte die *Royal Navy* Dar es Salaam, die Hauptstadt der Kolonie, und zerstörte den dortigen Funkturm. Gleichzeitig verhängte die *Navy* eine Blockade über die Häfen der deutschen Kolonie.[1] Auch aus den entfernteren Winkeln der Kolonie, von den Grenzen, kamen zunächst nur spärliche Nachrichten: Einige Wochen war den Deutschen nicht klar, dass auch Belgien und damit der benachbarte Kongo zu den Kriegsgegnern gehören würden. Erst ein aus belgischer Gefangenschaft geflohener deutscher Kaufmann brachte den Behörden in der Kolonie die Meldung, dass auch das als neutral vermutete Belgien zu den Kriegsgegnern zu rechnen sei. Vom Einmarsch deutscher Truppen in Belgien hatte das Gouvernement bis dahin keine Kenntnis gehabt. Selbst als Nachrichten vom Krieg die Hauptstadt der Kolonie erreicht hatten, dauerte es mitunter mehrere Tage oder Wochen, bis diese Kunde auch in die entferntesten Winkel der Kolonie vorgedrungen war. Dass der Krieg dann auch in den Kolonien selbst ausgebrochen war, erfuhr ein deutscher Schiffskapitän auf dem Viktoria-See daher erst nach zwei Wochen und dies erst, nachdem ein englischer Dampfer sein Boot be-

---

1 Heinrich Schnee, *Deutsch-Ostafrika im Weltkriege - wie wir lebten und kämpften* (Leipzig: Quelle & Meyer, 1919), S. 26, 58.

schossen und die gesamte Besatzung gefangen genommen hatte.² Ähnlich erging es einem englischen Zollangestellten an der Grenze zwischen Deutsch-Ostafrika und Britisch-Ostafrika. Wie wohl jeden Tag hatte er von seinem deutschen Gegenüber eine Zigarette erbetteln wollen. Anstelle einer Zigarette ereilte ihn der Tod durch die Kugel des *Askari*. Dem herbeigeeilten britischen Offizier des Grenzpostens bedeutete der deutsche Vorgesetzte des *Askari*, dass nunmehr beide Nationen im Krieg seien: auch in Ostafrika.³

Unter den Deutschen in der Kolonie, obwohl in der Mehrzahl eher national und konservativ gestimmt, begeisterte die Aussicht auf einen Krieg in Ostafrika nur Wenige. Europa war weit und viele legten ihre Hoffnungen in die Kongoakte; hatte sie doch im Fall von kriegerischen Ereignissen in Europa eine Neutralität der Kolonien vorgesehen.⁴ So dachte auch Gouverneur Heinrich Schnee, oberster Zivilbeamter der Kolonie und gleichzeitig nomineller Oberbefehlshaber über die Schutztruppen. Ihm zufolge habe die deutsche Regierung bis Ende August 1914 versucht, eine Neutralitätsvereinbarung für Afrika zu treffen, um militärische Auseinandersetzungen mit den benachbarten Briten und Belgiern zu vermeiden. Doch die Bemühungen der Diplomaten waren eher halbherzig und auch Schnee hatte kaum die Macht, die folgenden Ereignisse aufzuhalten. Dennoch waren seine Argumente gegen den Krieg in der Kolonie nicht von der Hand zu weisen. Die Deutschen, so der Gouverneur, seien von den Alliierten umzingelt: im Norden von den Briten, im Westen von den Belgiern und im Süden wiederum von den Briten und dann gab es auch noch die Portugiesen. Sie verhielten sich zwar anfangs neutral, jedoch spätestens im Jahre 1915 kam es immer wieder zu Grenzscharmützeln zwischen portugiesischen und deutschen Einheiten. Abgeschnitten vom Heimatland werde es den Deutschen unmöglich sein, gegen einen übermächtigen Feind lange zu bestehen, argumentierte Schnee. Die Deutschen müssten mit ihren afrikanischen Solda-

---

2 Deutsch-Ostafrika. Kaiserliches Gouvernement, *Zusammenstellung der Berichte über die in den August, September, Oktober 1914 stattgefundenen Gefechte der Kaiserlichen Schutztruppe für Deutsch-Ostafrika* (Morogoro: Regierungsdruckerei, n.d. [1914]), S. 7; DKB, 15.12.19 (Nr. 21–24), Die Schuldfrage, betreffend die Übertragung der Feindseligkeiten auf das Kongobecken.

3 Artur Heye, *Vitani: Kriegs- und Jagderlebnisse in Ostafrika, 1914–1916* (Leipzig: Grunow, 1922), S. 43.

4 Schnee, *Deutsch-Ostafrika*, S. 28; Hodges, *Carrier Corps*, S. 21; Melvin E. Page, »Black man in a white man's war«, in: *Africa and the First World War*, hrsg. von Melvin E. Page (New York: St. Martin's Press, 1987), S. 1-27, insbesondere S. 3.

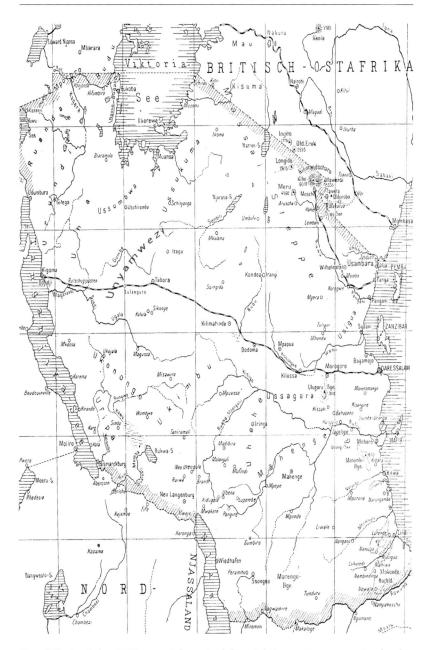

Ostafrika im Jahre 1914, verzeichnet sind die wichtigsten Ortsnamen in der damaligen deutschen Schreibweise

ten, den *Askari*, gegen europäische Truppen kämpfen. Dafür seien sie weder ausreichend ausgebildet noch ausgerüstet. Der Krieg der Europäer auf afrikanischem Boden berge unkalkulierbare Risiken für die Kolonialherrschaft nicht nur des Kaiserreiches, sondern aller europäischer Kolonialmächte. Wenn, wie zu erwarten, die koloniale Ordnung in den Wirren des Krieges zusammenbreche, bestehe die Gefahr, dass sich die Bevölkerung gegen die Europäer erheben werde.[5] Schnee stand mit dieser Einschätzung nicht allein. Neben dem Gouverneur und der Zivilverwaltung waren es vor allem Missionare und Siedler, die dem Krieg auf ostafrikanischem Boden wenig abgewinnen konnten. Selbst unter den Militärs gab es erhebliche Meinungsverschiedenheiten.

All diese Argumente konnte auch Lettow-Vorbeck, der wenige Monate zuvor zum kommandierenden Offizier der Kolonialtruppen ernannt worden und in der Kolonie angekommen war, nicht von der Hand weisen. Auch ihm war durchaus bewusst, dass, egal was immer er hier erreichte, der Krieg in Europa entschieden werden würde. Dennoch war er fest davon überzeugt, dass er in Ostafrika einen Beitrag für den deutschen Sieg in Europa leisten könne. Sein Plan war simpel: Er wollte so viele britische Truppen so lange als möglich in Ostafrika binden.[6] Diese Haltung lag wenig im Sinne der Kolonialbehörden und des Außenministeriums, wohl aber im Sinne des deutschen Generalstabs. Bereits um die Jahrhundertwende hatten die Militärs in Deutschland, wie im Übrigen auch die des Empires, Pläne für den Kriegsfall in den Kolonien parat.[7] So mag es wenig Zweifel darüber geben, dass Lettow-Vorbeck nicht umsonst kurz vor dem Krieg nach Ostafrika, der größten deutschen Kolonie, geschickt worden war. Er galt als des Kaiserreiches erfahrenster Kolonialoffizier.

Wie Schnee war auch der Gouverneur der britischen Kolonie, Sir Henry Conway Belfield, kein Befürworter des Krieges. Und auch hier äußerten Missionare und Siedler große Vorbehalte. Aber die Verantwortlichen in London hatten eine andere Sicht der Dinge. Führende Militärs und Politiker, darunter zunächst auch der britische Kriegsminister Lord Herbert Kitchener, fürchteten, dass deutsche Häfen an der ostafrikanischen Küste als Basen von Kriegsschiffen genutzt werden könnten, die im Indischen Ozean Jagd auf britische Versorgungsschiffe aus Indien machten. Von dort kamen wichtige Kriegsmaterialien und auch Soldaten, die von den Briten in großer

---

5 Schnee, *Deutsch-Ostafrika*, S. 28.
6 Ebd. S. 43.
7 Hodges, *Carrier Corps*, S. 18; Hodges, *Military Labour*, S. 137–151, insbesondere S. 137.

Zahl auf den europäischen Kriegsschauplätzen eingesetzt wurden. Für das *Colonial Office* und das *Indian Office*, die zu Kriegsbeginn in erster Linie für die militärischen Operationen in Ostafrika verantwortlich zeichneten, schienen die Deutschen und ihre afrikanischen Soldaten keine ernstzunehmenden Gegner zu sein. Im Sommer 1914 gingen die britischen Militärs von einem schnellen Ende der Kämpfe auf diesem Kriegsschauplatz aus. Bereits Ende des 19. Jahrhunderts hatten britische Militärplaner Pläne für eine Invasion der deutschen Kolonie entworfen. Als der Krieg begann, öffneten die Verantwortlichen die Schubladen und holten diese mittlerweile etwas verstaubten Pläne wieder hervor. Die *Royal Navy* sollte zunächst die Seewege blockieren und die wichtigsten Hafenstädte im Handstreich nehmen. Von Uganda und dem Kilimanjaro her würden britische Truppen in das Kerngebiet der Kolonie vorrücken und leichtes Spiel mit den verstreuten Kräften der Deutschen haben. Aufstände der afrikanischen Bevölkerung in der Kolonie würden ihr Übriges tun, die schwachen deutschen Truppen in die Knie zu zwingen.[8]

Im Westen grenzte die deutsche Kolonie an den belgischen Kongo. Die Belgier nahmen in den ersten Wochen eine eher abwartende Haltung ein. Überrascht vom deutschen Einmarsch in Belgien, mussten sich die Belgier jedoch schnell damit abfinden, nunmehr als Kriegspartei in diesen Krieg hineingezogen worden zu sein. Sowohl im belgischen Kolonialministerium als auch in der belgischen Kolonie selbst formierte sich Ende des Jahres 1914 alsbald eine starke Lobby für den Krieg in Afrika. Während der Kolonialminister in einer Eroberung des deutschen Nordwestens eine Möglichkeit sah, Verhandlungsmasse für etwaige Friedensgespräche in die Hand zu bekommen, waren belgische Kolonialmilitärs, wie etwa der Befehlshaber des Kivu-Distrikts Josué Henry, davon überzeugt, dass die Deutschen einer koordinierten alliierten Offensive im Nordwesten nichts entgegenzusetzen haben würden. Bereits im Oktober 1914 loteten Belgier und Briten die Möglichkeiten einer gemeinsamen Offensive in Ostafrika auf einer Konferenz im kongolesischen Kabati aus. Doch bereits in diesen ersten Wochen wurden die Verantwortlichen in der belgischen Kolonie mit der unzulänglichen Infrastruktur in ihrem riesigen Territorium konfrontiert. Allein für die Verlegung ihrer Truppen an die Ostgrenze, so schätzten die Belgier, würden sie mehrere Monate brauchen. Mehr noch, die ersten Kämpfe hatten bei den Alliierten manche Illusion über die Fähigkeit und den Willen der Deut-

---

[8] Hodges, *Carrier Corps*, S. 18; Forster, *The Quest for East African Neutrality*, S. 73-82, insbesondere S. 73.

schen, in Ostafrika zu kämpfen, beiseite gewischt. Beide Seiten kamen schließlich überein, dass eine schnelle Eroberung der deutschen Kolonie 1914 nicht zu machen sei. Belgier und Briten versicherten sich der gegenseitigen Unterstützung im Falle deutscher Angriffe. Für die geplante Offensive rechneten die Verantwortlichen mit mehr als einem Jahr intensiver Vorbereitungen. Drei Monate nach der Konferenz wurden die Vereinbarungen von Kabati von der britischen und belgischen Regierung bestätigt.[9]

Auch Portugals Rolle im ostafrikanischen Krieg war zunächst zwiespältig. Einerseits versuchte es, seine Neutralität auch im östlichen Afrika aufrechtzuerhalten. Andererseits gab es eine starke Lobby in der portugiesischen Regierung, die die sich bietende Gelegenheit nutzen wollte, einige strittige Grenzfragen mit den Deutschen zum eigenen Vorteil zu lösen. Deutsche Vorstöße auf das Gebiet der portugiesischen Kolonie machten die Wahrung der Neutralität darüber hinaus zu einem schwierigen Unterfangen. Typisch für den Krieg im Süden begannen die militärischen Auseinandersetzungen eher zufällig. Zum ersten deutschen Angriff auf Portugiesisch-Ostafrika kam es, weil ein deutscher Arzt, der sich auf einer Expedition befand, die Portugiesen verdächtigte, für die Desertion seiner Träger verantwortlich zu sein. Als Vergeltung griff er kurzerhand einen portugiesischen Posten an. Die portugiesischen Kommandeure vor Ort ließen sich, Neutralität hin oder her, schnell auf diesen kleinen Grenzkrieg ein und übertraten im Gegenzug wiederholt die Grenze zur deutschen Kolonie. Zu größeren Offensivaktionen aber waren die Militärs hier weder willens noch in der Lage. Die Deutschen verfügten entlang der Grenze nur über wenige Truppen. Der Norden der portugiesischen Kolonie war weitestgehend bar jeglicher Infrastruktur und die portugiesischen Truppen in einer bedenklich schlechten Verfassung. Immerhin schickte die Regierung in Lissabon Ende 1914 Verstärkungen von 1.500 Mann in die Kolonie. Doch erst am 16. März 1916 trat Portugal auch in Ostafrika offiziell in den Krieg ein.[10]

---

9 William Roger Louis, *Ruanda-Urundi* (Oxford: Oxford University Press 1963), S. 214; Paice, *The African Front*, S. 97.

10 Paice, *The African Front*, S. 140; Deutsches Kolonialblatt (im folgenden DKB), 1915, Der Krieg in den deutschen Schutzgebieten, 2. Mitteilung, S. 10.

1914–1916

Der Krieg begann in der deutschen Kolonie mit einem Militärputsch. Nach den ersten Bombardements deutscher Küstenstädte machte Schnee einen letzten Versuch, den Frieden zu wahren und erklärte die Hafenstädte der Kolonie zu offenen Städten. Lettow-Vorbeck sah darin Verrat und weigerte sich, Schnees Weisungen länger Folge zu leisten. Schnee war zwar als Gouverneur formell der Oberbefehlshaber der Kolonialtruppen, doch nach dem Angriff britischer Kriegsschiffe auf Dar es Salaam blieb ihm nur ein geringer Spielraum. Aus Berlin kamen mehr als unklare Weisungen. Das Oberkommando des Heeres hatte die Losung »Defensive mit offensiven Optionen« herausgegeben. Schnees Interpretation legte mehr Wert auf das Wort Defensive, Lettow-Vorbeck dagegen bevorzugte die offensive Option. Lettow-Vorbeck sah kaum noch Gründe, den Weisungen seines nominellen Vorgesetzten zu folgen. Die ersten Wochen des Krieges waren von diesem Konflikt zwischen Zivilverwaltung und Militär auf deutscher Seite beherrscht. Ordnete Lettow-Vorbeck die Übernahme der Befehlsgewalt über die Küstenstädte durch seine Militärs an, so wurde diese Weisung umgehend von Schnee widerrufen. Befahl Schnee die Verlegung der Truppen in den Süden, um etwaigen Aufständen zuvorzukommen, machte Lettow-Vorbeck diese Anordnung umgehend rückgängig und befahl, die Truppen an den Nord- und Westgrenzen der Kolonie zu konzentrieren. Beide wandten sich zur Lösung ihrer Konflikte mit Telegrammen an den Kaiser und die Behörden in der Heimat. Der zuständige Kolonialstaatssekretär Wilhelm Solf weigerte sich jedoch, die Telegramme der Kontrahenten dem Kaiser vorzulegen. In Deutschland hatte man längst andere Sorgen und die Kolonie spielte in den Kalkülen der Militärstrategen und Politiker bestenfalls eine untergeordnete Rolle.

Längst auch hatte Lettow-Vorbeck seine Truppen an der Nordgrenze der Kolonie postiert und war für einen Angriff auf britische Stellungen bereit. Wenige Tage später überschritten deutsche Einheiten die Grenze zur britischen Kolonie und die Kampfhandlungen zu Lande begannen. Am 15. August 1914 griffen aus Schützenvereinen hervorgegangene Freiwilligen-Kompagnien und Einheiten der Schutztruppen unter dem Kommando des Kolonialkriegsveteranen Tom von Prince den englischen Posten Taveta an und besetzten ihn. Prince war neben Lettow-Vorbeck einer der vehementesten Befürworter des Krieges. Beide Offiziere verband eine lange Freundschaft, sie hatten sich zu Beginn ihrer militärischen Laufbahn kennen gelernt. Taveta war zwar ein nur kleiner Ort mit kaum mehr als ein paar Dutzend Hütten, aber für beide Seiten von hohem strategischen Interesse. Kaum 15 Kilometer nördlich von Taveta verlief die Uganda-Bahn, die wichtigste infrastrukturelle Ader der britischen Kolonie. Südlich von Taveta begannen die Pare-Berge und die Kilimanjaro-Region. Wer diese Bergrücken besetzte, konnte mit nur wenigen Truppen das Grenzgebiet zwischen der britischen und deutschen Kolonie kontrollieren. Die Kämpfe um Taveta dauerten kaum mehr als ein paar Stunden. Sie forderten den Tod des ersten deutschen Unteroffiziers, drei *Askari* wurden verwundet.[11] Die Deutschen bauten nach der Einnahme Tavetas Befestigungsanlagen und stationierten dort eine Garnison. Erst Anfang 1916 waren die Briten in der Lage, Taveta zurückzuerobern, das bis zu diesem Zeitpunkt zu einer wichtigen Basis für deutsche Patrouillen gegen die Uganda-Bahn geworden war.

Nach der Eroberung Tavetas meldete Prince Lettow-Vorbeck, dass die deutsche Fahne nun auf britischem Territorium wehe. In der Kolonie selbst war der Krieg in den ersten Wochen ein Ereignis, das zwar seine ersten Todesopfer forderte, dessen Auswirkungen auf das Leben der Europäer und Afrikaner aber kaum spürbar waren. Nur in den Grenzregionen der Kolonie kam es zu vereinzelten Scharmützeln und sie waren kaum der Rede wert. Aber sie etablierten eine Routine des Krieges, die Schnee nicht ignorieren konnte. Am 22. August 1914 kam es zu ersten Gefechten mit belgischen Einheiten, als ein deutscher Dampfer, der mit Revolverkanonen armiert und einigen Dutzend *Askari* bemannt worden war, belgische Stellungen und Ortschaften an der Westküste des Tanganyika-Sees beschoss. An den Küsten der deutschen Kolonie tauchten englische Kriegschiffe auf. Am 23. August bombardierten sie die Stadt Bagamoyo, eine Woche später Jassini, ein kleines Nest unweit der Hafenstadt Tanga. Die Verwüstungen durch die Bombardements hielten sich in Grenzen. Nicht zuletzt, weil die britische *Navy* offensichtlich wenig klare Instruktionen bekommen hatte, welche Aufgaben sie an der Küste der deutschen Kolonie zu erfüllen hatte. Dem Beschuss von Bagamoyo gingen mehrstündige Verhandlungen der *Navy* mit den Deutschen voraus, während derer genug Zeit für die Deutschen blieb, die Stadt zu räumen. So glichen die ersten britischen Bombardements eher Schüssen aus einer Schreckschusspistole als dass sie einem klaren Ziel folgten. Aber es gab auch erste Opfer unter der Zivilbevölkerung: Bei der

---

11 Hering, Bericht über das bei Taveta am 15. August stattgehabte Gefecht, in: Deutsch-Ostafrika. Kaiserliches Gouvernement, *Zusammenstellung*, S. 7.

Bombardierung von Dar es Salaam verloren gut ein Dutzend Askarifrauen ihr Leben, weil sie sich geweigert hatten, ihre Häuser zu verlassen.

Auf britischer wie auch auf deutscher Seite waren zunächst Siedler in den Einheiten stark vertreten. Die deutschen Truppen, die gegen Taveta vorrückten, bestanden aus einer deutschen Freiwilligenkompanie, einer regulären Schutztruppenkompanie und mehreren irregulären afrikanischen Kriegern. Zu Beginn des Krieges hatten die Deutschen es vermocht, schnell aus den in der Kolonie bestehenden Schützenvereinen Freiwilligeneinheiten zu bilden. Sie hatten in Friedenszeiten als eine stille Reserve im Falle von Aufständen der lokalen Bevölkerung dienen sollen. Doch bereits in den letzten Jahren vor Kriegsbeginn kalkulierten die Verantwortlichen die Schützenvereine mit ein, wenn es um einen möglichen Krieg mit den benachbarten Briten ging. In der nördlichen Grenzregion unterstand die Rekrutierung und Organisation der Siedlerkompanien Tom von Prince.

Ähnlich sah es auf britischer Seite aus. Sobald Nachrichten vom Krieg die Hauptstadt Nairobi erreichten, formierten sich in den Treffpunkten der Europäer Freiwilligeneinheiten. Der Gouverneur Belfield sah dies mit gemischten Gefühlen. Noch hegte er die Hoffnung, dass der Krieg Ostafrika nicht erreichen würde. Die Freiwilligen jedoch, oftmals ehemalige Offiziere der Kolonialarmee, waren entschlossen, den Strauß mit den Deutschen auf ostafrikanischem Boden auszufechten. Ihren rasch formierten Einheiten gaben sie wohlklingende Namen wie *Bowker's Horse*, *Plateau South Africans*, *Legion of Frontiersmen*, oder *Wessel's Scouts*. Weitaus weniger Sorgfalt widmeten sie ihrer militärischen Ausbildung und Disziplin. Streitigkeiten aufgrund der Unterordnung der einst in Offiziersrang stehenden Freiwilligen in die neu etablierte militärische Hierarchie waren an der Tagesordnung. Militärischer Drill und Waffenübungen waren dagegen eine Seltenheit. Die Freiwilligen konnten nur mit Mühe zum Exerzieren gebracht werden, vermerkte mit einiger Bitterkeit der britische Offizier Richard Meinertzhagen.[12] Die Freiwilligeneinheiten wurde in zwei Regimentern zusammengefasst: in das *East Africa Regiment* und die *East African Mounted Rifles*. Sorgfältig achteten die europäischen Freiwilligen auf eine Trennung von den afrikanischen Truppen der Kolonie, den *King's African Rifles*.[13]

---

12 R. Meinertzhagen, *Army Diary, 1899–1926* (London: Oliver & Boyd 1926), S. 75; Christopher James Wilson, *The story of the East African Mounted Rifles* (Selbstverlag 1938), S. 10.
13 Farwell, *The Great War*, S. 121.

Die Einberufung der deutschen Kriegsfreiwilligen

Die *King's African Rifles* waren das britische Pendant zur deutschen Schutztruppe. Zu Kriegsbeginn verfügte das Regiment über vier Bataillone, von denen eines im Nyassaland, zwei in Buganda und eines in Britisch-Ostafrika stationiert waren. Ironischerweise waren zwei weitere Bataillone der *King's African Rifles* wenige Monate vor Kriegsbeginn aufgelöst worden. Aus dem demobilisierten Nyassaland-Bataillon konnten die Deutschen zu Beginn des Krieges eine Reihe von *Askari* rekrutieren. Das *War Office* und das *Indian Office*, die für die militärischen Operationen in Ostafrika verantwortlich waren, hatten seit ehedem ein geringes Vertrauen in die lokalen Truppen. 1897 hatten die sudanesischen Freiwilligen der *Uganda Rifles*, dem Vorläufer der *King's African Rifles*, gemeutert. Für die Niederschlagung dieser Meuterei hatte das Empire vier Jahre gebraucht und hohe Kosten an Menschen und Material in Kauf nehmen müssen.

Auf deutscher Seite machten die verantwortlichen Offiziere um Lettow-Vorbeck mit einer Trennung von afrikanischen und europäischen Einheiten eher schlechte Erfahrungen. Und mehr noch, die deutschen Kriegsfreiwilligen erwiesen sich in den ersten Kämpfen als wenig kampfstark. Den Haupt-

Eine aus Freiwilligen bestehende Schützenkompanie zu Beginn des Krieges

anteil am Sieg von Taveta hatten die *Askari* der regulären Schutztruppe, denen es gelang, nach einem heftigen und kurzen Kampf die englischen Stellungen einzunehmen. Währenddessen waren die Siedler noch im Busch herumgeirrt und hatten ihre Maschinengewehre und den Weg zu den feindlichen Stellungen gesucht. Diese Erfahrung trug wohl maßgeblich dazu bei, dass in den nächsten Wochen und Monaten die Trennung zwischen europäischen und afrikanischen Truppen mehr und mehr aufgehoben wurde und die Deutschen in die regulären Schutztruppeneinheiten integriert wurden.[14]

Der Krieg begann langsam und er begann mit kleinen Scharmützeln und Patrouillengefechten. Im September kam es zu einigen kleineren Kämpfen vor allem im Kilimanjaro-Gebiet und am Viktoria-See. Deutsche Truppen griffen immer wieder britische Stellungen in der Massaisteppe und

---

14 Deutsch-Ostafrika. Kaiserliches Gouvernement, *Zusammenstellung der Berichte über die in den Monaten November, Dezember 1914 und Januar 1915 stattgefundenen Gefechte der Kaiserlichen Schutztruppe für Deutsch-Ostafrika nebst Nachtrag über die in den Monaten August bis Oktober stattgefundenen Gefechte* (Morogoro: Regierungsdruckerei, n.d. [1915]), S. 7.

nördlich des Pare-Gebirges an. Ziel war meist die Aufklärung, gelegentlich gab es auch Sprengpatrouillen gegen die Ugandabahn. In dieser frühen Phase des Krieges war die Taktik der Deutschen von der mobilen Expedition oder auch Patrouille geprägt. Das Maschinengewehr und die Handfeuerwaffen der *Askari* dominierten die Bewaffnung der Schutztruppe. Mobile Feldgeschütze kamen nur selten zum Einsatz. Im Großen und Ganzen begann der Erste Weltkrieg in Ostafrika mit einer Art der Kriegsführung, wie sie in den Kolonialkriegen durchaus üblich war. Daran änderten auch die eiligst angelegten Verteidigungsanlagen der Briten nichts. Im Erstürmen solcher Befestigungen mit Infanteriewaffen und wenigen Geschützen waren die Deutschen seit Beginn der kolonialen Eroberung bestens vertraut. In der Tat lesen sich die Gefechtsberichte häufig wie Berichte kolonialer Eroberungsexpeditionen.[15]

Zeitzeugen beschrieben diese ersten Tage und Wochen der Kampfhandlungen mitunter eher in der Tonlage von Abenteuerzügen und Jagdausflügen. Es war eine Phase des Krieges, die von manchem europäischen Kombattanten als Abenteuer und Gentlemen-Krieg gesehen wurde.[16] Noch waren in die einzelnen Scharmützel nur wenige Dutzend, selten mehr als einige Hundert Mann verwickelt. Und auch die Dauer der einzelnen Gefechte beschränkte sich in der Regel auf einige wenige Stunden. In den ersten beiden Kriegsmonaten verloren die Deutschen weniger als Hundert *Askari* und 22 deutsche Offiziere oder Unteroffiziere. 46 wurden verwundet und neun gerieten in Gefangenschaft. Nach deutschen und britischen Quellen waren die britischen Verluste ungleich höher. Die ersten Gefechte, glaubt man den detaillierten Gefechtsberichten der Schutztruppe, verliefen für die Deutschen oft erfolgreich; nur selten mussten sie solche herbe Verluste hinnehmen, wie bei einem Landungsversuch bei Karongo am britischen Ufer des Nyassa-Sees, bei dem an einem Tag fast ein Dutzend deutscher Offiziere und Unteroffiziere, und viele *Askari* und Träger innerhalb weniger Stunden fielen.[17]

Die Kämpfe wurden mit Beginn des Oktobers 1914 vor allem an der Nordgrenze der Kolonie intensiver. Bei Gazi, unweit der Küste des Indischen Ozeans gelegen, stießen die deutschen Truppen auf gut ausgebaute

---

15 Siehe die einzelnen Berichte, in: Deutsch-Ostafrika. Kaiserliches Gouvernement, *Zusammenstellung*, S. 7–80.
16 Farwell, *Great war in Africa*, S. 125.
17 Bericht über das am 12.9.1914 stattgehabte Gefecht bei Kisii, in: Deutsch-Ostafrika. Kaiserliches Gouvernement, *Zusammenstellung*, S. 54–55.

Verteidigungsstellungen und heftigen Widerstand der Briten.[18] Am 7. Oktober griffen vier deutsche Kompanien den kleinen Ort an, ohne jedoch die feindlichen Stellungen erobern zu können. Die Lage im Nordosten der Kolonie ließ Lettow-Vorbeck und seinen Offizieren kaum einen Zweifel daran, dass die Briten mit den Vorbereitungen zu einer großangelegten Invasion begonnen hatten. Die Strategie der Deutschen, die Briten mit Offensivaktionen in Schach zu halten, hatte ihnen zwar ein paar Wochen Atempause verschafft, nun aber mehrten sich die Indizien für eine bevorstehende Ankunft starker indischer Truppenverbände in Ostafrika. Die Frage war nur noch, wann und wo die Briten ihren Angriff beginnen würden. Lettow-Vorbeck vermutete drei mögliche Landungsorte britischer Truppen: Dar es Salaam, den Viktoria-See oder die nördlichste deutsche Hafenstadt Tanga. Dar es Salaam war vor allem wegen der dort beginnenden Mittelland-Bahn, der zentralen Verkehrsader der deutschen Kolonie, eine interessante Option für die Briten. Der Viktoria-See bot aufgrund der leichten Schiffbarkeit und der geringen deutschen Kräfte vor Ort Vorteile. Hier lagen außerdem die für die Versorgung der deutschen Truppen mit Lebensmitteln wichtigsten landwirtschaftlichen Anbaugebiete. Doch Lettow-Vorbeck setzte auf einen Angriff der Briten bei Tanga und konzentrierte seine Truppen vor allem im Nordosten der Kolonie.[19]

Lettow-Vorbeck behielt recht. Anfang November gingen britische Einheiten am Kilimanjaro und in Tanga zur Offensive über. Am 2. November begannen die Briten einen schlecht vorbereiteten und nur halbherzig durchgeführten Landungsversuch bei Ras Kasone, einer der Hafenstadt Tanga vorgelagerten Halbinsel. Zahlenmäßig waren sie den Deutschen haushoch überlegen. 8.000 britische und indische Soldaten, unterstützt von der Artillerie der vor der Küste kreuzenden Schiffe, wurden in den Kämpfen insgesamt eingesetzt. Ihnen standen etwa 1.200 *Askari* der deutschen Schutztruppe und mehrere Dutzend Freiwilliger gegenüber. Doch weder konnten die Briten das Überraschungsmoment für sich nutzen, noch wussten sie ihre Schiffsartillerie effektiv gegen die deutschen Stellungen einzusetzen. Zu Beginn der Kämpfe hatten die Deutschen nur einen Bruchteil ihrer Truppen vor Ort. Nur eine Kompanie stand am ersten Tag zur Verteidigung der Stadt zur Verfügung. Aber die Briten ließen den Deutschen genug Zeit, ihre

---

18 Bericht über das am 7. Oktober 1914 stattgehabte Gefecht bei Gazi, in: Deutsch-Ostafrika. Kaiserliches Gouvernement, *Zusammenstellung*, S. 84.
19 Bericht über das am 2. bis 5.11. stattgehabte Gefecht von Tanga, in: Deutsch-Ostafrika. Kaiserliches Gouvernement, *Zusammenstellung*, S. 107.

Die Ankunft britischer Kriegsschiffe vor Tanga

am Kilimanjaro und in den Pare-Bergen stationierten Truppen nach Tanga zu verlegen. Der britische Offizier Richard Meinertzhagen, der an Bord eines der britischen Kriegsschiffe den Beginn der Schlacht miterlebte, war über die zögerliche Haltung seiner Offiziere mehr als entsetzt. Voller Bitternis schrieb er, dass die Briten noch nicht realisiert hätten, dass sie nun im Krieg seien und keine Manöver mehr abhielten. Den Deutschen eine 24-stündige Vorwarnung über den bevorstehenden Angriff zu geben sei einem Verbrechen gleichgekommen. In der Tat, bis zu diesem Zeitpunkt hatte die britische *Navy* zwar Präsenz und Stärke vor der ostafrikanischen Küste demonstriert, war aber, wie Meinertzhagen schrieb, gleichsam von der verrückten Idee besessen, die Regeln des Spiels einzuhalten.[20]

Während die britischen Offiziere mit den deutschen Zivilbehörden über eine Übergabe der Stadt verhandelten und, als die deutschen Unterhändler diese Forderung abgelehnt hatten, mit der Bombardierung der Stadt begannen, konnten die Deutschen ihre Truppen in Verteidigungsstellung bringen. Mithilfe der Usambara-Schmalspurbahn und einer bereits in den ersten Kriegswochen wohldurchdachten Etappenorganisation gelang es den Deutschen, ihre Truppen schnell an die Brennpunkte der Kämpfe zu verle-

---

20 Meinertzhagen, *Army Diary, 1899–1926*, S. 87.

Der Gegenangriff der deutschen Truppen in der Schlacht von Tanga

gen. Als am Morgen des 3. November die Briten begannen, den Großteil ihrer Truppen zu landen, standen ihnen bereits sieben deutsche Kompanien mit einer Gesamtstärke von 1.107 *Askari*, deutschen Offizieren, Unteroffizieren und Kriegsfreiwilligen gegenüber. Hinzu kamen 55 *Ruga-Ruga,* irreguläre afrikanische Krieger. Die Deutschen verfügten an diesem Tag über ein Feldgeschütz und 16 Maschinengewehre. Das war nicht viel angesichts der Schiffsartillerie der vor Tanga kreuzenden vier Kriegsschiffe. Unter dem Schutz ihrer Geschütze landeten die Briten etwa 6.000 Truppen, in der Mehrzahl indische Soldaten, von denen man nach Meinung Meinertzhagens, der das 13. *Rajputs*-Regiment aus seiner indischen Zeit kannte, nicht viel erwarten konnte. Sie waren weder ausreichend ausgerüstet noch ausgebildet. Die Soldaten kamen aus allen Teilen des indischen Subkontinents; ganze zwölf Sprachen wurden in dem Regiment gesprochen. Sie waren kaum motiviert und von ihren teilweise sehr jungen und noch unerfahrenen Offizieren nur schlecht geführt. Die Briten hatten zudem die Aufklärung der Landungszone sträflich vernachlässigt. Weder wussten sie, in welcher Zahl ihnen die Deutschen gegenüberstanden, noch hatten sie genaue Kenntnis über die geographischen Gegebenheiten ihrer Landungsorte. Die Landungszone erwies sich als eine sumpfige Mangrovenlandschaft, in der die

Truppen nur mühsam vorankamen. Arthur Aitken, der Oberbefehlshaber des britischen Landungskorps, hatte keinen wesentlichen Widerstand der Deutschen erwartet. Seine Aufklärung hatte ihm gemeldet, dass nur eine Polizeikompanie mit drei oder vier Offizieren in Tanga stationiert sei. Er setzte nur zögerlich seine Truppen ein und lehnte eine umfassende Unterstützung durch die Artillerie der Kriegsschiffe im Hinblick auf mögliche zivile Opfer in der Stadt ab.[21]

Der erste Angriff war ein Fiasko und kostete 300 Briten und Indern, darunter vielen Offizieren, das Leben. Erst als das *North Lancashire Regiment* eingesetzt wurde, konnten die Briten Boden gut machen. Mittlerweile hatten sie über 8.000 Mann im Einsatz. Doch nach diesen anfänglichen Erfolgen der britischen Einheiten gelang es den Deutschen, deren Vormarsch in den Randgebieten der Stadt zu stoppen. Mit Hilfe neu eintreffender Kompanien unternahmen die Deutschen dann einen Gegenangriff, der die Briten wieder aus der Stadt herausdrängte. Besonders der Bahnhof und die Bahnlinie wurden hart umkämpft; hier standen die Deutschen den *North Lancashire* und den wesentlich besser ausgebildeten indischen *Kashmir Rifles* gegenüber. Bis zum Abend des 4. November hatten die Deutschen die Briten an den Strand von Ras Kasone zurückgeworfen. Die Briten versuchten mit Gegenangriffen, den Vormarsch der Deutschen zum Halten zu bringen und ihren Brückenkopf auszubauen, doch die Deutschen wehrten diese Versuche immer wieder ab. Die Verluste unter den zurückweichenden britischen Truppen waren enorm. Zu allem Unglück machten den Briten auch noch Wildbienen zu schaffen, die, aufgeschreckt durch die Kämpfe, über die Soldaten herfielen. Sie machten das Chaos perfekt, das die mangelnde Kampfmoral, das offensichtliche Versagen der Offiziere und die Maschinengewehre der Deutschen unter den Angreifern verbreitet hatten. Als die Nacht hereinbrach, verebbten die Kämpfe. Die Deutschen zogen sich in ihre Stellungen am Rande der Stadt zurück; die Briten sammelten sich in ihren Ausgangstellungen am Strand. Meinertzhagen beschrieb die Stimmung der Truppen als demoralisiert und desolat. Mit dem Eintreffen zweier neuer Geschütze waren die Deutschen nun auch in der Lage, die britische Landungsflotte unter Beschuss zu nehmen und zumindest eines der Schiffe in Brand zu schießen. Die Briten reagierten mit einem wütenden Bombar-

---

21 Meinertzhagen, *Army Diary, 1899–1926*, S. 89. Zu den indischen Truppen in der Armee des Empire siehe vor allem: Nikolas Gardner, *Trial by Fire: Command and the British Expeditionary Force in 1914* (London: Praeger 2003), S. 182; Gordon Corrigan, *Sepoys in the Trenches. The Indian Corps on the Western Front, 1914-15*, Kent: Spellmount 1999, S. 62.

dement der Stadt, doch es war ihre letzte Offensivaktion, mehr eine Verzweiflungstat, als dass sie einem Ziel folgte. Am nächsten Tag kam es zu Verhandlungen über die Beendigung der Kämpfe und den Austausch von Gefangenen.[22] Tanga war für die Briten ein Fiasko. Die »Schlacht der Bienen« galt lange als eine der schlimmsten Niederlagen in den Annalen britischer Militärgeschichte. 800 Tote blieben auf britischer Seite auf dem Schlachtfeld, nahezu die Hälfte des britischen Offizierskorps war gefallen. Dagegen nahmen sich die Verluste der Deutschen gering aus. Sie verloren 16 Offiziere und 35 *Askari*, 13 Kompanieträger fielen. Die Waffenstillstandsverhandlungen am 5. und 6. November waren eine beispiellose Demütigung für die Briten; sie mussten den Deutschen weitreichende Konzessionen machen. Alle Waffen und Ausrüstungsgegenstände, die die Briten an Land gebracht hatten, fielen dem Gegner in die Hände. Darunter waren 16 Maschinengewehre, 455 moderne Gewehre und 600.000 Schuss Munition sowie die für die Deutschen fast ebenso wichtigen Medikamente und die Kommunikationstechnik. Drei Kompanien konnten mit neuen Gewehren und Munition ausgestattet werden. Und, glaubt man Zeitzeugen, so gab es nach der Schlacht von Tanga kaum einen Mangel an neuen Rekruten. Mit Begeisterung, so ein deutscher Militärarzt, hätten sich Hunderte Afrikaner zu den Truppen gemeldet, weil sie nun von deren Unbesiegbarkeit überzeugt gewesen seien. Diejenigen, die Zweifel am Krieg in Ostafrika gehegt hatten, verstummten. Gouverneur Schnee, Wortführer der Kritiker am Krieg, wurde von den Militärs ins Abseits gestellt. Auf britischer Seite hatte die Niederlage die gravierenden Mängel der britischen Kriegsführung und -organisation schonungslos zutage gelegt. Zwar ging, so der britische Historiker Geoffrey Hodges, ein Großteil der Schuld für die Niederlage auf das persönliche Versagen des britischen Oberkommandierenden Aitkens, doch vieles war auch der stüm-

---

22 Barch R1001/9567 Bericht der 6 Feldkompanie über die Tätigkeit in der Schlacht von Tanga; Bericht über das am 2. bis 5.11. stattgehabte Gefecht von Tanga, in: Deutsch-Ostafrika. Kaiserliches Gouvernement, *Zusammenstellung*, S. 107; Bericht über die Leistungen der Usambarabahn während der Schlacht bei Tanga, in: Deutsch-Ostafrika. Kaiserliches Gouvernement, *Zusammenstellung*, S.129; Meldung über die Teilnahme des 1. Bataillons an dem Gefecht bei und in Tanga am 4. und 5. November, in: Deutsch-Ostafrika. Kaiserliches Gouvernement, *Zusammenstellung*; S. 134; Gefechtsnotizen über das Gefecht der 4. Feldkompanie am 4./5. November in Tanga, in: Deutsch-Ostafrika. Kaiserliches Gouvernement, *Zusammenstellung*; S. 135; Lettow-Vorbeck, *Erinnerungen*, S. 36; Paice, *The African Front*, S. 46, Hodges, *Carrier Corps*, S.24–28.

perhaften Organisation des Angriffs durch das *Indian Office* und das *Colonial Office* geschuldet.[23]

Es war nicht der einzige Sieg, den die Deutschen in diesen Tagen errangen. Am 3. November entspann sich am Longido-Bergrücken ein heftiges Gefecht, in dem vier deutsche Kompanien acht indischen Kompanien sowie fünf Reiterschwadronen und Artillerieeinheiten gegenüberstanden. Die Kämpfe dauerten nahezu zwei Tage. Am Ende konnten die deutschen Truppen den Versuch der Briten vereiteln, die strategisch wichtigen Felsmassive des Longido zu besetzen. Die Briten bezahlten den Vorstoß mit für ostafrikanische Verhältnisse hohen Verlusten. Die Deutschen dagegen, die nur fünf Offiziere und einige Dutzend *Askari* und Träger verloren, gewannen die Erkenntnis, dass sie mit ihren afrikanischen Truppen ein zumindest ebenbürtiger Gegner für die aus Indern und Europäern bestehenden Einheiten der Briten waren. Die deutschen Offiziere vermerkten in ihren Gefechtsberichten mit einiger Verwunderung die mangelnde taktische Disziplin und die schlechten Schießleistungen der britischen Truppen.[24]

Wenige Wochen nach der Schlacht von Tanga kam es nördlich der Stadt zu einem weiteren größeren Gefecht, als deutsche Truppen britische Stellungen bei Jassini angriffen. Lettow-Vorbeck hatte den Angriff als einen präventiven Schlag gegen eventuelle Angriffe der Briten befohlen. Anfang 1915 hatten sich Informationen über britische Truppenverstärkungen gehäuft, deutsche Patrouillen stießen immer wieder auf größere Kampfverbände der Briten. Nahezu den gesamten Dezember über war es immer wieder zu Gefechten um den kleinen Hafenort gekommen, der mehrere Male den Besitzer wechselte. Anfang Januar gelang es den Briten, den Posten Jassini zu besetzen. Es war das erste größere Gefecht, in dem die Briten Kompanien ihrer ostafrikanischen *King's African Rifles* einsetzten. Nur unter großen Verlusten waren die Deutschen Mitte Januar 1915 in der Lage, den strategisch wichtigen Ort wieder unter ihre Kontrolle zu bringen. Sieben deutsche Offiziere fielen beim Sturm auf die starken Befestigungen der Briten, unter anderem auch der stellvertretende Kommandeur der Schutztruppe Arthur Kepler. Mit Ernst Otto und Alexander von Hammerstein

---

23 Deutsch-Ostafrika. Kaiserliches Gouvernement, *Zusammenstellung*, S. 5; Farwell, *Great war in Africa*, S. 178f; Hodges, *Carrier Corps*, S. 23. Für eine Darstellung der britischen Debatte über die Ursachen des Tanga-Fiaskos siehe: Paice, *The African Front*, S. 60–62.

24 Deutsch-Ostafrika. Kaiserliches Gouvernement, *Zusammenstellung*, S. 87–92. Britische Quellen schweigen über die Höhe der Verluste und auch die Deutschen sprachen nur vage von ungeheuren Verlusten.

wurden zwei weitere hochrangige Kommandeure schwer verwundet. Hammerstein, Lettow-Vorbecks Adjudant, erlag wenige Tage später seinen Verwundungen. In den Gefechten starben zudem 18 Unteroffiziere und 53 *Askari*. 150 Offiziere und *Askari* wurden verwundet. Aber vor allem die Briten erlitten hohe Verluste: Einige Quellen sprechen von bis zu 700 Toten. Vier indische Kompanien ergaben sich den Deutschen, die darüber hinaus große Mengen militärischer Ausrüstung erbeuten konnten. Wiederum konnte mit den 353 erbeuteten Gewehren eine ganze Kompanie mit modernen Waffen ausgerüstet werden. 70.000 Patronen und ein Maschinengewehr kamen in die Hände der Deutschen.[25]

Erbeutete Dokumente bestätigten Lettow-Vorbecks Befürchtungen: Jassini sollte der Ausgangspunkt einer groß angelegten Offensive der Briten unter General Tighe werden. Diese Pläne wurden nun schnell ad acta gelegt. Insofern hatten die Deutschen ihr Ziel erreicht. Für eine längere Besetzung Jassinis aber fehlten den Deutschen der Wille und auch die Kräfte. Kaum dass die Deutschen ihre Beute abtransportiert hatten, mussten sie Jassini wegen des Mangels an Wasser und Nahrungsmitteln in der unwirtlichen Steppengegend wieder räumen. Zudem begannen englische Kriegsschiffe mit einem stundenlangen Bombardement deutscher Stellungen.[26]

An den westlichen Grenzen der Kolonie, eher Nebenschauplätze des Krieges, unternahmen die Deutschen mit den ihnen verfügbaren Schiffen und Booten immer wieder Kommandounternehmen, die ihre Gegenüber nicht vergessen lassen sollten, dass Krieg herrschte. Hier standen die Deutschen nicht nur den Briten, sondern auch den Belgiern gegenüber, die zunächst nur wenig Initiative zeigten. Einen Großteil der dort stationierten Truppen hatte Lettow-Vorbeck bereits in den ersten Wochen des Krieges abgezogen. Die verantwortlichen Offiziere und Beamte blieben weitestgehend auf sich alleingestellt, und die Art und Intensität ihrer Kriegsbemühungen war ihnen überlassen. Für beide Seiten ging es zunächst darum, die Herrschaft über die großen Seen zu erlangen. Die drei großen Seen, der Viktoria-See, der Tanganyika-See und der Nyassa-See, bildeten jeweils die natürlichen Grenzen der Kolonie und waren zudem wichtige Verkehrsadern für die Anrainerkolonien. Auf dem Tanganyika-See armierten die Deut-

---

25 Tagebuch des Leutnants der Reserve Bleck der 15. Feldkompanie in Wolfgang Foerster, Helmuth Greiner & Hans Witte (Hrsg.), *Kämpfer an vergessenen Fronten. Fedlzugsbriefe, Kriegstagebücher und Berichte* (Berlin: Neufeld & Henius, 1931), S. 25; Deutsch-Ostafrika. Kaiserliches Gouvernement, *Zusammenstellung*, S. 87–92, 299–362; Schnee, *Deutsch-Ostafrika*, S. 78.
26 Deutsch-Ostafrika. Kaiserliches Gouvernement, *Zusammenstellung*, S. 301–306.

Der Krieg auf dem Tanganyika-See, ein deutsches Patrouillenboot

schen ihre drei größeren Schiffe, die »Kingani«, die »Hedwig von Wissmann« und später die »Graf von Götzen« mit Kanonen und Maschinengewehren. Mit ihrer Hilfe führten sie mehrere Vorstöße auf Uferbefestigungen und Hafenorte der belgischen und britischen Kolonien durch. In einem Überraschungsangriff gelang es den Deutschen, die ebenfalls zum Kampfschiff aufgetakelte belgische »Delcommune« schwer zu beschädigen und bei einem zweiten Angriff wenige Tage später nahezu zu zerstören. Sie wurde erst ein Jahr später wieder in Dienst gestellt. Am Tanganyika-See griff ein deutsches Landungskommando am 10. November den belgischen Hafen von Albertville an, um die dort lagernden Schiffe zu sprengen. Der Versuch misslang allerdings. Von mehr Erfolg gekrönt war die Zerstörung zweier britischer Boote eine Woche später. Ende des Jahres erlangten die Deutschen mit ihren Schiffen für einige Zeit eine relative Oberhoheit über den Tanganyika-See und schränkten die Möglichkeiten der Belgier ein, ihre Truppen in der Region von einem zum anderen Ort zu bringen.[27]

---

27 Deutsch-Ostafrika. Kaiserliches Gouvernement, *Zusammenstellung;* S. 35–54, 198–219; Emmanuel Muller, *Les troupes du Katanga et les campagnes d'Afrique, 1914–1918* (Bruxelles: Etablissements généraux d'imprimerie, 1935), S. 47; Charles Stiénon, *La campagne anglo-belge de L'Afrique Orientale Allemande (Berger-Levrault, 1917),* S.66-68; Théophile Théodore Joseph Antoine Wahis, »La Participation Belge à la Conquête du Cameroun et de l'Afrique Orientale Allemande«, in: *Congo* I, (1920) 1&2, S. 3–43; ins-

Eine deutsche Patrouille auf dem Marsch durch unwegsames Gelände

Doch erst im Frühjahr 1915 entschlossen sich die Deutschen zu einer einigermaßen groß angelegten Operation zu Lande. Insgesamt drei reguläre Kompanien mit über 1.000 Soldaten, Hilfskriegern und Trägern sollten einer zu erwartenden Offensive der Briten an der Südküste des Tanganyika-Sees mit einem Angriff auf die rhodesische Hafenstadt Abercorn zuvorkommen. Im Sommer folgten weitere Angriffe auf belgische und britische Posten in der Region. Den Oberbefehl über diese Operation übernahm der ranghöchste Offizier auf deutscher Seite, General a.D. Wahle, der kurz zuvor in die Region abkommandiert worden war, nachdem er bis dato für die Organisation des Etappenwesens verantwortlich gewesen war. Wahles Abkommandierung sowie die neuen Offensivaktionen in der bislang vom Krieg nur wenig berührten Region mögen als Beleg dafür gelten, dass die Kämpfe am bisherigen Hauptschauplatz im Nordosten der Kolonie abgeflacht waren und Lettow-Vorbeck seine Kräfte anderweitig einsetzen konnte. Der Erfolg beider Unternehmungen war ein nur mäßiger: Die Angriffe der Deutschen wurden von Briten und Belgiern abgeschlagen. Allerdings zeigte diese kurze Demonstration von Stärke die von den Deutschen gewünschte Wirkung.

besondere S. 16; Allen F. Roberts, »Insidious conquests: Wartime politics along the South-Western shore of Lake Tanganyika«, in: *Africa and the First World War*, hrsg. von Melvin E. Page (New York: St. Martin's Press, 1987), S. 171–185, insbesondere S. 194.

Bis zum Frühjahr 1916 kam es zu keinen alliierten Angriffen auf deutsche Stellungen in der Region.[28] Auf dem Viktoria-See hatten die Deutschen dagegen nur einige kleinere Motorboote zur Verfügung. Hier setzten sich die Briten mit ihrer beachtlichen Flotte von mehreren Dampfschiffen und kleinen Dampfpinassen innerhalb weniger Monate durch. Im September 1914 eroberten deutsche Truppen die kleine Stadt Kissi an der nordwestlichen Grenze, wurden aber von Einheiten der ugandischen *King's African Rifles* wenige Tage später wieder zum Rückzug gezwungen. Die Deutschen sahen sich in den folgenden Wochen mit einer Reihe von Landungsversuchen britischer Truppen konfrontiert. Bereits in den ersten Wochen des Krieges hatten britische Truppen hier ihren ersten Sieg im Krieg feiern können und den kleinen Posten von Kifumbiro am Kagera-Fluss besetzt. Mitte November gelang es deutschen Truppen jedoch, den Ort wieder zurückzuerobern.[29] Allerdings waren in diesen Truppen Deutsche in der Minderheit. Die Truppen bestanden vielmehr aus einem bunten Gemisch aus deutschen Offizieren, einigen regulären *Askari*, Kriegern des Chiefs Kahigi und einigen in Bukoba ansässigen Swahili. Was all diese so unterschiedlichen Menschen zu einem solchen Feldzug bewegte, wissen wir kaum. Für einen der deutschen Teilnehmer an den Kämpfen war es jedenfalls mehr die exotische Lageratmosphäre des Abends als die Härte der Kämpfe, bei denen immerhin 14 *Askari* und einige *Ruga-Ruga* fielen, derer er sich erinnerte.[30]

Am 29. Oktober landete ein britisches Expeditionskorps in Bukoba, der Residenz des gleichnamigen Bezirks. Die Region war für die Deutschen vor allem aufgrund ihrer Nahrungsmittelproduktion und ihres Bevölkerungsreichtums von hoher Bedeutung. Von hier kam auch ein Großteil der Rekruten der neu aufgestellten Kompanien sowie viele der Träger. Erst nach vier Tagen gelang es den Deutschen, Bukoba zurückzuerobern; die Briten hatten den Ort in den wenigen Tagen ihrer Anwesenheit geplündert und gebrandschatzt. Anfang Januar 1915 nahmen britische Landungstruppen den Ort Schirati am Ostufer des Viktoria-Sees ein. Die immerhin mehr als

---

28 Bericht über das in der Nacht vom 10. zum 11. Oktober stattgehabte Gefecht bei Albertville, in: Deutsch-Ostafrika. Kaiserliches Gouvernement, *Zusammenstellung*, S. 183; Wahis, *La Participation Belge*, S. 3–43, insbesondere S. 23; Muller, *Les troupes du Katanga*, S. 47; J.J. O'Sullivan, »Campaign on German East Africa-Rhodesian Border«, *African Affairs* 15 (1916), S. 209-215, insbesondere S. 213-215..
29 Deutsch-Ostafrika. Kaiserliches Gouvernement, *Zusammenstellung*, S. 19, 58–62.
30 Bericht über das am 12.9.14 stattgehabte Gefecht bei Kisii, in: Deutsch-Ostafrika. Kaiserliches Gouvernement, *Zusammenstellung*, S. 175.

1.000 britischen Soldaten hatten kaum Mühe, die schwachen deutschen Kräfte zu verjagen. Die Deutschen verlegten sich daher auf einen Guerillakrieg, den sie bis in das britische Territorium hineintrugen. Und wenn auch ihre Kräfte für einen Angriff auf Schirati nicht ausreichten, so langten sie allemal für ein wenig Kolonialpolitik. Afrikaner, die im Verdacht standen mit den Briten zu kooperieren, wurden mit dem Tod und der Verwüstung ihrer Dörfer bestraft.[31]
Auch im Nordwesten verfügten die Deutschen über wenige Truppen. Sie lösten dieses Problem durch die Rekrutierung von *Ruga-Ruga*, Hilfskriegern, die in Friedenszeiten unter der Ägide lokaler Chiefs gestanden hatten, aber teilweise durch deutsche Offiziere eine gewisse Ausbildung erfahren hatten. Mancherorts bestanden die deutschen Einheiten in der Mehrzahl aus *Ruga-Ruga*. Die Einbindung dieser afrikanischen Krieger in die deutsche Kriegsführung variierte zum Teil stark. Größtenteils wurden sie zu Aufklärungsmissionen herangezogen oder zur Bewachung der rückwärtigen Linien. Am Viktoria-See wurden *Ruga-Ruga* zudem als lokale Vigilanten gegen marodierende Hilfstruppen der Briten eingesetzt. Schon in den ersten Monaten des Krieges wurde deutlich, dass der europäische Krieg auf afrikanischem Boden seine spezifischen Formen und Praxen entwickeln würde. In den Grenzgebieten von Ruanda führte der deutsche Befehlshaber Max Wintgens seinen beständigen wie schmalspurigen Zermürbungskrieg gegen vereinzelte belgische und britische Posten fort, den die Alliierten mit gelegentlichen Vorstößen auf deutsches Gebiet beantworteten. Ende September gelang es den Truppen unter Max Wintgens, die belgische Insel Idjiwi einzunehmen und eine Reihe von *Bulamatari*, afrikanische Soldaten der belgischen *Force Publique,* und deren Offiziere gefangen zu nehmen. Die Gefechte um die Insel bargen für die Deutschen eine zwiespältige Erkenntnis. Einerseits konnte das Verhalten der belgischen Offiziere ihnen kaum Respekt abringen. Nach nur wenigen Stunden des Gefechts hatten die Belgier die weiße Flagge gehisst. Ein Waffenstillstand kam dennoch nicht zustande, vor allem weil die *Bulamatari* sich nicht ergeben wollten. So musste Wintgens in seinem Bericht zugestehen, dass die Kampfmoral der *Bulamatari* von den Deutschen erheblich unterschätzt worden sei. Auch sei die erhoffte Unterstützung der lokalen Bevölkerung ausgeblieben. Die Deutschen hatten sich als Befreier der Inselbewohner vom belgischen Kolonialjoch gesehen. Die Haltung der Bevölkerung aber blieb bestenfalls neu-

---

31 Deutsch-Ostafrika. Kaiserliches Gouvernement, *Zusammenstellung*, S. 289.

tral, zu Beginn der Kämpfe hatten einige sogar mit den Belgiern kooperiert und diese vor dem Anmarsch der Deutschen gewarnt.[32] Die Belgier reagierten auf den Verlust der Insel mit einen Vorstoß auf Kisenyi Anfang Dezember 1914. Kisenyi war für die Belgier von hohem strategischen Wert. Der Ort lag am nördlichen Ufer des Kivu-Sees und bildete das Tor für eine mögliche Invasion Ruandas. Der Angriff wurde allerdings abgeschlagen und auch den erneuten Versuchen der Belgier, im Sommer 1915 den Ort einzunehmen, war wenig Glück beschieden.[33] Im Januar 1915 stieß Wintgens mit seinen *Askari* und *Ruga-Ruga* auf britisches Gebiet vor und belagerte für mehrere Stunden die *Boma*, das heißt den Verwaltungsposten, von Chahafi. Während der eigentliche Angriff fehlschlug, erbeuteten die *Ruga-Ruga* des ruandischen Königs mehrere Herden von Vieh.

Gerade dort, wo die deutschen Kommandeure mit nur wenigen Kräften ausgestattet auf sich alleingestellt und auf die Kooperation mit den lokalen Chiefs angewiesen waren, entwickelte der Krieg ein sehr eigenes Gepräge. Die einzige strategische Maßgabe, die die lokalen deutschen Kommandeure von Lettow-Vorbeck bekommen hatten, war den Gegner soweit als möglich zu beschäftigen und ihn im Unklaren über die geringen deutschen Kräfte in den westlichen Grenzregionen zu lassen. Das ließ viel Raum für eine individuelle Deutung der lokalen Kriegstaktik nicht nur seitens der deutschen Kommandeure, sondern auch der afrikanischen Akteure. Die Dominanz irregulärer Krieger führte zudem nicht nur zu einer Lokalisierung der Art der Kriegsführung, sondern auch zu einer lokalen Interpretation der unmittelbaren Kriegsziele. Die Chiefs sahen im Krieg eine willkommene Gelegenheit, alte Rechnungen zu begleichen oder die vorkolonialen Raubzüge, die wenige Jahre vorher noch vom kolonialen Staat brutal unterdrückt worden waren, wieder aufzunehmen; nun aber eben mit Hilfe des kolonialen Staates. Die Ereignisse von Chahafi illustrieren zudem, dass die Afrikaner den Krieg auch in einem ganz anderen Sinne deuten konnten. Britische Geheimdienste beschuldigten die Deutschen später, bei dem Angriff gemeinsame Sache mit lokalen Rebellen der *Nyabingi*-Sekte gemacht zu haben. Diese hatten, nachdem die Deutschen abgezogen waren, die *Boma* attackiert und teilweise

---

32 Bericht über das am 4.10.1914 stattgehabte Gefecht gegen die Belgier bei Kissenji, in: Deutsch-Ostafrika. Kaiserliches Gouvernement, *Zusammenstellung*, S. 28; Bericht über das am 24. September stattgehabte Gefecht gegen den belgischen Posten Nyakalengo auf der Insel Idschwi im Kivu-See, in: Deutsch-Ostafrika. Kaiserliches Gouvernement, *Zusammenstellung*, S. 50.
33 Louis, *Ruanda-Urundi*, S. 212.

auch gebrandschatzt. Die *Nyabingi*-Anhänger galten den britischen und belgischen aber auch, zumindest in den Vorkriegsjahren, den deutschen Behörden als erbitterte Gegner der europäischen Kolonialordnung in der Region. Ob sie in Einklang mit den Deutschen gehandelt oder einfach nur die Gunst der Stunde genutzt haben, ist im Nachhinein schwer einzuschätzen. Deutsche Gefechtsberichte erwähnen die Rebellen nicht.[34]

Wintgens war wie kaum ein anderer deutscher Kommandeur sehr erfolgreich darin, seine tatsächliche Stärke (oder besser Schwäche) durch seine beständigen kleinen Offensiven zu verschleiern. Die Briten hatten zu Beginn des Krieges kaum eine Gefahr in den deutschen Truppen der Region gesehen. Nun aber, nach den Attacken auf Chahafi und nach dem Ausbruch von Unruhen im Kigezi-Distrikt von Buganda, verlegten sie in aller Eile drei Kompanien der *King's African Rifles* in die Region. Auch die Belgier ließen sich über die Truppenstärke der Deutschen täuschen. Sie vermuteten, dass mehr als 1.000 *Askari* in der Region stationiert seien, Wintgens allerdings dürfte tatsächlich über kaum mehr als 200 *Askari* verfügt haben. Infolge ihrer Fehleinschätzung legten die Belgier ihre ursprünglichen Pläne einer frühen Invasion Ruandas und Burundis erst einmal beiseite und beschränkten sich auf die Defensive.[35]

Am Nyassa-See gelang es den Briten schon in den ersten Wochen des Krieges, das einzige dort verfügbare deutsche Dampfschiff, die »Hermann von Wissmann«, im Hafen von Sphinxhafen zu zerstören. Damit waren die Briten faktisch Herr über den See, wagten aber nur wenige Versuche, dies für offensive Aktionen auszunutzen. Ähnlich wie die Deutschen sahen die britischen Verantwortlichen den Hauptschwerpunkt der Kämpfe in der Kilimanjaro-Region und in den Pare-Bergen. Am Nyassa-See praktizierte der dortige Kommandant von Falkenhausen seine eigene Art der Kriegsführung, die sich kaum von vorkolonialen Kriegen in der Region unterschied. Falkenhausen unternahm mit seinen wenigen regulären *Askari* und dafür umso zahlreicheren *Ruga-Ruga* gelegentliche Vorstöße auf belgisches Territorium, wo er vor allem auf Vieh aus war. Wenn Falkenhausen auch die

---

34 Bericht über das am 1. Januar 1915 stattgehabte Gefecht gegen den englischen Uganda-Posten am Tschahahfi-See, in: Deutsch-Ostafrika. Kaiserliches Gouvernement, *Zusammenstellung*, S. 278; NA War Office (im Folgenden WO) 106/259 District Commissioner's office an den Provincial Commissioner, Western Province, Kabale, Kigezi District, 26.6.1919.

35 SPF Affaires étrangères, Archives Africaines, Force Publique (im Weiteren FP) 1129/2657 Compte rendu des opérations exécutées par la Brigade Sud du 2 au 29 mai 1916; Louis, *Ruanda-Urundi*, S. 214.

Schwächung der belgischen Garnisonen durch die so herbeigeführte fleischlose Zwangsdiät als wichtigsten Grund angab, so war doch in den lokalen Gesellschaften Vieh ein weitaus gewichtigerer Grund Krieg zu führen als die hehre Sache der Nation. Wollte der deutsche Offizier seinen Krieg unbedingt führen, so brauchte er die Unterstützung der Bevölkerung. Das geraubte Vieh verschenkte er an loyale Chiefs, die ihm im Gegenzug ihre Krieger und Informationen über die belgischen Truppen lieferten. Das war ein durchaus ortsübliches Muster der Sicherung von Loyalitäten und die Deutschen hatten es in den ersten Jahren ihrer Kolonialherrschaft mit einigem Erfolg am Nyassa-See angewandt.[36]

Während die Deutschen kaum über genug Kräfte verfügten, die Grenzen der Kolonie zu verteidigen, geschweige denn groß angelegte Offensiven gegen alliiertes Territorium vorzunehmen, brauchten die Briten nahezu ein Jahr, um sich von den Niederlagen des Jahres 1914 und den ersten Monaten des Jahres 1915 zu erholen. Anfang 1915 begann daher eine Phase der relativen Ruhe auf dem Kriegsschauplatz in Ostafrika. Nach den Siegen der Deutschen bei Tanga, am Longido und bei Jassini unternahmen die Briten an der nördlichen Grenze kaum noch Offensivaktionen. Selbst dort, wo sie bereits das Gebiet der deutschen Kolonie besetzt hatten, räumten sie ihre Stellungen: So etwa den Ort Schirati am Viktoria-See unmittelbar nach der Niederlage bei Jassini. Auch im Südwesten der Kolonie waren erste Vorbereitungen der Alliierten für eine Offensive durch die beständigen Angriffe deutscher Truppen gestoppt worden.[37]

Die Briten waren über den Widerstand der Deutschen mehr als erstaunt. Selbst nach mehr als sechs Kriegsmonaten hatten die Verantwortlichen kaum Erkenntnisse über die militärischen Möglichkeiten der Deutschen. In Mombasa und Nairobi, so ein deutscher Kriegsgefangener, kursierten in dieser Zeit Gerüchte, die Deutschen verfügten in der Kolonie über 140.000 Soldaten. Immer wieder tauchten Gerüchte über eine bevorstehende deutsche Invasion der britischen Kolonie auf und erzeugten eine beständige Panikstimmung zumindest unter der europäischen Bevölkerung.[38] Insofern

---

36 Deutsch-Ostafrika. Kaiserliches Gouvernement, *Zusammenstellung*, S. 227. Für die deutsche Politik der Vorkriegszeit siehe: Pesek, *Koloniale Herrschaft*, S. 227ff.
37 Muller, *Les troupes du Katanga*, S. 50.
38 BArch R1001/877 Wenhardt an Solf, 24.4.1915 darin: Abschrift nach einem mir im Februar 1915 vom Leutnant der Reserve Busse in Ahmednagar gegebenen Schriftstücke; Rhodes House Oxford, MSS. Afr. S. 1370–1377, Brenner Letters, Brenner to G., Nairobi 1.3.1915; Paice, *The African Front*, S. 60; Hew Strachan, *The First World War in Africa*

war Lettow-Vorbecks Strategie einer sporadischen Konzentrationen seiner Truppen aufgegangen.

Zweifellos lag die Initiative 1915 vor allem bei den Deutschen, die mehrere erfolgreiche Patrouillenunternehmungen gegen die wichtigste Nachschublinie der Briten, die Ugandabahn, unternahmen. Lettow-Vorbeck hatte Zeit gewonnen, doch seine Kräfte für eine größere Offensive gegen die britische Kolonie im Norden reichten nicht aus. Nur die britische *Navy* bereitete den Deutschen zu dieser Zeit Kopfschmerzen. Sie hatte vor der Küste der deutschen Kolonie eine dichtmaschige Seeblockade errichtet. Es gelang im Laufe des Krieges nur zwei deutschen Versorgungsschiffen, diese Blockade zu durchbrechen. Immer wieder tauchten englische Kriegsschiffe vor den deutschen Hafenstädten auf. Ende November 1914 wurde Dar es Salaam von einer kleinen Flotte englischer Kriegsschiffe bombardiert. Vorderstes Ziel der *Royal Navy* waren vor allem die im Hafen liegenden deutschen Schiffe, die sie ohne nennenswerten Widerstand sprengten. Das wichtigste Ziel der *Navy* war jedoch die Versenkung des deutschen Kreuzers »Königsberg«, der im September 1914 in den Hafen von Sansibar eingedrungen war und den englischen Kreuzer »Pegasus« und einige kleinere Hilfsschiffe beschädigt hatte. Für die Briten war die Anwesenheit des deutschen Kriegsschiffes ein Alptraum, denn sie sahen darin eine Bedrohung der Nachschublinien des Empires nach Indien. Immerhin war es der »Königsberg« gelungen, ein aus Indien kommendes Handelsschiff in den ersten Tagen des Krieges zu zerstören. Es war das erste britische Schiff, dass die Deutschen in diesem Krieg versenken konnten. Im Sommer 1915 stellte die *Navy* die »Königsberg« im Rufiji-Delta. Nach wochenlangen Bombardements von Flugzeugen wurde der tief im Delta versteckte Kreuzer zerstört. Die Deutschen konnten später jedoch einen Großteil der Bewaffnung der »Königsberg« heben. Die Schiffsgeschütze wurden für den Landkrieg umgebaut und verstärkten die kaum vorhandene Artillerie der Deutschen. Die Matrosen kamen als Soldaten in die Schutztruppe.

Auf dem Tanganyika-See gelang es zwei britischen Motorbooten, im Juni 1915 die »Hedwig von Wissmann« und die »Kingani« schwer zu beschädigen und somit die deutsche Hoheit auf dem Tanganyika-See zumindest zu schwächen. Militärisch kaum bedeutungsvoll, erlangte dieses Ereignis einige Berühmtheit, als es später von Hollywood in »African Queen« mit Humphrey Bogart und Katharine Hepburn verfilmt wurde. Obgleich der

(Oxford: Oxford University Press, 2004), S.137; Edward Northey, »The East African Campaign«, *African Affairs* 18 (1919), S. 81-87, insbesondere S. 83.

Film weitestgehend fiktional bleibt, illustriert er doch sehr gut die Natur der Kämpfe in dieser Region. Während in Europa die Kämpfe im anonymen Massensterben eines industrialisierten Krieges mündeten, bot Ostafrika noch Raum für Visionen des Krieges als eines ritterlichen wie abenteuerhaften Unternehmens. Ereignisse wie die Versenkung der »Hedwig von Wissmann« und der »Kingani« durch den britischen Abenteurer und Außenseiter Basil Spicer-Simpson, der die zwei Boote, die die deutschen Schiffe zerstören sollten, durch den halben Kongo schleppen ließ, prägten weniger das Geschehen auf den ostafrikanischen Schlachtfeldern als die populären Erinnerungen der Nachkriegsjahre.

Die ersten Monate des Krieges hatten die militärische Einsatzbereitschaft und die hohe Kampfmoral der deutschen Truppen bewiesen, sie hatten aber auch gravierende Mängel in der Ausrüstung und in der Truppenführung gezeigt. Dennoch konnten die Deutschen mit den ersten Monaten des Krieges durchaus zufrieden sein. Sie hatten die bis dahin größten Gefechte für sich entscheiden können und eine Unmenge von Waffen, Munition und anderem kriegswichtigen Material erbeuten können. Die *Askari* erwiesen sich als sehr disziplinierte und fähige Soldaten. Nur selten ist in den Gefechtsberichten von einem Versagen der *Askari* zu lesen, und dies, obwohl manche Einheiten aus mehr als einem Drittel neuer Rekruten bestanden, die erst in den ersten Kriegswochen geworben worden waren. Im Gegenteil, größtenteils waren die Offiziere voll des Lobes ob des Ausbildungsstandes, der Eigenständigkeit und Kampfmoral der *Askari*. Die zu Beginn des Krieges einberufenen neuen Rekruten waren größtenteils erfolgreich in die Kompanien integriert worden. Einzig das »Araberkorps«, zusammengestellt aus den Söhnen reicher Plantagenbesitzer und Händler aus den Küstenstädten, war immer wieder Gegenstand heftiger Kritik der Offiziere. Doch die Gründung dieser Einheit hatte eher politische Motive gehabt und folgte weniger militärischen Notwendigkeiten. Sie sollte vornehmlich die Küsteneliten, seit jeher wichtige Verbündete der Deutschen bei der Sicherung ihrer Herrschaft, an die Kriegsbemühungen anschließen.

Das aus lang gedienten Kolonialoffizieren und Reservisten zusammengewürfelte Offizierskorps hatte weitestgehend seine Feuertaufe bestanden, aber schon in den ersten Kriegsmonaten einen hohen Blutzoll zahlen müssen. Bis Anfang 1915 waren 66 Offiziere und Unteroffiziere gefallen, 138 verwundet worden.[39] Auf eine Auffrischung des Offizierskorps konnten die

---

39 Deutsch-Ostafrika. Kaiserliches Gouvernement, *Zusammenstellung*, S. 378.

Deutschen kaum hoffen. Nur vereinzelt gelang es deutschen Kriegsfreiwilligen, die sich zu Kriegsbeginn jenseits der Grenzen der ostafrikanischen Kolonie aufhielten, die Blockade der Alliierten zu umgehen und bis zu den deutschen Truppen zu gelangen. Für Lettow-Vorbeck waren die hohen Opferzahlen unter den Offizieren ein ernst zu nehmendes Problem. Sie trugen maßgeblich dazu bei, dass die Deutschen es bei einer Strategie der offensiven Verteidigung beließen.

Vor allem die Trennung von europäischen und afrikanischen Kompanien hatte sich als wenig vorteilhaft herausgestellt. Schon in der Schlacht von Tanga hatten die Deutschen daher begonnen, die europäischen Kompanien aufzulösen und die europäischen Soldaten und Unteroffiziere auf die regulären Kompanien der Schutztruppe aufzuteilen. Das ergab ein ungewöhnlich hohes Verhältnis von europäischen Offizieren und Unteroffizieren zu den afrikanischen Soldaten. In vielen der regulären Feldkompanien waren 12 deutsche Offiziere, Unteroffiziere und manchmal auch einfache Soldaten vertreten. Viele zeitgenössische Militärs hielten dies für den wichtigsten Garant ihrer militärischen Erfolge. Die Gefechtsberichte der deutschen Offiziere sprechen jedoch eine etwas andere Sprache. Die *Askari*s und afrikanischen Unteroffiziere hatten in den ersten Wochen des Krieges durchaus gezeigt, dass sie auch ohne die Führung eines Europäers erfolgreich agieren konnten.[40]

Als eines der größten Probleme für die Deutschen erwies sich die Bewaffnung der *Askari* mit veralteten Infanteriegewehren des Typs 71, die das deutsche Heer bereits 1892 ausgemustert hatte. Sie entwickelten beim Abfeuern starke Rauchwolken und verrieten daher die Position des Schützen. Nur sechs der 14 bei Kriegsbeginn existierenden Kompanien verfügten über ein etwas neueres Modell, das Infanteriegewehr 98. Nach den Kämpfen von Tanga und am Longido, in denen die Deutschen Hunderte von britischen Gewehren erbeuten konnten, entschärfte sich dieses Problem ein wenig. Allerdings entstanden durch die unterschiedlichen Gewehrmodelle neue Probleme. Laut Wahle sollen in manchen deutschen Kompanien bis zu vier verschiedene Gewehrmodelle im Gebrauch gewesen sein. Dafür den Nachschub an Munition zu organisieren, erwies sich als schier unlösbare Aufga-

---

40 Bericht über das Patrouilliengefecht des Askaripostens Mrugengeri, Ruanda, in: Deutsch-Ostafrika. Kaiserliches Gouvernement, *Zusammenstellung*, S. 56; Gefechts-Bericht der 1. Schützenkompagnie 4.11.1914, in: Deutsch-Ostafrika. Kaiserliches Gouvernement, *Zusammenstellung*, S. 170; Bericht über die am 3., 4., und 5.11. 1914 stattgefundenen Gefechte bei Tanga, in: Deutsch-Ostafrika. Kaiserliches Gouvernement, *Zusammenstellung*, S. 157.

be.[41] Die Bewaffnung der deutschen Truppen blieb bis zum Ende des Krieges ein virulentes Problem. Dies galt auch für die Artilleriebewaffnung. Die Deutschen verfügten nur über ein gutes Dutzend Geschütze, einige davon waren aber so alt, dass sie vor dem Krieg nur noch für das Abfeuern von Salutschüssen verwendet worden waren. Einzig bei den Maschinengewehren bestand ein ungefähres Gleichgewicht. Die numerische Überlegenheit der Briten an Maschinengewehren wurde vor allem durch die bessere Qualität der deutschen Modelle ausgeglichen. Und gerade dieser Waffentyp erwies sich als ein Schlüssel für die deutschen Erfolge auf den ostafrikanischen Schlachtfeldern. Weit besser als die Briten und Belgier waren die Deutschen in der Lage, die verfügbaren Maschinengewehre in ihre Kampfführung zu integrieren. Einen nicht unwesentlichen Anteil daran hatte die Abkehr vom Vorkriegsbrauch, dass nur Europäer diese Waffe bedienen durften. In den kolonialen Eroberungsfeldzügen hatte das Maschinengewehr nicht nur als die effektivste Waffe gegen afrikanische Krieger gegolten, sie war auch zu einem Symbol für die technologische und militärische Überlegenheit Europas geworden. Sie in die Hände von Afrikanern zu geben, selbst wenn sie in deutscher Uniform steckten, war daher bis zum Krieg ein unvorstellbares Unterfangen. Im Laufe des Krieges jedoch wurde die Bedienung eines Maschinengewehrs für viele *Askari* zu einer alltäglichen Übung.

Trotz aller erbeuteten Bestände an Waffen, Munition und Ausrüstung blieb die Infrastruktur des Krieges für die Deutschen das größte Problem. Auf Nachschub aus der Heimat konnten sie kaum hoffen und eine Industrie, die die erforderlichen Waffen und Ausrüstungsgegenstände in der Kolonie selbst produzieren konnte, gab es nicht. Immerhin gelang es den Deutschen mit den verfügbaren Strukturen, die größte Not zu lindern. Die Deutschen hatten das Jahr 1915 für eine intensive Vorbereitung auf die kommenden Ereignisse genutzt. Im Nordosten hatten sie starke Verteidigungsstellungen durch die lokale Bevölkerung bauen lassen. Überall in der Kolonie wurden Rekrutierungs- und Ausbildungslager und ein Netz von Versorgungslagern errichtet. Ende 1915 verfügten die Deutschen über 60 Kompanien mit einer Gesamtstärke von 12.000 bis 15.000 Mann, darunter waren etwa 3.000 Europäer.

---

41 Wahle, *Erinnerungen an meine Kriegsjahre in Deutsch-Ostafrika, 1914–1918,* Manuskript veröffentlicht im Selbstverlag (1920), S. 9.

1916–1917

Die Erfolge deutscher Patrouillen gegen die Uganda-Bahn bereitete den Verantwortlichen in London zunehmende Sorgen. Nahezu 30.000 britische Truppen mussten zur Bewachung der Bahnstrecke abkommandiert werden. Alle zehn Kilometer wurden Militärposten errichtet. Unter großem Aufwand ließen die Behörden einen breiten Streifen entlang der Bahnlinie schlagen. Und dennoch schafften es die Deutschen immer wieder, die Bahnlinie zu sprengen. Als es Ende 1915 den Deutschen gelang, den Bergrücken von Kasigao östlich des Kilimanjaro zu besetzen und der Uganda-Bahn damit bis auf 30 Kilometer nahe zu kommen, waren die Würfel für eine Offensive der Briten im folgenden Jahr bereits gefallen. Die zweite Phase des Krieges begann im März 1916 mit der Ankunft starker südafrikanischer Truppenverbände unter dem Kommando des Generals Jan Smuts. Die Südafrikaner waren durch die Kapitulation der Deutschen in Südwestafrika für die Alliierten verfügbar geworden. Das *War Office* in London, beflügelt von den leichten Siegen in den anderen deutschen Kolonien, hoffte nun mit Hilfe von britischen, indischen, südafrikanischen und später westafrikanischen Truppen eine schnelle Entscheidung herbeizuführen. Angesichts der festgefahrenen Situation in Europa mochten die Verantwortlichen in London auf schnelle Siegesmeldungen gehofft haben, um die Kriegsmoral daheim zu stärken. Doch die Entscheidung für die Offensive war nicht unumstritten. Das *Colonial Office* und das *Indian Office* votierten vehement für einen neuen Versuch, die Deutschen aus ihrer Kolonie zu vertreiben. Lord Kitchener, der britische Kriegsminister, war entschieden gegen eine neue Offensive in Ostafrika. Mit der Zerstörung der »Königsberg« war die größte Bedrohung für das Empire beseitigt. Nur widerwillig beugte er sich dem Druck des *Colonial Office* und des *Indian Office*. Zumindest in einem Punkt setzte er sich durch: Nun aber sollte das *War Office* in der Verantwortung stehen.[42]

Bis zu diesem Zeitpunkt hatten die Behörden in der britischen Kolonie nur minimale Anstrengungen unternommen, Wirtschaft und Verwaltung auf die Erfordernisse des Krieges einzustellen. 1916 war das Jahr des eigentlichen Kriegsbeginns für die Kolonie. Logistik und Infrastruktur mussten ausgebaut werden. In Vorbereitung auf die Offensive wurden Zehntausende neuer Träger rekrutiert und zwei neue Bataillone der *King's African Rifles*

---

42 Hodges, *Carrier Corps*, S. 17; Reigel, *First World War*, S. 140; Strachan, *First World War*, S. 134; Anne Samson, *Britain, South Africa and the East Africa Campaign, 1914–1918: The Union Comes of Age*, (New York: Tauris Academic Studies, 2006), S. 119.

aufgestellt. Zudem setzten die britischen Verantwortlichen eine umfassende Reorganisation der Befehlsstruktur in Gang. Der Oberbefehl über die Truppen ging vom *Indian Office* zum *War Office* über, die Truppen selbst wurden in den Rang einer regulären Armeeeinheit überführt. Nahezu das gesamte höhere Offizierkorps wurde ausgetauscht.[43] Auch im Süden der deutschen Kolonie, im britischen Nyassaland und in Rhodesien, wurden neue Truppen aufgestellt. Das Kommando über die Truppen hatte der Brigadegeneral Edward Northey, der seine Feuertaufe im Krieg in der Schlacht von Ypres erhalten hatte. Neben den im Nyassaland stationierten *King's African Rifles* bestanden seine Truppen aus Freiwilligeneinheiten weißer Siedler, regulären Polizeieinheiten und dem neu aufgestellten *Rhodesia Native Regiment*. Nur die *King's African Rifles* verfügten über einige Kampferfahrungen in diesem Krieg. Das *Rhodesia Native Regiment* war zu Beginn der Offensive noch kaum ausgebildet und zudem mit alten Gewehren aus den Tagen der Zulu-Kriege bewaffnet, die erst nach und nach durch neuere Modelle ersetzt wurden.[44]

Im Vorfeld hatten die Briten den Belgiern in intensiven diplomatischen Verhandlungen eine Teilnahme an der Offensive abgerungen. Erste Gespräche hatte es bereits im Oktober 1914 und im Februar 1915 gegeben, damals hatten die Briten allerdings eher verhalten auf die belgischen Pläne für eine koordinierte Offensive am Tanganyika-See und am Kivu-See reagiert. Die halbherzigen und stockenden belgischen Vorbereitungen für einen Truppenaufmarsch an den Ostgrenzen des Kongo hatten sie kaum überzeugen können, dass die Belgier genügend Willen und Mittel hätten, ihre hoch fliegenden Pläne von einer raschen Einnahme des bevölkerungsreichen Nordwestens der deutschen Kolonie in die Tat umzusetzen. Seit Mitte 1915 jedoch hatten die Belgier viel in die Vorbereitung einer Offensive gegen Deutsch-Ostafrika investiert. Zum Oberbefehlshaber der kongolesischen Truppen war ein Veteran der Kolonialkriege, der amtierende Gouverneur der Katanga-Provinz Charles Tombeur, ernannt worden. Eiligst zum Generalmajor befördert, stand er vor der Aufgabe, innerhalb weniger Wochen ein Expeditionskorps auf die Beine stellen zu müssen. Bis Ende 1915 hatte der Krieg nur wenig Spuren im alltäglichen Leben der belgischen Kolonie hinterlassen. Kampfhandlungen gab es nur an den Ostgrenzen und im Nord-

---

43 C. P. Fendall, *The East African force, 1915–1919; an unofficial record of its creation and fighting career, together with some account of the civil and military administrative conditions in East Africa before and during that period* (London: Witherby, 1921), S. 54.
44 Stapleton, *No insignificant part*, S. 54.

westen und diese waren sporadisch und kleinkalibrig in ihrem Charakter gewesen. Die Vorbereitungen für die Offensive strapazierten die Ressourcen des belgischen Kongo auf das Äußerste. Ähnlich wie in der deutschen Kolonie war die Phase der kolonialen Eroberung im Kongo erst unmittelbar vor dem Krieg zu ihrem Ende gekommen und die Konsolidierung kolonialer Herrschaft bei Weitem noch nicht abgeschlossen. Rekrutierungen von Trägern und Soldaten sowie verschärfte Anforderungen an die afrikanische Bevölkerung bei der Verpflegung der Truppen konnten leicht, so befürchteten belgische Kolonialbeamte, Unruhen und Rebellionen nach sich ziehen. Diese Sorge war nicht unberechtigt: Einheiten der *Force Publique* waren in den ersten Monaten des Krieges immer noch im Einsatz gegen Aufständische und konnten nur sukzessive an die Front geschickt werden.[45]

Anfang 1916 stand Tombeur eine ganze Division, bestehend aus vier Regimentern mit etwa 12.000 bis 15.000 Soldaten zur Verfügung. Etwa 5.000 dieser Soldaten waren neue Rekruten, die eilends in Ausbildungslagern für die Offensive gedrillt worden waren. Zusätzlich zu den *Bulamatari* rekrutierten die Behörden noch 5.000 Träger in der Kolonie, weitere 5.000 stellten die Briten aus Buganda zur Verfügung.[46] Zwischen September 1915 und Mai 1916 wurden darüber hinaus mehr als 120.000 Träger eingesetzt, um die notwendigen Ausrüstungsgegenstände und Nahrungsvorräte an die Front zu schaffen. Innerhalb weniger Wochen wurde die militärische Trägerarbeit zum wichtigsten Sektor der kolonialen Arbeitsökonomie des Kongo.[47] Aus dem belgischen Mutterland, zu diesem Zeitpunkt bis auf einen schmalen Küstenstreifen bei Yvers von den Deutschen besetzt, waren mehrere Artillerieeinheiten und mehr als 700 Offiziere und Unteroffiziere der metropolitanen belgischen Armee nach Afrika gekommen.[48] Diese Offiziere waren hoch motiviert, denn für sie war der Feldzug eine willkommene Wiedergutmachung für die schmerzlichen Niederlagen gegen die Deutschen in

---

45 Muller, *Les troupes du Katanga*, S. 35. Zur Geschichte des Kongo bis zum Ersten Weltkrieg siehe: Charles Didier Gondola, *The history of Congo* (Westport: Greenwood Press, 2002); Isidore Ndaywel é Nziem, Obenga, Théophile & Salmon, Pierre, *Histoire générale du Congo* (Bruxelles: De Boeck & Larsier, 1998); Dave Renton, Seddon, David & Zeilig, Leo (Hrsg.), *The Congo: plunder and resistance* (London: Zed Books, 2007).
46 Wahis, *La Participation Belge*, S. 3–43, insbesondere S. 3.
47 FP 1129/2657 Le Gouverneur Général Henri à Monsieur le Ministre des Colonies, Boma, 13.8.1916.
48 Charles Stiénon, *La campagne anglo-belge*, S. 74; Georges Delpierre, »Tabora 1916: de la symbolique d'une victoire«, in: *RBHC*, (2002) 3–4, S. 351–381, insbesondere S. 357.

Europa. Endlich, so jubelte der belgische Offizier Pierre Daye in seinen Erinnerungen, sei Belgien in die Offensive gegangen und habe sich für die bitteren Stunden von Namur, Antwerpen und Ostende revanchiert.[49] So motiviert die Offiziere waren, so unerfahren waren sie allerdings im Umgang mit den afrikanischen Soldaten der *Force Publique*, oder wie sie in Afrika genannt wurden, den *Bulamatari*. Kaum einer der neu angekommenen Offiziere, die nun das Gros der Truppenführer stellten, war zuvor in Afrika gewesen. Ihre Feuertaufe hatten viele der Offiziere in diesem Krieg in den Kämpfen entlang des Ivers-Flusses gemacht; eine in vielerlei Hinsicht ganz andere Erfahrung als das, was sie in Ostafrika erwarten sollte. Da blieben Missverständnisse, Fehler und Konflikte mit der etwas anders gelagerten militärischen Tradition der belgischen Kolonialtruppen nicht aus. Einer der Ersten, der dies zu spüren bekam, war der Kommandeur der *Brigade Nord*, Oberst Philippe Molitor, der nach den Kämpfen am Viktoria-See von Tombeur seines Amtes enthoben wurde. Molitor, so die Einschätzung seines Untergebenen Scheppers, langjähriger Offizier der *Force Publique*, habe die Natur der *Bulamatari* und die Besonderheiten des Krieges kaum verstanden. Gegenüber Ratschlägen erfahrener Kolonialoffiziere sei er taub gewesen.[50]

Mit dem Beginn der Smuts-Offensive waren die Briten und Belgier den Deutschen nicht nur zahlenmäßig weit überlegen, sondern auch in der Bewaffnung. Ihnen standen moderne Geschütze, Panzerfahrzeuge und Flugzeuge zur Verfügung. Nicht alle dieser modernen Kriegstechnologien erwiesen sich im ostafrikanischen Kriegstheater als effizient. In den unwirtlichen Gegenden Ostafrikas waren Panzerfahrzeuge nur wenig wirksam. Nachhaltiger war die psychologische Wirkung auf die *Askari*, denen diese Waffen unbekannt waren. Beim ersten Zusammentreffen mit den gepanzerten Fahrzeugen ergriffen die *Askari* die Flucht. Flugzeuge waren anfangs eine ebenso gefürchtete Erscheinung, doch glaubt man den Berichten ihrer Offiziere, gewöhnten sich die *Askari* schnell an die harmlosen »ndege ulaya« (europäischen Vögel), die ihre Bomben selten ins Ziel setzten.[51] Einzig als

---

49 Pierre Daye & Jules Renkin, *Avec les Vainqueurs de Tabora. Notes d'un colonial belge en Afrique orientale allemande* (Paris: Perrin, 1918), S. 79.
50 Musée royal de l'Afrique centrale (im weiteren MRAC), Collection de Jean Scheppers; Mémoires du Colonel honoraire Scheppers, Vétéran de l'Etat Indépendant du Congo, n.d.
51 Lettow-Vorbeck, *Erinnerungen*, S. 73; Wahle, *Erinnerungen*, S. 10; August Hauer, *Kumbuke. Erlebnisse eines Arztes in Deutsch-Ostafrika* (Berlin: Deutsch-Literarisches Institut J. Schneider, 1923), S. 125.

Aufklärungsmittel gewannen die Flugzeuge für die Alliierten einigen Wert. Wie in den Kolonialkriegen war das Maschinengewehr die vermutlich effektivste Waffe des Feldzuges. Erstmals wurden auch Feldgeschütze und Minenwerfer in Ostafrika in größerer Zahl eingesetzt. Und auch Handgranaten fanden im Ersten Weltkrieg ihre erstmalige Verwendung in Ostafrika. Sie waren selbst vielen deutschen Offizieren bis dahin noch unbekannt. Doch die Bewaffnung der alliierten Truppen variierte stark. Kamen vor allem die europäischen und südafrikanischen Truppen in den Genuss moderner Bewaffnung und vor allem ausreichender Artillerie, so mussten die afrikanischen Truppen der Briten oft mit alten Gewehrmodellen, wenigen Maschinengewehren und kaum Artillerieunterstützung auskommen. Der Rassismus britischer Kommandeure machte auch vor diesen pragmatischen Fragen des Krieges keinen Halt.[52]

Smuts übernahm offiziell am 12. Februar 1916 das Kommando über die britischen Truppen in Ostafrika. Bereits einen Monat vorher hatte eine britische Division Stellung am Longido bezogen. Hier hatten die Deutschen seit Ende 1914 ein Stück Territorium der britischen Kolonie besetzt und es mit starken Verteidigungsanlagen umgeben. Genau am Tag der Kommandoübernahme durch Smuts begannen die Briten mit der Offensive und versuchten die Deutschen aus ihren Stellungen bei Salaita zu werfen. Wenige Tage zuvor hatten südafrikanische Flieger die Stellungen der Deutschen zu erkunden gesucht. Die Briten begannen die Schlacht mit einem mehrstündigen Bombardement auf die vermuteten deutschen Stellungen, doch diese erwiesen sich als Attrappen. Auch die Truppenstärke der Deutschen wurde von den Alliierten bei Weitem unterschätzt. Man ging von einer Kampfstärke von 300 Mann aus, in Wahrheit sollen die Deutschen hier etwa 1.300 Mann unter einem ihrer erfahrensten Kommandeure, Major Georg Kraut, stationiert gehabt haben. Die Deutschen hatten zudem das Gebiet mit Stacheldrahtverhauen, einer ganzen Anzahl von Schützen- und Laufgräben, Unterständen und Artilleriestellungen versehen. In diesen ersten Tagen der britischen Offensive waren die Kampfhandlungen den Schützengrabenschlachten in Europa nicht unähnlich. Als die südafrikanischen Truppen mit Hilfe von gepanzerten Fahrzeugen und Artillerieunterstützung vorgingen, antworteten die Deutschen mit einem Gegenangriff. In diesem Nahkampf verloren die Briten mehr als 130 Mann, einige Quellen sprechen gar von 170 Gefallenen. Erneut machten die Deutschen reiche Beute an moder-

---

52 Reigel, *First World War*, S. 125; Stapleton, *No insignificant part*, S. 122; Walmsley, *The Aeroplane*, S. 296–297, insbesondere S. 297.

Befestigungsanlagen am Kilimanjaro

nen Waffen, Munition, militärischer Ausrüstung. Die auf dem Schlachtfeld zurückgebliebenen toten Südafrikaner wurden von nach Beute suchenden *Askari* ihrer Kleidung und persönlicher Habe beraubt.[53] Vorkriegsparadigmen was den Umgang mit dem Körper der Weißen betraf, waren in diesen Tagen schon längst obsolet geworden.

Diese erste Begegnung der zum Teil unerfahrenen südafrikanischen Truppen mit den *Askari* erwies sich als ebenso desaströs wie bis zu einem gewissen Grade traumatisch. Die Südafrikaner hatten die Kampfkraft der Afrikaner in diesem Krieg bis dahin als äußerst gering angesehen. Kaum, dass sie die deutschen *Askari* als würdige Gegner wahrnahmen, so weigerten sie sich teilweise an der Seite der *King's African Rifles* zu kämpfen. Nun hatten sie in panischer Flucht vor den *Askari* einen großen Teil ihrer Ausrüstung und wohl auch ihres Selbstvertrauens zurücklassen müssen. Der britische Offizier Meinertzhagen vermerkte in seinem Tagebuch, dass die

---

53 Tagebuch des Unteroffiziers der Reserve Kurzhals der 18. Feldkompanie, in: Foerster, Greiner & Witte (Hrsg.), *Kämpfer*, S. 56.

Deutsche Maschinengewehrstellung am Lingido-Pass

Südafrikaner ohne die Unterstützung der *King's African Rifles* und der indischen Einheiten ihrer Vernichtung kaum entgangen wären.[54]

Smuts zog aus dieser Niederlage den Schluss, dass ein Frontalangriff auf die Stellungen des Feindes, wie er von den Briten auf dem europäischen Kampfschauplatz häufig praktiziert wurde, hier wenig Erfolg haben würde. Für eine solche Kampfesweise fehlten den Alliierten die notwendigen Truppen und der Wille, in Ostafrika einen hohen Blutzoll für den Sieg zu zahlen. Smuts, so bemerkte der britische Offizier Meinertzhagen, sei zu allererst Politiker und erst dann Militär gewesen und Meldungen über den Tod Hunderter Südafrikaner machten sich daheim in Südafrika, wo der Feldzug wenig populär war, nicht gut.[55] Anstelle dessen suchte Smuts nun durch schnelle Flankenumgehungen, die Deutschen aus ihren Stellungen zu zwingen und in schneller Folge die wichtigsten Plätze der Kolonie, wie Dar es Salaam, Tabora und die zentrale Eisenbahnlinie, zu besetzen. Eine Taktik, die er in Deutsch-Südwestafrika äußerst erfolgreich angewandt hatte, die sich aber im Verlaufe des Jahres 1916 als nahezu ergebnislos erwies. Nur sel-

---

54 Meinertzhagen, *Army Diary*, S. 201.
55 Ebd., S. 165.

ten gelang es den Alliierten auf diese Weise, die Deutschen, wie beabsichtigt, einzukreisen und zu größeren Gefechten zu zwingen.[56] Beide Seiten sollten in den folgenden Jahren einen jeweils von anderen Kriegszielen bestimmten Feldzug führen: Während es Smuts um eine schnelle Besetzung weiter Teile der deutschen Kolonie, also Landgewinn ging, hatte Lettow-Vorbeck vor allem den Gewinn von Zeit im Auge. Diese sehr unterschiedlichen Ziele führten zu einem Charakter des Krieges, in dem es nur selten zu wirklich größeren Gefechten kam.

Anhand von erbeuteten britischen Dokumenten war Lettow-Vorbeck weitestgehend über die bevorstehende britische Offensive im Bilde. Bereits im Dezember 1915 waren deutsche Patrouillen auf erste Anzeichen einer bevorstehenden Offensive gestoßen.[57] Zunächst verstärkte Lettow-Vorbeck seine Truppen in der Kilimanjaro-Region. Doch die Briten erhöhten in den folgenden Wochen den Druck auf die deutschen Stellungen. Anfang März 1916 eröffneten die Truppen unter Smuts eine neue Angriffswelle gegen deutsche Stellungen am Reata-Pass. Bei zwei Frontalangriffen auf die deutschen Stellungen sollen etwa 300 britische bzw. südafrikanische Soldaten an einem Tag gefallen sein. Deutsche Quellen berichten von 800 Toten auf Seite der Briten. Im Vergleich mit der Westfront waren dies keine riesigen Verluste, für das ostafrikanische Kampfgeschehen waren sie jedoch außergewöhnlich hoch. Die verantwortlichen britischen Offiziere Malleson und Beeves griffen am Reata-Pass auf eine Taktik zurück, wie sie auf den europäischen Schlachtfeldern üblich war. Was schon dort zu verheerenden Verlusten aufseiten der Angreifer führte, potenzierte sich in Ostafrika noch durch eine nur ungenügende Artillerievorbereitung aus Mangel an verfügbaren Geschützen und einem mehr als ungünstigen Gelände. Bevor die alliierten Truppen die deutschen Linien überhaupt zu Gesicht bekamen, mussten sie sich durch den unwegsamen Busch der afrikanischen Steppe kämpfen und hohe Verluste durch deutsche Scharfschützen hinnehmen. Smuts war mit seinen Kommandeuren mehr als unzufrieden: Wilfried Malleson, an Dysenterie erkrankt, wurde seines Postens enthoben und

---

56 W. Whitthall, *With Botha and Smuts in Africa* (London: Casell, 1917), S. 198; Meinertzhagen, *Army Diary*, S. 201, Owen Letcher, *Cohort of the tropics; a story of the great war in Central Africa* (London: Waterlow & Sons, 1930), S. 12; Farwell, *Great war in Africa*, S. 254; E. S. Thompson, »A Machine Gunner's Odyssey Through German East Africa: The Diary of E S Thompson, Part 1: January 1916–February 1917«, in: *Military History Journal*, http://rapidttp.com/milhist/vol073et.html (1987), hier S. 11 February (Friday).

57 Tagebuch des Gefreiten der Reserve Stens der 11. Feldkompanie, in: Foerster, Greiner & Witte (Hrsg.), *Kämpfer*, S. 29.

durch General Michael Tighe ersetzt, der schon in Tanga gekämpft hatte. Doch auch Tighe musste letztendlich gehen und für ihn kam General Edward Hoskins, in Vorkriegszeiten der Kommandeur der *King's African Rifles*.[58] Trotz der hohen Verluste der Alliierten mussten sich die Deutschen sukzessive von ihren Verteidigungslinien zurückziehen. Denn gleichzeitig mit den Kämpfen am Reata-Pass umgingen südafrikanische Einheiten den Kilimanjaro und bedrohten die rückwärtigen Verbindungen der Deutschen. Smuts erklärte daraufhin die erste Phase der Offensive, die Vertreibung der Deutschen vom Gebiet der britischen Kolonie, für erfolgreich beendet. Lettow-Vorbeck konzentrierte seine Truppen nun bei Kahe und wartete auf einen neuen Angriff. Der ließ länger auf sich warten, als es Smuts lieb war. Heftiger Regen und die unweigerlich damit verbundenen Transportschwierigkeiten machten ein weiteres Vorgehen der britischen Truppen unmöglich. Erst am 4. April startete Smuts einen neuen Versuch, Lettow-Vorbeck endgültig aus der Kilimanjaro-Region zu vertreiben. Den Truppen Van Deventers gelang es, eine deutsche Stellung bei Lol Kissale einzukesseln und immerhin 414 *Askari* und 17 Deutsche gefangen zu nehmen. Es war der erste (und nahezu einzige) Erfolg von Smuts, mit Flankenbewegungen die Deutschen einzukreisen und zur Aufgabe zu zwingen. Doch auch die Südafrikaner erlitten herbe Verluste. Mehr als 350 Soldaten sind in den Kämpfen um Kahe gefallen.[59]

Lettow-Vorbeck zog seine Truppen schnell gen Süden zurück. Der Rückzug der Deutschen aus der Kilimanjaro-Region war der Beginn dessen, was die *Askari* die *Safari ya Bwana Lettow* nannten, den »Langen Treck des Herren Lettow«. Mit den deutschen Truppen zog ein großer Teil der Frauen und Kinder der *Askari* und der deutschen Offiziere. Daneben folgte ein unüberschaubarer Tross an Dienern, Köchen und Trägern. Die Zivilisten wurden bis zu einem gewissen Grad in die Infrastruktur der *Safari ya Bwana Lettow* integriert. Teilweise übernahmen die Frauen der *Askari* einen wichtigen Part in der Verpflegung der Truppen, während die Frauen der Offiziere oft als Krankenschwestern fungierten. Auch viele der afrikanischen

---

58 Whitthall, *With Botha*, S. 217; E. S. Thompson, *A Machine Gunner's Odyssey*, 12 February (Saturday). Zum militärischen Denken des britischen Militärs siehe: W. Michael Ryan, »The Influence of the Imperial Frontier on British Doctrines of Mechanized Warfare«, *Albion: A Quarterly Journal Concerned with British Studies* 15 (1983), S. 123–142.

59 Paice, *The African Front*, S. 199; MRAC Collection Emmanuel Muller: Rapport de mission en Afrique Allemande, n.d.; Jan C. Smuts, »East Africa«, *The Geographical Journal* 51 (1918), S. 129–145, insbesondere S. 135.

Intermediäre deutscher Kolonialherrschaft schlossen sich den Truppen an. Die koloniale Ordnung der Deutschen begann sich in diesen Tagen in eine nomadische Ordnung zu transformieren.

Innerhalb weniger Wochen hatten die Briten den Kilimanjaro sowie die Städte Aruscha und Moschi erobert. Einen Monat später waren sie bis Kondoa-Irangi vorgedrungen und damit im unmittelbaren Einzugsbereich der Mittelland-Bahn. Gleichzeitig drang Smuts an der Usambara-Bahn vor. Die *Royal Navy* besetzte durch Landungsunternehmen die Küstenstädte im Norden: Tanga wurde am 7. Juli erobert, einen Monat später ergab sich Dar es Salaam. Der Vorstoß der Alliierten zu Land war bis dahin durch massive Transportprobleme behindert worden. Viele Straßen und Brücken waren von den Deutschen unpassierbar gemacht worden. Heftiger Regen hatte die wenigen verfügbaren Straßen aufgeweicht, so dass die Fahrzeuge im Schlamm versanken, selbst Träger kamen nur noch mühsam voran.

Lettow-Vorbeck versuchte den Vormarsch der Südafrikaner in Richtung Mittelland-Bahn durch einen Gegenangriff bei Kondoa-Irangi am 7. Mai zu stoppen, doch die *Askari* wurden unter hohen Verlusten zurückgeschlagen. 60 bis 128 *Askari* sollen bei den Kämpfen gefallen sein, auf südafrikanischer Seite sprach man von 30 bis 40 Toten. Van Deventer konnte aus seinem Sieg aber keinen strategischen Vorteil gewinnen. Seine Truppen waren infolge von Krankheit, Transportproblemen und dem Verlust eines Großteils der Kavalleriepferde durch die von der Tsetse-Fliege übertragene Schlafkrankheit nahezu immobil geworden. Von einstmals 2.000 Pferden waren ihm noch 600 geblieben. Seine Division hatte Anfang Mai 1916 kaum 3.000 kampffähige Soldaten zur Verfügung. Doch auch Lettow-Vorbecks Truppen hatten einen hohen Preis für die Kämpfe der ersten Monate zahlen müssen. Rund 1.000 Soldaten hatten sie in den Kämpfen im Nordosten verloren, fast ein Viertel der eingesetzten Truppen. Nahezu zwei Monate standen sich Deutsche und Südafrikaner in der Region um Kondoa-Irangi gegenüber. Die Deutschen bombardierten die gegnerischen Stellungen regelmäßig mit den von der gesunkenen »Königsberg« geborgenen, großkalibrigen Geschützen, die sie auf Lafetten montiert hatten. Immer wieder kam es zu kleineren Patrouillengefechten in dem von dichten Dornenbüschen übersäten Gelände. Erst als der Regen Ende Juni aufhörte, konnten die Alliierten ihre Offensive fortsetzen.[60]

---

60 Whittall, *With Botha*, S. 249; Fendall, *East African force*, S. 168; Hodges, *Carrier Corps*, S. 48; Pradhan, *Indian army*, S. 115, 116; John Guille Millais, *Life of Frederick Courtenay*

Doch Lettow-Vorbeck ging mehr und mehr dazu über, größere Konfrontationen mit Smuts Truppen zu vermeiden. Angesichts der geringen Zahl seiner Offiziere und *Askari* musste er mit seinen Kräften haushalten. Kämpfe zu vermeiden, schien auch im Sinne von Smuts und seiner Offiziere gewesen zu sein. Wir zwängen den Feind zwar mit geschickten Manövern zum Rückzug, brächten ihm aber keine entscheidende Niederlage bei, schimpfte Meinertzhagen in seinem Tagebuch. Britische Offiziere seien immer wieder vor der Konfrontation mit den Deutschen zurückgeschreckt, wenn es Gerüchte über starke feindliche Kräfte gegeben habe.[61] Im Sommer 1916 kam es daher zwar zu einer Vielzahl von kleineren Gefechten zwischen britischen und deutschen Patrouillen; große Schlachten aber blieben aus. Im September erreichten britische Einheiten die Mittelland-Bahn bei Morogoro. Und obgleich sie kaum etwas von den Deutschen gesehen hatten, waren die britischen Truppen am Ende ihrer Kräfte. Mit gerade mal siebzig völlig erschöpften und ausgehungerten Leuten marschierten die Briten in Morogoro ein. Die traurigen Überreste eines 1.500 Mann starken Bataillons. Wie ein Schneeball in der Sonne seien die Truppen zusammengeschmolzen, resümierte ein britischer Soldat. Es seien die härtesten Monate des ganzen Feldzugs gewesen, erinnerte sich ein anderer Zeitzeuge.[62] Van Deventer hatte einen Monat zuvor Dodoma erreicht, eine weiter westlich gelegene Bahnstation der Mittelland-Bahn. Auch seine Männer waren völlig erschöpft. Sie hatten kaum noch Lebensmittel, Munition, Pferde und Ausrüstung. Erst vier Wochen später kam der Nachschub in Dodoma an. Die Briten hatten bei der Planung der Offensive einige gravierende Fehler gemacht, die sich nun zu rächen begannen. Die Transportfrage war weitestgehend ungelöst geblieben. Hoffnungen, Lastkraftwagen zu benutzen, zerschlugen sich angesichts der schlechten Straßen und des Klimas schnell. Die medizinische Versorgung der Truppen vor Ort war nahezu gleich Null. Der britische Historiker Hew Strachan macht für diese Fehlplanung vor allem Smuts verantwortlich. Smuts habe keine Erfahrung in der Führung großer Truppenkontingente gehabt. Im Burenkrieg habe er Einheiten von höchstens 300 bis 400 Mann kommandiert. Diese Erfahrung habe ihm kaum

---

Selous, D. S. O, capt. 25th Royal fusiliers (New York: Longmans Green & Co., 1918), S. 332.
61 Meinertzhagen, *Army Diary*, S. 195.
62 Ivor Dennis Difford, *The Story of the 1st Battalion Cape Corps (1915–1919)* (Cape Town: Hortons, 1920), S. 92; Fewster, *A Hull Sergeant's Diary*, August 28th. 1916.

genutzt, da er nun mit der Führung und Versorgung von mehr als 70.000 Mann betraut worden war.[63] Im Juli und August brachten die Briten die übrigen Abschnitte der deutschen Küste unter ihre Kontrolle. Smuts konnte nun seine Bewegungsfreiheit enorm steigern und de facto eine weitere Front im Südosten der Kolonie eröffnen. Vom Südwesten her stießen zusätzlich etwa 5.000 Soldaten unter dem Kommando von Brigade-General Northey schnell in das deutsche Gebiet vor. Bereits im Mai hatte die *Norforce*, wie sie in den offiziellen Berichten genannt wurde, Neu Langenburg, die wichtigste deutsche Verwaltungsstation am Nyassa-See, eingenommen. Die Deutschen hatten in dieser Region etwa 1.470 Soldaten, die allerdings über ein weites Gebiet verstreut waren: 270 *Askari* waren in Bismarckburg am Südufer des Tanganyika-Sees stationiert, 600 *Askari* im etwa 400 Kilometer südlich gelegenen Neu Langenburg und noch etwa 600 *Askari* in der Umgebung von Mahenge. Der Gefahr durch Northeys Vormarsch gewärtig, verlegte Lettow-Vorbeck umgehend Truppen in den Süden. Dennoch konnte Northey schnell vordringen. Erst bei Malangali, etwa 150 Kilometer vom Nyassa-See entfernt, trafen Northeys Truppen Ende Juli 1916 auf nennenswerten Widerstand der Deutschen. Immerhin 200 Deutsche, darunter viele Matrosen des versenkten Kreuzers »Königsberg«, und circa 800 *Askari* hatten sich hier verschanzt. Am 24. Juli durchbrachen die Rhodesier die Verteidigungslinien der Deutschen, die mehr als 140 Tote auf dem Schlachtfeld ließen. Einen Monat später stieß die *Norforce* bis nach Iringa vor und hatte damit Kontakt zu den von Norden kommenden Einheiten Van Deventers. Auch weiter im Süden konnten Northeys Truppen schnelle Erfolge erzielen. Ende September erreichte eine rhodesische Kolonne Songea, einen deutschen Verwaltungsposten etwa 100 Kilometer östlich des Nyassa-Sees, den sie in einem Überraschungsangriff einnehmen konnten. Die deutschen Truppen waren hier mehr mit der Aushebung von Nahrungsmitteln und Trägern als mit der Verteidigung des Gebietes beschäftigt. Northeys Truppen trafen, wenn überhaupt, nur auf kleinere deutsche Patrouillen.[64]

---

63 Strachan, *First World War*, S. 135; Fendall, *East African force*, S. 157; Meinertzhagen, *Army Diary*, S. 195; Farwell, *Great war in Africa*, S. 300.

64 Fendall, *East African force*, S. 77ff; Farwell, *Great war in Africa*, S. 251ff; Peter McLaughlin, »The legacy of conquest: African manpower in Southern Rhodesia during the First World War«, in: *Africa and the First World War*, hrsg. von Melvin E. Page (New York: St. Martin's Press, 1987), S. 115–136, insbesondere S. 121; Riegel, *The First World War*, S. 211; Stapleton, *No insignificant part*, S. 52; Paice, *The African Front*, S. 236.

Im Nordwesten drangen im Mai 1916 drei belgische Kolonnen über das Südufer und das Nordufer des Kivu-Sees vor. Unterstützt wurden sie von einem Vorstoß britischer Einheiten über den Viktoria-See. Am 9. Juli eroberte ein britischer Landungstrupp die größte Insel des Sees, Ukerewe. Die Insel war nicht nur wegen ihrer strategischen Lage äußerst wichtig, sie diente den Deutschen bis dahin auch als wichtiger Lieferant für Lebensmittel. Fünf Tage später eroberten die britischen Truppen unter dem General Crewe den deutschen Verwaltungsposten Mwanza. Die Alliierten trafen in diesem Teil der Kolonie kaum auf Widerstand, nur vereinzelt kam es zu Zusammenstößen mit den Deutschen, die, wie ein belgischer Offizier klagte, sich auf eine Guerillataktik beschränkten.[65] Die deutschen Verbände im Nordwesten der Kolonie bestanden aus etwa 85 europäischen Offizieren und Unteroffizieren sowie 2.200 *Askari* und vermutlich einigen Hundert *Ruga-Ruga*. Doch diese Truppen waren über ein riesiges Territorium verteilt. Ihre Zahl war gering im Gegensatz zu dem, was die Belgier und Briten aufbieten konnten. Die Belgier waren dennoch vorsichtig, vor allem weil sie von den gut ausgebauten Stellungen der Deutschen in Burundi und Ruanda wussten. In der Tat hatten die deutschen Offiziere genug Zeit gehabt, sich auf die Offensive der Belgier vorzubereiten und vor allem am Südufer des Kivu-Sees und am Nordufer des Tanganyika-See starke Befestigungen errichten zu lassen. Doch als die Belgier im April 1916 mit ihrer Offensive begannen, fanden sie diese Verteidigungsanlagen meist geräumt. Ruanda und Burundi wurden innerhalb weniger Wochen erobert, ohne dass es zu nennenswerten Gefechten gekommen wäre. Ganze vier Belgier und fünf *Bulamatari* fielen bei den Kämpfen um Burundi und Ruanda.[66] Der deutsche Widerstand kollabierte auch deswegen so schnell, weil nur wenige der von den Deutschen rekrutierten *Ruga-Ruga*, zumeist Gefolgsleute des Königs Musinga, es für geboten hielten, den aussichtslosen Kampf aufseiten der Deutschen fortzuführen. Sie entschieden sich, die ihnen von den Deutschen gegebenen Schusswaffen bei Ankunft belgischer Truppen fortzuwerfen oder zu verstecken. Der König selbst beeilte sich, den Belgiern seine neutrale

---

65 FP 1129/2657 Rapport du mois de Mai 1916; Stiénon, *La campagne anglo-belge*, S. 142.
66 Wahis, *La Participation Belge*, S. 3–43, insbesondere S. 27; FP 1129/2657 Olsen, Compte rendu des opérations exécutée par la Brigade Sud pendant la moi de Juin 1916; FP 1129/2657 Rapport du mois de Mai 1916; FP 1129/2657 Weber, Rapport d'ensemble sur les opérations exécutées pendant les journées des 18, 19, 20, 21, 22. avril 1916, Shangugu 23.4.1916; FP 1129/2657 Tombeur an die Kommandanten des 4. Régiments der Brigade Nord & Süd, Kibati 25.4.1916.

Der Einmarsch belgischer Truppen in Kigali

Haltung anzuzeigen. Doch die Belgier wollten nicht Neutralität, sondern Nahrungsmittel und Träger.[67]

Wintgens floh mit einigen Hundert *Askari* und deren Frauen, Kindern und Hausrat in Richtung Südosten. Sein Ziel war es, sich mit den Truppen von Gudovius, dem kommandierenden Offizier der deutschen Truppen am Viktoria-See, zu vereinen. Gudovius war nach und nach vom Kagera-Fluss am Westufer des Viktoria-See bis nach Kato, einige Kilometer westlich des Südzipfels des Viktoria-Sees, zurückgewichen. Die Belgier versuchten, den Deutschen den Weg nach Süden abzuschneiden, doch ihre Frontlinien waren zu dünn, um ein Durchbrechen der Deutschen zu verhindern. Die Konzentration der belgischen Truppen war vor allem an ungelösten Transportproblemen gescheitert. Hunderte ihrer kongolesischen Träger hatten sich geweigert, die Grenze zu Ruanda zu überschreiten. Versuche, die Bevölkerung Ruandas und Burundis zum Trägerdienst zu pressen, hatten wenig Erfolg gezeigt. Meist waren die Leute vor den anrückenden Belgiern geflohen.[68] Im Juli 1916 kam es zu mehreren Durchbruchsversuchen der Deut-

---

67 MRAC Mémoires du Colonel honoraire Scheppers, Vétéran de l'Etat Indépendant du Congo, n.d. [ca 1918]; FP 1129/2657 Tombeur, Rapport du mois d'avril 1916, Kibati, 15.5.1916.

68 FP 1129/2657 Tombeur an Ministre des Colonies, Kibati, 8.2.1916; FP 1129/2657 Tombeur, Rapport du mois d'avril 1916, Kibati, 15.5.1916; FP 1129/2657 Olsen, Compte ren-

Der belgische Kommandeur Tombeur während einer Marschpause

schen. In der Schlacht von Kato ergab sich Gudovius, nachdem er den Kontakt zu seinen Truppen verloren hatte und ernsthaft verwundet worden war. Zuvor hatte er sich mit dem belgischen Offizier Rouling auf offenem Feld duelliert. Es war eine Szene, wie sie in der späteren Mythenbildung des Krieges als eines ritterlichen so gern und oft kolportiert wurde. Gesicht zu Gesicht sollen sich Gudovius und Rouling, der Kommandeur der *Brigade Nord*, gegenübergestanden und für einige Minuten ihre Pistolen aufeinander abgefeuert haben. Der Belgier, von fünf Schüssen getroffen, so die Legende, habe standgehalten und mit seinem Vorbild die *Bulamatari* zum Sturm auf die deutschen Stellungen vorangetrieben.[69] Doch die Realitäten waren weitaus grausamer als es solche ritterlichen Szenen vermuten lassen. Laut belgischen Augenzeugenberichten waren die Kämpfe bei Kato, Dobahika und später bei der Missionsstation Maria Hilf die ersten schweren Gefechte, die ihre Truppen zu bestehen hatten. Die Truppen von Wintgens versuchten immer wieder, durch einen Angriff auf belgische Stellungen einer Einkesselung zu entkommen. Den Deutschen gelang der Durchbruch, allerdings unter hohen Verlusten. Doch auch die Belgier hatten eine Vielzahl von Toten und Verwundeten zu beklagen. Viele der *Bulamatari* seien,

---

du des opérations exécutée par la Brigade Sud pendant la mois de juin 1916.
69 Stiénon, *La campagne anglo-belge*, S. 136.

so ein Bericht, während der Kämpfe desertiert. Die Schlacht bei Dobahika wurde von den belgischen Kommandierenden später als ein Fiasko bezeichnet, in dem gravierende taktische Fehler der kommandierenden Offiziere und der zeitweise Verlust der Kontrolle über die *Bulamatari* die belgischen Truppen an den Rand einer Katastrophe gebracht hätten.[70]

Im Juni 1916 begannen auch die Kampfhandlungen am Tanganyika-See heftiger zu werden. Belgische Flugzeuge bombardierten deutsche Stellungen und die Hafenanlagen am Ostufer des Sees. Ende Juli gelang es den Belgiern, das einzig noch intakte Schiff der Deutschen auf dem See, die imposante »Graf von Götzen«, mit Fliegerbomben so schwer zu beschädigen, dass es kaum noch seetüchtig war. Damit war die deutsche Oberhoheit über den See faktisch beseitigt und der Weg frei für die belgischen Landungsoperationen am Ostufer des Tanganyika-Sees. Mitte Juli landete eine belgische Streitmacht unter dem Kommando von Oberst George Moulaert am Ostufer des Tanganyika. Die Deutschen zogen sich nach einigem Widerstand entlang der Bahnlinie nach Tabora zurück. Zuvor hatten sie die »Graf von Götzen« im Hafenbecken von Kigoma versenkt. Bis Mitte August hatten Moulaerts Truppen den Brückenkopf am Ostufer des Tanganyika-Sees bis nach Gottorp, etwa 50 Kilometer ostwärts entlang der Mittelland-Bahn, ausgedehnt. Damit waren beide Enden der wichtigsten deutschen Transportverbindung in den Händen der Alliierten und die provisorische Hauptstadt der Kolonie, Tabora, in unmittelbarer Reichweite der belgischen Truppen.[71]

Mitte August waren die über Burundi und Ruanda vorrückenden belgischen Kolonnen unter Molitor und Olsen bis auf wenige Kilometer an Tabora herangerückt. Gleichzeitig hatte sich Moulaert entlang der Bahnlinie bis nach Unyamwezi vorgekämpft. Allerdings hinderte die Belgier am Vormarsch weniger der deutsche Widerstand, sondern mehr die enormen Probleme bei der Versorgung ihrer Truppen. Sie wurden umso größer, je mehr sich die Truppen von ihren Stützpunkten an der Grenze entfernten. Hoffnungen, dass die beiden Kolonnen sich aus den fruchtbaren und bevölkerungsreichen Regionen Ruandas und Burundis ernähren können würden, erwiesen sich als falsch. Die Deutschen hatten bei ihrem Abzug ein ausgeplündertes Gebiet hinterlassen; die Erntezeit war weit entfernt. Ein

---

70 FP 1129/2657 Tombeur an Colonel Commandant la Brigade Nord, Namirembe 30.7.16; FP 2664/1212 Tombeur an Minsitre des colonies, Tabora, 10.11.1916.
71 MRAC Collection Molitor, Rapport d'ensemble sur l'organisation du cercle de Ujiji du 10 août au 20 décembre 1916.

Großteil der Viehherden war entweder von den Deutschen auf ihrer Flucht fortgetrieben oder von der lokalen Bevölkerung versteckt worden. Nahrungsmittel mussten so auf dem Rücken Tausender Träger aus dem Kongo herangeschafft werden, denn die Mittelland-Bahn konnten die Alliierten nur bedingt für ihre Zwecke nutzen. Die Deutschen hatten bei ihrem Rückzug die wichtigsten Brücken gesprengt. Erst nach Monaten konnten die Belgier Hilfsbrücken errichten und so die Bahnlinie für Züge passierbar machen.[72]

So kam der belgische Vormarsch immer wieder ins Stocken. Mehrere Wochen war die *Brigade Nord* bei Malagarassi zur Bewegungsunfähigkeit verdammt, weil ihr die Lebensmittel und die Munition ausgegangen waren. Zudem war der Kontakt zu vielen der weit verstreut operierenden Einheiten verloren gegangen. Für die deutschen Truppen waren diese Verzögerungen in der belgischen Offensive willkommene Gelegenheiten, sich neu zu formieren und temporäre Verteidigungsanlagen an geographisch günstigen Plätzen zu organisieren. Doch Anfang September hatten die Alliierten einen Ring um Tabora gezogen, nur im Süden der Stadt war noch eine Rückzugslinie offen. Bei Ussoke, einer kleinen Bahnstation der Mittelland-Bahn, kam es am 7. September zu heftigen Gefechten, als deutsche Truppen versuchten, die von belgischen Truppen im Handstreich genommene Eisenbahnstation wieder zurückzuerobern und die dort lagernden beträchtlichen Bestände an Nahrungsmitteln und Munition in ihre Hände zu bekommen. Diese zwei Tage dauernden Kämpfe waren der Auftakt für die Schlacht um Tabora. Die deutschen Truppen hatten wenig gegen die konzentriert vorgehenden belgischen Kolonnen aufzubieten. Sie konnten nur Zeit gewinnen. Wie kaum zuvor und auch kaum nachher im Verlauf des Krieges gelang es den belgischen Offizieren ihre Taktik auf dem Schlachtfeld umzusetzen. Der Versuch der Deutschen, Ussoke wieder unter ihre Kontrolle zu bringen, glückte zwar, doch die Belgier konnten rasch neue Truppen heranführen und die Deutschen wieder zum Abzug zwingen. Drei Tage nach den Kämpfen von Ussoke kam es zur Entscheidungsschlacht um Tabora bei Lulanguru, rund 30 Kilometer von Ussoke und 28 Kilometer von Tabora entfernt. Die Belgier waren schnell entlang der Bahnlinie vorgedrungen, doch um den Preis der Ermattung ihrer Truppen. Die belgischen Versorgungslinien existierten kaum noch. Versuche vor Ort, Träger für Wasser und Nahrungsmittel zu rekrutieren, scheiterten erneut. In Ussoke angekommen, verfügten

---

72 Wahis, *La Participation Belge*, S. 3–43, insbesondere S. 36; Muller, *Les troupes du Katanga*, S. 85; FP 1129/2657 Intendance, n.d.

Der Einmarsch belgischer Truppen in Tabora

die belgischen Truppen kaum noch über ausreichend Munition und Lebensmittel. Die *Bulamatari* waren durch die tagelangen Gewaltmärsche völlig erschöpft.[73] Den deutschen Truppen unter Wintgens bereitete es daher wenig Mühe, den ersten Angriff der Belgier zurückzuschlagen. Erst als die Belgier in der folgenden Nacht mit Hilfe einer noch intakten Eisenbahn neue Truppen an die Front schickten, zogen sich die Deutschen im Morgengrauen zurück.[74] Als gravierende Nachteile für die Alliierten erwies sich die unzureichende Aufklärung über die deutschen Truppenbewegungen und die ungenügenden Kenntnisse über das Gebiet der deutschen Kolonie. Über aussagekräftige Karten verfügten die Alliierten zu Beginn der Offensive kaum. Bitter beschwerte sich ein belgischer Offizier, dass seine Truppen durch nahezu unbekanntes Territorium vordringen mussten, die auf den Karten als weiße Flecken auftauchten. Namen von Ortschaften, geographische Besonderheiten wie Berge und Flüsse, lebensnotwendige Wasser-

---

73 FP 1129/2657 Bataille de Lulanguru, du 10 au 16 Septembre; Stiénon, *La campagne anglo-belge*, S. 192, Daye & Renkin, *Avec les Vainqueurs de Tabora. Notes d'un colonial belge en Afrique orientale allemande* (Paris: Perrin, 1918), S. 86; MRAC Collection Emannuel Muller: Rapport de mission en Afrique Allemande, n.d.

74 Stiénon, *La campagne anglo-belge*, S. 156, Wahis, *La Participation Belge*, S. 3–43, insbesondere S. 40; FP 1129/2657 Tombeur, Rapport d'ensemble du mois de septembre 1916, 6.10.16; Telegramm Nr. 5114.

Die Zeremonie der Belgier anlässlich der Eroberung Taboras

stellen seien auf ihnen nicht oder oftmals falsch aufgezeichnet. In der Schlacht bei Lulanguru verhalfen die fehlerhaften belgischen Karten den Deutschen zur Flucht: Als belgische Truppen die Deutschen zu umgehen suchten, standen sie plötzlich vor einem unüberwindlichen Berg, der auf den belgischen Karten nicht verzeichnet war. Die Deutschen konnten so wertvolle Zeit gewinnen und der drohenden Einkesselung entgehen.[75]

Auch im Norden Taboras entwickelten sich bei Itaga heftige Kämpfe zwischen den Belgiern und den deutschen Truppen. Hier hatten die Deutschen zwei »Königsberg«-Geschütze postiert. Auch hier gelang es den Deutschen zunächst, den Vormarsch der Belgier zu stoppen, zum Gegenangriff überzugehen und auch hier wichen sie im Schutze der Nacht zurück. Mit dem Rückzug der Deutschen war der Weg nach Tabora für die Belgier frei. Kaum hatten sich die deutschen Truppen aus Tabora zurückgezogen, postierten die Belgier Geschütze auf den die Stadt umgebenden Bergen und drohten mit der Beschießung Taboras. Wenige Stunden später sandte der in der Stadt verbliebene zivile Verwalter eine Gruppe von Parlamentären zu den belgischen Befehlshabern, um die Übergabe der Stadt zu regeln. Die

---

75 FP 1129/2657 Rapport du Bataille de Lulanguru, du 10 au 16 Septembre 1916; Muller, *Les troupes du Katanga*, S. 121; Leo Walmsley, »The Aeroplane in African Exploration«, *The Geographical Journal* 54 (1919), S. 296–297, insbesondere 297.

Belgier akzeptierten und marschierten am 19. September unter Trompetenklängen und mit wehenden Fahnen in die Stadt ein. Auf dem Turm der deutschen *Boma* wurde die belgische Fahne gehisst.[76] Der Kampf um Tabora war eine der ersten gemeinsamen Operationen von britischen und belgischen Einheiten und die Kooperation zwischen ihnen erwies sich als alles andere als gut. Im Vorfeld hatte es einen regen Disput um die Frage gegeben, wem von den Alliierten Tabora nch der Einnahme gehören solle. Letztendlich hatten die Briten sich gegen die Belgier durchgesetzt und ein Abkommen erzielt, wonach die Briten als Erste in die Stadt einziehen sollten. Doch der Vormarsch der Briten unter General Crewe verzögerte sich, trotzdem, wie ein britischer Missionar berichtete, die deutschen Truppen den Briten kaum Widerstand entgegensetzten. Versuche, mit den Briten Kontakt aufzunehmen, so die Berichte der belgischen Offiziere, scheiterten. Erst vier Tage nach dem Fall von Tabora fand eine belgische Patrouille die Truppen Crewes bei Ndala. Der belgische Oberbefehlshaber Tombeur hatte seinen Truppen Befehl gegeben, erst nach seiner ausdrücklichen Weisung in die Stadt einzurücken. Es scheint, dass die Offiziere vor Ort diese Weisung einfach ignorierten. Für viele der belgischen Offiziere war die Eroberung Taboras, mochte Europa noch so fern sein, eine Genugtuung nach den belgischen Katastrophen von Liegé, Ypres und Namur.[77]

Der Fall Taboras war eine schmerzhafte Niederlage für die Deutschen, nicht nur wegen Taboras symbolischer Bedeutung als provisorische Hauptstadt der Kolonie, sondern weil damit die Mittelland-Bahn fast vollständig in die Hand der Alliierten gefallen war. Nach belgischen Angaben starben in den Schlachten bei Lulanguru und Ussoke auf Seiten der Deutschen 50 Europäer und 300 *Askari*, während die Belgier nur drei Europäer und 150 *Bulamatari* verloren hatten. Gemessen an den vorangegangenen Gefechten war dies in der Tat eine erstaunlich hohe Zahl von Toten auf deutscher Sei-

---

76 MRAC Collection de Emmanuel Mueller, Les combats d'Ussoke, n.d; Muller, *Les troupes du Katanga*, S. 95.
77 CMS-Archive, British Library, London (CMS-Archiv) Ernest Doulton to Marlay, Tabora, 19. September 1916; FP 1129/2657 Olsen an Commandant en chef, Commandant de la Brigade Nord, Tabora, 19.9.1916; FP 1129/2657 Tombeur, Rapport d'ensemble du mois de septembre 1916, 6.10.1916; MRAC Collection de Jean Scheppers: Mémoires du Colonel honoraire Scheppers, Vétéran de l'Etat Indépandant du Congo, n.d.; Daye & Renkin, *Avec les Vainqueurs*, S.122, 191; Delpierre, *Tabora 1916*, S. 351–381, insbesondere S. 379.

te.[78] Doch die Bedeutung des Falls von Tabora lässt sich weniger an den Verlusten in den Gefechten bei Ussoke und Lulanguru bemessen, sondern an den Ereignissen der folgenden Monate. Nur noch mit Mühen gelang es den verbliebenen deutschen Offizieren, ihre Truppen auf dem Rückzug zusammenzuhalten und die Desertionen betrafen längst nicht mehr nur die *Askari*. Laut einem deutschen Kriegsfreiwilligen hatten sich viele Offizieren vor dem Abzug aus Tabora im Hospital gemeldet und dienstunfähig schreiben lassen: Für die Offiziere war dies, neben der Gefangennahme auf einer Patrouille, oft der einzige Weg mit Ehren aus dem Kampf auszuscheren. Seinen Vorgesetzten berichtete Olsen, dass die Deutschen nicht nur ihre gut ausgebauten Verteidigungsstellungen ohne Widerstand geräumt, sondern auch alles Kriegsmaterial zerstört hatten. Immer wieder würden belgische Patrouillen kleine Gruppen von Deserteuren aufgreifen.[79] Deutsche Quellen bestätigen dies. In seinen Aufzeichnungen spricht ein deutscher Unteroffizier von einer katastrophalen Stimmung unter den deutschen Offizieren und Unteroffizieren. Nur noch die Frage, wann man in Gefangenschaft gerate, halte die Nerven in Spannung, schrieb er in sein Tagebuch.[80] Auch die Moral der *Askari* war auf einem Tiefpunkt angelangt. Tabora mag für die Deutschen nur die Bedeutung einer provisorischen Hauptstadt gehabt haben, für die *Askari* war sie weit mehr. Viele von ihnen kamen aus der Gegend und mussten ihre Familien in der Stadt zurücklassen. Dies war angesichts des Heranrückens der belgischen Truppen, die in einem äußerst schlechten Ruf standen, keine leichte Entscheidung gewesen.[81]

Für die Belgier jedoch war es der erste große Sieg gegen die Deutschen in diesem Krieg auch jenseits der ostafrikanischen Kriegsschauplätze. Doch sie konnten ihren Sieg bei Tabora nicht nutzen. Eines ihrer Hauptziele hatten die Belgier nicht erreicht. Die Deutschen waren der Einkreisung durch einen Fehler des Kommandeurs der *Brigade Sud* entkommen. Vor allem ein gravierender Trägermangel verhinderte die rasche Verfolgung der sich in Auflösung befindlichen deutschen Einheiten. Denn kurz nach dem Eintreffen der belgischen Truppen in Tabora war unter den Trägern und *Bulama-*

---

78 FP 2658/1146 Tombeur: Notes pour le GQC, Le Havre, 3.10.1916.
79 FP 1129/2657 Olsen an Commandant en chef, Commandant de la Brigade Nord, Tabora, 19.9.1916; FP 1129/2657 Tombeur: Rapport d'ensemble du mois de septembre 1916, 6.10.1916.
80 Aufzeichnungen des Vizefeldwebels d. Res. Pfeiffer der 8. Feldkompagnie, in: Foerster, Greiner & Witte (Hrsg.), *Kämpfer*, S. 82.
81 FP 1129/2657 Tombeur: Rapport d'ensemble du mois de septembre 1916, 6.10.1916.

tari eine Meningitis-Epidemie ausgebrochen.[82] Von der belgischen Exilregierung in London kam zudem der Befehl, die Verfolgung der deutschen Truppen nach Süden aufzugeben und sich auf die Besetzung von Tabora und der unmittelbaren Region zu beschränken. Eine Entscheidung, so die Meinung des kommandierenden Offiziers der *Brigade Sud*, Moulaert, die den Krieg um mehr als zwei Jahre verlängern sollte. Das alliierte Oberkommando wie auch die Verantwortlichen in London aber waren überzeugt, dass mit dem Fall Taboras und der Mittelland-Bahn der Krieg in Ostafrika seinem Ende entgegenginge und der deutsche Widerstand alsbald kollabieren werde.[83] Moulaert sollte Recht behalten und die Belgier die Konsequenzen dieser Entscheidung spätestens einige Wochen später spüren. Der nachlassende Druck der Alliierten ließ den Truppen unter dem Kommando von Wingtens und Wahle genug Zeit, sich zu vereinen und gen Mahenge durchzukämpfen, wo Lettow-Vorbeck auf sie wartete.

Nur noch halbherzig von den Belgiern verfolgt, wichen die Kolonnen von Wahle, Wintgens und Langenn-Steinkeller weiter gen Süden zurück. Sie stießen nun auf britische Einheiten, vor allem auf die rhodesischen Truppen von Northey und auf Van Deventers südafrikanische Kavallerie. Ziel der deutschen Kolonnen war das Gebiet von Mahenge, wo Kraut mit 2.500 *Askari* versuchte, den Vormarsch von Van Deventer aus dem Norden und Northey aus dem Süden zu stoppen. Für Lettow-Vorbeck war die Mahenge-Region von großer Wichtigkeit, denn es war eines der wenigen Gebiete, das den Deutschen noch verblieben war, in dem in großem Maßstab Reis angebaut wurde. Ende September kam es hier zu ersten schweren Gefechten. Bei Mkapira, etwa 60 Kilometer von Mahenge entfernt, gelang es den Deutschen, britische Truppen einzukesseln. Ein eher rarer Erfolg der Deutschen in diesem Feldzug. Schon am 29. Oktober konnten die Briten ausbrechen und den Belagerern hohe Verluste beibringen.[84] In den folgenden Wochen kam es in der Region zu wechselvollen Kämpfen zwischen den Truppen Krauts, Wintgens, Langenn-Steinkellers und Wahles auf der einen und den Truppen Northeys und Van Deventers auf der anderen Seite. Nunmehr befanden sich die Briten in der Defensive im Südwesten der Kolonie, deren

---

82 FP 2661/1172 Huyghe, Rapport sur les opérations des mois d'avril et de mai 1917, depuis la conférence d'Udjidji (18 avril 1917) jusqu'au 20 mai 1917; Georges Moulaert, *La campagne du Tanganika (1916-1917)* (Bruxelles: L'Édition universelle s.a, 1934), S. 139.
83 Moulaert, *Campagne du Tanganika*, S. 144.
84 NA CO 691/2 Operations. From General Smuts to Chief of the Imperial General Staff, 5.10.1916; Moulaert, *Campagne du Tanganika*, S. 139; Muller, *Les troupes du Katanga*, S. 135; FP 2657/1137 Intendance, n.d. (1916).

Kontrolle die Deutschen Northeys Truppen beinahe kampflos hatten überlassen müssen. Einer deutschen Attacke auf Iringa am 26. Oktober aber war wenig Erfolg beschieden, ebenso dem Versuch Malangali, ein wichtiges Versorgungsdepot der britischen Truppen, zu erobern. Die Deutschen attackierten die britischen Stellungen am 6. November, jedoch ohne Erfolg. Für die eingeschlossenen britischen Truppen begann eine tagelange Belagerung, erst am Morgen des 12. November durchbrachen rhodesische Verstärkungen den Belagerungsring und konnten die Deutschen zum Abzug zwingen. Bei beiden Kämpfen mussten die Deutschen hohe Verluste hinnehmen. Doch auch Northeys Rhodesier zahlten einen hohen Blutzoll. Am 23. Oktober vermochten es Wintgens Truppen, eine rhodesische Kolonne mit über 50 Mann zu vernichten und anschließend eine nahegelegene Stellung der Briten bei Ngominyi einzunehmen sowie eine Vielzahl von Waffen und Nahrungsmitteln zu erobern.[85]

Dennoch war Ende 1916 der Versuch der Deutschen weitestgehend gescheitert, den Briten die Initiative im Südwesten wieder zu entringen. Die deutschen Kommandeure fokussierten ihre Taktik daher mehr auf den Zusammenschluss mit den Truppen Lettow-Vorbecks. Bei Lupembe gelang es Wahle, die Linien der Briten zu durchstoßen und sich mit den Truppen Krauts zu vereinen. Die Verluste dieser Durchbruchsgefechte beschrieb ein deutscher Unteroffizier als hoch. Die britischen Truppen hatten gut getarnte Verteidigungsstellungen angelegt, die die Deutschen erst nach mehreren Versuchen einnehmen konnten. Allein bei der 8. Feldkompanie seien an diesem Tag 15 deutsche Offiziere und 100 *Askari* gefallen. Ende November hatten die Truppen von Wahle, Wintgens und Kraut nahezu die Hälfte ihrer Soldaten verloren. Wahle zog nach Mahenge, während die Truppen unter dem Kommando von Hauptmann Grawert und Falkenstein begannen, britische Stellungen bei Songea zu attackieren. Den Deutschen gelang es jedoch auch hier nicht, die rhodesischen Einheiten aus ihren Verteidigungsstellungen zu werfen.[86]

Im Herbst 1916 hatten sich die deutschen Hauptstreitkräfte unter dem Kommando Lettow-Vorbecks bis nach Kissaki zurückziehen müssen. Fast alle schweren Geschütze der »Königsberg« hatten aufgegeben werden müssen. Die andauernden Rückzugsgefechte und Gewaltmärsche, um den Einkreisungsversuchen durch die Alliierten zu entgehen, zehrten an der Kampfkraft und Moral der Truppen. Der Verlust eines Großteils ihres Territoriums

---

85 Paice, *The African Front*, S. 253.
86 Stapleton, *No insignificant part*, S. 74.

beschränkte die Möglichkeiten der Deutschen enorm. Seit dem Fall des zentralen Hochplateaus waren die wichtigsten Anbaugebiete für Nahrungsmittel in die Hände der Alliierten gefallen. Das in den ersten zwei Jahren sorgsam etablierte Etappensystem von Lebensmittelvorräten, Hospitälern und Werkstätten für die Herstellung und Reparatur von Waffen war verloren. Die Versorgung der Truppen erwies sich zunehmend als eine schier unlösbare Aufgabe. Für viele der deutschen Offiziere hatte der Krieg kaum noch Sinn und sie hofften, er würde nur noch wenige Monate andauern. Nach den Informationen eines belgischen Kriegsgefangenen sollen einige Offiziere Lettow-Vorbeck gedrängt haben, den Feldzug zu beenden. Auch die Ärzte hätten dem Oberkommandierenden bedeutet, dass ohne Medikamente der Feldzug nicht fortgeführt werden könne. Lettow-Vorbeck aber habe sich all diesen Forderungen widersetzt. Bei Munitionsmangel habe er seinen Offizieren geraten, sich das Fehlende bei den Briten zu holen.[87]

Zunehmend wurden die Deutschen nun auch mit einem neuen Feind konfrontiert: der Bevölkerung der Kolonie. In den ersten zwei Kriegsjahren war die deutsche Herrschaft in weiten Teilen der Kolonien unangefochten geblieben. Die Deutschen hatten mit äußerster Härte auf jedes auch noch so geringe Anzeichen von Widerstand reagiert. Nach gut einem halben Jahr alliierter Offensive befanden sie sich jedoch nun in einer völlig anderen Situation. Der koloniale Staat hatte weitestgehend aufgehört zu existieren. Wenn die Deutschen den Afrikanern noch sichtbar wurden, dann in Form zurückweichender und marodierender Truppen. Im Süden der Kolonie, der Ende 1916 zum Schauplatz der Kämpfe wurde, war die Situation für die Deutschen besonders prekär. Die Bevölkerung hatte hier wenig Grund, die Deutschen zu lieben. Bis sieben Jahre vor Kriegsbeginn war der Süden immer wieder von Feldzügen der Schutztruppe heimgesucht worden. Hier hatten die Deutschen Ende des 19. Jahrhunderts mehr als acht Jahre gebraucht, um die widerständigen Chiefs Mkwawa und Machemba in die Knie zu zwingen. 1905 war das Gebiet das Zentrum des Maji-Maji-Aufstandes gewesen, bei dessen Niederschlagung die Deutschen mit einer rücksichtslosen Politik der verbrannten Erde vorgegangen waren. Bei Kriegsausbruch waren die Folgen des Aufstandes allerorten noch spürbar: Viele Dörfer waren verlassen und die Felder von Wildwuchs überwuchert. Vielerorts hatten die Deutschen nach dem Maji-Maji-Aufstand kaum noch Präsenz gezeigt, jetzt,

---

87 FP 2659/1154 Rapport remis le 21 Février 1918 par le Lieutenant Lallemand fait prisonnier à la frontière du Kivu au début des hostilités et libéré à Lutchemi (Navala) à la fin de l'année 1917; Lettow-Vorbeck, *Erinnerungen*, S. 132.

als sie zurückkamen, konnten sie kaum mit einem herzlichen Empfang rechnen. Kleinere deutsche Patrouillen wurden immer wieder von der lokalen Bevölkerung angegriffen, die erbittert das Letzte, das ihnen noch geblieben war, verteidigten. Dem deutschen General Wahle zufolge kam es in Uhehe zu regelrechten Viehkriegen zwischen den Hehe und den Deutschen. Während Hehe-Krieger Wahles Tross überfielen und ihm einen Großteil des mitgeführten Viehs stahlen, revanchierten sich die Deutschen mit der Plünderung der Viehbestände der Hehe-Dörfer.[88] Die Deutschen rächten sich für den Widerstand der Bevölkerung auf grausame Weise. Hart von den Belgiern und Briten verfolgt, nahmen sie sich kaum Zeit zwischen Schuldigen und Unschuldigen zu unterscheiden und hängten kurzerhand diejenigen Hehe auf, derer sie habhaft werden konnten.[89]

Für die deutschen Truppen war die Lage Ende 1916 mehr als kritisch, aber auch die britischen Truppen waren im September 1916 bis auf das Äußerste erschöpft. Nach einem halben Jahr kam ihre Offensive erneut zum Stillstand. Auf diesem Kriegsschauplatz entstieg das Gespenst des Abnutzungskrieges nicht aus festgefahrenen Offensiven und monatelangen Grabenkämpfen wie in Europa, hier war es vielmehr die Bewegung durch ein unwirtliches Territorium, die ihren Blutzoll forderte. Klima und Tropenkrankheiten verursachten weit mehr Tote unter den alliierten Soldaten als die Gefechte mit den Deutschen. Ende 1916 waren 33.400 britische Truppen im Einsatz, davon waren 12.257 wegen Krankheiten nicht einsatzfähig. 1916 war das Verhältnis in den britischen Truppen von durch den Feind getöteten Soldaten zu den Opfern von Klima und Tropenkrankheiten 1 zu 31. Mehr als 120.000 Malariafälle verzeichneten britische Ärzte für die Jahre 1916 und 1917. Nicht wenige hatten einen tödlichen Verlauf. Das 2. Rhodesische Regiment verlor nur 36 Soldaten durch Gefechte, mehr als 10.626 Krankheitsfälle aber waren im Laufe des Krieges durch die Ärzte zu behandeln gewesen, darunter rund 3.000 Malariafälle. Das 9. Südafrikanische Infanterieregiment kam im Februar 1916 mit 1.135 Offizieren und Soldaten nach Ostafrika, neun Monate später waren noch 116 davon kampffähig. Dabei war es zu wenigen Gefechten mit den Deutschen gekommen. Ähnlich erging es den indischen und afrikanischen Einheiten. Besonders die *King's African Rifles* hatten hohe Verluste zu beklagen, ihre medizinische Versor-

---
88 Wahle, *Erinnerungen*, S. 33.
89 RHO, Miscs Afr. 472 Newala District Book; Wahle, *Erinnerungen*, S. 33; Aufzeichnung des Oberleutnants der Landwehr Methner, Führers der 4. Schützenkompanie, in: Foerster, Greiner & Witte (Hrsg.), *Kämpfer*, S. 91.

gung und Verpflegung lag weit unter den Standards der südafrikanischen oder britischen Einheiten. Sie wurde unter dem Namen »Selbstmörderclub« bekannt.⁹⁰

In einer Hinsicht schien die Strategie Smuts aufzugehen und erste Früchte zu tragen. Ende 1916 begannen einzelne, meist von den Haupttruppen isolierte Truppenteile ihre Waffen niederzulegen. Oft war es der Mangel an Munition und Nahrungsmitteln, der die deutschen Truppen zur Aufgabe zwang, möglicherweise aber auch die immer geringer werdende Aussicht auf einen Sieg in diesem Feldzug. Ende November ergab sich eine ganze Kolonne unter dem Kommando des Oberleutnants Hübner bei Ilembule, nachdem sie von alliierten Truppen eingekesselt worden war. Im Januar 1917 folgte der Offizier und ehemalige Resident von Bukoba Grawert mit 35 Offizieren und 250 *Askari*.⁹¹

Ende Oktober 1916 hatten die deutschen Truppen unter Lettow-Vorbeck eine Verteidigungslinie nördlich des Rufiji-Flusses eingenommen. Nun aber wurden die Deutschen auch mit Smuts neu errichteter Front im Osten konfrontiert. Von Kilwa aus drang im Dezember ein aus indischen und ostafrikanischen Truppen bestehendes Regiment vor. Dem Versuch der Deutschen, bei Kibata den Vormarsch der Briten zu stoppen, war zwar ein zeitweiser Erfolg beschieden, aber die Deutschen erkauften sich die gewonnene Zeit mit hohen Verlusten. Vor allem die von indischen Truppen eingesetzten Handgranaten, die bis dato noch unbekannt in Afrika waren, forderten viele Tote auf deutscher Seite. Und es gab noch eine weitere Neuerung in der britischen Kampfesführung. Nach den eher mäßigen Erfahrungen mit den südafrikanischen Truppen, die zudem in den vorherigen Monaten durch Krankheiten stark dezimiert worden waren, entschloss sich Smuts, mehr auf afrikanische Truppen zu setzen. Bis Ende des Jahres wurden die Südafrikaner sukzessive abgezogen. Die *North Lancashire*, die in der Schlacht

---

90 Robert Valentine Dolbey, *Sketches of the East African Campaign* (London: Murray, 1918), S. 6; Rickards Christopers, »Malaria in War«, *Transaction of the Royal Society of Tropical Medicine and Hygiene* xxxiii (1939), S. 277–292, insbesondere S. 287; W. D. Keyworth, »Severe Malaria among British Troops in the East African Campaign«, *Proceedings of the Royal Society of Medicine 22* (1928), S. 103–114, insbesondere S. 103; Millais, *Frederick Courtenay Selous*, S. 332; Farwell, *Great war in Africa*, S. 293; Thompson, *A Machine Gunner's Odyssey*, 12.10.1916; NA CO 691/2: From General Smuts to Chief of the Imperial General Staff, 21.09.1916; NA CO 691/3: From Chief of the Imperial General Staff to Commander-In-Chief, India, 31.10.1916; NA CO 691/3 From Adjutant-General, Base Dar es Salaam to War Office, 16.12.1916.

91 NA CO 691/4: Telegram from Northey to Colonial Office, 25.01.1917; NA CO 691/4 Telegram from Northey to CO, 23.2.1917; Stapleton, *No insignificant part*, S. 70.

von Tanga so schwere Verluste hatten erleiden müssen, waren schon lange vorher aus dem Kampfgebiet entfernt worden. Die *King's African Rifles* wurden um mehrere Kompanien aufgestockt. Auch die ersten westafrikanischen Einheiten griffen nun in die Kämpfe ein, sie waren im Dezember in Ostafrika angekommen. Doch diese Truppen waren hastig zusammengestellt worden, ihr Ausbildungstand und ihre körperliche Fitness war vielfach unzureichend. Kibata war für sie ein mehr als desaströser Einstieg. Bei dem Versuch, die Deutschen aus deren Stellungen an den Ufern des Rufiji-Flusses zu werfen, verloren allein an einem Tag über hundert Soldaten des nigerianischen Regiments ihr Leben. Das westafrikanische *Gold Coast Regiment* büßte an diesem Tag 15 Prozent seiner Soldaten und nahezu 50 Prozent seiner Offiziere ein. Die Kämpfe bei Kibata zogen sich über mehrere Wochen hin. Deutsche und Briten hatten sich hier in ausgebauten Stellungen verschanzt und lieferten sich verlustreiche Grabenkämpfe, die wie Miniaturausgaben der Materialschlachten an der Westfront anmuten mochten. Die Deutschen setzten vor allem mit ihren »Königsberg«-Geschützen die Briten unter Druck. Erst als vom Norden her britische Truppen Richtung Kissaki vordrangen, zog Lettow-Vorbeck seine Truppen ab, um einer Einkreisung zu entgehen.[92]

Smuts versuchte mit einer Offensive im Südwesten, die verfahrene Situation an der Kibata-Front zu lösen. Ende Dezember 1916 begannen die rhodesischen Truppen unter Northey und Van Deventers Südafrikaner, die deutschen Truppen im Westen in zähen Patrouillengefechten auf das Mahengeplateau zurückzudrängen. Der Vormarsch der Briten erwies sich vor allem wegen des heftigen Regens und der immer dünner werdenden Versorgungslinien als außerordentlich schwer. Nunmehr ging es Briten und Deutschen nicht nur um strategische Siege, sondern um die Sicherung der Versorgung ihrer Truppen. Northeys Truppen stießen auf das Ruhudje-Tal vor, um der dort zu erwartenden Ernte habhaft zu werden. Wintgens attackierte Mitte Januar feindliche Stellungen bei Kitanda, das einige Monate vorher von den rhodesischen Truppen ohne großen Widerstand eingenommen worden war. Hier lagerten große Nahrungsvorräte der Briten. Die Deutschen versuchten erfolglos, die Stellungen des *Rhodesia Native Regiment* einzunehmen und verlegten sich nach zwei erfolglosen Attacken auf eine Belagerung der eingeschlossenen Rhodesier. Diese warteten zwölf Tage auf

---

92 Hoyt, *Guerilla*, S. 148; Hodges, *Carrier Corps*, S. 50; Paice, *The African Front*, S. 276; John Barrett, »The Rank and File of the Colonial Army in Nigeria, 1914–18«, *The Journal of Modern African Studies* 15 (2008), S. 105–115; insbesondere S. 107.

Verstärkung durch Northeys Truppen, doch das Hauptquartier der *Norforce* hatte nur spärliche Informationen über die Kämpfe bei Kitanda. Erst am dreizehnten Tag trafen neue rhodesische Truppen ein, doch auch diese vermochten es bis zum 4. Februar nicht, die Deutschen aus der Region um Kitanda zu vertreiben. Nach vier Wochen verebbten die Kämpfe im Südwesten wieder. Die Regenzeit hatte begonnen. Die anschwellenden Flüsse brachten die Offensive von Northey und Van Deventer zum Erliegen. Ihre Truppen waren seit Wochen auf minimalste Ration gesetzt. Trotz der mittlerweile 70.000 im Nyassaland rekrutierten Träger konnte Northey die Versorgung seiner Truppen kaum noch garantieren.[93]

Ende 1916 begann der Krieg nun in eine neue Phase überzutreten, in dem die Deutschen mehr und mehr von einer konventionellen Gefechtsführung zu Guerillataktiken übergingen. Mochte bis Ende 1916 noch die Frontlinie eine Rolle in den taktischen Überlegungen gespielt haben, suchten sie jetzt ihr Heil in der Bewegung. Verteidigungspositionen wurden ebenso schnell errichtet, wie auch wieder aufgegeben. Patrouillengefechte und Überfälle auf die Versorgungslinien des Feindes bestimmten das alltägliche Handwerk der Soldaten. Einen ersten Vorgeschmack auf diese neue Phase des Krieges bekamen die Alliierten im Februar 1917, als belgische Einheiten, die den Deutschen bei Mahenge gegenüberstanden, meldeten, dass eine Kolonne von mehreren Hundert *Askari* unter dem Kommando des ehemaligen Residenten von Ruanda, Max Wintgens, sich von den Truppen unter Befehl von Kraut gelöst hätten und gen Westen zögen. Sowohl die Alliierten als auch Lettow-Vorbeck waren von Wintgens Aktion überrascht. Lettow-Vorbeck hatte befohlen, dass die Truppen von Kraut die alliierten Frontlinien durchstoßen und sich im Süden mit ihm vereinen sollten. Wintgens Zug nach Westen sollte der Auftakt zu einer mehr als achtmonatigen Odyssee durch das von alliierten Truppen besetzte Gebiet werden. Nach dem Krieg sprach Lettow-Vorbeck zwar seine Bewunderung über Wintgens militärische Leistungen bei dieser Unternehmung aus, bedauerte aber auch, dass diese Aktion aus seiner Sicht wenig genutzt habe.[94]

Wintgens Richtungswechsel kam für die Briten völlig unerwartet. Die Alliierten waren sich bis dahin sicher, dass die Deutschen nicht mehr in der Lage wären, die verlorenen Territorien noch einmal zu betreten. Sie hatten

---

93 Aufzeichnungen des Vizefeldwebels der Reserve Pfeifer der 8. Feldkompanie, in: Foerster, Greiner & Witte (Hrsg.), *Kämpfer*, S. 85; Stapleton, *No insignificant part*, S. 89; Paice, *The African Front*, S. 262.
94 Lettow-Vorbeck, *Erinnerungen*, S. 151.

in den von ihnen kontrollierten Gebieten bereits teilweise eine zivile Verwaltung installiert. Nur eine kleine Polizeitruppe besehend aus ehemaligen deutschen *Askari* oder lokalen *Ruga-Ruga* war für den Schutz der Gebiete verfügbar.[95] Die Briten hatten einzig die nordrhodesischen Truppen unter General Northey in der Nähe, die zudem noch mit den Truppen von Kraut und Wahle zu tun hatten. Ihnen blieb daher nichts anderes übrig als die Belgier um Waffenhilfe zu bitten. So brachte das beginnende Jahr 1917 die Rückkehr der Belgier auf die ostafrikanischen Schlachtfelder. Nach der Einnahme von Tabora hatten die Belgier eigentlich ihre militärischen und politischen Ziele als erreicht angesehen und ihre Beteiligung an der alliierten Offensive weitestgehend eingestellt. Entgegen britischer Hoffnungen und informeller Absprachen hatte Tombeur seine Truppen nach der Einnahme Taboras nicht aus der Stadt und der Umgebung abgezogen. Die Zusammenarbeit mit den Briten hatte bei vielen belgischen Offizieren einen bitteren Nachgeschmack hinterlassen und sie waren wenig begeistert über die neuerliche Zusammenarbeit. Gewinnen konnten die Belgier nicht viel. Das belgische Oberkommando hatte Mühe, den Offizieren diesen zweiten Feldzug zu verkaufen. Es sei die patriotische Pflicht der belgischen Offiziere, forderte ein Befehl von Huyghe, dem neuen belgischen Oberkommandierenden, sich an diesem Feldzug zu beteiligen, auch wenn es nicht um die Eroberung neuer Gebiete gehe.[96]

Die belgischen Ressentiments waren nicht unbegründet. Smuts hatte die belgischen Kommandeure mit Misstrauen und zuweilen auch mit einer gewissen Arroganz behandelt. Die *Force Publique* galt zwar bei den Briten als eine durchaus wertvolle militärische Unterstützung, besonders weil sie in ihrer Mobilität den deutschen Truppen kaum nachstand, sie hatte aber einen ebenso schlechten Ruf, was die Behandlung der Zivilbevölkerung anging. Auch im britischen Offizierskorps herrschte oft ein kaum verhohlener Dünkel gegenüber den Belgiern und ihren *Bulamatari*. Die Briten selbst hatten zunächst nur sehr zögerlich den Einsatz ihrer ostafrikanischen Truppen, den *King's African Rifles*, ins Auge gefasst. Sie hielten die Kampfkraft afrikanischer Soldaten in einem modernen Krieg für gering. Belgische Offiziere dagegen mokierten sich über die rasch und ungenügend ausgebildeten Einheiten der *King's African Rifles* und die offensichtlichen Unzulänglich-

---

95 NA CO 691/4 War Diary Northey 1. bis 28.02. 1917; Difford, *Cape Corps*, S. 94.
96 MRAC Collection Thomas: Compte rendu des opérations du 21 mai au 19 juin 1917 Confidentielle. Instructions Provisoire sur relations avec les Autorites Anglaises.- Annexe N°4 à mon instruction N 56/1 du 24/4 aux majors Weber et Mueller, 1917.

keiten südafrikanischer Soldaten in diesem Krieg.[97] So war das gegenseitige Misstrauen groß. Ein weiteres Hindernis waren oftmals Sprachprobleme. Kaum ein britischer Offiziere sprach Französisch und die wenigsten belgischen Offiziere waren des Englischen mächtig. Diese Verständigungsprobleme und Ressentiments wirkten sich auch auf die konkrete Zusammenarbeit aus. Belgische und britische Kolonnen agierten weitestgehend isoliert und unkoordiniert voneinander. Offiziere der *Force Publique* klagten immer wieder über den mangelnden Zugang zu britischen Geheimdienstquellen, die Briten dagegen über Eigenmächtigkeiten der belgischen Offiziere.[98]

Auch Portugal griff nun in den Krieg ein. Im November 1915 war ein großes Kontigent metropolitaner Truppen in der Kolonie angekommen; mehr als 1.500 Mann sowie eine Artillerieeinheit. Portugiesische Truppen attackierten im Mai 1916 erstmals deutsche Stellungen jenseits des Rovuma-Flusses, der die natürliche Grenze zwischen beiden Kolonien bildete. Diese ersten Versuche wurden zurückgeschlagen. Die Deutschen antworteten ihrerseits mit Attacken auf portugiesische Grenzposten. Trotz dieser Misserfolge wollte Portugal nun mit aller Macht in den Krieg einsteigen und verstärkte seine Truppen erneut. Ein neues Expeditionskorps mit mehr als 7.000 portugiesischen Soldaten und Afrikanern sollte eine neue Front im Süden eröffnen. Im September gelang den Portugiesen die Eroberung des kleinen Grenzortes Mchichira, allerdings mussten sie sich nach erbitterten deutschen Gegenangriffen wieder zurückziehen. Sie hinterließen den Deutschen eine große Beute an Munition und die Erkenntnis, dass die portugiesischen Truppen zwar gut ausgerüstet, aber wenig kampfstark waren. Ende 1916 gelang es den portugiesischen Truppen, nochmals weit ins deutsche Gebiet vorzustoßen und den Ort Newala zu besetzen, gut 17 Kilometer von der Grenze entfernt. Die Deutschen reagierten mit einer mehrtägigen Belagerung der Boma von Newala und zwangen die Portugiesen, die bald unter Wasser- und Lebensmittelmangel litten, zur Kapitulation.[99]

---

97 MRAC Collection de Jean Scheppers: 59.36.1 Mémoires du Colonel honoraire Scheppers, Vétéran de l'Etat Indépendant du Congo, n.d.; MRAC Collection de Emmanuel Mueller, Rapport de mission en Afrique Allemande, n.d.
98 FP 2660/1151 Rapport de l'officier de liaison belge auprès le GQC britannique, 24.5.1918; MRAC Collection de Jean Scheppers: 59.36.1 Mémoires du Colonel honoraire Scheppers, Vétéran de l'Etat Indépendant du Congo, n.d.
99 RHO Miscs Afr. 472 Newala District Book; Paice, *The African Front*, S. 141.

1917–1918

Im Januar 1917 war Smuts nach London gereist und hatte das baldige Ende des Krieges in Ostafrika verkündet. Spätestens im Mai könne dem Spuk ein Ende gemacht werden, prophezeite der General.[100] Eine Aussage, die die Gemüter in Großbritannien beruhigen sollte. Sie entsprach jedoch kaum dem Stand der Dinge in Ostafrika. Smuts letzter Versuch, Lettow-Vorbeck mit einer großangelegten Offensive zur Aufgabe zu zwingen, war nach nur wenigen Tagen zum Erliegen gekommen. Seine Truppen hatten es Mitte Januar 1917 nicht vermocht, die deutschen Verbände am Rufiji-Fluss einzukreisen und zu einer Entscheidungsschlacht zu stellen.[101] Die britischen und belgischen Kommandeure vor Ort malten daher ein pessimistisches Bild der Lage in Ostafrika. So berichtete der belgische Kolonialminister an den belgischen Verbindungsoffizier im britischen Hauptquartier Comte Jonghe d'Ardoye, dass nach Informationen belgischer Offiziere die Deutschen immer noch in der Lage seien, substantiellen Widerstand zu leisten. Zu diesem Zeitpunkt hatten die Deutschen nach Schätzungen der Alliierten noch etwa 7.500 Soldaten und Offiziere, sowie 30.000 Träger zur Verfügung.[102] Auch Smuts Nachfolger, der britische General Hoskins, war eher skeptisch, was ein schnelles Ende des Krieges anbelangte, und er sollte Recht behalten. Der Krieg sollte noch zwei weitere Jahre dauern und die schwersten Kriegsjahre standen den Alliierten noch bevor.[103] Immer noch waren auf Seiten der Alliierten mehr als 60.000 Soldaten im Einsatz: immerhin 20.000 britische und südafrikanische Soldaten und 40.000 Inder und Afrikaner. Mehr als 180.000 Träger standen den Alliierten zur Verfügung. Wie Smuts gegen Ende seines Oberkommandos setzte auch Hoskins nun verstärkt auf die *King's African Rifles*, das *Rhodesia Native Regiment* und westafrikanische Truppen, die nach dem Sieg der Briten in Kamerun verfügbar geworden waren. Unter Smuts hatte sich die Truppenstärke der *King's African Rifles* auf 8.000 erhöht. Hoskins, der einige Jahre als Offizier dieses Regiments in Ostafrika verbracht hatte, verdreifachte diese Zahl noch. In den letzten zwei Jahren waren 35.000 *King's African Rifles* an den Operationen beteiligt.

---

100 Smuts zitiert in Hodges, *Carrier Corps*, S. 51.
101 W. D. Downes, *The Nigerian Regiment in East Africa* (Driffield: Leonaur, 2008), S. 76; Paice, *The African Front*, S. 276.
102 FP 2661/1172 Ministre des Colonies an Comte Jonghe d'Ardoye, 28.9.1917; FP 2660/1151 Rapport de l'officier de liaison belge auprès le GQC britannique, 24.5.1918.
103 Fendall, *East African force*, S. 87.

Auch auf britischer Seite dominierten nun afrikanische Soldaten den Krieg.[104]

Kaum war Smuts abgefahren, begann die Regenzeit und sie soll laut Farwell zu den schlimmsten seit Menschengedenken gehört haben. Der Regen brachte nahezu alle militärischen Operationen zum Erliegen. Die Versorgung der Alliierten konnte kaum noch gesichert werden. Die Deutschen hatten den Alliierten ein ausgeplündertes und verwüstetes Land hinterlassen. Nahrungsmittel mussten aus weitgelegenen Gebieten in die Kampfzone transportiert werden. Hoskins Berichte nach London malten ein düsteres Bild: Die Straßen seien durch den andauernden Regen so aufgeweicht, dass ein Transport mit Lastkraftwagen undenkbar sei. Selbst die Träger hätten große Schwierigkeiten. Über mehrere Kilometer müssten sie durch knietiefe Flüsse waten, die einst Straßen gewesen waren. Die meisten Brücken seien zerstört. Viele Einheiten, vor allem die *King's African Rifles*, das *Rhodesia Native Regiment* und die Nigerianer seien auf halbe Ration gesetzt. Eine Maßnahme, die im letzten Jahr des Krieges nicht zur Ausnahme, sondern zur Regel wurde. Die Quartiere der Truppen seien schlecht: Dysenterie- und Meningitis-Epidemien grassierten unter den Truppen, Malaria-Infektionen taten ihr Übriges, die Kampfstärke der britischen Truppen zu reduzieren. Aus dem Bewegungskrieg des ersten Jahres der Offensive war nun ein Abnutzungskrieg geworden, in dem allerdings nicht so sehr die Deutschen zum schlimmsten Feind der Alliierten wurden, sondern Hunger, Klima und Tropenkrankheiten. Der Gesundheitszustand der alliierten Truppen im Frühjahr und Sommer 1917 war katastrophal. Von den bei Mahenge stationierten 12.000 britischen und südafrikanischen Männern waren 3.000 wegen Krankheit nicht kampffähig, berichtete ein belgischer Offizier. Die Moral sei nach Monaten der Inaktivität am Boden. Die britischen Verantwortlichen sahen dies nicht anders. Die Abnutzung der indischen Truppen sei erschreckend, schrieb ein Offizier an das Hauptquartier in London. Tropenkrankheiten und mangelnde Nachschublinien forderten einen hohen Tribut. Durch Hunger und Krankheiten seien die Soldaten des nigerianischen Regiments zu Skeletten abgemagert, erinnerte sich ein Offizier des Regiments. Allein im Zweiten Bataillon des Regiments seien zwölf Mann gestorben, weil sie in ihrer Not giftige Pflanzen gegessen hätten.[105]

---

104 Farwell, *Great war in Africa*, S. 321; Stapleton, *No insignificant part*, S. 19.
105 Hoskins zitiert in Downes, *Nigerian Regiment*, S. 78; Melvin E. Page, »Malawians and the Great War: Oral History in Reconstructing Africa's Recent Past«, *The Oral History Review* 8 (1980), S. 49–61, insbesondere S. 53; FP 2661/1172 Huyghe, Rapport sur les opérations des mois d'avril et de mai 1917, depuis la conférence d'Udjidji (18 avril 1917)

Hoskins forderte vom *War Office* umfassende Verstärkungen und neue Ausrüstung. Vor allem sollten neue Lastkraftwagen und Eisenbahnwagen die immer noch wenig funktionierenden Nachschublinien verbessern. Was den Deutschen immer seltener gelang – den Vormarsch der Alliierten zu stoppen –, das schaffte der im ersten Halbjahr des Jahres 1917 kollabierende Nachschub der britischen und belgischen Truppen. Northeys rhodesische Truppen waren Anfang 1917 nahezu zur Bewegungsunfähigkeit verdammt. Jeder verfügbare Träger war für den Transport von Lebensmitteln vom Nyassa-See in die Gegend von Mahenge abgezogen worden, aber starker Regen hatte die Straßen völlig unpassierbar gemacht. Hoskins Versuch, im März 1917 eine Offensive gegen die deutschen Stellungen am Rufiji-Fluss zu starten, scheiterte noch bevor sie richtig begann. Wegen Nahrungsmittelknappheit hatte Hoskins einen Großteil seiner Truppen nicht einsetzen können und musste sie bis zur Mittelland-Bahn zurückziehen. Auch die Belgier hatten bei ihrem Vormarsch auf Mahenge nicht nur mit den Deutschen zu kämpfen. Die prekäre Versorgungslage hatte die belgischen Kommandeure gezwungen, ihre Truppen zu dezentralisieren. Die Koordination der weit verstreuten Truppen erwies sich als äußerst schwierig.[106]

Nach nur wenigen Monaten im Amt des Oberbefehlshabers der britischen Truppen musste Hoskins schließlich gehen und Platz für den Südafrikaner Van Deventer machen. Mit ihm sollte nach Wochen faktischen Stillstands neuer Wind in die Offensivbemühungen der britischen Truppen kommen. Van Deventer begann seine Offensive im Juni 1917. Mit vier Kolonnen, die von Iringa und vom Rufijji-Fluss im Norden und von Kilwa und Lindi im Südosten vordrangen, sollten die Deutschen eingekreist und zu einer entscheidenden Schlacht gestellt werden. Zu einem Zusammenstoß kam es Mitte Juli bei Narungombe, rund 30 Kilometer von Lindi entfernt. Mehr als 6.000 südafrikanische Soldaten, ostafrikanische *King's African Rifles* und westafrikanische Truppen unter dem Kommando von General Beeves lieferten sich hier ein heftiges Gefecht mit acht deutschen Kompanien unter dem Kommando von Hauptmann von Liebermann. Laut einem deutschen Augenzeugenbericht versagten die südafrikanischen Truppen

---

jusqu'au 20 mai 1917; NA CO 691/ 11 Scott to Central Imperial General Staff, 14.11.1917.
106 FP 2661/1172 Huyghe, Rapport sur les opérations des mois d'avril et de mai 1917, depuis la conférence d'Udjidji (18 avril 1917) jusqu'au 20 mai 1917; NA CO 691/4 War Diary. Nyasaland and North-Eastern Rhodesia Frontier Force. For the Period from the 1st to 31st December 1916; Moulaert, *Campagne du Tanganika*, S. 139; Muller, *Les troupes du Katanga*, S. 135; Paice, *The African Front*, S. 302.

völlig. Beeves hatte, wie schon bei Kondoa-Irangi, einen Frontalangriff auf die deutschen Stellungen befohlen. Von den zwei südafrikanischen Regimentern blieben am Ende der Kämpfe nur 150 Soldaten übrig. Während die Deutschen nur vier Offiziere und etwa 100 *Askari* verloren, fielen mehr als 1500 britische Soldaten unter dem deutschen Maschinengewehrfeuer.[107]

Die Deutschen erbeuteten bei den Gefechten um Narungombe große Mengen an Waffen, Munition und Medikamenten. Nach Wochen entbehrungsreicher Rückzugsgefechte hatten die Siege, so der Offizier Osterhage, einen ungemein hohen moralischen Wert.[108] Für die Briten jedoch kamen die Offensivaktionen vorerst zum Erliegen. Erst zwei Monate später startete Van Deventer einen erneuten Angriff auf die deutschen Stellungen. Den Auftakt gaben die Kämpfe um Mahenge Mitte August. Einheiten der *Force Publique* und Northeys begannen sich in zähen Patrouillengefechten bis nach Mahenge vorzuarbeiten; am 10. Oktober eroberten die Alliierten den Ort. Immerhin 109 deutsche Offiziere und Soldaten sowie 156 *Askari* gerieten bei diesen Gefechten in Gefangenschaft. Dennoch hatten die Belgier und Briten es wieder nicht vermocht, alle Deutschen einzukreisen und zur Aufgabe zu zwingen. Numerisch waren die alliierten Truppen an dieser Front den Deutschen haushoch überlegen, Trägermangel und schlechte Koordination aber hatten es verhindert, dass die Belgier all ihre Truppen hatten einsetzen können.[109]

Die Deutschen mussten sich daraufhin aus dem nahrungsmittelreichen Gebiet zurückziehen; es war der Auftakt zum allgemeinen Rückzug der deutschen Truppen aus dem Süden der deutschen Kolonie. Bei Mahiwa kam es nach mehreren Vorhutgefechten dann zu einer der blutigsten und größten Schlachten des ostafrikanischen Feldzuges. Lettow-Vorbecks Truppen hatten sich jenseits eines ausgetrockneten Flussbetts in gut ausgebauten Verteidigungsstellungen verschanzt. Die britischen Truppen unter General Beeves unternahmen am 17. Oktober mehrere Sturmangriffe auf die deutschen Schützengräben und Artilleriestellungen. Nach dem Bericht des Offiziers Osterhage gelang es den Briten nach gründlicher Artillerievorbereitung, die deutschen Stellungen sechsmal einzunehmen, nur um genauso viele Male wieder zurückgeworfen zu werden. Immer wieder kam es zu ver-

---

107 Tagebuch des Leutnants der Reserve Osterhage der 19. Feldkompanie, in: Foerster, Greiner & Witte (Hrsg.), *Kämpfer*, S. 99; Farwell, *Great war in Africa*, S. 349.
108 Ebd., S. 99.
109 FP 2661/1172 Opérations anglo-belge vers Mahenge, 18.11.1917; Stiénon, *La campagne anglo-belge*, S. 256; Clifford, *Gold Coast Regiment*, S. 109; Wahis, *La Participation Belge*, S. 3–43, insbesondere S. 44.

lustreichen Nahkämpfen. Erst nach drei Tagen endete die Schlacht mit dem Rückzug der britischen Truppen. Beide Seiten mussten hohe Verluste hinnehmen. Die Deutschen verloren 500 bis 600 Soldaten, ein Drittel der am Kampf beteiligten Truppen. Die britischen Verluste waren noch höher. 2.000 bis 2.500 Soldaten fielen auf britischer Seite, nahezu die Hälfte der eingesetzten Truppen. Obgleich Lettow-Vorbeck einen Sieg erringen konnte, brachen, so die Einschätzung des britischen Historikers Hodges, die enormen Verluste die Offensivkraft der Deutschen.[110] Dies zeigten bereits die Ereignisse der nächsten Wochen. Trotz der Niederlage von Mahiwa gelang es Van Deventer, den Ring um die Deutschen auf dem Makondeplateau immer enger zu ziehen. Deren Versorgungslage war mehr als schlecht. Munition gab es kaum noch und schon in den vorangegangenen Monaten war die Versorgung der deutschen Truppen mit Lebensmitteln äußerst kritisch gewesen. Es habe Hunger geherrscht, erinnerte sich ein deutscher Offizier.[111] Viele der Offiziere Lettow-Vorbecks hätten, so berichtet ein britischer Offizier anhand von erbeuteter Korrespondenz, »die Nase voll gehabt« und für eine Kapitulation votiert.[112]

Seit dem Sommer 1917 war die Versorgung der Truppen mit Lebensmitteln eine Frage, die die Pläne der deutschen Kommandeure maßgeblich beeinflusste. Sie sollte in den nächsten Monaten einen immer höheren Stellenwert bekommen. Desertionen von *Askari* häuften sich, nicht zuletzt, weil viele der bei den Truppen von Wahle und Kraut kämpfenden Soldaten Nguni waren und aus dem Süden der Kolonie stammten. Hinzu kam die prekäre Versorgungssituation. Dieser Situation konnten auch die deutschen Offiziere nicht immer Herr werden. Im November 1917 ergab sich Tafel, einer der bewährtesten deutschen Offiziere, zusammen mit 148 Deutschen und 1.398 *Askari* sowie 3.000 Trägern den Truppen Northeys. Die Männer Tafels hatten tagelang nichts mehr gegessen und verfügten über kaum eine Patrone Munition. Lettow-Vorbeck, der nur wenige Meilen von Tafel entfernt sein Hauptlager etabliert hatte, tobte. Es hätte nur noch eines Tagesmarsches und eines Durchbruchversuchs bedurft, um sich mit den Haupt-

---

110 Tagebuch des Leutnants der Reserve Osterhage der 19. Feldkompanie, in: Foerster, Greiner & Witte (Hrsg.), *Kämpfer*, S. 101–103; Tagebuch des Vizefeldwebels der Reserve Rottbohm der 17. Feldkompanie, in: Foerster, Greiner & Witte (Hrsg.), *Kämpfer*, S. 104; Farwell, *Great war in Africa*, S. 330; Hodges, *Carrier Corps*, S. 51.
111 Dannert, »Mie Askari mdachi!«, in: *Das Kolonialbuch der Deutschen*, hrsg. von Willy Bolfinger & Hans Rauschnab (Stuttgart: Steffen, 1927), S. 75–81, insbesondere S. 75.
112 Hugh Charles Clifford, *The Gold Coast Regiment in the East African Campaign* (London: Murray, 1920), S. 165.

truppen zu vereinigen. Tafels Kapitulation war in der Tat eine der schwersten Rückschläge für die Deutschen im gesamten Feldzug und es ist kennzeichnend für diesen Krieg, dass die Briten diesen Erfolg nicht durch eine offene Schlacht, sondern durch eine wochenlange Zermürbungstaktik erreicht hatten. Tags zuvor hatten die britischen Truppen noch eine empfindliche Niederlage gegen Tafel hinnehmen müssen und nahezu die Hälfte ihrer im Gefecht eingesetzten Soldaten verloren.[113]

Auf der Suche nach Nahrungsmitteln war auch Wintgens. Seine Truppen marschierten im Februar 1917 zunächst gen Westen, wo sie in Kontakt mit der *Norforce* kamen. Die Alliierten befürchteten, dass die Deutschen nach Rhodesien oder in den Kongo zu flüchten beabsichtigten. Und in der Tat kam Wintgens mit seinen Truppen der Grenze der belgischen und britischen Kolonien auf der Suche nach Nahrungsmitteln gefährlich nahe. Die ihm folgenden rhodesischen Truppen dagegen hatten große Probleme, sich aus der ausgeplünderten Region zu versorgen. Sie waren kaum in der Lage, den Deutschen zu folgen. Nach einer verheerenden Niederlage bei St. Moritz, etwa auf halbem Wege zwischen dem Südufer des Tanganyika-Sees und dem Nordufer des Nyassa-Sees, brachen die Rhodesier die Verfolgung der Deutschen ab. Wintgens zog nahezu unbehelligt weiter nach Nordosten. In dieser Region waren zu diesem Zeitpunkt nur einige Überbleibsel eines südafrikanischen Regiments verfügbar. Diese Reste wurden zunächst auf Wintgens Verfolgung geschickt, später kam noch ein westafrikanisches Korps und ein aus ehemaligen deutschen *Askari* rekrutiertes Bataillon der *King's African Rifles* hinzu. Im April sahen die Briten das Problem Wintgens als so virulent an, dass sie das Kommando über die Jagd auf die Deutschen dem General Edwards übertrugen sowie eine formelle Anfrage an die Belgier richteten, ihnen zu helfen.[114] Die Belgier willigten ein. Mehr als 700 *Bulamatari* sollten sich zunächst an der Verfolgung der Deutschen beteiligen. Im Laufe des Jahres wuchs deren Zahl auf nahezu 8.000 an. Fast 14.000 Träger mussten die Belgier für den, wie sie es nannten, zweiten Feldzug rekrutieren.

Die Jagd nach Wintgens wurde zu einer harten Belastungsprobe für das Verhältnis zwischen Belgiern und Briten. Der Umstand, dass belgische Einheiten in einem von Briten besetzten Gebiet, und dass die Briten teilweise

---

113 NA CO 691/6 War Diary of Brigadier-General E. Northey, C.B, A.D.C. Commanding Nyasa-Rhodesia Frontier Force; 1.–31.10.1917; NA CO 691/ 11 Deventer to Central Imperial General Staff, 27.11.1917; Clifford, *Gold Coast Regiment*, S. 195; Muller, *Les troupes du Katanga*, S. 18; Farwell, *Great war in Africa*, S. 334.
114 Difford, *Cape Corps*, S. 102.

auch in den von Belgiern besetzten Gebieten operierten, bot Anlass zu beständigen Konflikten und gegenseitigen Beschuldigungen. Die Briten setzten den Belgiern enge Grenzen, in dem, was deren Truppen gestattet war. Zur Überwachung der belgischen Kolonnen sollte jeweils ein britischer Verbindungsoffizier diese begleiten. Vor allem die Frage der Rekrutierung von Trägern und das Requirieren von Lebensmitteln gab häufig Anlass zu Verwerfungen, die bis in höchste Regierungsebenen gelangten. Auch auf militärischem Gebiet gab es immer wieder Konflikte. Während die Belgier die Briten der Untätigkeit beschuldigten, beklagten die Briten das Verhalten der belgischen Truppen während der Verfolgung.[115] Die Befehlskette war anfangs nicht klar geregelt. Belgische Offiziere weigerten sich oft, den Weisungen britischer Offiziere zu folgen. Doch das britische Oberkommando übte einen hohen Druck auf Huyghe aus und zwang ihn zu weitreichenden Zugeständnissen, was die Unterordnung der belgischen Kolonnen unter das Kommando der Briten betraf. Seine Offiziere sahen dies mit großem Missmut. Zu Sklaven der Briten seien die Belgier verkommen, schimpfte ein belgischer Offizier in seinen Aufzeichnungen.[116]

Immer noch standen die Briten und Belgier vor einem Rätsel: Wintgens Zug nach Norden widersprach für sie aller militärischen Ratio. Von desertierten *Askari* erfuhren sie, dass Wintgens von seinen Soldaten nahezu genötigt worden war, nach Norden zu ziehen. Sie hätten, so die Deserteure, Wintgens mit dem Ende ihrer Teilnahme am Krieg gedroht, wenn er ihnen nicht verspräche, sie nach Hause zu bringen. Die Region um Tabora war in der Tat eines der wichtigsten Rekrutierungsgebiete der Deutschen vor und während des Krieges gewesen. Von hier kamen viele der *Askari*. Den Aussagen eines aus der Gefangenschaft geflohenen indischen Kaufmanns zufolge habe Wintgens den *Askari* in einer Ansprache das Versprechen gegeben, sie bis nach Tabora zu bringen. Mehr noch vermuteten die Briten auch in gravierenden Engpässen in der Versorgungslage der Wintgens-Truppen ein Motiv für dessen Zug nach Norden.[117] Beide Gründe sind durchaus plausibel und sie werfen ein bezeichnendes Licht auf die Lage der deutschen Trup-

---

115 FP 2664/ 1213 Réponse au litera & justification du fait d'avoir retiré la colonne Joole du contact qu'elle avait avec Larsen peu avant Ikoma, Ujiji, 14.7.1918.
116 FP 2659/1155 Compte rendu des opérations etabli par le Capitaine Commandante Jacques, n.d.
117 NA CO 691/4 War Diary Northey, 1. bis 28.2.1917; NA CO 691/4 Telegram Northey to Colonial Office, 16.3.1917; NA CO 691/5 War Diary of Brigadier-General E. Northey, C.B, A.D.C. Commanding Nyasa-Rhodesia Frontier Force, 1. bis 31.3.1917; Downes, *Nigerian Regiment*, S. 115.

pen in den letzten Kriegsjahren. Nach nahezu einem Jahr schier endloser und zermürbender Rückzugsgefechte war die Stimmung der *Askari* auf dem Tiefpunkt. Wollten ihre Offiziere sie zum Weiterkämpfen bewegen, dann mussten sie den Wünschen der *Askari* stärker Rechnung tragen. Im Mai 1917 hatte Wintgens Unyamwezi erreicht. Bei Kiromo, etwa hundert Kilometer von Tabora entfernt, hatten die Briten starke Verteidigungsstellungen von der Bevölkerung ausheben lassen. Doch Wintgens zog westlich an Kiromo vorbei und besetzte die Missionsstation von Kitunda. Seine Verfolger waren weit von ihm entfernt und der Weg nach Tabora schien frei. Als Gerüchte in Umlauf kamen, die Deutschen würden die Stadt zurückerobern, machte sich unter der Bevölkerung von Tabora Panik breit. Dazu kam es jedoch nicht, denn mittlerweile hatten belgische Kolonnen in die Verfolgung von Wintgens eingegriffen. Sie drängten ihn schließlich nach Nordosten ab. Wintgens selbst, schwer erkrankt, ergab sich einer belgischen Patrouille am 23. Mai 1917. Der Leutnant Heinrich Naumann übernahm daraufhin das Kommando über die verbliebenen Truppen, die, so die Informationen von gefangenen oder desertierten Trägern und *Askari*, immer mehr mit Hunger und Desertionen zu kämpfen hatten. Naumann wurde nun auch von einem neu eingetroffenen nigerianischen Bataillon und Einheiten der *King's African Rifles* verfolgt. Bei Malongwe, 90 Kilometer östlich von Tabora, überquerte er die Mittelland-Bahn auf dem Weg zum Viktoria-See, sein scheinbar neues Ziel. Seine Verfolger waren zwei Tagesmärsche hinter ihm.[118]

Fortan es gab wenig Informationen über den Verbleib der Deutschen, die sich immer wieder teilten, um sich dann Tagesmärsche später wieder zu vereinen. Im Juni 1917 verfügte Naumann nach Schätzungen der Briten noch über 800 *Askari* und 14 Maschinengewehre.[119] Doch längst war der Umfang der deutschen Truppen nicht mehr klar auszumachen. Deserteure dezimierten beinahe täglich die Truppen Naumanns, gleichzeitig schlossen sich afrikanische Krieger ihnen aus den unterschiedlichsten Gründen an. Manche unter ihnen sahen sich gezwungen, andere lockte die Aussicht auf

---

118 MRAC Collection de Jean Scheppers: 59.36.1 Mémoires du Colonel honoraire Scheppers, Vétéran de l'Etat Indépendant du Congo. n.d.; MRAC Collection de Thomas, Rapport sur la marche de IV. Bataillon du 25 mai au 25 juin 1917; Downes, *Nigerian Regiment*, S. 118–120.

119 Difford, *Cape Corps*, S. 110; Farwell, *Great war in Africa*, S. 324.

Beute. Auch einige von den Belgiern und Briten rekrutierte *Askari* wechselten die Seiten.[120] Anfang Juni gelang es einer alliierten Kolonne, Naumanns Truppen bei Mkalama zu stellen. Doch die belgischen und nigerianischen Truppen waren nicht stark genug, den Durchbruch der Deutschen durch die hastig aufgestellten Verteidigungslinien zu verhindern. Ziel Naumanns war die Boma von Maklama, wo er Nahrung und Munition zu finden hoffte. Die Besatzung der Boma bestand in der Mehrzahl aus ehemaligen *Askari*. Naumann drohte mit der Hinrichtung der *Askari* im Falle sie würden sich nicht ergeben. Drei Tage belagerten die Deutschen das Fort, ohne jedoch die Eingeschlossenen zur Aufgabe zu bringen. Die ehemaligen *Askari* hatten guten Grund, um ihr Leben zu kämpfen: Besonders Naumanns Truppen zeigten gegenüber ehemaligen Kameraden, die die Seite gewechselt hatten, selten Gnade.[121] Am dritten Tag der Belagerung zogen die Deutschen unverrichteter Dinge ab, als sich alliierte Entsatztruppen näherten.

Das nächste Ziel Naumanns war die Kilimanjaro-Region. Die Briten beeilten sich daraufhin, Truppen zu den bedrohten Städten zu schicken: Aruscha und Kondoa-Irangi wurden mit Befestigungsanlagen versehen. Die bereits unter ziviler Verwaltung stehenden Gebiete kamen wieder unter militärisches Kommando. Für die Bevölkerung von Unyamwezi, Ugogo und Nguru, die schon 1916 schwere Kampfhandlungen erduldet hatte, kam nach fast einem Jahr der Krieg zurück. Und in seinem Schlepptau die Ausplünderung der Dörfer durch die durchziehenden Truppen, Zwangsrekrutierungen als Träger und der Raub und die Vergewaltigung von Frauen.[122]

Bei seinem Zug durch das nordöstliche Gebiet der Kolonie vermied Naumann in der Regel die offene Konfrontation mit seinen Verfolgern auf dem Schlachtfeld. Wenn es zu Kampfhandlungen kam, dann waren es Vorhutgefechte. Sobald die Deutschen die Präsenz starker belgischer und britischer Einheiten bemerkten, verschwanden sie im Dunkel der Nacht. Erst im Juni 1917 kam es zu einem nennenswerten Gefecht, als die Verfolger glaubten, Naumann in der Boma von Ikoma gestellt zu haben. Britische

---

120 FP 2661/1172 Comte de Jonghe d'Ardoye an Ministre des Colonies, 10.10.1917; FP 2661/1172 Opérations militaires dans l'EAA en 1917; FP 2661/1172 Note pour le *War Office*, 12.7.1917; Difford, *Cape Corps*, S. 102.
121 Downes, *Nigerian Regiment*, S. 130.
122 Fendall, *East African force*, S. 178; NA CO 691/6 Byatt, Administrator's office to the Principal Secretary of State for the Colonies; Wilhelmstal, 3.10.1917; NA CO 691/6 Byatt, Administrator's office to the Principal Secretary of State for the Colonies, Wilhelmstal, 4.11.1917.

Aufklärungseinheiten hatten von der lokalen Bevölkerung Informationen über eine starke deutsche Truppenansammlung in der Boma erhalten. Belgische Truppen unter dem Kommando von Larsen eilten darauhin in Gewaltmärschen nach Ikoma und begannen am 29. Juni mit dem Sturm auf die Boma, die von einem gerodeten Stück Land umgeben war. Ohne Schutz hatten die Angreifer nur wenig Chancen; die Deutschen wehrten die Angriffe ab und brachten den Belgiern hohe Verlusten bei. Zu einer Katastrophe für die Belgier wurde Ikoma endgültig, als deutsche Einheiten, die in der Nähe gelagert hatten, überraschend in den Kampf eingriffen und den Belagerern in den Rücken fielen. Die belgischen Kompanien wurden fast vollständig aufgerieben, ebenso wie die britischen *Scouts*, deren mangelnde Aufklärung das Unglück der Belgier besiegelt hatte. Ikoma ging als die schwerste Niederlage der Belgier in die Geschichte des ostafrikanischen Feldzuges ein. Sie verloren innerhalb weniger Stunden einen Offizier und 84 *Bulamatari*, 41 *Bulamatari* wurden verwundet.[123]

Für die Verfolger wurden das Ziel und die Lage der Truppen Naumanns Mitte 1917 immer unübersichtlicher. Die Alliierten befürchteten, Naumann würde direkt auf Nairobi, Hauptstadt der britischen Kolonie, oder Aruscha, Sitz der Verwaltung der besetzten Gebiete, marschiere. Belgische Offiziere, die an der Verfolgung teilnahmen, vermuteten dagegen, dass das Ziel Naumanns Bukoba oder Ruanda sein könne, weil von dort viele *Askari* kämen. Kleine Gruppen von *Askari* und deutschen Offizieren wurden allerorten gesichtet und nicht immer war es klar, ob es sich um versprengte Truppenteile, Vorhutpatrouillen oder einfach nur Deserteure handelte. Im September 1917 mehrten sich die Zeichen für eine beginnende Auflösung der Truppen Naumanns. Einzelne Offiziere begannen zusammen mit ihren *Askari* die Waffen niederzulegen.[124] Mit der Auflösung ihrer Truppen aber hatten auch die Belgier zu kämpfen. Im Sommer 1917 waren die belgischen Oberkom-

---

123 NA CO 691/5 Byatt, Administrator's office, Wilhelmstal, to Principal Secretary of State for the Colonies, 24.8.1917; FP 2261/1170 Rodhain, Rapport sur le functionnement général du services médical des troupes de l'est pendant la campagne 1917, 24.11.1918; FP 2659/1155 Compte rendu des opérations etabli par le Capitaine Commandante Jacques; MRAC Collection Thomas: Larsen, Rapport du Commandant du XIII Bat. sur le combat d'Ikoma le 19 juin 1917.
124 FP 2664/1213: Réponse au litera & justification du fait d'avoir retiré la colonne Joole du contact qu'elle avait avec Larsen peu avant Ikoma, Ujiji 14.7.1918; Thomas, Justification relative aux opérations du VIe Bataillon au Nord du rail, Ujiji, 12.7.1918; NA CO 691/11 Deventer to Central Imperial General Staff, 29.10.1917 & 11.11.1917; FP 2659/1155 Examen des opérations de la colonne Joole, depuis le rail jusqu'a Mafuki, par Cpt. Jacques, 4.4.1918; Difford, *Cape Corps*, S. 111.

mandierenden mit einer Reihe von Befehlsverweigerungen und Meutereien konfrontiert. Einzelne belgische Einheiten erklärten sich kollektiv für nicht mehr in der Lage, die Verfolgung weiter zu betreiben.[125] Nach der verheerenden Niederlage von Ikoma zogen die Belgier ihre Truppen ab und überließen die endgültige Vernichtung Naumanns den Briten. Ende September hatten die Briten Naumanns verbliebene Truppen am Luitaberg endgültig gestellt und eingekesselt. Nach mehreren Tagen Belagerung gab Naumann am 1. Oktober schließlich auf. Mit ihm kapitulierten 15 Europäer, 156 *Askari* und 400 Träger. War Wintgens noch mit allen Ehren behandelt worden, so wurden Naumann eine Reihe von Kriegsverbrechen zur Last gelegt, für die er vor einem Kriegsgericht zur Verantwortung gezogen werden sollte. Zu einer Verurteilung kam es allerdings nie.

Die letzte Phase des Krieges sah nicht mehr nur die deutsche Kolonie als Schauplatz, sondern vor allem auch das Gebiet von Portugiesisch-Ostafrika. Was Wintgens so erfolgreich praktiziert hatte, wurde nun auch Teil der Strategie der Truppen unter Lettow-Vorbecks Kommando. Und auch hier war der wichtigste Grund für die Entscheidung, die deutsche Kolonie zu verlassen, die Hoffnung in Portugiesisch-Ostafrika Nahrung, Waffen und Munition für die Truppen zu finden. Die portugiesischen Truppen galten als wenig kampfkräftig und die Deutschen hofften, hier leichte Beute zu machen. Im November 1917 übertraten die Deutschen den Rovuma und drangen weit ins portugiesische Ostafrika ein. Doch ihre Truppenstärke war bereits stark dezimiert. Lettow-Vorbeck verfügte nur noch über 278 deutsche Offiziere, 1.600 *Askari* und 4.000 Träger. Alle Kranken, Verwundeten und Unwilligen, sowie nahezu alle die Truppen bis dahin begleitenden europäischen Zivilpersonen, wurden den nachrückenden Briten zur freundlichen Behandlung übergeben. Obgleich deutsche Quellen von einem großen Widerstand unter den Zurückbleibenden ob dieser Entscheidung Lettow-Vorbecks sprechen, gibt es auch Hinweise, dass viele Offiziere die Gelegenheit nutzten, den Krieg für sich zu beenden. Gouverneur Schnee soll in Newala eine letzte Rede auf deutsch-ostafrikanischem Boden gehalten haben, in der er jedem freistellte, ob er weiterkämpfen wolle oder nicht. Fünfzig Offiziere sollen daraufhin das Ende ihrer Beteiligung am Feldzug verkündet haben. Wie dem auch sei, mehr als 250 Deutsche und 700 Afrikaner, in der Mehrzahl Träger sowie 32 alliierte gefangene Offiziere wurden

---

125 MRAC Collection de Jean Scheppers: 59.36.1 Mémoires du Colonel honoraire Scheppers, Vétéran de l'Etat Indépendant du Congo, n.d.

in Mkundi den Briten übergeben.[126] Einzig Gouverneur Schnee, von Lettow-Vorbeck als Zivilist eingestuft, beharrte mit Erfolg darauf, den Zug nach Portugiesisch-Ostafrika mitzumachen. Er sah sich immer noch als Oberbefehlshaber der deutschen Truppen. Lettow-Vorbeck konterte diese Argumentation mit dem süffisanten Hinweis, dass die Schutztruppe dem Gouverneur nur in Deutsch-Ostafrika selbst unterstehe.[127]

Für die Briten glich diese Entwicklung einem Horrorszenario. Allen Jubelgesängen zum Trotz, die in der britischen Presse nach den Meldungen über die vollständige Einnahme der letzten deutschen Kolonie angestimmt wurden, warnte Northey, dass die Alliierten es beileibe nicht mit versprengten und demoralisierten deutschen Truppenteilen zu tun haben würden, die ebenso schnell eingekreist wie zur Aufgabe gezwungen werden könnten. Im Gegenteil, nunmehr habe Lettow-Vorbeck seine besten Truppen konzentriert und sei damit nicht nur mobiler, sondern auch besser in der Lage, deren Versorgung zu garantieren. Portugiesisch-Ostafrika sei zudem wie Feindesland für die Briten. Der größte Teil der Bevölkerung hasse die Portugiesen und unterstütze daher die Deutschen, die sie als Befreier sähen. Von den demoralisierten portugiesischen Truppen könnten die Deutschen alles bekommen, was sie brauchten: Waffen, Munition, Medizin und Lebensmittel. Der Krieg sei weiter entfernt denn je, zu Ende zu sein.[128]

Northey beschrieb die Situation der kommenden Monate recht realistisch. Im Süden ihrer eigenen Kolonie hatten die Deutschen kaum noch auf die Kooperation der Bevölkerung bauen können. Der Rückzug der Deutschen vom Makondeplateau war nicht zuletzt durch den anhaltenden Widerstand der lokalen Bevölkerung initiiert worden, die den Deutschen nichts geschenkt hatte. In Portugiesisch-Ostafrika jedoch wurden sie weit wohlwollender von der Bevölkerung unterstützt. Vielleicht nicht als Befreier, aber als potentielle Verbündete im Kampf gegen die verhassten Portugiesen. Lettow-Vorbeck hatte seinen Übertritt nach Portugiesisch-Ostafrika

---

126 BA Militärarchiv N 103/96 Interview Lettow-Vorbecks mit einem Ungenannten, 28.3.1919; Clifford, *Gold Coast Regiment*, S. 195; Tagebuch des Sanitätsfeldwebels Knaak des Etappenlazaretts I, in: Foerster, Greiner & Witte (Hrsg.), *Kämpfer*, S. 105; RHO Miscs Afr. 472 Newala District Book.
127 BA Militärarchiv N 103/86 Briefe Schnees an Lettow-Vorbeck vom 7.12.1917 und 14.1.1918; Brief Lettow-Vorbecks an Schnee vom 26.12.1917.
128 NA CO 691/14 Military situation, telegramm by Major-General E. Northey, C.B, A.D.C. Commanding Nyasa-Rhodesia Frontier Force; NA CO 691/14 War Diary of Major-General E. Northey, C.B, A.D.C. Commanding Nyasa-Rhodesia Frontier Force, 1. bis 30.1.1918.

lange vorbereitet. Deutsche Vortrupps unter dem Kommando von Willibald Stuemer hatten Kontakt mit lokalen Chiefs gesucht und Waffen an die lokale Bevölkerung verteilt. Stuemer galt in Friedenszeiten als einer der besten deutschen Verwaltungsbeamten, der am Viktoria-See mit großem Erfolg afrikanische Chiefs in das deutsche Kolonialprojekt eingebunden hatte. Zugute kam den Deutschen, dass einige ihrer altgedienten *Askari* aus der Gegend kamen.[129]

Mit dem Übertritt über den Rovuma änderten die Deutschen nun endgültig ihre Taktik. Die Schlacht von Mahiwa war das letzte Gefecht gewesen, in der die Deutschen eine Frontlinie errichtet und verteidigt hatten. Von nun an führten sie einen Bewegungskrieg. Die *Safari ya Bwana Lettow* wälzte sich wie ein Heerwurm durch die Gebiete der portugiesischen Kolonie. Ihre Ziel waren Überleben und Zeitgewinn. Der Weg der Deutschen war weniger von taktischen Überlegungen, denn von der Aussicht auf Beute sowie dem Ausweichen vor den britischen Verfolgern bestimmt. Lettow-Vorbeck beschrieb den Zug seiner Karawane dennoch als eine immer noch intakte militärische Ordnung. »Ordentlich und gleichmäßig«, schrieb er, sei der »Heerwurm auf schmalen Negerpfaden oder auch quer durch den Busch« gezogen. Getrennt in drei Kolonnen, bestehend aus jeweils drei Kompanien mit Feldlazarett, sei die Truppe marschiert. 25 bis 30 Kilometer am Tag hätten die Soldaten zurückgelegt. In regelmäßigen Abständen habe es Halts gegeben, um die Verbindung nicht abreißen zu lassen. Militärische Disziplin habe geherrscht, »kerzengerade« seien die *Askari* marschiert, »das Gewehr auf der Schulter mit dem Kolben nach hinten, wie es von je her in der Schutztruppe Sitte war.«[130] Lettow-Vorbecks *Askari* mochten weniger Freude daran gehabt haben. Glaubt man den Berichten von Deserteuren, die in den britischen Akten zu finden sind, verspürten sie wenig Lust, weiter gegen die Briten zu kämpfen und hofften, dass der Krieg bald aus sei. Der General sei nicht müde, dies seinen Leuten zu versprechen, also blieben sie bei ihm, gaben Deserteure zu Protokoll.[131]

Gegen die voraussichtlich eher kampfschwachen Portugiesen hatten die *Askari* allerdings weniger Motivationsschwierigkeiten. Das Risiko war eher gering, die Aussicht auf Beute dazu hoch. Die Portugiesen hatten nach Absprache mit den Briten 6.500 Soldaten am Rovuma stationiert, um den

---

129 WO 106/581 East African Situation on 23rd, May 1917; WO 106/581 East African Situation on 26th, July 1917.
130 Lettow-Vorbeck zitiert, in: Foerster, Greiner & Witte (Hrsg.), *Kämpfer*, S. 107.
131 NA CO 691/14 War Diary of Major-General E. Northey, C.B, A.D.C. Commanding Nyasa-Rhodesia Frontier Force, 1. bis 30.2.1918.

Deutschen den Weg zu versperren. Ein erster erfolgreicher Beutezug gelang der *Safari ya Bwana Lettow* beim Überfall auf ein portugiesisches Feldlager bei Ngomano am 25. November 1917. Die Deutschen trafen bei ihrem Sturm auf das befestigte Lager auf wenig Widerstand. Unter Zurücklassung von mehr als 200 Toten flohen die überraschten Portugiesen und hinterließen den Deutschen große Mengen an Munition, Waffen, Ausrüstungsgegenständen, Lasttieren und Lebensmitteln. Für Lettow-Vorbeck kam diese Beute gerade rechtzeitig. Seine Truppen hatten in den letzten Wochen von der Hand in den Mund gelebt, Munition war kaum noch vorhanden.[132] Nach deutschen Quellen begannen die Deutschen im Norden Portugiesisch-Ostafrikas, ein neues Systems von Aufkaufstationen und Etappenlagern für Lebensmittel zu errichten. Im Juli 1918 erbeuteten sie bei einem Überfall auf ein portugiesisches Lager am Likongo-Fluss zehn Maschinengewehre, zwei Geschütze und Unmengen von Munition und Verpflegung. Lettow-Vorbecks Truppen konnten vollständig neu bewaffnet und ausgerüstet werden.[133]

Dennoch hatten die Deutschen weiter mit Desertionen von *Askari* und Trägern zu kämpfen. War der hohe Anteil der Nguni- und Yao-*Askari* zunächst ein Segen für die Deutschen, wenn es darum ging, die lokale Bevölkerung auf ihre Seite zu ziehen, so erwies sich dies im Laufe der Zeit immer mehr als ein Fluch. Für die *Askari* war einer der wesentlichen Gründe für den Verbleib bei den Deutschen die eigene Sicherheit. Wenn sie desertieren, hatten sie Gebiete zu passieren, die sie nicht kannten und deren Bevölkerung ihnen feindlich gegenüberstand. Die Desertionen bei den deutschen Truppen stiegen daher immer dann, wenn die *Askari* in die Nähe ihrer Heimatgebiete kamen, so auch im letzten Jahr des Krieges. Bevor die Deutschen im September 1918 die Heimat der Nguni-Askari verließen und das Gebiet ihrer Kolonie wieder betraten, machte sich ein Großteil dieser aus dem Staub. Für sie kamen, zum Glück für die Deutschen, versprengte *Askari*, die den Übergang über den Rovuma nicht mitgemacht hatten und mehr als ein halbes Jahr im Süden der deutschen Kolonie herumgeirrt waren. Auch die meist vor Ort rekrutierten Träger verspürten wenig Lust, die entbehrungsreichen Märsche mitzumachen. Um den Desertionen von Trägern

---

132 Tagebuch des Hauptmanns Spangenberg, Führer der 6. Schützenkompanie, in: Foerster, Greiner & Witte (Hrsg.), *Kämpfer*, S. 106; Paice, *The African Front*, S. 339.
133 Tagebuch des Hauptmanns Spangenberg, Führer der 6. Schützenkompanie, in: Foerster, Greiner & Witte (Hrsg.), *Kämpfer*, S. 106; Hans Krech, *Die Kampfhandlungen in den ehemaligen deutschen Kolonien in Afrika während des 1. Weltkriegs* (Berlin: Köster, 1999), S. 58.

vorzubeugen, begannen die Deutschen ihre Träger in Ketten zu legen und nachts in Dornenverhaue einzusperren. Ihnen blieb nur die Flucht oder der Tod, um dem Trägerlos zu entkommen. So war die *Safari ya Bwana Lettow* zu diesem Zeitpunkt wie ein riesiger und unersättlicher Saugwurm, der Menschen unterschiedlicher Herkunft, Alters und Geschlechts in sich aufnahm und sie später wieder ausspiee.[134]

Die Briten brauchten lange, um die Verfolgung der Deutschen in der portugiesischen Kolonie aufzunehmen. Zunächst wollte Van Deventer sich darauf beschränken, eine Rückkehr der Deutschen in ihre Kolonie zu vereiteln, später wurde auch die Verteidigung der portugiesischen Kolonie ins Auge gefasst. Unter den Verantwortlichen im Felde und im *War Office* machten sich eine gewisse Lustlosigkeit breit. Mehr als ein Jahr lang war das vorzeitige Ende der Kämpfe von Smuts und Van Deventer prophezeit worden, noch immer aber waren Lettow-Vorbecks Truppen nicht geschlagen. Ein Großteil der alliierten Truppen war inzwischen aus dem Kampfgebiet abgezogen worden. Die Belgier waren bis nach Liwale marschiert und hatten damit ihre Aufgabe als erfüllt angesehen. Das nigerianische Regiment, das Ende 1917 so harte Verluste bei Mahiwa hatte hinnehmen müssen, war nach Westafrika zurückbeordert worden. Nahezu alle indischen und südafrikanischen Truppen waren in ihre Heimat zurückgekehrt. Nur noch Northeys Rhodesier und die *King's African Rifles* sowie das *Gold Coast Regiment* standen Van Deventer zur Verfügung. Die portugiesischen Truppen existierten kaum mehr als auf dem Papier. Doch noch schwerer wog der Mangel an Trägern. Mehr als 75.000 Träger waren nötig, um den Nachschub der britischen Einheiten zu sichern.

Nahezu zwei Monate konnten die Deutschen relativ unbehelligt durch den nördlichen Teil der portugiesischen Kolonie ziehen. Erst mit dem Beginn des Jahres 1918 startete Van Deventer seine Verfolgungsjagd. Northeys rhodesische Truppen drangen vom Westen her vor, Van Deventer operierte von der portugiesischen Hafenstadt Porto Amelia im Osten. Allerdings bekamen die Alliierten die Deutschen kaum zu Gesicht. Die Gefechte in diesen Wochen waren kaum mehr als Patrouillengefechte. Ein deutscher Kriegsteilnehmer beschrieb den Charakter der Kämpfe mit drei Worten: Abwehr, Angriff, Rückzug. Die Deutschen hätten an geeigneten Orten die

---

134 NA CO 691/6 War Diary of Brigadier-General E. Northey, C.B, A.D.C. Commanding Nyasa-Rhodesia Frontier Force; 1. bis 31.10.1917; WO 106/581 East African Situation on December 9th, 1916; Ludwig Deppe, *Mit Lettow-Vorbeck durch Afrika* (Berlin: Scherl, 1919), S. 250; Lettow-Vorbeck, *Erinnerungen*, S. 281.

alliierten Angriffe abgewartet, sie zurückgeschlagen und sich dann zurückgezogen.[135] Es gab in der Tat wenig größere Kämpfe im letzten Jahr des Krieges, denn nur selten gelang es den britischen Truppen, die Deutschen zu stellen. Im Mai 1918 erbeuteten die rhodesischen Truppen durch Zufall einen großen Teil des Trosses Lettow-Vorbecks. In den folgenden Tagen versuchten die Deutschen mit erbitterten Angriffen auf die Rhodesier, ihre lebenswichtigen Munitions- und Nahrungsvorräte wieder zurückzuerobern. Der Versuch misslang mit hohen Verlusten auf deutscher Seite, aber auch die Rhodesier mussten einen hohen Preis zahlen. Dem britischen Historiker Ross Anderson zufolge verloren die Deutschen in diesen Tagen etwa 100 *Askari* und 300 Träger sowie eben jene großen Mengen an Munition und Nahrungsmitteln, die die Rhodesier ihnen abgenommen hatten.[136]

Für die Briten wurde die Situation in der zweiten Hälfte des Jahres 1918 immer unübersichtlicher. Bei seinen Vorgesetzten beklagte sich Northey, dass ein ständiges Kommen und Gehen bei den Deutschen zu beobachten sei. Angaben über Truppenstärken des Gegners seien nahezu unmöglich geworden. Viele der Deserteure würden mit der lokalen Bevölkerung verschmelzen. Außerdem würden viele lokale Krieger die durch Deserteure sich lichtenden Reihen wieder schließen.[137] Er habe jegliche Planung aufgegeben, resümierte Northey in einem Bericht vom Mai 1918. Er entscheide vielmehr von Tag zu Tag. In den letzten Kriegsmonaten hatten die Briten kaum noch gesicherte Informationen über die immer nebulöser werdenden deutschen Truppen. Die bis dahin wichtigsten Informanten für die Briten, die lokale Bevölkerung, waren wenig gewillt, mit den Alliierten zu kooperieren. Konnten sich die Deutschen als Feinde der Portugiesen verkaufen, so fiel es den mit den Portugiesen verbündeten Briten um einiges schwerer, das Vertrauen der Afrikaner zu gewinnen. Es kostete den Briten einige Mühe, der deutschen Propaganda etwas entgegenzusetzten. Britische Offiziere, so Paice, klagten über den passiven bis offenen Widerstand der lokalen Bevölkerung. Vielfach seien kleinere Patrouillen oder Boten überfallen worden. Dennoch konnten sie, glaubt man den Berichten britischer Offiziere, einige Erfolge erzielen und die lokale Bevölkerung zumindest partiell für eine Zusammenarbeit gewinnen. Doch auch dann war es für die Geheimdienstleute nicht leicht, exakte Informationen über den Aufenthalt der Deutschen zu

---

135 Clifford, *Gold Coast Regiment*, S. 216; Fendall, *East African force*, S. 141.
136 Anderson, *Forgotten front*, S. 275; Stapleton, *No insignificant part*, S. 124.
137 NA CO 691/15 War Diary of Major-General E. Northey, C.B, A.D.C. Commanding Nyasa-Rhodesia Frontier Force, 1. bis 30.3.1918.

bekommen. Wenn die Bevölkerung ihm Auskunft gegeben habe, lamentierte ein britischer Offizier, so habe er nie herausgefunden, ob sie die Deutschen oder Briten meinten. Ihnen seien die Unterschiede unbekannt. Woher auch sollten sie es wissen?[138] Erneut waren es vor allem Transportschwierigkeiten, mit denen die Alliierten am schwersten zu kämpfen hatten. Die britischen Nachschublinien waren ebenso lang wie unsicher. Nahezu alle Lebensmittel mussten über große Entfernungen transportiert werden, denn die Deutschen hinterließen ihren Verfolgern kaum ein Korn Nahrung. Immer wieder gelang es deutschen Patrouillen, die Nachschubwege empfindlich zu stören und Lebensmittel und Munition zu erbeuten. Selbst der Transport der Verwundeten und Kranken war für die Briten mit großen Schwierigkeiten verbunden, zeitweise musste er sogar ganz eingestellt werden. Van Deventer hatte, wie seine Vorgänger, seine ganzen Hoffnungen in moderne Technik gesetzt. Mehr Automobile sollten die Truppen mobiler machen und die Nachschubwege kürzer. Doch wie schon 1916 erwiesen sich solche Hoffnungen als illusorisch. Hinzu kam der Ausbruch einer verheerenden Grippe-Epidemie, die unter den britischen Truppen katastrophale Ausmaße erreichte. Im *Rhodesia Native Regiment* allein starben 73 Soldaten. Die Epidemie habe mehr Opfer gefordert, so ein Offizier des Regiments, als der gesamte Kampfeinsatz der Truppe. Das Regiment befand sich in diesen Tagen bereits auf dem Weg in die Heimat. Panik habe sich unter den Soldaten breitgemacht, schreibt der Historiker des Regiments Stapleton. Es habe offener Aufruhr geherrscht und selbst Offiziere seien von ihren Untergebenen bedroht worden.[139]

Kaum besser erging es den Deutschen. Lettow-Vorbeck hatte bei Weiten nicht nur mehr mit dem Unwillen seiner *Askari* zu kämpfen, sondern auch mit der Kriegsmüdigkeit seiner Offiziere. Sechs bis zehn Stunden Marsch pro Tag waren keine Seltenheit für die deutschen Kompanien, dazwischen gab es hin und wieder ein paar Scharmützel mit den Verfolgern. Selbst langjährige Vertraute Lettow-Vorbecks, wie der General Wahle, waren kriegsmüde und konnten den Befehlen ihres Kommandeurs immer weniger Sinn abgewinnen. In diesen Tagen, so Wahle, soll Lettow-Vorbeck sich immer

---

138 Paice, *The African Front*, S. 367; NA CO 691/15 War Diary of Major-General E. Northey, C.B, A.D.C. Commanding Nyasa-Rhodesia Frontier Force, Mai 1918.
139 Frank Cross zitiert in Fendall, *East African force*, S. 151; Stapleton, *No insignificant part*, S. 133.

mehr verschlossen und kaum noch auf den Rat seiner Offiziere gehört haben.¹⁴⁰

Auch britische Militärs und Kolonialpolitiker fragten in den letzten Kriegsmonaten zunehmende nach dem Sinn der Verfolgungsjagd in Portugiesisch-Ostafrika. In einem Bericht über die militärische Situation am 15. Oktober 1918 heißt es nahezu resignierend, dass die Lage höchst unbefriedigend sei und die Truppen besser woanders eingesetzt werden könnten. Die Verfolgungsjagd verschlinge große Ressourcen. Hunderttausende Träger müssten aus den besetzten Gebieten und den britischen Kolonien rekrutiert werden. Dies beeinträchtige vor allem die Arbeit der Verwaltung in den besetzten Gebieten. Die Anforderungen des letzten Kriegsjahres waren für die Bevölkerung der besetzten Gebiete in der Tat enorm. Mehr als 250.000 Träger waren 1917 und 1918 im Dienst, der größte Teil stammte aus der ehemaligen deutschen Kolonie. ¹⁴¹

Anfang Juli erreichten die Deutschen den Ort Namacurra, wenige Kilometer von der Hafenstadt Quelimane entfernt. Die Alliierten hatten am Sambesi starke Truppenverbände zusammengezogen und erwarteten die Deutschen. Lettow-Vorbeck attackierte Namacurra am 1. Juli. Nach drei Tagen fiel Namacurra. Beträchtliche Vorräte an Chinin, Nahrungsmittel, Munition und Waffen kamen in die Hände der Deutschen. Allein 100 portugiesische und britische Soldaten ertranken bei der Flucht durch den Namacurra-Fluss, Dutzende fielen in den Kämpfen. Nach diesem Gefecht schwenkte Lettow-Vorbeck nach Osten, wo es bei Namirrue erneut zu heftigen Zusammenstößen zwischen den Deutschen und den *King's African Rifles* kam. Die Deutschen rieben dabei nahezu eine ganze feindliche Kompanie auf. Ihren Erfolg verdankten die Deutschen vor allem dem Umstand, dass sie es waren, die Zeitpunkt und Ort der Kämpfe mit ihren Verfolgern bestimmen konnten.¹⁴²

Im September 1918 betraten deutsche Truppen wieder den Boden der deutschen Kolonie. Lettow-Vorbeck ließ seine Truppen entlang des Nyassa-Sees bis zur Mission von Mwenzo marschieren, wo ihnen große Lagerbestände von Chinin in die Hände fielen. Danach übertrat er die Grenze zu Rhodesien. Es war vor allem die Nahrungsfrage, die die Richtung der Deutschen bestimmte. Rhodesien, so ein Offizier Lettow-Vorbecks, sei noch un-

---

140 Wahle, *Erinnerungen*, S. 51; Tagebuch des Vizefeldwebels der Reserve Nottbohm der 17. Feldkompanie, in: Foerster, Greiner & Witte (Hrsg.), *Kämpfer*, S. 110.
141 NA CO 691/16 CO Note on Military Situation in East Africa, 15.10.1918; Hodges, *Carrier Corps*, S. 117.
142 Paice, *The African Front*, S. 175–177.

berührt vom Krieg und daher vermutlich reich an Nahrungsmitteln.¹⁴³ Gerüchte über das Nahen der Deutschen sorgten in den Grenzgebieten der britischen Kolonie und des Kongo für Panik unter den Behörden wie auch der Bevölkerung. Die verantwortlichen Verwaltungsbeamten telegraphierten an ihre Vorgesetzten, dass die Grenzen des Kongos offen für den Einmarsch der Deutschen seien.¹⁴⁴ Northey und Van Deventer verlagerten daraufhin ihre Truppen in aller Eile in das Grenzgebiet. Sie hatten noch gut 35.000 Soldaten im Einsatz. Die *Force Publique* organisierte eine Verteidigungslinie entlang des Südufers des Tanganyika-Sees. Doch einige Distriktverwalter schienen diesen Bemühungen nicht so recht zu trauen und versuchten, mit den Deutschen zu verhandeln, um sie aus ihrem Verwaltungsbereich fernzuhalten.¹⁴⁵ Den Deutschen gelang es, einige kleinere Ortschaften zu erobern und die dort gelagerten Nahrungsmittel zu erbeuten. Als sie den Ort Kasama am 12. November 1918 erreichten, fingen sie einen britischen Melder ab, der ein Telegramm mit sich führte, das Van Deventer über die Kapitulation des Kaiserreiches informieren sollte. Knapp zwei Wochen später ergaben sich die verbliebenen 155 Offiziere und Unteroffiziere, circa 1.200 *Askari* und 1.500 Träger den Briten in Abercorn.¹⁴⁶ Die *Safari ya Bwana Lettow* war zu Ende. Gouverneur Schnee beschrieb die Stimmung der letzten Tage mit großer Enttäuschung. Im Gegensatz zur niedergedrückten Stimmung unter den Deutschen, habe bei den Afrikanern großer Jubel geherrscht, als Gerüchte vom bevorstehenden Ende ruchbar wurden. Des Nachts hätten die *Askari* und Träger getanzt und unterwegs sei beständig gesungen worden.¹⁴⁷

---

143 Tagebuch des Hauptmanns Spangenberg, Führer der 10. Feldkompanie in Foerster & Greiner (Hrsg.), *Kämpfer*, S. 112.

144 FP 814 Commisaire Royal Malfeyt à Monsieur le Colonel Commandant Supérieur les Troupes de l'Est, Kigoma, 21.10.1918.

145 FP 829/262/5 Le Commandant Chef du Service de la *Force Publique*: Ordre de marche pour l'agent Militaire Desprets, Elisabethville, 10.11.1918; FP 829/262/5 Le Capitaine Commandant G. Heine à l'Administrateur Territorial de Kilwa, 15.11.1918; FP 829/262/5 Le Capitaine Commandant G. Heine, Ordre de Marche Pour Le Sous-officier de Boeuf, n.d.

146 Krech, *Kampfhandlungen*, S. 58.

147 WO 106/1460 East Africa Diary of Dr. Schnee. Governor of German East Africirca Governing Period November 1917- November 1918 (Transkription-Übersetzung-Original).

Epilog

Deutsche und Briten fochten zwei unterschiedliche Kriege – in strategischer und taktischer Hinsicht. Lettow-Vordeck hatte ein klares Ziel, es war der Gewinn an Zeit. Er wollte so viele britische Truppen als möglich so lange als möglich in Ostafrika binden.[148] Die Ziele der alliierten Feldherren waren weniger klar definiert. Der britischen Kolonie in Ostafrika galt im *War Office* in London ein nur geringes Interesse. Ging es zunächst um eine Sicherung der Seewege durch die Blockade der ostafrikanischen Häfen, empfand später das *War Office* die Situation in Ostafrika zunehmend als Bedrohung. Die Erfolge der alliierten Truppen bei der Eroberung der deutschen Kolonien in West- und Südafrika ließen die Verantwortlichen im *War Office* auf ein ähnlich leichtes Spiel in Ostafrika hoffen. Nur wenige britische Offiziere rechneten mit einem langen Kampf. Diese Einschätzung basierte vor allem auf der Geringschätzung der afrikanischen Soldaten und der Hoffnung, dass die lokale Bevölkerung angesichts der anrückenden alliierten Truppen die Chance ergreifen würde, sich der deutschen Herrschaft durch Aufstände und Kooperation mit den britischen Truppen zu entledigen.[149] Beides, die Geringschätzung der *Askari* und das Vertrauen auf Aufstände, waren grobe Fehleinschätzungen und sie kamen die Briten teuer zu stehen. Die Deutschen gewannen die Zeit, die Briten gewannen letztendlich das Territorium. Doch die Briten kostete der Feldzug mehr, als sie sich in ihren schlimmsten Szenarien vorgestellt hatten. Das betraf sowohl die menschlichen Opfer als auch die finanziellen Aufwendungen. Nach inoffiziellen Verlautbarungen des britischen Finanzministers kostete die Kampagne die Alliierten mehr als 70 Millionen Pfund. Laut Paice entsprach dies der Summe aller britischen Militärausgaben im Jahr 1913. Aber selbst diese 70 Millionen waren nur ein Bruchteil der Kosten: Rechne man die Ausgaben der indischen Kronkolonie, der Südafrikanischen Union und der britischen Kolonien in Afrika hinzu, so Paice, käme man leicht auf 300 Millionen.[150]

---

148 Lettow-Vorbeck, *Mein Leben*, S.118; Farwell, *Great war in Africa*, S. 191.
149 Farwell, *Great war in Africa*, S. 193.
150 Paice, *The African Front*, S. 5. Lettow-Vorbeck zufolge, der in der Nachkriegszeit mehrere Male mit seinen ehemaligen Feinden in einer durchaus freundschaftlichen Atmosphäre zusammentraf, soll der Ostafrikafeldzug den Briten zirca 12 Millionen Goldmark gekostet haben. (Paul Emil von Lettow-Vorbeck, *Was mir die Engländer über Ostafrika erzählten. Zwanglose Unterhaltungen mit ehemaligen Gegnern* [Berlin: K. F. Koehler, 1932], S. 5.).

So definierte Lettow-Vorbeck den Begriff des Abnutzungskriegs auf seine Weise: Bis 1919 banden die Deutschen eine große alliierte Truppenmacht in Ostafrika. Ob dadurch die Alliierten auf den europäischen Schlachtfeldern geschwächt wurden, wird von einigen Historikern allerdings bezweifelt. Die von den Briten in Ostafrika eingesetzten Truppen, so der amerikanische Militärhistoriker Corey Reigel, seien von den Briten als untauglich für einen Einsatz in Europa angesehen worden. Vor allem die indischen Regimenter seien in einem sehr schlechten Zustand gewesen: Weder verfügten sie über eine angemessene militärische Ausbildung noch über eine adäquate Bewaffnung. Ihre Offiziere waren oft inkompetent und mit den Mannschaften wenig vertraut. Auch die *King's African Rifles* hatten zu Beginn vor allem im Offizierskorps erhebliche Probleme. Viele der Offiziere seien mehr oder weniger zu den *King's African Rifles* strafversetzt worden. Meinertzhagen fand drastische Worte für sie: Alkoholiker seien viele von ihnen, oder Spieler und Pädophile.[151] Auch die Südafrikaner fanden wenig Lob bei manchem Zeitgenossen. Sie seien zwar diszipliniert, aber als Soldaten wenig erfahren.[152]

Offiziellen Angaben zufolge fielen auf britischer Seite über 314 Offiziere und 4.588 europäische, südafrikanische und indische Soldaten während des Feldzugs.[153] Die belgischen Truppen verloren in der ersten Phase ihres Einsatzes 198 europäische Offiziere und 482 *Bulamatari*. In der zweiten Phase, der Jagd nach Wintgens und Naumann, fielen nur drei Europäer, jedoch immerhin 512 *Bulamatari*. Diese letzte Zahl ist angesichts der wenigen Kämpfe des Jahres 1917, die die Belgier zu bestehen hatten, erstaunlich. Und sie verweist auf eine Besonderheit des Krieges: Nicht die Kugel des Gegners war die häufigste Todesursache, sondern Krankheiten wie Malaria, Syphilis, Meningitis, Tuberkulose und Spirillose. Die *Bulamatari* fielen dabei am häufigsten der Tuberkulose zum Opfer. Ursache war die mangelhafte Versorgung der Truppen mit für die Kampfgebiete adäquater Kleidung sowie die Nichtbeachtung hygienischer Vorschriften. Letzteres deutet darauf hin,

---

151 Reigel, *The First World War*, S. 4; Timothy Hamilton Parsons, *The African rank-and-file. Social implications of colonial military service in the King's African Rifles, 1902–1964* (Oxford: James Currey, 2000), S. 106.
152 MRAC Collection Emanuelle Mueller: Rapport de mission en Afrique Allemande, n.d.
153 NA CO 691/19: Memorandum East African Campaign, 19.12.1918. Paice rechnet mit 11.189 Toten. Zusammen mit den Vermissten, Verwundeten und Kranken sei die Zahl der Opfer etwa 22.000 gewesen. Er gibt allerdings für diese Zahlen keine Quelle an (Paice, *The African Front*, S. 393).

dass die Offiziere große Schwierigkeiten gehabt hatten, die Disziplin bei ihren Soldaten durchzusetzen. Die belgischen Offiziere starben meist an Malaria und an Syphilis. Die Häufigkeit von Syphilis als Todesursache verwundert wenig. Sexuelle Kontakte der Europäer mit Afrikanerinnen waren in diesem Feldzug häufig, vor allem in den mobilen Kolonnen, wo die Offiziere Herr über sich und die wehrlose Zivilbevölkerung waren. Einige Quellen weisen auf ein regelrechtes System von Prostitution und Vergewaltigung bei den belgischen, aber auch bei den deutschen Truppen hin.[154]

Dass einige tropische Krankheiten zum Tod der Träger und Soldaten führten, lag weniger an deren Gefährlichkeit, als vielmehr an den gravierenden Mängeln in der medizinischen Versorgung der Truppen und vor allem der Träger. Bei den britischen Truppen grassierte ein beständiger Mangel an Ärzten und die während des Krieges formierten medizinischen Dienste der Truppen hatten mit einer Reihe von Schwierigkeiten zu kämpfen. Der Ausbildungsstand der afrikanischen Sanitäter war unzureichend und ihr Status innerhalb der militärischen Hierarchie ungeklärt. Viele britische Offiziere weigerten sich aufgrund rassistischer Vorurteile, die Dienste der afrikanischen Sanitäter in Anspruch zu nehmen. In einigen Fällen rekrutierten britische Offiziere die Sanitäter kurzerhand als einfache Träger.[155]

Gegen die Krankheiten gab es in den Hospitälern in der Regel ausreichende Medikamente, auch das Wissen um die richtige Behandlung war dort vorhanden. Die Mehrzahl der Soldaten starb jedoch während des Marsches, schafften es die Erkrankten und Verwundeten in eines der wenigen Hospitäler, dann war die Chance relativ groß zu überleben. Doch der Weg war mitunter sehr weit und die Nachschublinien zu lang und zu unsicher. Die Briten verfügten über 13.000 Krankenhausbetten für eine Armee,

---

154 FP 2661/1170 Rapport sur le fonctionnement du service médicale, n.d. [zirca 1919]. Zu Hinweisen auf Prostitution und sexuelle Kontakte von Europäern mit afrikanischen Frauen siehe NA CO 691/29 F.J. Bagshave, Political Officer, Kondoa-Irangi, to the The Secretary to the Administration, 14.5.1919; Clifford, *Gold Coast Regiment*, S. 76; Aufzeichnungen des Vizewachtmeisters Hoffmeister, in: Foerster, Greiner & Witte (Hrsg.), *Kämpfer*, S. 66; Maximilian Decher, *Afrikanisches und Allzu-Afrikanisches. Erlebtes und Erlauschtes in Deutsch-Ostafrika, 1914–17* (Leipzig: O. Hillmann, 1932), S. 49, 56, 59, 173, 210; Bror Urme MacDonell, *Mzee Ali: The Biography of an African Slave-Raider Turned Askari & Scout*, (Brixton: 30 Degrees South, 2006), S.185..

155 G.J. Keane, »The African Native Medical Corps«, *African Affairs* 19 (1920), S. 295–304.

in der 126.972 Soldaten dienten. Viele der Hospitäler waren zudem weit hinter den Frontlinien errichtet worden.[156] Die entsprechenden Zahlen auf deutscher Seite sind kaum rekonstruierbar, da die deutschen Truppen bei ihrem Abzug nahezu alle relevanten Akten verbrannten. Eine bürokratische Erfassung Gefallener oder Verstorbener gab es vor allem in den letzten Kriegsjahren kaum noch. Nach Schätzungen starben insgesamt von den auf deutscher Seite kämpfenden 12.100 *Askari* 1.342, 3.669 wurden verwundet, 4.510 wurden als vermisst gemeldet. 6.000 bis 7.000 Träger sollen auf deutscher Seite ihr Leben gelassen haben. Im Vergleich mit den Alliierten war der Gesundheitszustand der deutschen Truppen erstaunlich gut. Vor allem, wenn man bedenkt, wie knapp die Ressourcen der Deutschen an Medikamenten waren. Vor allem seit Mitte 1916 litten die deutschen Truppen unter einem beständigen Mangel an Medikamenten. Doch sie hatten vergleichsweise viele Ärzte im Feld. Über vierzig Ärzte begleiteten zeitweise die Truppen und ihre Fähigkeiten waren, ganz anders als bei den Allierten, für die Bedürftigen unmittelbar verfügbar.

Für die Afrikaner in europäischen Uniformen und Diensten hörte jedoch das Sterben mit dem Verklingen der Waffen nicht auf. 1918 wütete in Ostafrika eine der bis dahin schlimmsten Grippe-Epidemien, der mehrere Hunderttausende Afrikaner zum Opfer fielen. Allein im Kriegsgefangenenlager von Tabora und Bismarckburg wurden Ende 1918 elf Deutsche und 1.250 *Askari* und Träger Opfer der Epidemie. Von den ostafrikanischen Schlachtfeldern und Kriegsgefangenenlagern breitete sich die Seuche schnell in die benachbarten Kolonien aus. In British East Africa starben nahezu 200.000 Menschen innerhalb weniger Monate und selbst in Südafrika forderte die Grippe mehr als 300.000 Tote.[157]

---

156 FP 2261 /1170 Rodhain: Rapport sur le functionnement général du services médical des troupes de l'est pendant la campagne 1917, 24.11.1918; FP 2661/1172 Rapport sur le Fonctionnement général du service médical des troupes de l'est pendant la campagne 1914-1916; FP 2661/1170 Rapport sur le fonctionnement du service médicale; Paice, *The African Front*, S. 393.

157 BA Militärarchiv: N 103/91 Wieland, Rudolf. Nachlass v. Lettow-Vorbeck: Schutztruppe für Deutsch-Ostafrika. Erlebnisse und Eindrücke vom Bekanntwerden des Waffenstillstandes bis zur Heimkehr der letzten 25 Lettow-Krieger; Paice, *The African Front*, S. 395.

Akteure

Die *Safari ya Bwana Lettow* – Afrikaner im europäischen Krieg

Mitte 1916 begann die *Safari ya Bwana Lettow*, der lange Zug des Herrn Lettow-Vorbeck. Sie sollte mehr als zwei Jahre dauern und die Menschen, die an ihr teilnahmen, über Tausende von Kilometern durch halb Ostafrika führen. In der *Safari ya Bwana Lettow* gab es nicht nur Soldaten und Offiziere, sondern, und das gehörte zu den Besonderheiten des Krieges, auch Träger, der Diensttross der Offiziere und Soldaten sowie deren Frauen und Kinder. Oft begleiteten Hilfskrieger die Truppen. Militärs waren in diesem Konvolut an Menschen unterschiedlicher Herkunft, Profession und unterschiedlichen Geschlechts in der Minderheit. Wie viele Nicht-Kombattanten an der *Safari ya Bwana Lettow* teilnahmen, wissen wir nicht. Als die deutschen Truppen 1917 den Rovuma überschritten und nach Portugiesisch-Ostafrika flüchteten, begleiteten ungefähr 1.000 Frauen und Kinder die übrig gebliebenen 210 Europäer, 2.000 *Askari* und 3.000 bis 4.000 Träger. Eine ähnliche Zusammenstellung hatten auch die Truppen Naumanns, die sich Ende 1917 den Briten am Kilimanjaro ergaben. So etwa die Abteilung unter dem Kommando des Offiziers Boeckmann, der bei der Kapitulation drei Deutsche, 57 *Askari*, zehn Ruga-Ruga, 25 Frauen, zehn Diener der Offiziere, 44 Diener der *Askari* und 45 Träger angehörten.[1] Eine ungefähre Schätzung ermöglicht auch ein Blick auf die belgische *Force Publique*, die in vielen Punkten mit der Schutztruppe vergleichbar war. Die 8.900 *Bulamatari*, die die Belgier im Jahre 1917 auf die Jagd nach Wintgens und Naumann schickten, wurden von 7.100 Trägern und 4.000 Frauen und einer unbekannten Zahl ihrer Kinder und Diener begleitet.[2] So dürften bei den deutschen und belgischen Truppen auf einen Soldaten ungefähr zwei bis

---

1 Richard Wenig, *Kriegs-Safari. Erlebnisse und Eindrücke auf den Zügen Lettow-Vorbecks durch das östliche Afrika* (Berlin: Scherl, 1920), S. 11; F. J. E Bagshave, Personal Diaries. (Rhodes House Oxford, Bagshave, F. J. E. Papers, MSS. Afr. s. 281-296, n.d.), 3.10.1917.

2 FP 2656/1153 Telegramme du Commandant des Troupes au Ministre des Colonies, Nr. 195, 3.3.1917.

vier Nicht-Kombattanten gekommen sein. Auf jeweils zwei Soldaten kam eine Frau, ein bis zwei Diener und nochmals zwei bis drei Träger. Nur in den britischen Verbänden, zumindest in den imperialen Truppen wie dem *Loyal North Lancashire Regiment*, oder den südafrikanischen und indischen Truppen war der begleitende Tross kleiner. Hier gab es weniger Frauen und Kinder. Doch auch hier ließ sich der ganze Tross dienstbarer afrikanischer Geister finden, an die sich die europäischen Kolonialherren und mithin auch die Militärs gewöhnt hatten. In den ostafrikanischen *King's African Rifles* und im *Rhodesia Native Regiment* dagegen glichen die Verhältnisse eher denen der belgischen und deutschen Truppen. Auch hier hatten die Offiziere mit der Gegenwart von Frauen und Kindern der Soldaten zu rechnen.[3]

Jede Geschichte des ostafrikanischen Feldzuges sollte daher nicht nur die kämpfenden Truppen ins Auge fassen, sondern auch jenen Tross von Menschen, die halb in der militärischen Struktur der Einheiten eingebettet waren, halb außerhalb dieser Strukturen ihr Leben fristeten und oft genug auch um ihr Überleben kämpften. In dieser Zusammenwürfelung ganz unterschiedlicher Akteure unterschied sich der Erste Weltkrieg kaum von den militärischen Feldzügen der kolonialen Eroberungsphase. Hier war der in den Quellen wie auch in den Geschichtsbüchern häufig zu findende Terminus »europäische Truppen« eine arge Übertreibung. Die Kolonialtruppen waren weder in ihrer Zusammensetzung noch in ihrer Struktur her besonders europäisch. Das galt für die deutschen wie für die belgischen und, mit einigen Abstrichen, auch für die britischen Einheiten.[4]

Die Rekrutierungskommandos, die zu Kriegsbeginn daran gingen, neue Truppen in den Kolonien auszuheben, folgten im wesentlichen zunächst den bereits etablierten Mustern der Rekrutierung afrikanischer Männer. Die britischen Militärs in Rhodesien und im Nyassaland hatten wie ehedem ihren Narren an den Ndebele gefressen, die schon Ende des 19. Jahrhunderts

---

3 Stapleton, *No insignificant part*, S. 48; Risto Marjomaa, »The Martial Spirit: Yao Soldiers in British Service in Nyasaland (Malawi), 1895–1939«, *The Journal of African History* 44 (2003), S. 413–432, insbesondere.S. 419.

4 G. W. T. Hodges, »African Manpower Statistics for the British Forces in East Africa, 1914–1918«, *The Journal of African History* 19 (1978), S. 101–116; Tim Stapleton, »The Composition of the Rhodesia Native Regiment During the First World War: A Look at the Evidence«, *History in Africa* 30 (2003), S. 283–295; Roger Thomas, »Military Recruitment in the Gold Coast During the First World War«, *Cahiers d'Etudes Africaines* 15 (1975), S. 57–83; A. Grundlingh, »The King's Afrikaners? Enlistment and Ethnic Identity in the Union of South Africa's Defence Force During the Second World War, 1939–45«, *The Journal of African History* 40 (1999), S. 351–365.

ein starkes Kontingent der Kolonialtruppen gestellt hatten. Die Briten in Ostafrika schworen auf die Nandi und natürlich ihre Sudanesen, die die *King's African Rifles* seit dem Beginn ihrer Formierung dominierten. Im Nyasaland setzten die Offiziere auf den seither gepriesenen militärischen Geist der Yao. In Westafrika standen bei den britischen Rekrutierungskommandos die Hausa weiterhin hoch im Kurs. Die Deutschen waren wie stets davon überzeugt, dass die Nyamwezi und Sukuma die besten Rekruten für ihre Truppen seien und sie änderten diese Meinung auch nicht während des Krieges. Wo die Werber bereits Ende des 19. Jahrhunderts auf offene Türen gestoßen waren, da klopften sie auch 1914 an. Doch es war bei den Deutschen weniger die Vorstellung von den *martial races*, den vermeintlichen Kriegerrassen, die die Wege der Rekrutierungspatrouillen bestimmte, sondern ein an vielen Orten gewachsenes System der Rekrutierung von Arbeitskräften, Trägern und Rekruten. Das war, totz aller Fantasien von den *martial races,* auch bei den Briten nicht anders. Wer sich vor dem Krieg auf dem kolonialen Arbeitsmarkt verdingen musste, hatte schlechte Chancen den Rekrutierungskommandos auszuweichen. Derjenige, der Geld von den Europäern nähme, lautete ein Song aus Westafrika, bekomme auch Schwierigkeiten mit der Armee. Zwang in unterschiedlichen Facetten bestimmte weiterhin die Rekrutierung von Arbeitskräften und Soldaten.[5]

Wenn auch die europäischen Militärs in den Kolonien die Frage nach der Eignung von Afrikanern für den kolonialen Militärdienst mit ähnlichen Argumenten beantworteten, so unterschied sich zu Beginn des Ersten Weltkrieges die Antwort der Deutschen, Belgier und Briten jedoch erheblich, wenn es um den Wert afrikanischer Truppen in einem Krieg gegen eine europäische Macht ging. Die Briten waren wenig von der Kampfkraft und Loyalität ihrer *King's African Rifles* überzeugt, den Deutschen blieb nicht anderes übrig als den *Askari* ihrer Schutztruppe zu vertrauen. Sie hatten niemand anderes. Auch die Belgier verfügten kaum über Alternativen zur *Force Publique*. Schutztruppe, *King's African Rifles*, *Force Publique* waren Kolonialarmeen in einem klassischen Sinne. Sie dienten vornehmlich der Unterdrückung von Aufständen eines technologisch weit unterlegenen Gegners.

---

5 Parsons, *African rank-and-file*, S. 59; Stapleton, *No insignificant part*, S. 40; Melvin Page, »The Great War and Chewa Society in Malawi«, *Journal of Southern African Studies* 6 (1980), S. 171–182; Barrett, *The Rank and File*, S. 105–115; insbesondere S. 109; William F. Gutteridge, »Military and police forces in colonial Africa«, in *Colonialism in Africa, 1870–1960,* hrsg. von Lewis H. Gann & Peter Duignan (Cambridge: Cambridge University Press, 1970), 286–319, insbesondere S. 304.

Die Briten sahen hierin in gewisser Weise ein Handicap, denn sie gedachten diesen Krieg als einen modernen Krieg zu führen, in dem nach europäischen Maßstäben ausgerüstete und organisierte Armeen und eine moderne Infrastruktur den Sieg bringen würden. Sie hielten lange an dieser Illusion fest. Erst im zweiten Halbjahr 1917 setzten sie die ostafrikanischen *King's African Rifles* in größerem Umfang ein.

Die Frage nach dem Einsatz afrikanischer Truppen zog, wenn sie mit ja beantwortet wurde, eine Reihe von Konsequenzen nach sich, die die Offiziere mit einer Militärtradition konfrontierte, wie sie in den Kolonien im 19. und zu Beginn des 20. Jahrhunderts gewachsen war. Vor allem Offiziere wie der Belgier Huyghe oder der Brite Northey, die erst zu Kriegsbeginn nach Ostafrika abkommandiert worden waren, sahen in dem vermeintlich Gleichen schnell das Andere. Die *Force Publique* mochte in ihren Reglements, in ihrer Ausrüstung und in ihrer Struktur als eine Kopie der belgischen Armee gedacht worden sein, doch in vielen Bereichen herrschte eine andere militärische Kultur. Der Konflikt zwischen metropolitanen Vorstellungen und afrikanischen Realitäten zeigte sich in der *Force Publique* vor allem in der Frage, wer zu den Truppen gehörte und wer nicht. Und er war kaum anderswo größer als in der belgischen *Force Publique*. Die Briten konnten sich zumindest für zwei Jahre diesem Konflikt entziehen, in dem sie vornehmlich auf europäische oder südafrikanische Truppen setzten. In Bezug auf die indischen Truppen der Briten kann ich nur auf Pradhans Buch verweisen.[6] In der Schutztruppe dagegen bestand das Offizierskorps durchweg aus Kolonialmilitärs oder Kolonisierenden, die als Freiwillige zu Beginn des Krieges in den Dienst traten. Nur selten wurden bei den Deutschen ähnliche Diskussionen geführt, wie bei den Belgiern im Jahre 1917, genau in dem Jahr in dem Huyghe das Kommando über die belgischen Truppen übernahm.

Das Kapitel widmet sich nicht nur der *Safari ya Bwana Lettow*. Sie steht gleichsam als Synonym für eine spezifische Art und Weise der Einbindung von Afrikanern in die militärischen Strukturen des Feldzugs. Vor allem die belgischen Truppen ähnelten der *Safari ya Bwana Lettow* in vielerlei Hinsicht und können daher zum Vergleich herangezogen werden. Dieses Vorgehen ist nicht zuletzt der schmalen Quellenlage in Bezug auf die deutschen Truppen geschuldet. Die *Safari ya Bwana Lettow* steht in vielem für die Kontinuität kolonialer Herrschaftspraxen- und Beziehungsmuster auf den Schlachtfeldern des Ersten Weltkriegs; mehr noch aber verkörpert sie die Rückkehr zu solchen Praxen und Mustern, wie sie im Frühstadium koloni-

---

6 Pradhan, *Indian Army*, S. 4–28.

aler Herrschaft üblich waren, als die Europäer nur über eine rudimentäre Infrastruktur ihrer Herrschaft verfügten. Die *Safari ya Bwana Lettow* fand in einer ähnlichen Situation statt, hier war es allerdings der Verlust dieser Infrastrukturen, nicht der Beginn ihres Aufbaus.

Doch jenseits der *Safari ya Bwana Lettow* gab es durchaus auch andere Muster der Einordnung von Afrikanern in die Kriegsmaschinerie der Europäer. Muster, die bereits in die Zukunft der kolonialen Ordnung nach dem Krieg wiesen. Diese neuen Muster, die man getrost als die Anfänge einer kolonialen Moderne bezeichnen kann, zeigten sich vor allem in der Trägerrekrutierung. Hier entstanden bei Deutschen, Belgiern und Briten bürokratische Institutionen und Herrschaftspraxen, die zumindest bei den Siegermächten nahtlos in die Nachkriegsordnung übernommen wurden. Doch koloniale Herrschaft wäre nicht koloniale Herrschaft, wenn diese Muster nicht zugleich auch ihr Nebeneinander mit Praxen gefunden hätten, die wiederum auf das Frühstadium kolonialer Herrschaft hinweisen. Koloniale Ordnungen waren letztendlich durch diese Gleichzeitigkeit des Ungleichzeitigen geprägt.

Askari

Die erste Generation der *Askari* hatten deutsche Werber zwischen 1888 und 1895 im Sudan, in Ägypten und in Portugiesisch-Ostafrika rekrutiert. Hinzu kamen vor allem Männer, die sie an der ostafrikanischen Küste geworben hatten und deren Herkunft oft eher im Dunkeln lag. Von den »Sudanesen«, wie sie sie nannten, erhofften sie sich ein Mindestmaß an militärischer Ausbildung, denn viele der Rekruten gaben an, vormals für die aufgelöste ägyptische Armee im Sudan gekämpft zu haben. Ob dies stimmte, konnten die deutschen Werber kaum überprüfen. Von den sogenannten Zulus aus Portugiesisch-Ostafrika versprachen sie sich so etwas wie einen »kriegerischen Geist«. Mit dem Namen Shaka Zulu konnten die Deutschen etwas anfangen, immerhin waren die Nachrichten von dessen Siegen und Niederlagen gegen die Briten in ganz Europa Tagesgespräch gewesen.[7] Ob die Ge-

---

7 Laura Chrisman, *Rereading the Imperial Romance: British Imperialism and South African Resistance in Haggard, Schreiner, and Plaatje* (Oxford University Press, USA, 2000), S. 131; Michael Lieven, »Heroism, Heroics and the Making of Heroes: The Anglo-Zulu War of 1879«, in: *Albion: A Quarterly Journal Concerned with British Studies* 30, no. 3

worbenen allerdings, wie erhofft, versprengte Nachfahren des Zulukönigs waren, lässt sich nach heutigem Wissensstand eher bezweifeln. In der Mehrzahl dürften sie Nguni aus der Region des Nyassa-Sees gewesen sein, deren Verbindungen zum einstigen Empire Shaka Zulus eher vage gewesen sein dürften. Was sie darüber hinaus für die deutschen Militärs interessant machte, war, dass sie nicht aus dem Gebiet der Kolonie kamen und daher weniger Anlass für Ängste boten, sie könnten sich mit der Bevölkerung verbrüdern. Von dieser Projektion des Nationalen auf das Territorium der Kolonie rückten die deutschen Offiziere allerdings im Laufe der Jahre ab. Denn die Ostafrikaner ihrer Kolonie, so stellten sie fest, waren nicht durch eine gemeinsame Identität oder Interessen verbunden. Divergierende lokale Identitäten prägten die Vorstellungswelt der Ostafrikaner und selbst ethnische Zuschreibungen von Identität waren vielerorts eher vage oder mehr das Resultat eines ethnographisch gewollten Blicks auf afrikanische Gesellschaften.

Die *Askari* der ersten Generation wurden für drei bis sieben Jahre verpflichtet. Nach ihrem Dienstende blieben einige *Askari* in der deutschen Kolonie, wo sie mit allerlei Vergünstigungen seitens des kolonialen Staates ausgerüstet ein Leben als Plantagen- und Viehbesitzer begannen oder sich in irgendeiner Form im kolonialen Staatsapparat verdingten. Mit dem Ausscheiden der »Sudanesen« und »Zulu« füllten mehr und mehr Afrikaner aus der Kolonie die Reihen der Schutztruppe. Nahezu aus allen Regionen wurden junge Männer rekrutiert. Die Mehrheit aber kam, so der Stand der unmittelbaren Vorkriegsjahre, aus Unyamwezi, Usukuma, vom Westufer des Tanganyika und von der Küste.[8]

Kolonialtruppen waren ein Schmelztiegel afrikanischer Realitäten und europäischer Vorstellungen. So lange es Kolonialmilitärs gab, so lange gab es auch die Diskussion um den Wert afrikanischer Krieger für die europäischen Kriegsmaschinerien. In dieser Diskussion unterschieden sich Briten, Belgier und Deutsche kaum. Für die Kolonialmilitärs ging es in dieser Debatte zunächst um praktische Fragen, die ihnen das Tagesgeschäft der kolonialen Eroberung stellte. Sie interessierte nicht zuletzt der zu erwartende Widerstand seitens der Afrikaner. Darüber hinaus waren sie auf der Suche

---

(1998), S. 419–38, hier S. 426; Dan Wylie, *Savage Delight: White Myths of Shaka* (University of Kwazulu Natal Press, 2000), passim.

8 BArch R1001/9570 Namentliche Liste der Verstorbenen der 11. Feldkompanie; Liste der verstorbenen Askari der 21. Feldkompanie; Liste der verstorbenen Träger und Askari, Feldlazarett, 7.1.1919; Namentliche Liste der Verstorbenen der 4. Feldkompanie; Namentliche Liste der Verstorbenen der 13. Feldkompanie.

nach geeigneten Rekruten. Schnell machten etwa die Deutschen in den Nyamwezi und Sukuma das am besten geeignete »Soldatenmaterial« für die Schutztruppe aus. Nicht weil diese aufgrund einer bestimmten körperlichen Verfassung oder qua ihrer Kultur dazu besonders prädestiniert waren, sondern weil die Deutschen mit ihnen als Träger und Führer in den Karawanen schon in vorkolonialer Zeit Bekanntschaft gemacht hatten. Kategorien wie Wasukuma, Waswahili oder Wanyamwezi waren in hohem Maße fluid und dienten oft eher als Label für eine bestimmte Trägergruppe, als dass sie für ethnische Identitäten benutzt wurden. Nicht die Tatsache, dass ein Mann vom zentralen Hochplateau Ostafrikas kam, machte ihn zu einem Nyamwezi, sondern dass er über Erfahrungen als Träger verfügte und bereit war, sich in den Karawanen und später bei europäischen Expeditionen zu verdingen. So stellte denn auch der deutsche Arzt Deppe fest, dass, Nyamwezi hin oder her, diejenigen Afrikaner sich am besten für den *Askari*-Dienst eigneten, die schon vorher auf europäischen Plantagen gearbeitet hatten.[9] Die deutschen Offiziere bestätigten in ihren Mutmaßungen über die Eignung afrikanischer Männer für den Militärdienst die sozialen und ökonomischen Realitäten, die sie bei ihrer Ankunft in Ostafrika vorfanden und die durch die kolonialen Entwicklungen verstärkt, aber nicht hervorgebracht worden waren. Alle nachträglichen Versuche, die einmal aufgestellten Thesen in anthropologische oder ethnografische Begründungen zu gießen, änderten daran wenig. Einige Offiziere sahen dagegen weniger in der ethnischen Herkunft, als in der Religion eine wesentliche Messlatte für die Eignung afrikanischer Männer für den kolonialen Militärdienst. Der Islam sei eine Religion des Krieges, so befand kein geringerer als Hermann Wissmann, der Begründer der deutschen Schutztruppe, und daher eigneten sich Muslime in besonderer Weise für den Dienst an der europäischen Waffe. Da traf es sich gut, dass in den Karawanen des 19. Jahrhunderts der Islam eine wichtige Rolle gespielt hatte und die Träger vielfach zum Islam konvertiert waren. Und während die Kolonialmilitärs ihre Vorstellungen (oder auch Illusionen) in mehr oder weniger elaborierten Expertendiskursen rationalisierten, reagierten die dienstwilligen afrikanischen Männer mit einer Anpassung an die Vorstellungen ihrer europäischen Offiziere und die sozialen und kulturellen Gegebenheiten der kolonialen Truppen. Sie schrieben sich mit Na-

---

9 Deppe, *Lettow-Vorbeck*, S. 56. Zu den Identitäten im Karawanenhandel siehe: Jonathon Glassman, *Feasts and riot. Revelry, rebellion, and popular consciousness on the Swahili coast, 1856-1888* (Portsmouth: Heinemann, 1995); Pesek, *Koloniale Herrschaft*, S. 77–86.

men ein, die dem Swahili entlehnt waren und kreuzten im Feld Religion das Wort »Islam« an.[10]

Vielfach waren Söhne von Chiefs zum Dienst verpflichtet worden. Der koloniale Staat konnte sich damit die Loyalität ihrer Väter qua einer simplen Geiselnahme sichern. Darüber hinaus mochten die Deutschen mit ihnen die Hoffnung auf eine neue Generation von Chiefs verbunden haben, die zumindest eine gewisse Zeit ihres Lebens unter der direkten Kontrolle des kolonialen Staates gestanden hatte. Für die Chiefs wiederum war es eine gute Möglichkeit, auf eine relativ unkomplizierte und ihnen auch bekannte Weise eben diese Loyalität zu demonstrieren. In vielen ostafrikanischen Gesellschaften war der Austausch von Familienmitgliedern zur Sicherung von Allianzen durchaus üblich gewesen. Allerdings waren es in vorkolonialen Zeiten, ob ihres Werts für die Produktion von Nachkommenschaft und Lebensmitteln, eher die Töchter gewesen, die die politisch Mächtigen austauschten. Wenn nun die Deutschen partout die Söhne wollten, schien die Anpassung nicht ganz so dramatisch. Mehr noch versprachen sich die Chiefs von ihren uniformierten Söhnen einen Zugang zu den neuen Machtressourcen, die der koloniale Staat bereithielt, wenn man seine Akteure nur geschickt manipulieren konnte. Wie dem auch sei, die Schutztruppe hatte nicht nur eine militärische Funktion, sie war auch ein wichtiges Bindeglied zwischen Kolonialmacht und afrikanischen Gesellschaften.

Askari waren nicht nur wesentlich an der militärischen Eroberung, sondern auch auf vielfältige Weise an der Aufrechterhaltung kolonialer Herrschaft beteiligt. Als Führer kleinerer Posten waren sie es, die mancherorts die koloniale Politik nahezu in Eigenregie gestalteten. Auf den Expeditionen der deutschen Offiziere fungierten sie als Dolmetscher, Berater und Diplomaten im Umgang mit der lokalen Bevölkerung. Kaum eine Gruppe war mehr in das koloniale Projekt der Deutschen eingebunden als die *Askari* und keine profitierte in solch einem Maße von diesem Projekt. Eine interessante Beschreibung der Rolle der *Askari* während der deutschen Kolonialherrschaft haben wir von Richard Meinertzhagen, der im Krieg Chef der militärischen Aufklärung der britischen Truppen war. Er hatte 1906 bei einem Besuch die *Askari* der Feldkompanie von Moschi bei Exerzierübungen beobachtet. Sein Bericht sprach von einem hohen Grad an Diszi-

---

10 Hermann Wissmann, *Afrika. Schilderungen und Rathschläge zur Vorbereitung für den Aufenthalt und den Dienst in den deutschen Schutzgebieten* (Berlin: Mittler & Sohn, 1895), S. 64; Thomas Morlang, *Askari und Fitafita: »farbige« Söldner in den deutschen Kolonien* (Berlin: Ch. Links Verlag, 2008); S. 77.

plin sowie einem hohen Ausbildungsstand der *Askari*. Mehr aber noch lieferte er eine interessante Einsicht über das Wesen der deutschen Kolonialherrschaft. Nach seiner Einschätzung war die Herrschaft der Deutschen eine Diktatur der Militärs. Den deutschen Offizieren stünde eine ungleich höhere Macht zur Verfügung als dies in den britischen Kolonien der Fall sei. Und auch die afrikanischen Soldaten verfügten über eine beträchtliche Macht. Die lokale Bevölkerung sei ihrer Willkür völlig ausgeliefert.[11]

Dieser herausragende Stand der *Askari* als Intermediäre kolonialer Herrschaft war eine der wenigen Konstanten deutscher Kolonialpolitik. Mit den Uniformen verlieh ihnen der koloniale Staat eine enorme Machtfülle. Dass sie diese Macht gegenüber der Zivilbevölkerung oft missbrauchten oder das koloniale Projekt oft auch in einem ganz anderen Licht sahen, verweist auf die Ambivalenz des deutschen Kolonialismus, der nicht nur Produkt der Praxis deutscher Kolonisierender, sondern eben auch der seiner afrikanischen Intermediäre war. Meinertzhagens Beobachtungen wurden auch von vielen Afrikanern geteilt. Britischen Kolonialbeamten, die nach der Eroberung der deutschen Kolonie einige Afrikaner nach ihren Erfahrungen mit der deutschen Kolonialherrschaft befragten, wurden von diesen weniger auf die deutschen Kolonialbeamten denn auf die *Askari* verwiesen, die im Alltag den kolonialen Staat verkörpert hätten.[12]

Die *Askari* ließen sich diese herausragende Rolle in der kolonialen Ordnung von den Deutschen relativ gut bezahlen. Innerhalb der kolonialen Vorkriegsordnung gehörten sie zweifellos zu den afrikanischen Großverdienern. Zwanzig Rupien bekam 1914 ein einfacher *Askari* im Monat, ein afrikanischer Unteroffizier bekam 30 bis 35 Rupien. Dazu kam noch ein Verpflegungsgeld, *Posho* genannt, sowie umfangreiche soziale Vergünstigungen wie eine kostenlose medizinische Versorgung und Wohnungen für sich und ihre Familien sowieso eine kleine Pension im Falle des Ausscheidens. Im Vergleich dazu erhielt ein Plantagenarbeiter, wenn er einigermaßen gut bezahlt wurde, zwölf bis fünfzehn Rupien, die wenigsten jedoch erreichten solche Löhne. Auch im Vergleich zu ihren Kollegen von den britischen *King's African Rifles* standen die Askari gut da, denn diese bekamen nur etwa die Hälfte an Sold. Timothy Parsons hat in seiner Studie über die britischen *King's African Rifles* die Afrikaner in europäischer Uniform als »Ar-

---

11 WO 106/244: Report Meinertzhagen, April 1906; R. Meinertzhagen, *Kenya Diary, 1902–1906* (Edinburgh: Oliver & Boyd, 1957), S. 309.
12 NA CO 691/23 Government House to His Majesty's Principal Secretary Of State For The Colonies, Dar es Salaam, 19.9.1919.

Askari beim Lesen der vom Gouvernement herausgegebenen Zeitschrift Kiongozi

beitsaristokratie« bezeichnet, die zwar nur über wenig herausragende Qualifikationen und Fähigkeiten verfügte, die aber ihr Analphabetentum mit der Bereitschaft wettmachte, mit größter Brutalität gegen die afrikanische Bevölkerung vorzugehen, wenn es ihnen ihre Offiziere befahlen.[13] Dies kann man mit einigen Abstrichen auch für die *Askari* der Schutztruppe sagen. Auf die militärische Ausbildung legten die verantwortlichen Offiziere größten Wert, der Alltag der *Askari* war zwischen täglichem Drill und den vielfältigen militärischen Operationen entsprechend hart. Doch ihre Ausbildung umschloss nicht nur das Kriegshandwerk, vielfach erhielten die *Askari* eine Ausbildung als Maurer, Tischler oder in anderen Handwerksberufen. Die breit gefächerte Ausbildung der *Askari* erwies sich nebenbei bemerkt für die Deutschen während des Krieges als ein unverhoffter Segen. Konfrontiert mit gravierenden Problemen der Versorgung der Truppen mit dem

---

13 Parsons, *African rank-and-file*, S. 5.

Askari in ihrer Freizeit beim Kartenspiel

Nötigsten, waren die *Askari* zumindest in der Lage, ihre Schuhe und Uniformen selbst herzustellen und in Stand zu halten.[14]

Anders auch als bei den *King's African Rifles* wurden die *Askari* von ihren Offizieren nicht mit christlicher Propaganda behelligt. Religiöse Indifferenz war ein Gebot, dass seit Wissmanns Zeiten galt. Die deutschen Offiziere wollten aus ihren *Askari* keine besseren Menschen machen, sondern nur funktionierende Soldaten. Auf dem Exerzierplatz kannten die Offiziere kaum Gnade, in der Freizeit der Soldaten aber waren sie relativ großzügig. So bedeutete *Askari* zu sein, nicht nur die deutsche Uniform zu tragen und im Namen der deutschen Kolonialherren ins Feld zu ziehen, um widerständischen Afrikanern den Garaus zu machen. Im Laufe des Bestehens der Schutztruppe bildete sich eine eigene soziale und kulturelle Welt der *Askari* heraus, die zwar von den Deutschen in erheblichem Maße, aber nicht nur von ihnen geprägt wurde. Einen großen Einfluss auf diese Welt der *Askari*

---

14 BArch R1001/9563 Kriegstagebuch Nr. 2 der 17. Feldkompanie.

hatte die erste Generation der »Sudanesen«-*Askari* und Nguni-*Askari*. Mit den »Sudanesen« waren nicht nur die Bezeichnungen für die Dienstränge der afrikanischen Unteroffiziere und Offiziere in die Schutztruppe gekommen, sondern auch der Islam als dominante Religion. Muslime waren auch die Swahili, die Wissmann 1888/1889 an der ostafrikanischen Küste rekrutiert hatte. Und auch die Nguni konvertierten im Laufe ihrer Dienstzeit zum Islam. So waren zu Kriegbeginn die meisten *Askari* Muslime, viele waren Mitglieder einer muslimischen Bruderschaft, beispielsweise der *Quadiriyya*. Die deutschen Offiziere sahen darin wenig Grund zur Besorgnis. Selbst als 1908 führende Vertreter der *Quadiriyya* in Verdacht einer Verschwörung gegen die deutsche Regierung gerieten, reagierte das Oberkommando der Schutztruppe nur zögerlich, obgleich es bei der Verhaftung einiger Geistlicher zu Protestkundgebungen selbst unter *Askari* gekommen war.[15] Eine ähnliche laxe Haltung hatten die deutschen Offiziere gegenüber der weitverbreiteten Polygamie ihrer *Askari*. Was in den *King's African Rifles* Gegenstand eines zähen Ringens um die Anzahl der Frauen der Soldaten war, galt in der Schutztruppe kaum eines achselzuckenden Kommentars wert. Selbst als Untersuchungen ergaben, dass viele der Frauen in den Kasernen der *Askari* Kriegsgefangene aus den Feldzügen der Schutztruppe waren, erregte dies zwar einiges Aufsehen, jedoch keine Strafmaßnahmen gegen die *Askari*, die damit doch zumindest die offiziellen Dekrete des Gouvernements missachtet hatten.

Wie wohl in den meisten Armeen, die aus professionellen Soldaten bestehen, war der Korpsgeist unter den *Askari* hoch. Für viele *Askari* bedeutete der Eintritt in die Schutztruppe auch einen Wechsel der eigenen Identität. Die Namen, mit denen sie sich in die Rekrutierungslisten eintrugen, mag das illustrieren. Egal aus welcher Region sie kamen, ihre Namen waren meist dem Swahili entlehnt oder deutsche Vornamen. »Otto« war wohl der beliebteste deutsche Name, möglicherweise wegen seiner für afrikanische Zungen relativ einfachen Aussprache. Unter den Swahili-Namen war Mabruki sehr häufig. Mabruki war der Name eines beinahe legendären »Sudanesen«-Effendis. Häufig waren auch Namen wie »Utakulla« (Du-

---

15 Siehe im Detail Michael Pesek, »Kreuz oder Halbmond. Die deutsche Kolonialpolitik zwischen Pragmatismus und Paranoia in Deutsch-Ostafrika, 1908–1914«, in: *Mission und Gewalt*, hrsg. von Ullrich van Heyden & Jürgen Becher (Stuttgart: Steiner, 2000), S. 97–112; Michael Pesek, »Sulayman b. Nasir al-Lamki and German colonial policies towards Muslim communities in German East Africa«, in: *Islam in Africa*, hrsg. von Thomas Bierschenk & Georg Stauth (Münster: LIT, 2002), S. 211–229; Pesek, *Islam und Politik*, S. 99–140; Juhani Koponen, *Development for exploitation. German colonial policies in Mainland Tanzania, 1884–1914* (Hamburg: LIT, 1995), S. 656.

wirst-essen),»Mwezi moja« (ein Monat),»nussu heller« oder auch »nussu ruppia« (Wenig Geld),»siku tatu« (Drei Tage) etc. Mit einiger Vorsicht lassen sich aus den Namen der *Askari* deren Sichtweisen und Hoffnungen herauslesen, die sie mit dem Überstreifen der deutschen Uniform verbanden: Die Aussicht auf einen geregelten und hohen Sold, auf ordentliche Verpflegung und ein gutes Leben.[16]

Mehr noch verband die *Askari* eine Vielzahl sozialer Beziehungen, die weit über soldatische Kameradschaft hinausgingen. In den Verlustlisten der deutschen Feldkompanien wurde genauestens die Regelung ihres Nachlasses notiert. In vielen Fällen hatten *Askari* vor ihrem Tod die Übergabe ihres mitunter doch beträchtlichen Nachlasses an die Erben einem Kameraden anvertraut; in einigen Fällen vermachten sie sogar ihr gesamtes Geld einem ihrer Kameraden. Ein Grund für diese engen Beziehungen war der Umstand, dass einige der *Askari* des Jahres 1914 aus regelrechten *Askari*-Dynastien kamen oder dass sie vielfach die größte Zeit ihres Lebens in der Schutztruppe verbracht hatten. Die Kinder der *Askari* wurden schon früh in die militärische Welt der Kasernen und Drillplätze eingebunden. Selbst einige Diener der *Askari* verpflichteten sich mit ihrer Volljährigkeit für die Truppen, manche sogar noch als halbe Kinder. Britische Geheimdienstberichte vermuteten daher oft, dass diese militärischen Familientraditionen das Resultat einer gezielten deutschen Politik gewesen sei, die den preußischen Militarismus nach Ostafrika zu verpflanzen trachtete.[17] Dem kann man ohne Weiteres zustimmen und die Deutschen waren in diesem Unterfangen relativ erfolgreich, wie sich im Laufe des Krieges zeigen sollte. Für die deutschen Offiziere war der Korpsgeist unter den *Askari* etwas Begrüßenswertes und sie unterstützten dessen Entstehung nach Kräften.

Anders als im *Rhodesia Native Regiment*, wo die Kompanien entlang ethnischer oder linguistischer Linien formiert wurden[18], spielten in der Schutztruppe ethnische Identitäten kaum eine Rolle. Die Kompanien waren, was die Herkunft ihrer *Askari* betraf, bunt durcheinandergewürfelt. Wir wissen allerdings nicht viel über deren Herkunft. Vor allem deswegen, weil die deutschen Offiziere diese in den Mannschaftslisten nicht vermerkten. Es

---

16 BArch R1001/9568: Verlustliste der 21. Feldkompanie, n.d.
17 Dolbey, *Sketches*, S. 23; Clifford, *Gold Coast Regiment*, S. 75, Great Britain. Admiralty. Naval Intelligence Division, *A Handbook of German East Africa* (London: HMSO, 1920), S. 202; John Johnston Collyer, *The South Africans with General Smuts in German East Africa, 1916* (Cape Town: Printed by the Govt. Printer, 1939), S. 19.
18 Stapleton, *No insignificant part*, S. 49; Marjomaa, *The Martial Spirit,* S. 413–432, insbesondere S. 419.

war ihnen offensichtlich nicht von Bedeutung und darin wichen sie stark von ihren britischen Kollegen ab. Anhand der Verlustlisten aber können wir ein ungefähres Bild rekonstruieren. In der 6. Schützenkompanie dienten und starben im Jahre 1914 Männer aus Ufipa vom Westufer des Tanganyika-Sees; Nyamwezi, Sukuma, Manyema vom zentralen Hochplateau, Hehe und Nguni aus dem Süden sowie einige Nyiramba aus dem Singida-Gebiet. In den Verlustlisten der 10. Feldkompanie sind Männer aus Tanga, Kilwa, Mwanza und Usumbura als Gefallene aufgeführt.[19] Diese Rekonstruktion ist nicht unproblematisch, auch wenn der Tod ein eher unparteiischer Richter ist, den ethnische Identitäten kaum kümmern. Eine solche Rekonstruktion basiert einzig und allein auf den Vermerken, aus welcher Region die Soldaten kamen und wohin das Erbe der Verstorbenen gehen sollte. Da viele der *Askari* vor ihrem Eintritt in die Schutztruppe allerdings oftmals eine wechselvolle Karriere als Träger, Plantagenarbeiter oder Hausangestellte hinter sich hatten, mag das Bild etwas täuschen. Was uns dieses Bild jedoch mit Sicherheit widerspiegelt, ist eben das: Viele *Askari* kamen aus einem eher urbanen Hintergrund oder hatten zumindest einen Teil ihres Lebens in den kolonialen Zentren verbracht. Auch darin unterschieden sie sich von ihren britischen Kollegen bei den *King's African Rifles,* die meist aus eher ländlichen Regionen kamen.

Wir wissen nur wenig von den individuellen Lebensläufen der *Askari*. Immerhin haben wir die Biographie einer der bedeutendsten *Askari*-Dynastien unter deutscher Kolonialherrschaft, die von einem Nachfahren in den 1990ern aufgeschrieben und veröffentlicht wurde. Der Gründer dieser *Askari*-Dynastie war Effendi Plantan, einer der höchstrangigen afrikanischen *Askari*, der je in den Kolonialtruppen gedient hatte. Plantan war unter den ersten Nguni, die die Deutschen 1889 in Portugiesisch-Ostafrika anwarben. Als Sprössling einer Chief-Familie genoss er ein hohes Ansehen unter den Nguni-*Askari*, wenige Wochen nach seiner Verpflichtung war er bereits ihr Sprecher, dem die Kommunikation mit den deutschen Offizieren oblag. Das war der Beginn einer Bilderbuchkarriere, schnell stieg er in den Rang eines *Effendis* auf, der höchste und auch einzige Offiziersrang, den ein Afrikaner erreichen konnte. So groß war das Vertrauen der Deutschen in Plantan, dass sie ihn mit der Rekrutierung und Ausbildung von Rekruten betrauten. Vor dem Krieg war er Offizier der Polizeitruppen von Dar es Salaam gewesen. Als der Krieg ausbrach, stand er vermutlich nicht mehr im aktiven

---

19 BArch R1001/9570: 6. Schützenkompanie: Liste der verstorbenen Träger und *Askari*, n.d; 10. Feldkompanie, Namentliche Liste der verstorbenen *Askari* und Träger.

Dienst. Er muss damals etwa 40 bis 50 Jahre alt gewesen sein. Wie viele entlassene *Askari* war er zu Beginn des Krieges in die Kolonialtruppen zurückgekehrt; starb allerdings wenige Wochen darauf an Schwarzwasserfieber. Seine beiden Stiefsöhne, Thomas und Kleist Plantan, genossen ein ähnlich hohes Ansehen bei den Deutschen. Sie waren Söhne eines hochrangigen Nguni-*Askari*, der in den Hehe-Kriegen der 1890er Jahre ums Leben gekommen war. Plantan hatte sie daraufhin unter seine Fittiche genommen und ihnen den Weg in eine Soldatenkarriere eröffnet. Sie hatten das koloniale Schulsystem durchlaufen, Deutsch- und Schreibmaschinenkurse absolviert und waren schließlich im Alter von nur zwölf Jahren als Rekruten für die Schutztruppe geworben worden. Dank der Protegierung ihres Stiefvaters stiegen sie schnell auf. Während des Krieges dienten sie als Adjutanten Lettow-Vorbecks, der sie in seinen Memoiren als vorbildliche Soldaten pries.[20] Die Plantan-Familie ist ein Beispiel für die Einbindung der *Askari* in das koloniale Projekt der Deutschen. Sie brachte der Plantan-Familie Macht und Einfluss, Wohlstand und Zugang zu moderner Bildung. Diese Stellung in der kolonialen Ordnung war ein wichtiger Grund für ihre Bereitschaft, auch im Krieg auf Seiten der Deutschen zu kämpfen.

Zu Beginn des Krieges hatten die Deutschen 2.240 *Askari* in 14 Kompanien. In jeder Kompanie gab es sieben *Schausche* (Unteroffiziere), drei *Betschausche* (Serganten) und einen *Sol* (Feldwebel). Geführt wurde die Kompanie von einem bis zwei europäischen Offizieren im Hauptmanns- oder Leutnantsrang. Daneben gab es noch ein ständiges Rekrutendepot, in dem vor Kriegsbeginn 154 *Askari* von einem *Effendi* und einigen Unteroffizieren ausgebildet wurden. In den Gründungsjahren der Schutztruppe hatte es immerhin ein Dutzend *Effendis* gegeben, doch mit dem Ausscheiden der »Sudanesen« und »Zulus« waren die Ränge nicht mehr besetzt worden. Vor dem Krieg gab es daher nur drei *Effendis* in der Schutztruppe. Man kann diese Reduzierung der Offiziersränge als Ausdruck einer stärkeren Europäisierung der Schutztruppe nach 1895 sehen. 1891 war aus der von Hermann von Wissmann rekrutierten Söldnertruppe offiziell die Schutztruppe für Ostafrika geworden. Sie war damit Teil der Kaiserlichen Armee. Das machte sie einerseits für eine neue Generation von deutschen Offizieren als Karrierechance interessant, andererseits versperrte sie ambitionierten Afrikanern den Weg in die Offiziersränge. Das deutsche Offizierskorps war wenig ge-

---

20 Lettow-Vorbeck, *Erinnerungen*, S. 243; Terence O. Ranger, *Dance and society in Eastern Africa, 1890–1970: the Beni-Ngoma* (London: Heinemann, 1975), S. 57; Mohamed Said, *The life and time of Abdulwahid Sykes* (London: Minerva Press, 1998), S. 30–39.

willt, Afrikaner als seinesgleichen zu akzeptieren. Schon zu Wissmanns Zeiten hatte es um die Befehlsgewalt der afrikanischen Offiziere ein beständiges Hickhack gegeben, weil die deutschen Offiziere und Unteroffiziere es ablehnten, von ihnen Befehle zu empfangen.²¹

Wie jedes Machtverhältnis erlebte das Verhältnis zwischen Offizieren und *Askari* eine Wandlung, weil sich dessen Rahmenbedingungen änderten. Der Erste Weltkrieg ist hierfür ein beredtes Beispiel. Es gibt allerdings nur wenige konkrete Indizien für die sich verändernden Hierarchien in den deutschen Truppen. Die deutschen Offiziere schweigen sich diesbezüglich in der Regel aus. Doch auch wenn es auch zu keiner Welle von Offizierserennungen von Afrikanern kam, so kann man doch einen Wandel beobachten: Vor allem auf den entlegenen Posten, wie im Süden der Kolonie, an der Grenze zu Portugiesisch-Ostafrika, oder im Westen, am Nyassa-, Tanganyika- und am Kivu-See, wurde den *Askari* eine hohe Verantwortung von ihren deutschen Vorgesetzten übertragen. Der deutsche Kriegsfreiwillige Otto Pentzel, der eine Farm an der Grenze zu Portugiesisch-Ostafrika betrieb, beschreibt, wie er in der *Boma* von Newala gemeinsam mit seinem einzigen deutschen Kollegen und dem *Betschausch* der *Askari*-Kompanie über die Strategie im Süden Rat hielt. Von Lettow-Vorbeck hatte er nur die Order erhalten, die Portugiesen in Schach zu halten. Der *Betschausch* war in diesem Trio der ranghöchste Militär und hatte eine gewichtige Stimme in den Überlegungen, wenngleich die Deutschen sofort das Kommando für sich beanspruchten. Während die Deutschen für ein defensives Vorgehen optierten, sprach sich der *Betschausch* für ein aggressives Vorgehen gegen die Portugiesen aus: Und so wurde es denn auch gemacht.²²

Die Offiziere waren im Verlaufe des Krieges gezwungen, den *Askari* weitreichende Zugeständnisse zu machen. Oft verbargen sie diese Zugeständnisse mit dem Verweis auf die Besonderheiten des »afrikanischen Krieges«.²³ Das Recht auf Kriegsbeute war ein solches Zugeständnis. Was immer die *Askari* während eines erfolgreichen Gefechts vom Feind erbeuteten, stand ihnen zu. Die Offiziere mochten das mitunter als Disziplinlosigkeit missbilligen, die kaum ihren Vorstellungen von einem geregelten Krieg entsprach, sie mussten dennoch das Beutemachen tolerieren. In mehr als einem Fall war die Gier der *Askari* nach Beute der Grund für gescheiterte Rückzüge, abgebrochene Verfolgungen des Gegners oder die erfolgreiche

---

21 Deppe, *Lettow-Vorbeck*, S. 56.
22 Otto Pentzel, *Buschkampf in Ostafrika* (Stuttgart: R. Thienemann, 1935), S. 40.
23 Deppe, *Lettow-Vorbeck*, S. 64.

Flucht feindlicher Soldaten.[24] Mehr noch, im Verlaufe des Krieges wurde das Beutemachen zum Teil der deutschen Kriegsökonomie. So war die Entscheidung Lettow-Vorbecks im Jahre 1917 nach Portugiesisch-Ostafrika zu gehen, maßgeblich von der Hoffnung getragen, dort von den als schwach postulierten portugiesischen Truppen die fehlende Munition und Waffen zu erbeuten.[25] Für die *Askari* mochte die Hoffnung auf Beute einer der wichtigsten Gründe gewesen sein, den Krieg aufseiten der Deutschen mitzumachen. Und dabei hatten sie nicht nur Waffen und Lebensmittel im Auge, sondern auch Frauen und europäische Konsumgüter. Wir haben diesbezüglich keine Stimmen von deutschen *Askari*, doch Greenstein, der in den 1960ern Nandi-Kriegsveteranen interviewte, hebt dieses Motiv besonders hervor. Für die Nandi war der Krieg gegen die Deutschen wie ein einziger großer Viehraubzug. Sie hofften, weil sie nun gegen die Deutschen kämpften, es ihnen erlaubt sein würde, sich Vieh aus den Dörfern der deutschen Kolonie zu nehmen und es mit nach Hause zu nehmen.[26] Aus den Erinnerungen ihrer Offiziere lässt sich für die *Askari* ein ähnliches Bild zeichnen. So beschreibt ein deutscher Offizier den Auszug seiner Truppe aus dem Anwesen einer portugiesischen Plantagengesellschaft:

> Gerade noch rechtzeitig kommen wir, um Müller abrücken zu sehen, dessen Kompanien den Eindruck machen, als ob sie sich für einen Maskenball aufgeputzt hätten. Jeder schleppt grüne, gelbe und rote Stoffe bündelweise mit sich, die Weiber haben so viel kangas um ihre Körper geschlungen, dass sie den doppelten und dreifachen Umfang haben und kaum mehr laufen können.[27]

Die wohl beliebteste Kriegsbeute der *Askari* waren Frauen. Kaum ein Lohn wog mehr für die Loyalität der *Askari* als das Wegschauen ihrer Offiziere beim Frauenraub. Doch so weit weg schauten die deutschen Offiziere wiederum auch nicht, vielmehr partizipierten sie durchaus an dem Handel mit geraubten afrikanischen Frauen. So berichteten entlaufene Träger dem britischen Offizier Holland, dass die Truppen von Naumann in Mbugwe am Kilimanjaro sich vieler Frauen bemächtigt hatten. Und auch der komman-

---

24 Bericht über das am 3.9.1914 stattgehabte Patrouillengefecht bei Mbunyuni an der Strasse Taveta-Voi, in: Deutsch-Ostafrika. Kaiserliches Gouvernement, *Zusammenstellung*, S. 12; Wahle, *Erinnerungen*, S. 18.
25 Lettow-Vorbeck, *Erinnerungen*, S. 202.
26 Greenstein, *The Nandi experience*, S. 81–94, insbesondere S. 84.
27 Wenig, *Kriegs-Safari*, S. 139.

dierende Offizier habe sein Vergnügen für die kurze Nacht des Aufenthalts im Dorf gesucht.[28] Nicht nur im Gefallen an afrikanischen Frauen näherten sich *Askari* und deutsche Offiziere an. Die persönlichen Beziehungen zwischen den Offizieren und ihren Untergebenen wurden in der Erinnerungsliteratur der Weimarer Republik zu einem gern gesungenen Heldenepos, in der die Loyalität der *Askari* mit der besonderen Persönlichkeit des Offiziers begründet wurde.[29] Man sollte daher größte Vorsicht walten lassen, wenn man diese Beziehungen anhand der deutschen Erinnerungsliteratur zu rekonstruieren versucht. In der deutschen Lesart des Verhältnisses von Offizier und *Askari* schwangen Motive einer paternalistischen Konstruktion von Afrikanern mit, wie sie in jenen Jahren bei vielen Europäern gang und gebe waren; aber auch die Eitelkeit eines von sich durch und durch eingenommenen deutschen Offizierskorps, das die Erfolge auf dem Schlachtfeld in der Endinstanz sich selbst zuzuschreiben liebte.[30] Dennoch, auch aus afrikanischer Perspektive sind enge Beziehungen zwischen Offizieren und *Askari* überliefert. Thomas Plantan beschrieb in einem Interview rückblickend sein Verhältnis zu den Deutschen mit folgenden Worten: »Wir hatten großen Respekt vor den Deutschen, weil sie auch Respekt vor uns hatten. Sie behandelten uns wie Brüder, nicht wie Untergebene. Die Disziplin war hart, aber wir hatten Respekt. Sie waren sehr gute Soldaten.«[31] Eine ähnliche Haltung finden wir bei Plantans Stiefbruder Kleist Plantan, der sich an Lettow-Vorbeck als anständigen Offizier und Kommandeur erinnerte.[32]

Die Beziehungen zwischen Offizieren und *Askari* war nicht nur durch die koloniale Ordnung geprägt, sondern auch durch die Erfahrungen, die der Alltag des Krieges mit sich brachte. Aus den Aufzeichnungen des deutschen Kriegsfreiwilligen Hoffmeister wird deutlich, dass die einst sakrosankten Barrieren zwischen Europäern und Afrikanern im Krieg zumindest im Alltag nur noch schwer aufrecht zu erhalten waren. Während der Kampfpausen habe man zusammen am Lagerfeuer gesessen, habe gemeinsam gegessen, oft aus dem gleichen Topf und vom gleichen Teller.[33] War für Tho-

---

28 NA WO 106/586 Operations against Wintgens. Edforce. Mai 1917–Juni 1917.
29 Siehe auch das Kapitel über Helden.
30 Hauer, *Kumbuke*, S. 37. Siehe auch das Kapitel über Helden.
31 Thomas Plantan zitiert nach Ranger, *Dance and society*, S. 57 [Übersetzung des Autoren].
32 Said, *Life & Times*, S. 37.
33 Aufzeichnungen des Vizewachtmeisters d. Res. Dr. Hoffmeister, in: Foerster, Greiner, Witte, (Hg.) *Kämpfer*, S. 66–68, insbesondere S. 67.

mas Plantan der Krieg die Zeit eines sich wandelnden Verhältnisses zwischen Offizieren und *Askari*, so blieb dieser Wandel auch den Deutschen nicht verborgen. Hoffmeister sah mit einiger Sorge die neue Nähe zwischen Afrikanern und Europäern. Er fürchtete den Verlust der alten kolonialen Autorität. Kameradschaft ist für einen Afrika-Historiker ein Begriff, der nur schwer über die Tastatur kommt, wenn es darum geht, das Verhältnis von Kolonialisierten und Kolonisierenden zu beschreiben. Aber ich denke dennoch, dass wir mit Fug und Recht diesen Begriff verwenden können, wenn es um die Beziehungen zwischen einigen *Askari* und Offizieren geht. Diese Beziehungen waren allerdings das Produkt eines sich ständig wandelnden Machtverhältnisses, in dem die Offiziere immer mehr der Tatsache ins Auge blicken mussten, dass nicht nur der Erfolg ihrer militärischen Unternehmungen vom Gutwillen der *Askari* abhing, sondern auch ihr persönliches Überleben. Die *Askari* wiederum mochten sehr wohl ihre neue Position bemerkt haben, in der sie nicht mehr nur blinde Befehlsempfänger waren, sondern, da es den Deutschen stets an Offizieren mangelte, zunehmend selbst in die Rolle des Befehlenden gerieten.[34]

Der Krieg brachte für die *Askari* zunächst eine bis dahin selbst für deutsche Verhältnisse kaum denkbare Machtfülle. Vor dem Krieg hatten die *Askari* eine nahezu unbeschränkte Befehlsgewalt über die lokale Bevölkerung.[35] Kaum Zugriff hatten sie dagegen auf die europäische Bevölkerung sowie auf die Missionszöglinge. Während des Krieges erhielten sie zumindest in einigen Fällen auch eine gewisse Kommandogewalt über afrikanische Missionszöglinge und selbst über europäische Zivilisten, vor allem wenn sie einer feindlichen Nation angehörten. Besonders gegenüber den afrikanischen Konvertiten der *Church Missionary Society* (CMS) hatten die *Askari* nahezu freie Hand. Von ihren deutschen Vorgesetzten zunehmend unter Generalverdacht gestellt, mit dem Feind gemeinsame Sache zu machen, waren die CMS-Zöglinge der Willkür der *Askari* nahezu schutzlos ausgesetzt. 110 Schläge mit dem *Kiboko*, der Nilpferdpeitsche, bekam ein

---

34 Bericht über das Patrouillengefecht des Askaripostens Mrugengeri, Ruanda, in: Deutsch-Ostafrika. Kaiserliches Gouvernement, *Zusammenstellung*, S. 56.
35 NA CO 691/23 Political Office Handeni an den District Political Officer, Pangani, 12.2.1919, darin: Statement by Abdulla bin Sonbodya, 6.2.1919; Ali bin Kazere, 9.2.1919; Federik bin Kikukbwa, 12.2.1919, Akida Kaima bin Mohamadi, 20.10.18; NA CO 691/29 Political Administration, Occupied Territory, German East Africa, Songea District an den Secretary to the Administration, Dar es Salaam, 2.2.1919; NA CO 691/29 Report of the Civil Administrator, Occupied Territory, German East Africa, Milow Sub-District, 30.1.1919.

Missionslehrer aus Handali, weil er in Verdacht geraten war, gegen die deutsche Regierung zu konspirieren. Die Strafe wurden von zwei *Askari* ausgeführt, die das Strafmaß noch zu ihren Gunsten erhöhten: Das Vieh des Missionszöglings wurde von den *Askari* beschlagnahmt, seine Frau in Geiselhaft genommen und erst gegen Zahlung eines Lösegelds von 20 Rupien freigelassen.[36] Auch bei der Behandlung der in deutschen Kriegsgefangenenlagern inhaftierten Missionaren verfügten die *Askari* über einen großen Handlungsspielraum. Mit großer Empörung berichteten inhaftierte britische Missionare über Übergriffe ihrer afrikanischen Wachmannschaften. Es habe Fälle von Beleidigungen, Raub des persönlichen Habes bis hin zu Schlägen und Fußtritten gegeben. Für einige *Askari* öffnete der Krieg in der Tat die Türen zu den bis dahin verschlossenen Welten der Europäer. Selten vorher hatten sie einen so ungehinderten Zugang zu den europäischen Konsumwelten. Durch den Krieg in Not geratene europäische Familien waren vielfach dazu gezwungen, ihr letztes Hab und Gut zu verramschen. Die Käufer waren meist *Askari* und reiche lokale Händler.[37] Plünderungen von Missionsstationen und europäischen Plantagen gehörten alsbald zum Alltag des Krieges, besonders wenn die Missionare und Siedler Briten, Belgier oder Franzosen waren.

Die Bereitschaft vieler *Askari*, nahezu fünf Jahre aufseiten der Deutschen zu kämpfen, gehört zu den ebenso sagenumwobenen wie kaum untersuchten Fragen dieses Krieges. Auf jenen nationalen Taumel, der die jungen deutschen Männer mit Liedern auf den Lippen in die Schützengräben Europas trieb, konnten die Deutschen bei den *Askari* kaum hoffen. Nationalismus war nichts, was die Deutschen in ihren *Askari* zu wecken hofften oder wünschten. Eher schon versuchten sie es mit dem ihnen ebenso vertrauten Kaiserkult. Der deutsche Kaiser und seine Geburtstage waren seit Bestehen der Kolonie ein wichtiges Moment kolonialer Repräsentation. Im Kaiser sollten die *Askari* ihren obersten Kriegsherrn, ihre allmächtige Vaterfigur und ihren Lehnsherren sehen. Bezeichnend ist folgende Stelle bei Tafel:

Er [der Kaiser] und die bibi kaisari, die Kaiserin, spielten ja eine so große Rolle im Leben unserer lieben Schwarzen. Ihre beiden Geburtsfeste waren höchste Feiertage. Der Kaiser blieb der Liebling Allahs und verkörperte die Macht des Deut-

---

36 Church Missionary Archive, Microfilm, Section IV: Africa-Missions, Dodoma (im weiteren CMS-Archiv, Dodoma) Information collected by me from native Christians in Ugogo which may help to explain why the reverend E. W. Doulton. Secretary of the CMS- Mission, and I were court-martialled.
37 Decher, *Afrikanisches*, S. 214.

schen Reiches. Der Askari fasste gern sein Dienstverhältnis zum Deutschen Reich als eine besondere Verpflichtung zur Person des Kaisers auf. Die größte, gern geäußerte Sehnsucht vieler war, bei der unzweifelhaft glücklichen Beendigung des Krieges nach Berlin geführt zu werden, um dort von Auge zu Auge ihre obersten Kriegsherrn, dessen Bild die Münzen trugen, nebst der bibi kaisari in der gewaltigen boma, dem Schloss, sehen zu dürfen.[38]

Kaisergeburtstage waren die Höhepunkte des an Feiern nicht gerade armen kolonialen Festreigens, in dem auch die Geburtstage der Kaisergemahlin, diverser Landesfürsten und militärischer Siege, etwa der Sedan-Tag, gefeiert wurden. In Swahili veröffentlichte Broschüren über das Leben der Mitglieder der Kaiserfamilie zirkulierten in Regierungsschulen und in den Kompanien. Der Krieg beendete weder den kolonialen Festreigen noch die Bedeutung des Kaiserkultes. Die letzte offizielle Kaisergeburtstagsfeier fand vermutlich 1916 statt. Wie in Friedenszeiten gab es hier Paraden, Ansprachen und Festbankette. In den Feldkompanien waren Kaisergeburtstage und Sedantage Anlass, den Kaiser bildlich nach Ostafrika zu holen. Dem Kriegsfreiwilligen Decher verdanken wir die Wiedergabe einer Rede anlässlich des Sedantages 1916. In stotterndem Swahili habe der Kompaniechef den *Askari* eine Rede gehalten, die Decher, möglicherweise im Nachhinein überspitzt, so wiedergibt:

Heute großer Tag – Feiertag – der Kaiser viele Franzosen totgeschlagen – vor fünfundzwanzig Jahren – viele Kanonen genommen – den Franzosen – Franzosen auch viele gefangen. – Unser Kaiser sehr mächtig – und groß – wohnt in Berlin – im großen Haus. – Auch gut den *Askari* – hat euch Bakschischi geschickt – schöne blaue Silberupie – extra für Euch gemacht. – Müßt ihn deshalb lieben – noch mehr wie eure Bibi – müßt ihm gehorchen – freudig in den Krieg ziehen – Heldentod sterben für den guten und gerechten Kaiser. – Wir alle – alle das wollen – Ihr auch?« »Ndio, Bwana Oberleutnant«, grölte es aus den rauen Kehlen der Schwärzlingschar.[39]

Decher war offensichtlich kein besonders großer Verehrer des Kaisers oder des deutschen Offizierskorps. Die von ihm protokollierte Rede des Offiziers aber passt in die etablierten Muster kolonialer Repräsentationswelten. Da war er: der Kaiser, der hehre Kriegsherr, der die Franzosen im Alleingang geschlagen habe und in einem großen Palast wohne. Der verbal nach Ostafrika geholte Kaiser wurde mitunter auch den Bedürfnissen lokaler

---

38 Theodor Tafel, »Von der Schutztruppe in Ostafrika«, in: *Deutsche Kolonialzeitung* 31, (1914) 28, S. 463–465, insbesondere S. 464.
39 Decher, *Afrikanisches*, S. 189.

Welten angepasst. Der Arzt Hauer beispielsweise gibt eine Rede anlässlich des Kaisergeburtstages 1915 in Jassini wieder, in der der kommandierende Offizier, den *Askari* den Kaiser als einen »Liebling Allahs« präsentierte.[40] Die Verknüpfung von Kaiserkult und Islam kam nicht von ungefähr, denn mit der Propagierung des Krieges als einen *Jihad* unternahmen die Deutschen einen weiteren Versuch, die Afrikaner und insbesondere ihre muslimischen *Askari* auf ihre Seite zu ziehen. Doch diese Geschichte bedarf eines eigenständigen Kapitels.

Wir sollten zudem nicht vergessen, dass die Loyalität der *Askari* weitaus geringer war, als das in den Erinnerungen der deutschen Kriegsteilnehmer nachzulesen ist. Desertionen von *Askari* waren durchaus keine Seltenheit und wurden im Laufe der letzten Kriegsjahre zu einem ernsthaften Problem für die deutschen Offiziere. Offiziellen Quellen zufolge desertierten während des Krieges 2.847 der 13.430 *Askari*.[41] Inwieweit die Zahlen stimmen, ist schwer zu überprüfen. Denn wie ich in diesem Kapitel weiter unten argumentieren werde, stößt man bei der Rekonstruktion der Mannschaftsstärken deutscher Truppen auf enorme Probleme. Zwar war die Schutztruppe mit ihren 23 Feldkompanien eine durchaus modern anmutende Armee, doch die *Safari ya Bwana Lettow* bestand eben nicht nur aus Feldkompanien, sondern auch Hilfskriegern, Trägern und deren Familien. Zwischen diesen Gruppen waren, bis auf Ausnahme der Frauen und Kinder vielleicht, die Grenzen fließend. Darüber hinaus muss mit einiger Sicherheit angenommen werden, dass die deutschen Statistiken sehr fehlerhaft waren. Vor allem im letzten Jahr des Krieges dürften sich die Verantwortlichen kaum noch die Mühe gemacht haben, das ständige Kommen und Gehen der *Askari*, *Ruga-Ruga* und Träger zu protokollieren. Zumal, wie ein britischer Zeitzeuge berichtet, das Papier bei den Deutschen im Laufe so knapp wurde, dass es nicht einmal mehr für die Erfassung der Krankheitsbilder in den Lazaretten reichte.[42]

Besonders im letzten Jahr des Krieges fiel es den deutschen Offizieren immer schwerer, die Auflösung ihrer Truppen einzudämmen. Nur noch Lettow-Vorbecks Versprechen an seine Soldaten, sie nach Hause zu führen, hielt die Leute bei der Truppe, gaben Deserteure britischen Offizieren zu Protokoll. Mitunter scheinen die *Askari* einen weit größeren Einfluss auf die

---

40 Hauer, *Kumbuke*, S. 78. Zur deutschen *Jihad*-Propaganda im Ersten Weltkrieg siehe das entsprechende Kapitel im Buch.
41 Iliffe, *Modern History*, S. 248.
42 Dr. W.D. Raymond, *Reminiscences by Dr. WD Raymond*, Rhodes House Library, Oxford (MSS. Afr. S. 1375), n.d.

Bewegungen der Truppen gehabt zu haben als ihre Offiziere. Dies war mit einiger Wahrscheinlichkeit der Fall in einer der spektakulärsten und zugleich mysteriösesten Unternehmungen des Krieges, dem Zug der Abteilung Wintgens und Naumanns quer durch von Alliierten besetzte Gebiete im Jahr 1917. Diese Odyssee hielt nahezu ein Jahr die alliierten Truppen in Atem und endete erst an der Nordgrenze der deutschen Kolonie. Von den Briten und Belgiern gefangene Deserteure berichteten, dass Wintgens seinen *Askari* versprochen habe, sie nach Hause zu bringen. Ein indischer Gefangener, der zu den Briten fliehen konnte, erzählte den Briten, dass Wintgens im März während einer Parade seiner Truppen seinen Soldaten mitgeteilt habe, dass Tanga, Dar es Salaam und Nairobi von deutschen Truppen besetzt sei und dass Tabora die letzte in englischem Besitz befindliche Stadt sei. Der Inder, wie auch die Briten vermuteten, dass Wintgens diese Lüge verbreitete, um seine *Askari* hinzuhalten, denn in Tabora standen starke britische Verbände. Die *Askari* aber reagierten auf Wintgens Hinhaltetaktik mit der Drohung zu desertieren und viele setzten diese Drohung auch wenig später um. In der Tat führte Wintgens Weg und der seines Nachfolgers Naumanns weiter nach Usukuma, woher viele der Soldaten kamen. In Usukuma angekommen, lösten sich die deutschen Kompanien auf. Ende Oktober 1917 ergab sich Naumann mit den übrig gebliebenen *Askari* und Trägern am Ostufer des Viktoria-Sees.[43]

Die Gründe für die Entscheidung, mit den Deutschen zu kämpfen oder zu desertieren, waren aber weit komplexer, als wir das bei Lettow-Vorbeck nachlesen können. Sie liegen sowohl in der Art und Weise, wie dieser Krieg geführt wurde, als auch im Charakter der deutschen Kolonialherrschaft begründet. Die *Askari* hatten viel zu verlieren: ihre Privilegien, ihre Macht innerhalb der kolonialen Ordnung und auch den Wohlstand, mit dem die Deutschen ihre Kooperation im kolonialen Projekt belohnt hatten. Auch der besondere Charakter des Krieges trug seinen Teil zur Entscheidungsfindung bei. Vielleicht mehr noch als auf jedem anderen Kampfschauplatz des Ersten Weltkriegs war es wenig attraktiv zu der von keiner Haager Landkriegsordnung geschützten Zivilbevölkerung gerechnet zu werden. Bis aufs Hemd ausgeplündert von den Truppen beider Seiten und immer wieder zum Trägerdienst oder anderen Arbeiten gepresst, gehörte die Zivilbevölke-

---

43 NA CO 691/4 War Diary Northey 1-28.02.1917; NA CO 691/4 Telegram Northey to CO, 16.3.1917; NA CO 691/5 War Diary of Brigadier-General E. Northey, C.B, A.D.C. Commanding Nyasa-Rhodesia Frontier Force, 1. bis 31. März 1917; NA CO 691/5 War Diary of Brigadier-General E. Northey, C.B, A.D.C. Commanding Nyasa-Rhodesia Frontier Force, 1. bis 31. Mai 1917.

rung zu den wehr- und rechtlosen Opfern des Krieges. Desertierende Soldaten konnten nur in ihren Herkunftsregionen auf Mildtätigkeit und Unterstützung der Bevölkerung rechnen. Viele *Askari* kamen aus Gebieten im Norden und den zentralen Gebieten der Kolonie, die nur zu Beginn der Smuts-Offensive Schauplätze von Kampfhandlungen waren. Vor allem im Süden der Kolonie, Hauptkampfschauplatz der Jahre 1917 und 1918, bot das Verbleiben bei den Deutschen oftmals eine weitaus höhere Sicherheit als die Desertion. Zudem wurden viele *Askari* von ihren Familien begleitet. Das machte die Entscheidung zu desertieren nicht leichter. Für die Familien der *Askari*, die den langen entbehrungsreichen Zug der deutschen Truppen gen Süden mitmachten, war laut einem deutschen Offizier der Schutz durch die Truppen ein entscheidender Grund, die Strapazen der *Safari ya Bwana Lettow* auf sich zu nehmen.[44]

Zu kämpfen oder zu desertieren war eine Entscheidung, die auch von der Länge der Dienstzeit abhing. Unter den zu Kriegszeiten rekrutierten *Askari* war die Bereitschaft zu desertieren ungleich höher als unter den langjährigen *Askari*. Die meisten Offiziere waren voll des Lobes über die Disziplin und militärischen Leistungen ihrer altgedienten *Askari*. Sie führten dies auf die Erfolge ihrer Ausbildung und die Existenz fester Bande zwischen einzelnen Offizieren und *Askari* zurück. Von den *Askari*, die während des Krieges rekrutiert wurden, wissen wir wenig. Deutschen Offizieren zufolge kamen sie meist aus Unyamwezi oder Usukuma. Es waren dies die Gebiete, aus denen bereits vor dem Krieg die meisten *Askari* gekommen waren. Von dort stammten auch die meisten jungen Männer, die in den Karawanen als Träger und in der Plantagenökonomie als Arbeitskräfte ihren Unterhalt verdienten. Ob sich die jungen afrikanischen Männer freiwillig verpflichteten oder ob sie gezwungen wurden, wissen wir nicht in jedem Fall. Was wir wissen, ist, dass der koloniale Staat auf sie einen festeren Zugriff hatte als auf andere Bevölkerungsgruppen. Denn als Träger und Plantagenarbeiter waren sie registriert und mit Arbeitsbüchern versehen worden, die sie wie Ausweise mit sich führen mussten. Sie wurden so zu den ersten Anlaufstellen der Rekrutierungskommandos.

Der deutsche Arzt Hauer notierte in seinen Erinnerungen, dass sich nach dem Sieg von Tanga Ende 1914 viele Afrikaner freiwillig zur Schutztruppe meldeten. Das mag durchaus plausibel erscheinen. Beispiele aus anderen Regionen Afrikas lassen vermuten, dass einige junge Afrikaner durchaus im Krieg eine Chance sahen und sich, gelockt von den Versprechungen

---

44 Hauer, *Kumbuke*, S. 220.

der Werber und dem Tamtam der Rekrutierungsbrigaden, enthusiastisch in die Listen einschrieben. Vielfach spielten die Chiefs, von den Rekrutierungsoffizieren halb mit Versprechungen geködert, halb mit der Pistole unter der Nase gezwungen, eine wichtige Rolle bei der Werbung.[45] Erst im Laufe des Krieges wurden die Vorkriegsmuster der Rekrutierung mehr und mehr aufgelöst. Durch fortwährende Verluste in den Gefechten und immer häufigere Desertionen geschwächt, wurden die deutschen Militärs bald wenig wählerisch, was ihren Rekrutennachwuchs und die Wahl ihrer Rekrutierungsmethoden betraf. Althergebrachte Pfade der Rekrutierung funktionierten nicht mehr, schlichtweg, weil die Pfade in die Hand der alliierten Truppen geraten waren. So griffen sich die Deutschen diejenigen Männer, die ihnen entlang ihres Rückzugweges in die Hände liefen oder sich beim Erscheinen der Patrouillen nicht rechtzeitig hatten in die Büsche schlagen können. Ein belgischer Kriegsgefangener erinnerte sich, dass in der Region von Tabora Rekrutierungspatrouillen regelrechte Jagd auf junge Männer gemacht und sie während der Erntezeit von ihren Feldern verschleppt hätten.[46]

Nicht immer erfüllten die neuen Rekruten die Hoffnungen der deutschen Offiziere. Unter ihnen war die Desertionsrate ungleich höher als unter den altgedienten *Askari*.[47] Nicht nur, dass vielen von ihnen die Uniform mit Zwang übergeholfen worden war, für viele war die Erfahrung mit den modernen Kriegstechnologien traumatisch. Vom Kriegsfreiwilligen Decher haben wir einen Bericht über den ersten Kampfeinsatz neu aufgestellter Kompanien aus Usukuma: Nachdem die *Askari* bei der Erstürmung britischer Stellungen unter Maschinengewehrbeschuss gekommen seien, hätten sie Gewehre und Ausrüstungsgegenstände fortgeworfen und seien in Panik geflohen. Die deutschen Offiziere hätten mit äußerster Brutalität rea-

---

45 A.T. Matson, »Reflections on the growth of political consciousness in Nandi«, in: *Politics and nationalism in colonial Kenya*, hrsg. von Bethwell A. Ogot (Nairobi: East African Pubishling House, 1972), S. 18–45, insbesondere S. 19; Greenstein, *The Nandi experience*, S. 81-94, insbesondere S. 84; Page, *Malawians and the Great War*, S. 49–61, inssbesondere S. 55; Page, *Black man*, S. 1–27, insbesondere S. 4; Melvin E. Page, »The War of Thangata: Nyasaland and the East African Campaign, 1914–1918«, *Journal of African History* 19 (1978), S. 87–100, insbesondere S. 89; Joe Lunn, *Memoirs of the Maelstrom. A Senegalese oral history of the First World War* (Portsmouth: Heinemann, 1999), S. 39f; Parsons, *African rank-and-file*, S. 54.

46 FP 2659/1154 Rapport remis le 21 Février 1918 par le Lieutenant Lallemand fait prisonnier à la frontière du Kivu au début des hostilités et libéré à Lutchemi (Navala) à la fin de l'année 1917.

47 NA WO 106/581 East African Situation 9.12.1916; East African Situation, 16.6.1917; East African Situation, 26.7.1917.

giert und die Flüchtenden standrechtlich erschossen. Wenige Tage später seien über siebzig Prozent der *Askari* desertiert.[48] Auch der bereits erwähnte belgische Kriegsgefangene erwähnt in seinem Bericht häufige Desertionen im Rekrutierungslager von Tabora. Nahezu jeden Tag habe es Fälle desertierender Rekruten gegeben.[49]

Eine Besonderheit dieses Krieges war es, dass viele Deserteure die Seiten wechselten; eine Erfahrung, die sowohl die Briten und Belgier als auch die Deutschen machen mussten. Ein Großteil der deutschen Truppen am Nyassa-See bestand aus *Askari* eines vor dem Krieg aufgelösten Bataillons der *King's African Rifles*. Als 1916 die Briten ein neues Regiment der *King's African Rifles* aufstellten, waren unter den Rekruten viele ehemalige deutsche *Askari*.[50] Die Deutschen mochten nach dem Krieg ihr Hohelied auf den treuen *Askari* singen, die aber hatten mitunter zu diesem Thema eine pragmatischere Meinung. So kommentierte ein deutscher *Askari* seine Motive, im Krieg zu kämpfen, einem belgischen Offizier gegenüber mit den Worten: »Wir kämpfen, weil uns die Weißen sagen, dass wir kämpfen sollen. Ihr seid die Herren. Heute kämpfen wir für die Deutschen, und wenn morgen die Engländer ankommen, dann kämpfen wir für sie.«[51] Auch Lettow-Vorbeck sah die Loyalität seiner *Askari* eher nüchtern: »Der Eingeborene hat ein feines Gefühl dafür, wann die wirkliche Macht von der einen in die andere Hand übergeht.«[52] Für die Deserteure war ein Wechsel der Seiten durchaus verlockend. Er versprach ihnen in dem von Krieg und Chaos heimgesuchten Land bessere Überlebenschancen. Sowohl Deutsche als auch Alliierte nahmen die Deserteure gern in ihre Reihen auf; die Nachfrage nach willigen Rekruten war auf beiden Seiten hoch und die Ansprüche an ihre Loyalität gering. Desertierende *Askari* waren darüber hinaus oftmals die Hauptinformationsquelle der Briten über die Truppenbewegungen der Deutschen. So bezahlte ein Deserteur seinen Eintritt in die *King's African Rifles* mit der

---

48 Decher, *Afrikanisches*, S. 218.
49 FP 2659/1154 Rapport remis le 21 Février 1918 par le Lieutenant Lallemand fait prisonnier à la frontière du Kivu au début des hostilités et libéré à Lutchemi (Navala) à la fin de l'année 1917.
50 NA WO 106./256 Memorandum by the Inspector-General, Kings African Rifles, on the Military Situation in the East African Protectorate and Uganda; William Lloyd-Jones, *K.A.R. Beeing an unofficial account of the origin and activities of the King's African Rifles* (London: Arrowsmith, 1926), S. 169, 186; Hodges, *Carrier Corps*, S. 20.
51 Unbekannter *Askari* zitiert in FP 2659/1154 Rapport remis le 21 Février 1918 par le Lieutenant Lallemand fait prisonnier à la frontière du Kivu au début des hostilités et libéré à Lutchemi (Navala) à la fin de l'année 1917 [Übersetzung des Autoren].
52 Lettow-Vorbeck, *Erinnerungen*, S. 29.

Wiedergabe der exakten Truppenstärken der Deutschen in Mklama.⁵³ Doch es gab auch Risiken für diejenigen, die die Seiten wechselten. Die Deutschen kannten gegenüber ehemaligen *Askari*, keine Gnade. Während der Belagerung von Mklama durch die Truppen Naumanns im Juni 1917, machten die Deutschen den eingeschlossenen *King's African Rifles*, die größtenteils aus ehemaligen *Askari* bestanden, mehr als deutlich, was mit ihnen geschehen würde, wenn sie in ihre Hände fielen. Sie erwarte die standrechtliche Erschießung oder der Galgen. Dazu kam es allerdings nicht. Die Ex-*Askari* kämpften buchstäblich um ihr nacktes Leben und hielten mehrere Tage der Belagerung stand. Der deutsche Offizier Wenig beschreibt das Schicksal eines Ex-*Askari*, der weniger Glück hatte. Nach seiner Gefangennahme wurde er wegen Hochverrat durch ein Gericht bestehend aus *Askari* und deutschen Offizieren verurteilt und hingerichtet.⁵⁴

Doch es musste nicht immer der große Schritt der Desertion sein. Dafür bedurfte es angesichts der zu erwartenden Todesstrafe eines gehörigen Mutes. Die *Askari* unterschieden sich wenig von den Soldaten anderer Armeen, wenn es darum ging, sich den zu erwartenden Widrigkeiten des Krieges zu entziehen. Wo immer sie es konnten, versuchten sie mit allerlei Tricks dem Frontdienst zu entkommen. 1917 kamen deutsche Ärzte hinter einen schwunghaften Handel mit Diarrhöe verseuchten Fäkalien unter den *Askari*, die dadurch versuchten, sich dienstuntauglich schreiben zu lassen.⁵⁵ Als die deutschen Truppen 1918 ihre Waffen streckten, bemerkte Gouverneur Schnee mit einiger Bitterkeit, dass im Gegensatz zu den Europäern, die afrikanischen Soldaten das Ende des Krieges mit Tänzen feierten.⁵⁶ Lange zuvor hatten die Deutschen sie nur noch mit dem Versprechen bei Laune halten zu können, sich mit ihnen in ihre Heimat, nach Unyamwezi und Usukuma, durchzukämpfen.

---

53 J. C. Bagenal, *The East African Campaign. Written from a diary at Maneromango 1917*, unveröffentlichtes Manuskript *(*Rhodes House Oxford, C. J. Bagenal Papers, 1915–17, MSS Afr. s. 2351, n.d.).
54 Wenig, *Kriegs-Safari*, S. 112.
55 Decher, *Afrikanisches*, S. 319.
56 Schnee zitiert nach Iliffe, *Modern History*, S. 248.

Träger

Mehr noch als auf den europäischen Kriegsschauplätzen war der Krieg in Ostafrika oft ein Bewegungskrieg. Langanhaltende Frontbildungen gab es zumindest in der Hauptphase der Kampfhandlungen in den Jahren zwischen 1916 und 1918 kaum. Der Feldzug, so ein deutscher Offizier war ein »Safarikrieg«, und »die Hauptwaffe waren unsere Beine«.[57] Briten und Belgier konnten nicht umhin, den Deutschen hinterherzulaufen, wollten sie sie besiegen. Nicht die Anzahl und Größe der Kanonen sollten zum entscheidenden Kriterium von Erfolg oder Misserfolg auf diesem Kampfschauplatz werden, sondern die Meisterung der Transportfrage. Doch die Infrastruktur Ostafrikas war wenig entwickelt. Drei Eisenbahnen – die Uganda-Bahn von Mombasa zum Viktoria-See, die Usambara-Bahn, eine Schmalspurbahn von 128 Kilometer Länge und die Mittelland-Bahn von Dar es Salaam nach Kigoma am Tanganyika-See – standen den Kriegsparteien zur Verfügung. In Deutsch-Ostafrika, Hauptschauplatz der Kämpfe, gab es zudem nur wenige Straßen, die für den Einsatz von Kraftfahrzeugen geeignet waren. Auch den Grenzgebieten der englischen Kolonie fehlte die notwendige Infrastruktur für den Aufmarsch und die Versorgung der Truppen. In Vorbereitung der Offensive des Generals Smuts seien die Truppen mehrere Wochen damit beschäftigt gewesen, Straßen und Bahnlinien zu bauen, erinnerte sich ein ranghoher britischer Offizier. Auch Northeys Truppen im Süden der deutschen Kolonie waren gezwungen, 2500 Kilometer neue Straßen anzulegen, um ihre Versorgung zu sichern.[58] Hinzu kamen die äußerst schwierigen klimatischen Verhältnisse Ostafrikas. In der Regenzeit kamen die Kampfhandlungen mancherorts vollständig zum Erliegen. Straßen verwandelten sich in Sumpflandschaften, kleine Flüsse wurden zu unpassierbaren Hindernissen.[59]

Alle Versuche der Deutschen, Tiere zum Transport in der Kolonie einzusetzen, waren schon in den Vorkriegsjahren an der weiten Verbreitung der Tsetse-Fliege gescheitert. Bereits in den frühen 1890ern hatten deutsche Offiziere mit Elefanten und Kamelen als Lasttieren experimentiert und sich der Hoffnungslosigkeit dieses Unterfangen bald klar werden müssen. Auch die Briten, die während der Smuts-Offensive mehrere südafrikanische Ka-

---

57 Deppe, *Lettow-Vorbeck*, S. 63.
58 J. H. V. Crowe, *General Smuts Campaign in East Africa* (London: Murray, 1918), S. 9; Hodges, *Carrier Corps*, S. 28; Northey, *East African Campaign*, S. 81–87, insbesondere S. 84.
59 Fendall, *East African force*, S. 94.

vallerieeinheiten einsetzten, mussten sich der Macht des kleinen Insekts beugen. Nach einem halben Jahr des Einsatzes verfügte die südafrikanische Kavallerie kaum noch über Pferde. Zweimal hatten die Südafrikaner in dieser Zeit ihren Pferdebestand komplett auswechseln müssen, doch selbst dies half wenig. Nach der Eroberung von Dar es Salaam und Tabora, waren die südafrikanischen Kavalleristen faktisch ohne Pferde. Versuche, die Tsetse-Fliegen zu überlisten, indem die Pferde mit Zebrastreifen angemalt wurden, brachten kaum Erfolg.[60]

Wie kaum eine andere Kriegspartei setzten die Briten ihre Hoffnungen auf den Einsatz moderner Kraftfahrzeuge. Mochten die Deutschen ihre Beinen als Hauptwaffe angesehen haben, die Briten bevorzugten von Motoren bewegte Räder. Doch die Hoffnung Smuts und seiner Nachfolger im Amt diese würden allein die alliierten Transportprobleme lösen können, erwiesen sich nur allzu oft als trügerisch. Kaum vorhandene und mangelhafte Straßen sowie eine an die besonderen klimatischen und geographischen Verhältnisse wenig angepasste Fahrzeugtechnologie führte den Verantwortlichen schnell die Grenzen der Technik vor Augen. Und mehr noch, die Ausrichtung auf den motorisierten Transport führte mitunter zu gravierenden Fehlern in der taktischen Aufstellung britischer Truppen, wie ein Offizier in seinen Erinnerungen bemerkte. Vielfach hätten die britischen Truppen nur entlang der großen Straßen operiert; die Deutschen aber hätten kaum daran gedacht, den Briten den Gefallen zu tun, den Krieg nun gerade dort zu führen. Ihre oftmals kleinen und sehr beweglichen Kolonnen bevorzugten einen Krieg jenseits der ausgebauten Straßennetze. Viele der misslungenen Einkesselungsversuche der Briten scheiterten an der Unfähigkeit ihrer Truppen, sich außerhalb des ausgebauten Straßennetzes zu bewegen.[61]

Wie auch immer, den Armeen blieb meist nur der Transport durch menschliche Träger und der Krieg, in denen den Armeen eine moderne Militärtechnologie zur Verfügung stand, abhängig von einer vor-modernen Infrastruktur. Hunderttausende von Afrikanern ersetzten die fehlende Infrastruktur und die versagende Technik; hielten mit ihrer Muskelkraft die Kriegsmaschinerien am Laufen. Träger waren in allen kämpfenden Truppen in der Mehrheit: In den deutschen Truppen betrug das Verhältnis von Soldaten zu Trägern etwa eins zu sechs, in den letzten beiden Kriegsjahren bei etwa eins zu vier. Ungleich höher war das Verhältnis in den alliierten

---
60 Ebd., S. 77.
61 Crowe, *General Smuts Campaign*, S. 9; Clifford, *Gold Coast Regiment*, S. 151.

Truppen, hier konnten in einzelnen Einheiten leicht sechs Träger oder mehr auf einen Offizier und bis zu drei Träger auf einen Soldaten kommen. In manchen belgischen Kolonnen standen jedem europäischen Offizier gar 18 Träger zu.[62] Genaue Zahlen über den Einsatz von Trägern während des Krieges aber haben wir nicht. Vor allem für die deutsche Seite gibt es kaum verlässliche Informationen. Nicht nur, dass die Verantwortlichen über die Rekrutierung von Trägern kaum Buch führten, der Großteil der deutschen Akten der Kriegsjahre ist den Kriegswirren zum Opfer gefallen. Selbst Gouverneur Schnee, in dessen Verantwortung die Organisation der Kriegswirtschaft lag, konnte die Zahlen nur schätzen. Ihm zufolge sei in den Kriegsjahren jeder männliche arbeitsfähige Afrikaner in der Kolonie mindestens einmal zu Trägerarbeiten herangezogen worden. Das wären bei einer geschätzten Bevölkerungszahl von etwa sieben Millionen Afrikanern mehr als zwei Millionen Afrikaner. Der Historiker John Iliffe geht von 45.000 Trägern aus, die die Deutschen im Jahre 1916, dem Zeitpunkt ihrer höchsten Truppenstärke, in Dienst hatten.[63]

Auch auf alliierter Seite sieht es mit den Zahlen nicht viel besser aus. Die Bürokratien der alliierten Kriegsmaschinerie waren kaum in der Lage, der Registrierung der Hunderttausenden von Trägern, von denen ein nicht unbeträchtlicher Teil ad hoc und nur für kurze Zeit rekrutiert wurde, Herr zu werden. Das *Colonial Office* schätzte die Zahlen für die britische Seite auf 500.000 bis 750.000 Afrikaner, deutsche Schätzungen gingen von bis zu einer Million Trägern aus, die die Briten während des Krieges rekrutierten. Die Belgier sollen laut Iliffe etwa 260.000 Träger eingesetzt haben. Insgesamt haben nach heutigen Schätzungen also etwas mehr als eine Million Afrikaner in diesem Krieg als Träger gedient.[64]

Während die Alliierten erst im Laufe des Krieges begannen eine Organisationsstrukturen für ihre beträchtliche Trägermassen aufzubauen, hatten die Deutschen bereits vor Kriegsbeginn Träger fest in ihre Truppen integriert. Die lange Phase der kolonialen Eroberung des fast eine Million Quadratkilometer großen Territoriums hatte den Kolonialmilitärs deutlich vor Augen geführt, dass ihre Truppen sich einerseits durch eine hohe Mobilität auszeichnen müssten, sie anderseits jederzeit in der Lage sein sollten, sich selbst zu versorgen. Bereits Ende des 19. Jahrhunderts hatte es unter deut-

---

62 FP 2659/1155 Compte rendu des opérations établi par le Capitaine Commandante Jacques, n.d.
63 Schnee, *Deutsch-Ostafrika*, S. 126; Iliffe, *Modern History*, S. 249.
64 Lettow-Vorbeck, *Mein Leben*, S. 136; Iliffe, *Modern History*, S. 249.

schen Offizieren erste Überlegungen gegeben, ständige Trägerkorps in den einzelnen Kompanien zu schaffen. Jede Kompanie, die eine Mannschaftsstärke von etwa 160 *Askari* hatte, verfügte über 250 Träger.[65] Die Deutschen, so paradox es anmuten mag, profitierten während des Krieges von der infrastrukturellen Unterentwicklung ihrer Kolonie. In Friedenszeiten war der Transport in der Kolonie in hohem Maße von Trägern abhängig gewesen. Erst in den letzten Jahren vor dem Krieg war die lange geforderte Mittelland-Bahn von der Küste zum Tanganyika-See fertiggestellt worden. An der Bedeutung der Trägerarbeit hatte allerdings auch die Mittelland-Bahn wenig geändert, denn sie war kaum in eine weiter verzweigte Infrastruktur eingebunden. Kamen die Lasten auf einer der Bahnstationen an, mussten sie von den Trägern weiter zu ihrem Bestimmungsort gebracht werden. 1913 waren mehr als 20.000 Afrikaner als Träger beschäftigt, nur auf den Plantagen arbeiteten mehr Afrikaner.[66] So verfügten die Deutschen über ein großes Reservoir an erfahrenen Trägern, aber die Nachfrage der Kriegswirtschaft nach Trägern und Arbeitern innerhalb der Kriegsökonomie war immens. Die schätzungsweise 20.000 professionellen Träger, die den Deutschen zu Kriegsbeginn zur Verfügung standen, konnten den Bedarf der Kriegsökonomie nicht mal ansatzweise decken. Allein für die Bergung und den Transport der Geschütze des von der *Royal Navy* versenkten Kreuzers »Königsberg« setzten die Deutschen mehrere Tausend Träger ein.[67] Die Etappenleitung unter General Wahle und Gouverneur Schnee baute in weiten Teilen der Kolonie ein System von Trägerlagern und Nahrungsmitteldepots auf. Die in der Kolonie produzierten Lebensmittel mussten in diese Etappenlager verbracht werden. Die wichtigsten Erzeugergebiete von Nahrungsmitteln, die Bezirke Mwanza und Bukoba, waren nicht an die Bahnlinien angeschlossen. Nahezu jedes Ausrüstungsstück, jede Patrone oder jedes Gramm Mehl landete daher irgendwann auf dem Weg zu den Truppen auf dem Rücken eines Trägers. Mehr noch, die Träger wurden auch zum Bau von Verteidigungsanlagen in der ganzen Kolonie sowie von Schutzbunkern in den Hafenstädten eingesetzt.[68]

Schnees Vermutung, dass jeder männliche Afrikaner der Kolonie mindestens einmal als Träger gedient habe, mag etwas hochgegriffen erscheinen: Der Zugriff der deutschen Kriegswirtschaft auf die Arbeitskraft-Res-

---

65 Hodges, *Carrier Corps*, S. 20.
66 Koponen, *Development*, S. 609.
67 Farwell, *Great war in Africa*, S. 181.
68 BArch R1001/9563 Kriegstagebuch Nr. 2 der 17. Feldkompanie.

sourcen war regional höchst uneinheitlich. Unyamwezi und Usukuma waren schon in der Vorkriegszeit die wichtigsten Gebiete für die Rekrutierung von Arbeitskräften und blieben es auch im Krieg. Die bevölkerungsreichste Gegend der Kolonie, das Zwischenseengebiet, lieferte dagegen nur wenige Träger. Die Deutschen hatten schlechte Erfahrungen mit den Haya und Ruandern als Träger gemacht, sie galten als anfällig für Krankheiten, wenn sie ihre hochgelegenen Heimatgebiete verließen. Doch Schnees Angaben vermögen durchaus die neue Qualität der Einbeziehung der afrikanischen Bevölkerung in die Kriegsökonomie zu illustrieren. Vor dem Krieg waren circa 171.000 Afrikaner in der kolonialen Ökonomie tätig, das waren rund 20 Prozent der arbeitsfähigen männlichen Bevölkerung.[69] Kurz vor dem Krieg hatte die Kolonialverwaltung in weiten Teilen der Kolonie mit der Registrierung der arbeitsfähigen Bevölkerung begonnen und Arbeiterkarten, *Kipande* genannt, eingeführt. Diese Bürokratisierung der Arbeiterrekrutierung machte sich jetzt bezahlt. Da viele Plantagenarbeiter durch die Schließung von *Cash-crop*-Plantagen frei wurden, konnten diese Arbeitskräfte ohne große Probleme zum Trägerdienst verpflichtet werden. Dies galt in ähnlicher Weise für die Arbeiter an den Bahn- und Straßenbauprojekten, die mit Kriegsbeginn eingestellt wurden.[70]

Doch die deutschen Behörden hatten kaum Erfahrungen in der Organisation großer Massen von Arbeitskräften. Koloniale Großprojekte wie der Eisenbahnbau waren in der Geschichte der Kolonie eher die Ausnahme. Anstelle der industriellen Moderne hatte eher ein feudales Plantagensystem die koloniale Ökonomie geprägt. Das kannte nur einige wenige größere Plantagen, in der Mehrheit betrieben mittelständische Siedler kleinformatige Landwirtschaft. So beschrieb denn auch Lettow-Vorbeck die Organisation der Träger im Krieg als einen Lernprozess. »Europäer und Farbige«, so der Generaloberst, hätten erst »die Zusammenarbeit großer Menschenmassen« und die »Wichtigkeit von Ordnung und Disziplin für das Funktionieren des Nachschubs und die Gesundheit aller Beteiligten« lernen müssen.[71] Eines der größten Etappenlager errichteten die Deutschen unmittelbar nach Kriegsbeginn in Morogoro. Bis zu 20.000 Träger wurden zwischen diesem Lager und der Front an der Nordgrenze der Kolonie eingesetzt. Mehr als 100 Wellblechbaracken wurden für ihre Unterbringung errichtet. In den Etappen- und Trägerlagern des Ersten Weltkriegs kam die koloniale Moder-

---

69 Koponen, *Development*, S. 609.
70 Ebd., S. 402.
71 Lettow-Vorbeck, *Erinnerungen*, S. 47.

ne zu einem ihrer Höhepunkte. Selten zuvor gelang es dem kolonialen Staat, so viele Afrikaner in die koloniale Ökonomie zu pressen und, mehr noch, einem rigiden Disziplinarregime zu unterwerfen. Doch Lettow-Vorbecks Bemerkung, dass die harsche Disziplin in den Trägerlagern der Gesundheit der Träger gedient habe, mag dennoch bezweifelt werden. Glaubt man dem Chef der Etappenleitung, General Wahle, sollen die hygienischen Bedingungen in den Lagern katastrophal gewesen sein. Seuchen, hervorgerufen durch mangelhafte Hygiene und zu wenige Ärzte, grassierten bereits wenige Monate nach der Errichtung der Lager.[72] Britische Truppen stießen bei der Eroberung von Handeni an der Küste auf ein Lager von Trägern und Arbeitern, die für die Deutschen Befestigungsanlangen gebaut hatten und von ihnen bei ihrem Abzug in furchtbaren gesundheitlichen Zustand zurückgelassen worden waren. Nahezu jeder der etwa 200 Männer sei, so ein britischer Offizier, an Typhus erkrankt und dem Tode nahe gewesen.[73]

Gelang es in den ersten Monaten des Krieges den Trägerbedarf vor allem durch entlassene Plantagenarbeiter und Bahnbauarbeiter zu decken, so wurde die Trägerfrage für die Deutschen im Laufe des Krieges zu einem ständig wachsenden Problem. Durch den Verlust der kolonialen Infrastruktur infolge der Smuts-Offensive wurden die Möglichkeiten einer einigermaßen geregelten Trägerwerbung im Jahre 1916 immer prekärer. Was anfangs durchaus Züge eines geregelten Trägerbetriebs hatte, in dem die Träger Zeitverträge und dementsprechende Lohnzusagen bekommen hatten, wandelte sich mehr und mehr zu einem Zwangssystem, in dem der Bedarf die Regeln bestimmte oder auch aussetzte. Der Vertrag wurde durch den Zwang ersetzt und der Lohn durch die Peitsche. Dem *Kipande*-System folgte die Razzia, den Arbeiteranwerbern die Rekrutierungspatrouillen. Diese waren wenig wählerisch sowohl in der Wahl ihrer Mittel als auch in der Wahl ihrer Opfer. Gleich den Sklavenhändlern des 19. Jahrhunderts kamen die Patrouillen in den frühen Morgenstunden in die Dörfer und führten vom Kind bis zum Greis jeden weg, der Beine und Arme hatte. Der Erfolg dieser Rekrutierungsrazzien war allerdings nur gering. Ein deutscher Kriegsfreiwilliger, der einer solchen Rekrutierungskampagne beiwohnte, beschrieb

---

72 Wahle, *Erinnerungen*, S. 14.; W. O. Henderson, »The War Economy of German East Africa, 1914-1917«, *The Economic History Review* 13 (1943), S. 104–110, insbesondere S. 107.

73 Francis Brett Young, *Marching on Tanga. With General Smuts in East Africa* (New York: E.P. Dutton, 1917), S. 116f.

Kriegsgefangene als Träger bei den deutschen Truppen

die geworbenen Träger als »gelbhaarige Tattergreise und Krüppel.«[74] Es waren diejenigen, die nicht rechtzeitig hatten fliehen können oder die zu alt und schwach waren um zu fliehen. Diejenigen, die fliehen hatten können, waren zu einem Leben gezwungen, das sie noch aus den Erzählungen ihrer Vorväter kannten, die während der Sklavenjagden des 19. Jahrhunderts Zuflucht in den Bergen und Wäldern gesucht hatten. Ganze Dörfer wurden von der Bevölkerung aus Furcht vor den Rekrutierungspatrouillen monatelang verlassen. Und mancherorts kehrten sie erst Jahre später wieder in die Dörfer zurück, wie ein britischer Verwaltungsoffizier Ende der 1920er erstaunt feststellte.[75]

Bei der Rekrutierung von Trägern entlang der Fluchtwege der *Safari ya Bwana Lettow* gingen die Deutschen mit größter Brutalität vor. Kooperationsunwilligen Chiefs wurde mit der Prügelstrafe gedroht oder die Pistole unter die Nase gehalten. Dass die Chiefs gut daran taten, sich nicht allzu

---

74 Decher, *Afrikanisches*, S. 30. Siehe auch Africanus, *The Prussian Lash in Africa* (London: Hodde & Stougthon, 1918), S. 126.
75 NA CO 691 /1 War Diary of General Edward Northey, 30.11.1916; Charles Wilcocks, *Diary*. Unveröffentlichtes Manuskript, Rhodes House Library, Oxford: C Wilcocks Tanganyika Papers (MSS Afr. s. 796), n.d.; Eintrag 6.10.1928.

Träger während der Rast

kooperationsbereit zu geben, zeigte ein Beispiel aus Musoma. Hier wurde ein Chief, der den Deutschen bereitwillig Träger zur Verfügung gestellt hatte, von der empörten Dorfbevölkerung nach dem Abzug der Deutschen gelyncht.[76] Doch die Möglichkeiten der lokalen Bevölkerung, sich den Rekrutierungspatrouillen zu widersetzen, waren begrenzt. Zu fliehen und sich über Wochen in der Wildnis zu verbergen, war oft der einzige Ausweg. Zu einem drastischen Mittel griffen die Bewohner eines Dorfes in Unyamwezi, das eine deutsche Rekrutierungspatrouille mit vergiftetem Bier außer Gefecht setzte und sie anschließend den nachrückenden Briten übergab.[77]

Träger war bei den Deutschen nicht gleich Träger. Es gab beträchtliche Unterschiede in der Versorgung mit Lebensmitteln und Medikamenten und im Status. Die so genannten Kompanieträger waren fest in die militärische Struktur der deutschen Truppen integriert. Ihr Status und damit einhergehend ihre Behandlung war ungleich besser als die der so genannten Landschaftsträger, die ad hoc aus den Dörfern weggeführten Männer und

---

76 Decher, *Afrikanisches*, S. 45, MacDonald, *Mzee Ali*, S. 185. Siehe für die britischen Truppen: Hodges, *Carrier Corps*, S. 142.
77 Clifford, *Gold Coast Regiment*, S. 22.

Frauen. Die Kompanieträger waren militärisch ausgebildet und einer ebenso strengen Disziplin unterworfen wie die *Askari*. Oftmals waren es im Laufe des Krieges diese Kompanieträger, die die sich lichtenden Reihen der regulären Kompanien wieder füllten. In den Gefechtsberichten der Offiziere ist nachzulesen, dass die Träger schon sehr früh auch als Kombattanten eingesetzt wurden. Sie wurden beispielsweise als Wachen und zur Aufklärung eingesetzt. Bisweilen nahmen sie auch die Gewehre gefallener *Askari* an sich und kämpften an deren Stelle weiter. Besonders im letzten Jahr des Krieges machten die Deutschen viele Träger zu *Askari*.[78] Sie bekamen regelmäßig Sold und hatten Anspruch auf medizinische Versorgung. Im Falle ihres Todes wurde ihr Nachlass mit der gleichen Sorgfalt geregelt wie der der *Askari*. Aus den Verlustlisten der 21. Feldkompanie geht hervor, dass dieser Nachlass zum Teil nicht unerheblich war. Der Träger Mirmaba Shangu beispielsweise hinterließ bei seinem Tod immerhin 635 Rupien: ein kleines Vermögen in dieser Zeit.[79]

Dass diese Gruppe von Trägern einen Status hatte, der sie fest in die militärischen und ökonomischen Strukturen der deutschen Truppen einband, zeigte sich auch in der Verteilung der Beute in der *Safari ya Bwana Lettow*. Wenn die deutschen Offiziere den Karneval der mit Beutestücken beladenen deutschen Truppen beschreiben, finden sich *Askari* und Träger Seite an Seite. Auch in der medizinischen Versorgung standen die Kompanieträger nur wenig unter den *Askari*. Und selbst bis in ihren Tod hinein erfuhren sie eine andere Behandlung als die Landschaftsträger. Ihr Ableben wurde mit der gleichen Sorgfalt registriert wie das der *Askari*.[80]

Ganz anders waren der Status und die Behandlung der entlang des Wegs rekrutierten Träger. Sie waren den Offizieren kaum mehr wert als Transportvieh. Die Chancen für ihr Überleben tendierten gegen Null und ihren Tod nahmen die Offiziere wenn überhaupt, dann kaum mehr als mit einem Achselzucken zur Kenntnis. Oftmals war es nur der Tod oder die völlige

---

78 Bleeck, Lt. D. R. & Kompanieführer, Bericht über das Gefecht bei Jassin, n.d. [12.1.1915], in: Deutsch-Ostafrika. Kaiserliches Gouvernement, *Zusammenstellung*, S. 248.
79 BArch N103/94 Reichsministerium für Wiederaufbau, Kolonialzentralverwaltung an Lettow-Vorbeck, Berlin, 23.12.1922; BArch R1001/9563 Kriegstagebuch Nr. 2 der 17. Feldkompagnie; Deppe, *Lettow-Vorbeck*, S. 62; August Hauer, »Als Frontarzt im Zuge Lettows«, in: *Deutsche Medizinische Wochenzeitschrift*, (1934) 48, S. 1852–1863, insbesondere S. 1855; Farwell, *Great war in Africa*, S. 110, Hodges, *Carrier Corps*, S. 22.
80 Deppe, *Lettow-Vorbeck*, S. 68; Barch R1001/9570 Namentliche Liste der Verstorbenen der 11. Feldkompanie; Liste der verstorbenen *Askari* der 21. Feldkompanie; Liste der verstorbenen Träger und *Askari*, Feldlazarett, 7.1.1915; Namentliche Liste der Verstorbenen der 4. Feldkompanie.

Erschöpfung, die sie von ihrem Zwangsdienst entbanden. Viele suchten daher ihr Heil in der Flucht. Um Desertionen von Trägern vorzubeugen, banden die Deutschen die Träger mit Halsketten aneinander und verwahrten sie des Nachts in Dornenverhauen.[81] Fliehende Träger wurden von brutalisierten *Askari* und Deutschen erschossen oder erschlagen, ermattete Träger entlang des Weges ihrem Schicksal überlassen. Der Arzt Hauer gab den zurückgelassenen Trägern kaum Chancen, die nächsten Tage zu überleben: Entweder sie stürben an den Folgen von Unterernährung und Ermattung oder sie würden von der lokalen Bevölkerung erschlagen. Die Erinnerungen des Kriegsfreiwilligen Decher (von seinen Offizieren als Sozialdemokrat verdächtigt, was weit mehr über den ideologischen Hintergrund vieler Offiziere aussagt, als über Dechers tatsächliche politische Gesinnung) zeigen ein Bild vom Leben der Träger, das geprägt war von unzureichender Verpflegung und Kleidung, Krankheiten und den strapaziösen Märschen unter der Knute der deutschen Soldateska.[82] So konnten Northeys rhodesische Truppen den Weg der Deutschen unter dem Kommando von Wahle im November 1916 anhand der am Weg liegenden Leichen von Trägern nachverfolgen. Unter den Toten waren beileibe nicht nur Männer, sondern auch alte Frauen, Jünglinge und Greise.[83]

Als der Krieg 1914 in Ostafrika begann, verfügten die Briten über keine Institution der Trägerrekrutierung und -organisation, die diesen Namen wert gewesen wäre. Die Hoffnungen auf einen schnellen Sieg über die Deutschen hatten die Verantwortlichen im *War Office* wenig über die Frage des Transports nachdenken lassen. Die entscheidenden Kämpfe, so die Hoffnung der Militärstrategen, würden an der Küste und an der Nordgrenze der deutschen Kolonie stattfinden. Hier gab es die Uganda-Bahn und an der Küste konnte die *Royal Navy* die Truppen auf dem Seeweg an ihre Bestimmungsorte bringen.[84] Diese Vorstellung erwies sich, wie bereits in den ersten Wochen des Krieges deutlich wurde, als eine der vielen britischen Illusionen dieses Feldzuges. Einige der ersten militärischen Fehlschläge der Briten, so der britische Historiker Geoffrey Hodges in seinem bemerkenswerten Buch über die britischen Träger im Ersten Weltkrieg, hatten denn auch ihren Grund im Versagen des Trägerdienstes.[85] Auf dem Papier schien die Über-

---

81 Angus Buchanan, *Three Years of War in East Africa* (London: Murray, 1919), S. 151; Deppe, *Lettow-Vorbeck*, S. 140, 250; Hauer, *Kumbuke*, S. 148; Decher, *Afrikanisches*, S. 30.
82 Decher, *Afrikanisches*, S. 242.
83 NA CO 691/1 War Diary of General Edward Northey, 30.11.1916.
84 Hodges, *Carrier Corps*, S. 22.
85 Fendall, *East African force*, S. 84; Hodges, *Carrier Corps*, S. 24.

legenheit der alliierten Truppen offensichtlich, doch die realen Kräfteverhältnisse auf dem Schlachtfeld wurden maßgeblich von den Trägern bestimmt. Auf dem Hauptschauplatz der Kämpfe in den ersten Monaten des Krieges, der Kilimanjaro-Region und den Usambara-Bergen, konnten die Deutschen das für sie ungünstige Kräfteverhältnis vor allem durch die Usambara-Bahn ausgleichen. Dies wurde besonders in den Kämpfen am Longido und in Tanga deutlich. Die Briten hofften durch ein koordiniertes Vorgehen an beiden Frontlinien, die deutschen Kräfte zu zersplittern. Den Deutschen aber gelang es, ihre Truppen mithilfe der Usambara-Bahn und eines ausgeklügelten Trägersystems schnell hin- und herzuschieben. Die Briten dagegen mussten ihre Truppen am Longido durch die nahezu wasserlose Massaisteppe bewegen. Einzelne Truppenteile konnten aufgrund der Transportprobleme gar nicht oder nur zu spät in die Kämpfe eingreifen. Beim Rückzug der Briten geriet der Abtransport der Verwundeten und der militärischen Ausrüstung zu einem Fiasko. Ein Großteil der britischen Träger ergriff bei den ersten Schüssen die Flucht. Zudem stellten sich die von den Briten verwendeten Tragebahren als völlig ungeeignet heraus, sodass viele Verwundete den Deutschen in die Hände fielen.[86] In den Kämpfen am Longido konnten die Deutschen daher große Mengen an militärischer Ausrüstung erbeuten. Das Fiasko am Longido war dabei nur ein Glied in einer ganzen Kette von Ereignissen. Das Versagen des britischen Transportwesens beeinflusste schon in den ersten Monaten in gewisser Weise den weiteren Kriegsverlauf in entscheidendem Maße. Ohne die in dieser Zeit erbeuteten Waffen und Ausrüstungen wären die Deutschen kaum in der Lage gewesen, ihre Truppen ausreichend auszurüsten und ihren Widerstand so lange aufrecht zu erhalten.

Doch die britischen Behörden und Militärs begannen nur langsam, zu langsam, aus den Fehlern der ersten Kriegsmonate zu lernen. Kaum ein Jahr nach dem ersten Fiasko am Longido schien sich die Geschichte zu wiederholen. Als die Briten am 20. September 1915 einen erneuten Versuch unternahmen, die Deutschen vom Berg zu vertreiben, scheiterten sie wieder an der Unfähigkeit, ihre Truppen rechtzeitig zu positionieren. Und wieder gelang es den Deutschen, die nach dem missglücktem Angriff zurückgebliebenen Waffen und Ausrüstungsteile zu erbeuten. Smuts Strategie der folgenden Wochen, die Deutschen mit Umgehungsversuchen einzukesseln und zur Aufgabe zu zwingen, missriet vielfach aufgrund des schon beinahe sprichwörtlichen Trägermangels. Immer wieder kam es zu einer zeitweisen

---

86 Deutsch-Ostafrika. Kaiserliches Gouvernement, *Zusammenstellung*, S. 98.

Immobilität der Truppen und zu schwerwiegenden Engpässen in ihrer Verpflegung. Desertionen der Träger durchkreuzten die Pläne der Kommandeure und zwangen sie mitunter zum Rückzug oder zur vorzeitigen Aufgabe ihrer Pläne. Wenig besser erging es den Belgiern. Kaum hatten sie die Grenze zu Ruanda überschritten, stockte ihr Vormarsch, weil sie zu wenige Träger bereit hatten und weil die lokale Bevölkerung ahnend, was sie bei Ankunft der Belgier erwarteten würde, geflüchtet war. Je weiter sich die belgischen Truppen von ihren Ausgangsbasen entfernten, desto größer wurden ihre Probleme: In Tabora verhinderte im September 1916 ein gravierender Trägermangel die endgültige Vernichtung der Truppen von Wintgens und Wahle. Einige Monate später konnten die Deutschen britische und belgische Truppen bei Mahenge schlagen, weil diese es nicht vermocht hatten, ihre Kräfte zu konzentrieren. Naumanns nahezu ungehinderter Zug durch die halbe deutsche Kolonie wäre ohne das Versagen der britischen und belgischen Etappendienste nicht möglich gewesen. Immer wieder mussten die belgischen Kolonnen ihre Jagd aufgeben, weil sie über zu wenige Träger verfügten. Dem Leser der belgischen Berichte wird manchmal nicht ganz klar, wen die belgischen Kolonnen jagten: Naumann oder neue Träger. Oft genug mussten die Kolonnen ihren Weg ändern, um neue Träger zu finden. Die Deutschen waren nicht selten schneller gewesen und hatten den Belgiern die Bevölkerung ganzer Dörfer vor der Nase weggeschnappt.[87]

Diese Aufzählung ließe sich beliebig fortführen. Die effektivste Waffe der Deutschen waren in der Tat ihre Beine oder umgekehrt, die mangelnde Anzahl von Beinen auf alliierter Seite. Selbst dort, wo Stillstand eingekehrt war und die Truppen sich in wochenlangen Frontverläufen gegenüberstanden, machte sich der Mangel an Trägern schnell bemerkbar. Aufgrund dessen sei im Sommer 1917 die Etappenversorgung der belgischen Truppen zu einem Stillstand gekommen, berichtete der Gouverneur des Kongo an den belgischen Kolonialminister.[88]

Die Transportprobleme waren den Verantwortlichen sehr früh bewusst, dennoch dauerte es lange, bis sie sich an eine Lösung des Problems machten und noch länger bis das Problem zumindest in Ansätzen gelöst war. Die Geschichte der britischen Trägerdienste im Krieg war eng verbunden mit dem

---

87 FP 1129/2657 Olsen, Compte rendu des opérations exécutée par la Brigade Sud pendant la mois de Juin 1916; FP 1129/2657 Tombeur, Rapport du mois d'avril 1916, Kibati, 15.5.1916; FP 1129/2657 Rapport d'ensemble du mois de septembre 1916, Tombeur, 6.10.1916.
88 FP 2661/1172 Couchey, Note pour le service politique, 22.11.1917; FP 814 Le Gouverneur Général an Monsieur le Ministre des Colonies, 11.12.1918.

Distriktverwalter Oscar F. Watkins, der 1914 die *Carrier Corps* ins Leben rief und sie nahezu drei Jahre unter seiner Verantwortung hatte. Wie Watkins waren die ersten Offiziere des *Carrier Corps* ehemalige britische Zivilbeamte. Einige brachten ihre Erfahrungen mit der Organisation von afrikanischen Arbeitern im Eisenbahnbau mit; Watkins selbst hatte die bürokratische Erfassung von Afrikanern in den Minen Südafrikas erlernt. Diese Erfahrungen flossen nun auch in die Rekrutierungen der Träger für das *Carrier Corps* ein. Die erste Phase der Rekrutierung war so vor allem eine Intensivierung von Praktiken, die in den britischen Kolonien vor Kriegsbeginn angewandt worden waren. Hier waren vor allem die lokalen Chiefs die Ansprechpartner für Forderungen des kolonialen Staates nach Arbeitskräften gewesen und auch der Beginn des Krieges sah sie in dieser Rolle.[89]

Die Rekrutierung von Trägern hielt sich in Britisch-Ostafrika zunächst noch in Grenzen. Ende 1914 hatte Watkins etwa 5.000 Ostafrikaner unter seinem Kommando. Diese waren in fünf Corps unterteilt und in zentralen Camps stationiert. In Britisch-Nyassaland waren es im ersten Kriegsjahr immerhin etwa 250.000 Afrikaner, die in irgendeiner Weise für die Kriegsbemühungen schuften mussten. Hier war die militärische Fronarbeit allerdings weitaus weniger in institutionelle Strukturen gegossen und im Grunde eine Fortsetzung kolonialer Arbeitsdienste unter anderem Namen. Viele Träger wurden erst bei Bedarf angeheuert und verließen bei Ende des Frondienstes die *Carrier Corps* wieder. Träger dürften die meisten nicht gewesen sein, denn umfangreich waren die militärischen Operationen der Briten im ersten Kriegsjahr hier nicht, als dass sie Hundertausender Träger bedurft hätten.[90] Die vergleichsweise geringe Anzahl der Träger im ersten Jahr des Krieges mag die taktische Aufstellung der britischen Truppen illustrieren. In der Schlacht von Tanga hatten die Briten die Transportfrage mithilfe der *Navy* gelöst, nur am Longido mussten sie in größerem Umfange der Arbeit von Trägern zurückgreifen. Die gelegentlichen Offensiven der Briten am

---

89 D. Killingray, »Labour Exploitation for Military Campaigns in British Colonial Africa 1870-1945«, *Journal of Contemporary History* 24 (1989), S. 483–501, insbesondere S. 488; Evanson N. Wamagatta, »British Administration and the Chiefs' Tyranny in Early Colonial Kenya: A Case Study of the First Generation of Chiefs from Kiambu District, 1895–1920«, *Journal of Asian and African Studies* 44 (2009), S. 371–388, insbesondere S. 380; Donald C. Savage & J. Forbes Monroe, »Carrier Corps Recruitment in the British East African Protectorate, 1914–18«, *The Journal of African History* 7 (1966), S. 313–342, insbesondere S. 315.

90 Hodges, *Carrier Corps*, S. 32.

Viktoria-See und am Nyassa-See wurden ebenfalls mithilfe von Schiffen durchgeführt. Bis Ende 1915 konnten die Briten sich noch in der Illusion wiegen, den Transport durch Träger mit einem Mindestmaß an Aufwand zu lösen.

So steckten die Institutionen der Trägerrekrutierung- und Organisation noch in den Kinderschuhen, als die Verantwortlichen in London Ende 1915 die Entscheidung für eine Offensive in Ostafrika trafen. 1916 wurde das *Military Labour Bureau* (MLB) geschaffen, das den wachsenden Bedarf der alliierten Truppen an Trägern und Arbeitern befriedigen sollte. Die in den *Carrier Corps* dienenden Träger waren längst nicht mehr nur Träger, sondern wurden zu einer Vielzahl von Arbeiten herangezogen. Vom Bau von Straßen und Eisenbahnlinien bis hin zur Aushebung von Verteidigungsstellungen taten die Männer der *Carrier Corps* so ziemlich alles, was mit dem Krieg zusammenhing. Im März 1916 war allein in Britisch-Ostafrika die Zahl der bei den *Carrier Corps* verpflichteten Afrikaner auf 30.000 angewachsen. Die Gründung MLB trug dieser Entwicklung Rechnung. Mit mehr Personal und mehr materiellen Ressourcen ausgestattet, erwuchs das MLB zu einer bürokratischen Krake, die in der Geschichte Britisch-Ostafrikas kein Vorbild kannte. Watkins bekam weitreichende Befugnisse, die er nun auch gegen den Widerstand der Truppenkommandeure durchsetzen konnte. Watkins selbst kommentierte sein neues Amt mit den Worten:

Ich bin schrecklich unpopulär, fürchte ich. Wenn ich neue Männer brauche, bekomme ich Ärger mit der Zivilverwaltung. Wenn die Träger schlecht behandelt werden, muss ich den Militärs auf die Finger klopfen. Mein Job ist in etwa so beliebt wie der eines Polizisten.[91]

Watkins Innovation in der Geschichte des kolonialen Arbeitsdienstes in Britisch-Ostafrika bestand in der Zusammenführung militärischer und kolonialer Praktiken. Die Rekrutierungen bedienten sich bis 1916 weitestgehend der bestehenden Strukturen, in denen die lokalen Chiefs eine wichtige Rolle spielten. Doch vor allem an der Küste begannen die Briten mehr und mehr auf finanzielle Anreize zu setzen. Die Träger der *Carrier Corps* bekamen bis Mitte 1915 einen regelmäßigen Sold von 10 bis 15 Rupien im Monat. Dies empfanden die Ostafrikaner als zu wenig, um ihre Haut für die Europäer zu Markte zu tragen. Den Militärs waren diese Summen gleichwohl zu hoch, wenig schätzten sie den Wert afrikanischer Muskelkraft und laute

---

91 Elizabeth Watkins, *Oscar from Africa: The Biography of Oscar Ferris Watkins, 1877–1943* (London: Britwell Books, 1995), S. 96. [Übersetzung des Autoren]

hallten die Warnungen der Kriegsplaner daheim, die Kosten nicht explodieren zu lassen. Nur wenige Ostafrikaner meldeten sich angesichts des mageren Lohns und des zu erwartenden entbehrungsreichen Lebens freiwillig als Träger. Die britischen Behörden reagierten auf die ausbleibenden Rekrutierungserfolge mit der sukzessiven Einführung von Zwangsverpflichtungen. Ein erster Schritt in diese Richtung war die Einführung des Kriegsrechts in denjenigen britischen Kolonien, die unmittelbar am Krieg gegen die Deutschen teilnahmen. Damit war der juristische Weg frei für einen nahezu ungehinderten Zugriff des kolonialen Staates auf die afrikanischen Arbeitskräfte. Und nicht nur das: Weil den Militärs angesichts der immer größer werdenden Trägermassen die Kosten für den Transport allmählich zu hoch wurden, insistierten sie auf niedrige Löhne. Wie bei den Deutschen ersetze, je länger der Krieg dauerte, auch bei den Briten zunehmend der Zwang den Vertrag. Chiefs wurden Quoten für die Trägerrekrutierung auferlegt und der koloniale Staat bewies einige Fantasie, die Afrikaner in den Trägerdienst zu zwingen. In den Küstenstädten der britischen Kolonie häuften sich nächtliche Razzien von Rekrutierungskommandos, die Jagd auf »Vagabunden« und »Nichtstuer« machten. Kriminelle und Steuernachzügler hatten wenig Chancen, dem Weg an die Front auszuweichen. Selbst unbescholtene junge Männer taten gut daran, die europäischen Verwaltungsposten zu meiden. Die Aufforderung, für die Ableistung des üblichen Arbeitsdienstes zum Distriktoffizier zu kommen, konnte sich nun auch leicht als Einberufungsbefehl entpuppen.[92]

Willkommene Verbündete fanden die Militärs bei den Siedlern, deren Einfluss auf die Politik in der Kolonie selten so groß war wie zu Kriegszeiten. Die Siedler hatten zunächst mit großem Unmut auf die neue Konkurrenz der Militärs auf dem Arbeitskräftemarkt und die relativ guten Löhne in den *Carrier Corps* reagiert. Die Militärs wiederum verdächtigten die Ostafrikaner, sich dem ungeliebten Trägerdienst durch Flucht auf die Plantagen der Siedler entziehen zu wollen. Nur diejeingen Afrikaner, die sich auf den Farmen der Europäer verdingten, wurden vom militärischen Arbeitsdienst verschont. Dennoch eröffnete sich den Siedlern durch die Zwangsrekrutierungen ein ihnen bis dahin nahezu unzugängliches Reservoir von

---

92 Diana Wylie, »Confrontation over Kenya: the Colonial Office and its Critics 1918– 1940«, *The Journal of African History* 18 (1977), S. 427–447; John Overton, »War and Economic Underdevelopment? State Exploitation and African Response in Kenya 1914– 1918«, *The International Journal of African Historical Studies* 22 (1989), S. 201–221, insbesondere S. 206; Savage & Monroe, *Carrier Corps Recruitment*, S. 313–342, insbesondere S. 316.

afrikanischen Arbeitskräften. Schon lange vor dem Krieg hatten Siedler die Einführung von Zwangsrekrutierungen gefordert. Mit der *Native Registration Order*, die 1915 eine umfassende Registrierung von arbeitsfähigen Afrikanern einführte, wurden ihre Forderungen weitestgehend erfüllt. Afrikaner, die sich bis zum Krieg erfolgreich gegen die Einbeziehung in die koloniale Ökonomie gewehrt hatten, kamen nun ins Visier des kolonialen Staates. Zur besseren bürokratischen Erfassung der Träger wurde 1916 das *Kipande*-System eingeführt. Möglichweise hatten sich die Briten hier bei den Deutschen orientiert, allerdings gibt es in den Quellen keine Verweise auf ein deutsches Vorbild. *Kipande* hießen die Soldbücher der Träger, auf denen neben persönlichen Daten auch der Fingerabdruck seines Inhabers gespeichert war. Mit Hilfe dieses Systems wurden erstmals weite Teile der afrikanischen Bevölkerung vom kolonialen Staat statistisch erfasst. Damit wurde nicht nur die Grundlage für eine effizientere Rekrutierung von Trägern im Krieg geschaffen. Auch nach dem Krieg blieb dieses System bestehen und wurde nun für den kolonialen Arbeitsdienst und für die Rekrutierung von Plantagenarbeitern genutzt. Bis 1931 wurden fast zwei Millionen solcher *Kipande* in Britisch-Ostafrika ausgestellt.[93]

Der Kriegsökonomie läutete eine zweite Phase der kolonialen Eroberung ein, in der das Maschinengewehr dem *Kipande,* oder mit anderen Worten: der Bürokratisierung kolonialer Herrschaft, weichen sollte. Der gewaltsamen Unterwerfung der afrikanischen Gesellschaften um 1900 war vielerorts nicht der koloniale Staat und die Alltäglichkeit kolonialer Herrschaft gefolgt. Vor allem jene Afrikaner, die abseits der Verwaltungszentren und der Siedlungsgebiete weißer Siedler wohnten, hatten bis zum Ausbruch des Krieges wenig die Präsenz der Europäer zu spüren gehabt. Mit dem ständig steigenden Bedarf der Kriegsökonomie nach neuen Arbeitskräften und Soldaten, weitete sich nun auch der Zugriff des kolonialen Staates auf die afrikanischen Gesellschaften aus. Die Nandi, die sich bis 1914 relativ erfolgreich jeglichen Forderungen der Briten nach Arbeitskräften und Steuern entzogen hatten, wurden zum bevorzugten Rekrutierungsgebiet für die neuen Regimenter der *King's African Rifles*.

Die neuen Begehrlichkeiten des kolonialen Staates provozierten vielerorts den Widerstand der lokalen Gesellschaften. Im Süden der britischen

---

93 Hodges, *Carrier Corps*, S. 192ff; Hodges, *Military Labour*, insbesondere S. 141ff; Ruth Holland, »Feet and hands of the army«, *British Medical Journal* 295 (1987), S. 970–972, insbesondere S. 970; David M. Anderson, »Master and Servant in Colonial Kenya«, *Journal of African History* 41 (2000), S. 459–485, insbesondere S. 464.

Kolonie von Ostafrika kam es bereits Mitte August 1914 zu bewaffneten Zusammenstößen zwischen der Bevölkerung nachdem die Kolonialverwaltung auf den Bau einer neuen Straße bestand. Zwei Kompanien der *Kings African Rifles* brachen den Widerstand innerhalb weniger Wochen.[94] Im November 1914 rief der Prediger John Chilembwe seine afrikanischen Landsleute zum Protest gegen die immer härter werdenden Forderungen der Kriegsökonomie in Britisch-Nyassaland auf. Bereits zuvor hatte er seinen Unmut über die Folgen des Krieges für die Afrikaner in der »Nyasaland Times« zum Ausdruck gebracht. Zwei Monate später überfielen seine Anhänger europäische Farmen. Die Unruhen wurden jedoch schnell von den Briten niedergeworfen.[95] Das Maschinengewehr spielte immer noch eine gewichtige Rolle in der Durchsetzung kolonialer Politik.

Dennoch stellte der Erste Weltkrieg auch die Weichen für eine neue Phase kolonialer Herrschaft. Für die Organisation von Verpflegung und medizinischer Versorgung bedürfte es aber einer genauen Kenntnis darüber, wie viele Träger zu versorgen waren. Dieses Wissen zu erlangen, bereitete den Verantwortlichen allerdings erhebliche Probleme, da Desertionen häufig waren oder die Träger wenig Verständnis für die Zuteilung in ihre Einheiten zeigten und lieber in Einheiten wechselten, wo sie ihre Freunde oder Landsleute vermuteten. Auch die Offiziere der Truppen negierten die neuen Strukturen des Trägerdienstes. Sie bedienten sich aus dem Pool der *Carrier Corps* nach Belieben und ohne Rücksprache mit deren Hauptquartier. Proteste der *Carrier Corps*-Offiziere verhalten meist ungehört, da sie im militärischen Rang unter den Bataillonskommandeuren standen. Mit der Militarisierung kolonialer Arbeitswelten stieg der Hunger der Kolonialverwaltung nach Informationen über die rekrutierten Afrikaner. Watkins wollte nicht nur ausgebildete und professionelle, er wollte auch gesunde und gut ernährte Träger. Dieses Anliegen forderte ein fundierteres Wissen über die Lebensumstände der afrikanischen Bevölkerung, als es der britischen Kolo-

---

94 K. David Patterson, »The Giriama Risings of 1913–1914«, *African Historical Studies* 3 (1970), S. 89–99, insbesondere S. 94–95; Ian R. G. Spencer, »The First World War and the origins of the dual policy of development in Kenya 1914–1922«, *World Development* 9 (1981), S. 735–748, insbesondere S. 737.

95 Zur Chilembwe-Rebellion siehe: Ian Linden & Jane Linden, »John Chilembwe and the new Jerusalem«, in: *The Journal of African History* 12, (1971) 4, S. 629–651; Robert I. Rotberg, »Chilembwe's Revolt Reconsidered«, in: *Protest and Power in Black Africa*, hrsg. von Robert I. Rotberg & Ali A. Mazuri (New York: Oxford University Press, 1971), S. 133–163; Roger Tangri, »Some new aspects of the Nyasaland native rising of 1915«, in: *African Historical Studies* 4, (1971) 2, S. 305–313.; Landeg White, »Tribes and the aftermath of the Chilembwe rising«, *African Affairs* 83 (1984), S. 511–541.

nialverwaltung bis dato zur Verfügung stand. Watkins, der immerhin ein Oxford-Diplom in Anthropologie in der Tasche hatte, verkörperte dabei einen Typus des Kolonialbeamten, der später in den 1920ern die britische Kolonialpolitik dominieren sollte. Er verband ein grundlegendes Interesse an den afrikanischen Gesellschaften mit dem technokratischen Kalkül einer besseren Einbindung von Afrikanern in die koloniale Ökonomie. Doch dieser neue Typ des Kolonialbeamten kam in Kriegszeiten zu früh, denn den Chiefs und Kolonialbeamten, die unter Druck standen, ihre Quoten zu erfüllen, und den nach Trägern gierenden Militärs waren solche Überlegungen nicht viel wert. Für sie ging es in der Regel nicht um Qualität, sondern um Masse. Untersuchungen über den Gesundheitszustand der rekrutierten Träger malten dementsprechend ein düsteres Bild. Dreißig bis vierzig Prozent der Träger der *Carrier Corps* seien nicht fit für den Dienst gewesen, urteilte ein medizinischer Bericht aus dem Jahre 1915. Nicht gezählt diejenigen Männer, die von den Militärärzten bereits vorher ausgemustert worden waren.[96] Dennoch, erstmals wurde in der Kolonie über Verbesserungen der Arbeitsbedingungen für die afrikanischen Arbeiter nachgedacht; machten sich die Verantwortlichen die Mühe, detailliertere Informationen über die afrikanische Bevölkerung jenseits des simplen Zählens ihrer Hütten für die Steuererhebung zu erlangen. Die *Master & Servant Ordinance*, das Kernstück der Arbeitsgesetze im britischen Ostafrika, erfuhr zu Kriegszeiten mehrere Revisionen. Sukzessive wurde ein System von Inspektionen eingeführt, das die auf Einhaltung von Mindeststandards in der Behandlung und Bezahlung afrikanischer Arbeiter achten sollte.[97]

Die Einbindung zehntausender Afrikaner in die koloniale Ökonomie eröffnete darüber hinaus neue Dimensionen kolonialer Subjektbildung. Die von dem MLB organisierten *Carrier Corps* wurden zu Orten einer weitgehenden militärischen Disziplinierung. Die Träger wurden in Einheiten eingeteilt und militärische Ränge für die kommandierenden Offiziere und die unteren Chargen eingeführt. In Ausbildungslagern erlernten sie das Marschieren mit den Truppen, den Transport militärischer Ausrüstung von der Munitionskiste hin zum Maschinengewehr oder dem Feldgeschütz. Zukünftige Krankenträger bekamen eine grundlegende medizinische Ausbil-

---

96 Marc H. Dawson, »The 1920s anti-yaws campaigns and colonial medical policy in Kenya«, *The International Journal of African Historical Studies* 20 (1987), S. 417–435, insbesondere S. 417.
97 Hodges, *Carrier Corps*, S. 109; Dawson, *The 1920 anti-yaws campaigns*, S. 417–435, insbesondere S. 422; Anderson, *Master and Servant*, S. 459–485, insbesondere S. 463.

dung. Einige Afrikaner wurden selbst zu Lastkraftwagenfahrern ausgebildet.[98]

Die Belgier waren auf die logistischen Herausforderungen des Krieges von allen Kriegsparteien wohl am wenigsten vorbereitet. Ähnlich wie in der deutschen Kolonie war im belgischen Kongo die Infrastruktur, auf die der koloniale Staat setzten konnte, wenig entwickelt. Die Rekrutierung von Arbeitskräften seitens des kolonialen Staates fußte kaum auf stabilen Strukturen, sondern hatte einen ebenso sporadischen wie brutalen und ineffektiven Charakter. Doch nun standen belgischen Behörden vor einer Aufgabe, die ihresgleichen in der Geschichte der Kolonie suchte. Ein gewaltiges Arbeitsheer sollte Material und Soldaten von der Westküste der Kolonie in den infrastrukturell kaum erschlossenen Nordosten verfrachten. Über mehr als 2.000 Kilometer wurden Truppen samt ihrer Ausrüstung per See- und Landweg transportiert. Dafür setzten die Belgier zwischen 1915 und 1917 mehr als 136.000 Träger ein. Hinzu kamen knapp 5.000 Träger, die die Truppen auf ihrem Weg in die deutsche Kolonie begleiten sollten. Weitere 5.000 Träger hatten die Belgier sich von den Briten ausleihen müssen und selbst diese Aufstockung deckte, wie sich bereits in den ersten Wochen der Offensive herausstellen sollte, nicht mal ansatzweise die Bedürfnisse der kämpfenden Truppen. Von den 5.000 kongolesischen Trägern desertierte ein nicht unbeträchtlicher Teil schon auf dem Weg an die Front.[99]

Bei ihrer Rekrutierung waren die belgischen Behörden zunächst nach den althergebrachten Mustern vorgegangen. Die Vertreter des kolonialen Staates klopften bei den lokalen Chiefs an, um von ihnen die notwendigen Männer für den Trägerdienst abzuverlangen. Doch die Chiefs zeigten sich in hohem Maße unwillig, den neuen Verpflichtungen des kolonialen Staates nachzukommen. Die belgische Kolonialherrschaft im Kongo war zwar durch äußerste Brutalität geprägt, ebenso aber auch durch einen kaum mehr als sporadischen Zugriff auf lokale Arbeitsressourcen. Die Chiefs hatten guten Grund, sich nicht allzu kooperationswillig zu zeigen. Ihre Gefolgsleute verfolgten mit großem Misstrauen deren Zusammenarbeit mit den nicht gerade populären Belgiern. Die verantwortlichen Kolonialbeamten wiederum fürchteten Unruhen in ihren Bezirken. Die Erfolge der ersten Trägerrekrutierungen Ende 1915 waren, dahher eher bescheiden. Nicht nur, dass die Männer, die die Belgier auf diese Weise gewannen, wenig Lust empfanden,

---

98 Buchanan, *Three Years*, S. 200.
99 FP 1129/2657 Tombeur an Ministre des Colonies, Kibati, 8.2.1916; FP 1129/2657 Le Gouverneur Général Henri an Monsieur le Ministre des Colonies. Boma, 13.8.1916.

fern der Heimat einem ungewissen Schicksal entegegen zugehen, oft waren sie kaum in der Lage überhaupt irgendwohin zu gehen. Ihre schwächliche Konstitution machte sie für den harten Job eines Trägers ungeeignet, viele waren zudem noch Halbwüchsige, beklagte ein belgischer Mediziner.[100] Als Ende 1915 die belgischen Behörden begannen, die für den Trägerdienst notwendigen Strukturen zu schaffen, starteten sie faktisch bei Null. Weder gab es die notwendigen bürokratischen Institutionen, Rekrutierungslager, Strukturen einer medizinischen Versorgung, noch herrschte Klarheit darüber, welche Ausrüstung und Verpflegung die rekrutierten Träger benötigten.[101] Dementsprechend negativ fiel das Urteil eines britischen Verbindungsoffiziers bei den belgischen Truppen über die Bemühungen der Belgier aus. Die Belgier, so sein Bericht, verfügten weder über Erfahrungen im Trägerwesen noch über irgendwelche Organisationsstrukturen. Die Träger seien einfach den Truppen zugeschlagen worden, wo sie mehr mit dem Kampf ums Überleben als mit dem Tragen von Lasten beschäftigt seien. So hoch seien die Todesraten der Träger, dass die belgischen Truppen stets und ständig am Rande der Bewegungsunfähigkeit stünden.[102]

Die Briten waren den Belgiern diesbezüglich einen Schritt voraus. Watkins Erfahrungen der ersten beiden Kriegsjahre hatten gezeigt, dass es kaum ausreichte, Afrikaner wie Vieh zusammenzutreiben, ihnen eine Last von mehr als 25 Kilogramm aufzuladen und dann in der Hoffnung zu schwelgen, Männer und Lasten würden irgendwie den Weg durch die unwirtlichen Gebiete Ostafrikas finden. Die Träger brauchten Verpflegung, Kleidung und medizinische Versorgung. Diese relativ simpel anmutende Einsicht setzte sich allerdings nur langsam im Denken der belgischen Verantwortlichen durch. Schon in den ersten Tagen der Offensive mangelte es den Trägern bei den belgischen Truppen am Nötigsten. Kleidung und Zelte waren Mangelware, die Verpflegung völlig unzureichend und einen medizinischen Dienst gab es auf dem Marsch so gut wie gar nicht.[103]

So verwundert es kaum, dass bereits in dieser frühen Phase der belgischen Offensive die Sterblichkeitsrate der Träger in die Höhe schoss. Sie

---

100 FP 2657/1137 Intendance, s.d. [1916]; FP 2666/1231 Strada (Médecin Inspecteur) à Directeur de l'H.E. au Médecin en Chef, Kilossa 29.9.1917.
101 Muller, *Les troupes du Katanga*, S. 44.
102 Zitiert nach Hodges, *Carrier Corps*, S. 56.
103 Muller, *Les troupes du Katanga*, S. 62; Daye & Renkin, *Avec les Vainqueurs*, S.170; MRAC Collection Thomas: Diare de Tabora, S.450; FP 1129/2657 Intendance, n.d.

lag grob geschätzt bei 20 Prozent.[104] Die verantwortlichen Offiziere konnte diese Probleme nur allzu deutlich am eigenen Leib spüren, nämlich spätestens dann, wenn ihre Kolonnen plötzlich aus Trägermangel zum Stillstand verurteilt waren. Etwas an diesen Zuständen zu ändern, war allerdings nicht ihre Sache. So konstatierte der belgische Offizier Daye zwar die vielen Todesfälle unter seinen Trägern, tat dies jedoch mit dem Hinweis auf die unabänderlichen Realitäten des Krieges ab. Belgien habe diesen Krieg nicht begonnen und nun sei dem Leiden eben erst ein Ende zu bereiten, wenn der Krieg gewonnen sei. Dafür müsse man Opfer bringen, auch wenn dies aus Sichtweise der Metropole vielleicht ein Verbrechen sei.[105] Seine Träger werden dieser Argumentation kaum zugestimmt haben.

Zumal die Träger zunehmend nicht aus dem Kongo oder den britischen Kolonien kamen, sondern aus den von den Belgiern besetzten Gebieten. Der gravierende Trägermangel ließ die Belgier bereits in den ersten Wochen nach den schier unerschöpflichen Arbeitskräftereservoirs des bevölkerungsreichen Ruanda und Burundi schielen. In den Anweisungen des belgischen Oberkommandos an die Offiziere vor Ort finden sich allerdings vielfach Aufforderungen, Zurückhaltung an den Tag zu legen, wenn es um die Rekrutierung von Trägern und das Requirieren von Lebensmitteln ging. Denn man wollte nicht nur einen Krieg gewinnen, sondern auch die Sympathien der Afrikaner, auf deren Zusammenarbeit, mindestens aber auf ihr Stillhalten man angewiesen war. Die Kommandeure vor Ort entschieden sich aber dafür, erst mal den Krieg zu gewinnen und das mit der Sympathie auf eine unbestimmte Zukunft zu verlegen. Bereits wenige Tage nach Beginn der Offensive begannen die belgischen Truppen mit Trägerrekrutierungen unter der Bevölkerung der eroberten Gebiete. Bei Ende der ersten Phase ihres militärischen Engagements in Ostafrika verfügten die Belgier über etwa 4.000 bis 5.000 Träger aus den besetzten Gebieten. Ein offizieller Bericht malt ein düsteres Bild. Ganze Dörfer seien von den belgischen Truppen zum Dienst gezwungen worden. Unterschiedslos ob Männer, Greise, Frauen oder Kinder.[106] So wurden aus den vermeintlich Befreiten Bedienstete in der belgischen Militärmaschinerie. Die lokale Bevölkerung aber war wenig ge-

---

104 FP 2261/1170 Rodhain, Rapport sur le fonctionnement général du services médical des troupes de l'Est pendant la campagne 1917, 24.11.1918.
105 Daye & Renkin, *Avec les Vainqueurs*, S. 171.
106 FP 2657/1137 Intendance, n.d. (1916); FP 2661/1170 Rodhain, Rapport sur le fonctionnement du service médicale, n.d.

willt, sich den belgischen Truppen zur Verfügung zu stellen.[107] Schlechte Erfahrungen machten die Belgier daher bereits auf der Insel Idjiwi im Kivu-See, eine der ersten Stationen des belgischen Invasionskorps. Hier mochten die Einwohner den Belgiern deren selbstverliehene Rolle als Befreier nicht so recht abkaufen, vor allem als sie begannen, Träger für ihre Truppen zu rekrutieren. Die Inselbewohner flohen kurzerhand in die Wälder. Diejenigen, die nicht hatten fliehen können, versuchten es mit Mutterwitz und erzählten den ungläubigen Belgiern, dass sie wegen ihres Aberglaubens nicht ihr angestammtes Land verlassen konnten.[108]

Die Ruander hatten guten Grund, den belgischen Werbern zu misstrauen, aber wenige Chancen, sich deren Anliegen zu widersetzen. Denn meist wurden sie nicht gefragt. Der wichtigste Ansprechpartner für die Belgier war der ruandische König Musinga: ein Monarch, der unter den Belgiern nicht gerade den besten Ruf hatte. Er galt vielen als germanophil. Musinga erkaufte sich seinen Platz auf dem Thron mit der Erfüllung der belgischen Forderungen. Das System muss leidlich funktioniert haben, denn aus Ruanda stammte ein Großteil der von den Belgiern eingesetzten Träger. Der Kommandeur der *Brigade Nord* war jedenfalls voll des Lobes für Musinga. Der habe seinen Einfluss genutzt, um den Belgiern Träger zu besorgen.[109] Das Lob mag verwundern, denn die ruandischen Träger galten als äußerst anfällig für das Klima in den weniger hoch gelegenen Teilen der deutschen Kolonie und die Männer, die Musinga den Belgiern offerierte, waren meist physisch nicht fit oder noch Halbwüchsige. Die Dominanz ruandischer Träger bei den Belgiern blieb jedoch auch in den nächsten Monaten und auch in der zweiten Phase des belgischen Engagements im Jahr 1917 ungebrochen und das, obwohl sie mit der zumindest zeitweisen Besetzung Unyamwezis Zugriff auf die wohl in Ostafrika begehrtesten Träger, die Nyamwezi, hatten. Die ruandischen Träger bezahlten für Musingas Handel mit den Belgiern einen hohen Preis. Wenige der Träger kehrten wieder zurück. Falsches Essen, mangelnde medizinische Versorgung, das ungewohnte Klima sowie die harschen Arbeitsbedingungen forderten unter ihnen hohe Opfer.[110]

---

107 FP 1129/2657 Tombeur à le Major Commandant le 1e Régiment, Rutshuru, 22.3.1916; FP 1129/2657 Molitor à Commandant du Xe Bataillon, Kamwezi, 26.4.1916.
108 FP 1129/2657 Molitor, Compte rendu des opérations de la Brigade Nord durant le mois de juin 1916.
109 MRAC Collection Thomas, *Diare de Tabora*, S. 458.
110 FP 2661/1172 Huyghe, Rapport sur les opérations des mois d'avril et de mai 1917, depuis la conférence d'Udjidji (18 avril 1917) jusqu'au 20 mai 1917; FP 2661/1170 Rapport sur le

Nimmt man die Zahl der bei den Alliierten eingesetzten Träger als Maßstab für den Verlauf des Krieges, dann waren die letzten zwei Jahre zweifellos die schwersten. Als Smuts Anfang 1917 dem *War Office* ein baldiges Ende des Krieges in Ostafrika in Aussicht stellte, standen ihm noch etwa 60.000 Träger des *Carrier Corps* zur Verfügung. Sein Nachfolger im Amt des Oberkommandierenden Hoskins forderte 100.000 zusätzliche Träger, um den verbliebenen deutschen Truppen auf dem Makondeplateau den Todesstoß versetzen zu können. Bevor Hoskins hoffen konnte, seine Pläne in die Tat umzusetzen, musste er zuvor einen anderen Sieg erfechten. Er musste das *War Office* von der Notwendigkeit der Aushebung Tausender neuer Träger für einen nach Smuts Behauptungen schon fast gewonnen Krieg überzeugen. Zudem stand er vor der Herausforderung, Tausende Ostafrikaner für den Trägerdienst zu gewinnen. Ersteres gelang ihm mit einigen Abstrichen, letzteres war allerdings ein weitaus schwierigeres Unterfangen. In Britisch-Ostafrika hatten sich unter der lokalen Bevölkerung längst die katastrophalen und entbehrungsreichen Zustände in den Trägerkorps herumgesprochen. Die wenigen Männer, die nach sechs oder zwölf Monaten nach Hause zurückkehrten, waren oft am Ende ihrer Kräfte. Viele starben nach ihrer Rückkehr an Krankheiten und den Folgen von Hunger und Erschöpfung. Den Werbern fiel es daher zunehmend schwerer, neue Männer zu rekrutieren. Wie bereits erwähnt, stieß die Aushebung immer neuer Träger in Britisch-Ostafrika auf den heftigen Widerstand europäischer Siedler, denen allmählich die Arbeiter für ihre Plantagen ausgingen.[111]

Wenn auch das britische System der Trägerrekrutierung effizienter wurde und sich von den sporadischen Rekrutierungen von Arbeitskräften der Vorkriegszeit hin zu einem generellen System der Arbeitspflicht für die Ostafrikaner wandelte, war das MLB kaum in der Lage, den steigenden Appetit der Militärs nach neuen Trägern zu stillen. Hoskins rechnete mit 15.000 neuen Trägern pro Monat, um die Ausfälle durch Krankheit und Tod zu kompensieren. Das *War Office* entschloss sich daher, Träger aus anderen britischen Kolonien nach Ostafrika zu entsenden. 18.000 Afrikaner wurden in Südafrika rekrutiert. 5.000 kamen aus Nigeria und 4.000 aus Sierra Leone.[112] Doch auch das reichte nicht, um auf die 160.000 Mann zu

---

fonctionnement du service médicale.
111 Hodges, *Carrier Corps*, S. 70ff; Savage & Monroe, *Carrier Corps Recruitment*, S. 313-342, insbesondere S. 325.
112 Hodges, *Carrier Corps*, S. 70ff; David Killingray & James Matthews, »Beasts of Burden: British West African Carriers in the First World War«, *Canadian Journal of African*

kommen, die Hoskins für seine letzte Offensive gegen die Deutschen brauchte. Zumal ähnlich wie im belgischen Fall nicht alle der rekrutierten Träger den Weg bis zur Front überlebten. Schon auf dem Seeweg starben viele der südafrikanischen Träger. Von 700 Trägern, die an Bord des Schiffes »Aragon« von Südafrika nach Ostafrika verschifft wurden, starben allein 135 auf der Überfahrt. In den Trägerlagern an der ostafrikanischen Küste lag die Sterberate der Träger bei 22 Prozent. In der Mehrzahl war Malaria die Todesursache.[113]

Hoskins klopfte daher zunächst bei den Belgiern an und bat sie um mehrere Tausend Träger. Die Belgier zeigten sich in hohem Maße unwillig und bis zu einem gewissen Grad auch unfähig, dieser Bitte nachzukommen. Die Kooperation mit den Briten hatte im belgischen Offizierskorps 1916 für viel Missmut gesorgt. Auch belgische Politiker waren angesichts der britischen Weigerung, ihnen Garantien für den Verbleib der von ihnen besetzten Gebiete unter belgische Kontrolle zu geben, nicht gerade begeistert. »Nein!«, war daher die Antwort der Belgier auf höchster diplomatischer Ebene, und »Unmöglich!«, die Antwort des belgischen Militärs vor Ort. Das belgische Nein aber sollte sich rächen, denn wenige Wochen später mussten die Belgier bei den Briten um Träger betteln. Anfang 1917 begann die zweite Phase des belgischen Engagements auf den Schlachtfeldern Ostafrikas. Und diese zweite Phase sollte die belgischen Verantwortlichen vor weit größere Probleme stellen als noch ein Jahr zuvor. 11.000 bis 14.000 Träger rekrutierten die Belgier allein in den ersten Wochen der Vorbereitung der Jagd auf Wintgens und Naumann.

Die Erfahrungen der ersten Phase hatten zumindest einen gewissen Lernprozess bei den belgischen Verantwortlichen ausgelöst. Die Lehrmeister waren die Briten gewesen, deren Etappenorganisation die Belgier genauestens studiert hatten.[114] In den Berichten der einzelnen Provinzgouverneure des Kongo fanden sich nun genaue Anweisungen, welchen physischen Anforderungen die Rekruten genügen mussten und wie die Träger ausgerüstet werden sollten, um die hohen Sterblichkeitsraten zu senken. Doch auch 1917 war das belgische Rekrutierungssystem immer noch auf Masse statt auf

---

Studies 13 (1979), S. 5–23, insbesondere S. 10; Roger Thomas, »Military Recruitment in the Gold Coast During the First World War«, *Cahiers d'Etudes Africaines* 15 (1975), S. 57–83, insbesondere S. 59.

113 Albert Grundlingh, *Fighting their own war: South African blacks and the First World War* (Johannesburg: Ravan Press, 1987), S. 88.

114 FP 2660/1151 Rapport de l'officier de liaison belge auprès le GQC britannique, 24.5.1918.

Qualität ausgerichtet. Die lokalen Verantwortlichen für die Rekrutierungen vom Provinzgouverneur abwärts bis hin zum Distriktverwalter und Chief waren mehr daran interessiert, die numerischen Vorgaben ihrer Vorgesetzten zu erfüllen, denn das sie sich lange mit Fragen des physischen Zustands der Träger befassten. 21 Prozent der 1917 eingestellten Träger wurden bei Ankunft in den Sammeldepots als dienstunfähig ausgemustert.[115]

Immerhin investierten die Behörden nun aber in eine bessere Ausrüstung für die Träger. Sie bekamen jetzt wollene Tücher, mitunter auch Zelte und Kochgeschirr. Die Tücher waren allerdings von schlechter Qualität und boten wenig Schutz gegen die Witterung. Und nicht alle kamen in den Genuss dieser neuen Ausrüstung. Vor allem bei den in den besetzten Gebieten rekrutierten Trägern herrschte Mangel allerorten.[116] Ein Bericht des medizinischen Dienstes der *Force Publique* sprach von erschreckenden Zuständen unter dieser Gruppe von Trägern. Sie würden den höchsten Preis für den Krieg bezahlen. Anders als die *Bulamatari* seien die Träger nicht auf ein Leben im Krieg vorbereitet, bemerkt der Bericht. Von einem Moment auf den anderen würden sie aus ihrem Leben gerissen und in den Kolonnen mitgeschleift. Weder hätten sie die notwendige Ausrüstung, noch die notwendige Kleidung. Lungenentzündung war eine der häufigsten Ursachen für den Tod der Träger und dieser Umstand war auf die mangelnde Ausstattung der Träger mit passender Kleidung zurückzuführen. Auch die dritthäufigste Erkrankung unter den Trägern, Dünndarmentzündung, hatte ihre Ursache in der mangelhaften Versorgung. Sie bekamen entweder zu wenig oder das falsche Essen. Nicht umsonst kommentierte ein Lied aus Nyamwezi die Trägerarbeit während des Krieges mit den Worten: »Mein Kind ist als Träger weggegangen [...] sie haben ihn sehr dünn zurückgeschickt.«[117]

Aufgrund der Erfahrungen der ersten Phase versuchten die Verantwortlichen nun auch, die hohe Zahl der Desertionen durch ein strengeres Überwachungs- und Disziplinarregime zu drücken. Die im Sommer 1917 rekrutierten Träger kamen unter das Kriegsrecht der *Force Publique.* Desertion

---

115 FP 2660/1167 Olsen à Général Commandant Supérieur Troupes Coloniales, Albertville, 12.3.1918.

116 FP 2664/1213 Thomas; Réponse aux questions posées par la lettre du Commandant Supérieur en date du 13 mai 1918, Ujiji, 8.6.1918.

117 FP 2661/1170: Rapport sur le fonctionnement du service médicale, n.d. [circa 1919]; FP 2661/1172 Huyghe, Rapport sur les opérations des mois d'avril et de mai 1917, depuis la conférence d'Udjidji (18 avril 1917) jusqu'au 20 mai 1917. Der Song ist wiedergegeben in Hans Koritschoner, »Some East African Native Songs«, in: *Tanganyika Notes and Records,* (1937) 4, S. 51–64, insbesondere S. 54.

war so mit der Todesstrafe bedroht. Die Überwachung auf dem Weg zum Kampfgebiet wurde nun in den Dienstanweisungen genauestens geregelt. Internierungslager in den Häfen und Bahnhöfen sollte jede Flucht ausschließen. Auf den Schiffen über den Tanganyika-See sollten sie unter Deck reisen, für den Bahntransport sollten flache Wagen wegen der Fluchtgefahr vermieden werden. Darüber hinaus verschärften die belgischen Offiziere der Kolonnen nun auch die Bewachung der Träger. Für etwa 6.600 Träger stellten sie allein 1.200 *Bulamatari* zu deren Bewachung ab. Immerhin, dieses neue Regime drückte auch eine gewisse Obhut seitens der Behörden aus, denn in den Vorschriften fanden sich nun auch Anweisungen über adäquate Quartiere, regelmäßige medizinische Untersuchungen und Mindestrationen für die Träger.[118]

Inwieweit diese Instruktionen auch umgesetzt wurden ist fraglich. Im Juni 1918 musste Thomas ein völliges Versagen des belgischen Etappensystems konstatieren. Es sei ihm bislang nicht gelungen, die Träger mit den notwendigen Ausrüstungsgegenständen und ausreichender Nahrung zu versorgen.[119] Die Sterblichkeit der Träger sowie ihre Bereitschaft zu desertieren, blieben auch 1917 und 1918 ungebrochen hoch. Laut einem zusammenfassenden Bericht der medizinischen Abteilung der *Force Publique* lag die Todesrate für diese Zeit bei 20 Prozent. Und auch die Desertionen schienen nicht zurückgehen zu wollen. Von den im letzten Jahr des Krieges von den Belgiern rekrutierten 9.120 Trägern waren nur zwei Drittel auf dem Kampfschauplatz angekommen. Nahezu ein Drittel war desertiert.[120] In einem Telegramm des belgischen Kolonialministers an den Gouverneur der Provinz Katanga beschwerte sich dieser über die Versäumnisse der Behörden, für die Gesundheit der Träger zu sorgen.[121] Und selbst dort, wo sie es versuchten, scheiterten die belgischen Verantwortlichen. So beschreibt ein belgischer Bericht die Zustände im Lager von Kibati als beklagenswert. Kibati war eines der vielen Trägerdepots, das die Belgier zur Unterbringung und besse-

---

118 FP 2666/1231 Instructions a observer en ce qui concerne le transport des porteurs militaires lèves suivant ordonnance du 4 juillet 1917.
119 FP 2664/1213 Thomas, Réponse aux questions posées par la lettre du Commandant Supérieur en date du 13 mai 1918, Ujiji, 8.6.1918.
120 FP 2261 /1170 Rodhain, Rapport sur le fonctionnement général du services médical des troupes de l'est pendant la campagne 1917, 24.11.1918; FP 2661/1172 Huyghe, Rapport sur les opérations des mois d'avril et de mai 1917, depuis la conférence d'Udjidji (18 avril 1917) jusqu'au 20 mai 1917; FP 2660/1167 Le directeur du SPH, Rapport général sur le travail de justification des effectifs de porteurs du Congo belge envoyés aux troupes de l'est durant la 2ème campagne, Albertville 25.2.1919.
121 FP 2666/1231 Renkin à Vice-Gouverneur Général du Katanga, 29.11.1917.

ren Versorgung der Träger im Kampfgebiet errichtet hatten. Die Träger lebten in miserablen, Regen und Wind kaum abhaltende Hütten, zudem seien die Hütten zu klein gewesen. Das Essen sei unzureichend und schlecht. Epidemien wie Dysenterie durchliefen immer wieder das Camp. Die hygienischen Bedingungen seien katastrophal. Weder gäbe es eine wirksame Aufklärung über die besonderen Vorschriften eines Lagerlebens noch genügend Willen der Verantwortlichen, diese Vorschriften im Lager zu implementieren. Allein im Monat Mai des Jahres 1916 seien infolge dieser Verhältnisse 76 Träger im Hospital gestorben, ungezählt diejenigen, die es aus verschiedenen Gründen bis dahin nicht geschafft hatten. Viele Träger weigerten sich, ins Hospital zu gehen und hätten wenig Vertrauen in die Kunst der europäischen Ärzte.[122]

Diese Versäumnisse waren allerdings größtenteils nicht auf das Versagen einzelner Kolonialbeamter zurückzuführen, sondern auf die quasi nichtexistenten Strukturen einer Trägerorganisation. Die Zustände im Lager Kibati waren sicherlich kein Einzelfall. Die Einsicht, die Rekrutierung und Versorgung der Träger auf eine institutionelle Basis zu stellen, reifte bei den belgischen Verantwortlichen dann auch erst sehr spät. Erst im letzten Jahr des Krieges reorganisierten die Belgier ihre Etappe mit der Gründung der *Service arrière et bases* (SAB), die in vielem vergleichbar war mit dem britischen MLB. Die erste Aufgabe der SAB war es, einen besseren Überblick über die rekrutierten Träger, ihre Lebensbedingungen und die Gründe für das vielfache Sterben zu bekommen. Bis dahin hatten die Belgier kaum einen wirklichen Einblick, wie viele Träger sie rekrutiert hatten, wer diese Träger waren und unter welchen Umständen sie ihren Dienst verrichten mussten. Die Zahlen in den einzelnen Berichten schwanken daher enorm. Gerade mal dass sie ungefähr schätzen konnten, wie viele Träger sie in ihrer eigenen Kolonie rekrutiert hatten. Einige Berichte gehen von etwa 11.000 Trägern aus, andere halten 9.000 für wahrscheinlicher. Die Differenz ließe sich leicht erklären, resümierte ein hoher Offizier des Etappenwesens. Etwa 2.000 Träger seien niemals in Listen erfasst worden. Weder wisse man, woher sie kämen, noch wo sie rekrutiert worden und wo sie letztendlich geblieben seien.[123]

---

[122] FP 2661/1170 Rapport sur le fonctionnement du service médicale.
[123] FP 2660/1167 Le directeur du SPH, Rapport général sur le travail de justification des effectifs de porteurs du Congo belge envoyés aux troupes de l'est durant la 2ème campagne, Albertville 25.2.1919.

Zwar gab es detaillierte Instruktionen der Erfassung der Identität der Träger, allerdings kaum bürokratische Strukturen, die diese auch umsetzen konnten. In der Theorie sollten die Träger in den Rekrutierungsbüros in Listen eingeschrieben werden und Identitätsplaketten um den Hals tragen. Die Offiziere der mobilen Kolonnen sollten detaillierte Aufzeichnungen über Trägerrekrutierungen, Krankheitsfälle und Bestrafungen führen.[124] Doch die Erfolge der bürokratischen Erfassung und disziplinarischen Kontrolle der Träger waren gering. Eines der größten Probleme für die SAB blieb die Identifizierung und bürokratische Erfassung der Träger. Die sorgsam angelegten Listen über die Namen, die Herkunft und den Lohn der Träger waren oft das Papier nicht wert, auf dem sie standen. An die Träger ausgegebene Plaketten, auf denen ihr Name und ihre Rekrutierungsnummer eingraviert waren, erwiesen sich ebenso als wenig hilfreich. Bei vielen Trägern seien die Namen in den Listen falsch geschrieben worden oder die Träger hätten falsche Namen angegeben. Manche der Träger waren im Besitz von mehreren Plaketten, weil sie die ihrer toten Kameraden an sich genommen hatten.[125] Auch die Offiziere der mobilen Kolonnen zeigten sich mehr als unwillig, den Anweisungen der Bürokraten zu folgen. Die besondere Art der Kriegsführung mache es außerordentlich schwierig, genaue Statistiken zu führen, argumentierten sie. Auch die Weisung, Körperstrafen nur in seltenen Fällen und unter Aufsicht von Medizinern durchzuführen, ignorierten sie. Die Herren Offiziere, so ein missmutiger Huyghe, Oberkommandierender der belgischen Streitkräfte während des zweiten Feldzugs und erklärter Kritiker der Kolonialmilitärs, liebten es auch hier konsequent ihre Befugnisse zu übertreten.[126]

Erneut suchten die Belgier Rat bei den Briten, wie die Probleme bei der Organisation der Träger zu lösen seien. Der belgische General Olsen bekundete großen Gefallen an der Idee des britischen Majors Powells, der vorschlug Fotografien zur Identifizierung der Träger zu benutzen. Er war von diesem Projekt so begeistert, dass er empfahl, Fotografien nicht nur für die

---

124 FP 2666/1231 GQC à Commandants BN, SN, Étapes et SAB, Instruction sur l'Administration et le licenciement des porteurs militaire, 2.7.1918; FP 2666/1231 Règlement sur l'organisation et le fonctionnement du service des porteurs, n.d.
125 FP 2660/1167 Extrait du rapport sur l'administration des porteurs militaires a partir du 1er janvier 1916 fourni par le Capitaine Commandant Durbecq, Kigoma 27.6.1918.
126 FP 2666/1231 General Headquarter East African Force à Huyghes, 15.5.1918; FP 2666/1231 Huyghe à Commandant SN, BN, SAB, RO, Dar es Salaam, 19.1.1918.

Organisation der Träger in den Truppen einzuführen, sondern auch für die gesamte koloniale Ökonomie des Kongo.[127] Während die britischen und belgischen Bürokraten mehr oder weniger erfolgreich mit der Registrierung der Träger kämpften und dabei mit neuen Techniken der bürokratischen Erfassung der afrikanischen Bevölkerung experimentierten, kurz gesagt also den kolonialen Staat zu einem moderneren Staatswesen machten, herrschten auf den Schlachtfeldern ganz andere Realitäten. Hier folgte die Rekrutierung und Behandlung der Träger ganz den Gepflogenheiten einer kolonialen Kriegsführung. Mochten die Offiziere in den Hauptquartieren auch noch so viele Dienstanweisungen und Memoranden verfassen, in denen die Führer der Kolonnen zu einer rücksichtsvollen und gerechten Behandlung der lokalen Bevölkerung aufgefordert wurden, diese Mahnungen verpufften nahezu ungehört. Was die Truppen brauchten, holten sie sich von der lokalen Bevölkerung. Was andernorts als Kriegsverbrechen galt[128], war hier Teil der militärischen Ökonomie. Gewalt begleitete solche Rekrutierungen in vielen Fällen, auch wenn sie unter offiziellem Namen daherkamen und auch wenn sie von Offizieren geleitet wurden. In einem Brief an den General Van Deventer beschwerte sich der oberste britische Kolonialbeamte der besetzten Gebiete, Horace Archer Byatt, bitter über das Wüten von britischen Rekrutierungspatrouillen in den besetzten Gebieten. Unwillige Männer, selbst Frauen und Chiefs seien ausgepeitscht worden, wenn die Dörfer zu wenige Träger herausgeben wollten.[129] Noch in den letzten Kriegsmonaten des Jahres 1918 bedienten sich die belgischen Truppen der Erpressung, um von lokalen Chiefs Träger zu bekommen. Dem Chief von Lussimbi wurden mehr als 600 Stück Vieh mit der Maßgabe beschlagnahmt, dass er sie nur zurückbekäme, wenn er die geforderten Träger stellen würde. Doch auch hier waren die Erfolge nur gering, Ganze 80 Träger kamen bei dieser Gelegenheit zum Vorschein und die Mehrheit war aufgrund ihrer Physis oder Gesundheit kaum in der Lage als Träger Dienst zu tun.[130]

---

127 FP 2660/1167 Olsen à Général Commandant Supérieur Troupes Coloniales, Albertville 12.3.1918.
128 Zum Verhalten der Truppen bei der Aushebung von Trägern und Lebensmitteln siehe das Kapitel über Kriegsverbrechen.
129 Byatt zitiert in Hodges, *Carrier Corps*, S. 108.
130 FP 2664/1213 Réponse aux questions posées par la lettre du Commandant Supérieur en date du 13 mai 1918, Ujiji, 8.6.1918 (Thomas); FP 2659/1155 Examen des opérations de la colonne Larsen (25 mai 1917–23 juilett 1917), n.d.

Solche ad-hoc-Rekrutirungen verliefen nicht nur in einem rechtsfreien, sondern auch in einem bürokratiefreien Raum. Über die Rekrutierungen führten die wenigsten Offiziere Buch. Ebensowenig über die Abgänge, seien sie durch Desertion oder Tod herbeigeführt. Alle offiziellen Zahlen über die Zahl der rekrutierten Träger, ob sie nun vom SAB oder MLB stammten, sind daher in der Regel unvollständig. Dass es überhaupt zu einigen Zahlen kam, verdanken wir nicht zuletzt einem der zahllosen Konflikte zwischen den Belgiern und Briten. In der zweiten Phase des belgischen Engagements in Ostafrika hatten die Briten den Belgiern das Recht zugestanden, Träger in der britischen Besatzungszone zu rekrutieren. Die Belgier wiederum hatten sich bereit erklärt, den Briten mit Trägern bei der Verfolgung von Wintgens und Naumann auszuhelfen. Sie kontrollierten immerhin die bevölkerungsreichsten Gebiete der deutschen Kolonie. Über die in diesem Tauschhandel zwischen den Alliierten hin- und hergeschobenen Träger kam es zu einer Vielzahl von Konflikten. Kaum einer anderen Gruppe von Trägern widmeten die Verantwortlichen so große Aufmerksamkeit wie dieser. Dabei ging es Briten und Belgiern weniger um deren Schicksal, als vielmehr um das eigene Prestige als Kolonialmacht.

Anfang 1917 hatten die Belgier mit britischer Genehmigung 4.152 Träger aus Unyamwezi rekrutiert. Davon waren 3.157 beim MLB registriert worden. Über die restlichen, fast Tausend Träger herrschte Unklarheit bei Briten und Belgiern. Die Belgier machten Desertionen für die Differenz verantwortlich, die Briten die Schlampigkeit der Belgier.[131] Solche gegenseitigen Vorwürfe waren nicht selten. Kaum ein Jahr später forderten die Belgier die Briten auf, die mehr als 5.000 ausgeliehenen belgischen Träger entsprechend den Vereinbarungen zu entlassen und zu entlohnen. Die Briten, so ein süffisant gestimmter Huyghe, hätten offenbar erhebliche Schwierigkeiten mit ihren Zahlen. Der verantwortliche britische General Edwards habe ihm gegenüber erklärt, er wisse nicht, wo die Träger geblieben seien. Die Briten revanchierten sich für diese Verhöhnung mit der Rückforderung von 7.000 Trägern, die sie den Belgiern zur Verfügung gestellt hatten. Huyghe korrigierte seinen britischen Kollegen mit der Feststellung, die Belgier hätten nur 5.825 Träger von den Briten bekommen, nicht ohne mit der Auf-

---

131 FP 2666/1231 Huyghe à Lt. Général Commandant en Chef des forces britanniques opérant en Est Africain, Ujiji, 3.4.1918; FP 2666/1231 Général Headquarter East African Force à Huyghes, 15.5.1918.

forderung zu enden, die Briten sollten ihrerseits die restlichen 1.500 Träger an die Belgier zurückgeben.[132]

Beim Thema der gegenseitig ausgeliehenen Träger war im Jahre 1918 die Stimmung zwischen den Alliierten also äußerst gereizt. Für die betroffenen Träger war dies durchaus von Vorteil. Anders als viele der in den besetzten Gebieten rekrutierten Träger hatte diese Gruppe einen Fürsprecher, der genau auf die Behandlung und die Bezahlung der Träger durch die andere Seite achtete. Detailliert war die Behandlung der Träger der jeweils anderen Seite geregelt. Die britischen Träger sollten unter britisches Disziplinarrecht, die von den Belgiern rekrutierten Träger unter belgischem Recht bleiben. Die Trägerführer, gleich ob britische *Nyampara* oder belgische *Capita*, sollten als Vertrauensmänner die Rechte der Träger wahren. Kam es dennoch zu Unregelmäßigkeiten, dann reagierte die andere Seite sofort. So kritisierte der belgische Etappenoffizier Durbecq die Behandlung kongolesischer Träger durch die Briten, vor allem die häufige Anwendung der Prügelstrafe. Die Kritik der Briten an den vielen Todesfällen unter den Baganda-Trägern beantworteten die Belgier mit dem Vorschlag, den Hinterbliebenen eine einmalige Entschädigung von 90 Rupien zu zahlen.[133] Diese Fürsorge schlug sich auch in den Überlebenschancen der Träger nieder. Die Sterberate der Baganda-Träger in den belgischen Kolonnen lag zwar immerhin bei hohen 23 Prozent. Deutlich höher allerdings lag sie bei den Ruandern. Hier waren es doppelt so viele: etwa 50 Prozent.[134]

Der britische Historiker John Iliffe schätzt, dass mindestens 100.000 Träger, möglicherweise aber auch 200.000 bis 300.000 Träger während des Krieges in Ostafrika starben. Hodges gibt die Zahl der von den Briten rekrutierten und statistisch erfassten Träger, die ihr Leben auf Ostafrikas Schlachtfeldern ließen, mit 94.728 an, allein 40.664 davon kamen aus der deutschen Kolonie. Diese Schätzungen betreffen allerdings nur die britische Seite.[135] Die Belgier verloren 1916 etwa 7.000 der 14.000 Träger, die sie im

---

132 FP 2666/1231 Huyghe à Ministre des Colonies, Dar es Salaam 12.1.1918; FP 2666/1231 Ministre des Colonies, Note relative aux porteurs anglais et belge, 22.3.1918; FP 2666/1231 Télégramme Huyghe à Ministre des Colonies, nr. 135, 12.1.1918.
133 FP 2660/1167 Extrait du rapport sur l'administration des porteurs militaires a partir du 1er janvier 1916 fourni par le Capitaine Commandant Durbecq, Kigoma 27.6.1918; FP 2660/1167 Leboutte (Directeur des Finances): Note pour Monsieur le Commandant du SAB, Dodoma, 22.10.1917.
134 FP 2661/1170 Rapport sur le fonctionnement du service médicale, n.d. [zirca 1919].
135 Iliffe, *Modern History*, S. 250. Siehe auch: Killingray & Matthews, *Beasts of Burden*, S. 5–23, insbesondere S. 10; Killingray, *Labour Exploitation*, S. 483–501, insbesondere S. 493.

Kongo und in den besetzten Gebieten für die Begleitung ihrer Truppen rekrutiert hatten. Für die zweite Kampagne käme man nach einer ungefähren Schätzung auf etwa 5 000 bis 6 000 Träger, die ihren Dienst bei den belgischen Truppen mit dem Leben bezahlten. Doch diese Zahlen schließen nicht die Tausende von lokalen Trägern ein, die die belgischen Kolonnen während der Jagd auf Naumann und Wintgens für einige Tage oder Wochen rekrutierten, um sie dann ebenso unvermittelt nach Hause zu schicken oder ermattet am Weg zurückzulassen.[136]

Die Träger standen in den jeweiligen Armeen zwischen Baum und Borke. Vielfach waren sie unmittelbar am Kampfgeschehen beteiligt, schafften im Kugelhagel Munition zu den Truppen und trugen die Toten und Verletzten zurück in die Etappe. Sie waren ein ebenso leichtes wie beliebtes Ziel des Gegners, der genau wusste, dass von ihnen der Ausgang der Schlacht ebenso abhing wie von den Soldaten. Während der Kämpfe am Kilimanjaro im Januar 1915 erhob ein deutscher Offizier schwere Vorwürfe gegen die Briten. Gezielt hätten diese unbewaffnete Träger beschossen und einige sogar regelrecht hingerichtet, als es ihnen gelungen war, deutsche Stellungen zu erobern.[137] Diese Kritik hielt die Deutschen allerdings nicht davon ab, kaum ein Jahr später in der Schlacht von Kibati britische Trägerkolonnen gezielt unter Beschuss zu nehmen. In dieser Schlacht verlor beispielsweise das *Gold Coast Regiment* allein 140 Männer. Unter den Toten waren zwei Offiziere, 26 Soldaten und 87 Träger.[138]

Doch die hohen Todesraten der Träger waren nur in einem äußerst geringem Maße auf die unmittelbaren Folgen von Kampfhandlungen zurückzuführen. Es waren vor allem die hohen physischen Anforderungen, die schlechte Ernährung und Ausrüstung, die zum Tode der Träger beitrugen. Oder, mit anderen Worten: das Desinteresse der Verantwortlichen am Schicksal der Träger, die die Zustände wohl sahen und oft genug auch berichteten (und mitunter auch beklagten), aber doch billigend in Kauf nahmen. Die fehlende Fürsorge der Alliierten, insbesondere für die in den besetzten Gebieten rekrutierten Träger, mag angesichts ihrer Bedeutung für den Erfolg der militärischen Unternehmungen verwundern. Bitter bemerkte der britische Arzt Beattie: Wären die Träger Kamele oder Pferde, dann

---

136 FP 2661/1170 Rapport sur le fonctionnement du service médicale, n.d. [zirca 1919].
137 Freiherr von Haxthausen. Gefechtsbericht zum Gefecht in Shirari am 18.1.1915, in: Deutsch-Ostafrika. Kaiserliches Gouvernement, *Zusammenstellung*, S. 299.
138 Clifford, *Gold Coast Regiment*, S. 55.

würden sie wahrscheinlich ein bessere Behandlung und Fürsorge durch die militärischen Führer erfahren.[139] Erhielten die Soldaten zumindest noch eine rudimentäre medizinische Versorgung, so waren die alliierten Mediziner mit der Versorgung der Träger schlicht überfordert. 245 Ärzte hatten die Briten im Feld, doppelt so viele wären notwendig gewesen, urteilte der Historiker Farwell.[140] Die Todesrate unter den Trägern war um ein Vielfaches höher als unter den Soldaten. Im VIII. Bataillon der *Force Publique* starben weniger als ein Prozent der *Bulamatari* während des ersten belgischen Feldzugs, bei fast 50 Prozent lag die Sterberate der Träger.[141] Wurden die *Bulamatari* ins Hospital eingeliefert, hatten sie gute Chancen, es gesund wieder zu verlassen. Nur knapp sechs Prozent der in ein Hospital eingelieferten *Bulamatari* erlagen ihren Verwundungen oder einer der vielen Krankheiten. Fast 20 Prozent der Träger dagegen überlebten ihren Aufenthalt im Hospital nicht. Die offiziellen Berichte geben keine Gründe für diesen gravierenden Unterschied an, doch man kann davon ausgehen, dass die Träger in den überfüllten Hospitälern eher das hintere Ende der Schlange bildeten.[142]

Als Berichte des *War Office* über die hohen Sterblichkeitsraten der Träger in der britischen Öffentlichkeit bekannt wurden, fühlte sich selbst die einflussreiche *Anti-Slavery and Aborigines Protection-Society*, einst Speerspitze der britischen Kolonialbewegung, zu Protesten genötigt. 80 Prozent Sterblichkeit unter den Trägern sei ein Indiz dafür, dass in Ostafrika etwas radikal im Argen liegen, polterte deren Präsident Sir Thomas Fowell Buxton schon 1917.[143] Eine Verbesserung in der Behandlung der Träger erreichte er nicht, im Gegenteil. Gerade in den letzten beiden Kriegsjahren stiegen die Todesraten der Träger infolge der immer mobiler und härter werdenden Kriegsführung und der damit verbundenen Schwierigkeiten in der Versorgung.

Der Erste Weltkrieg war der letzte Höhepunkt einer mehr als Hundert Jahre existenten Trägerökonomie. Er war gleichzeitig ihr Grabträger. Der

---

139 NA CO 691/18 Col. Beattie, Note on the Medical and Sanitary Report 1917. Siehe zu den Todesraten der britischen Trägerkorps siehe Thomas, Military recruitment, S. 57–93, insbesondere S. 65; Killingray & Matthews, *Beasts of Burden*, S. 5–23, insbesondere S. 10.
140 Farwell, *Great war in Africa*, S. 303; Hodges, *Carrier Corps*, S. 131; Grundlingh, *Fighting their own war*, S. 88.
141 FP 2661/1170: Rapport sur le fonctionnement du service médicale, n.d. [circa 1919].
142 Ebd..
143 NA CO 691/13 T. Buxton (The Anti-Slavery and Aborigines Protection-Society) to Principal Secretary of State for the Colonies, 24.9.1917.

Erste Weltkrieg stellte die Zeichen auf eine stärkere Proletarisierung der Ostafrikaner innerhalb der kolonialen Ökonomie. Wie schon zu Beginn der kolonialen Eroberungsphase zeichnete das Militär wesentlich verantwortlich für die Einbindung der Ostafrikaner in die koloniale Ordnung. Hatten Offiziere im letzten Jahrzehnt des 19. Jahrhunderts die ersten politischen Strukturen kolonialer Herrschaft installiert, so leiteten sie nun, rund zwanzig Jahre später, einen bis dahin nicht gekannten Modernsierungsschub kolonialer Ordnung ein. Die neuen Institutionen der Trägerrekrutierung dienten mehr als nur dem Bedarf der Kriegsmaschinerie. Sie sollten die Kriegsjahre überdauern und zu einem Grundgerüst der wirtschaftlichen Reformen in den britischen Kolonien nach dem Krieg werden. Die Einführung dieser kolonialen Moderne aber verlief mehr als holperig. Was sich auf den Schlachtfeldern als grausames Spektakel der Moderne abspielte, in dem ein ganzes Orchestrarium neuester europäischer Waffentechnik aufspielte, bildete in den Amtsstuben der Kolonialbehörden und des Etappenwesens den Beginn einer anderen Moderne: die der Rationalisierung von kolonialer Verwaltung und Herrschaft. Die Herausforderungen des Krieges hatten den belgischen und britischen Behörden die ganze Bandbreite der Mängel in der Verwaltung der Kolonien aufgezeigt. Der Erste Weltkrieg wurde zum Experimentierfeld für neue Wege, um die afrikanische Bevölkerung in das koloniale Projekt einzubinden. Dass dies vor allem militärische Wege waren, war nicht nur dem Krieg geschuldet. Der koloniale Staat des Vorkriegszeit war nicht nur in Deutsch-Ostafrika, sondern auch im Kongo und in den britischen Kolonien in seinem Habitus weitestgehend militärisch.[144]

Ruga-Ruga

Kaum anderswo lässt sich die Kontinuität der kolonialen Eroberung innerhalb des ostafrikanischen Feldzugs so gut aufzuzeigen wie gerade in der Rolle, die afrikanische Irreguläre im Ersten Weltkrieg spielten. Gilt der Erste Weltkrieg in der Militärgeschichte oft als ein Scheidepunkt zwischen der Kriegsführung des 19. Jahrhunderts und der modernen Kriegsführung des 20. Jahrhunderts, so kann dies auch für den Feldzug in Ostafrika gesagt werden. So wie der Erste Weltkrieg ein letzter und grausamer Höhepunkt

---

144 Muller, *Les troupes du Katanga*, S. 42; Richard Rathbone, »World War I and Africa: Introduction«, *The Journal of African History* 19 (1978), S. 1–9, insbesondere S. 3.

der ostafrikanischen Trägerarbeit war, so feierte auch eine andere ostafrikanische Institution, die aus dem Karawanenhandel des 19. Jahrhunderts hervorgegangen war, ihren letzten Auftritt.

In weiten Teilen Ostafrikas waren die afrikanischen Krieger, die den Europäern ihre Dienste in den Anfangsjahren kolonialer Herrschaft anboten, als *Ruga-Ruga* bekannt. Dieser Name hatte als der Weltkrieg ausbrach eine fast hundert Jahre alte Tradition. *Ruga-Ruga* waren einst Söldner im Dienst der Chiefs und in den Handelskarawanen des 19. Jahrhunderts. Bedeutende Chiefs wie Mirambo und Nyungu ya Mawe schufen mit ihrer Hilfe für die damalige Zeit große Imperien. Die jungen Männer, die sich als *Ruga-Ruga* verdingten, waren oft entlaufene Sklaven bzw. Kriegsgefangene, die in den Dienst ihrer neuen Herren traten, oder sie waren ehemalige Karawanenträger. Eine Karriere als *Ruga-Ruga* begann in der Regel mit dem Kauf einer Schusswaffe. Dem folgte ein Wechsel der Kleidung: Meist trugen sie zudem baumwollene *Kanzus*, die Kleidung der Küste, und einen roten Umhang. Es war so etwas wie ihre Uniform. Wie kaum eine Institution haben die *Ruga-Ruga* die politischen Strukturen weiter Teile Ostafrikas im 19. Jahrhundert verändert. Sie ersetzten weitestgehend die traditionellen Ressourcen von Macht. Chiefs wurde man nicht mehr nur, weil man aus der richtigen Familie kam, sondern vor allem, weil man *Ruga-Ruga* an seiner Seite hatte, deren Loyalität man sich durch Geschenke oder auch gewisse Anteile an der Beute von Raubzügen sicherte.

Gleichwohl die *Ruga-Ruga* zu den gefürchtetsten Feinden der Deutschen gehörten, wussten sie sich auch oft ihrer Dienste zu bedienen, als diese sich daranmachten, die Kolonie zu erobern. Bereits in den ersten Jahren deutscher Kolonialherrschaft spielten sie eine wichtige Rolle als Hilfstruppen für die Schutztruppe. Kaum ein Eroberungsfeldzug, in dem die Deutschen nicht auf eine große Zahl von *Ruga-Ruga* setzten. Meist wurden diese von rivalisierenden Chiefs zur Verfügung gestellt, die nur allzu gerne bereit waren, mithilfe der Deutschen alte Rechnungen zu begleichen. Ende des Jahrhunderts begann die Kolonialverwaltung einen Plan auszuarbeiten, und später auch umzusetzen, demzufolge die *Ruga-Ruga* zu einer paramilitärischen Reserve nach dem Modell der preußischen Landwehr umgeformt werden sollten. Eine deutsche Erfindung war die Einbindung afrikanischer irregulärer Krieger in die Kolonialtruppen und die koloniale Ordnung gleichwohl nicht. Doch die Deutschen erlangten zu Beginn des ersten Weltkrieges eine Perfektion, die wohl ihresgleichen im kolonialen Afrika suchte.¹⁴⁵ Die koloniale Einverleibung der *Ruga-Ruga* geschah mittels eines Systems von Vergünstigungen und Verpflichtungen. Die *Ruga-Ruga* erhielten Steuererleichterungen und eine immerhin rudimentäre medizinische Versorgung. Während der in der Kolonie pompös inszenierten Kaisergeburtstage überreichte ihnen der zuständige Verwaltungsoffizier Verpflegung und Geschenke, allerdings nicht ohne eine feierliche Rede mit anschließender Eideszeremonie. Im Austausch für diese Vergünstigungen waren sie verpflichtet, in bestimmten Abständen zur militärischen Ausbildung auf den Verwaltungsposten zu erscheinen. Hier wurden sie von deutschen Offizieren gedrillt. Ihre Bewaffnung bestand meist aus alten Gewehren, aber es gab auch Speere, Pfeil und Bogen. Je nach Geschmack des zuständigen Offiziers wurden sie uniformiert. Diese Uniformen reichten von mit der Schutztruppe vergleichbaren Anzügen bis hin zu einfachen Markierungen wie roten Bändern oder Aufnähern. Vor allem im Zwischenseengebiet, wo die Deutschen auf das Modell indirekter Herrschaft setzten, fungierten die *Ruga-Ruga* als Privatarmeen bzw. Privatpolizei der jeweiligen Herrscher. Die wirklich großen Herrscher zu Zeiten deutscher Kolonialherrschaft wie Kahigi von Kianja oder Muthangariwa von Kiziba hatten mehrere Dutzend uniformierte und mit Hinterladern bewaffnete *Ruga-Ruga* an ihrem Hof. Sie wurden zu unverzichtbaren Akteuren kolonialer Zeremonien, setzten den Willen der Chiefs und der Kolonialverwaltung durch, trieben Steuern ein und agierten als Postboten. Trug der Karawanenhandel im 19. Jahrhundert zur Verbreitung der *Ruga-Ruga* in Unyamwezi und Usukuma bei, so taten die Deutschen ihr Übriges diese Institution darüber hinaus zu verbreiten. In Ruanda kamen die *Ruga-Ruga* kurz vor Beginn des Krieges in Mode und dienten dem König von Ruanda als eine zusätzliche Machtstütze im Kampf um seinen immer wieder disputierten Thron. Das Wort *Ruga-Ruga* fand Eingang in die ruandische Sprache und bedeutete so viel wie »die Leibwächter des *Mwami* oder Königs«.¹⁴⁶

Obgleich auch die Alliierten afrikanische Irreguläre während des Krieges in ihren Dienst stellten, gelang ihre Einbeziehung den Deutschen wohl am effektivsten. Dies war nicht zuletzt eine zur Tugend gemachte Not: Die

---

145 David Killingray, »Guardians of Empire«, in: *Guardians of Empire: the armed forces of the colonial powers c. 1700–1964*, hrsg. von Killingray David & Omissi David (Manchester: Manchester University Press, 1999), S. 1–24, insbesondere S. 14.
146 Karl Roehl, *Ostafrikas Heldenkampf. Nach eigenen Erlebnissen dargestellt* (Berlin: M. Warneck, 1918), S. 96; Innocent Kabagema, *Ruanda unter deutscher Kolonialherrschaft 1899-1916* (Frankfurt a. M.: Lang, 1993), S. 23.

Deutschen waren den Alliierten in der Zahl ihrer Truppen hoffnungslos unterlegen. Afrikanische Hilfskrieger boten zumindest die Aussicht darauf, dieses Kräfteverhältnis in eine günstigere Waage zu bringen. Das vor Kriegsbeginn beachtliche Reservoir an militärisch ausgebildeten *Ruga-Ruga* trug zudem entscheidend zur schnellen Aufstockung der Schutztruppe von 2.500 auf 13.000 *Askari* bei; die meisten Rekruten kamen aus Gebieten, in denen das *Ruga-Ruga*-System vor dem Krieg bestanden hatte. Und auch in den späteren Monaten des Krieges war eine Karriere vom *Ruga-Ruga* zum *Askari* nichts ungewöhnliches. Diese fließenden Übergänge vom irregulären zum regulären Soldaten machen die rechnerische Rekonstruktion deutscher Truppenstärken im ostafrikanischen Krieg sehr schwer. Der deutsche General Wahle, zeitweiliger Chef der Westtruppen, beziffert die Anzahl der *Ruga-Ruga* bei den Deutschen für das Jahr 1916 mit 2.500. Nach Angaben eines britischen Offiziers verfügten die Deutschen im August 1915 über genau 1.586 *Ruga-Ruga*. Doch diese Zahl ist mit Vorsicht zu genießen, darüber mag auch die bis auf die letzte Ziffer nach Genauigkeit heischende Zahl nicht hinwegtäuschen. Allein in Ruanda sollen die Deutschen nach belgischen Angaben über mehr als 700 *Ruga-Ruga* verfügt haben. Realistischer sind da schon die Zahlen des *War Office*. Die Briten schätzten, dass etwa 12.000 *Ruga-Ruga* für die Deutschen während des Krieges gekämpft hatten. Angaben, wie viele *Ruga-Ruga* aufseiten der Briten standen, gibt es dagegen kaum. Die Zahlen dürften aber weit unter den deutschen liegen, da vor allem die Briten den Luxus hatten, diesen Krieg weit mehr auf eine konventionelle Art und Weise zu führen. Auch die Belgier rekrutierten erstaunlich wenig *Ruga-Ruga*. Dies dürfte auch an den andauernden Konflikte belgischer Truppen mit der lokalen Bevölkerung gelegen haben, die wenig dazu beitrugen ein Vertrauensverhältnis herzustellen.[147]

Doch welche Zahlen die einzelnen Quellen auch nennen, die Grenzen zwischen den regulären und irregulären Truppen verliefen in diesem Krieg fließend. Zu temporär war die Einbindung der *Ruga-Ruga* in die jeweiligen Truppen, zu sporadisch die Bereitschaft der afrikanischen Krieger sich für die eine oder andere Seite zu verdingen. Darüber hinaus war die Bandbreite dessen, was die einzelnen Quellen unter *Ruga-Ruga* fassten, sehr groß. Teilweise waren die *Ruga-Ruga* wie reguläre Truppen organisiert. Mit dem so

---

147 Wahle, *Erinnerungen*, S. 7; Letcher, *Cohort of the tropics*, S. 11; FP 1129/2657 Récapitulation des renseignements sur le position et les effectifs de l'ennemi dans la vallée de la Ruzizi. Kilwa, 14.3.1916; NA WO 106/258 German Administration and the attiude towards natives.

genannten »Araberkorps« hatten die Deutschen eine Freiwilligeneinheit aus jungen muslimischen Männern der Küstenstädte aufgestellt, die sie zwar nicht als *Ruga-Ruga* bezeichneten, die aber in ihrer Funktion den *Ruga-Ruga* im Inneren sehr ähnlich waren. Von einer regelrechten *Ruga-Ruga*-Kompanie sprach ein deutscher Bericht über die Kämpfe bei Kissii am Tanganyika-See. Unter dem Kommando deutscher Offiziere hätten die *Ruga-Ruga* ganz wie eine reguläre Schutztruppenkompanie agiert. Auch ihre Bewaffnung unterschied sich nur wenig von der der *Askari*. Sie verfügten über Maschinengewehre und die gleichen Schusswaffen wie die *Askari*. Darüber hinaus waren sie uniformiert wie die regulären Einheiten der Schutztruppen.

Ein ähnliches Bild boten die Kämpfe bei Jassini im Januar 1915, wo unter den ersten deutschen Truppen, die in die Schlacht geführt wurden, eine *Ruga-Ruga*-Kompanie unter der Leitung eines deutschen Offiziers sowie das Araberkorps mit immerhin acht deutschen Offizieren waren. In Ruanda bekamen die *Ruga-Ruga* sogar einen regelmäßigen Sold. In anderen Fällen waren *Ruga-Ruga* allerdings nicht mehr als fest angestellte Träger der Kompanien. Der deutsche Arzt Hauer vermerkt, dass die Maschinengewehrträger in den deutschen Kompanien oft als *Ruga-Ruga* bezeichnet wurden.[148]

Vor allem bei jenen Offizieren, die abseits der Hauptschauplätze des Krieges die Verteidigung ihres Bezirks zu organisieren hatten, spielten die *Ruga-Ruga* der lokalen Chiefs eine bedeutende Rolle. Im Nordwesten der Kolonie stellten *Ruga-Ruga* in nahezu allen militärischen Unternehmungen den Hauptteil der Streitkräfte. Oft lag das Verhältnis von irregulären zu regulären Soldaten drei zu eins, wie etwa bei den Angriffen von Wintgens auf belgische Posten am Kivu-See in den ersten beiden Jahren des Krieges. Doch auch dort, wo die Deutschen ihre Hauptkräfte stationiert hatten, gehörten *Ruga-Ruga* zur üblichen Truppenaufstellung. Sie waren in der Schlacht von Tanga oder in den Stellungskämpfen an der Nordostfront zu finden. Hier wurden sie vor allem zur Aufklärung und als Besatzung vorgeschobener Posten eingesetzt. Weitaus loser in die deutschen Truppen integriert waren die *Ruga-Ruga*, die unter der Ägide lokaler Chiefs in den Kampf zogen. Oftmals waren sie eher Vigilanten, die der Abwehr von afrikanischen Kriegern im Dienste des Feindes dienten.[149] Die Chiefs hatten oftmals ein

---

148 Von Boemcken, Bericht über die Vorgänge an der Grenze bei Jassin von Mitte Dezember 1914 bis Mitte Januar 1915, in: Deutsch-Ostafrika. Kaiserliches Gouvernement, *Zusammenstellung*, S. 234; Hauer, *Kumbuke*, S. 76; Decher, *Afrikanisches*, S. 125; Kabagema, *Ruanda*, S. 290.
149 Bericht über das am 4.10.1914 stattgehabte Gefecht gegen die Belgier bei Kissenji, in: Deutsch-Ostafrika. Kaiserliches Gouvernement, *Zusammenstellung*, S. 44; Bericht über

profundes Eigeninteresse, den Deutschen ihre Dienste anzubieten. Von sich häufenden Überfällen von Viehdieben aus Buganda heimgesucht, baten die Chiefs am Westufer des Viktoria-Sees den Residenten von Bukoba um Schusswaffen, um ihre Dörfer zu schützen. Dieser kam der Aufforderung gerne nach. Die *Ruga-Ruga* konnten nicht nur als Grenzwachen den Deutschen gute Dienste leisten, sondern waren auch gerne bereit, ihrerseits auf die britische Seite zu gehen, um dort für Unruhe zu sorgen. Uniformiert waren auch diese *Ruga-Ruga* oft und wie es sich für Deutsch-Ostafrika gehörte, waren diese Uniformen geprägt von der bizarren Hybridität kolonialer Militärkultur. Da wurden Khaki-Uniformen mit roten Stirnbändern getragen, die der besseren Identifikation dienten. Manchmal reichte auch eine rote Armbinde. Der Fantasie der Offiziere waren diesbezüglich kaum Grenzen gesetzt.[150] Spätestens im letzten Jahr des Krieges waren die Grenzen zwischen *Ruga-Ruga* und deutschen *Askari* kaum noch zu erkennen. Längst hatten die deutschen Truppen das Aussehen regulärer Truppen verloren, ihre Uniformen glichen einem bunten Karneval aus englischen, belgischen und portugiesischen Uniformteilen und manchmal gar gegerbtem Leder, Fellen und Rindenstoffen. *Ruga-Ruga* traten für die kurze Dauer des Durchmarsches in den Dienst der Deutschen, manch einer ließ sich überreden mit ihnen weiterzuziehen, die meisten jedoch verließen die Deutschen, sobald sie in unbekanntes Land vordrangen. Beim Übertritt über den Rovuma sollen die Deutschen von mehreren Hundert *Ruga-Ruga* aus dem Süden, meist Yao, begleitet worden sein. Wenige Wochen später nahmen Afrikaner aus Portugiesisch-Ostafrika ihren Platz ein. Die Yao hatten längst ihren Anteil am Beutezeug der Deutschen auf die Rücken ihrer Träger gepackt und waren nach Hause gezogen.

Die Erfahrungen der deutschen Offiziere mit ihren *Ruga-Ruga* waren höchst unterschiedlich. Von Lob bis zu Worten der Verdammnis lässt sich in den Berichten der Offiziere alles finden. Von den 300 *Ruga-Ruga*, die ein deutscher Offizier zur Verteidigung seines Postens am Rumi-Fluss zur Verfügung hatte, seien bereits am ersten Tag der Kämpfe 50 Mann geflohen,

---

die am 24. & 25. 10 stattgehabten Gefechte am kleinen Russissi, in: Deutsch -Ostafrika. Kaiserliches Gouvernement, *Zusammenstellung*, S. 55; Bericht über das am 26.9.1914 stattgehabte Nachtgefecht am kleinen Russissi, in: Deutsch-Ostafrika. Kaiserliches Gouvernement, *Zusammenstellung*, S. 24; Bericht über die am 17./18.10.1914 ausgeführte gewaltsame Erkundung gegen das Gebiet im Congo an der Grenze längs des Tanganyikasees, in: Deutsch-Ostafrika. Kaiserliches Gouvernement, *Zusammenstellung*, S. 44.

150 Crowe, *General Smuts Campaign*, S. 34, Ralph A. Austen, *Northwestern Tanzania under German and British Rule. Colonial Policy and Tribal Politics, 1889-1939* (New Haven: Yale University Press, 1968), S. 114; Boell, *Der Feldzug in Ostafrika 1914–1918*, S. 365.

am zweiten Tag habe er nur noch mit 80 *Ruga-Ruga* rechnen können.[151] Die Schimpftiraden deutscher Offiziere über das »Araberkorps« waren Legende. Kaum ein Offizier, der nicht ihre mangelnde Disziplin und ihren mangelnden Mut beklagte.[152] Dementsprechend gering war oft das Vertrauen der Offiziere in ihre Hilfskrieger. In einigen Fällen wurden den *Ruga-Ruga* die Patronen erst bei unmittelbarem Beginn der Kämpfe zugeteilt, so groß war die Angst sie könnten sich mitsamt der Gewehre und Munition aus dem Staub machen.[153] Es verwundert daher, dass die Offiziere trotz all dieser Unwägbarkeiten das Schicksal ihrer Unternehmungen in die Hände der *Ruga-Ruga* legten. Doch angesichts der geringen Kräfte, die ihnen zur Verfügung standen, blieb ihnen wohl nicht viel mehr übrig.

Auch Briten und Belgier bedienten sich der *Ruga-Ruga* und anderer Hilfskrieger. Zwischen 1914 und 1916 hatten die Briten vor allem Baganda und Massai für Überfälle auf die deutsche Kolonie angeworben. Teilweise wurden sie auch von den Briten mit modernen Gewehren ausgerüstet.[154] Während der Smuts-Offensive waren die afrikanischen Krieger vor allem wegen ihres Wissens um die lokalen Verhältnisse für die britischen Militärs von Interesse. Meist dienten die irregulären afrikanische Krieger daher als Aufklärer oder Wegführer. Oftmals entlang des Weges rekrutiert, ähnelten sie in ihrer Funktion den Karawanenführern des 19. Jahrhunderts. Auch damals hatten die Europäer lokale Krieger als Führer vor allem wegen ihrer Wissens um die örtlichen Gegebenheiten rekrutiert. Während der Offensive von 1916 formierten die Briten mehrere Einheiten irregulärer Truppen, wie die *Wessel's Scouts* oder die *Jagers Scouts*. Die kommandierenden Offiziere waren zumeist ehemalige Großwildjäger oder Plantagenbesitzer, die einen Teil ihrer Jagdführer oder Arbeiter mit in den Krieg gebracht hatten. Sie wurden vor allem als Aufklärer eingesetzt und stellten so etwas wie kleine Privatarmeen in Diensten der Briten dar. Auch bei den Briten waren die Grenzen zwischen regulären und irregulären Einheiten mitunter fließend. In den so genannten *Nandi Scouts* dienten meist Nandi-Krieger und das

---

151 Bericht über ein Gefecht am Rumifluss, 11.9.1914, in: Deutsch -Ostafrika. Kaiserliches Gouvernement, *Zusammenstellung*, S. 24.
152 Von Boemcken, Bericht über die Vorgänge an der Grenze bei Jassin von Mitte Dezember 1014 bis Mitte Januar 1915, in: Deutsch-Ostafrika. Kaiserliches Gouvernement, *Zusammenstellung*, S. 234.
153 Bericht über das Gefecht der durch englische Dampfer von der Bukoba-Expedition abgeschnittenen Dhau-Besatzung auf der Insel Juma am Muasagolf, 31.10.1914, in: Deutsch-Ostafrika. Kaiserliches Gouvernement, *Zusammenstellung*, S. 61.
154 Bericht über die Patrouille des Leutnant Spangenberg vom 23.–31.1.15, in: Deutsch-Ostafrika. Kaiserliches Gouvernement, *Zusammenstellung*, S. 324.

Ruga-Ruga der Deutschen

einzige was sie von den Massai-Kriegern unterschied war, dass sie teilweise Uniformen und ihre Führer militärische Titel trugen. Doch auch sie waren im Grunde nur Viehdiebe in britischen Diensten.[155]

War es in diesem Krieg für die *Askari* schon ein leichtes, die Seiten zu wechseln, wenn sich die Gelegenheit bot, so waren die *Ruga-Ruga* nur allzu gern bereit, demjenigen ihre Dienste anzubieten, der ihnen die größte Aussicht auf Beute bot. Was immer die Motive der afrikanischen Krieger war, sich den vorbeieilenden Truppen zu verdingen, Beute machen war wohl eines der stärksten. Und welche Rolle auch immer die europäischen Offiziere in ihren taktischen Überlegungen den *Ruga-Ruga* zudachten, hatten diese ihre eigene Version von den Zielen des Krieges. Zu einem regelrechten *Ruga-Ruga*-Krieg kam es, als die Briten Usaramo erreichten. Der Chief Manati bot den Briten sofort seine Dienste und 300 *Ruga-Ruga* an. Sie sollten

---

155 Difford, *Cape Corps*, S. 95; Farwell, *Great war in Africa*, S. 121; Reigel, *The First World*, S. 65.

Askarifrauen auf dem Marsch, vermutlich aus dem letzten Kriegsjahr

vor allem dem Treiben benachbarter Nyaturu-Krieger ein Ende bereiten, die im Auftrag der Deutschen auf Viehraub aus waren.[156]

Der Krieg brachte mancherorts nicht nur die Rückkehr alter lokaler Konfliktherde, sondern auch der vorkolonialen *Ruga-Ruga*-Empire. Desertierte *Askari*, auf sich allein gestellte afrikanische Gouvernementsbeamte oder Händler von der Küste scharrten das menschliche Strandgut des Krieges um sich und nutzten das von den abziehenden Deutschen hinterlassene Machtvakuum, um ihr kleines Privatreich zu errichten. So berichtete ein britischer Kolonialoffizier von einem ehemaligen Sklaven, der mit Hilfe von *Ruga-Ruga* den Thron eines Chiefdoms in Massasi erstiegen hatte. Der alte Chief war mit den Deutschen als *Askari* fortgezogen und war nie wieder zurückgekehrt. Mit äußerster Brutalität habe der neue Machthaber der Bevölkerung seinen Willen aufgezwungen. Auch in der Kilimanjaro-Region

---

156 Bagenal, J. C. *The East African Campaign. Written from a diary at Maneromango 1917.* (Rhodes House Library, Oxford: C. J. Bagenal Papers, 1915–17 MSS Afr. s. 2351, n.d.), S. 87.

hatten ehemalige *Askari* kleine *Ruga-Ruga*-Reiche errichtet, die den Briten bald ein Dorn im Augen wurden. Die ehemaligen *Askari* würden mit Hilfe ihrer Gefolgsleute ganze Landstriche unter ihre Botschaft bringen und die ursprüngliche Bevölkerung drangsalieren und ausplündern, schimpfte der britische Beamte Bagshave.[157]

Frauen und Kinder

Die Geschichte der *Askari*-Frauen in diesem Krieg liegt weitestgehend im Dunkeln. Über Hunderte von Kilometern marschierten sie mit ihren Männern, trugen deren persönliche Habe, sorgten für deren Ernährung und den Hausstand. Entlang des entbehrungsreichen Marsches gebaren sie ihre Kinder und starben vor Ermattung. Ähnlich der Mutter Courage Bertold Brechts litten sie im Krieg und profitierten gleichzeitig von ihm. Bei Plünderungen des Hab und Guts der Zivilbevölkerung standen sie den *Askari* in nichts nach. An Szenen aus dem Dreißigjährigen Krieg meinte sich auch ein deutscher Kriegsteilnehmer erinnern zu müssen:

> Sobald die Truppe ins Lager kam entwickelte sich sofort ein wahres Friedensidyll: der *Askari* errichtete seine Familienhütte in weniger als einer Stunde, die Kinder spielten davor oder jagten durchs Lager, die Frauen gingen ihrer häuslichen Arbeit nach.[158]

Der Krieg als Familienidylle mag etwas sonderbar anmuten, doch die Frauen der *Askari* und Träger spielten eine wichtige Rolle in der *Safari ya Bwana Lettow*. Wie viele Frauen die *Askari* und Träger auf ihrem Marsch begleitet haben, wissen wir nicht. Es dürften mehrere Tausend gewesen sein. Zwei Anhaltspunkte haben wir: Als sich eine Abteilung der Kolonne Tafels den Briten im November 1917 ergab, hatte sie neben 1.212 *Askari* auch 220 Frauen bei sich. Beim Übergang der deutschen Truppen über den Rovuma Mitte 1917 überquerten etwa 4.000 *Askari*-Frauen mit den deutschen Truppen den Rovuma. Mit den Frauen nahmen noch etwa 1.600 *Askari* und 4.000 Träger an der *Safari ya Bwana Lettow* teil. Auf fünf *Askari* oder Träger kam demnach eine Frau. In einer Zeit absoluter Nahrungsmittel-

---

157 NA CO 691/29 Report Civil Administrator, Occupied Territory, German East Africa, Milow Sub-District, 30.1.1919; F. J. E. Bagshave, *Personal Diaries,* unveröffentlichtes Manuskript, (Rhodes House Oxford, Bagshave, F. J. E. Papers, n.d.), 2.2.1917.
158 Deppe, *Lettow-Vorbeck*, S. 74.

knappheit hatte das Kommando versucht, sich des Trosses von mitreisenden Zivilisten, Verwundeten und Kranken durch die Übergabe an den Feind zu entledigen. Trotz vieler Widerstände vonseiten seiner Offiziere setzte Lettow-Vorbeck diesen Befehl durch. Einzig den Familien der *Askari* wurde erlaubt, die Truppen zu begleiten. Die *Askari* hatten gedroht, sonst zu desertieren.[159]

Die hohe Stellung, die die *Askari*-Frauen in den deutschen Truppen inne hatten, lässt sich bis in die ersten Tage der Schutztruppe verfolgen. Bereits in den Vorkriegsjahren hatten die *Askari*-Frauen viele Privilegien. Sie genossen die gleiche medizinische Versorgung wie ihre Männer. Regelmäßige medizinische Untersuchungen und Impfungen der *Askari*-Familien gegen Typhus und andere Krankheiten sollten Epidemien vorbeugen. In vielen Stationierungsorten hatte das Gouvernement ganze Dörfer aus Steinhäusern für sie errichten lassen. Auch diese sozialbauliche Maßnahme diente der Gesundheit der Truppen sowie der besseren Kontrolle durch die Offiziere. Wurden ihre Männer versetzt, hatten die *Askari*-Frauen Anspruch auf umfassende finanzielle Unterstützung. Sie konnten auf Kosten des Gouvernements zu ihren Männern reisen, ihr Umzug wurde durch die Schutztruppe organisiert und finanziert. Auch beim Tod ihrer Männer bekamen die *Askari*-Frauen eine weitreichende Unterstützung. Das Erbe ihrer Männer war oft in den Kompaniekassen verwahrt und wurde den Hinterbliebenen in aller Regel ausbezahlt, selbst wenn dies auch mit erheblichen Nachforschungen seitens der Kommandeure verbunden war. Und auch die Kinder der *Askari* profitierten von der Fürsorge der deutschen Regierung: Sie stellten den Großteil der Schüler in den Regierungsschulen. Für die Deutschen war mit diesem Sozialprogramm für die Familien nicht nur die Hoffnung auf loyale *Askari* verbunden, sondern auch die auf neue Rekruten. Schon früh versuchten die Deutschen die Kinder der *Askari* in die Welt des kolonialen Militärs einzubinden.

Der Krieg schränkte zwar die Möglichkeiten der Deutschen ein, eine solche Fürsorge den Familien der *Askari* weiterhin angedeihen zu lassen, die Einsicht, dass die Familien der *Askari*, besonders die Frauen, eine wichtige Rolle in diesem Krieg spielen sollten, aber blieb. Kaum etwas anderes sicherte die Loyalität der *Askari* so sehr wie die für sie zufriedenstellende Behand-

---

159 Deppe, *Lettow-Vorbeck*, S. 64; Farwell, *Great war in Africa*, S. 202, 334; Lettow-Vorbeck, *Erinnerungen*, S. 154, 202; Wahle, *Erinnerungen*, S. 19; NA CO 691/6 War Diary of Brigadier-General E. Northey, C.B, A.D.C. Commanding Nyasa-Rhodesia Frontier Force, 1.-11.11.1917.

lung ihrer Frauen. Eine Episode aus den ersten Kriegsmonaten in Ruanda illustriert das eindrücklich. 1915 versuchten belgische Truppen, den strategisch wichtigen Handelsplatz Kissensi einzunehmen. Den Deutschen gelang es zwar den Ort zu halten, nicht aber die indischen und Swahili-Händler, die sich dort angesiedelt hatten. Der Abzug der Händler war ein herber Verlust vor allem für die *Askari*-Frauen, die dort Lebensmittel und Luxusartikel eingekauft hatten. Ihr Missmut erreichte auch den kommandierenden Offizier der Region, Max Wintgens. Da sich der Ärger der *Askari*-Frauen zunehmend auch auf deren Männer übertrug, gab Wintgens den deutschen Missionaren Order, einen Laden zu eröffnen.[160] Die deutschen Offiziere taten eine Menge, um die Frauen der *Askari* bei Laune zu halten. Laut den Beobachtungen eines belgischen Kriegsgefangenen sei für die *Askari*-Frauen während des Krieges alles zu ihrer Zufriedenheit geregelt worden. In Tabora seien sie in gesonderten Lagern untergebracht gewesen, wo sie ausreichend Verpflegung und einen Teil des Soldes ihrer Männer erhalten hätten. Sie seien nach den Kompanien ihrer Männer eingeteilt worden, und wenn ihre Männer an die Front gingen, hätten man ihnen Gelegenheit gegeben ihre Männer zu begleiten. Oft seien sie dann nachts wieder in ihre Lager zurückgekehrt.[161]

Es gibt wenige Hinweise darüber, woher die Frauen der *Askari* und Träger der *Safari ya Bwana Lettow* kamen. In den deutschen Truppen war eine große Vielzahl von Frauen zu finden, die mit den *Askari* schon vor Kriegsbeginn verheiratet waren und bei den deutschen Offizieren daher als »legale Frauen« galten. Doch vor allem beim Abzug aus Tabora hatten viele *Askari* ihre Frauen zurücklassen müssen. Diesen Verlust kompensierten sie mit der Verschleppung von Frauen aus den Gebieten, die die *Safari ya Bwana Lettow* durchstreifte. Besonders beliebt bei den *Askari* seien die hellhäutigen Frauen, Töchter afrikanischer Mütter und europäischer Männer aus Portugiesisch-Ostafrika, gewesen. Auf sie habe es regelrechte Jagdzüge gegeben. Das Oberkommando schaute bei diesen Frauenraubzügen nicht nur weg, es sanktionierte sie sogar teilweise. So berichtet der deutsche Kriegsfreiwillige Wenig, dass im August 1918 Lettow-Vorbeck befohlen hatte, aus den Reihen der persönlichen Träger und Diener der *Askari* neue Rekruten zu gewinnen. Die *Askari* reagierten auf dieses Vorhaben mit großem Protest, denn es be-

---

160 Roehl, *Heldenkampf*, S. 72.
161 FP 2659/1154 Rapport remis le 21 Février 1918 par le Lieutenant Lallemand fait prisonnier à la frontière du Kivu au début des hostilités et libéré à Lutchemi (Navala) à la fin de l'année 1917.

deutete die faktische Auflösung ihres Hausstandes. Lettow-Vorbeck einigte sich mit den *Askari* letztendlich darauf, dass im Austausch für ihre Diener den *Askari* die bis dahin illegal bei den Truppen lebenden Frauen aus Portugiesisch-Ostafrika nunmehr offiziell geduldet werden sollten. Sie hatten damit Anspruch auf Nahrungsmittel und Medikamente. Die deutschen Offiziere erfassten daraufhin alle Frauen, die in der *Safari ya Bwana Lettow* mitzogen und bildeten das, was Wenig eine »Weiberkompanie« nannte. Wer einen Diener als Rekruten hergab, hatte Anspruch auf eine dieser Frauen. Je höher der Dienstgrad des Bittstellers, desto hübscher sei die Frau gewesen, die er bekommen habe, sinnierte Wenig. Das war im Grunde ein vom General sanktioniertes System der Prostitution, in der Loyalität mit sexuellen und häuslichen Dienstleistungen belohnt wurde.[162]

In der *Safari ya Bwana Lettow* wurden die Frauen der *Askari*, aber auch der Träger, zu einem wichtigen Baustein in der Versorgung der Truppen. Im Wesentlichen waren sie für die Nahrungsmittelversorgung ihrer Männer verantwortlich. Das betraf nicht nur die Zubereitung der Speisen, sondern auch deren Beschaffung. Denn zwar gab es so etwas wie ein Etappenwesen der Deutschen, die Verköstigung der *Askari* aber war seit dem Bestehen der Schutztruppe weitestgehend der Initiative der *Askari* selbst überlassen. So finden sich denn auch einige Hinweise auf marodierende Frauen. Mindestens die Hälfte der von den Ehemännern gemachten Beute soll den Frauen gehört haben.[163] Beim Abzug der Deutschen aus Ruanda folgte den Truppen ein ganzer Tross von *Askari*-Frauen, die die lokale Bevölkerung bis aufs Hemd ausplünderten. Die *Askari*-Frauen nahmen nicht nur Lebensmittel von der lokalen Bevölkerung, sondern auch das Hab und Gut verlassener Plantagen oder Missionsstationen. Einen Karneval der besonderen Art beschreibt daher der Arzt Deppe nach der Plünderung eines portugiesischen Postens:

Es scheint hier sehr viel Beute gemacht zu sein. Was man auf der Straße sieht, ist der reine Karneval: die Weiber tragen feinste Unterwäsche und Negligés, die schwarzen Kinder reizende Kleidchen, die Träger Damen- und Herrenhüte und Anzüge aller Art; einer meiner Jungen erscheint mit einer Spitzunterhose.[164]

Dieses burleske Bild eines Karnevals sollte jedoch nicht über das harte Los der Frauen hinwegtäuschen. Wie viele ihre Teilnahme an der *Safari ya Bwana Lettow* mit ihrem Leben bezahlten, wissen wir nicht. Nur eines blieb den

---

162 Wenig, *Kriegs-Safari*, S. 178.
163 Wahle, *Erinnerungen*, S. 18.
164 Deppe, *Lettow-Vorbeck*, S. 166.

Askari-Frauen weitestgehend erspart. Und das war das Tragen von Lasten. Mit Ausnahme ihrer persönlichen Hausstandes waren die Frauen nicht verpflichtet, Trägerdienste zu leisten. Darauf achteten ihre Männer mit Habichtsaugen. Versuchen von Offizieren, die angesichts entlaufener Träger eine Alternative in den Frauen der *Askari* sehen wollten, erteilten diese eine entschiedene und wohl in den meisten Fällen auch eine erfolgreiche Abfuhr.[165]

Die Rolle der *Askari*-Frauen in den deutschen Truppen lässt sich in etwa vergleichen mit jener der Frauen der *Bulamatari*. Hier ist die Quellenlage erheblich besser und erlaubt wichtige Einblicke in das Leben der afrikanischen Soldaten-Frauen während des Krieges. Auch die Belgier konnten die Frauen ihrer *Bulamatari* weder einfach ignorieren noch deren Anwesenheit bei den Truppen verbieten. Wie auch bei den Deutschen glich die belgische Armee in Ostafrika eher einem mittelalterlichen Söldnerheer als einer modernen Truppe. Im März 1917 hatten die Belgier 8.900 *Bulamatari* unter Waffen, sie wurden von mehr als 7.100 Trägern und 4.000 Frauen begleitet. Nahezu zwei Drittel der belgischen Truppen bestand also aus Zivilpersonen.[166]

Aufgrund der angespannten Versorgungssituation der belgischen Truppen waren die Frauen der *Bulamatari* für das Oberkommando ein Grund beständigen Ärgers und Gegenstand einer Flut von Memoranden und Befehlen. Hatte Tombeur die Frauen der *Bulamatari* im ersten Feldzug von 1916 noch wohlweislich toleriert, so kam nach der Einnahme von Tabora mit Huyghe ein Offizier der metropolitanen Armee ans Ruder, der wenig willens war, diese Besonderheit der *Force Publique* ohne Weiteres zu akzeptieren. Kaum, dass er sein Kommando übernommen hatte, versuchte Huyghe, die Frauen zumindest von den mobilen Kolonnen fernzuhalten und sie in Camps weitab von den Truppen zu internieren.[167] In einer weiteren Anweisung an die Offiziere der mobilen Kolonnen erinnerte er seine Untergebenen daran, dass sie die volle Verantwortung für Engpässe in der Verpflegung der Truppen trügen, wenn sie Frauen tolerierten. Bis zu seinem Amtsantritt hatten die Frauen der *Bulamatari* und Träger das Anrecht auf die gleiche Ration wie ihre Männer, ihre Kinder bekamen die Hälfte.[168] Huyghe traf

---

165 Hauer, *Kumbuke*, S. 156.
166 FP 2659/1154 Telegramme du Commandant des Troupes au Ministre des Colonies, Nr. 195, 3.3.1917.
167 FP 2664/1213 Huyghe: Instructions concernant les femmes des soldats, Ujiji 10.5.1917.
168 FP 2664/1213 Huyghe à Lt. Colonel Thomas, Commandant la Brigade Nord; FP 2666/1231 Annexe aux ordres Nr. 51 du 20 août 1917: Convention entre le commandant

auf den massiven Widerstand der *Bulamatari* und das offensichtliche Desinteresse einiger Offiziere der mobilen Kolonnen. Der Kommandeur der *Brigade Nord*, Thomas, jedenfalls weigerte sich zunächst, Huyghes Anweisungen in die Praxis umzusetzen und gab seinen Offizieren weiter freie Hand bei der Entscheidung über die Frauen. Denen wiederum war wenig daran gelegen, sich mit den *Bulamatari* gerade in dieser Frage anzulegen. Sie wussten wohl um die Bedeutung der Frauen für die Kampfmoral ihrer Truppen.[169] Diejenigen Offiziere, die die Weisungen Huyghes umsetzen wollten, wurden mit dem demonstrativen Unwillen der Soldaten konfrontiert. Der Regimentskommandeur Bataille hatte nach dem Bekanntwerden der Befehle Huyghes Schwierigkeiten, das Camp seiner Truppen zu betreten. Die *Bulamatari* befanden sich am Rand einer Meuterei, als sie erfuhren, dass ihre Frauen in den Kongo zurückkehren sollten. Batailles *Bulamatari* drohten ihm offen, die Waffen niederzulegen und nicht mehr gegen die Deutschen zu kämpfen. Mehr noch, sie erinnerten den Offizier an eine scheinbar längst vergessene Episode aus der Geschichte des Freistaates, als die Besatzung des Forts von Shinkakasa die Europäer während einer Rebellion im Stich ließ. Bataille warnte das Oberkommando vor einem rapiden Verfall der Disziplin der Einheit und schlug ein hartes Vorgehen gegen die Meuterer vor.[170]

Das Oberkommando sah sich vor die Entscheidung gestellt, entweder die gesamte Einheit aus dem Kampfgeschehen herauszunehmen und durch ein anderes Bataillon zu ersetzen oder die Frage der Frauen zur Zufriedenheit der *Bulamatari* zu lösen. Huyghe reagierte auf die Ereignisse zunächst mit der Drohung, jeden Widerstand gegen seinen Befehl im Keim zu ersticken. *Bulamatari*, die Widerstand gegen die Verlegung der Frauen leisteten, sollten sofort aus den Einheiten entfernt werden. Seine Truppenoffiziere dagegen versuchten zunächst eine Kompromisslösung und schlugen für die Frauen ein nahe gelegenes Camp bei Sikonge vor. Doch auch hier trafen sie auf den vehementen Protest der *Bulamatari*.[171] Nach nur wenigen Wochen

---

du groupe belge agissant au nom et pour compte du Congo Belge et le Lieut. Colonel Watkins DSO Director of Militari Labour Agissant au nom et pour compte du Gouvernement de sa Majesté Britannique.
169 FP 2659/1155 Examen des opérations de la colonne Larsen (25.5.1917 bis 23.7.1917).
170 FP 2664/1212 Bataille, Rapport Spécial, 17.5.1917. Zur Shinkakasa-Meuterei siehe: Ndaywel é Nziem, u. a. *Histoire générale*, S. 299.
171 FP 2664/1213 Huyghe an Lt. Colonel Thomas, Commandant la Brigade Nord; Capitaine Commandant Weiler: Note pour Monsieur le Major Commandant la Colonne Mobile, Tabora 5.5.1917.

kapitulierten die belgischen Militärs und willigte ein, dass die Frauen den größten Teil des Weges mit den *Bulamatari* ziehen dürften. Nur bei unmittelbaren Kampfhandlungen sollten sie in die Camps verbracht werden, um ihre Sicherheit und Ernährung zu gewährleisten.[172] Die *Bulamatari* hatten ähnlich wie die *Askari* beim Übergang über den Rovuma ihre Forderungen weitestgehend durchsetzen können.

Das Oberkommando sanktionierte damit eine Praxis, die in anderen Einheiten längst üblich war. Offiziere wie Lagneaux und Scheppers handelten damit wissentlich gegen die Befehle ihrer Vorgesetzten und riskierten damit nicht weniger als ihre Karriere oder zumindest doch ein Disziplinarverfahren. Und in der Tat gab es kaum einen Offizier der mobilen Kolonnen, der nicht wegen der Frauen seiner *Bulamatari* einem Disziplinarverfahren unterzogen wurde. Der Befehlshaber der *Brigade Nord* sprach daher auch von einer regelrechten Verschwörung der Offiziere, sich diesbezüglichen Weisungen zu widersetzen.[173]

Doch die Begleitung durch die Frauen hatte auch unleugbare Vorteile für die Militärs. So war sie unter Umständen ein Garant gegen Desertionen. Das geht zumindest aus einer belgischen Statistik hervor. Im Sommer 1917 hatten die belgischen Militärs eine Gruppe von 1.731 Trägern im Kongo rekrutiert, die von 218 Frauen begleitet wurden. Nach den Statuten war dies nur verheirateten Frauen erlaubt. Bei der Ankunft der Gruppe waren 144 Träger desertiert, allerdings fehlten in der Statistik nur drei Frauen. Es ist also mit hoher Wahrscheinlichkeit anzunehmen, dass vor allem unverheiratete Träger desertiert waren.[174] Auch die deutschen Offiziere wussten um diesen Zusammenhang. Beim Rückzug aus Tabora im September 1916 hatten die deutschen Truppen ein Großteil der Familien der *Askari* zurücklassen müssen. Das war ein herber Verlust: Er bedeutete nicht nur den Verlust sexueller Dienstleistungen, sondern auch den Verlust des Hausstandes der *Askari*. Die Zahl der Desertionen schnellte daraufhin dramatisch in die Höhe. Kein Wunder, dass Lettow-Vorbeck trotz einer desaströsen Versorgungslage beim Übergang über den Rovuma gut ein Jahr später, schnell von seinem Vorhaben Abstand nahm, die Familien der *Askari* zurückzulassen.

Kinder sind ein weiteres dunkles Kapitel dieses Krieges. Sie waren in nahezu allen Truppen zu finden. Und sie waren jeglichen Alters: vom Neuge-

---

172 FP 2664/1213 Thomas, Ordre au Major Bataille, 23.5.1917.
173 FP 2664/ 1213 Note au sujet des femmes entraînées dans les colonnes pendant la campagne de 1917, Brigade Nord, Etat-Major, Ujiji, 10.7.1918.
174 FP 2666/1231 Etat numérique des porteurs militaires diriges sur l'Afrique Allemande et passes par Kongolo du 4 août au 8 septembre.

borenen bis zum Halbwüchsigen. Sie waren Teil der Familien der *Askari*, *Bulamatari* und Träger, sie kamen als Diener der Europäer, als so genannte Boys, zu den Truppen oder sie waren selbst Soldaten oder Träger. In der Tat waren viele der aus den Dörfer zum Trägerdienst gepressten Männer noch Halbwüchsige, wie das Kapitel über die Träger gezeigt hat. Auch einige der zum Dienst gepressten *Askari* dürften kaum dem Jünglingsalter entwachsen gewesen sein. Im Kindesalter waren auch mitunter die von den Truppen geraubten Frauen. Dies geht zumindest aus den Anschuldigungen des britischen Kolonialbeamten an den deutschen Offizier Boeckmann hervor, der mit Naumann 1917 bis nach Mbugwe gezogen war. Boeckmanns *Askari* sollen vier minderjährige Mädchen aus einem Dorf entführt und zur Prostitution gezwungen haben, so Bagshave.[175]

Kinderarbeit und Kinderprostitution waren in diesem Krieg nichts Ungewöhnliches und die Wurzeln dafür lagen in der kolonialen Vorkriegsordnung, in der Kinder häufig die Haushalte der Europäer und ihrer afrikanischen Soldaten zu besorgen hatten. Der Erste Weltkrieg, der in Ostafrika Tausende Flüchtlinge hervorbrachte, Familien auseinanderriss und ganze Dörfer entvölkerte, brachte eine neue Dimension der Kinderarbeit. Nicht nur das Angebot an aus familiären Netzen herausgefallenen Kindern stieg, sondern auch die Nachfrage. Nahezu jeder europäische Offizier und viele der einfachen Soldaten, so kann man mit einiger Sicherheit vermuten, hatten ihren Boy, der in der Regel zwischen 12 und 25 Jahre alt war. Der britische Kriegsteilnehmer Buchanan erinnert sich, dass während der Eroberung Deutsch-Ostafrikas Jugendliche zu Hauf in die Truppen kamen, um dort als Köche und Diener zu arbeiten. Oftmals waren es entlassene und entlaufene Diener der deutschen Offiziere und der Zivilbevölkerung, viele aber waren auch Flüchtlinge, die in den Städten der Küste ein ärmliches Dasein fristeten.[176] Einen weiteren Weg von Kindern in die Truppen beschreibt ein belgischer Medizinalbericht. Da viele der von den Belgiern rekrutierten Träger zu jung seien, um den harten Trägerdienst zu überleben, schlug der Chef der belgischen Militärärzte Strada vor, die Jungen als Boys für die Offiziere zu nehmen.[177]

---

175 NA CO 691/29 F.J. Bagshave (Political Officer Kondoa-Irangi) to The Secretary to the Administration, 14.5.1919.
176 Buchanan, *Three Years*, S. 201.
177 FP 2666/1231 Strada (Médecin Inspecteur) à Directeur de l'H.E. au Médecin en Chef, Kilossa, 29.9.1917.

(Un)Ordnungen

Von der kolonialen Ordnung zur Ordnung des Schlachtfelds

Noch bevor der erste Schuss in Ostafrika fiel, löste die Aussicht auf eine Ausweitung des europäischen Konflikts auf Afrika einen von allen Seiten heftig geführten Krisendiskurs über Europas koloniale Ordnung in Afrika aus. Es waren vor allem Vertreter der zivilen Verwaltung, Siedler, Geschäftsleute und Missionare, die sich am vehementesten gegen einen Krieg in der Kolonie aussprachen. Ihr populärstes Argument waren die unwägbaren Gefahren für Europas immer noch junge und oft auch fragile kolonialen Ordnungen in Afrika. Gouverneur Schnee befürchtete, dass ein Krieg europäischer Armeen auf afrikanischem Boden unweigerlich zu einem nicht absehbaren Chaos führen würde, das letztendlich auch die europäische Dominanz auf dem Kontinent zu bedrohen in der Lage wäre. Diese Ängste wurden von vielen Deutschen in der Kolonie geteilt. Der Siedler Georg Gürich erinnerte sich in seinem Buch, dass in den ersten Wochen des Krieges die Deutschen eine afrikanische Rebellion mehr fürchteten als eine britische Invasion.[1]

Diese Befürchtungen um das Wohl der europäischen Kolonialordnung in Ostafrika teilte auch Schnees britischer Gegenüber, Henry Conway Belfield. Seine Argumente glichen denen Schnees auf frappante Weise. Diese Einmütigkeit kam nicht von ungefähr: Britische und deutsche Kolonialherren führten für die Legitimation ihrer Herrschaft nahezu die gleichen Argumente ins Feld. Die populärsten Schlagworte waren »Rasse« und »Zivilisation«. Die »Nation« wurde dagegen weniger bemüht. Darüber hinaus gab es zwischen beiden Kolonialverwaltungen bis zum Kriegsbeginn einen lebhaften Austausch, der kaum von den heraufziehenden Gewittern in Europa getrübt worden war. In ihrer Argumentation beriefen sich die Kritiker des Krieges auf afrikanischem Boden auf ein im Grunde altes Argument:

---

1 Georg Julius Ernst Gürich, *Während des Krieges in Deutsch-Ostafrika und Südafrika. Meine Erlebnisse bei Ausbruch des Krieges in Deutsch-Ostafrika, im englischen Gefangenenlager in Südafrika und auf der Rückreise nach Europa* (Berlin: D. Riemer 1916), S. 22.

Wäre erst einmal die koloniale Ordnung infolge des Krieges erschüttert, würde Afrika zu Barbarei und Chaos zurückkehren. Mit der Angst vor Barbarei und Chaos hatte Europa bereits den kolonialen Eroberungsfeldzug als eine missionierende Polizeiaktion zu legitimieren gesucht: Erst sollte den Afrikanern Frieden und Ruhe gebracht werden und später die Segnungen Europas wie »Zivilisation« und »Fortschritt«. Waren es allerdings damals noch die vermeintlichen afrikanischen Despoten und Sklavenhändler, die dem entgegenstanden, so war es nun Europas Krieg auf afrikanischem Boden.

Eine solch explizit formulierte Kritik am Ersten Weltkrieg, die auch noch von Regierungskreisen ausging, war eher selten im kriegstrunkenen Europa und die Stimmen aus den Kolonien blieben ein leiser Chor vom Rande der imperialen Peripherie. Doch auf beiden Seiten gab es für diejenigen, die den Frieden in Afrika wahren wollten, nur wenig Chancen, den Krieg zu verhindern. Zu sehr waren die Militärs gewillt, den Krieg auch im entfernten Afrika auszufechten. In Deutsch-Ostafrika wurde der Konflikt zwischen der Zivilverwaltung und dem Militär innerhalb weniger Wochen gelöst. Die deutschen Militärs unter dem Kommando Lettow-Vorbecks rissen in einem staatsstreichartigen Akt die Kontrolle über die Truppen und die Verwaltung der Kolonie an sich. Auf der britischen Seite dauerten diese Auseinandersetzungen länger. Erst Ende 1915, mit dem Beschluss für eine großangelegte alliierte Offensive, setzten sich die Militärs in der britischen Kolonie in Ostafrika gegen die Zivilverwaltung und die doch sehr starke Siedlerlobby durch und forcierten eine stärkere Ausrichtung von Gesellschaft und Wirtschaft der Kolonie auf den Krieg.

Die Frage, welche Gefahren der Krieg für die koloniale Ordnung bergen könnte, beantworten viele Kriegskritiker mit Vermutungen über die möglichen Reaktionen der afrikanischen Bevölkerung. Kaum ein britischer, belgischer oder deutscher Verantwortlicher war sich wirklich im Klaren darüber, wie sich die Bevölkerung seiner Kolonie verhalten würde. Eine gewisse Nervösität machte sich unter den Kolonialbeamten breit, denn so fest war keine Kolonialordnung in Ostafrika im Sattel als dass es nicht genug Raum für Ängste unter den Europäern gegeben hätte. In Rhodesien befand sich die weiße Siedlergemeinde zu Kriegsbeginn in einem Zustand steigender Paranoia. Sie befürchtete Aufstände der afrikanischen Bevölkerung, die angestachelt durch deutsche Propaganda oder durch den Abzug der Polizeieinheiten an die Front, den aufgezwungenen Frieden mit den Europäern brechen könnten. Die Kolonialverwaltung reagierte mit einem umfassenden

Informationsstopp betreffs der Vorgänge an den Grenzen der Kolonie und der Kampfhandlungen in Europa. Das machte es für die interessierten Afrikaner zwar schwerer, aber nicht unmöglich, an Kriegsnachrichten zu kommen. Gerüchte von großen Rekrutierungskampagnen der Militärs machten allerorten die Runde, noch bevor die Werber an die Türen klopften. Vielfach waren die Bewohner dann bereits geflohen.[2] Auch in Ostafrika begleiteten Gerüchte die ersten Nachrichten vom Krieg. Vor allem die muslimische Bevölkerung der Küstenstädte war über die Vorgänge in Europa vergleichsweise gut informiert. Zeitschriften aus anderen Teilen der muslimischen Welt standen den muslimischen Eliten seit geraumer Zeit zur Verfügung. Doch für einen Großteil der ostafrikanischen Bevölkerung blieben die Ursachen des Krieges im Dunkeln. Unter der Bevölkerung, so ein afrikanischer Augenzeuge, verbreitete sich eine Stimmung der Angst und Unsicherheit. Vielerorts machten Prophezeiungen über das apokalyptische Ende der europäischen Kolonialherrschaft die Runde. Laut Martin Kayamba, Konvertit der britischen *Universities' Mission to Central Africa* (UMCA), gab es viele Afrikaner, die im Krieg den Anfang vom Ende der europäischen Kolonialherrschaft sehen wollten. Das Gouvernement von Deutsch-Ostafrika reagierte mit Flugblättern und öffentlichen Anschlägen, in denen der Bevölkerung versichert wurde, dass dies ein Krieg zwischen Europäern sei und dieser daher kaum Auswirkungen auf die Afrikaner haben würde. Noch bevor die Anschläge in der Sonne vergilbt waren, erwiesen sich diese Versicherungen als leer. Ende August 1914 begann die *Royal Navy* mit dem Bombardement ostafrikanischer Küstenstädte. Die Angriffe forderten die ersten Opfer unter der afrikanischen Bevölkerung.[3] Längst schon war der koloniale Staat mit Verve daran gegangen, die Afrikaner in die Kriegsökonomie einzubinden: Die jungen Männer wurden von den Feldern weg zum Trägerdienst gepresst und jene, die in den Dörfer verblieben waren, zwangsverpflichtet, Nahrungsmittel für die Truppen zu produzieren.

Doch was die Europäer auch immer über ihre ostafrikanischen Untertanen vermuteten, es war nicht mehr als ein Spiegel der eigenen Ängste. Die Spekulationen sagten zwar viel über ihr Bewusstsein der Europäer über das eher schmalen Fundament der eigenen Herrschaft aus, wenig aber über die

---

2 Stapleton, *No insignificant part*, S. 25.
3 Martin Kayamba Mdumi, »The story of Martin Kayamba Mdumi, M.B.E., of the Bondei Tribe«, in: *Ten Africans*, von. Margery Freda Perham (London: Faber and Faber, 1963), S. 173–272, insbesondere S. 185; Gefechtsbericht über die Beschießung von Dar es Salaam am 28. und 30. November 1914, in: Deutsch-Ostafrika. Kaiserliches Gouvernement, *Zusammenstellung*, S. 224; Schnee, *Ostafrika*, S. 121.

Sichtweisen der Afrikaner. Die Verwaltung in den britischen Kolonien war sich relativ sicher, dass die unter ihrer Herrschaft lebende lokale Bevölkerung kaum einen Aufstand wagen würde. Eher gingen sie davon aus, dass die Afrikaner in der deutschen Kolonie die Gunst der Stunde nutzen würden, um sich vom Joch der, so zumindest die Sichtweise der britischen Experten, unpopulären Kolonialherren zu befreien. Viele Deutsche teilten diese Angst. Doch während des Krieges wurden die Briten weitaus härter mit den großen Aufständen konfrontiert als die Deutschen. Das heißt nicht, wie die Deutschen später so gern behaupteten, dass es nicht auch verschiedendste Formen des Widerstands gegen sie gegeben hätte. Nur hier ist die Quellenlage weitaus dürftiger.

Die Fehleinschätzungen der Kolonialherren bezüglich der Haltung der Afrikaner im Krieg mögen das generelle Unwissen der europäischen Kolonialherren betreffs ihrer afrikanischen Untertanen illustrieren. Als der Krieg begann, waren in den meisten Kolonien Ostafrikas die kolonialen Herrschaftsverhältnisse zwar einigermaßen gefestigt, von einer Durchherrschung, das heißt einer einigermaßen durchgehenden Kontrolle der afrikanischen Bevölkerung waren Briten, Belgier und Deutsche allerdings noch weit entfernt. Die Kolonialverwaltung und die ökonomische Entwicklung der am Krieg beteiligten Kolonien steckte noch in ihren Kinderschuhen. Der Krieg sollte sich zum Testfall für die Effektivität der jeweiligen kolonialen Projekte mausern. Mit dem Krieg und seinen Erfordernissen wurden die Kolonialherren mit neuen Herausforderungen konfrontiert, für deren Bewältigung sie erst die entsprechenden Strukturen schaffen mussten. Das galt insbesondere für die Deutschen. Von den Briten durch eine Seeblockade weitestgehend vom Nachschub aus der Heimat abgeschnitten, waren sie gezwungen, alles Kriegsnotwendige in der Kolonie selbst zu produzieren. Doch zu Kriegsbeginn gab es weder eine für den Krieg erforderliche Infrastruktur, die eine Versorgung der Truppen mit notwendigem Kriegsmaterial sicherstellen konnte, noch hatten die deutschen Truppen auch nur annähernd eine ausreichende Truppenstärke vorzuweisen.

In gewisser Weise löste der Krieg daher einen bis dahin kaum vergleichbaren Modernisierungsschub aus. Im Laufe des Krieges nahm eine koloniale Moderne in der Praxis kolonialer Herrschaft erste Formen an. Diese Moderne fand ihre Entsprechung auch in den Diskursen der Kolonialherren. Die Einsicht, dass der militärische Erfolg von der Kooperation der afrikanischen Bevölkerung abhing, brachte der Frage nach dem Verhältnis von Kolonisierenden und Kolonisierten neue Brisanz. Bis zum Ausbruch des Krieges ließ sich mit den rudimentären Formen kolonialer Ordnung ganz gut leben. Welches Verhältnis die Kolonisierten zu den Kolonisierenden zu haben hatten, konnte leicht mit einer Strafexpedition beantwortet werden. Im Krieg jedoch reichte die Kraft des ohnehin schwachen kolonialen Staates für die Aufrechterhaltung solcher machiavellistischer Politik nicht mehr aus. Die Sympathien der Afrikaner für das jeweilige koloniale Projekt zu gewinnen, wurde daher mehr und mehr zu einem Ziel, dem sich die Kolonialverwaltungen zu verschreiben begannen. Mehr noch entsprang diese Debatte um die Methoden kolonialer Herrschaft einer intensiven gegenseitigen Beobachtung der Kolonialmächte während des Krieges. Zwar gab es auch in den Vorkriegsjahren durchaus den Blick über die Grenzen der eigenen Kolonie hinaus, kommentierten Presse und offizielle Memoranden die Kolonialpolitik des jeweiligen Gegenübers, aber dennoch: Erst der Erste Weltkrieg brachte jenen Begegnungsraum kolonialer Mächte hervor, in dem sich das gegenseitige Beobachten und Kommentieren intensivierte. Dass dies nicht ohne eine dementsprechende propagandistische Verve vonstatten ging, darüber mag es wenig Zweifel geben. Gegenseitige Vorwürfe erhoben allerdings nicht nur Deutsche und Alliierte, sondern auch Briten gegen Belgier und Portugiesen und vice versa. Kriegsverbrechen der jeweiligen anderen Seite waren dabei eines der meist diskutierten Themen.

Nie zuvor waren die Kolonialherren so sehr auf die Kooperation der Ostafrikaner angewiesen wie in den Jahren des Krieges. Doch selten war die koloniale Ordnung auch so bedroht. Dies allerdings nicht so sehr als politische Ordnung, vielmehr als eine Figuration von Repräsentationen. Im Chaos des Krieges war eine Bewirtschaftung der symbolischen Grundlagen kolonialer Herrschaft kaum in dem Umfange möglich wie in Vorkriegszeiten. Diese Krise der Legitimation kam für die Kolonialherren zu einem denkbar ungünstigen Moment. Um den Krieg zu gewinnen oder zumindest doch so lange wie möglich führen zu können, mussten die Deutschen die Sympathien der Ostafrikaner gewinnen. Um dies zu erreichen, waren sie gezwungen, von bis dahin geltenden Prämissen ihrer Herrschaft abzurücken. Erstes Opfer des Krieges wurde die strikte Trennung zwischen Schwarz und Weiß, eine der wichtigsten ideologischen Grundlagen deutscher Kolonialherrschaft. Nun galt es den Afrikanern klar zu machen, dass Europäer nicht gleich Europäer und die Hautfarbe nicht mehr die wichtigste Trennlinie war, entlang derer sich koloniale Ordnung ausrichtete. Die Afrikaner mögen dies weitaus gelassener gesehen haben, denn dieser ideologische Eiertanz war im Wesentlichen eine Veranstaltung, die die Europäer unter sich ausmachten. Dennoch bot sich den Ostafrikanern ein ungewohntes Bild. Versuchten die Briten, die ostafrikanischen Untertanen der Deutschen mithilfe einer harschen Kritik an den deutschen Herrschaftspraxen auf ihre Seite zu ziehen, so unterstützten die Deutschen vielfach Aufstände in den britischen und belgischen Territorien, selbst vor einer Deklaration eines muslimischen Heiligen Krieges schreckten sie nicht zurück. So liefert der Krieg in Ostafrika einige sehr erstaunliche Einsichten über die deutsche Kolonialherrschaft und zeigt ihre Ambivalenz als imperiales Projekt auf.

Der Krieg – ein Testfall für die koloniale Ordnung

Die deutsche Kolonie war wenig auf einen modernen Krieg vorbereitet. Vor dem Krieg bestand die Schutztruppe aus fast 2.500 *Askari* und 260 europäischen Offizieren. Das war gerade genug, um die koloniale Herrschaft zu etablieren und Rebellionen niederzuschlagen, für die Verteidigung der Kolonie gegen einen Gegner, der erwartungsgemäß mit modernen Waffen ausgerüstet sein würde, reichte dies kaum. Die Bewaffnung der *Askari* war veraltet. Ein Großteil ihrer Gewehre waren Modelle, die mehr als dreißig Jahre alt waren. Einzig bei den Maschinengewehren konnten die Deutschen auf neuere Modelle zurückgreifen, über eine nennenswerte Artillerie verfügte die Schutztruppe kaum. Eine Industrie, um die Truppen mit Munition, Waffen und anderen Ausrüstungsgegenständen zu versorgen, existierte zu Kriegsbeginn nicht. Zwar gab es einige Werkstätten für die Instandhaltung von Eisenbahnen und Schiffen sowie eine rudimentäre Verarbeitungsindustrie für landwirtschaftliche Produkte, das alles konnte jedoch kaum die Basis einer Infrastruktur für einen modernen Krieg darstellen. Die koloniale Landwirtschaft, ausgerichtet auf Exportprodukte wie Baumwolle, Kaffee und Sisal, war kaum in der Lage, genug Nahrung für die Kolonie zu erzeugen. In der Vorkriegszeit hatten die Europäer in der Kolonie größtenteils von importierten Konserven aus Indien gelebt; nur die Nahrung für die afrikanische Bevölkerung wurde in der Kolonie selbst produziert. Erst in den letzten Jahren vor dem Krieg hatten einzelne Bezirksämter begonnen, den weitflächigen Anbau von Reis und Mais zu initiieren und zu fördern.[4] Auch wenn die Deutschen große Lagerbestände an Konserven für eine vor Ausbruch des Krieges geplante Kolonialausstellung aufgebaut hatten, war es

---

4 Koponen, *Development*, S. 437, 611.

nur eine Frage der Zeit, bis diese aufgebraucht sein würden und die Deutschen auf lokale Produkte würden zurückgreifen müssen. Prekär war auch die Versorgung mit Medikamenten und Verbandszeug. Wie in vielen anderen Dingen war die Kolonie auch hier weitestgehend abhängig von Importen. In einem Krieg, in dem mehr Soldaten an den Folgen tropischer Krankheiten wie Malaria und Schwarzwasserfieber als auf dem Schlachtfeld sterben sollten, wurde die Versorgung mit Medikamenten schnell zu einer kriegsentscheidenden Frage.

Ein ähnliches Bild bot die Infrastruktur der Kolonie; sie war kaum in der Lage, den Notwendigkeiten eines modernen Krieges gerecht zu werden. Der koloniale Staat hatte in den Vorkriegsjahren nur wenig in den Ausbau von Straßen und Eisenbahnen investiert. 1914 verfügte die Kolonie über zwei Eisenbahnstrecken: Die Mittelland-Bahn von Dar es Salaam an der Küste nach Ujiji am Tanganyika-See und die Usambaralinie, eine Schmalspureisenbahn von der Hafenstadt Tanga in die Siedlergebiete Usambaras und am Kilimanjaro mit gerade mal 83 Kilometer Länge. Das Straßennetz der Kolonie war ähnlich unterentwickelt. Nur wenige Straßen waren für den Autoverkehr geeignet. Die meisten der auf den Landkarten als Straßen firmierende Wege verdienten diese Bezeichnung kaum. Selbst wenn es den Deutschen gelänge, genug Nahrung und Ausrüstung für die Truppen zu produzieren, blieb das schier unlösbare Problem des Transports zu bewältigen.

Die Verantwortlichen wurden sich sehr schnell bewusst, dass über Erfolg oder Misserfolg nicht nur auf dem Schlachtfeld entschieden werden würde. Schon in den ersten Wochen des Krieges verhängte die *Royal Navy* eine weitestgehend effektive Seeblockade, sodass auf Nachschub aus der Heimat nicht zu hoffen war. Die Behörden der Kolonie mussten daher nach Wegen suchen, die Nahrungsmittelproduktion zu erhöhen und die für den Krieg notwendigen Güter in der Kolonie selbst zu produzieren. In Auftrag gegebene Untersuchungen gaben Anlass zu verhaltenem Optimismus. Sie zeigten, dass das Potenzial der lokalen Landwirtschaften bis dato weitestgehend ungenutzt geblieben war. Die wichtigsten Nahrungsmittel für die Afrikaner, Bananen, Hirse und Maniok, konnten von der lokalen Bevölkerung in genügendem Maße produziert werden. Selbst die Europäer ließen sich mit lokal erzeugten Nahrungsmitteln versorgen, wenn dies auch den Verlust von lieb gewordenen Gewohnheiten bedeutete. Im Süden war die Kultivierung von Weizen kurz vor dem Krieg erfolgreich eingeführt worden; Kartoffeln und Reis wurden auf dem Hochplateau Unyamwezis und

Eine Waffenwerkstatt während des Krieges

im Zwischenseengebiet, obgleich bislang nur für lokale Märkte, kultiviert. Fleisch, unentbehrlich auf der Tafel der Kolonisierenden, konnte die Viehzüchtern Unyamwezis und des Zwischenseengebiets in ausreichendem Maße liefern.[5]

Angesichts dieser Erkenntnisse begannen die Behörden, die afrikanischen Bauern teils durch finanzielle Anreize, teils durch Zwangsmaßnahmen anzuhalten, ihre Nahrungsmittelproduktion zu steigern. Zumindest was die Einbindung der afrikanischen Bauern in die Kriegsökonomie anbetraf, waren die Maßnahmen der Deutschen von Erfolg gekrönt. 1916 kamen ungefähr neunzig Prozent der in der Kolonie produzierten Lebensmittel von afrikanischen Erzeugern, dagegen nur zehn von europäischen Plantagen.[6] Die ländliche Bevölkerung bezahlte einen hohen Preis. Die Requistion der Ernten und des Viehs brachten die Bevölkerung vielerorts an den Rande ei-

---

5 Roehl, *Heldenkampf*, S. 106; Ada Schnee, »Ostafrikanisches Wirtschaftsleben im Kriege«, in: *Koloniale Rundschau*, (1918a), S. 9–25, insbesondere S. 14; Ada Schnee, *Meine Erlebnisse während der Kriegszeit in Deutsch-Ostafrika* (Leipzig: Quelle & Meyer, 1918b), S. 55; Schnee, *Deutsch-Ostafrika*, S. 144; Henderson, *War Economy*, S. 104–110, insbesondere S. 106.
6 Schnee, *Deutsch-Ostafrika*, S. 152.

Die Bergung von Munition eines vor der Küste versenkten Versorgungsschiffes

ner Hungersnot. In Ugogo, wo viele der Etappenlager der Deutschen errichtet wurde, zeigten sich bereits 1915 erste Anzeichen einer kommenden Hungersnot, die zwei Jahre später mehr als 30.000 Tote fordern sollte und Unzählige aus ihren Dörfern vertrieb.[7]

Die Verarbeitung der Lebensmittel wurde in zentralen Etappenlagern in einer eigentümlichen Mischung aus lokalen Fertigungstechniken und quasi-industriellen Arbeitsformen organisiert. Im Etappenlager von Morogoro entstanden schon kurz nach Kriegsbeginn Werkstätten für die Herstellung von Schuhen, Uniformen und selbst Waffen- und Blechschmieden, die Transportkanister für Nahrungsmittel herstellten. In Tabora, das während des Krieges zur Hauptstadt der Kolonie avancierte, wurden Hunderte von afrikanischen Frauen für das Zerstoßen von Hirse zu Mehl rekrutiert. In den Werkstätten der Stadt arbeiteten mehr als 200 Afrikaner für die Pro-

---

7 Gregory Maddox, »Mtunya: Famine in Central Tanzania, 1917–20«, *The Journal of African History* 31 (1990), S. 181–197, insbesondere S. 183; Gregory H. Maddox, »Njaa: Food Shortages and Famines in Tanzania between the Wars«, *The International Journal of African Historical Studies* 19 (1986), S. 17–34, insbesondere S. 30.

Aushebung von Schutzgräben für die Zivilbevölkerung in Dar es Salaam

duktion von Uniformen und Ausrüstungsgegenständen. Selbst Hüfttücher für die Träger wurden hier in quasi-industriellen Maßstab hergestellt.[8]

Mit dem Übergang zur Kriegswirtschaft begannen die Deutschen erstmals eine industrielle Moderne in Ostafrika zu verwirklichen, zumindest in Ansätzen. Doch gleichzeitig adaptierten sie auch lokale Technologien und Wissen in einem vorher nicht gekannten Maße. Verbandstoffe gewannen die Deutschen nach dem Vorbild lokaler Techniken aus Baumrinde, ebenso wie den Stoff für die Uniformen der neu rekrutierten *Askari* und für Mehlsäcke. Gefärbt wurden die Uniformen mit Hilfe von Pflanzenfasern, eine Technik, die die Deutschen bei den Afrikanern gelernt hatten. Auch die Herstellung von Gummi, Salz und Fetten basierte zu einem großen Teil auf lokalen Technologien. Dreh- und Angelpunkt dieses Wissenstransfers war das Biologische Institut von Armani in den Usambarabergen, das bereits in den Vorkriegsjahren afrikanische Heil- und Nutzpflanzen studiert hatte. Mit der Herstellung von Chinin aus Chinarinde gelang es dem deutschen Arzt Tauthe, die Versorgung der Truppen mit dem so wichtigen Chinin für

---

8 BArch Militärarchiv N 14/13 Nachlass Boell: Manuskript zu »Der Feldzug in Ostafrika, 1914-1918. Abschnitt III Die Organisation des Nachschubwesen«; Wahle, *Erinnerungen*, S. 14; FP 2659/1154 Rapport remis le 21 Février 1918 par le Lieutenant Lallemand fait prisonnier à la frontière du Kivu au début des hostilités et libéré à Lutchemi (Navala) à la fin de l'année 1917; Henderson, *War Economy*, S. 104–110, insbesondere S. 108.

Transport der geborgenen »Königsberg«-Geschütze durch Tausende Afrikaner

eine gewisse Zeit zu sichern. Weil den Ärzten der Kolonie die notwendigen Medikamente zur Behandlung von Wunden, Schlangenbissen und einer Reihe von anderen Krankheiten fehlten, gingen sie bei lokalen Heilern in die Lehre. Und sie taten dies mit großem Erfolg. Gemessen an dem beständigen Mangel an Medikamenten und den teilweise sehr ungesunden Lebensumständen der Truppen, war deren Gesundheitszustand erstaunlicherweise gut und zum Teil sogar besser als der der belgischen und britischen Truppen, die auf eine wesentliche bessere Versorgung mit Medikamenten hoffen konnten.[9]

Mehr noch, der Rückgriff auf lokales Wissen und Technologien zeitigte ein eher seltenes Moment im Verhältnis von Kolonisierenden und Kolonisierten. Koloniale Herrschaft basierte gerade auf der Vorstellung eines unumkehrbaren Wissensvorsprungs Europas gegenüber den afrikanischen

---

9 BArch Militärarchiv N 103/91 Nachlass v. Lettow-Vorbeck: SMS Königsberg. Kampfhandlungen in Deutsch-Ostafrika; Raymond, *Reminiscences*; Tagebuch des Leutnants der Res. Osterhage der 19. Feldkompagnie, in: Foerster, Greiner & Witte (Hrsg.), *Kämpfer*, S. 97; Theodor Bechler, *Zur Kriegszeit in Deutsch-Ostafrika, im Kongo und in Frankreich Kriegserlebnisse und Gefangenschaft der Unyamwesi-Missionare der Brüdergemeinde in den Jahren 1914–17* (Herrnhut: 1918), S. 10; Crowe, *General Smuts Campaign*, S. 31; Roehl, *Heldenkampf*, S. 107; Lettow-Vorbeck, *Erinnerungen*, S. 63, 172; Hauer, *Frontarzt*, S. 1852–1863, insbesondere S. 10; Collyer, *The South Africans*, S. 14; Farwell, *Great war in Africa*, S. 194; Reigel, *The First World War*, S. 163.

Gesellschaften. Daraus bezogen die Kolonialherren zu einem Gutteil die Legitimation ihres kolonialen Projekts, aber auch ihr Selbstverständnis als Kolonialherren. Weit mehr als die Diskurse einer vermeintlich rassischen Überlegenheit bildete die Annahme, die Europäer verfügten über das Monopol an fortgeschrittener Technologie und über ein überlegenes Wissen, die Legitimation ihrer Kolonialherrschaft. Der koloniale Staat war letztlich ein Entwicklungsregime, das auf einem einseitigen Wissenstransfer von Europa nach Afrika fußte. Das mochte, wie ich andernorts gezeigt habe, schon zu Vorkriegszeiten eine europäische Illusion gewesen sein; in der deutschen Kriegswirtschaft jedoch war diese Illusion kaum noch aufrecht zu erhalten.[10]

Nicht alles, was in Vorkriegszeiten für den Konsum der Europäer importiert worden war, konnte durch die Kriegswirtschaft ersetzt werden. So verschwanden nach und nach die für die koloniale Ordnung so bedeutsamen Unterschiede im Konsum. Die den Kolonialherren liebgewordene Konservennahrung gehörte bald der Vergangenheit an und wurde durch lokale Lebensmittel abgelöst. Kaum zu ersetzen waren auch die Importe von Genussmitteln wie Alkohol und Zigaretten. Zwar errichteten die Deutschen eine Reihe von Schnapsbrennereien und Bierbrauereien, vielfach aber begannen die Deutschen nun auch das in Vorkriegszeiten verpönte lokale Bier zu konsumieren, ebenso wie die so genannten »Shenzi-Zigaretten«, die aus lokalem Tabakanbau kamen. An Leder für die Produktion von Schuhen und Papier herrschte ein beständiger Mangel in der Kolonie. Nach den ersten Kriegsmonaten wurde Papier so rar, dass den Ärzten nichts blieb, um Krankenprotokolle zu führen.[11]

Nichtsdestotrotz, die deutsche Kriegswirtschaft war ein Erfolg, zumindestens in den ersten zwei Jahren des Krieges. Die koloniale Wirtschaft konnte an die Notwendigkeiten des Krieges angepasst und in ihrem Zugriff auf die afrikanische Bevölkerung mancherorts sogar noch gefestigt werden. Die Kriegswirtschaft forderte das Äußerste von der afrikanischen Bevölkerung. Nie zuvor hatte der koloniale Staat es vermocht, so viele Afrikaner in die koloniale Ökonomie einzubinden wie in den ersten zwei Jahren des Krieges. Und nie zuvor nahm der koloniale Staat seine ihm selbst verliehene Mission, die industrielle Moderne nach Afrika zu bringen, mit einer solchen Verve in Angriff.

---

10 Pesek, *Deutsch-Ostafrika*, S. 219ff.
11 Roehl, *Heldenkampf*, S. 107.

Auch politisch blieb die Lage in den ersten zwei Jahren stabil. In der Regel beließ man die Bezirksbeamten aus Furcht vor einer Destabilisierung der Situation in ihren Amtsbereichen auf ihrem Posten. Die Kolonialbeamten vor Ort riefen, sobald die Nachricht vom Krieg sie erreichte, Versammlungen der in ihrem Amtsbereich verantwortlichen afrikanischen Chiefs ein oder informierten sie per Brief über die neue Situation, wie etwa der Resident von Bukoba dem Chief Mutahangariwa von Kiziba. Der Nachricht vom Ausbruch des Krieges folgte die Versicherung, dass die deutschen Behörden alles tun würden, um Kampfhandlungen auf dem Gebiet der Kolonie zu vermeiden. Dennoch ermahnte der Deutsche Mutahangariwa zu erhöhter Wachsamkeit und forderte ihn auf, alle Informationen über die Briten, seien sie auch noch so unbedeutend, sofort zu melden. Seine *Ruga-Ruga* solle er nebst den altgedienten *Askari*, die sich in seinem Machtbereich niedergelassen hatten, sofort zu ihm schicken.[12] Wie ehedem baute Stuemer auf die bis dahin erfolgreiche Kooperation mit den afrikanischen Chiefs seines Bezirks. Sie sollten der Bevölkerung den Krieg erklären, die benötigten Träger und Soldaten stellen und sie sollten vor allem auch das Ohr und das Auge der Kolonialverwaltung sein.

Steuererhebung und Rechtsprechung wurden nahtlos fortgesetzt, wenn auch das Verwaltungspersonal sukzessive reduziert wurde. Für das Jahr 1915 verbuchten die Behörden einen neuen Rekord in der Einnahme der Hütten-Steuer, ein untrügliches Zeichen für die Stabilität der kolonialen Ordnung. Möglich wurde dies vor allem, weil im bevölkerungsreichen Ruanda mit dem Beginn des Krieges das Geldsystem eingeführt wurde. Ruanda ist ein gutes Beispiel dafür, wie sehr die Kriegswirtschaft mit dem Höhepunkt kolonialer Herrschaft einherging. Der Verwaltungsbezirk, im äußersten Nordosten der Kolonie gelegen, war vom Rest der Kolonie nahezu isoliert. Gleichzeitig verlief hier die Grenze zum belgischen Kongo. Sie wurde Schauplatz beständiger Scharmützel zwischen der Schutztruppe und der *Force Publique*. Die Kriegsanstrengungen der Deutschen trieben hier den Bedarf an Trägern und Arbeitskräften dramatisch in die Höhe und damit auch den Zugriff der Kolonialverwaltung auf die lokalen Gesellschaften. In Ruanda war bis dahin nur wenig vom Einfluss der Deutschen zu spüren gewesen, kaum dass die Verwaltung in die lokale Politik eingegriffen oder in eine koloniale Infrastruktur investiert hatte. Nun aber mussten Lager, Lazarette und Verteidigungslinien gebaut werden. In den Vorkriegsjahren hatte die Kolonialverwaltung ihre lokalen Arbeitskräfte meist mit Stoffen und anderen

---

12 NA CO 691/6 Stuemer to Muthangariwa, Bukoba 2.8.1914.

Tauschmitteln entlohnt. Weil aber diese Vorräte infolge des ausbleibenden Nachschubs von der Küste versiegten, begannen die Deutschen zunächst Münzen und später Papiergeld und Bons in Umlauf zu bringen. Vor allem Letzteres wurde von der Bevölkerung und selbst von den *Askari* nur widerwillig akzeptiert. Innerhalb weniger Monate wurde die lokale Bevölkerung mit einer Änderung konfrontiert, für die es andernorts Jahre, wenn nicht Jahrzehnte brauchte. In anderen Gegenden der Kolonie aber nahm die Entwicklung einen umgekehrten Verlauf: Das in weiten Teilen der Kolonie bereits zirkulierende Papiergeld wurde ab 1915 so knapp, dass die Deutschen wieder dazu übergingen, Stoffe als Zahlungsmittel einzuführen. Stoffe waren das Zahlungsmittel des vorkolonialen Karawanenhandels gewesen.[13]

Am Viktoria-See, eines der wichtigsten Wirtschafts- und Rekrutierungsgebiete für *Askari* und Träger, wurden die Beziehungen zwischen Kolonialverwaltung und lokalen Chiefs gemäß den Notwendigkeiten des Krieges umgestaltet. Aus der Verpflichtung der Chiefs, Arbeitskräfte zum Ausbau der kolonialen Infrastruktur zu stellen, wurde nun die Aufforderung, Männer für den Dienst in der Schutztruppe zu rekrutieren. Aus diesem Teil der Kolonie kamen die meisten Rekruten. Mit den *Ruga-Ruga*, Hilfskriegern unter dem Befehl der lokalen Chiefs, hatten die Deutschen hier erfolgreich eine vorkoloniale Institution für eigene Zwecke umgestalten können, die es ihnen während des Krieges erlaubte, in kürzester Zeit geeignete, weil schon militärisch vorgebildete, Rekruten zu gewinnen. Die Bereitschaft der Chiefs sich für die deutsche Kriegsmaschinerie einspannen zu lassen, war vor allem durch die Angst vor Überfällen durch die Baganda motiviert, die, ermuntert von den Briten, in der Region mehrere Raubzüge unternahmen. Da die militärischen Kräfte der Deutschen in der Region nicht hinreichten, dieser Bedrohung zu begegnen, wurden die lokalen Chiefs mit alten Waffen versorgt.[14]

Mit der Einbindung der Baganda in ihre Kriegsbemühungen reaktivierten die Briten vorkoloniale Konfliktherde. Die Baganda hatten vor Ankunft der Deutschen den Rang einer regionalen Ordnungsmacht inne gehabt. Ihnen hatten viele der Chieftümer Tribut zahlen müssen, wollten sie von den aggressiven Raubzügen der Baganda verschont werden. Mit der Etablierung der deutschen und britischen Kolonialherrschaft schwand die

---

13 Militärarchiv, BA: N 14/13 Nachlass Boell: Manuskript zu »Der Feldzug in Ostafrika, 1914–1918. Abschnitt III Die Organisation des Nachschubwesen«; Schnee, *Deutsch-Ostafrika*, S. 124; Roehl, *Heldenkampf*, S. 66; Buchanan, *Three Years*, S. 107; Christensen, *Nordschleswiger*, S. 192
14 Austen, *Northwestern Tanzania*, S. 125.

Macht der Baganda in der Region und damit fanden auch ihre Raubzüge ein vorläufiges Ende. Nun aber ermunterten und unterstützten die Briten die Baganda bei ihren Zügen gen Süden. Auch die Deutschen spielten dieses Spiel im Zwischenseengebiet, wenngleich ihnen weder die Regeln noch die Absichten der lokalen Akteure völlig klar waren. Im Zusammenhang mit einer Attacke deutscher Truppen auf das von anglo-belgischen Truppen gehaltene Chahafi am Kivu-See im Januar 1915 verdächtigte der britische Verwalter des Kigezi-Distrikts den *Nyabingi*-Kult der Zusammenarbeit mit den Deutschen. Nachdem deutsche Truppen das Fort mit ihrer Artillerie sturmreif geschossen hätten, seien über »zweitausend fanatisierte« Anhänger des Kultes wenige Stunden später gegen das Fort gestürmt und den Belgiern sei es erst nach sechsstündigen harten Kämpfen gelungen, die Attacke zurückzuschlagen.[15] Britische Geheimdienstler bezichtigten die Deutschen, die Aufständischen mit Waffen versorgt zu haben. Dieser Vorwurf mag nicht unberechtigt gewesen sein. Die zurückweichenden deutschen Truppen ließen eine nicht unbeträchtliche Anzahl von Waffen zurück. Deserteure und *Ruga-Ruga* nahmen nach dem überhasteten Abzug der Deutschen ihre Waffen mit nach Hause.[16] Für die Anhänger der *Nyabingi*-Priester war der Krieg eine willkommene Gelegenheit, den Briten, die erst zwei Jahre vor Kriegsbeginn in der Region Fuß gefasst hatten, die Stirn zu bieten. Doch im Hintergrund agierten mit großem Geschick auch die Tutsi-Eliten um *Mwami* Musinga, die den Krieg für eine Erneuerung ihrer Kontrolle über Gebiete nutzen wollten, die ihnen durch die koloniale Aufteilung des Zwischenseengebiets Anfang des 20. Jahrhunderts entglitten war.[17]

Die Krise der kolonialen Ordnung

War es den Deutschen bis zum Beginn der Smuts-Offensive gelungen, eine funktionierende Kriegswirtschaft zu installieren und die koloniale Ordnung weitestgehend aufrechtzuerhalten, so sahen sie sich seit Mitte 1916 im

---

15 NA WO 106/259: DCO, Kigezi District an Provincial Commissioner, Western Province, 26.6.1919.
16 NA WO 106/259 Memorandum »Africa For The Africans And Pan Islam. Recent Developments in Central And Eastern Africa«, n.d..
17 Elizabeth Hopkins, »The Nyabingi Cult of Southwestern Uganda«, in: *Protest and Power in Black Africa*, hrsg. von Robert I. Rotberg & Ali A. Mazuri (New York: Oxford University Press, 1971), S. 60–132, insbesondere S. 82.

Zuge des sukzessiven Verlustes des kolonialen Territoriums auch mit dem Zusammenbrechen ihrer kolonialen Ordnung konfrontiert. Die Eroberung der wichtigsten Küstenstädte zwischen 1916 und 1917 beraubte sie der wichtigsten Orte kolonialer Infrastruktur. Die bevölkerungsreichsten und wirtschaftlich bedeutendsten Gebiete Ruandas, Burundis, am Viktoria-See und am Kilimanjaro fielen Belgier und Briten bereits kurz nach Beginn der Smuts-Offensive in die Hände. Kaum ein halbes Jahr später besetzten Belgier und Briten Unyamwezi, Heimat der meisten *Askari* und Träger. Hier verlief auch die wichtigste Bahnlinie der Kolonie, die Mittelland-Bahn. Der größte Teil ihres Systems von Versorgungslinien und Etappenplätzen war damit für die Deutschen verloren. Ende 1916, Anfang 1917 hielten die Deutschen nur noch das Makondeplateau sowie das Gebiet um Mahenge im Süden besetzt. Das Gebiet um Mahenge war der einzige ihnen verbliebene Landstrich, in denen Nahrungsmittel in größerem Umfang erzeugt wurden. Spätestens seit Ende 1917 lebten die deutschen Truppen daher von der Hand in den Mund. Was die Soldaten zum Kämpfen und Leben brauchten, musste entweder vom Feind oder der wenig kooperationsbereiten Bevölkerung beschafft werden.

Die koloniale Ordnung war ein fragiles Gebilde. Am Viktoria-See, wie auch andernorts, basierte sie auf einem lokalen Kompromiss zwischen afrikanischen Chiefs und den dortigen Stationschefs. Dieser Kompromiss aber war an die Präsenz des kolonialen Staates und an seiner sichtbaren Fähigkeit, die Eckdaten dieses Kompromisses durch militärische Gewalt oder auch nur durch ihre Androhung sichern, gebunden. Was aber, wenn der koloniale Staat immer weniger in der Lage war, diese Drohkulisse aufrechtzuerhalten? Die Deutschen beantworteten diese Frage mit Paranoia. Vor allem in den Grenzgebieten gerieten die Chiefs in Generalverdacht, mit den Briten zusammenzuarbeiten. Das eröffnete ambitionierten Meistern der Intrige, wie Kahigi von Kianja, neue Chancen. Wie schon in den ersten Tagen der kolonialen Okkupation nutzte er die Paranoia und das Unwissen der Deutschen und bezichtigte ihm unbequeme Konkurrenten, mit den Briten gemeinsame Sache zu machen. So geriet selbst Musinga, König von Ruanda, unter Verdacht, einen Aufstand gegen die Deutschen zu planen. Dieser konnte zwar seine Unschuld glaubhaft machen, viele andere derartig beschuldigte Chiefs aber nicht. Diesem Klima der Intrige und Paranoia seien damals viele Chiefs zum Opfer gefallen, gab Chief Lweikiza von Bugabo dem britischen Kolonialbeamten Lumley 1942 zu Protokoll.[18] Als aber 1916 britische Truppen Kahigis Herrschaftsbereich erreichten, bereitete es dem in der deutschen Kolonialliteratur mitunter als »treusten Verbündeten der Deutschen« gefeierten Kahigi nur wenig Kopfschmerzen, den neuen Herren seine Zusammenarbeit anzubieten. Doch Kahigi erlebte den Abzug der Deutschen nur für kurze Zeit; er starb unter mysteriösen Umständen wenige Monate nach dem Ende der deutschen Kolonialherrschaft. Vermutlich ging er in den Freitod. Weil die Briten ihn als »pro-deutschen« Chief ansahen, hatte er mit einem sukzessiven Verlust seiner einstigen Macht und seines Prestiges zu kämpfen. Sein während der deutschen Kolonialzeit aufgebautes Sub-Imperium kollabierte mit deren Ende. Auch Muthangariwa von Kiziba, der ähnlich wie Kahigi unter den Deutschen Macht und Einfluss gewonnen hatte, überlebte den Krieg nicht. Sein Tod aber fiel nur zufällig mit dem Krieg zusammen. Seit 1913 litt er an einer schweren Krankheit, der er 1917 erlag.[19] Am Ostufer des Tanganyika-Sees hinterließ der Abzug der Deutschen Chaos. Die von ihnen eingesetzten oder unterstützten Chiefs wurden von der lokalen Bevölkerung abgesetzt und verjagt. Noch 1921 fanden die Briten die Region im Zustand eines regelrechten Bürgerkrieges, in dem es um die Neuverteilung politischer Macht ging. Den Briten gelang es erst Mitte der 1920er Jahre, die Region mit Hilfe einer dort stationierten Kompanie der *King's African Rifles* politisch neu zu ordnen und in die koloniale Ordnung einzufügen.[20]

In Ruanda brach der Konflikt um die Legitimität Musingas als Thronfolger seines Vaters wieder auf. Musinga hatten zu Beginn des 20. Jahrhunderts den Konflikt mit Hilfe der Deutschen zu seinen Gunsten entschieden. Im Gegenzug hatte er formell die deutsche Kolonialherrschaft anerkannt. Als 1914 bedeutende Kontingente der Kolonialtruppen aus Ruanda abgezogen wurden, machten Gerüchte von einem Ende der deutschen Herrschaft die Runde. Musingas Gegner nutzen die Gelegenheit und kamen zu neuer Macht und neuem Einfluss. Damit drohte auch der lokale Kompromiss zwischen Deutschen und dem ruandischen Herrscher zu kollabieren. Musinga musste mitansehen, wie eine ganze Reihe von Gefolgsleuten und Tri-

---

18 E. K. Lumley, *My African journey*, unveröffentlichtes Manuskript (Oxford: Rhodes House Library, Lumley Papers, n.d.), S. 309.
19 Willibald von Stuemer, »Mukama Kahigi«, in: *Das Koloniale Jahrbuch*, (1939), S.413–417, insbesondere S. 416; Austen, *Northwestern Tanzania*, S. 119.
20 E. A. Leakey, *Buha, 1921-1932*, unveröffentlichtes Manuskript, (Oxford: Rhodes House Library, EA Lekey Papers, n.d.); C. H. B. Grant, »Uha in Tanganyika Territory«, *The Geographical Journal* 66 (1925), S. 411–422, insbesondere S. 417.

butpflichtigen von ihm abfielen. In einigen Gebieten schwand sein Einfluss zusehends. Bis zum Abzug der Deutschen mehrten sich Übergriffe auf jene Ruander, die in direkter Verbindung mit den Deutschen standen. Diener und Schreiber der Kolonialverwaltung wurden Opfer von tätlichen Übergriffen; Steuereintreiber wurden überfallen und ausgeraubt. Und selbst Karawanen, vor allem wenn sie Lasten von Europäern mit sich führten, waren nicht mehr sicher. Auch die deutschen Missionare klagten über eine sich verschlechternde Sicherheitslage und beschwerten sich beim Residenten Max Wintgens über sich häufende Überfälle auf Missionsdiener.[21]

Einige von der deutschen Kolonialverwaltung abgesetzte Chiefs ergriffen die Gunst der Stunde und versuchten ihre vormalige Stellung und ihren Einfluss wiederzuerlangen. Vor allem im Süden der Kolonie, dort wo die Deutschen nach dem Maji-Maji-Aufstand von 1905/06 viele Chiefs hingerichtet oder deportiert hatten, wurden die amtierenden Chiefs größtenteils von den Nachfahren der damals hingerichteten Chiefs verdrängt. In Uhehe kam mit Sapi bin Mkwawa ein Neffe des von den Deutschen Ende des 19. Jahrhunderts so erbittert bekämpften Mkwawa an die Macht. Damit kollabierten die von den Deutschen geschaffenen politischen Strukturen. Der Historiker John Iliffe spricht von einer »Re-Traditionalisierung« der Hehe-Gesellschaften,[22] doch das trifft es nicht ganz. Denn die Deutschen stießen keine Modernisierung der Hehe-Gesellschaften an, ihre Herrschaft basierte bestenfalls auf einer Inbesitznahme und Manipulierung existierender politischer Strukturen, schlimmstenfalls auf einer brutalen Unterdrückung jeder Form von Widerstand. Ich würde eher von einer Dekolonisierung der Hehe in den letzten zwei Kriegs- und den ersten Nachkriegsjahren sprechen. Gewiss, es war ein fragiler und ephemerer Prozess, und in den 1920er Jahren wurde diese Entwicklung von den britischen Behörden wieder umgekehrt. Dennoch gab es diesen kurzen Moment des Dekolonisierung, in dem die Hehe aus der kolonialen Ordnung herausgelöst waren.

Wo die Kolonialmacht nicht mehr präsent war oder keine Anstrengungen mehr unternehmen konnte, die lokale Politik zu beeinflussen, schwand der Einfluss der Deutschen schnell. Der Viehraub der Massai am Kilimanjaro, vor dem Krieg von den deutschen Kolonialherren brutal unterbunden, ließ alte diplomatische Beziehungsgeflechte wieder relevant und Allianzen mit den Kolonialherren obsolet werden. Die Chagga, einst von den Deutschen als enge Verbündete angesehen, schlossen 1916 Bluts-

---

21 Roehl, *Heldenkampf*, S. 20.
22 Iliffe, *Modern History*, S. 253.

brüderschaft mit den Massai. Wenige Jahre zuvor hätten sie dafür mit Strafexpeditionen rechnen müssen.[23]

Trotz eines Kriegsregimes, das von rücksichtsloser Brutalität der Zivilbevölkerung gekennzeichnet war, sahen die Deutschen sich mit vielfältigen Formen des Widerstandes seitens der Afrikaner konfrontiert. Oft war dieser Widerstand von Kriminalität nur wenig zu unterscheiden. Wo die koloniale Ordnung zusammenbrach, da verloren auch die Europäer ihren sakrosankten Nimbus. Manch ein Siedler, der in die Wirren des Krieges geriet, fiel der Rache der vordem gepeinigten Bevölkerung zum Opfer, wie etwa der Plantagenbesitzer Kranz, der verwundet von einer englischen Patrouille, von seinen Arbeitern erschlagen und verstümmelt wurde. Am Kilimanjaro fanden bei Massaiüberfällen mehrere deutsche Siedler den Tod.[24] Verlassene Häuser von Siedlerfamilien und Missionaren wurden geplündert. Die von der Kolonialverwaltung gesperrten Forstreserven wurden abgeholzt und in den Wildreservaten wurde wieder gejagt.[25]

Die für die Afrikaner jedoch wohl häufigste Form des Widerstandes gegen die Deutschen war die Kooperation mit dem Feind, der freilich nicht notgedrungen ihr Feind sein musste, nur weil die Deutschen sich entschlossen hatten, gegen die Briten oder Belgier in den Krieg zu ziehen. Die afrikanische Bevölkerung war weit davon entfernt, die Kriegsbemühungen der Deutschen enthusiastisch zu unterstützen. Die Erfolge der deutschen Kriegswirtschaft und die relative Ruhe in der Kolonie in den ersten zwei Jahren des Krieges erzwangen die Deutschen nicht zuletzt mit einem äußerst repressiven System. Standrechtliche Hinrichtungen von Afrikanern, die in Verdacht geraten waren, mit dem Feind zu kooperieren, waren an der Tagesordnung. Das gaben zumindest Afrikaner britischen Kolonialbeamten zu Protokoll, als sie diese nach ihren Erfahrungen mit der deutschen Kolonialherrschaft befragten. Oft genügte als Anfangsverdacht das Tragen eines Uniformteils der *King's African Rifles* oder eines europäischen Kleidungsstückes.[26] Doch Uniformen waren seit jeher – ob ihrer Qualität und ob der Aura von Macht, die sie auszustrahlen schienen – ein begehrtes Klei-

---

23 Ebd., S. 252.
24 Schnee, *Deutsch-Ostafrika*, S. 122; Decher, *Afrikanisches*, S. 224; Thompson, *A Machine Gunner's Odyssey*, 27 April 1916 (Thursday).
25 Iliffe, *Modern History*, S. 252; E. William Bovill, »Notes from East Africa: The Uluguru Mountains and the Rufiji Plain«, *The Geographical Journal* 50 (1917), S. 277–283, insbesondere S. 280.
26 Dolbey, *Sketches*, S. 36; Hauer, *Kumbuke*, S. 146; Boell, *Der Feldzug in Ostafrika*, S. 355.

dungsstück für viele Ostafrikaner. Jeder Europäer, der nur ein paar Wochen in der Kolonie gelebt hatte, wusste, dass die meisten Diener der Europäer und viele Chiefs Uniformen trugen, deren Ursprung oft dubios war und die aus der halben Welt zu stammen schienen. Und dennoch exekutierten sowohl Briten als auch Deutsche Afrikaner, die in solchen Uniformen herumliefen. Nicht selten gerieten ganze Dörfer oder Bevölkerungsgruppen in Sippenhaft, weil Einzelne in Verdacht standen, mit dem Feind zu kollaborieren. Verschiedene Quellen berichten von summarischen Exekutionen sich zurückziehender deutscher Truppen an der eigenen Zivilbevölkerung. Britische Einheiten erbeuteten von den Deutschen eine große Anzahl von Fotografien, die diese Hinrichtungen zeigten. Deutsche Quellen bestätigen dies. Laut dem deutschen Arzt Hauer war es üblich, dass Kompanien willkürlich Menschen aufgriffen und als Verräter hinrichteten.[27]

Eine Kooperation der lokalen Bevölkerung mit den britischen Truppen gab es dennoch. Und das war schon vor 1916, vor der alliierten Offensive, der Fall. Am Viktoria-See paktierte der von den Deutschen abgesetzte »Schattenkönig« Ntale von Karagwe mit den Briten. Im Austausch für Informationen über deutsche Truppenbewegungen und andere Dienste versprachen die Briten ihm die Wiederherstellung seiner vormaligen Macht. Bevor es dazu kam, wurde er von den Deutschen öffentlich in Bukoba gehängt.[28] Nicht immer war die Kooperation mit der jeweils anderen Seite freiwillig. Zu Beginn des Krieges zwangen die Briten die Sonjo, sich an Attacken gegen deutsche Posten zu beteiligen. Die Deutschen rächten sich für diese Unterstützung, in dem sie die Dörfer der Sonjo niederbrannten.[29]

Mit dem Einmarsch der Briten und Belgier im Frühjahr 1916 wurde es für die Chiefs einfacher, obgleich nicht weniger riskant, mit den Alliierten zu kooperieren. In britischen und belgischen Quellen finden sich für diese Kooperation viele Hinweise. Ob diese Kooperation mit einer Sympathie für

---

27 NA CO 691/23 Political Office, Handeni to the District Political Officer, Pangani, 12.2.1919, darin: Statements by Abdulla bin Sonbodya, 6.2.1919; Ali bin Kazere, 9.2.1919; Federik bin Kikukbwa, 12. 2.1919, Akida Kaima bin Mohamadi, 20.10.1918; Hauer, *Erlebnisse*, S.146; Dolbey, *Scteches*, S. 36; J. C. Bagenal, *The East African Campaign. Written from a diary at Maneromango 1917*, unveröffentlichtes Manuskript, (Rhodes House Library Oxford, C. J. Bagenal Papers, 1915–17 (MSS Afr. s. 2351, nd.), S. 78; Owen Letcher, »Notes on the South-Western Area of German East Africa«, *The Geographical Journal* 51 (1918), S. 164–172, insbesondere S. 170.
28 Austen, *Northwestern Tanzania*, S. 113; Lumley, *My African journey*, S. 309.
29 Iliffe, *Modern History*, S. 251; Bericht über den Überfall des Sonjo-Postens durch die Engländer am 15.10.1914, in: Deutsch-Ostafrika. Kaiserliches Gouvernement, *Zusammenstellung*, S. 43.

die Alliierten verbunden war oder nicht, mag dahin gestellt sein. Euphorischer war die Unterstützung für die Briten in jenen Gebieten, die Schauplatz lang anhaltender und blutiger Feldzüge während der deutschen Eroberung gewesen waren, wie in Uhehe und am Kilimanjaro. Die Massai, die während der kolonialen Eroberung von den deutschen Behörden quasi zum Freiwild erklärt worden waren, nutzen die Gunst der Stunde, alte Rechnungen zu begleichen. Sie dienten den Briten oftmals als Aufklärer. Ihre Kooperation ließen sie sich mit einem Freibrief zum Viehraub vergüten. In Uhehe, das im letzten Jahrzehnt des 19. Jahrhunderts Schauplatz erbitterter Kämpfe zwischen den Kolonialtruppen und den lokalen Gesellschaften gewesen war, gestaltete sich der Empfang der zurückweichenden Deutschen wenig herzlich. Die Truppen fanden verlassene Dörfer vor, Lebensmittel und Vieh waren versteckt worden. Kleinere Patrouillen wurden von lokalen Kriegern angegriffen. Lettow-Vorbeck sprach in seinen Memoiren von einem regelrechten Aufstand der Hehe gegen die Deutschen im Jahre 1916.[30] Auch die Makonde, die sich nahezu acht Jahre lang erbittert der Etablierung der Kolonialherrschaft widersetzt hatten, erneuerten nun ihren Widerstand gegen die Deutschen. Unterstützt wurden sie dabei von den benachbarten Portugiesen. Der ehemalige Kapitän der »Königsberg« und spätere Offizier unter dem Kommando Lettow-Vorbecks, Max Looff, sprach von Versprechen der Portugiesen an die Makonde, ihnen nach dem Krieg jegliche Form der Steuer zu erlassen. Im Gegenzug sollten sie Informationen über deutsche Truppenbewegungen liefern. Außerdem hätten sie Kopfprämien auf getötete Deutsche ausgelobt. Nahrung und Lebensmittel seien von der lokalen Bevölkerung an die Portugiesen geliefert worden. Die Makonde bedurften die freundliche Aufforderung der Portugiesen allerdings kaum. Ihr Hass auf die Deutschen war möglicherweise ebenso groß wie der gegen die Portugiesen. Ende des 19. Jahrhundert war der Makonde-Chief Machemba mit seinen Gefolgsleuten vor den Deutschen nach Portugiesisch-Ostafrika geflohen. Nahezu acht Jahre hatten die Deutschen den Chief immer wieder mit Strafexpeditionen heimgesucht. Das Grenzgebiet galt seitdem als ein kaum kontrollierbares Gebiet. Weder die Deutschen noch die Portugiesen konnten sich hier ohne militärische Bedeckung bewegen. Als die Makonde die Macht der Deutschen schwanken sahen, nahmen sie Rache. Jeder, der in Verdacht stand, mit den Deutschen zu kooperieren, war seines Lebens nicht

---

30 Lettow-Vorbeck, *Erinnerungen*, S. 161; Dannert, *Mie Askari mdachi!*«, S. 75–81, insbesondere S. 75; Decher, *Afrikanisches*, S. 273; Boell, *Der Feldzug in Ostafrika*, S. 358; Letcher, *Notes on the South-Western Area*, S. 164–172, insbesondere S. 170.

mehr sicher. Die Deutschen rächten sich bitter für diesen Widerstand. Als sie nach wochenlangen Kämpfen die Boma von Newala Ende 1916 von den Portugiesen zurückerobert hatten, kam es zu regelrechten Massakern an der lokalen Bevölkerung. Doch die Makonde setzten ungeachtet dessen ihren Widerstand gegen die Deutschen fort; selbst als diese nach Portugiesisch-Ostafrika flohen, wurden sie immer wieder von Makonde-Kriegern angegriffen.[31]

Nach ihrem Übertritt über den Rovuma waren es wiederum die Deutschen, die sich als Unterstützer rebellierender Afrikaner hervortaten. Laut britischen Geheimdienstberichten verhalfen die Deutschen einigen von den Portugiesen geschassten Chiefs wieder zu neuer Macht. Großzügig verteilten sie Waffen an die Bevölkerung, in der Hoffnung Aufstände würden die Kräfte der portugiesischen Truppen schwächen.[32] Für die portugiesischen Kolonialherren geriet die deutsche Invasion ihrer Kolonie zu einem Fiasko. Nicht nur, dass ihnen die Unfähigkeit ihrer Truppen klar vor Augen geführt wurde, wie nie zuvor konnte nun auch die afrikanische Bevölkerung ihren Kolonialherren zeigen, wie wenig sie vom portugiesischen Regime hielt. Schon lange hatte es in Portugiesisch-Ostafrika gegärt, der Krieg hatte die Forderungen des kolonialen Staates bzw. der in seinem Namen agierenden Chartergesellschaften nach Zwangsarbeit in neue Höhen katapultiert. Bereits im März 1917 war es zur Barue-Rebellion im Zambezi-Tal gekommen. Die Rebellen hatten sogar die Provinzhauptstadt von Tete bedroht und die dortigen Verwaltungsbeamten zur Flucht gezwungen. Eine portugiesische Abteilung, die daraufhin zur Bekämpfung des Aufstandes entsandt worden war, wurde von mehreren Tausend Rebellen nahezu aufgerieben.[33] Auch die Makonde erhoben sich Ende 1917 gegen die Portugiesen. Der Norden sei, so ein britischer Beamter, für die Kolonialmacht nur noch mit starker militärischer Absicherung zu betreten. Die Afrikaner seien im offenen Aufstand. Immer noch war eine große Anzahl von modernen Waffen im Umlauf, die die Deutschen 1917 und 1918 verteilt hatten. Viele desertierte *Askari* hielten sich immer noch versteckt und gründeten, was der Beamte »Soldatenrepubliken« nannte. Die Portugiesen versuchten diesen

---

31 NA WO 106/273 Record of the 3rd Battalion the Kings African Rifles during the Great Campaign in East Africa 1914–18; NA CO 533/591 St. Ordre-Brown, DPO, to Political Office, Lindi, 8.2.1919 (Enclosure in the Secret despatch, 1.5.1919); Anonymus, *Newala District Book*, nveröffentlichtes Manuskript (Rhodes House Oxford, RHO, Miscs Afr. 472, n.d.); Lettow-Vorbeck, *Erinnerungen*, S. 173.
32 NA WO 106/581 East African Situation, 23.5.1917.
33 Paice, *The African Front*, S. 320.

Aufstand mit aller Härte niederzuschlagen. Sie etablierten ein Terrorregime, in dem nach britischen Berichten Gräueltaten und Exekutionen an der Tagesordnung waren. Trotzdem gelang es ihnen erst Mitte der 1920er Jahre, das Gebiet zu pazifizieren.[34] Doch was war die *Safari ya Bwana Lettow* im Jahre 1918? Lange bevor die Deutschen 1917 das Gebiet ihrer Kolonie räumen mussten, hatte sich der koloniale Staat aufgelöst. Gleichsam resigniert und empört berichtete ein deutscher Offizier, dass die Bevölkerung von Liwale im Süden der Kolonie das Papiergeld der Deutschen nicht mehr akzeptiere. Gouverneur Schnee führte noch beim Übergang über den Rovuma große Bestände dieses Geldes mit sich. Entgegen seiner Proteste ordnete Lettow-Vorbeck kurz darauf die Vernichtung des nutzlos gewordenen Geldes an. Damit verschwand eines der letzten Zeichen für die Existenz des kolonialen Staates.[35] Einzig unter der Matratze eines Chiefs am Tanganyika-Sees überdauerte das deutsche Geld. Wie ein britischer Beamter in den 1930er Jahren zu berichten wusste, verbarg der Chief Luisimbi von Nkalinzi bis zu seinem Tode 1935 deutsche Silbermünzen, weil er hoffte, dass die Deutschen eines Tages zurückkehren würden.[36]

So war die *Safari ya Bwana Lettow* letztendlich eine koloniale Ordnung auf der Flucht, eine nomadische Ordnung. Nur dort wo die Deutschen sich aufhielten, konnten sie einen gewissen Einfluss auf die lokalen Gesellschaften ausüben. Spätestens bei Abzug der Deutschen fielen die afrikanischen Gesellschaften aus dem Zugriff der kolonialen Ordnung. Mancherorts dauerte es nicht lange, bis die Alliierten ihrerseits die Bevölkerung in eine neue koloniale Ordnung zwangen; andernorts aber vergingen zwei, drei, manchmal bis zu zehn Jahre, bis die Afrikaner wieder dem Zugriff europäischer Kolonialherren ausgesetzt waren. Es mag verwundern, wie schnell die von den Deutschen geschaffenen politischen Strukturen nach ihrem Abzug verschwanden. Es schien wenig Dauerhaftes zu geben, was die Deutschen zu hinterlassen wussten. Am längsten haben wohl die zahlreichen unehelichen Kinder deutscher Kolonialbeamter von der einstigen deutschen Herrschaft Zeugnis abgelegt. Der Abzug von Wintgens aus Ruanda glich einem wahren Adoptionsbasar. All die kleinen Ottos, Heinriches

---

34 NA CO 533/591 St. Ordre-Brown, DPO to Political Office, Lindi, 8.2.1919 (Enclosure in the Secret Despatch, 1.3.1919).
35 Christensen, *Nordschleswiger*, S. 194.
36 J. Rooke Johnston, *Bits & Pieces. Seven Years in the Western Provinces of Tanganyika Territory, 1933–1940*, unveröffentlichtes Manuskript, (Rhodes House Oxford, J. Rooke Johnston Papers, n.d.), S. 17.

und Helenen wurden, versehen mit der freundlichen Aufforderung, man solle sich um ihre zukünftige deutsche Erziehung kümmern, an die zurückbleibenden Missionare übergeben.[37] Den abziehenden Deutschen jedoch blieb nur noch die Illusion, dass die Nachrichten ihrer militärischen Erfolge irgendeine psychologische Wirkung bei den Afrikanern hinterlassen würden. War der deutsche Kolonialstaat und waren auch die deutschen Kolonialherren in der Wildnis verschwunden, so sollte es doch immer noch einen wie auch immer vagen deutschen Einfluss geben. Als dessen Basis, so hofften die Deutschen, sollten Gerüchte und Nachrichten von deutschen Waffentaten dienen. Viele deutsche Gefechtsberichte enthalten daher auch Vermutungen über die Wirkung deutscher Siege auf die Wahrnehmung der Deutschen seitens der afrikanischen Bevölkerung. Und in der *Safari ya Bwana Lettow* selbst? Immer noch waren viele ihrer Hierarchien und Beziehungen kolonial geprägt. Und auch die europäischen Offiziere mochten immer noch an ihrem Selbstbild als *Bwana mkubwa*, als die großen Herren, festhalten. Doch die kolonial geprägten Beziehungen in der *Safari ya Bwana Lettow* hatten viel von ihrem kolonialen Glanz verloren und waren einer gewissen Ambivalenz anheimgefallen, in der Machtverhältnisse und Hierarchien Gegenstand tagtäglicher Aushandlung wurden. Die *Askari* und Träger hielten mit der Drohung der Desertion eine wirksame Waffe in der Hand, die die Offiziere in ihrem Handlungsspielraum stark eingrenzte. Die Deutschen konnten nur auf das Überleben zumindest grundlegender Beziehungsmuster kolonialer Ordnung hoffen. Diese Ordnung aber war nicht zuletzt von ihrer Fähigkeit abhängig, das Theater des *Bwana mkubwas* vor den Augen der Afrikaner weiterzuspielen.

Der schwindende Nimbus des *Bwana mkubwa*

Der Journalist Artur Heye, vom Krieg in der Kolonie überrascht, schrieb später über seine Empfindungen zu Beginn des Krieges:

> Ich [...] sah schwarze Soldaten, in denen die Urbestie nur ganz leise schlief, sich auf Verwundete und Wehrlose stürzen, sah die Raubtierrudel der Wildnis sich über abendliche Gefechtsfelder an Verwundete und Wehrlose stürzen [...] sah Verirrte

---

37 MRAC Collection Thomas enthält eine ganze Reihe erbeuteter Briefe an die Missionare der Weißen Väter, die den Söhnen und Töchtern der Deutschen mitgegeben wurden.

über die end- und pfadlosen Steppen schwanken und im Sonnenbrande der Einöden hinsinken und verschmachten.[38] Heyes Ängste mochten viele Europäer auf beiden Seiten teilen. Zu ungewiss waren die Folgen des Krieges für den Einzelnen. Für die koloniale Herrschaft aber war jedes Einzelschicksal – zumindest wenn es einen Europäer betraf – auch eine Frage kolonialer Ordnung. Nicht nur, weil es reichlich wenige von ihnen in der Kolonie gab, sondern auch, weil der Körper des Europäers die wichtigste Repräsentation kolonialer Ordnung darstellte. Mit seiner Präsenz verkörperte er die auf einer rassischen Ideologie fußende Ordnung. Sein Körper bezeugte im Alltag die soziale und politische Rangordnung. Wer weiß war, war Herr. Was nimmt es Wunder, dass in Vorkriegszeiten der Körper des Weißen mit einem Nimbus der Unverwundbarkeit und Unantastbarkeit umgeben wurde. Jeder Angriff auf diesen Nimbus vonseiten eines Afrikaners zog die sofortige und oft genug auch überaus brutale Reaktion des kolonialen Staates nach sich. Dem Tod eines Europäers durch die Hand eines Afrikaners folgten in den meisten Fällen Strafexpeditionen gegen ganze Regionen, die erst mit der Vernichtung der Lebensgrundlagen der Afrikaner und dem Tod der vermeintlich Schuldigen endeten. Von Europäern als respektlos empfundenes Verhalten gab Anlass zu regelrechten Prügelorgien. Die Raumordnung kolonialer Städte sicherte eine maximale Distanz zwischen Europäern und Afrikanern. Polizeiverordnungen reglementierten das Verhalten und den Zugang der afrikanischen Bevölkerung zu den Vierteln der Europäer.

Der alltäglichen Repräsentation der unüberbrückbaren Distanz zwischen Europäern und Afrikanern dienten auch kolonialen Kleiderordnungen. Und der augenfällige Ausdruck kolonialer Hierarchien in dem von manch Kolonisierenden genannten »Achselstückenland« waren per se Uniformen.[39] Kaum anderswo wurde der Zusammenbruch kolonialer Ordnungen so augenfällig wie in den Uniformen, die in den letzten Jahren des Krieges in den deutschen Truppen im Gebrauch waren. Konfrontiert mit einer immer prekärer werdenden Versorgungslage, fiel es den verantwortlichen deutschen Offizieren immer schwerer, dieses Sinnbild militärischer

---

38 Heye, *Vitani*, S. 16.
39 Hermann von Bengerstorf, *Unter der Tropensonne Afrikas* (Hamburg: Thaden, 1914), S. 4; Richard Kandt, »Bericht über meine Reisen und gesamte Tätigkeit in Deutsch-Ostafrika«, in: *Mitteilungen von Forschungsreisenden und Gelehrten aus den deutschen Schutzgebieten* 13, (1900) 3, S. 240–264, insbesondere S. 243; Adolf Zimmermann, *Mit Dernburg nach Ostafrika* (Berlin: C.A. Schwetschke, 1908), S. 73.

und kolonialer Hierarchien aufrecht zu erhalten. Spätestens seit Mitte 1917, als die deutschen Truppen sich aus einem Großteil der Kolonie zurückziehen mussten, glich das Aussehen der Armee einem Sammelsurium aller möglichen Uniformteile und Kleidungstücke.[40] Ein typisches Bild zeichnet der deutsche Seemann Christiansen, der mit einem der Blockadebrecher nach Ostafrika gekommen war und den Krieg bis zum Ende mitmachte:

> Liwale war eine Durchmarschsort für die Truppen, die vom Westen kamen, wo sie mit den Belgiern gekämpft hatten. Sie sahen fürchterlich aus, die Kompagnien, die in Liwale ihr Lager aufschlugen oder durchmarschierten. Der ungeheure lange Rückzug hatte sie beinahe aufgerieben, und die Uniformen hingen ihnen in Lumpen am Körper. Zuweilen hatten die *Askari* jeden Versuch, die Uniform am Körper zu halten, aufgegeben und traten nur mit den Überresten ihrer kurzen Hosen auf und im übrigen mit nacktem Oberkörper mit Maschinengewehr-patronenbändern kreuzweise über der nackten Brust, oder mit eroberten englischen oder belgischen Patronengürteln. Nicht immer hatten sie Stiefel an den Füßen, und wenn, dann waren es in der Regel englische oder belgische Stiefel, die sie den Toten auf den Schlachtfeldern ausgezogen hatten.[41]

Die Engpässe in der Uniformierung der *Askari* wurden in dieser Zeit so prekär, dass einige *Askari* in Uniformen aus Fellen und gegerbtem Leder umherliefen. Und auch bei den Offizieren sah es kaum besser aus: Sie trugen meist von Engländern oder Belgiern erbeutete Uniformen.[42]

Es blieb nicht beim Zerfall der kolonialen Kleiderordnung. Eine Neuerung, die der Krieg mit sich brachte, waren die europäischen Kriegsfreiwilligen im Rang einfacher Soldaten. Bis zu Beginn des Krieges waren militärische Hierarchien bis auf wenige Ausnahmen gleichbedeutend mit den Hierarchien der kolonialen Ordnung gewesen. Oben standen die Europäer, unten die Afrikaner. Laut dem Arzt Hauer, der als Truppenarzt den Krieg bis zum Ende miterlebte, war die afrikanische Bezeichnung für die deutschen Soldaten »askari ulaya« (*Askari* aus Europa). Als dann noch Lettow-Vorbeck befahl, den in die Schutztruppe eingegliederten Marinesoldaten der »Königsberg« den gleichen Sold wie den *Askari* zu bezahlen und ihnen lediglich die aus Rindenstoffen hergestellten Uniformen sowie nur ältere Gewehre zugestand, schien für Schnee, immer weitaus mehr in Sorge um die koloniale Ordnung als der Kommandeur, das Fass überzulaufen. Die Vorstellung, dass deutsche Soldaten sich kaum noch von afrikanischen Sol-

---

40 Deppe, *Lettow-Vorbeck*, S. 68.
41 Christensen, *Nordschleswiger*, S. 194.
42 Roehl, *Heldenkampf*, S. 110.

daten unterscheiden sollten, war für den Gouverneur unerträglich. Er widerrief die Anordnung Lettow-Vorbecks, was von diesem prompt mit dem Widerruf des Widerrufs beantwortet wurde. Diese wachsende Ambivalenz in den militärischen und kolonialen Hierarchien blieb nicht ohne Folgen: So berichtet Hauer auch von einem Vorfall, in dem die *Askari* der 6. Feldkompanie mit betrunkenen deutschen Kriegsfreiwilligen in heftige Wortwechsel gerieten, die nahezu in einer Schlägerei endeten. Ich habe für einen solchen Vorfall kein Äquivalent in der Vorkriegszeit gefunden.[43]

Eine räumliche und körperliche Distanz, wie sie in der Vorkriegszeit propagiert und praktiziert wurde, war im Kriegsalltag nur schwer aufrecht zu halten. Dies galt besonders für die letzten beiden Jahre des Krieges. Sie waren gekennzeichnet von einem sukzessiven Verlust des Lebenskomforts der deutschen Offiziere und Soldaten. Ein Grund war der Verlust der Kontrolle über die koloniale Infrastruktur und die damit einhergehende Verknappung lebenswichtiger Ressourcen. Und auch die immer häufiger werdenden Desertionen der Träger trugen zu einem sinkenden Lebensstandard unter den Offizieren bei. Fünf oder mehr Träger trugen im Normalfall allein die persönliche Ausrüstung der Offiziere: Zelt, Kochgeschirr, Bett, Ausrüstungsgegenstände, Uniformen und die Lebensmittel. Hinzu kam ein Tross von Dienern und Köchen. Durch desertierende Träger und Diener verloren die Deutschen nicht nur die Möglichkeit, ihre Habe zu transportieren, sondern oft auch ihre Habe selbst, die die fliehenden Träger irgendwo auf ihrer Flucht zurückließen. Einen tiefen Einschnitt bildete das Jahr 1917. Weil die Versorgungslage und die Probleme mit den Trägern eklatant wurde, ordnete Lettow-Vorbeck die Reduzierung der jedem Europäer zustehenden Träger an. Viele deutsche Offiziere und Soldaten mussten einen Großteil ihrer Ausrüstung zurücklassen.[44] Die Tagebücher des Gouverneurs Schnee zeichnen diesen Verlust der Lebensqualität in eindrucksvoller und bedrückender Weise nach. Nach der Überquerung des Rovuma im Jahre 1917 verlor er in kurzer Folge Teile seiner Ausrüstung und Uniform, seine persönlichen Diener und seinen Koch. Seines Hofstaates beraubt und von Lettow-Vorbeck entmachtet, wurde Schnee in dem endlos scheinenden Tross der letzten beiden Kriegsjahre mitgeschleppt. Der einstmals mächtigste Mann der Kolonie war nur noch Ballast, der die Desertionen seiner Träger und Diener mit wachsendem Fatalismus registrierte. Längst war die

---

43 BArch Militärarchiv N 103/91 Marineabteilung: Kriegsakten betreffend SMS Königsberg; Hauer, *Kumbuke*, S. 49.
44 Decher, *Afrikanisches*, S. 247.

Aura des Landesfürsten, mit der er sich in der Vorkriegszeit umgeben hatte, dahin. Seine Weisungen verhallten ungehört. Als er 1918 mit den anderen Deutschen in Kriegsgefangenschaft geriet, war er als politische Figur längst tot.[45]

Schnees Fall oder Verfall als politische Figur in den letzten Kriegsmonaten war in gewisser Weise ein extremes Beispiel. Es war ein Fall aus großer Höhe. Und er wäre ohne das Zutun Lettow-Vorbecks nicht möglich gewesen. Aber das ist eine andere Geschichte. Dass der Verlust der Lebensqualität auch den Verlust jener Aura der Vorkriegsjahre bedeutete, in der zivilisatorischer Dünkel sich mit herrischem Gehabe paarte, war eine Erfahrung, die in vielen Erlebnisberichten deutscher Kriegsteilnehmer nachzulesen ist. Ein deutscher Kriegsteilnehmer sah darin auch ein Stück Verlust der eigenen Kultur:

> So wird das Porileben schließlich zur Gewohnheit. Auch der sich hochgebildet dünkende Mitteleuropäer sinkt wieder zum Nomaden herab, wobei freilich die Frage offen bleibt, ob er damit wirklichen und erheblichen Verlust erleidet.[46]

Diese Zeilen wurden lange nach dem Ende des Krieges geschrieben. Zu einer Zeit, in der der Mythos des Kolonialpioniers als einem von den Zwängen der Zivilisation befreiten Abenteurers wiederbelebt wurde. Doch auch die Verklärungen dieser Jahre können nicht darüber hinwegtäuschen, dass die Strapazen des Krieges nicht spurlos am Bild des Kolonialherren vorbeigegangen waren. Die Verschlechterung der Lebensqualität hatte weitreichende Konsequenzen für den Gesundheitszustand der Deutschen. Auf eine paradoxe Weise fielen die Deutschen in die Situation der Forschungsreisenden des 19. Jahrhunderts zurück. Der Mangel an Medikamenten und lebenswichtigen Ausrüstungsgegenständen wie Zelten, Moskitonetzen und Feldbetten, die des nachts vor Insekten schützen, machte sie anfälliger für die gefürchteten Tropenkrankheiten.

Augenfällig wurden die schwindenden Barrieren zwischen Schwarz und Weiß auch in der Verpflegung der Europäer. Die koloniale Küche war eine elementare Praxis der Disktinktion in kolonialen Gesellschaften, wie der Historiker Albert Wirz einmal am Beispiel der kolonialen Küche in Kamerun bemerkte. Was der Kolonialherr aß und wie er die Speisen zu sich nahm, markierte eine Distanz zwischen ihm und den Afrikanern.[47] Bereits zu Be-

---

45 NA WO 106/1460 East Africa Diary of Dr. Schnee. Governor of German East Africa
46 Deppe, *Lettow-Vorbeck*, S. 74.
47 Albert Wirz, »Essen und Herrschen. Zur Ethnographie der kolonialen Küche in Kamerun vor 1914«, in: *Genève-Afrique* 22, (1984) 2, S. 38–62, insbesondere S. 39.

ginn des Krieges hatten die deutschen Kolonisierenden teilweise Abschied von der gewohnten Küche nehmen müssen. Die europäische Bevölkerung hatte viele ihrer Lebensmittel vor dem Krieg weitestgehend durch Importe aus Indien oder Europa bezogen. Der Kolonisierende ernährte sich größtenteils aus Konserven. Selbst Fleisch, Hauptgericht auf der Tafel jedes Kolonisierenden, kam, obgleich es durchaus reiche Viehbestände in der Kolonie gab, in den Vorkriegsjahren aus Konserven auf den Tisch. Nur Gemüse und Reis wurden in der Kolonie selbst produziert, allerdings in sehr geringem Ausmaß. Im Laufe des Krieges fanden die deutschen Kolonisierenden daher zunächst widerstrebend Ersatz für ihre Konservennahrung in der Kolonie, und später zunehmend Gefallen an den lokalen Vegetabilien.[48] Vor allem der von den Kolonialherren so geliebte und in beträchtlichem Umfang konsumierte Whisky wurde nun zu einer Mangelware, wenngleich die Deutschen alle Anstrengungen unternahmen, ein Ersatzprodukt herzustellen. Auch die einst verachteten »Schenzi«-Zigaretten wurden nun von den Deutschen geraucht. Ihre Bezeichnung verdankten die Zigaretten dem Swahili-Wort für »Wilde«, mit dem die Küstengesellschaften alle Afrikaner aus dem Inneren bezeichneten. Die Deutschen hatten diesen Begriff in ihren kolonialen Wortschatz übernommen, wo er für all jene Afrikaner stand, die am unteren Ende der kolonialen Ordnung standen. Dieser erzwungene Wandel in den Konsumgewohnheiten der Kolonialherren deutete die zunehmenden Schwierigkeiten der Kolonisierenden an, ihren kolonialen Habitus als Differenz im Konsum von Luxusgütern aufrecht zu erhalten.[49]

Mit dem Verlust der kolonialen Infrastruktur seit der Smuts-Offensive wurden die Deutschen immer mehr der Möglichkeit beraubt, ihre Ernährungsgewohnheiten aufrecht zu erhalten. Resigniert kommentierte Lettow-Vorbeck in seinen Erinnerungen an die Situation des Jahres 1917, dass er bis dahin immer geglaubt habe, Brot sei ein unverzichtbarer Bestandteil der »Europäernahrung«. Längst aber nahmen die Deutschen, wenn überhaupt noch, mit Brot nur aus *Mtama* (Hirse) und *Muhogo* (Maniok) vorlieb oder aßen gekochten Reis. Fleisch gab es in den wildarmen Gegenden des Südens nur noch selten.[50] Besonders in den letzten zwei Kriegsjahren griffen die Deutschen immer mehr auf lokale Küchen zurück. Die Deutschen lernten von den Afrikanern die Salzgewinnung aus Pflanzen und die »Geheimnisse

---

48 Roehl, *Heldenkampf*, S. 105ff.
49 Ebd., S. 107; Lettow-Vorbeck, *Erinnerungen*, S. 63.
50 Roehl, *Heldenkampf*, S. 105; Lettow-Vorbeck, *Erinnerungen*, S. 170; Tagebuch des Sanitätsfeldwebels Knaak des Etappenlazaretts I, in: Foerster, Greiner & Witte (Hrsg.), *Kämpfer*, S. 105.

der tropischen Küche«.⁵¹ Das hatte für den Gesundheitszustand der Europäer durchaus Vorteile. Die geringere Anfälligkeit der lokalen Bevölkerung für Tropenkrankheiten war nicht zuletzt das Ergebnis ihrer Ernährung. Viele Nahrungsmittel der lokalen afrikanischen Küchen hatten eine medizinische Wirkung, die Tropenkrankheiten vorbeugen oder heilen konnten. In gewisser Weise gab es in der *Safari ya Bwana Lettow* einen kurzen Moment einer Umkehrung des kolonialen Wissenstransfers. Waren die Kolonisierenden in den Vorkriegsjahren den Ostafrikanern als Lehrende erschienen, so kamen sie nun in die Rolle des Lehrlings. Es war nicht zuletzt dieser Pragmatismus, der zum Erfolg der Deutschen beitrug. Die Unterschiede in der Ernährung von Afrikanern und Europäern, lebte zumindest in der Vorstellungswelt der Europäer fort. Selbst 1917 sprach Lettow-Vorbeck von einer unterschiedlichen Ernährung von Europäern und Afrikanern.⁵² Die Deutschen mochten im Nachhinein Lederstrumpfmotive für die Beschreibung ihrer Lebenssituation bemühen, für die Afrikaner war der Verlust des Nimbus des *Bwana Mkubwa* mehr als sichtbar. Wie die »Shenzi« im Busch lebten die Deutschen, gaben Deserteure den Briten zu Protokoll.⁵³

Es waren nicht zuletzt Krankheiten und Tod, die die kolonialen Hierarchien nivellierten und die die Deutschen oftmals auf ihre pure körperliche Existenz zurückwarfen, bar jeder habituellen Distinktion. Der vordem als sakrosankt konstruierte europäische Körper geriet selbst in die Krise. In den Vorkriegsfeldzügen gegen aufständische Afrikaner war der *body-count* europäischer Offiziere ein wichtiges Indiz für die Schwere der Kämpfe. Der Erste Weltkrieg trieb die Opferzahlen europäischer Offiziere und Soldaten in bis dahin ungekannte Dimensionen. Der Körper des Europäers verlor damit seinen sakralen Nimbus. Mehr noch waren es vielfach afrikanische Soldaten, die die Europäer in den Kämpfen töteten. Es habe einen regelrechten Schießbefehl gegen Deutsche bei den Briten gegeben, vermuteten deutsche Offiziere. Im Nahkampf konzentrierten sie sich immer auf die deutschen Offiziere in der Hoffnung, dass damit der Widerstand der *Askari* zusammenbrechen würde. Die Deutschen standen den Briten darin allerdings in nichts nach, auch sie hofften, mit dem Fall des Offiziers den Sieg erringen zu können. Zu regelrechten Massakern an europäischen Offizieren sei es in der Schlacht von Kondoa-Irangi gekommen, erinnerte sich ein deutscher

---

51 Lettow-Vorbeck, *Erinnerungen*, S. 219.
52 Ebd., S. 170.
53 NA CO 691/6 War Diary of Brigadier-General E. Northey, C.B, A.D.C. Commanding Nyasa-Rhodesia Frontier Force; 1. bis 31.10.1917.

Freiwilliger. Nach seinen Angaben hätten sich die Briten und Deutschen daraufhin verständigt, Nahkämpfe zu vermeiden.⁵⁴ Wenn es diese Abmachung wirklich gegeben hatte, dann war ihr allerdings kein langes Leben beschieden. Bereits einige Monate später kämpften Alliierte und Deutsche in den Schlachten von Mahiwa, Mahenge und Kibata mit aufgepflanztem Bajonett gegeneinander. In einem Krieg, in dem überraschende Begegnungen mit feindlichen Truppen schnell in wüsten Handgemengen endeten, war der Wunsch nach Vermeidung von Nahkämpfen nicht mehr als eine Illusion.

Gouverneur Schnee sah in dem alltäglichen Niedermetzeln von Europäern durch Afrikaner eine große Gefahr für die koloniale Ordnung und das koloniale Projekt Europas als einem zivilisatorischen Projekt:

> Es war für die Schwarzen offenbar schwer zu fassen, dass nun auf einmal die Weißen sich totschießen sollten, die bisher immer den Eingeborenen Frieden und Ordnung gepredigt hatten und Kriege derselben untereinander mit Waffengewalt unterdrückt hatten. Noch unerklärlicher war es wohl für sie, dass jetzt die schwarzen *Askari*, die bislang lediglich gegen wilde Völker verwandt worden waren, auf Befehl ihrer weißen Herren gegen andere Weiße kämpfen sollten. Während bisher die Aufrechterhaltung des Prestiges der weißen Rasse und der Schutz des Lebens und Eigentums der Europäer einen Hauptgegenstand der Sorge aller europäischen Verwaltungen in Zentralafrika gebildet hatte, sollte plötzlich diese Schranke wegzogen werden und das Erschießen eines Weißen als verdienstlich gelten.⁵⁵

Auch die Afrikaner aufseiten der Briten erkannten wohl die Bedeutung, die dem Töten eines Europäers innewohnte. Es war ein ungewöhnliches Ereignis, trotzdem es zu ihrem Alltag gehörte. Soldaten der *King's African Rifles* feierten den Tod deutscher Offiziere mit einem Song:

Wenn ich einen Deutschen töte
Wird mein Anführer es wissen
Die Feinde sind gefährlich!⁵⁶

Ihre Offiziere sahen dies wohl eher mit gemischten Gefühlen. Natürlich bedeutete der Tod eines europäischen Offiziers eine Schwächung des Feindes;

---

54 Tagebuch des Leutnants Spangenberg der 10. Feldkompanie, in: Foerster, Greiner & Witte (Hrsg.), *Kämpfer*, S. 13; Bericht über das am 4. Oktober stattgehabte Gefecht gegen die Belgier bei Kissenji in Kaiserliches Gouvernement, *Zusammenstellung*, S. 83; Aufzeichnungen des Vizewachtmeisters d. Res. Dr. Hoffmeister, in: Foerster, Greiner & Witte (Hrsg.), *Kämpfer*, S. 66; Christensen, *Nordschleswiger*, S. 123.
55 Schnee, *Deutsch-Ostafrika*, S. 121.
56 Songtext zitiert nach Hodges, *Carrier Corps*, S. 64 [Übersetzung des Autoren].

Gräber britischer Gefallener bei Jassini

für die Deutschen war der Verlust von Offizieren unersetzbar. Britische und deutsche Offiziere betonten aber auch die Bedrohung für die koloniale Ordnung, die aus dieser nahezu alltäglichen Erfahrung der *Askari* entsprang.[57] Vielleicht hat dies der britische Kolonialbeamte Hobley am Treffendsten auf den Punkt gebracht: Die afrikanischen Soldaten hätten sehr schnell die körperlichen Unzulänglichkeiten der Europäer im Krieg in den Tropen realisiert. Sie hätten deren weitaus geringere Leistungen bei den Märschen bemerkt, gesehen, wie sie sich im Dschungel ohne die Hilfe ihrer *Askari* verirrt hätten. Und oft genug sei der Nimbus vom tapferen weißen Offizier vor den Augen der *Askari* zerstoben. Der deutsche Arzt Hauer sah dies ähnlich. Bitter bemerkte er während der Schlacht von Tanga, dass die vor den Granaten der britischen Kriegsschiffe fliehenden Europäer in den Augen der Afrikaner wohl ihrer Würde verlustig gegangen seien. Sein britischer Gegenüber Hobley zog aus solchen Ereignissen weitreichende Konsequenzen für die koloniale Ordnung. Könne es verwunderlich sein, fragte er sich, dass das

---

57 NA WO 106/259 Memorandum *Africa For The Africans and Pan-Islam. Recent Developments in Central and Eastern Africa* by Captain J.E.Philipps; Christensen, *Nordschleswiger*, S. 123; Farwell, *Great war in Africa*, S. 180; Greenstein, *The Nandi experience*, S. 81–94; insbesondere S. 81.

Gräber deutscher Gefallener (vermutlich in Tanga)

Prestige des Europäers im Krieg stark gelitten habe? Dass sich die Einstellung der Afrikaner zum Weißen verändert habe? Würde es nicht unvermeidlich zu einer Politisierung der Afrikaner und zu Forderungen nach einem Afrika für die Afrikaner führen?[58]

Die Desakralisierung des europäischen Körpers wurde besonders in der Art und Weise deutlich, wie mit dem toten Körper der auf den Schlachtfelder gefallenen Europäern umgegangen wurde. Zu Beginn des Krieges wahrten die beteiligten Armeen die Trennung von Europäern und Afrikanern bis in den Tod: Ob Feind oder nicht, die Gefallenen wurden nach der Hautfarbe und nicht nach der Zugehörigkeit zu einer Kriegspartei begraben. Diese Mühe machten sich beide Parteien noch in den Kämpfen des ersten Kriegsjahres. In Tanga begruben die Deutschen ihre toten Offiziere gemeinsam mit den gefallenen Briten. Selbst die in Massengräbern eiligst verscharrten Europäer wurden später wieder ausgebuddelt und auf dem Europäerfriedhof begraben. Die *Askari* wurden gesondert begraben. Am Longido-Berg schrieben die Deutschen noch das Wort »Europäer« auf die Grab-

---

58 C.W. Hobley, *Bantu Beliefs and Magic* (London: Witherby, 1922), S. 286–287; Hauer, *Kumbuke*, S. 63.

stätten der gefallenen Feinde.⁵⁹ Auf die Schändung und Plünderung von gefallenen Soldaten seitens der lokalen Bevölkerung reagierten beide Seiten zumindest im Jahre 1915 mit äußerster Härte. Als die Briten nach den Kämpfen von Kissii die Leichen der gefallenen Europäer ihrer Kleidung, Waffen und Wertsachen beraubt fanden, exekutierten sie über 100 Afrikaner, die sie im Besitz dieser Sachen fanden. Zur Strafe wurden den anliegenden Dörfern zudem 6.000 Stück Vieh weggetrieben.⁶⁰

Doch je härter die Kämpfe wurden, desto weniger achteten die europäischen Offiziere auf die Etikette einer ritterlichen Kriegsführung, mit der sie einst die Gefahren für die koloniale Ordnung in Grenzen zu halten gedachten. Mit dem Beginn der Smuts-Offensive wurde diese Ritterlichkeit weitestgehend fallengelassen. Britische Quellen sprechen von mehreren Fällen, in denen die Leichen gefallener Soldaten des *North Lancashire Regiments* von *Askari* geschändet worden seien. Unter anderem sollen ihnen die Augen herausgestochen und durch Blechknöpfe ersetzt worden sein.⁶¹ Während der Schlacht von Mahiwa im Oktober 1917 seien die Leichen der gefallenen Europäer und Afrikaner über Tage hinweg zwischen den Fronten gelegen und der Verwesung und den Raubtieren anheim gefallen, erinnerte sich ein deutscher Kriegsfreiwilliger.⁶² Mit Bitternis bemerkte auch der deutsche Kriegsfreiwillige Hofmeister, dass die Leichen der auf Patrouillen gefallenen Europäer Opfer von herumstreunenden Raubwild oder »mordenden Schwarzen« werden würden.⁶³

Unter dem Verlust ihres sakrosankten Nimbus hatten nicht zuletzt die europäischen Zivilisten zu leiden, die zwischen die Frontlinien gerieten. Nicht immer konnten die Europäer mit der neuen Situation adäquat umge-

---

59 NA WO 106/258 German Administration and the attitude towards natives; Bericht über die am 3.11.1914 am und im Longido stattgehabten Gefechte, in: Deutsch-Ostafrika. Kaiserliches Gouvernement, *Zusammenstellung*, S. 78; Bericht des Regierungsarztes Dr. Deppe, Leiter des Regierungskrankenhauses Tanga zum Gefecht in Tanga, in: Deutsch-Ostafrika. Kaiserliches Gouvernement, *Zusammenstellung*, S. 126.

60 Aufzeichnungen des Vizewachtmeisters d. Res. Dr. Hoffmeister, in: Foerster, Greiner & Witte (Hrsg.), *Kämpfer*, S. 66; BArch R1001/877 Wenhardt an Solfs, 24.4.1915 darin Abschrift nach einem mir im Februar 1915 vom Leutnant der Reserve Busse in Ahmednagar gegebenen Schriftstücke.

61 NA CO 691/26 General Headquarter, East African Force, Dar es Salaam to the Secretary of *War Office*, 20.11.1918; Downes, *Nigerian Regiment*, S. 160.

62 Tagebuch des Leutnants der Res. Osterhage der 19. Feldkompanie, in: Foerster, Greiner & Witte (Hrsg.), *Kämpfer*, S. 104.

63 Aufzeichnungen des Vizewachtmeisters d. Res. Dr. Hoffmeister, in: Foerster, Greiner & Witte (Hrsg.), *Kämpfer*, S. 69.

hen und bezahlten dafür oft mit ihrem Leben. Bezeichnend dafür ist das Schicksal deutscher Missionare aus Kitunde, einer Missionsstation der Berliner Mission in Unyamwezi. Sie bekamen im September 1916 Besuch von einer Abteilung uniformierter Krieger eines benachbarten Chiefs. Die Krieger, deren Anführer ein Mann namens Asmani war, behaupteten, von den Briten rekrutiert worden zu sein. Sie plünderten zunächst die umliegenden Häuser der afrikanischen Konvertiten und machten sich alsbald daran, auch das Eigentum der Missionare zu stehlen. Die Missionare forderten von deren Führer Asmani ein Legitimationsschreiben seiner britischen Offiziere und die Plünderung und Brandschatzung der Missionsstation zu unterbinden. Der Afrikaner antwortete auf diese Forderung mit einem für die Missionare neuen Argument: Er erschoss sie kurzerhand. Nicht anders erging es einem deutschen Missionar in der benachbarten Missionsstation. Als belgische Truppen mit der offensichtlichen Absicht zu plündern, sein Anwesen betraten, riss der Missionar dem befehlshabenden *Bulamatari* kurzerhand das Gewehr aus der Hand. In Friedenszeiten ein durchaus übliches Verhalten für einen Europäer, der gewiss sein konnte, dass er in der kolonialen Hierarchie immer an erster Stelle stand. In Kriegszeiten war dies allerdings ein schwerer Fehler, den der Missionar mit seinem Leben büßte.[64] Ein anderer Fall war der der Siedlersfrau Anna Rau, die von ihren afrikanischen Arbeitern ermordet wurde. Wie britische Untersuchungen ergaben, sei sie nach der Einberufung ihres Mannes an die Front zunächst in Konflikte mit ihrer Dienerschaft geraten. Wie so oft vorher habe sie den Konflikt mit der Peitsche lösen wollen. Die Diener seien daraufhin samt und sonders entlaufen. Entblößt von deren Schutz war die Siedlersfrau eine leichte Beute für die umliegende Bevölkerung, die genug Gründe für Rachegelüste an der Frau hatte. Mit äußerster Brutalität habe sie ihre Plantagenarbeiter behandelt, gaben die Afrikaner den Briten zu Protokoll, und oft habe sie ihnen den Lohn vorenthalten. Die Mörder ließen ihre Wut selbst noch an der Leiche der Siedlersfrau aus, ihre Juwelen und ihr Geld aber rührten sie nicht an.[65]

Übergriffe auf die europäische Zivilbevölkerung seitens regulärer Truppen und marodierender Afrikaner waren in diesem Krieg keine Seltenheit. In der kurzen Periode zwischen dem Abzug der deutschen Truppen aus Morogoro und der Ankunft der britischen Truppen, so ein britischer Offizier,

---

64 Bechler, *Zur Kriegszeit*, S. 29, 79.
65 NA CO 691/15 Byatt, Administrator's office, to the Principal Secretary of State for the Colonies, Wilhelmstal, 10.7.1918; NA CO 691/16 Byatt, Administrator's office, to the Principal Secretary of State for the Colonies, Wilhelmstal, 18.9.1918.

sei es zu Misshandlungen der verbliebenen deutschen Familien durch *Askari* gekommen. Die Briten verurteilten einen *Askari* zum Tode, weil er ein deutsches Mädchen mit einem *Kiboko* geschlagen habe.[66] Mit der Bestrafung des *Askari* kündigte sich die neue Ordnung an, die den Nimbus des Europäers wieder zu schützen bereit war.

Kriegsverbrechen

Im Januar 1916 hielt der belgische Oberkommandierende Tombeur eine letzte Rede an seine *Bulamatari*, bevor er sie in die Schlacht gegen die Deutschen schickte. Der Beginn der alliierten Offensive stand kurz bevor und der belgische Kommandeur sah die Notwendigkeit, seinen Soldaten diesen Krieg zu erklären. Krieg war den *Bulamatari* nichts Neues. Im Gegenteil: In den mehr als dreißig Jahren ihrer Existenz hatte die *Force Publique* Dutzende von Feldzügen geführt: Sie hatten gegen Sklavenhändler, aufständische Chiefs und gegen meuternde Kameraden gekämpft. Tombeur selbst hat viele dieser Kämpfe mitgemacht, er hatte seine Offizierskarriere in der *Force Publique* in den Jahren begonnen, als die Kolonie in ihren Anfängen gewesen war und noch das Wort Freistaat in ihrem Namen führte. Ohne Zweifel, die *Force Publique* war die kampferprobteste Armee der Belgier zu Beginn des Weltkrieges. Doch dieser Krieg würde kein Kolonialkrieg sein, würde nicht gegen Afrikaner, sondern gegen eine Kolonialmacht gehen: gegen die Deutschen. Wenn sie auch der Feind waren, so waren sie immerhin Europäer, Weiße. Diesen neuen Charakter des Krieges versuchte Tombeur seinen *Bulamatari* zu erläutern. Aber es war für ihn keine leichte Aufgabe: Vor dem Krieg war im kolonialen Afrika die Rasse und nicht die Nationalität das entscheidende Kriterium, das Herrschende von Beherrschten trennte. Mehr noch, trotz aller nationaler Begleitmusik war Kolonialherrschaft in Afrika auch ein europäisches Projekt gewesen. Und gerade die belgische Kolonie war ein herausragendes Beispiel dafür. Seit ihren ersten Tagen hatten Militärs und Beamte aus allen Teilen Europas in der Kolonie gedient: Belgier, Skandinavier, Franzosen, Deutsche, Russen und selbst Amerikaner. Internationales Kapital und Wissen hatten die Erforschung und Ausbeutung der Kolonie in die Wege geleitet. International war aber auch, und das war

---

66 Dolbey, *Sketches*, S. 36.

im national gestimmten Europa ungewöhnlich genug, der Aufschrei des Entsetzens über die Kongo-Gräuel gewesen. Diese europäische Harmonie auf afrikanischem Boden aber gehörte nun der Vergangenheit an. So porträtierte Tombeur zunächst die Deutschen als Diebe, die es auf das Eigentum des belgischen Königs und die Kolonie abgesehen hätten und die auch nach der Habe und den Frauen der *Bulamatari* trachteten. In der Vermutung, dass seine *Bulamatari* wohl eher schlichte Gemüter seien und die Ursachen des Krieges in Europa nicht verstünden, beließ er es bei dieser einfachen Feststellung, warum nun gegen die Deutschen Krieg geführt werden müsse. Im zweiten, wesentlich längeren Teil seiner Rede, verwies er auf eine weitere Neuheit des Krieges. Dieser Krieg, so Tombeur, werde gewisse Regeln haben und die erste sei, dass es einen Unterschied zwischen Zivilisten und Soldaten geben werde. Letztere zu töten, egal ob schwarz oder weiß, sei eine ehrenvolle Tat, erstere dagegen müssten die *Bulamatari* schonen. Die *Bulamatari*, bläute er ihnen ein, sollen keine wehrlosen Zivilisten töten, nicht deren Eigentum stehlen und keine Frauen rauben. Dies betonte er nicht weniger als drei mal während seiner Rede.[67] Diese Regeln waren tatsächlich etwas Neues für die *Bulamatari*, denn ähnliches hatte die *Force Publique* seit ihrem Bestehen weder gekannt noch beachtet.[68]

Aber dass der Krieg Regeln haben sollte, war auch für die Europäer relativ neu. Sieben Jahre bevor der Erste Weltkrieg ausbrach, hatten 44 Nationen die Haager Landkriegsordnung unterzeichnet, die die Behandlung von Kriegsgefangenen und den Schutz der Zivilbevölkerung regelte und daneben den Einsatz einer ganzen Reihe von Waffen, wie etwa Giftgas, verbot. Das Haager Abkommen war der vorläufige Höhepunkt von mehr als zehn Jahre dauerndern Verhandlungen gewesen, in denen sich die Vertragsparteien bemüht hatten, die Gewalt des Krieges in Regeln zu gießen. Doch während die Diplomaten in Europa darangingen, den Krieg zu zivilisieren, machten die Kolonialtruppen Europas in Übersee aus diesen Bemühungen eine Farce. In den Jahren zwischen 1899, der ersten Haager Konferenz und 1907, dem Vertragsabschluss, hatten europäische Kolonialtruppen in Afrika und anderen Teilen der Welt diesen zur Verhandlung stehenden Regeln des Krieges kaum Beachtung geschenkt. Die Deutschen hatten zwischen 1904

---

67 MRAC Collection Scheppers 59.36.1: Mémoires du Colonel honoraire Scheppers, Vétéran de l'Etat Indépendant du Congo.
68 Mwelwa C. Musambachime,»Military Violence Against Civilians: The Case of the Congolese and Zairean Military in the Pedicle 1890–1988«, *International Journal of African Historical Studies* 23 (1990), S. 643–664, insbesondere S. 649.

und 1906 zwei Rebellionen, den Herero-Aufstand in Südwestafrika und den Maji-Maji-Krieg in Ostafrika, mit einem Höchstmaß an Brutalität unterdrückt. Nicht zu vergessen all die kleinen Strafexpeditionen, die zum Alltag deutscher Kolonialherrschaft gehörten. Briten und Belgier unterschieden sich kaum in ihren Methoden von den Deutschen. Der Kongo-Freistaat war in der internationalen Wahrnehmung geradezu ein Synonym für Verbrechen gegen die Menschlichkeit geworden. Die Briten waren im südlichen Afrika mit äußerster Brutalität gegen die 1896 rebellierenden Ndebele vorgegangen, vier Jahre später kam es zu Massakern britischer Kolonialtruppen gegen aufständische Asante in Westafrika. Und auch im Alltag der britischen Kolonien standen Strafexpeditionen, in denen das Recht der Zivilbevölkerung mit Füßen getreten wurde, auf der Tagesordnung.

Tombeurs Rede aber verweist darauf, dass die Debatte über Kriegsverbrechen, wie sie im Vorfeld des Ersten Weltkrieges in den europäischen Öffentlichkeiten geführt wurde, nun Ostafrika erreicht hatte. Schon in den ersten Tagen des Krieges bezichtigten sich die Kriegsparteien gegenseitig, diese neuen Regeln des Krieges zu brechen. Die Beschießung von Dar es Salaam, von den Deutschen schon früh als offene, das heißt unverteidigte Stadt deklariert, sei ein eklatanter Bruch des Völkerrechts, wetterte der deutsche Verwalter gegenüber den britischen Seeoffizieren, die ihn zur Übergabe der Stadt aufforderten. Die britischen Seeoffiziere wiederum beschwerten sich bei der Gelegenheit über die Beschießung einer britischen Pinasse, die die weiße Fahne geflaggt habe, als sie in den Hafen Dar es Salaams eingefahren sei. Bei der Schlacht von Tanga, so der verantwortliche deutsche Militärarzt, hätten britische Kriegsschiffe das mit Rot-Kreuz-Fahnen versehene deutsche Hospital beschossen. Auch anlässlich der Gefechte bei Jassini erhoben die Deutschen schwere Vorwürfe gegen die britischen Truppen, die die Rot-Kreuz-Fahnen offensichtlich als regelrechte Zielvorgaben für ihre Geschütze benutzt hätten. Von regelrechten Hinrichtungen gefangener *Askari* und Träger berichtet der deutsche Offizier von Haxthausen anlässlich von Kämpfen am Schirari-Berg im Januar 1915.[69] Die Briten wiederum warfen den Deutschen die Schändung und Plünderung gefallener britischer Soldaten und Offiziere sowie die Schändung muslimischer Frauen in Taveta vor.[70]

---

69 Deutsch-Ostafrika. Kaiserliches Gouvernement, *Zusammenstellung*, S. 124–126, 220, 299, 324; Hans Poeschel, *Die Stimme Deutsch-Ostafrikas; die Engländer im Urteil unserer ostafrikanischen Neger* (Berlin: Scherl, 1919), S. 24.

70 NA WO 106/258 German Administration and the attitude towards natives; NA CO 691/26 General Headquarter, East African Force, to the Secretary of *War Office*, Dar es

Ostafrikas Schlachtfelder unterschieden sich in einem wichtigen Punkt von denen Europas: Sowohl für die Deutschen als auch für die Alliierten schien der Krieg im Niemandsland stattzufinden. Die deutschen Truppen verhielten sich in der Kolonie, und das vor allem seit Beginn der alliierten Offensive von 1916, so als ob sie in Feindesland wären. Die Briten und Belgier standen ihnen in dieser Haltung und Praxis in nichts nach. Weder die Deutschen als Kolonialmacht noch die Alliierten, die sich als Befreier sahen, trauten der ostafrikanischen Bevölkerung über den Weg. Nicht zuletzt weil sie wenig von den Ostafrikanern wussten und sie jenseits der Frage, ob sie Lasten schleppen und Nahrungsmittel produzieren können, kaum ein Interesse an ihnen hatten. Und noch weniger gestanden sie ihnen irgendwelche Rechte als Nicht-Kombattanten zu, wie es die Haager Landkriegsordnung vorsah. Allzu leicht gerieten ganze Dörfer in Verdacht, mit dem Feind gemeinsame Sache zu machen, wenn sie diesem Träger, Lebensmittel und Informationen lieferten. Auch wenn sie dies meist erst unter vorgehaltener Pistole taten. Hinzu kam der besondere Charakter des Krieges: Wer der Feind war, war nicht immer fest umrissen. Die *Ruga-Ruga* der einzelnen Chiefs kämpften mal für diese, mal die andere Seite, Deserteure irrten zwischen den Frontlinien umher, kämpften wechselweise für die Deutschen oder Alliierten; oder schlicht um ihr Überleben. Ebenso gab es kaum eine Unterscheidung zwischen Zivilisten und Kämpfenden. Die Truppen der Deutschen und Belgier glichen oft mehr nomadischen Gesellschaften als einer militärischen Einheit.

Kriegsverbrechen bedürfen eines Umfelds, das sie ermöglicht und auch in einer gewissen Weise legitim erscheinen lässt. Der koloniale Gewaltraum war zweifellos ein Nährboden, auf dem Kriegsverbrechen nicht nur eine Normalität waren, sondern in dem ihre Legitimierung durch eine Vielzahl von Rhetoriken kolonialer Diskurse bewirtschaftet wurde. Die Kolonien waren nicht nur ein von Europa losgelöster Diskursraum, in dem die Definition von Kriegsverbrechen sich anders vollzog als in Europa, vielmehr waren sie auch ein von Europa abgetrennter Gewaltraum, in dem sich Gewaltpraxen des Militärs etabliert hatten, die andernorts so nicht oder zumindest nicht in diesem Umfang möglich waren. Der Gewaltraum des Ersten Weltkrieges in Ostafrika ist ohne den kolonialen Gewaltraum, aber auch ohne den kolonialen Diskursraum nicht zu denken. Er ist in vielerlei Hinsicht ein Kontinuum. Die Kolonialkriege des 19. Jahrhunderts waren in den meisten Fällen Kriege, die eine Unterscheidung zwischen Zivilisten und Kämp-

---

Salaam, 20.11.1918.

fenden nicht kannten. Diese fehlende Unterscheidung, gepaart mit rassischen Diskursen des 19. Jahrhunderts, die Afrikanern ihre Menschlichkeit absprachen, führte in vielen Fällen zu einer rücksichtslosen Politik verbrannter Erde und zur schonungslosen Ausbeutung der afrikanischen Zivilbevölkerung für die Kriegsökonomie der jeweiligen Kriegsparteien.

Für diese Kontinuität zwischen den Kolonialkriegen und dem Ersten Weltkrieg steht zweifellos kaum jemand mehr als der kommandierende Offizier der deutschen Schutztruppen, Lettow-Vorbeck. Er gehörte zu den erfahrensten Kolonialmilitärs, die das Kaiserreich in seiner kurzen Geschichte als Kolonialmacht hervorgebracht hatte. Er begann seine Karriere bei der Niederschlagung des Boxeraufstandes 1900/01 in China, wo er in Massenexekutionen chinesischer Rebellen involviert war. Drei Jahre später diente er als Adjutant des Oberkommandierenden Generals von Trotha bei der Niederschlagung der Herero und Nama; Ereignisse, die zum Synonym für Verbrechen gegen die Zivilbevölkerung wurden. Auch die Offiziere, die unter ihm in Ostafrika dienten, hatten einen ähnlichen Werdegang hinter sich. Darunter war etwa Tom von Prince, der in den frühen 1890ern maßgeblich an der Eroberung der Kolonie beteiligt war. Prince war unter den Afrikanern für seine Brutalität gegen die afrikanische Zivilbevölkerung berüchtigt gewesen. In den Hehe-Kriegen von 1891–1898 war er maßgeblich für die damalige Politik verbrannter Erde verantwortlich, die nach heutigen Schätzungen mehr als 100.000 Ostafrikaner das Leben kostete.

Auf belgischer Seite sah es nicht anders aus. Der Oberkommandierende Tombeur hatte die Eroberungsfeldzüge zu Zeiten des Kongo-Freistaates mitgemacht wie auch General Olsen und andere.[71] Allerdings wurden vor allem in den letzten zwei Jahren des Krieges eine ganze Reihe von Offizieren aus der metropolitanen Armee nach Ostafrika geschickt. Der Zusammenstoß beider Militärkulturen, die des kolonialen und des metropolitanen Belgien, führte zu einer ganzen Reihe von Konflikten, die sich nicht zuletzt an der Frage der Behandlung der Zivilbevölkerung in den besetzten Gebieten entzündete. Nicht nur, dass die metropolitanen Offiziere wenig von den in der *Force Publique* üblichen Arrangements zwischen *Bulamatari* und Offizieren hielten. Diese hatten vor allem im Recht auf ein gewisses Maß an Plünderung und Frauenraub im Austausch gegen die Loyalität der *Bulamatari* bestanden. Die metropolitanen Offiziere stießen sich nicht zuletzt an den wenig etablierten Befehlsketten zwischen Kommandeuren und Unter-

---

71 Anonymous, »Le general Olsen«, *La revue coloniale belge*, (1947), S. 126–132, insbesondere S. 126; Stienon, *La campagne anglo-belge*, S. 75.

gebenen in der *Force Publique*. Zudem brachten sie die Erfahrung des Krieges in Europa mit, wo die Deutschen schon bald wegen ihrer rücksichtslosen Kriegsführung gegen die befeindeten Armeen, aber auch gegen die Zivilbevölkerung in schlechten Ruf geraten waren. Für die metropolitanen Offiziere war die Abgrenzung zu den Praktiken deutscher Militärs daher längst zu einem essentiellen Bestandteil ihrer Identität geworden. Dementsprechend harsch war ihre Kritik an der eher laxen Haltung vieler Offiziere der *Force Publique* vor allem in der Frage des Frauenraubs der *Bulamatari*. Tombeur muss wohl geahnt haben, was da auf ihn zukommt oder er muss ein weltfremder Träumer oder gewissenloser Zyniker gewesen sein. In den ersten Monaten des belgischen Feldzuges wurden Offiziere und *Bulamatari* geradezu überschüttet von Befehlen, Dienstanweisungen und feierlichen Reden, in denen ihnen ins Gewissen geredet wurde, die Regeln des Krieges einzuhalten.

Anders als bei den Deutschen und Belgiern hatten viele der britischen Offiziere ihre Karriere nicht in Ostafrika gemacht. Wohl aber kam ein großer Teil der britischen Offiziere aus dem Kolonialdienst. Da in der ersten Phase des Krieges das *Indian Office* für die Planung und Ausführung des Feldzuges verantwortlich war, dominierten indische Truppen und deren Offiziere zunächst das Bild der britischen Streitkräfte. Die Südafrikaner, die 1916 das Gros der britischen Truppen stellten, lassen sich nur schwer als koloniale Truppen einordnen. Dennoch gab es auch bei den Briten eine ganze Reihe von Offizieren, die aus der britischen Kolonie in Ostafrika kamen. Sie waren in der Regel Siedler oder Großwildjäger, die zu Beginn des Krieges zu den Truppen gestoßen waren. Zudem waren die Briten die einzigen, die im Feldzug europäische Truppen in großem Umfang einsetzten, wie etwa das 2. Bataillon des *North Lancashire Regiments*. Das Bataillon hatte unter anderem an den Vernichtungsfeldzügen Lord Kitcheners gegen die Mahdisten im Sudan im Jahre 1898 und gegen aufständische Buren 1899 teilgenommen. Auf eine ähnliche Tradition konnte die *West African Frontier Force*, oder das *Nigerian Regiment* wie es oft genannt wurde, zurückblicken. Bereits 1863 gegründet, nahm das Regiment am Asante-Krieg von 1900, an der Eroberung von Sokoto und Kano 1903 und einer Vielzahl kleinerer Feldzüge gegen aufständische Westafrikaner teil. Kurz vor dem Abrücken an die ostafrikanische Front hatte das Regiment an der Niederschlagung eines Aufstandes der Yoruba teilgenommen.[72]

---

72 Downes, *Nigerian Regiment*, S. 15. Zum britischen Offizierskoprs siehe: Gardner, *Trial by Fire*, S. 1–33; Akinjide Osuntokun, »Disaffection and Revolts in Nigeria during the

Im September 1916 stießen die Truppen Tombeurs auf Tabora vor. Tabora war zu dieser Zeit die provisorische Hauptstadt der Kolonie und ein wichtiger Etappenort der Deutschen. Nach den Kämpfen bei Ussoke und Lugurulu war der Widerstand der deutschen Truppen in dieser Region zusammengebrochen und die Deutschen zogen sich gen Süden zurück. Die in der Stadt verbliebene Zivilverwaltung schickte den sich nähernden Belgiern eine Abordnung entgegen, um über die Modalitäten der Stadtübergabe zu verhandeln. Die deutschen Parlamentäre deklarierten Tabora zur offenen Stadt, die nicht weiter verteidigt werde. Die deutschen Truppen seien samt und sonders abgezogen. Eine Polizeitruppe unter dem Kommando von Europäern aus neutralen Staaten sollte die Ruhe und Ordnung in der Stadt garantieren. Die belgischen Offiziere willigten in diese Bedingungen ein und wenige Tage später marschierten ihre Truppen mit Fanfarenmusik und in Paradeformation in die Stadt ein. Kein Schuss fiel. Die lokale Bevölkerung stand entlang der Straßen und begrüßte die belgischen Truppen in der Hoffnung, dass der Schrecken des Krieges noch einmal an ihnen vorbeigegangen sei. Auf dem zentralen Marktplatz wurde die belgische Fahne gehisst und Tombeur verkündete in einer feierlichen Rede die Besetzung der Stadt.[73]

Doch der Frieden war nicht von Dauer. Kaum war die Sonne untergegangen, begannen die *Bulamatari* die Stadt zu plündern und Jagd auf Frauen zu machen. Wer sich wehrte, so ein deutscher Missionar, sei kurzerhand erschossen worden. Die ganze Stadt sei in einem einzigen Chaos versunken, erinnert sich der Missionszögling Martin Kayamba, der als Kriegsgefangener in Tabora von den Deutschen interniert worden war. Die Geschäfte seien tagelang geschlossen gewesen und die Bevölkerung habe panische Angst gehabt. Es sei unsicher gewesen, auf die Straßen zu gehen. Terror habe geherrscht. Zitternd und weinend hätten die Bewohner vor ihren Häusern oder dem, was davon noch übrig war, gesessen. Was die *Bulamatari* nicht mitgenommen hätten, sei Opfer der Flammen geworden. Selbst das europäische Hospital, in dem Kayamba arbeitete, sei nicht verschont worden. Des Nachts seien *Bulamatari* gekommen, hätten die Patienten ausgeraubt, darunter auch Europäer, und das Gebäude dann in Brand gesetzt.

First World War, 1914–1918«, *Canadian Journal of African Studies* 5 (1971), S. 171–192, insbesondere S. 186.

73 MRAC Collection de Emmanuel Mueller, *Les combats d'Ussoke*, n.d; Bechler, *Zur Kriegszeit*, S. 54; Roehl, *Heldenkampf*, S. 139; Muller, *Les troupes du Katanga*, S. 97; G. Baron Tombeur de Tabora, »La conquête du Ruanda-Urundi, d'après des ouvrages recentes«, (n.d), S. 24.

Auch das europäische Gefangenenlager sei in Flammen aufgegangen.[74] Über die Unsicherheit der Europäer in diesen Tagen klagte auch eine belgische Missionarsfrau. Sie berichtet von Fällen, in denen die *Bulamatari* des Nachts in die Wohnungen der Europäerinnen gekommen seien und sie mit vorgehaltenem Bajonett bestohlen hätten. Ein Europäer sei auf offener Straße bis aufs Hemd von den *Bulamatari* ausgeraubt worden, andere seien mit dem *Kiboko*, der Nilpferdpeitsche, die einst nur für Afrikaner vorbehalten war, geschlagen worden. Der Versuch einer Abordnung europäischer Frauen, bis zum General Tombeur vorzudringen, um ihn zu bitten, die Ruhe und Ordnung wieder herzustellen, scheiterte. Die belgischen Offiziere hätten andere Sorgen gehabt, bemerkt die Missionarsfrau bitter: Sie seien auf der Jagd nach den besten Quartieren in der Stadt gewesen.[75]

Die Plünderungen dauerten mehrere Tage und weiteten sich schnell auf das umliegende Gebiet aus. Zwei volle Tage, so der Missionar, habe der Durchzug des geraubten Viehs durch Tabora gedauert. Mit im Tross seien all jene fortgeschleppt worden, die nicht rechtzeitig haben fliehen können. Ganze Familien seien darunter gewesen, vom Greis bis zum Kind. Die *Bulamatari* hätten sie gezwungen, das geraubte Gut zu tragen.[76] Der britische Offizier Handle berichtete an seine Vorgesetzten, dass entlang der Straße von Bukoba nach Tabora die Bevölkerung leere Schüsseln vor die Tür stelle, um den vorbeiziehenden Truppen zu bedeuten, dass es bei ihnen nichts mehr zu holen gäbe.[77]

Tombeurs Mahnungen an seine *Bulamatari* und Offiziere zu Beginn des Offensive, so scheint es, waren längst vergessen. Auf ihrem Zug durch den Nordwesten der Kolonie hatten die belgischen Truppen Angst und Schrecken unter der Zivilbevölkerung verbreitet. Plünderungen und Vergewaltigungen waren an der Tagesordnung. Zwar wurde den Ruandern das Schicksal von langandauernden und schweren Kämpfen erspart, jedoch nicht die Übergriffe der Truppen auf die Bevölkerung. Nachdem die deutschen Truppen sich plündernd und vergewaltigend aus der Region zurückgezogen hatten, folgten ihnen die Belgier und taten das Gleiche. Den lokalen Traditionen zufolge sollen die *Bulamatari* noch schlimmer gewütet haben als die deutschen *Askari*. Laut dem ruandischen Historiker Innocent Kabagema

---

74 Kayamba Mdumi, *The story of Martin Kayamba*, S. 173–272, insbesondere S.195. Diese Schilderungen werden von deutschen Missionaren bestätigt (Roehl, *Heldenkampf*, S. 139; Missionar Terp in Bechler, *Zur Kriegszeit*, S. 18, 54).
75 MRAC Collection Scheppers, *Diare de Tabora*, n.d.
76 Missionar Terp in Bechler, *Zur Kriegszeit*, S. 54.
77 NA CO 691/10 Memo Cpt. Handle (Uganda Police Battalion), 30.9.1916.

beschlagnahmten die belgischen Truppen Vieh und Nahrungsmittel, zwangen die Bevölkerung zu Trägerdiensten und fanden insbesondere Gefallen an den Tutsi-Frauen, deren Schönheit im Kongo hoch gepriesen worden sei. In Buganza etablierten die Belgier mit Hilfe eines von ihnen ernannten Chiefs ein regelrechtes System der Prostitution. Die jungen Frauen der Gegend wurden in die Camps der belgischen Truppen gebracht. Die schönsten Mädchen wurden den belgischen Offizieren zugeteilt, von denen sie für ihre Liebesdienste mit Perlen und Stoffen bezahlt wurden. Die weniger schönen Frauen gingen an die *Bulamatari*.[78]

Wo immer sich die belgischen Truppen einer Ansiedlung näherten, ergriff die Bevölkerung die Flucht und versteckte sich in den Wäldern. Diejenigen, denen die Flucht nicht gelang, erwartete oftmals ein schweres Schicksal. In ihren Erinnerungen schilderte eine Frau, wie sie sich vor den *Bulamatari* im Wald versteckte. Als sie nach Hause kam, musste sie erfahren, dass viele der Frauen im Dorf vergewaltigt worden waren.[79] In mehreren Briefen an die belgischen Kommandeure beschwerte sich der ruandische König Musinga über das Verhalten der belgischen Truppen und forderte die Belgier auf, für Ruhe und Ordnung zu sorgen.[80]

Ähnliche Ereignisse spielten sich am Ostufer des Tanganyika-See ab, das Mitte 1916 unter belgische Kontrolle geriet. Die Eroberung Ujijis sah ähnlich wie in Tabora massive Übergriffe der *Bulamatari* auf die Zivilbevölkerung. Die Läden indischer und afrikanischer Händler wie auch sämtliche Häuser der deutschen Verwaltung wurden bis auf den letzten Nagel geplündert. Nur mit Mühe konnte Molitor seine Truppen, die in kleinen Gruppen durch die Stadt und die Umgebung streiften, unter Kontrolle bringen.[81] In seinen Erinnerungen schildert Felix Rutimbira die Schreckensherrschaft der *Bulamatari*: Bis aufs Hemd sei die Bevölkerung ausgeplündert worden, Hunger habe geherrscht. Ein besonders grausames Schicksal aber hätten die Frauen zu erdulden gehabt. Die *Bulamatari* hätten viele von ihnen fortgeschafft und sie bis zum Kopf in Erdlöchern vergraben, so dass sie nicht fortlaufen konnten. Jungen Mädchen sei die Klitoris aufgeschnitten und später seien sie vergewaltigt worden. Wenn die Männer sich geweigert hätten, ihre

---

78 Kabagema, *Ruanda*, S. 304.
79 Ebd. S. 305.
80 FP 1129/2657 Muller, Rapport sur le combat du 19.5.1916, Nyanza, 20.5.1916,; FP 2657/1137: Intendance, s.d. (1916): Traduction de lettre Yuhi Musinga, Nyanza, 20 mai 1916; Muller, *Les troupes du Katanga*, S. 87.
81 MRAC Collection de Molitor, Rapport d'ensemble sur l'organisation du cercle de Ujiji du 10 août au 20 décembre 1916.

Frauen herzugeben, seien sie einfach erschossen worden.[82] Auch das Kommando der britischen *Lake Force* wurde mit Hunderten von Beschwerden der lokalen Bevölkerung konfrontiert: Auch hier hätten *Bulamatari* Dörfer geplündert, Frauen vergewaltigt und verstümmelt. Männer, die ihre Frauen zu schützen suchten, seien erschossen worden. Selbst Missionsstationen, wie die von Mariahilf, Ussuwi und St. Michael seien nicht verschont worden. Missionszöglinge, die auf den Stationen Schutz gesucht hatten, seien ausgeraubt, vergewaltigt und einige auch erschossen worden.[83]

Wir haben keine Zahlen über die Opfer unter der Zivilbevölkerung infolge der Kriegseinwirkungen. Keine der beteiligten Kriegsparteien führte Statistiken über die Zivilbevölkerung, doch in den Erinnerungen der Bevölkerung waren diese Tage noch lange präsent. Kaum ein Wunder, dass die *Bulamatari* in den lokalen Traditionen als die apokalyptischen Reiter des Krieges erschienen. Ein Lied aus Unyamwezi, aufgezeichnet von einem britischen Anthropologen in den 1930er Jahren, beschrieb die Ankunft der Belgier mit den Worten:

Männer kämpfen im Land
Die Deutschen und die Engländer.
Der Gott der Europäer allein weiß,
was ihr Geschäft des Viehs ist.
Aber unser Gott wird unsere Männer zurückbringen.
Grabe, Oh bin Makoma,
Andere werden kommen, die Belgier,
die Menschen essen.[84]

Ähnliche Anschuldigungen betreffs des Kannibalismus der *Bulamatari* finden sich in der Lebensgeschichte Janira Simbas, die er einem deutschen Paläontologen in den 1950ern Jahren erzählte. Janira lebte zur Zeit des Krieges in Issansu, einem kleinen Dorf unweit Taboras. Die *Bulamatari* hätten bei ihrem Durchmarsch Frauen geraubt, ihnen die Brüste abgeschnitten und

---

82 Watt, *The tribe: Historical note from Felix Rutimbura*, unveröffentlichtes Manuskript, (Rhodes House Oxford, MSS Afr. 267, n.d.).
83 NA CO 691/10 Headquarter Lake Force, Ndala 4.10.1916; NA CO 691/10 Staff Captin, Lake Force; IGAULLA 2.10.1916, NA CO 691/10 W.E. Owen, Lake Force Chaplain to Lt. Wilkinson, 4th *King's African Rifles*; NA CO 691/10 Headquarter Lake Force to Cpt. Nugent, British Liason Officer to the Belgian Forces, 21.9.1916; NA CO 691/10 GOC Lake Schinjanga to Cpt. Nugent, British Liason Officer to the Belgian Forces, 14.9.1916.
84 Hans Koritschoner, »Some East African Native Songs«, in: *Tanganyika Notes and Records*, (1937) 4, S. 51–64, insbesondere S. 61. [Übersetzung des Autoren].

sie verspeist. Er selbst habe die Wunden einer Frau gesehen, die zum Palast seines Chiefs gebracht worden sei. Auch in den Nachbardörfer Meatu und Magara hätten die belgischen Soldaten Frauen verstümmelt; drei dieser Frauen seien an ihren Wunden gestorben.[85] Solche Kannibalismus-Vorwürfe kamen nicht von ungefähr; ob sie jedoch stimmen, können wir kaum rekonstruieren. Was wir aber wissen, ist, dass die lokale Bevölkerung Unyamwezis mit derlei Erzählungen ihre Erfahrungen im Krieg mit denen des Sklavenhandels im 19. Jahrhunderts verknüpfte. Viele *Bulamatari* kamen aus Manyema, einer Region westlich des Tanganyika-Sees. Im 19. Jahrhundert hatten sie als Hilfstruppen und Handelspartner der Sklavenhändler für Angst und Schrecken östlich des Sees gesorgt. Schon damals hatte sie die Bevölkerung, ob ihrer Brutalität und der Verschleppung von Frauen und Kindern, als Kannibalen bezeichnet.[86]

Für die Bevölkerung von Unyamwezi und Usukuma dauerte der Krieg sehr lange. Das Gebiet im Zentrum der deutschen Kolonie war mehr als zwei Jahre Kampfgebiet und das war in diesem durch Bewegung gekennzeichneten Krieg sehr lang. Zwar hatten die Alliierten die Deutschen 1916 binnen weniger Monate zum Rückzug gezwungen, doch im Frühjahr 1917 gelang es einer deutschen Abteilung unter dem Kommando von Wintgens, die alliierten Linien zu durchbrechen. Es begann eine mehr als achtmonatige Jagd der Alliierten auf diese Einheit. Die Briten, die hier längst schon zur Zivilverwaltung übergegangen waren, verfügten demzufolge nur über wenige Truppen in der Region. Sie waren gezwungen, die Belgier um Unterstützung zu bitten. Mit der Rückkehr der belgischen Truppen im Frühjahr 1917 kehrten auch die Gräuel des Krieges zurück. Wir verdanken dieser Situation eine ungewöhnlich gute Quellenlage, denn die britischen Verwaltungsbehörden achteten sehr genau auf das Verhalten der *Bulamatari* im nun britischen Hoheitsgebiet. Wo immer auch die belgischen Truppen das Land durchstreiften, erreichten die britischen Verwaltungsbeamte Schre-

---

85 Simbo Janira, *Kleiner Grosser Schwarzer Mann. Lebenserinnerungen eines Buschnegers* (Eisenach: Erich Röth, 1956), S. 203. Für andere Kannibalismus-Vorwürfe gegenüber den *Bulamatari* siehe Dolbey, *Sketches*, S. 47, Fendall, *East African force*, S. 207; IWM A Smith Papers 79/31/1: Diary, July 1917–May 1918; MRAC Collection de Jean Scheppers: 59.36.1 Mémoires du Colonel honoraire Scheppers, Vétéran de l'Etat Indépendant du Congo.

86 Deogratias Kamanzi Bimanyu. *The Waungwana of Eastern Zaire, 1880–1900*. Ph.D. thesis, University of London, 1976, S. 21; P. Broyon-Mirambo, »Description of Unyamwezi, the territory of King Mirambo, and the best route thither from the east coast«, in: *Proceedings of the Royal Geographic Society* XXII, (1878), S. 28–36, insbesondere S. 35; Iliffe, *Modern History*, S. 251.

ckensnachrichten über das Verhalten der *Bulamatari*. In Nera und Magalla, berichtete ein britischer Offizier, hätten sie eine Anzahl Frauen vergewaltigt. Im Dorf von Pambani hätten sie den lokalen Chief und dessen Familie als Geisel genommen, um sie im Tausch gegen Frauen und Nahrungsmittel wieder herzugeben. Doch auch die deutschen Truppen wurden der Kriegsverbrechen bezichtigt. Diese folgten ähnlichen Mustern wie die der *Bulamatari*: Massenvergewaltigungen von Frauen, Diebstahl von Nahrungsmitteln und Vieh, Brandschatzungen und willkürliche Hinrichtungen.[87]

Solche Ereignisse, urteilte der Verwaltungsoffizier von Kwanza, seien wenig geeignet, das britische Prestige in der Region zu erhöhen. Und viele seiner Kollegen in der Region pflichteten ihm in dieser Einschätzung bei. So beschwerte sich der Verwaltungsoffizier von Ndala im Juni 1917 bei seinen Vorgesetzten, dass seine Position im Angesicht der lokalen Bevölkerung sehr kompliziert geworden sei. Die Leute kämen täglich zu ihm, um sich über gestohlenes Eigentum, geraubte und vergewaltigte Frauen zu beschweren. Er aber habe kaum die Macht, den belgischen Truppen Einhalt zu gebieten.[88] Es war nicht nur ihr Prestige als neue Ordnungsmacht, um das sich die Briten Sorgen machten. Die Regionen von Usukuma und Unyamwezi waren für die britische Kriegsökonomie lebenswichtig. Von hier kamen die meisten ihrer Träger, hier lagen auch die wichtigsten Anbaugebiete für Reis, Maniok und Hirse. Das Chaos, das der Krieg 1917 wieder in die Region zurückbrachte, war wenig geeignet, die lokale Bevölkerung für eine Kooperation mit den Briten zu gewinnen. Mehr noch, angesichts der marodierenden Truppen floh ein Großteil der Bevölkerung aus ihren Dörfern, Anbauflächen lagen brach und die Briten hatten große Schwierigkeiten neue Träger zu rekrutieren. In manchen Gegenden kehrte die Bevölkerung erst nach zehn Jahren wieder zurück, wie ein britischer Kolonialbeamter noch in den 1920ern festellen musste.[89]

Kein Wunder, dass solche Vorfälle das Verhältnis zwischen den Alliierten schwer belasteten. Die Briten führten die Übergriffe in der Seenregion

---

[87] NA CO 691/5 From District Political Officer, Mwanza, to the Secretary of the Administration, Wilhemstal, 21.6.1917; CMS-Archive, Rogers to Manley, Kongwe 10.9.1917; Bagshave, *Diaries*, 23.7.1917.
[88] NA CO 691/5 Extract from monthly report for June 1917 by District Political Officer, Kwanza; NA CO 691/5 Extract from monthly report for June 1917 by District Political Officer, Bukoba; NA CO 691/5 Extract from monthly report for June 1917 by District Political Officer, Ndala.
[89] Charles Wilcocks, *Diary*. Unveröffentlichtes Manuskript, (Rhodes House Oxford, C Wilcocks Tanganyika Papers, MSS Afr. s. 796, n.d.), 6.10.1928, 9.10.1928.

auf versprengte *Bulamatari* zurück, die außerhalb der Kontrolle ihrer Offiziere stünden. Der Verwaltungsoffizier von Kwanza am Victoria-See sprach von einem undisziplinierten und unkontrollierten Mob, der das Land plündernd und vergewaltigend durchstreife. Es habe sogar Fälle gegeben, in denen *Bulamatari* ihre Gewehre auf englische Offiziere gerichtet hätten, als diese versuchten sie an Plünderungen zu hindern.[90] Aus belgischen Berichten wird in der Tat deutlich, dass die belgischen Offiziere große Probleme hatten, ihre Truppen zusammenzuhalten.[91] Ein großer Teil der belgischen Truppen war erst kurz vor der Offensive rekrutiert worden. Dementsprechend gering war ihr Ausbildungsstand und der Grad ihrer Disziplinierung. Aber selbst bei den altgedienten *Bulamatari* gab es gravierende Probleme hinsichtlich der Disziplin. Sie reagierten auf die Reorganisation der *Force Publique* während des Krieges nicht selten mit Desertion und Befehlsverweigerung.[92]

Doch es waren bei Weitem nicht nur die *Bulamatari*, das Problem lag auch im belgischen Offizierskorps. Den Truppen standen zu wenige Offiziere zur Verfügung und das vorhandene Offizierskorps bestand zu einem nicht unbeträchtlichen Teil aus jungen, noch unerfahrenen Offizieren. Viele waren erst kurz vor Beginn oder im Laufe der Offensive zu ihren Einheiten gekommen. Sie waren mit den Besonderheiten des Krieges in Afrika und der Führung der *Bulamatari* schlichtweg überfordert. Ein britischer Bericht über die belgische Besatzung Ruandas illustriert die Probleme recht deutlich: Die in Kigali stationierten Offiziere seien meist sehr jung gewesen. Ganze 23 Jahre sei der für den Bezirk Nyanza verantwortliche Kommandeur gewesen. Ihre meiste Zeit hätten die Offiziere mit Trinkgelagen und lokalen Frauen zugebracht. Viele hätten zudem offen zugegeben, dass sie Angst vor ihren Soldaten hätten. Dass diese Angst nicht unbegründet gewesen war, kann man anhand von Augenzeugenberichten nachvollziehen. Diese berichten über Fälle, in denen *Bulamatari* ihre Offiziere über den Haufen schossen, weil sie in Streit mit ihnen geraten waren.[93] Auch belgische Untersuchungen enthalten viele Hinweise auf Probleme mit dem Offizierskorps. Weil Alkoholismus eine scheinbar alltägliche Erscheinung unter den

---

90 NA CO 691/5 Extract from monthly report for June 1917 by District Political Officer, Kwanza; NA CO 691/10 Headquarter Lake Force, Ndala 4.10.1916.
91 FP 2660/1153 Huyghe à Van Denventer, Ujiji, 28.3.1918; FP 2660/1167 Troupes de l'Est: Rapport sur l'organisation et le fonctionnement du SAB, n.d. [1918].
92 Muller, *Les troupes du Katanga*, S. 43.
93 Adrien Atiman, »Adrien Atiman«, in: *Tanganyika Notes and Records*, (1944) 22, S. 46–76, insbesondere S. 72.

Offizieren war, ergriff der belgische Oberkommandierende Huyghe im letzten Kriegsjahr drastische Maßnahmen. Er forderte seine Offiziere auf, jedes noch so kleine Zeichen von Trunksucht unter ihren Kameraden zur Anzeige zur bringen. Die Betroffenen sollten bei Bestätigung des Verdachts sofort aus ihren Einheiten entfernt werden.[94]

Mehr noch trug zweifellos aber der besondere Charakter der belgischen Kriegsführung zu fehlender Disziplin und Kontrolle der Truppen bei. Die belgischen Kolonnen zeichneten sich durch eine hohe Mobilität aus. Darin standen sie den Deutschen kaum nach. Für die Alliierten war dies Segen und Fluch zugleich. Einerseits gehörten die belgischen Einheiten zu den erfolgreichsten Jägern der Truppen Naumanns und Wintgens. Anderseits war eine Kontrolle der Truppen durch das Oberkommando nahezu unmöglich. Hinzu kam, dass die Belgier sich die hohe Mobilität ihrer Truppen durch ein Mindestmaß an Gepäck erkauften. In der Regel führte eine belgische Kolonne Verpflegung für etwa drei Tage und Munition für zwei bis drei Stunden Kampf mit sich. Der gravierende Trägermangel machte eine geregelte Versorgung der Truppen mit Nahrungsmitteln mehr als schwierig und so waren die Truppen gezwungen, das, was sie zum Leben und zum Marschieren brauchten, vor Ort zu requirieren.[95] Die verantwortlichen Offiziere schickten daher kleine Patrouillen aus, um das schon von den deutschen Truppen ausgeplünderte Land nach Nahrung abzusuchen. Diese Furagierabteilungen standen in den meisten Fällen unter dem Kommando eines kongolesischen Unteroffiziers und dies, so die Berichte, öffnete dem Missbrauch Tür und Tor.[96] Doch angesichts der Engpässe waren auch die belgischen Offiziere nur allzu bereit, mit Gewalt das zu erpressen, was ihnen die lokale Bevölkerung nicht zu geben bereit war oder schlichtweg nicht mehr geben konnte. Anfangs, so der belgische Offizier Daye, habe er Schwierigkeiten mit dem harschen Fordern von Lebensmitteln und Trägern gehabt, doch er habe von den Veteranen der Kolonialkriege gelernt, dass Gewalt ein notwendiges Übel sei, wolle man etwas von der Bevölkerung

---

94 NA CO 691/15: Enclosure in Secret Despatch of the 16th July, 1918. Note from the District Political Officer, Bukoba. Notes on Belgian Administration of Ruanda and Uesuwi; FP 2422 Note pour le Capitaine-Commandant Couche von Labeye, Le Havre 1.2.1918; FP 2661/1172 Huyghe an Commandant BN, BS, SAB, 2.2.1918.
95 FP 1129/2657 Rapport du mois de mai 1918; NA CO 691/15: Enclosure in Secret Despatch of the 16th July, 1918. Note from the District Political Officer, Bukoba. Notes on Belgian Administration of Ruanda and Ussuwi.
96 FP 2657/1137 Intendance, n.d. [1916]; FP 2659/1154 Ordre pour le Commandant Lagneaux, commandant le 6e Bataillon, Shinjanga, 23.6.1917.

bekommen. Nachsicht werde nur als Schwäche ausgelegt.[97] Zwischen Missbrauch und von den Verantwortlichen ins Kalkül genommener Notwendigkeit der Versorgung der Truppen vor Ort war es daher nur ein schmaler Grat. Angesichts der gravierenden Versorgungsschwierigkeiten der belgischen Truppen waren Plünderungen und unrechtmäßige Requisitionen keine Ausnahme, sondern Teil des Systems. Wenige Tage nach dem Ende der Plünderungen in Tabora ordnete Tombeur den Übergang zur geregelten Ausplünderung der Bevölkerung an. Per Dekret verpflichtete er die an der Grenze einer Hungersnot stehende Bevölkerung zur Abgabe von Lebensmitteln. »Leta Chakula« (Bringt Essen!), so eine belgische Zeitzeugin, seien die einzigen Worte gewesen, die die belgischen Offiziere den bittstellenden Notabeln der Stadt entgegenbrachten. Im Falle von Zuwiderhandlungen sei den Stadtbewohnern die Prügelstrafe angedroht worden. Wenige Wochen nach der Besetzung durch belgische Truppen brach in Tabora eine Hungersnot aus, die Tausende von Einwohnern der Stadt das Leben kostete. Einem deutschen Missionar zufolge soll daraufhin ein Aufstand ausgebrochen sein, dafür gibt es allerdings keine weiteren Belege.[98] In Ruanda verhungerten nach Angaben britischer Behörden mehr als 10.000 Menschen. Neben den marodierenden *Bulamatari* hatte das belgische Oberkommando den Ruandern eine kaum zu bewältigende Verpflichtung zur Lieferung von Lebensmitteln auferlegt.[99]

Für die *Bulamatari* hatte der Krieg seine eigenen Regeln und diese Regeln waren über die langen Jahre des Bestehens der *Force Publique* mit ihren Vorgesetzten ausgehandelt worden. Kaum eine europäische Kolonialarmee in Afrika war nur von europäischen Mustern geprägt, so auch nicht die *Force Publique*, die *King's African Rifles* oder die deutsche Schutztruppe. Die Loyalität der afrikanischen Soldaten hatte letztendlich auch ihren Preis in Zugeständnissen an die *Bulamatari* oder, im Falle der Deutschen, an die *Askari*. Der Erste Weltkrieg änderte dies nicht, was sich aber wandelte war zunächst die Tragbarkeit dieser Kompromisse in den Augen der Offiziere, vor allem derer, die aus der Metropole kamen. Der Konflikt zwischen kolonialer und metropolitaner Sichtweise auf die Rechte der *Bulamatari* entzündete sich vor allem an der Frage der Frauen, die die Soldaten begleiteten. Dass die *Bulamatari* von ihren Frauen begleitet werden durften, war ein

---

97 Daye & Renkin, *Avec les Vainqueurs*, S. 169.
98 MRAC Collection Scheppers, *Diare de Tabora*, n.d; Roehl, *Heldenkampf*, S. 152.
99 NA CO 691/15: Enclosure in Secret Despatch of the 16th July, 1918. Note from the District Political Officer, Bukoba. Notes on Belgian Administration of Ruanda and Usuwi.

Recht, an dem viele Kommandeure kaum zu rütteln wagten. Was jedoch im Laufe des Krieges immer mehr in ihren Fokus rückte, war die Frage, woher die Frauen kamen. Als legitim deklarierte das Oberkommando all jene Frauen, deren Herkunft nachweisbar im Kongo lag. Illegitim waren dagegen alle jene Frauen, die aus den besetzten Gebieten kamen. Frauenraub war ein Vorwurf, der die *Bulamatari* von Anbeginn des Krieges begleitet hatte. Dass diese Vorwürfe nicht unberechtigt waren, konnten auch die belgischen Offiziere nicht leugnen. Kurz vor Ende des Krieges leiteten die Verantwortlichen eine Untersuchung ein und sie gibt ein ungefähres Bild von den Ausmaßen der Verschleppung von Frauen durch die *Force Publique*. Von den 130 Frauen, die die mobile Kolonne des Offiziers Joole auf ihrer Jagd nach Naumann begleiteten, waren, so eine Untersuchung, ganze 26 als legitim einzustufen. 104 Frauen kamen aus den Gebieten, die die Kolonne durchzogen hatte.[100] Die mobile Kolonne des Offiziers Lagneaux wurde von 203 Frauen begleitet, 160, so die Untersuchung, waren illegitim, das heißt sie kamen aus dem Kampfgebiet.[101]

Die lokale Bevölkerung war kaum in der Lage sich vor diesen systematischen Entführungen ihrer Frauen zu schützen. Flucht war oftmals der einzige Ausweg. Sobald sich eine Patrouille mit einem afrikanischen Unteroffizier an der Spitze nähere, so versicherte ein Händler aus Ussoke einem belgischen Offizier, flüchte die Bevölkerung in die Wälder. Wo es der Bevölkerung nicht gelang rechtzeitig zu fliehen, versuchten die Chiefs mit den *Bulamatari* zu verhandeln. Träger und Lebensmittel gegen die Sicherheit der Frauen hieß oftmals die Devise.[102] Kriegsverbrechen, wenn nur als latente Drohung, waren Teil der Kriegsökonomie der Kriegsparteien.

Die Offiziere im Generalstab waren sich der Probleme in der Disziplin der Truppen durchaus bewusst. Marodierende *Bulamatari* vertrugen sich schwer mit dem zu Beginn der Offensive so oft heraufbeschworenen Bild der belgischen Truppen als Befreier der Ostafrikaner vom Joch der brutalen

---

100 FP 2659/1155 Examen des opérations de la colonne Joole, depuis le rail jusqu'a Mafuki, par Cpt. Jacques, 4.4.1918; FP 2664/1213 Thomas,Brigade Nord, Etat-Major, Note au sujet des femmes entraînées dans les colonnes pendant la campagne de 1917, Ujiji, 10.7.1918.
101 FP 2659/1155 Observations du chef d'Etat major au sujet des opérations dérivant de l'odre de marche sur Shinyanga; MRAC Collection Thomas: Questions posée par le colonel A.E.M. commandant en chef, à Ujiji le 11 février 1918 au Capitaine Commandant Lagneaux.
102 FP 2664/1213 Thomas, Réponse aux questions posées par la lettre du Commandant Supérieur en date du 13 mai 1918, Ujiji, 8.6.1918.

deutschen Kolonialherrschaft. Während der ersten Kampagne 1916 hatte Tombeur seine Offiziere mit Memoranden und Befehlen überschüttet, in denen er von ihnen forderte, für ein gutes Verhältnis zur Bevölkerung in den besetzten Gebieten zu sorgen. Auch in der zweiten belgischen Kampagne war das belgische Oberkommando nicht müde geworden, die Offiziere der mobilen Kolonnen an ihre Pflichten als Offiziere und belgische Patrioten zu erinnern. Dies schloss die Wahrung der Disziplin der Truppen unbedingt ein, so lässt es sich in einem Befehl von Huyghe nachlesen. Hoffnungsvoll (und vielleicht auch ahnungsvoll) forderte er, dass die belgischen Truppen ein konstantes Bild der Disziplin abgeben sollten. Die Betrachter dieses Schauspiels der Disziplin sollten die verbündeten Briten sein.[103]

Dennoch waren sich sowohl Tombeur als auch Huyghe durchaus bewusst, dass sie das Verhalten ihrer Truppen kaum kontrollieren konnten. Kaum dass die Oberbefehlshaber wussten, wo ihre Truppen waren, geschweige denn, was sie vor Ort machten. Die Offiziere vor Ort interpretierten diesen Mangel an Kommunikation mit ihren Vorgesetzten als Aufruf zu eigenständigem Handeln und großen Freiräumen in der Interpretation von Befehlen. Dieser Anspruch der Offiziere wie auch die daraus resultierenden Konflikte hatten eine lange Tradition in den kolonialen Truppen, nicht nur bei der *Force Publique*. Ähnliche Diskussionen lassen sich auch bei der deutschen Schutztruppe finden.[104] So mag es denn auch nicht verwundern, dass Tombeur, ein alter Veteran der Kolonialkriege, in seinen taktischen Anweisungen vor Beginn der Offensive den Offizieren weitestgehende Handlungsfreiheit überließ. Hatte Tombeur in der ersten Kampagne noch über die Verstöße seiner Offiziere hinweggesehen und sie mit deren Unerfahrenheit und jugendlichem Ungestüm zu entschuldigen gesucht, so kritisierte sein Nachfolger Huyghe, das völlige Fehlen eines Disziplinarsystems unter den höheren Rängen der *Force Publique*. Tombeur, mittlerweile nach Europa zurückgekehrt, aber verteidigte seine *Force Publique* vehement gegen die Vorwürfe Huyghes. Sicher, sie sei keine herkömmliche Kriegsarmee nach metropolitanen Maßstäben, schrieb er an den belgischen Kolonialminister, und sicher, es habe hier und da einige Probleme mit den Offizieren und Mannschaften gegeben. Dennoch hätten die *Bulamatari* und ihre

---

103 MRAC Collection Thomas: Compte rendu des opérations du 21 mai au 19 juin 1917, Confidentielle. Instructions provisoires sur relations avec les Autorités Anglaises.- Annexe N°4 à mon instruction N 56/1 du 24/4 aux majors Weber et Mueller, 1917.
104 FP 2661/1172 Huyghe à Ministre des Colonies, 24.2.1918; FP 2422 Note pour le Capitaine-Commandant Couche von Labeye, Le Havre 1.2.1918. Für die Schutztruppe siehe Pesek, *Deutsch-Ostafrika*, S. 298.

Offiziere nach drei Jahren Krieg ihren Wert gezeigt und solche Insubordinationen, bemerkte er in einem etwas süffisanten Ton, wie sie bei den belgischen Truppen in Europa vorgekommen seien, habe es in Ostafrika nie gegeben.[105]

Ein Versuch, während der ersten Kampagne Übergriffe zu vermeiden, war das Fernhalten der Truppen von der lokalen Bevölkerung gewesen. Dies gelang 1916 in Usumbura, nicht aber in Tabora. In beiden Fällen hatte das Hauptquartier den Befehl gegeben, die Truppen zunächst außerhalb der Stadt zu belassen.[106] 1917 jedoch, während der zweiten Kampagne, war die Situation eine andere. Der Krieg war mittlerweile ein anderer geworden. Die Deutschen waren zum Guerillakrieg übergegangen und die Alliierten hatten sich darauf einstellen müssen. Die Truppen der Belgier waren kleiner und beweglicher geworden. Eine Isolation von der Bevölkerung war nicht mehr möglich. Im Gegenteil, die belgischen Verfolger Naumanns brauchten von der Bevölkerung Lebensmittel, Träger und Informationen. Der belgische Kommandeur Thomas, dem die Verfolgung von Naumann und Wintgens oblag, versuchte nun mit einer Reihe von Maßnahmen die Übergriffe der *Bulamatari* auf die Zivilbevölkerung einzudämmen. Nicht zuletzt auch deshalb, weil die Briten jede Bewegung seiner Truppen argwöhnisch beäugten. Wie Huyghe war er ein Offizier der metropolitanen Armee, der erst im Laufe des Krieges nach Ostafrika gekommen war. Er befahl, dass seine Truppen Tag und Nacht in Camps kaserniert und einer strengen Überwachung unterzogen werden sollten. Täglich sollten Inspektionsappelle durchgeführt werden, um die *Bulamatari* vom unerlaubten Fernbleiben abzuhalten. Das Beschlagnahmen von Lebensmitteln und die Rekrutierung von Trägern sollte nur in Absprache mit den britischen Verantwortlichen vor Ort erfolgen. Lebensmittel sollten von der lokalen Bevölkerung gekauft werden.[107] Darüber hinaus versuchte das belgische Oberkommando die Versorgung der Truppen mit Lebensmitteln in geregelte Bahnen zu lenken und etablierte zehn ständige Depots und Aufkaufstationen in der belgischen Zone und auch einige in den von den Briten besetzten Gebieten. Doch die Bevölkerung war wenig gewillt, den Belgiern ihre ohnehin schon wenigen Lebensmittel zu verkaufen. Den Aufkäufern der Station in Nidunda, un-

---

105 FP 2664/1214 Note au sujet de la lettre particulière Nr. 6 de M. le Colonel Huyghe, Le Havre 26.6.1918; Huyghe an Ministre des Colonies, Ujiji, 20.2.1918; Tombeur an Ministre des Colonies, 6.5.1918.
106 FP 1129/2657 Ordre Huyghe à Commandant Brigade Nord, 19.9.1916.
107 FP 2659/1155 Examen des opérations de la colonne Joole, depuis le rail jusqu'à Mafuki, par Cpt. Jacques, 4.4.1918, darin Thomas an Joole, Lulanguru, 2.6.1917.

weit von Mahenge, teilten die Afrikaner mit, dass die Deutschen schon alles Essbare fortgeschafft hatten.[108]

Doch trotz all dieser Maßnahmen gingen beim Oberkommando immer wieder Beschwerden über Frauenraub und Plünderungen belgischer Truppen ein. Der belgische Oberkommandierende Huyghe musste denn auch seinem britischen Gegenüber eingestehen, dass alle Versuche, die *Bulamatari* unter Kontrolle zu halten, gescheitert seien.[109] Dessen ungeachtet waren Huyghes' Offiziere wenig geneigt, sich den britischen Vorwürfen zu stellen. So spielte ein belgischer Bericht über die Übergriffe auf die Bevölkerung der Hafenstadt Ujiji, bei denen es zu massenhaften Vergewaltigungen von Frauen gekommen war, als Einzelfälle herunter. Der belgische Offizier Scheppers wohnte einer Versammlung von Dorfältesten in Usukuma am Viktoria-See bei, die der verantwortliche britische Verwaltungsoffizier Tufnell einberufen hatte, um die Vorwürfe gegen die *Bulamatari* zur Klärung zu bringen. Scheppers erklärte den Männern, dass seine Soldaten sich keiner Übergriffe schuldig gemacht hätten und das Gerüchte über Kriegsverbrechen der *Bulamatari* das Werk deutscher Propaganda seien.[110]

Dennoch zeigte der britische Druck in den letzten Monaten des Krieges zumindest in den zahllosen Memoranden und Anweisungen der Kommandeure an die Truppen seine Wirkung – auch wenn das belgische Oberkommando die Glaubwürdigkeit der britischen Vorwürfe immer wieder anzweifelte oder für das Werk deutscher Propaganda hielt. Die gebetsmühlenartige Wiederholung der immer gleichen Forderungen, die Truppen unter Kontrolle zu halten, das Privateigentum der ostafrikanischen Bevölkerung zu respektieren und die requirierten Lebensmittel zu bezahlen oder sich zumindest quittieren zu lassen, zeugen indes nicht nur vom guten Willen des Oberkommandos, sondern auch von den fortdauernden Problemen. Immerhin gab es einige Militärgerichtsverfahren, die sich mit Vorwürfen von Kriegsverbrechen beschäftigten. Zunächst kamen vor allem Träger und *Bulamatari* vor Gericht, denen Plünderungen und Vergewaltigungen in Ujiji zur Last gelegt wurden. Zwar wurden einige *Bulamatari* und Träger verurteilt, der für die Untersuchungen verantwortliche Offizier sah jedoch keine Verantwortung auf der Seite ihrer kommandierenden Offiziere. Erst in den letzten Monaten des Krieges kam es auch zu Verfahren gegen belgische Of-

---

108 Troupes de l'Est: Rapport sur l'organisation et le fonctionnement du SAB, darin: Instruction Nr 263/1-I-I & Exploitation ressources locales, n.d.
109 FP 2660/1153 Huyghe à Vandenventer, Ujiji, 28.3.1918.
110 MRAC Collection de Scheppers: Extrait des notes autres que militaire du Capitaine-Commandant Scheppers, Dar es Salaam, 15.2.1917.

fiziere, so zum Beispiel gegen den Offizier Joole, der eine der mobilen Kolonnen auf der Jagd nach Naumann befehligt hatte. Ihm wurde vorgeworfen, dass unter seinem Kommando stehende *Bulamatari* geplündert, gebrandschatzt und Frauen geraubt hatten. Zu einer Verurteilung durch die eigens eingesetzte alliierte Kommission kam es jedoch nicht. Die Vorwürfe, obgleich sie durch Zeugenaussagen bestätigt wurden, kamen nicht zur Anklage, weil Joole eine direkte Verantwortung nicht nachgewiesen werden konnte.[111] Der Offizier Lagneaux wurde von einem belgischen Militärgericht zu 30 Tagen Arrest verurteilt, weil er die Verschleppung von Frauen durch seine *Bulamatari* über eine lange Zeit und entgegen der Weisungen seiner Vorgesetzten geduldet hatte.[112]

Die Briten sahen freilich nicht nur die Probleme, sondern auch die Chancen, die ihnen die Debatte über die Kriegsverbrechen bot. Auf internationaler Ebene standen die Verhandlungen über die zukünftigen kolonialen Besitzstände in Ostafrika an. Der Vorwurf von Kriegsverbrechen gegen Belgier und Portugiesen machten sich gut, um sich selbst der Weltöffentlichkeit als verantwortungsvolle Kolonialmacht bzw. die Belgier und Portugiesen als ungeeignete Kandidaten zur Übernahme das deutsche Kolonialerbes darzustellen. Eine Vielzahl der Berichte über belgische, deutsche und auch portugiesische Kriegsverbrechen fand ihren Weg in die Unterlagen britischer Delegierter bei den Verhandlungen von Versailles. Mit großer Verärgerung reagierten daher die Belgier auf Berichte, wonach englische Missionare in Ruanda Untersuchungen über das Verhalten belgischer Truppen anstellten. Offensichtlich hatten sie sich mit einem gefälschten Autorisierungsschreiben versehen und, in englischen Uniformen gekleidet, die Ruander über das Verhaltens belgischer Truppen befragt.[113]

Was in den belgischen Truppen Gegenstand einer heftigen Auseinandersetzung zwischen den einzelnen Militärtraditionen und Kommandoebenen war, gehörte auch zum Alltag der deutschen Truppen. Hier jedoch fand eine Debatte über die Regeln des Krieges nicht statt. Das war die Schattenseite jenes Pragmatismus, der Lettow-Vorbeck so erfolgreich gemacht hatte. Der deutsche Kommandeur ließ seinen Offizieren, Unteroffizieren und *Askari* weitestgehend freie Hand, wenn es um die Generierung

---

111 FP 2659/1155: Compte rendu des opérations etabli par le capitaine commandante Jacques, n.d.
112 FP 2659/1155 Observations du Chef d'Etat Major au sujet des opérations dérivant de l'odre de marche sur Shinyanga.
113 FO 608/215 Paris Peace Conférence British Delegation; FP 2656/1151 Télégramme du Commissaire Royal Malfeyt au Ministre des Colonies Nr. 28 du 15.4.1917, Kigoma.

von Ressourcen für die Truppen ging. Alliierte wie auch deutsche Berichte über Frauenraub, Vergewaltigungen und Plünderung durch seine Truppen deuten darauf hin, dass solche Vorfälle den deutschen Offizieren bekannt waren und von ihnen auch toleriert wurden. In seinen Erinnerungen beschönigte der Offizier Wenig die massenhaften Vergewaltigungen durch seine *Askari* in Portugiesisch-Ostafrika mit dem Terminus »gewaltsames Liebeswerben«. Seine einzige Sorge war, dass die Anzahl der verschleppten Frauen zu groß werden und die Nahrungsmittel für die Truppen daher nicht mehr reichen würden. Er befahl daher seinen *Askari*, jede »Heirat« von ihm genehmigen zu lassen. Doch Wenig kümmerte sich wenig um die Einhaltung des Befehls, nur einigen Trägern wurden die Frauen weggenommen. Den *Askari* in dieser Frage zu nahe zu treten, konnte auch er sich nicht leisten.[114] Ähnlich lapidar notiert der Stabsarzt Lettow-Vorbecks, Deppe, die Praxis der Ausplünderung der afrikanischen Bevölkerung:

Beutemachen gehört zu den notwendigen Übeln der afrikanischen Kriegsführung. Wohl gelang es, unseren *Askari* ein menschlicheres Fühlen beizubringen; doch keine Beute zu machen, haben sie in diesem Krieg nicht gelernt. Vor allem deshalb nicht, weil die ganze Truppe, auch die Weißen, hinsichtlich Munition, Bekleidung und Nahrung ja auf Beute angewiesen war. [...] Ebenso ist es schwer, in Feindesland den Schwarzen vom Weiberraub abzuhalten, denn das Weib bedeutet dem Neger ein Eigentum wie eine Kuh oder Hütte.[115]

Plünderungen gehörten spätestens seit 1916 zur elementaren Kriegsökonomie der Deutschen. Besonders war dies bei Wintgens und Naumanns Zug durch Unyamwezi, Usukuma und Irangi der Fall. Diese Truppen verfügten über keinerlei Etappenwesen und auf ihrem Weg veranstalteten sie regelrechte Raubzüge. Die Beute, auf die sie aus waren, bestand an Vieh, Lebensmitteln, Trägern und Frauen.[116] Der britische Verwaltungsoffizier von Kondoa-Irangi, Frederik Bagshave, konfrontierte den deutschen Offizier Boeckmann nach dessen Gefangennahme mit Vorwürfen, dass seine *Askari* zwei Dutzend Frauen mit Gewalt aus ihren Dörfern verschleppt und sie zur Prostitution gezwungen hätten. Viele der Opfer seien Minderjährige gewesen. Der deutsche Offizier antwortete mit der Feststellung, dass dies bei den Truppen eben so üblich sei.[117]

---

114 Wenig, *Kriegs-Safari*, S. 84.
115 Deppe, *Lettow-Vorbeck*, S. 57.
116 Downes, *Nigerian Regiment*, S. 120.
117 NA CO 691/29 F.J. Bagshave (Political Officer Kondoa-Irangi) to the The Secretary to the Administration, 14.5.1919.

Eine scheinbar ebenso lapidare wie richtige Aussage. Ähnliche Vorwürfe wurden auch gegen Naumann erhoben und er sollte der einzige deutsche Offizier bleiben, der wegen der Vergehen seiner Soldaten von den Briten vor Gericht gestellt wurde. Naumanns Zug durch Unyamwezi und Usukuma kannte eine kaum vergleichbare Brutalität. Glaubt man britischen Berichten, dann sollen die *Askari* in diesen Wochen Dörfer überfallen und einen Großteil der Bewohner massakriert haben. Frauen sollen systematisch vergewaltigt und die Brüste abgeschnitten worden sein. Unwillige Träger seien von den *Askari* und Offizieren regelrechten Torturen unterzogen worden. Der Arm sei ihnen gebrochen und im Anschluss seien sie stranguliert worden. Dies sei unter Aufsicht und aktiver Teilnahme deutscher Offiziere geschehen, gaben Augenzeugen zu Protokoll.[118] Die deutschen Truppen machten ähnlich wie die belgischen Truppen auch nicht vor Missionsstationen halt. In einem Brief beklagt sich der CMS-Missionar Roger bei seinem Vorgesetzten in London über das Wüten deutscher Truppen. Die Stationen in Berega und Mamboya seien fast vollständig zerstört worden. Bücher und Schulmaterialien seien den Flammen zum Opfer gefallen. Die Deutschen hätten es besonders auf die Konvertiten und Missionare der CMS abgesehen, denn sie galten als Freunde der Briten. Viele der afrikanischen Christen seien zum Trägerdienst gepresst worden.[119] Die Deutschen betrieben die Übergriffe auf die CMS-Missionen mit einer gewissen Systematik. Als eine britische Missionsgesellschaft war die CMS schon in den ersten Monaten des Krieges Ziel deutscher Strafmaßnahmen geworden.

Europäische Offiziere sahen in der vermeintlich den afrikanischen Soldaten innewohnenden Barbarei den wesentlichen Grund für die Bestialitäten, mit denen dieser Krieg einherging. Wenn die afrikanischen Soldaten bar der Kontrolle durch einen europäischen Offizier seien, so könnten sie dieser Barbarei ihren freien Lauf lassen, war ein oft geäußertes Argument. Doch Szenen wie in Tabora im September 1916 spielten sich auch gut ein Jahr vorher bei der Eroberung von Bukoba durch die Briten ab. Die Täter waren diesmal nicht afrikanische Soldaten, sondern britische Einheiten wie die *Driscoll Scouts*, eine aus europäischen Freiwilligen bestehende Einheit, oder die *25th Royal Fusiliers*, die auf eine lange Tradition von Einsätzen in den verschiedensten Teilen des britischen Empires zurücksehen konnte. Einem Veteranen der Einheit zufolge waren die *Fusiliers* ein buntes Gemisch aus ehemaligen Legionären der Fremdenlegion, honduranischen und

---

118 Bagshave, *Diaries*, 24.7.1917, 30.7.1917, 2.9.1917– 13.9.1917.
119 CMS-Archive, British Library, London: Rogers to Manley, Kongwe 10.9.1917.

britischen Ex-Polizisten, Zoowächtern und Zirkusakrobaten. Nach heftigen Gefechten gelang es den britischen Truppen, die Deutschen aus der Stadt zu drängen. Kurz darauf, so der britische Offizier Meinertzhagen, brach die Disziplin der Truppen zusammen. Geschäfte und Wohnhäuser seien geplündert, Frauen vergewaltigt und selbst befehlshabende Offiziere von den größtenteils betrunkenen Soldaten bedroht worden. Meinertzhagen verweist darauf, dass die Plünderung der Stadt durch die verantwortlichen Offiziere gedeckt war. Erst einer Abteilung des *Loyal North Lancashire Regiments* gelang es, die Ordnung wenigstens teilweise wiederherzustellen.[120]

Wir haben nur wenig Quellen über von britischer Seite verübte Kriegsverbrechen, obgleich die Briten wie kaum eine andere Kriegspartei dieser Frage eine hohe Bedeutung beimaßen. Aber eben nur, wenn es um die Anklage der anderen Kriegsparteien ging. Die Briten verfügten über ein ungleich besseres Etappenwesen als die Belgier und die Deutschen nach 1916. Auch war ihre Kampfesweise nicht von einer vergleichbar hohen Mobilität gekennzeichnet, wie das bei den Belgiern und den Deutschen der Fall war. Beides trug dazu bei, dass die britischen Truppen weitaus weniger von lokalen Ressourcen abhängig waren. Doch wir können davon ausgehen, dass vor allem in Zeiten akuter Verpflegungsengpässe auch die unter britischem Kommando stehenden Truppen nur allzu bereit waren, sich das Fehlende von der afrikanischen Bevölkerung zu holen. Im Januar 1917 war das Etappensystem der britischen Truppen an der Mgeta-Front infolge heftiger Regenfälle nahezu zusammengebrochen. Das nigerianische Regiment wurde auf halbe Ration gesetzt, doch auch diese minimale Verpflegung war nicht gesichert. So seien laut einem Offizier des Regiments die Soldaten dazu übergangen, die umliegenden Felder zu plündern. Selbst die Verpflegungsdepots des Regiments seien von den eigenen Soldaten aufgebrochen und ausgeraubt worden.[121]

Doch wir dürfen in der Frage der Kriegsverbrechen nicht nur auf die regulären Truppen schauen, denn diese waren nur ein Teil und oftmals sogar der kleinere Teil der kämpfenden Truppen. Beide Parteien, die Alliierten als auch die Deutschen, bedienten sich in großem Umfang afrikanischer Hilfstruppen. Sie waren bereits in der Phase der kolonialen Eroberung für eine Politik der verbrannten Erde gegen aufständische Afrikaner eingesetzt wor-

---

120 Millais, *Frederick Courtenay Selous*, S. 307; Meinertzhagen, *Army Diary*,, S. 136.
121 Downes, *Nigerian Regiment*, S. 80.

den und der Erste Weltkrieg sah sie oft genau in dieser Rolle.[122] Darin unterschieden sich Deutsche und Alliierte wenig. In den ersten zwei Kriegsjahren setzten die Briten vor allem Massai und Baganda ein, um die Grenzgebiete der deutschen Kolonie unsicher zu machen. In diesen oftmals sehr brutalen Raubzügen verloren in der Kilimanjaro-Region mehrere deutsche Siedler ihr Leben. Und obgleich die Quellen über das Los von Afrikanern schweigen, können wir mit Sicherheit davon ausgehen, dass daneben auch ungleich mehr Afrikaner ihr Leben ließen.[123] Im Nordosten waren es vor allem Baganda, die mit britischer Duldung und Unterstützung Dörfer entlang des Viktoria-Sees überfielen. Um dies zu unterbinden, bewaffneten die Deutschen eine Reihe von afrikanischen Kriegern mit ausgemusterten Gewehren. So entspann sich in der Region ein Krieg, der bald nur noch wenig mit dem europäischen Krieg auf Afrikas Boden zu tun hatte. Das war auch der Fall im Jahre 1916, als die Deutschen in Unyamwezi mehr als 12.000 *Ruga-Ruga* rekrutierten, um sie gegen die britischen und belgischen Truppen einzusetzen. Während 500 Nyaturu-Krieger für die Deutschen Beutezüge ins benachbarte nunmehr von den Briten besetzte Ugogo unternahmen, rekrutierten die Briten 300 Krieger des Chiefs von Manati, um die Viehräuber zu verfolgen. Einer solchen *Ruga-Ruga*-Abteilung fielen in der Gegend von Unyamwezi mehrere deutsche Missionare zum Opfer.[124]

Je länger der Krieg dauerte, umso verschwommener wurden die Grenzen zwischen regulären Einheiten und Irregulären. Die deutschen Truppen hatten sich in den letzten beiden Kriegsjahren zu einer nomadischen Gesellschaft gewandelt, in der neben den Soldaten auch Frauen, Kinder und Träger am Rande der militärischen Ordnung um ihr Überleben kämpften. Als die Deutschen 1916 aus Ruanda abzogen, folgte ihnen ein langer Tross von Frauen und Kindern der *Askari*, lokalen Händlern, die mit den Deutschen einst nach Ruanda gekommen waren und lokalen Kriegern, die sich das, was sie zum Überleben brauchten, von der lokalen Bevölkerung holten. Ob eine Abteilung, die von den Bauern Lebensmittel zu requirieren suchte, zu einer regulären Einheit gehörte oder aber eine Gruppe von Deserteuren war, die sich den Weg nach Hause bahnten, war für die lokale Bevölkerung eine Frage von geringer Bedeutung. Deserteure, Kriegsflüchtlinge, versprengte Einheiten bildeten bald einen sich zwischen den Kriegsparteien mään-

---

122 E. S. Thompson, »The German East Africa Campaign 1914–1918«, in: *Military History Journal*, 6, (1985) 22.05.1916; Buchanan, *Three Years*, S. 201.
123 Ludwig Boell, *Der Feldzug in Ostafrika 1914–1918*, Manuskript (Freiburg: Bundesarchiv, Abt. Militärarchiv, n.d.), S. 358; Decher, *Afrikanisches*, S. 148.
124 Bechler, *Zur Kriegszeit*, S. 29.

dernden und plündernden Strom, der für die lokale Bevölkerung zu einem Fluch wurde. Die Kriegsparteien taten wenig, um die ihnen von der Haager Landkriegsordnung auferlegten Sorgfaltspflichten gegenüber der lokalen Bevölkerung zu erfüllen. Mehr noch waren sie doch selbst Konkurrenten im Kampf um die schmalen Ressourcen im Kriegsgebiet. Weit mehr Opfer als die marodierenden belgischen *Bulamatari* oder die deutschen Soldaten forderte die von allen Seiten offiziell abgesegnete Politik der rücksichtslosen Ausbeutung der Bevölkerung im Kampfgebiet. Paradoxerweise waren die Briten, immerhin diejenigen, die am vehementesten gegen Kriegsverbrechen der anderen Kriegsparteien angingen, auch jene, auf deren Konto die meisten zivilen Opfer des Krieges gingen. Die unwürdigen Lebens- und Arbeitsbedingungen der von den Briten rekrutierten Träger kosteten weit mehr Ostafrikanern das Leben als die marodierenden belgischen und deutschen Truppen. Ein großer Teil der Träger auf britischer Seite kam aus den besetzten Gebieten. Laut den Bestimmungen der Haager Landkriegsordnung konnten die Briten die Bevölkerung zwar zum Arbeitsdienst einsetzen, nicht aber für militärische Operationen. Doch es war letztlich nicht das schwere Los der afrikanischen Zivilbevölkerung, welches in der europäischen Debatte um Kriegsverbrechen im ostafrikanischen Feldzug große Aufmerksamkeit fand, sondern das Schicksal der europäischen Kriegsgefangenen in den deutschen Internierungslagern. Ganze drei Publikationen mit Berichten und Nachforschungen veröffentlichte das zuständige Ministerium zu diesem Thema und in kaum einem dieser Bände finden sich Berichte von Misshandlungen afrikanischer Kriegsgefangener. Britische Vorwürfe an die deutschen Lagerverwaltungen aber betrafen weniger die Misshandlung von Kriegsgefangenen, als vielmehr die nicht adäquate Behandlung gemäß den britischen Vorstellungen einer kolonialen Ordnung.

Die Verkehrung kolonialer Ordnung – Britische Kriegsgefangene in deutschen Lagern

Mehr noch als die Offiziere im Feld schienen die kriegsgefangenen Europäer Befürchtungen um die Zukunft von Europas kolonialer Ordnung in Afrika zu teilen. Besonders die in deutschen Kriegsgefangenenlagern internierten Missionare, Siedler und Kaufleute erfuhren den Wandel kolonialer

Ordnung unter den Bedingungen des Krieges. In gewisser Weise schufen die deutschen und später belgischen und britischen Kriegsgefangenenlager einen in der Kolonialgeschichte des 19. Jahrhunderts nahezu beispiellosen Raum, in dem die koloniale Ordnung durch Europäer zeitweise suspendiert oder geradezu verkehrt wurde.

Die deutsche Zivilverwaltung unter der Ägide von Heinrich Schnee hatte den Staatsbürgern der feindlichen Nationen in den ersten Kriegswochen das Recht zugesichert, die Kolonie ungehindert zu verlassen, doch das Militär unterband nahezu jeglichen Verkehr in die benachbarten Kolonien. Alle Straßen nach den britischen und belgischen Kolonien wurden geschlossen. Die ersten Zivilisten, die in die Kriegsgefangenenlager verbracht wurden, stammten vornehmlich aus dem Nordosten der Kolonie: aus der Kilimanjaro-Region und den Usambarabergen, den Hauptschauplätzen des Krieges in den ersten Monaten. Doch Deportationen europäischer Zivilisten schienen für die ersten Kriegsmonate noch die Ausnahme zu sein. Aus Briefen britischer Missionare in die Heimat wissen wir, dass sie ihre Arbeit in der deutschen Kolonie zunächst nahezu ungehindert fortführen konnten. Allerdings berichten sie auch von einem immer unfreundlicher werdenden Klima. *Askari*, afrikanische Verwaltungsangestellte und deutsche Offiziere seien wiederholt auf die Missionsstationen gekommen und hätten sich in höchst aggressiver Weise verhalten. In Ugogo sei den Missionaren nur noch der Sonntag für den Gottesdienst zugestanden worden. Außerdem hätten sie sich in ihrer Arbeit auf die unmittelbare Nähe der Missionsstation beschränken müssen. Immer wieder sei es zu Übergriffen auf afrikanische Mitarbeiter der Mission gekommen, auf einen der Lehrer sei sogar geschossen worden. Seine kleine Kirche sei bis auf die Grundmauern niedergebrannt worden.[125] Ein anderer Missionar berichtet von unverhohlener islamischer Propaganda seitens der afrikanischen Verwaltungsangestellten und *Askari*. Sie hätten die Bevölkerung offen aufgefordert, den Kontakt zu den Missionaren einzustellen. Sie sollten ihre Bibeln und Gesangsbücher verbrennen und, wenn nicht zum Islam konvertieren, dann doch zu ihren alten Religionen zurückkehren.[126]

Auch das deutsche Militär schien die britischen Missionare immer mehr als eine Bedrohung anzusehen. Nach den ersten größeren Gefechten des Krieges in Tanga und am Kilimanjaro machten sie mit der Verhaftung und

---

[125] CMS-Archive, British Library, London: D. E. Rees, An Account of our Internment, n.d.
[126] John Henry Briggs, *In the East African War Zone* (London: C.M.S, 1918), S. 58.

Deportation britischer Missionare zunehmend Ernst. Im Dezember 1914 wurden die Missionare der Station Magila verhaftet, nachdem der Verdacht aufgekommen war, sie hätten Telephongespräche belauscht und mit britischen Truppen durch Leuchtzeichen in Kontakt gestanden. Die Missionare wurden in ein Lager bei Morogoro verbracht, wenige Wochen später wurden auch ihre Familien deportiert sowie ein Großteil der afrikanischen Missionslehrer verhaftet. Spätestens Mitte 1915 war die Arbeit der britischen Missionare zum Erliegen gekommen. Nahezu alle Missionare hatten den Weg in die Kriegsgefangenenlager nehmen müssen, einige hatten sich sogar wegen Spionagevorwürfen vor deutschen Kriegsgerichten verantworten müssen. Viele der afrikanischen Konvertiten seien von den Deutschen oder den *Askari* geschlagen und gefoltert worden, um von ihnen Geständnisse über die Kollaboration der Missionare mit den Briten oder über regierungsfeindliche Propaganda zu erzwingen. Diejenigen Missionslehrer, derer die Deutschen nicht habhaft werden konnten, versteckten sich in den Wäldern.[127]

Mit der Verhaftung begann für die Missionare und Siedler eine oftmals mehrmonatige Tour durch die verschiedenen Kriegsgefangenenlager. Es gab drei große Gefangenenlager in Tabora, Kilimatinde und in Kiborani und eine ganze Anzahl von kleinen, meist provisorischen Zwischenlagern. Des öfteren mussten die Internierten mehrere Tage Fußmarsch in Kauf nehmen. Immerhin hatten die Deutschen ihnen anfangs noch die Begleitung durch ihre Diener und Träger zugestanden. Doch die Umstände dieser Märsche waren hart. Die Klagen über die Verpflegung und Unterbringung waren Legende. Die Verpflegung war aufgrund der prekären Versorgungslage in der Kolonie schlecht und die Kriegsgefangenen standen auf der Prioritätenliste der Behörden eher an unterer Stelle. Fast alles, was die Familien für ihre Reise brauchten, mussten sie sich selbst besorgen, und dies oft in kürzester Zeit. Bewacht wurden sie auf ihrem Marsch von *Askari* oder afrikanischen Polizisten, und oft genug fehlten diesen Begleitkommandos deutsche Offiziere. Ein belgischer Augenzeugenbericht beschreibt die Deporta-

---

127 BArch R1001/9567 Telegramm Kommando Neumoschi, Muehsa, 20.12.14; Briggs, *In the East African War Zone*, S. 58; Kayamba Mdumi, *The story of Martin Kayamba*, S. 173–272, insbesondere S. 185; CMS-Archive, British Library, London: Copy of a Letter from Simeonu Mtipula, Mwami Teacher, to Miss Jackson, 29.06.1916; D. E. Rees, An Account of our Internment; Information collected by me from native christians in Ugogo which may help to explain why the Reverend E. W. Doulton, secretary of the C.M.S. Mission and I were court-martialled by T.B.R.Westgate, Dar es Salaam, 15.01.1917.

tion mehrerer italienischer Familien aus diesen Regionen kurz nach Bekanntwerden des italienischen Kriegseintritts in Europa im Frühjahr 1915. Nahezu über Nacht mussten die Männer, Frauen und Kinder ihre Häuser und Farmen verlassen. In einer entbehrungsreichen Reise von mehr als 500 Kilometern wurden sie in das Gefangenenlager von Kilimatinde gebracht. Sie seien in einem höchst beklagenswerten Zustand dort angekommen. Was den Autoren des Berichts jedoch zu besonderen Klagen über das Schicksal der Gefangenen veranlasste, war der Umstand, dass die Familien die Reise unter Bewachung von deutschen *Askari* unternehmen mussten und daher Demütigungen und Erniedrigungen ausgesetzt gewesen seien.[128]

Wie der Verfasser des Berichts, so sahen sich auch die in die Lager verbrachten Missionare einer fortlaufenden Demütigung und Erniedrigung ausgesetzt. Allerdings lassen sich in den Berichten, die die ersten Monate des Krieges betreffen, kaum Hinweise auf Übergriffe des Wachpersonals finden. Besonders demütigend aber fand etwa der britische Missionar Rees die Zurschaustellung der Gefangenen vor den Augen der lokalen Bevölkerung, die sich in großer Zahl entlang ihres Weges versammelt hatte.[129] Eine solche Zurschaustellung beschreibt ein anderer Missionar während eines Zwischenhalts in Bagamoyo. Bevor die Gefangenen die Stadt erreicht hätten, seien sie von den Wachmannschaften gezwungen worden, sich in Paradeaufstellung zu formieren. Den Trägern sei befohlen worden zu singen. So seien sie dann in die Stadt einmarschiert, wo schon an den Straßen die Bevölkerung versammelt gewesen sei. Beim Verwaltungsgebäude angekommen, hätten sie über eine halbe Stunde auf dem freien Platz warten müssen. Die lokale Bevölkerung habe sich bei dieser Gelegenheit in Beleidigungen und Spott gegenseitig zu übertreffen gesucht.[130]

Wie viele Europäer in den deutschen Lagern interniert wurden, lässt sich heute kaum noch feststellen. Wenn man sich aber die vergleichsweise geringe Zahl der nichtdeutschen Europäer in der Kolonie vor Augen hält, dürften die Zahlen nicht über einige Hundert hinausgehen. Nicht nur eu-

---

128 Van Leeuw, »Souvenirs de deux années de captivité en Afrique orientale allemande. Août 1914-Septembre 1916«, in: *Congo* iii, (1923) 3, S. 313–334, insbesondere S. 314; Kayamba Mdumi, *The story of Martin Kayamba Mdumi*, S. 173–272, insbesondere S. 185.
129 CMS-Archive, British Library, London: D. E. Rees, An Account of our Internment, n.d.
130 Great Britain. Foreign Office, *Reports on the treatment by the Germans of British prisoners and natives in German East Africa* (London: HMSO (Harrison and sons printers), 1917), S. 2.

ropäische Zivilisten kamen in Gefangenschaft, sondern auch Chinesen, Japaner, Inder und Goanesen. Die verantwortlichen Offiziere waren in ihrer Paranoia wenig wählerisch.[131] Zu den Zivilpersonen kamen allerdings noch einige Hundert gefangene britische, südafrikanische und belgische Offiziere und Soldaten. Allerdings entließen die Deutschen gefangene Soldaten oft auch gegen ihr Ehrenwort, nicht mehr gegen die Deutschen in diesem Krieg zu kämpfen. Die gefangenen Militärs wurden in der Regel in separaten Lagern oder zumindest in getrennten Bereichen untergebracht. Obgleich es dazu nur wenig Quellen gibt, scheinen die Deutschen in der Behandlung von Militärs und Zivilpersonen einen großen Unterschied gemacht zu haben.[132] Dass die Deutschen zumindest die europäischen Soldaten besser behandelt haben, heißt aber nicht, dass es keine Übergriffe auf kriegsgefangene Offiziere gegeben hat. Allerdings gibt es vergleichsweise wenig aktenkundliche Fälle. Ein viel diskutierter Fall war der eines südafrikanischen Offiziers, der von einem *Askari* auf Befehl eines Offiziers an eine Kanone gebunden und dann ausgepeitscht worden sei. Bei dem Versuch zu fliehen, sei er dann erschossen worden.[133] Ganz anders sah es allerdings bei den indischen und afrikanischen Soldaten aus, die in deutsche Gefangenschaft gerieten. Sie erwartete ein hartes Schicksal, das nicht selten mit ihrem Tod endete. Doch dazu später mehr.

Die Lebensbedingungen in den Lagern waren, zumindest in den ersten beiden Jahren des Krieges, einigermaßen human. Berichte der Kriegsgefangenen sprechen nur in wenigen Fällen von Problemen mit Lebensmitteln. Wenn es Anlass zu Klagen gab, dann war es meist die Qualität der Nahrung. Das, was die europäischen Gefangenen in den Lagern zu essen bekamen, entsprach nur wenig dem, was sie aus Vorkriegszeiten gewöhnt waren. Das galt jedoch auch für die deutschen Aufseher. Die koloniale Landwirtschaft, vor dem Krieg ausgerichtet auf die Produktion von *cash-crop*, war kaum in der Lage, die Kolonie zu versorgen. Nahrungsengpässe vor allem bei Lebensmitteln für Europäer waren nicht selten. Der britische Arzt E.C. Holtom, der zu Beginn des Krieges in deutsche Gefangenschaft geraten war, beschreibt die Verpflegung im Lager als gut. Im Lager von Kilimatinde habe es reichlich Verpflegung gegeben. Nur im letzten Jahr seiner Gefangenschaft habe sich die Situation verschlechtert. Dann aber hätten auch die

---

131 Letcher, *Notes on the South-Western Area*, S. 164–172, insbesondere S. 171.
132 Fendall, *East African force*, S. 79.
133 NA CO 691/2 Note Verbale from Foreign Office, N. 111 b 42235, 19.11.1916; NA CO 691/2 Foreign Office to Butler, 11.12.1916

Deutschen enorme Probleme gehabt. Ganz anders sah dies ein Missionar, der sich bitter über die Verpflegung im Lager beschwerte. Anlass zu seinen Klagen war vor allem, dass zwischen der Nahrung von Europäern und Afrikanern kein Unterschied mehr bestand. In Tabora gab es einem belgischen Augenzeugenbericht zufolge jeden Tag zum Frühstück 100 Gramm Brot aus Maniok und dazu ein wenig gekochtes Fleisch. Zum Mittag bekamen die Gefangenen eine Suppe aus Gemüse mit ein wenig Fleisch oder Reis und Kartoffeln. Zum Trinken stand ihnen nur schmutziges Wasser und ein wenig Kaffee zur Verfügung. Ein Missionar, der in einem Lager in Mpwapwa interniert worden war, beschwerte sich über die Nahrung im Lager. Es habe nur aus minderwertigen Milet bestanden, das die Afrikaner nur in Zeiten von Hungersnot äßen oder bestenfalls zum Bierbrauen verwendeten.[134] Der Verweis auf die afrikanische Küche illustriert die Angst der kriegsgefangenen Missionare, der aus Vorkriegszeiten gewohnten Unterschiede zwischen Afrikanern und Europäern verlustig zu gehen. Für die kriegsgefangenen Europäer war die Frage der Nahrung nicht nur eine der Umstellung von Essgewohnheiten, sondern auch eine Herausforderung für ihre Identität als Kolonialherren.

Diese Identitäten sahen sie auch in der Frage ihrer Diener bedroht. Ob sie in den Lagern ihre mitunter beträchtliche Dienerschaft behalten durften oder nicht, gab dementsprechend immer wieder Anlass zu heftigen Auseinandersetzungen mit den deutschen Lagerkommandanten. Letztere verfolgten dabei keine einheitliche Haltung. Im Lager von Kilimatinde schienen die Europäer zunächst noch in den Genuss dieses Privilegs gekommen zu sein, in Mpapwa jedoch wurden den Missionaren die Diener bereits bei Ankunft verwehrt. Auch im Tabora-Lager, das in den Berichten der Europäer immer wieder als eines der schlimmsten Lager beschrieben wird, wurden Diener für Europäer nicht toleriert. Die deutschen Lagerkommandanten setzten die Verweigerung von solchen Privilegien auch mitunter als Strafe ein. Holtom berichtet, dass nach dem Fluchtversuch zweier englischer Offiziere als Vergeltung den Europäern die Diener weggenommen wurden. Der Arzt empfand dies als eine bewusste Erniedrigung der Europäer. In einem europäischen Land würde ein solches Vorgehen wenig Bedeutung haben, kommentierte er den Vorfall. In Afrika jedoch, wo jeder Weiße über

---

134 Great Britain. Foreign Office, *Reports on the treatment*, S. 3; E. C. Holtom, *Two years' captivity in German East Africa, being the personal experiences of Surgeon E. C. H, Royal Navy* (London: Hutchinson, 1919), S. 68; van Leeuw, *Souvenirs*, S. 313–334, insbesondere S. 317; CMS-Archive, British Library, London: Ernest Doulton to Marlay, Tabora, 19.10.1916.

mindestens einen, wenn nicht gar mehrere Diener verfüge, diene deren Wegnahme klar dem Versuch das Prestige der Briten zu schmälern. Den Afrikanern solle vor Augen geführt werden, dass die Briten eine »besiegte und minderwertige Rasse« seien.[135]

Waren die Europäer nunmehr oft gezwungen, ihre Wäsche selbst zu waschen und zu bügeln, so wartete in den Lagern auch ein strenges Regime der Überwachung und Zwangsarbeit auf sie. Nahezu täglich gab es im Lager von Tabora Zählappelle, zu denen die Gefangenen auf einem offenen Platz antreten mussten. Mitunter dauerten diese Appelle mehrere Stunden und dies in brütender Hitze. Ein Missionar berichtet von Zählappellen mitten in der Nacht, bei denen stets eine große Menge von Afrikanern an ihnen vorbei paradiert sei. Währenddessen hätten deutsche Offiziere die Quartiere der Gefangenen untersucht.[136] Eine Privatsphäre habe es für die Gefangenen, darunter nicht wenige Frauen, kaum gegeben. In Tabora hätten die Gefangenen in großen lagerhausähnlichen Hütten schlafen müssen, die nach allen Seiten hin offen waren. Besser war die Situation in Kilimatinde, wo sich nur zwei Personen einen Raum teilen mussten.[137]

Doch es waren nicht so sehr die Lebensbedingungen im Lager, die Anlass zu Beschwerden gaben, vielmehr der Umstand, dass die Gefangenen arbeiten mussten. Physische Arbeit seitens der Europäer war etwas, was es in der Vorkriegsordnung nicht eben oft gegeben hatte – trotz allen zivilisationsmissionarischen Gepränkels, trotz aller hochtönenden Rede über den besonderen Wert der Arbeit zur Erziehung der afrikanischen Bevölkerung. Der Aspekt der Arbeit, ob physisch oder geistig, war in der Tat eine Grenze, die Europäer von Afrikanern schied. Physische Arbeit war in der Regel den Afrikanern überlassen, während die Europäer für sich das exklusive Recht der Kopfarbeit und mithin Führungsarbeit beanspruchten. Wie sehr dieser Gedanke den Europäern zur Gewohnheit geworden war, lässt sich an den empörten und von großem Befremden gekennzeichneten Reaktionen derjenigen Kriegsgefangenen ablesen, die in den Lagern von den Deutschen zu einer Reihe von Arbeiten gezwungen wurden. »Arbeit von Kulis« habe er tun müssen, empörte sich Holtom, als er beim Bau deutscher Befestigungsanlagen und eines Verwaltungsgebäudes zugezogen wurde und für die *Askari* Handlangerdienste habe leisten müssen. Andere Kriegsgefangene be-

---

135 Holtom, *Two years' captivity*, S. 106.
136 IWM The Reverendt J T Williams Paper 95/32/1. Siehe auch für ähnliche Ereignisse: Ernest Frederick Spanton, *In German Gaols: a narrative of two years captivity in German East Africa* (London: Society for Promoting Christian Knowledge, 1917), S. 22.
137 Van Leeuw, *Souvenirs*, S. 313–334, insbesondere S. 318.

richten, dass sie Wohnhäuser für Afrikaner bauen mussten und dabei von afrikanischen Handwerkern angeleitet wurden. Mehr noch, auch das Wasser und Feuerholz für ihren täglichen Bedarf mussten die Kriegsgefangenen von weither holen. Über einen halben Kilometer habe er Wasser von einem Wasserloch holen müssen, wo Afrikanerinnen ihre Wäsche zu waschen pflegten, beschwerte sich ein Missionar. Auf ihrem Weg seien sie stets von der neugierigen Bevölkerung begafft und mit abschätzigen Kommentaren bedacht worden.[138]

Und was für die Gefangenen noch schwerer wog: Fast immer war die Aufsicht über die Insassen der Lager Afrikanern anvertraut. Folgende Szene, die ein Missionar im Bericht über seine Inhaftierung in Tabora beschreibt, illustriert auf eindrückliche Weise die Verkehrung kolonialer Ordnung in den Lagern. Während der Missionar mit der Hacke ein Feld bearbeiten musste, saß sein afrikanischer Bewacher neben ihm, um auf ihn aufzupassen und ihn zur Arbeit anzutreiben. In dem Gespräch, das sich zwischen beiden entspann, habe der *Askari* ihm seine Sicht auf die Situation geschildert, schreibt der Missionar. Der *Askari* habe seine Verwunderung darüber ausgedrückt, dass nun die Europäer arbeiteten. Das sei doch sehr ungewöhnlich für afrikanische Verhältnisse, wo die Europäer nie schwere körperliche Arbeit täten.[139] Kaum ein Wunder, so einige Quellen, dass die Afrikaner die Kriegsgefangenen als »weiße Sklaven« bezeichneten, als »mateka« oder »watumbwa wa ulaya«.[140] Der Missionar Frederik Spanton, der schon früh zu einem der lautstärksten Kritiker der deutschen Kriegsgefangenenlager wurde, entrüstete sich dann auch in der *Times*, dass die Kunde von den »weißen Sklaven«, den britischen Kriegsgefangenen, durch ganz Afrika gedrungen sei.[141]

Für die kriegsgefangenen Europäer war die Absicht der Deutschen klar: Alle Arbeit in den Lagern hatte degradierenden Charakter. Körperliche Arbeit sei für einen Europäer eine zutiefst erniedrigende Tätigkeit, gab der

---

138 Great Britain. Foreign Office, *Reports on the treatment*, S. 5, 13; Holtom, *Two years' captivity*, S. 150.
139 Great Britain. Foreign Office, *Reports on the treatment*, S. 13.
140 Ebd., S. 5; van Leeuw, *Souvenirs*, S. 313–334, insbesondere S. 316. Der Begriff »mateka« hat mehrere Bedeutungen. Im vorkolonialen Ostafrika stand er vor allem für Kriegsgefangene, die in der Regel das Schicksal der Sklaverei erwartete. (Glassman, *Feasts*, S. 108). »Watumbwa« dagegen waren Sklaven im eigentlichen Sinne. »Watumbwa wa ulaya« heißt demnach »Sklaven aus Europa«.
141 NA CO 691/12 Bericht über deutsche Greueltaten in der *Times* vom 30.12.1916; Spanton, *In German Gaols*, S. 63.

Missionar Woodwards einem britischen Komitee, das die Geschehnisse in den deutschen Kriegsgefangenenlagern untersuchte, zu Protokoll. Insbesondere mit der Hacke auf dem Feld zu arbeiten, sei in hohem Maße erniedrigend gewesen. Dies sei in Afrika die Arbeit von Frauen.[142] Für besondere Empörung aber sorgte, dass die Gefangenen ihre Latrinen selbst reinigen mussten, die auch von ihren afrikanischen Bewachern benutzt wurden. Der Missionar Scott-Brown berichtete, dass er zusammen mit anderen Gefangenen die Abortkübel der *Askari* aus dem Lager habe schaffen und entleeren müssen, wobei die Männer knietief in den Exkrementen gestanden seien.[143] Treffen diese Berichte zu, war dies in der Tat ein harter Affront gegen grundlegende Paradigmen kolonialer Ordnung. Er würde nicht nur darauf hindeuten, dass die Trennung zwischen Schwarz und Weiß kaum noch existierte und die Europäer in eine niedrige soziale Position gedrängt worden waren, sondern auch darauf, dass die Vorkriegsordnung auf den Kopf gestellt und die Grenzen zwischen Europäern und Afrikanern in zutiefst körperlichen Bereichen überschritten waren.

Vorwürfe gegen die *Askari* seitens der Europäer gab es viele. Nahezu ohne Kontrolle durch ihre deutschen Vorgesetzten hätten sie freie Hand gehabt, die Europäer zu gängeln und zu demütigen, wie es ihnen beliebte. Es habe sogar Fälle gegeben, in denen Europäer von den *Askari* beraubt oder gar geschlagen worden seien. *Askari* seien des Nachts in die Quartiere der Frauen eingedrungen und hätten sie belästigt.[144] Nur selten kommen die deutschen Lagerkommandanten dabei so gut weg wie der des Lagers von Kilimatinde, dem Holtom bescheinigt, stets auf die Trennung zwischen Afrikanern und Europäern geachtet und jeden Übergriff seiner Wachmannschaften schwer geahndet zu haben.[145] In der Mehrzahl der Lager jedoch schienen die Verantwortlichen sich nur wenig um eine solche Trennung ge-

---

142 Great Britain. Foreign Office, *Reports on the treatment*, S. 5, 13, Spanton, *In German Gaols*, S. 63; Great Britain. Government Committee on Treatment by the Enemy of British Prisoners of War, *British civilian prisoners in German East Africa; a report by the Government Committee on the Treatment by the Enemy of British Prisoners of War* (London: HMSO (Printed by Alabaster Passmore & Sons Ltd.), 1918), S. 7; Holtom, *Two years' captivity*, S. 150; Fendall, *East African force*, S. 79; NA CO 691/12 Government Committee on the Treatment by the Enemy of British Prisoners of War.
143 NA CO 691/12 Government Committee on the Treatment by the Enemy of British Prisoners of War.
144 Great Britain. Foreign Office, *Reports on the treatment*, S. 23, 30; Holtom, *Two years' captivity*, S. 135; Meinertzhagen, *Army Diary*, S. 196; NA CO 691/12 Government Committee on the Treatment by the Enemy of British Prisoners of War.
145 Holtom, *Two years' captivity*, S. 135.

kümmert zu haben. Gegenüber den Beschwerden der europäischen Insassen über Übergriffe seitens ihrer afrikanischen Bewacher zeigten sie sich meist taub. Den Vorwürfen einiger Kriegsgefangener, die Wachen hätten sie mit den schlimmsten deutschen Schimpfwörtern bedacht, begegnete auch der von Holtom gelobte Lagerkommandant von Kilimatinde mit dem Hinweis, die afrikanischen Soldaten sähen in den Briten nun mal den Feind. Es sei daher nur natürlich, dass sie ihnen wenig Sympathie entgegenbrächten.[146] Die neue Ordnung in den Lagern war eine des Krieges und hier zählte weniger die Hautfarbe, sondern hier wurde in aller erster Linie nach Freund und Feind unterschieden.

Die Deutschen machten allerdings sehr wohl eine Trennung zwischen europäischen und nicht-europäischen Gefangenen. Verglichen mit dem Schicksal der afrikanischen und indischen Soldaten sowie der afrikanischen Missionsangehörigen hatten die europäischen Gefangenen ein vergleichsweise leichtes Los zu tragen. Für die Afrikaner und Inder war die Kriegsgefangenschaft verbunden mit harter Zwangsarbeit, inhumanen Lebensbedingungen, Hunger, Krankheiten und einem harten Disziplinarregiment, oft genug auch mit dem Tod. Der bereits erwähnte Martin Kayamba wurde kurz nach der Verhaftung der CMS-Missionare selbst verhaftet. Und mit ihm der größte Teil der afrikanischen Missionslehrer von Magila. Sie sollten in den Prozessen gegen die britischen Missionare aussagen. Taten sie dies nicht, wurden sie geprügelt und gefoltert. Kayamba selbst wurde in das Lager von Korogwe gebracht. Er habe dort die schlimmste Zeit seines Lebens verbacht, erinnert er sich nahezu zwanzig Jahre später. Die Missionslehrer wurden in Ketten gelegt und mussten von früh bis spät schwerste körperliche Arbeit leisten. Mit ihnen an der Kette arbeiteten Kriminelle, und wie Kriminelle seien auch die Missionslehrer behandelt worden. Zu essen gab es nur einmal am Tag, und das Essen bestand meist aus einer dünnen Maissuppe. Eine Woche später wurden sie nach Handeni und dann nach Tabora verlegt. Auf dem Weg dorthin wurden sie von den *Askari* regelmäßig mit dem berüchtigten *Kiboko*, der Nilpferdpeitsche, geschlagen. In Tabora aber habe die furchtbarste Zeit auf ihn gewartet. Bei der Ankunft habe er viele seiner ehemaligen Freunde aus der Mission wiedersehen können. Doch sie seien in einem erbärmlichen Zustand gewesen. Von morgens bis spät in den Abend hätten sie auf dem Feld arbeiten müssen, bewacht von *Askari* mit aufgepflanztem Bajonett und dem *Kiboko* in der Hand, den sie allzu leicht-

---

146 Great Britain. Foreign Office, *Reports on the treatment*, S. 30; van Leeuw, *Souvenirs*, S. 313–334, insbesondere S. 321.

Gefangene englische Offiziere auf dem Marsch mit der Safari ya Bwana Lettow

fertig benutzten. Alles haben sie in Ketten verrichten müssen: Arbeiten, Essen, ihre Notdurft verrichten; selbst geschlafen hätten sie in Ketten. Ihr Nachtlager sei der nackte Boden gewesen und trinken können hätten sie nur aus den Eimern, die ihnen auch als Abortbehälter dienten.[147] Dieser Bericht Kayambas über die Zustände in Tabora wird von vielen Seiten bestätigt. Prügelstrafen an nicht-europäischen Gefangenen seien im Lager an der Tagesordnung gewesen, berichteten die Missionare an die britische Regierungskommission.[148] Auch indische und afrikanische Soldaten hätte dieses Los ereilt. Bei Abzug der deutschen Truppen aus Tabora seien viele von ihnen mit Ketten zusammengebunden worden, um als Träger zu dienen. Nicht viele dieser so rekrutierten Träger haben überlebt. Diejenigen, die von diesen Märschen berichten konnten, schilderten ein Leben voller Gewalt und Tod. Der Gefreite Mzololo, ein Matabele, der in Nyassaland-Bataillon

---

147 CMS-Archive, British Library, London: Copy of a Letter from Simeonu Mtipula, Mwami Teacher, to Miss Jackson, 29.6.1916; Kayamba Mdumi, *The story of Martin Kayamba*, S. 173–272, insbesondere S. 189.
148 Great Britain. Foreign Office, *Reports on the treatment*, S. 6, 22, 23. Siehe auch CMS-Archive, British Library, London: Ernest Doulton to Marlay, Tabora, 19.10.1916; NA CO 691/23 News of Kungulo Kibambawe Rufji.

Indische Kriegsgefangene im Lager von Tabora

der *King's African Rifles* gekämpft hatte, gab der britischen Regierungskommission einen ausführlichen Bericht über seine Gefangenschaft ab. Kurz nachdem er gefangen genommen worden war, habe man ihm seine Uniform abgenommen und ihm stattdessen einen *kanzu* gegeben. *Kanzus* waren die Bekleidung der ostafrikanischen Träger und Träger zu sein, war Mzololos Schicksal, bis er befreit wurde. Die Gruppe von Trägern, zu der er nun gehörte, hatte nur wenige Chancen zu überleben. Er und seine Mitgefangenen, so sein Bericht, hätten unter ständigem Nahrungsmangel gelitten. Medizin habe es für die zahlreichen Kranken so gut wie nie gegeben. Auf den Märschen habe ein brutales und rücksichtsloses Regime der Ausbeutung geherrscht. Während der Märsche habe er gesehen, wie ein deutscher Offizier einen vor Erschöpfung zusammengebrochenen Kriegsgefangenen erschoss, weil dieser sich weigerte weiterzugehen.[149] Aus zumindest einer deutschen Quelle wissen wir, dass solche Szenen in der Tat während der Rückzugsgefechte gang und gäbe waren. Der deutsche Kriegsfreiwillige De-

---

149 NA FO 608/215 Copy of Statement of Corporal Mzololo, Enclosure to a Despatch by Majro G. Parson, Department of Defence. Northern Rhodesia to Department of Administration, Salisbury, 11.2.1919.

cher beschreibt im Detail eine Reihe von Vorkommnissen, bei denen *Askaris* und deutsche Offiziere Träger kurzerhand erschossen oder erschlugen, wenn diese am Wegesrand zusammengebrochen waren.[150]

Wenn allerdings die Deutschen rassische Linien in der Behandlung von Kriegsgefangenen aufrecht erhielten, so taten dies die Briten auf ihre Weise. Die nach ihrer Befreiung zu Protokoll gegebenen Vorwürfe enthalten meist lange Seiten über das Schicksal europäischer Gefangener, wenig jedoch berichten sie über das ungleich härtere Leben der nicht-europäischen Kriegsgefangenen. Obgleich die Berichte eingebettet waren in die Nachkriegsdebatte um Kriegsverbrechen der Deutschen, ging es den Missionaren und Siedlern, die in Kriegsgefangenschaft geraten waren, nicht nur um die Brandmarkung der Deutschen als Kriegsverbrecher. Die deutschen Verantwortlichen standen vor allem wegen ihrer Verstößen gegen die koloniale Ordnung am Pranger. Bezeichnenderweise war es vor allem die Zivilverwaltung der Kolonie, die dabei ins Kreuzfeuer der Kritik geriet. Sie hätte die Verantwortlichkeit für die Behandlung der internierten Zivilisten inne gehabt, betont der offizielle britische Chronist des Krieges, Fendall. Das deutsche Militär, allen voran den im Nachkriegs-Großbritannien zum Ritter ohne Fehl und Tadel erhobenen Lettow-Vorbeck, sprach er frei. Als der deutsche Oberkommandierende von den Vorwürfen erfahren habe, habe er sofort veranlasst, dass die betreffenden Offiziere bestraft worden, postulierte Fendall.[151]

Deutsche Kriegsgefangene in alliierten Lagern

Auch die Deutschen wurden nicht müde, ähnliche Vorwürfe in der Frage er Behandlung von Kriegsgefangenen gegenüber den Alliierten zu erheben. Doch anders als in der britischen Diskussion, die doch eine große Öffentlichkeit erreichte, blieben diese Vorwürfe eher ungehört. Sie finden sich nur in den Akten der Kolonialbehörden, in einigen wenigen Zeitungsartikeln der Frankfurter Zeitung und in einigen Erinnerungsbüchern. Über die britischen Kriegsgefangenenlager in Ostafrika haben wir so gut wie keine Berichte. Das mag kaum verwundern, denn die britischen Besatzungsbehörden gingen alsbald daran, die Deutschen so schnell als möglich aus der

---

150 Decher, *Afrikanisches*, S. 280.
151 Fendall, *East African force*, S. 79.

Kolonie und in indische und ägyptische Gefangenenlager zu bringen. So verfügen wir über einige Berichte über die Situation der deutschen Gefangenen im indischen Ahmednagar. Hier gab es einige öffentliche Aufregung um die Lebensumstände der internierten Deutschen, die dazu führten, dass das Schweizer Rote Kreuz mit Beobachtermission involviert wurde. Die deutschen Vorwürfe ähneln denen britischer Kriegsgefangener auf frappante Weise. Hier wie dort ging es um die Angst der Europäer, jene privilegierten Stellung zu verlieren, die ihnen die koloniale Ordnung einst gesichert hatte. Aus ihren Briefen an die Heimat wissen wir, dass die britischen Behörden die in der britischen Kolonie lebenden deutschen und österreichischen Staatsbürger kurz nach Bekanntwerden des Kriegsbeginns in Europa verhaften ließen. Sie wurden in Gefängnissen untergebracht, die vormals Afrikanern vorbehalten waren. Das Essen sei nicht ausreichend, ihre Betten seien harte Holzpritschen gewesen, klagten die Insassen in ihren Briefen.[152] Doch damit erschöpften sich die Vorwürfe der Deutschen über die britischen Kriegsgefangenenlager auch schon, zumindest soweit sie in den Akten zu finden sind. Mehr Anlass zur Klage meinten die Deutschen nach der Besetzung der deutschen Kolonie durch die Alliierten zu haben. Bei Ankunft der Alliierten wurden die Insassen der von den Deutschen errichteten Kriegsgefangenenlager kurzerhand ausgetauscht. Entlassen wurden die Angehörigen der mit den Briten und Belgiern alliierten Nationen, eingeliefert wurden die in der Kolonie lebenden Deutschen. Und es scheint, dass die Alliierten nur zu schnell bereit waren, das Spiel der Deutschen, sprich die Demütigung von Kriegsgefangenen vor den Augen der Afrikaner mitzuspielen. Im September 1916 eroberten belgische Truppen Tabora und befreiten den größten Teil der noch in deutscher Kriegsgefangenschaft befindlichen Europäer. Deren Empörung über ihre Behandlung durch die deutschen Wachmannschaften war groß. Dies hinderte die Belgier jedoch nicht, das Lager für die Internierung der in großer Zahl in der Stadt zurückgebliebenen Deutschen zu nutzen. Gemäß einer belgischen Quelle führte der neue Lagerkommandant, selbst ein früherer Insasse des Lagers, umgehend die gleichen Regeln ein, die schon unter den Deutschen für so große Empörung gesorgt hatten. Er spiele mit den gleichen Karten wiedie Deutschen, antwortete er, als er von einem belgischen Offizier für den Grund dieser Maßnahme gefragt wurde. Gestern hätten sie die Latrinen reinigen

---

152 Barch R1001/877 Wenhardt an Solfs, 24.4.1915, darin: Abschrift nach einem mir im Februar 1915 vom Leutnant der Reserve Busse in Ahmednagar gegebenen Schriftstücke.

müssen, heute seien nun die Deutschen dran.¹⁵³ Deutsche Kriegsgefangene seien durch die Stadt, besonders durch die »Eingeborenenviertel« geführt worden. In einigen Fällen sei es gar zur Ermordung deutscher Kriegsgefangener durch belgische *Bulamatari* gekommen.¹⁵⁴ Diese Vorwürfe werden durch den belgischen Offizier Daye bestätigt. Nach der Eroberung von Tabora habe er deutsche Seeleute gesehen, die die Straßen der Stadt säubern und Wasserbehälter reinigen mussten. Kein Wunder, dass die deutschen Insassen nahezu die gleichen Beschwerden vorbrachten wie vormals ihre Gefangenen. Und auch hier wieder ging es um die aufgelöste Distanz zu den Afrikanern. Bitter beschwerte sich ein Missionar, dass in seinem Lager auch Afrikaner untergebracht gewesen seien, manchmal sogar in den gleichen Räumlichkeiten. Die afrikanischen Kettengefangenen hätten wie die Pest gestunken, sie seien trotz vielfacher Beschwerden dennoch nicht verlegt worden. Wohl um die Deutschen zu demütigen, vermutete er. Auch dem deutschen Missionar war die körperliche Distanz zu den Afrikanern eine verteidigungswerte Linie kolonialer Ordnung.¹⁵⁵

Das war nicht weit entfernt von dem, was die Deutschen den britischen oder belgischen Kriegsgefangenen in ihren Lagern zugemutet hatten. Doch die Briten entwickelten auch ihre eigene Version der Inszenierung des Kriegsgefangenen vor einem afrikanischen Publikum. Die Botschaft dieser Inszenierung hieß: Die neue Ordnung ist eine gerechte Ordnung, in der die Kolonialherren eine brutale Behandlung der Afrikaner, wie sie unter den Deutschen üblich gewesen war, nicht mehr zulassen werden. Bezeichnend dafür ist der Bericht des Offiziers Carl Dorn, der in Morogoro in britische Gefangenschaft geriet. Nachdem er zunächst einige Wochen großzügiger Behandlung erfahren habe, wurde er von Morogoro nach Dar es Salaam verlegt. Er habe in einem Viehwagen zusammengepfercht mit Indern und Afrikanern reisen müssen, berichtete er den deutschen Behörden. Im Gefängnis habe es keine europäischen Wachmannschaften gegeben, sondern nur Inder und Afrikaner. Essen habe er erst nach zwei bis drei Tagen bekommen, Wasser zum Waschen erst nach elf Tagen. Die Folge dieser Behandlung seien gravierende Probleme mit seiner Gesundheit gewesen; ein herbeigerufener englischer Arzt habe bei ihm Unterernährung festgestellt. Nach einigen Wochen im Gefängnis sei er vor Gericht gestellt und zu drei Jahren Zuchthaus wegen »schlechter Behandlung der Eingeborenen« verur-

---

153 Daye & Renkin, *Avec les Vainqueurs*, S. 215.
154 Roehl, *Heldenkampf*, S. 150.
155 Bechler, *Zur Kriegszeit*, S. 58.

teilt worden. Zur Abbüßung seiner Strafe sei er wieder nach Morogoro ins »Eingeborenengefängnis« zurückgebracht worden. Hier sei er zweimal in der Woche durch die Straßen der Stadt geführt und der Bevölkerung zur Schau gestellt worden. Ein Ausrufer, der die Bevölkerung durch Trommeln zusammenrief, sei ihm vorangegangen und habe der staunenden Masse den Urteilsspruch mit lauter Stimme verkündet. Täglich habe er schwere körperliche Arbeiten verrichten müssen, meist in der Öffentlichkeit und gemeinsam mit gefangenen Afrikanern. Nach drei Monaten wurde der Kommandant von Morogoro auf diese Vorfälle aufmerksam und schickte ihn zurück nach Nairobi.[156]

Gerechterweise muss man den Briten und Belgiern jedoch zugestehen, dass deren Behandlung deutscher Kriegsgefangener im Allgemeinen wenig Anlass zu Kritik gab. Die Lager in Indien oder Ägypten wurden regelmäßig von Delegationen des Roten Kreuzes inspiziert und deren Berichte vermerkten wenig Kritikwürdiges. Auch in den Durchgangslagern in Ostafrika erlitten die Deutschen kaum eine menschenunwürdige Behandlung. Immer wieder klagten die Deutschen in ihren Briefen an die Lieben daheim allerdings über die ungesunden klimatischen Bedingungen der Lager von Mombasa, Dar es Salaam oder Ahmednagar, nörgelten über schlechtes Essen, Langeweile, Sinnkrisen und Krankheiten, doch es ging ihnen nicht schlecht. Arbeitsdienste wie Carl Dorn sie im Lager von Morogoro ableisten musste oder die Gefangenen im Lager von Tabora kurz nach der belgischen Besetzung blieben die Ausnahme. Auch in Tabora änderten sich die Zustände zum Besseren. Das geht zumindest aus dem Brief eines deutschen Ingenieurs aus dem Jahre 1917 hervor. Seine Beschreibung der Inhaftierung deutscher Familien in Tabora gut ein Jahr nach Beginn der belgischen Okkupation trägt nahezu idyllische Züge: Zwang zum Arbeitsdienst habe es nicht gegeben, schon gar nicht in der Öffentlichkeit. Gearbeitet hätten die deutschen Ingenieure nur freiwillig und dafür auch großzügige Vergünstigungen seitens der Belgier erhalten. Die Frauen mit ihren Kindern seien in kleinen Häusern auf den umgebenden Hügeln untergebracht worden und hätten ein relativ unbehelligtes Leben führen können. Not hätten sie nicht gelitten, da sie Verpflegungsgeld von den Belgiern erhalten hätten.[157] Die häufigsten Klagen der Deutschen betrafen die bevorstehende Deportation nach Indien

---

156 BArch R1001/886 Statement Carl Dorn, aufgezeichnet von Horat Wohlenberg, Berlin, 9.5.1919.
157 BArch R1001/879: Abschrift einer Zuschrift des Technik-Inspektors aus Ostafrika, 22.7.1917.

und Ägypten. Viele der Missionars- und Siedlerfamilien fürchteten ihre Wohnhäuser und Besitzungen in Ostafrika nie wieder zu sehen, wenn sie erst einmal ostafrikanischen Boden verließen. Die Briten verfolgten in der Tat eine mehr oder weniger konsequente Ausweisungspolitik gegenüber Deutschen und Österreichern. Wenn es so etwas wie eine Botschaft der Briten in ihrem Umgang mit deutschen Kriegsgefangenen gab, dann war es ihr schnelles Verschwinden. Ein deutscher Missionar sprach sogar von so etwas wie einer ethnischen Säuberung, der die Deutschen durch die Briten in Ostafrika anheimfielen.[158]

Des Kaiserreichs *Jihad* in Ostafrika

Das Schicksal britischer Missionare und Siedler in den Kriegsgefangenenlagern mag illustrieren, wie weit die Deutschen zu gehen bereit waren, um den Krieg auch an der ideologischen Front zu gewinnen. Die Demütigung des vermeintlichen Gegners, auch wenn es nur einige weißberockte Missionare waren, deutete in gewisser Weise die ideologischen Grundfesten kolonialer Ordnung um, zumindest so wie sie vor dem Krieg bestanden hatten. Nicht mehr Rasse, sondern Nationalität war das entscheidende Kriterium, entlang derer koloniale Hierarchien geordnet wurden. Blieb noch die Frage der Religion: ein weiteres Fundament kolonialer Ordnung. Denn das Christentum, interpretiert als europäische Identität stiftender Wertekanon, war ein integraler Bestandteil der europäischen Zivilisierungsmission. Und auch hier warteten die Deutschen mit einigen neuen Ideen auf, die in den Vorkriegsjahren so wohl nicht hätten Wirklichkeit werden können.

Wollten die Deutschen diesen Krieg wirklich erfolgreich führen, dann waren sie auf die Kooperation zumindest eines Teils der afrikanischen Bevölkerung angewiesen, und zwar jenen, der am stärksten in das koloniale Projekt integriert waren. Es gehörte wohl zu den eher unbeabsichtigten Konsequenzen der deutschen Kolonialherrschaft in Ostafrika, dass diese zu einer Blüte des Islams geführt hatte. Zwar waren die deutschen Kolonialherren mit der Losung angetreten, in Ostafrika das Heil der europäischen Kultur zu verkünden, die Praxis sah jedoch oftmals sehr anders aus, gerade wenn es um die religiösen Dimensionen dieser Kultur ging. In der Kolonie

---

158 BArch R1001/878 Hübner an Direktor Berliner Missionsgesellschaft, Balantyre, 17.10.1916.

lebten schätzungsweise 350.000 Muslime, sie machten etwa 3,5 Prozent der Gesamtbevölkerung aus.[159] Dennoch waren Muslime überdurchschnittlich oft in den Kolonialtruppen und in der Verwaltung vertreten. Vom ersten Tag ihrer Herrschaft an hatten die Deutschen die gebildeten Schichten der Küstenstädte in die Verwaltung geholt. Denn sie hatten jene Fähigkeiten, die jede moderne Verwaltung benötigt: Schriftlichkeit. Manch ein vormaliger Sultansbeamter kam unter den Deutschen in Lohn und Brot als Zollbeamter, Regierungsschreiber oder Gerichtsdiener. Dort, wo die Deutschen die lokalen Autoritäten durch *Akida* oder *Jumbe*, halb Angestellte der Kolonialbürokratie, halb lokale Herrscher, ersetzt hatten, waren diese oft muslimische Händler von der Küste gewesen.

Muslime waren es, die vielerorts den kolonialen Staat verkörperten und seine Politik durchsetzten. Sicherlich, sie waren dem kolonialen Staat verpflichtet, Verkünder des christlichen Glaubens und der europäischen Kultur waren sie jedoch keineswegs. Vielfach nutzten sie ihre Stellung, um die Konvertierung der lokalen Bevölkerung zum Islam voranzutreiben. Bis zum Ende der deutschen Kolonialherrschaft prägte die Dominanz von Muslimen in Verwaltung und Militär zu einem Gutteil die Präsenz des kolonialen Staates. Waren es die muslimischen Schlachtgesänge der *Askari*, wenn sie die Festen widerständiger Chiefs stürmten oder die muslimischen Feiertage, die in der Kolonie als offizielle Feiertage galten und an denen sich die deutschen Kolonialbeamten mit muslimischen Würdenträgern trafen oder waren es die vielen Händler und Handwerker von der Küste, die das Stadtbild der kolonialen Zentren nicht nur an der Küste, sondern auch im Inneren prägten: Im kolonialen Alltag spielte die christliche Komponente des kolonialen Zivilisationsprojekts nur selten eine wichtige und sichtbare Rolle. Das ginge soweit, beschwerte sich ein Missionar, dass die Afrikaner den Eindruck gewinnen müssten, der Islam sei so etwas wie eine Staatsreligion in der Kolonie.[160]

Das Gouvernement, in gewisser Weise abhängig von der Kooperation seiner Subalternen, tat daher wenig, um den wachsenden Einfluss des Islam einzudämmen. Diese Forderung wurde vor allem von deutschen Missionaren erhoben, die in dieser Frage mit dem Gouvernement im Laufe der Jahre immer öfter in Konflikt gerieten. Die koloniale Bildungsarbeit, von

---

159 August H. Nimtz, *Islam and politics in East Africa: the Sufi order in Tanzania* (Minneapolis: University of Minnesota Press, 1980), S. 14.
160 TNA G 9/7 Auszug aus dem Jahresbericht des Apost. Vikariats Dar es Salaam (St. Benediktiner Gesellschaft), 19.9.1908.

den Missionaren als ihre ureigenste Domäne angesehen, wurde dabei zum größten Zankapfel. In vielen Regionen der Kolonie – dort, wo die Muslime die Mehrheit der Bevölkerung stellten–, war den Missionen die Missionierung und Errichtung von Schulen oftmals verboten worden. Stattdessen richtete das Gouvernement dort Regierungsschulen ein. In diesen war allerdings ein großer Teil der Lehrer Muslime. Die wenigen Absolventen, die die Missionsschulen hervorbrachten, fanden nur selten Anstellung beim Gouvernement, denn die Missionare arbeiteten mit ihrer Bildungspolitik an den Bedürfnissen des Gouvernements vorbei. Sie erwarben sich zwar große Verdienste bei der Erforschung und Bewahrung lokaler Sprachen, doch ihren Zöglingen mangelte es oft an der Fähigkeit, die wichtigste Verkehrssprache der Kolonie, Swahili, zu sprechen. Das machte sie für eine Arbeit in der Kolonialverwaltung nahezu unbrauchbar.[161]

Seit Beginn des 20. Jahrhunderts versuchten die Missionen, bei den Verantwortlichen in Berlin eine Änderung der Politik des Gouvernements durchzusetzen. Auf der Kolonialkonferenz von 1910, ausgerichtet vom Deutschen Kolonialbund, der mächtigsten Lobbygruppe innerhalb der deutschen Kolonialpolitik, war die Verbreitung des Islam in der Kolonie eines der wichtigsten Themen. In apokalyptischen Farben malten die Missionare eine muslimische Bedrohung für die deutsche Kolonialherrschaft an die Wand. Doch trotz aller Absichtserklärungen und Proklamationen änderte sich wenig an der Politik des Gouvernements.[162] Einzig eine Untersuchung über die Rolle des Islam in der Kolonie wurde im gleichen Jahr angestrengt. Die Ergebnisse waren ernüchternd. Mit der Etablierung der Kolonialherrschaft, so lassen sich in Kürze die Befunde zusammenfassen, hatte sich auch vielerorts der Islam verbreitet. *Askari* und Regierungsangestellte wurden zusammen mit Händlern und Handwerkern, oft Immigranten aus anderen Teilen der muslimischen Welt, als Hauptverantwortliche für die Zunahme »mohammedanischer Propaganda« ausgemacht.[163] Die Missionare forderten ein Einschreiten gegen diese Entwicklungen, doch der Krieg machte all diesen Debatten ein Ende. Nun galt es vor allem, sich der Loyalität der *Askari* und Regierungsangestellten zu versichern. Und so konnte man im März

---

161 TNA G 9/47 Frageblatt zur Vermehrung der Kenntnisse über den Islam (entworfen von Dr. Hartmann), 15.7.1911; BArch R 1001/5556 Rechenberg an Reichskolonialamt, 2.1.1911 »Verwaltungsmethoden gegenüber den Mohammedanern«.
162 Julius Richter, »The German National Conference and Islam«, in: *The Moslem World* 1, (1911) 1, S. 54-58, insbesondere S. 57ff; TNA G 9/48 Denkschrift über den Islam in DOA (etwa 1912)
163 Pesek, *Islam und Politik*, S. 99–140, insbesondere S. 120.

1914 überall in der Kolonie Anschläge des Gouvernements finden, die die Muslime Ostafrikas zum »Heiligen Krieg« gegen die Alliierten aufriefen.[164] Allerdings kam die Idee, den Krieg in Ostafrika als »Heiligen Krieg« darzustellen, nicht vom Gouvernement in Dar es Salaam. Bereits 1914 hatte der Generalstab in Berlin Pläne entworfen, den Vormarsch osmanischer Truppen auf den Suez-Kanal durch Sabotageakte deutscher Agenten und anti-britische und anti-französische Propaganda zu unterstützen.[165] Im September 1914 wurde der Islamwissenschaftler und Diplomat Max von Oppenheim zum Chef des Nachrichtenbüros für den Nahen Osten ernannt. Wenige Wochen nach seinem Amtsantritt legte er seinen Vorgesetzten im Außenministerium einen Plan vor, wie die islamische Bevölkerung in den Einflussgebieten der Alliierten zu Aufständen ermutigt werden könne. Der Plan war grandios in seinen Ausmaßen und wohl auch Illusionen: In Ägypten sollte die pro-britische Regierung gestürzt werden, dann in der indischen Kronkolonie die Muslime rebellieren. Die Briten hätten bedeutende Ressourcen für die Niederschlagung der Aufstände einsetzen müssen. Der kriegswichtige Nachschub aus Indien wäre gestört und günstigenfalls zum Erliegen kommen. In den französischen Kolonien sollten die Senussi-Bruderschaften, von den Franzosen seit Langem erbittert bekämpft, ihre Waffen erheben. Für dieses Vorhaben sollte das osmanische Reich militärische und ideologische Unterstützung leisten. Vor allem aber sollte der Sultan von Konstantinopel kraft seiner religiösen und politischen Autorität die notwendige Legitimation für diese deutschen Pläne beschaffen. Deutsche Diplomaten am Hof des Sultans arbeiteten daher mit Hochdruck an einer Proklamation des Heiligen Krieges. Am 12. November 1914 verkündete der osmanische Kriegsminister Enva Pascha im Namen des Kalifen den Heiligen Krieg gegen die Alliierten. Anwesend war auch der deutsche Botschafter, der in einer Rede den Kaiser als Freund aller Muslime bezeichnete. Die Proklamation selbst sparte nicht an starken Worten und apokalyptischen Szenarien. Von jedem Muslim überall in der Welt hinge nun das Schicksal

---

164 Heinrich Schnee & Wali Ali bin Divani, »Bekanntmachung betreffend den heiligen Krieg gegen England, Frankreich, Russland, Belgien u. Serbien, Morogoro den 25. Februar 1915. Mit arabischer und Suaheli Übersetzung und einer Photographie des Eingeborenen-Richters Wali Ali bin Divani, dem Verfasser des arabischen Textes der Bekanntmachung«, (n.d.).

165 William Deakin, »Imperial Germany and the Holy War in Africa, 1914–1918«, in: *University of Leeds Review*, (1985/86), S. 75–95, insbesondere S. 76.

des Heiligen Kalifats von Konstantinopel und der muslimischen Welt ab, lautete die Botschaft.[166]

Die Deutschen mochten mit einigem Recht diese Proklamation als ersten Schritt für ihren großartigen Plan ansehen. Mit dem Beginn des Ersten Weltkrieges wurde die Rolle der Muslime im Krieg unter den Islamexperten des Kaiserreiches äußerst kontrovers diskutiert. Für den Forschungsreisenden Hugo Grothe, einem leidenschaftlichen Verfechter der *Jihad*-Propaganda, hatte ein solcher *Jihad* »einen Ausblick von unheimlich werdender Großartigkeit«.[167] Er sah Aufstände der Muslime in Indien, Ägypten, Sudan und Britisch-Ostafrika heraufziehen, die sich gegen die »Gewaltherrschaft« der Briten und Franzosen erheben würden. Andere Islamexperten waren weitaus weniger hoffnungsvoll. Der Orientalist Georg Kampffmeyer sah durchaus eine anti-französische Stimmung in Nordafrika, und sie sei das Ergebnis der brutalen Unterdrückung religiös motivierter Aufstände. Doch mangele es den Muslimen in Algerien und Tunesien an einem starken Nationalgefühl und an nationalistisch gesinnten Intellektuellen. Wie für viele seiner Zeitgenossen war für Kampffmeyer eine Widerstandsbewegung gegen ein Fremdregime ohne einen nationalistischen Hintergrund nicht denkbar.[168] Carl Becker, einer der führenden Islamwissenschafler seiner Zeit, sah gute Chancen, den Einfluss des osmanischen Sultans für die deutsche Kriegspropaganda zu nutzen. Es sei die Zeit gekommen, die Früchte der pro-osmanischen Politik der letzten zwanzig Jahre zu ernten. Nicht umsonst habe sich der Kaiser bereits 1898 am Grabe Saladins, des Bezwingers der mittelalterlichen Kreuzfahrer, zum Freund aller Muslime der Welt er-

---

166 NA FO 141/817 Note on Propaganda etc. on the part of Germans giving the impression that they or their Sovereign and Government had embraced Islam or were in sympathy with anti-Christian manifestations on the part of ignorant or fanatical Moslems, n.d. Für eine detailliertere Darstellung siehe: C. Snouck Hurgronje, The holy war »made in Germany« (New York: G.P. Putnam's Sons, 1915); Deakin, Imperial Germany, S. 75–95, insbesondere S.78; Donald M. McKale, »The Kaiser's Spy: Max Von Oppenheim and the Anglo-German Rivalry before and During the First World War«, *European History Quarterly* 27 (1997), S. 199–219, insbesondere.S. 199; Donald M. McKale, »Germany and the Arab Question in the First World War«, *Middle Eastern Studies* 29 (1993), S. 236–253, insbesondere S. 239.

167 Hugo Grothe, »Deutschland, die Türkei und der Islam. Ein Beitrag zu den Grundlinien der deutschen Weltpolitik im islamischen Orient«, in: *Zwischen Krieg und Frieden*, (1914) 4, S. 3–43, insbesondere S. 38.

168 Georg Kampffmeyer, »Nordwestafrika und Deutschland«, in: *Der Deutsche Krieg. Politische Flugschriften*, (1914) 21, S. 5–30, insbesondere S. 20.

klärt.[169] Aber Becker schätzte die Aussichten eines *Jihad* in der muslimischen Welt auch mit einer gehörigen Portion Skepsis ein. Er vermutete in den Muslimen der arabischen Halbinsel das größte Hindernis, da sie einen von Konstantinopel ernannten Kalifen nie akzeptieren würden. Ihr langgehegtes Monopol auf das Recht, einen Kalifen zu stellen, würden sie erbittert verteidigen, auch gegenüber den Osmanen. Große Vorbehalte hatte er auch gegenüber den Muslimen Afrikas: Hier könne der *Jihad* zu einer Radikalisierung führen, die selbst für die Deutschen unabsehbare Konsequenzen haben könne. Auch die Hoffnungen auf einen Aufstand indischer Muslime teilte er nur begrenzt. Muslime würden auf dem Subkontinent nur eine Minderheit der Bevölkerung stellen. Erst bei längerer Dauer des Krieges würden sich die Muslime Indiens erheben, prognostizierte er.[170] Mehr Erfolg in Indien versprach sich dagegen der Forschungsreisende Ernst Jäckh. Er sah unter den Muslimen Indiens eine große Sympathie für das Kalifat von Konstantinopel; sie hätten vor dem Krieg in erheblichem Maße Geld für den Aufbau der osmanischen Kriegsflotte gespendet. Es würde daher nicht lange brauchen, bis die indischen Muslime dem Ruf des *Jihad* folgen würden.[171]

Der *Jihad* hatte bei Grothe und auch bei Becker, der den unter den osmanischen Politikern und Offizieren populären Panislamismus als eine berechtigte Reaktion auf den europäischen Kolonialismus sah, durchaus einen anti-kolonialen Unterton. Dieser Flirt mit antikolonialen Bewegungen war für die Islamexperten nichts Anrüchiges, denn sie sahen das Kaiserreich nicht in der Rolle einer Kolonialmacht, zumindest nicht in von Muslimen bewohnten Gebieten. Auch wenn dies nicht ganz den Tatsachen entsprach.[172] Mehr noch habe das deutsch-osmanische Bündnis die Herzen vieler Muslime für das Kaiserreich erwärmt. Das osmanische Reich gelte vielen Muslimen als das politische Zentrum des Islam und als ein Modell für die Antwort des Islam auf die Herausforderungen der Zeit, konstatierte Becker. In der Tat waren die Kriege Konstantinopels von vielen Muslimen als *Jihad* gegen die Ausbreitung des europäischen Einflusses gedeutet worden. Insbesondere der Italienisch-Osmanische Krieg von 1908 rief in der muslimischen

---

169 Carl Heinrich Becker, »Deutschland und der Islam«, in: *Der Deutsche Krieg. Politische Flugschriften*, (1914) 3, S. 5–31, insbesondere S. 19.
170 Ebd. S. 27.
171 Ernst Jäckh, *Der aufsteigende Halbmond* (Stuttgart: Deutsche Verlagsanstalt, 1916), S. 237.
172 Becker, *Deutschland*, S. 5–31, insbesondere S. 16; Grothe, *Deutschland*, S. 3–43, insbesondere S. 40.

Welt große Empörung aus. Selbst im weit entfernten ostafrikanischen Städtchen Tabora war es damals zu Demonstrationen gekommen. Becker selbst, der in diesen Jahren als Berater des Gouvernements in Fragen der Politik gegenüber den Muslimen der Kolonie fungierte, mochte davon Kenntnis gehabt haben.[173]

Im September 1916 trafen sich Islamexperten und Politiker des Kaiserreiches mit Vertretern islamischer Gruppierungen in Berlin. An diesem informellen und mit einiger Geheimniskrämerei umhüllten Treffen der »Deutschen Gesellschaft für Islamische Kultur« nahmen unter anderem Vertreter nationalistischer Parteien Ägyptens, Delegierte der Senussi-Bruderschaften sowie der osmansiche Kriegsminister Enva Pascha teil. Die Muslime bekräftigten die positive Rolle, die das Kaiserreich und der Kaiser höchstpersönlich in der muslimischen Welt gespielt hatten. Neue Fatwas und die Rekrutierung und Entsendung neuer Botschafter des *Jihads* sollten zur Propagierung des *Jihad* bis in die hintersten Winkel der muslimischen Welt beitragen. Aufstände und Attentate auf muslimische Regierungsvertreter, vor allem auf den ägyptischen Khedive, den marokkanischen Sultan und auf einige muslimische Aristokraten Indiens sowie den Bey von Tunis sollten für Unruhe sorgen. Auch osmanische Dissidenten in der Schweiz sollten zum Ziel von Attentaten werden. Für diese Unternehmungen stellte die Gesellschaft immerhin fünf Millionen Reichsmark zur Verfügung.[174]

Doch die deutschen Islamexperten hatten sich zu sehr an den Möglichkeiten eines *Jihad* berauscht, kaum eine ihrer Hoffnungen wurde erfüllt. Zudem erwies sich die Zusammenarbeit mit den Osmanen als sehr schwierig. Oppenheims Versuche, arabische Politiker und Gelehrte für seinen *Jihad* zu gewinnen, stießen auf großes Mißtrauen seitens der Osmanen. Die Briten, alarmiert durch die deutsche Propaganda, beobachtete das Treiben Oppenheimers und seiner Agenten, auf Schritt und Tritt. Sie hatten bereits intensive Kontakte zu arabischen Nationalisten aufgebaut, die eine Unabhängigkeit vom osmanischen Reich anstrebten.[175] Die deutsche Debatte um den *Jihad* blieb eine Spiegelfechterei, die manchmal erstaunliche Blüten trieb. Jäckh etwa war nur zu gerne bereit, den »Heiligen Krieg« in der mus-

---

173 Zur Rolle Beckers in der deutschen Kolonialpolitik siehe: Pesek *Islam und Politik*, S. 99-140, insbesondere S.129.
174 NA FO 141/817 Italian Admiralty, Intelligence Division, to the British Representative with the Italian General Headquarters, 16.10.1916.
175 McKale, *Germany and the Arab question*, S. 236–253, insbesondere S. 240; McKale, *The Kaiser's Spy*, S. 199–219, insbesondere S. 209.

limischen Welt mit einem »Heiligen deutschen Krieg« in eins zu setzen.[176] Der Missionar der deutschen Orientmission Richard Schäfer sah gar im *Jihad* und im Panislamismus einen modernen Islam entstehen, der mit der protestantischen Revolution in Deutschland vergleichbar sei. Beide, Islam und deutscher Protestantismus, hätten einen gemeinsamen Feind: Jene »mittelalterlichen« Christen, wie sie in der Russisch-Orthodoxen Kirche zu finden seien.[177]

Diese Sichtweise auf den Islam unterschied sich von denen der Briten und Franzosen, die den Islam zunehmend als anti-europäisch und eine Gefahr für die koloniale Ordnung wahrnahmen. Gerade im Pan-Islamismus sahen sie eine neue Qualität muslimischer Bewegungen. Britische und französische Behörden waren seit Beginn des 20. Jahrhunderts immer wieder auf Anzeichen weit verzweigter muslimsicher Netzwerke gestoßen. Als Ende des 19. Jahrhunderts im Königreich Bornu, Teil der britischen Kolonie Nigeria, Deklarationen des sudanesischen Mahdi auftauchten, sahen die britischen Kolonialbehörden darin eine große Gefahr für ihre noch junge Herrschaft in der Region. Noch 1906 berichteten Kolonialbeamte von Umtrieben der Mahdisten an der Elfenbeinküste und der Goldküste. Im gleichen Jahr kam es zu Gefechten britischer Truppen mit Anhängern des Mahdi aus dem Kalifat von Sokoto, das im Nordwesten Nigerias gelegen war. Französische Behörden verbanden dieses Ereignis mit einer Verschwörung muslimsicher Herrscher im Niger.[178] Besonders in der Sahelzone, entlang der seit Jahrhunderten etablierten Netzwerke von Händlern und Gelehrten, hatten die Ideen des Mahdi eine weite und enthusiastische Anhängerschaft gefunden. Während der Etablierung der französischen und britischen Kolonialherrschaft war es in der Region immer wieder zu Konflikten mit Muslimen gekommen, vor allem mit den Senussi-Bruderschaften, die im 19. Jahrhundert eine wichtige Rolle bei der Verbreitung des Islams in der Sahara gespielt hatten. Damals hatte die französische Presse den Sultan von Konstantinopel und, im Hintergrund verborgen, die Deutschen, im Verdacht, ihre Hände im Spiel gehabt zu haben.[179]

Kein Wunder, dass die Alliierten auf die Proklamation des *Jihad* durch den Sultan von Konstantinopel äußerst nervös reagierten. Doch Becker sollte mit seiner skeptischen Prognose mehr recht behalten als ihm wohl

---

176 Jäckh, *Der aufsteigende Halbmond*, S. 239.
177 Richard Schäfer, *Islam und Weltkrieg* (Leipzig: Krüger, 1915), S. 24ff.
178 Charles C. Stewart, »Islam«, in: *The Colonial Factor in Africa*, hrsg. von Andrew Roberts (Cambridge: Cambridge University Press, 1990), S. 191–223, insbesondere S. 198.
179 Becker, *Deutschland*, S. 5–31, insbesondere S. 20.

selbst lieb war. Auf der arabischen Halbinsel verhallte der Ruf zum *Jihad* weitestgehend ungehört. Hier galt das osmanische Reich selbst als eine Besatzungsmacht, derer sich die Araber mit Hilfe der Alliierten zu entledigen gedachten. Dem später als Hollywood-Figur berühmt gewordenen T. E. Lawrence und seinem Vorgesetzten Sir Wingate gelang es, einen Aufstand der Araber gegen die osmanische Herrschaft zu initiieren. Welche Hoffnungen die Araber immer auch mit einer Allianz mit den Briten verbanden, sie wurden nach dem Ende des Krieges bitter enttäuscht. Das Versprechen von einer arabischen Nation, die nach dem Ersten Weltkrieg geschaffen werden sollte, verflüchtigte sich mit dem Pulverdampf des Krieges.

Ambivalenter waren die Reaktionen auf die Proklamation des *Jihad* jedoch in Nordafrika und im subsaharischen Afrika. In Kairo, mit seinen Universitäten und Verlagshäusern zu dieser Zeit das intellektuelle Zentrum der islamischen Welt, wurde die osmanische Proklamation drei Tage nach ihrer Verlesung in Konstantinopel durch verschiedene Tageszeitungen abgedruckt. Gelehrte und Publizisten diskutierten heftig und kontrovers die Legitimation und Bedeutung der Proklamation. Die nationalistische Zeitung *Al-Alam* begrüßte sie als ersten Schritt zur Befreiung der islamischen Welt von der europäischen Vorherrschaft. Sie wurde wenige Tage später von den ägyptischen Behörden auf Druck der Briten verboten. Die Gelehrten der Universität von Kairo sprachen dem Kalifen von Konstantinopel von Beginn an jedes Recht zu einer solchen Proklamation ab. In einer öffentlichen Stellungnahme verurteilen sie den osmanischen Schritt als un-islamisch und abwegig. Die Proklamation eines *Jihad* entstamme mittelalterlichen Zeiten. Das Konzept des *Jihad* sei, bevor Deutsche und Osmanen es aus der Versenkung geholt hatten, in der muslimischen Welt nahezu vergessen gewesen.[180]

Die osmanische Proklamation gelangte auf schnellem Wege in andere Teile Afrikas. In Nigeria rief sie unter den Muslimen große Begeisterung hervor; die britische Kolonialverwaltung antwortete sofort mit der Deportation von als Mahdisten verdächtigten Gelehrten und Chiefs. Auf breite Ablehnung stieß die Proklamation dagegen unter den muslimischen Gelehrten in Sierra Leone. In einer Petition an den britischen Gouverneur ver-

---

180 NA FO 141/817 Memorandum on the Political Situation in North Africa, 21.6.1924; Mahommedan Movement in Northern Africa, Brief summary of notes taken on an overland journey from Nigeria to the Sudan. Jeddah and Cairo [circa 1925]; Becker, *Deutschland*, S. 5–31, insbesondere S. 16; Stephen Trowbridge Van Rensselaer & Selim Effendi Abd-ul-Ahad, »The Moslem press and the war«, in: *The Moslem World* 5, (1915) 4, S. 413–425, insbesondere S. 414ff.

sicherten sie ihre Loyalität gegenüber der Krone. Im Sudan wiederum schien die Proklamation auf den fruchtbarsten Boden zu fallen. Die Erinnerungen an den Mahdi-Aufstand und seine brutale Niederschlagung durch die Briten waren hier noch lebendig. Das britische Oberkommando im Nahen Osten war in höchster Alarmbereitschaft. Über arabische Händler erreichten Gerüchte die Briten, dass in Omdurman, der vormaligen Hauptstadt des Mahdi, ein deutsch-osmanischer Gouverneur installiert worden sei. In den nubischen Bergen brach ein Aufstand aus; die Briten vermuteten deutsche oder osmanische Agenten als Drahtzieher. Im sudanesischen Offizierskorps brodelte es. Die Offiziere schienen sehr empfänglich für die Idee eines Heiligen Krieges gegen die Briten. Der britische Geheimdienst reagierte umgehend und konnte im April 1915 die einflussreichsten Gelehrten des Sudan hinter sich bringen. Auch der jüngste Sohn des Mahdi wurde als religiöser Führer nun von den Briten als Verbündeter gegen die osmanischen Pläne umworben.[181] Das Revival des Madhismus im Sudan hatte weitreichende Konsequenzen in der Sahelzone. Die Senussi nutzten die Gunst der Stunde und verstärkten ihren Widerstand gegen die französische Kolonialmacht. Sie fanden in den osmanischen Truppen in Darfur neue Verbündete und griffen 1916 das Fort von Agades an. Die britischen Behörden hatten bereits ein Jahr zuvor Meldungen über die Anwesenheit deutscher Offiziere bei den Senussi erhalten.[182] Nach Einschätzung des Historikers Charles Stewart gelang es ihnen, weite Teile der Handelsrouten im Tschad und in Zentrallibyen unter ihre Kontrolle zu bringen. Das mochte durchaus im Sinne der deutschen Pläne sein, es scheint aber unwahrscheinlich, dass die Senussi auf deutsche oder osmanische Initiative handelten.

So großartig der deutsche Plan war, so halbherzig wurde er verfolgt. Die deutschen Agenten, oft Abenteurer oder gescheiterte Geschäftsleute, agierten meist isoliert und ohne Unterstützung Berlins. Die Briten waren mit ihren Bemühungen, die Muslime auf ihre Seite zu ziehen, weitaus erfolg-

---

181 Deakin, *Imperial Germany*, S. 75–95, insbesondere S. 85ff; Stewart, *Islam*, S. 191–223, insbesondere S. 198; DSA Wingate Papers: 195/2/74 Wingate to Fitzgerald (WO). Khartoum, 15.05.1915; 196/1/255 Wingate an Fitzgerald (WO), Erkowit, 28.07.1915; 194/3/163: Wingate an Khan Bahadur, Khartoum, 18.03.1915; 194/3/208 Wingate an Rt. Hon. The Viscount Milner; 194/2/137 Wingate an Milo Talbott, 23.2.1915; 194/3/246 Wingate an Clayton, 23.3.1914; 194/3/269 Wingate an Herbert, 27.3.1915; 194/3/34 Wingate an Saville, 5.3.1915.
182 NA FO 141/464/17 Telegramm by the Intelligence Department, War Office, Kairo 2.11.1915; Telegramm by the FO, 19.10.1917; Stewart, *Islam*, S. 191–223, insbesondere S. 199.

reicher. Sie waren von den osmanisch-deutschen Plänen unterrichtet und verstärkten ihre Truppen in Ägypten. An der ideologischen Front konnten sie sich die Unterstützung bedeutender Gelehrter Kairos und im Sudan selbst die des jüngsten Sohn des Mahdi sichern. Es mag kaum als ein Wunder erscheinen, dass in Ostafrika, wo die Kooperation mit den lokalen muslimischen Eliten ein Grundpfeiler kolonialer Politik gewesen war, die Propaganda vom *Jihad* von den Behörden bereitwillig aufgegriffen wurde. Die *Jihad*-Propaganda wurde zum nahezu einzigen kriegsunterstützenden Versorgungsgut, das die Metropole den Deutschen in Ostafrika zu senden imstande war. Doch hier sollten nicht Aufstände entfacht, sondern verhindert werden. Denn bevor die Deutschen den Sieg auf dem Schlachtfeld erringen konnten, galt es die Sympathien der Muslime in der Kolonie, insbesondere ihrer *Askari* und Verwaltungsangestellten, zu gewinnen. Zugute kam den Behörden, dass der Sultan von Konstantinopel unter vielen Muslimen Ostafrikas einen guten Ruf genoss.[183] In den Moscheen wurde er neben dem sansibarischen Sultan als bedeutender Führer der muslimischen Welt geehrt. Die politischen Reformen im Osmanischen Reich galten als Modell für ein modernes islamisches Staatswesen, wie es etwa den Sultanen von Sansibar vorschwebte. Das Sultanat von Sansibar war seit dem berühmten Sansibar-Helgoland-Vertrag von 1890 ein britisches Protektorat. Von Sansibar konnten die Deutschen wenig Unterstützung erwarten. Der vier Jahre vor Ausbruch des Krieges zum Sultan ernannte Khalifa bin Harub nutzte seinen Einfluss zugunsten der Briten. Aber ein Bruder des Sultans, Said Khalifa, war, von den Briten 1896 vom Thron verjagt, nach Dar es Salaam emigriert. Er war, so sah es zumindest der britische Geheimdienst, die prominenteste Figur der Deutschen in ihrem Propagandafeldzug des Heiligen Krieges. Zweifellos verband er mit einem Sieg der Deutschen die Hoffnung auf eine Rückkehr auf den Thron. Die Deutschen wiederum brachten ihn als ihre wichtigste Trumpfkarte im Kampf um die Kooperationsbereitschaft der ostafrikanischen Muslime ins Spiel.[184] Die Briten setzten den amtierenden Sultan von Sansibar dagegen und ermunterten ihn zu Briefen an muslimsiche Würdenträger auf dem

---

183 Becker, *Deutschland*, S. 5–31, insbesondere S. 14.
184 NA WO 106/259 Memorandum *Africa for the Africans and Pan-Islam. Recent Developments in Central and Eastern Africa* by. Captain J.T. Philipps, n.d.; P. J. L. Frankl, »The Exile of Sayyid Khalid bin Barghash Al-BuSa'idi«, *British Journal of Middle Eastern Studies* 33 (2006), S. 161–177, insbesondere S. 164.

Festland, in denen der Sultan sie vor den Lügen der Deutschen warnte und die deutsche Regierung als »roh, unkultiviert und wild« bezeichnete.¹⁸⁵ Die Propagierung des Krieges als *Jihad* war ein riskantes Unternehmen. Selbst in Deutschland äußerten führende Islamexperten wie Carl Becker Bedenken. Er fürchtete, dass die *Jihad*-Propaganda in Afrika zu einer Radikalisierung der Muslime führe. Becker kannte die Situation in Ostafrika aus eigener Anschauung und hatte zwischen 1908 und 1914 maßgeblich an der Formulierung der Politik des Gouvernements gegenüber den Muslimen mitgewirkt.¹⁸⁶ Ähnlich sahen dies auch britische Missionare, die mit Kriegsbeginn in deutsche Kriegsgefangenschaft gerieten. Mit großer Empörung berichteten sie in die Heimat über das deutsche Zündeln am Feuer eines Heiligen Krieges. Britische Geheimdienstoffiziere warfen den Deutschen vor, mit der *Jihad*-Propaganda und der Unterstützung von lokalen Aufstandsbewegungen die koloniale Ordnung zu unterminieren. ¹⁸⁷

In der Tat, mit dem Rücken zur Wand, schienen die Deutschen einige ideologischen Grundfesten der kolonialen Ordnung ad acta zu legen. Die Proklamation, eine mit einer Präambel versehene Übersetzung der türkischen Version ins Swahili, Arabische und Deutsche, wurde überall in der Kolonie und auch teilweise über ihre Grenzen hinaus verbreitet. Laut britischen Missionaren ließ im Süden der Kolonie Hauptmann Falkenstein, Kommandeur der Station Langenburg, einem einflussreichen Händler aus dem britischen Nyassaland einen Brief zukommen, in dem er ihn über die osmanische Proklamation und die Niederlagen der Alliierten in Europa informierte. Mit konspirativem Tonfall erinnerte der deutsche Offizier den Händler, der einst von der Küste und im tiefsten Afrika zu Macht und Reichtum gekommen war, an seine Pflichten als Muslim. Er sollte ihm Informationen über britische Truppen geben und einen Aufstand organisie-

---

185 DKB 1915 Der Krieg in den deutschen Schutzgebieten, 6. Mittteilung, S. 405.
186 Siehe Pesek, *Kreuz oder Halbmond*, S. 97–112, insbesondere S. 110.
187 NA WO 106/259 Memorandum Africa for the Africans and Pan-Islam. Recent Developments in Central and Eastern Africa by Captain J.T. Philipps; NA WO 106/259 Note on preventive measures against conjunction of Pan-islam and Africa for the African, by Captain J .E.Philipps; NA WO 106/259 British Policy in Africirca Notes on a conversation which took place on June 29th at Whitehall Gardens between Col. Sir Mark Sykes, Capt. C.A. Willis, A.D.I. Sudan Government, and Capt. J.E. Philipps, Intelligence Department East Africa Force; NA WO 106/259 Notes on Control of Pan-Islam in the Swahili-Area; IWM 73/88/1 Major-General Sir Richard Ewart Collection; IWM FJ1 Ms Journal; Anonymus, »War Reports«, in: *The Moslem World* (1918), 3, S. 434; Anonymus, »War Reports«, in: *The Moslem World* (1919), 7, S. 188; Herbert C. O'Neill, *The War in Africa and Far East, 1914–1917* (London: Longman, 1918), S. 65.

ren.¹⁸⁸ Wir wissen nicht, wie der Händler auf Falkensteins *Fatwa* reagierte, ob er für die Deutschen Spionagedienste leistete oder nicht. Einen Aufstand gab es allerdings nicht. Die Deutschen beließen es nicht bei Proklamationen. In feierlichen Reden zum Sedantag und zum Geburtstag des deutschen Kaisers, seit jeher in der Kolonie der wichtigste Feiertag, stellten die deutschen Offiziere den Kaiser als Europas größten Freund der Muslime dar. Um die muslimischen Eliten der Küstenstädte auf ihre Seite zu ziehen, erinnerten die Deutschen ihre muslimischen Untertanen an die Rolle der Briten bei der Abschaffung des Sklavenhandels im 19. Jahrhundert.¹⁸⁹ Überall in der Kolonie verbreiteten die Deutschen Gerüchte über vermeintliche anti-muslimische Maßnahmen der britischen Behörden. In Tabora fand ein britischer Missionar öffentlich ausgehängte Telegramme des Gouvernements, in dem behauptet wurde, die Behörden von Britisch-Nyassaland hätten dort die Ausübung des muslimischen Glaubens verboten und alle Moscheen geschlossen.¹⁹⁰

Der Erfolg dieser Propaganda ist schwer messbar. Gouverneur Schnee, der für die Deklaration in der Kolonie verantwortlich zeichnete, schätzte ihren Erfolg in seinen Erinnerungen als gering ein. Ein Missionar der Weißen Väter soll dagegen in einem Brief an seine Vorgesetzten in der Heimat von einem durchschlagenden Erfolg der *Jihad*-Propaganda der Deutschen berichtet haben, die unter den Muslimen Ostafrikas wahre Begeisterungsstürme hervorgerufen habe.¹⁹¹ Für eine Antwort auf die Frage, ob die *Askari* den Krieg gegen die Alliierten als Heiligen Krieg sahen, fehlen die Quellen. Es gibt allerdings einige Hinweise, dass die *Jihad*-Propaganda zumindest bei einigen *Askari* positiv angenommen wurde. Beim Sturm auf belgische und britische Stellungen auf Saisi am Ostufer des Tanganyika-Sees wehte den *Askari* die grüne Flagge mit dem roten Halbmond voran. Die *Askari* wurden zudem von einer Freiwilligen-Einheit aus Ujiji unterstützt, die, so der belgische Zeitzeuge, »Araber« waren. Wenn ihre Herkunft vermutlich auch nicht die arabische Halbinsel war, so waren diese »Araber« doch zu-

---

188 Anonymous, »A German Appeal to Mohammedans«, in: *The Moslem World* 9, (1919) 7, S. 188; Letcher, *Notes on the South-Western Area*, S. 164–172, insbesondere S. 166; White, *Tribes and the aftermath*, S. 511–541, insbesondere S. 534.
189 PRO WO 1006/259 Appendix to Africa for the Africans with reference to the points raised by sir Charles Lucas, by Captain J.E.Philipps.
190 Spanton, *In German Goals*, S. 31.
191 Schnee, *Deutsch-Ostafrika*, S. 140; DKB 1915 Der Krieg in den deutschen Schutzgebieten, 6. Mittteilung, S. 405.

mindest Muslime.¹⁹² Und immerhin gab es auf Seiten der Deutschen eine Freiwilligen-Einheit, die aus »Arabern« bestand (aber eine solche gab es auch auf britischer Seite). Die Kompanie nahm an mehreren Gefechten an der britischen Grenze teil. Doch ihre Kampfkraft wurde von vielen Offizieren als gering eingeschätzt und daher wurde sie nach nur wenigen Monaten wieder aufgelöst. Mit dem stellvertretenden Gouverneur Methner hatte die deutsche Kolonialverwaltung einen ihrer erfahrensten Kolonialbeamten an deren Spitze gestellt und das spricht eher für ein politisches denn für ein militärisches Kalkül.

Unter den Kriegsteilnehmern beider Seiten waren Muslime stark vertreten. Das galt für die britischen *King's African Rifles* sowie für die von der Goldküste und aus Nigeria nach Ostafrika geholten Regimenter der Briten und auch für die belgische *Force Publique*. Sollte die deutsche *Jihad*-Propaganda auf jene Muslime gezielt haben, die auf Seiten der Alliierten standen, dann verhallte sie ungehört: Es gibt keine Indizien, die auf Desertionen oder auf Aufstände hindeuten, die infolge der deutschen Propaganda stattfanden. So musste manch ein deutscher Offizier, der sich während des Krieges zum *Jihadisten* mauserte, enttäuscht feststellen, dass seine über den Kampfplatz gerufenen Parolen vom Heiligen Krieg bei den afrikanischen Soldaten der anderen Seite wenig Eindruck machten.¹⁹³

Die neue Ordnung

Die Alliierten sahen, ähnlich den Deutschen, den Feldzug nicht nur als einen Kampf gegen die deutschen Truppen, sondern auch als einen Kampf um eine zukünftige koloniale Ordnung. Die Politik der belgischen Truppen gegenüber der lokalen Bevölkerung, so verlangte Tombeur in Briefen an seine Untergebenen, solle unbedingt darauf ausgerichtet werden, die Deutschen in den Augen der Afrikaner zu diskreditieren und sie für die Sache der Alliierten zu gewinnen. Daher solle sorgsam darauf geachtet werden, dass die Truppen die Bevölkerung gut und gerecht behandelten. Jedoch solle auf

---

192 Stiénon, *La campagne anglo-belge*, S. 71.
193 Aufzeichnung des Oberleutnants d. Ldw. v. Debschitz, Führers der 29. Feldkompagnie, in: Foerster, Greiner & Witte (Hrsg.), *Kämpfer*, S. 47.

jedes Zeichen von Widerstand mit der gebotenen Schärfe reagiert werden.[194] Anders als in Europa, wo die Bevölkerung einer feindlichen Nation mit eben dieser gleichgesetzt wurde, also die Frage nach den Sympathien für die eigenen oder feindlichen Truppen sich quasi erübrigte, gingen die alliierten Kommandeure nicht davon aus, dass die Ostafrikaner unter deutscher Herrschaft ein großes Interesse am Ausgang des Krieges für die eine oder andere Seite haben würden. Tombeur hielt den größten Teil der ostafrikanischen Bevölkerung schlimmstenfalls für neutral, bestenfalls den Alliierten gegenüber wohlgesonnen, hätten sie doch in der Vergangenheit unter dem harten Joch der Deutschen zu leiden gehabt.[195]

In der Welt der von den alliierten Kommandeuren verfassten Befehle und Memoranden war die Rollenverteilung relativ simpel. Hier die brutalen Deutschen, dort die Alliierten als Befreier. Dass dies nicht so einfach war, mussten die Belgier bereits in den ersten Tagen ihrer Offensive erfahren. Als sie die Insel Idjiwi im Kivu-See zurückeroberten, bekamen sie von der dortigen Bevölkerung mitgeteilt, dass man von ihnen nicht die Befreiung, sondern die Unabhängigkeit erhoffe und dass es daher nicht ihr Wunsch sei, unter die Verwaltung von Europäern zu kommen, ob sie nun als Belgier oder Deutsche daherkämen. Die Anfrage der Belgier nach Trägern beantwortete die Leute von Idjiwi mit Flucht. Vereinzelt kam es zu bewaffneten Zusammenstößen zwischen der lokalen Bevölkerung und den Belgiern.[196] Mit seiner Meinung über den europäischen Krieg auf afrikanischem Boden hielt auch ein Chief vom Südufer des Viktoria-Sees nicht hinter dem Berg. Er teilte Tombeur mit, dass der Krieg hier und jetzt enden solle und die Truppen sich nach Europa aufmachen sollten, um dort weiterzukämpfen, wenn sie es denn unbedingt wünschten.[197]

Diese Erfahrungen hielten die belgischen Offiziere allerdings nicht davon ab, den Krieg, um Clausewitz zu bemühen, als Kolonialpolitik mit anderen Mitteln zu sehen. Der Glanz militärischer Siege sollte der lokalen Be-

---

194 FP 1129/2657 Molitor an Commandant Du Xe Bataillon, Kamwezi, 26.4.1916; FP 1129/2657 Tombeur à le Major Commandant le 1e Régiment, Rutshuru, 22.3.1916; MRAC Collection Tombeur de Tabora, Tombeur de Tabora, G. Baron. La conquête du Ruanda-Urundi, d'après des ouvrages recentes. Major Tombeur de Tabora (RG 1115), n.d, S. 18.
195 FP 1129/2657 Tombeur, Rapport sur les opérations de l'offensive belge dans L'Est Africain Allemands, Avril–Septembre 1916.
196 NA CO 691/14: Administrator's Office to the Principal Secretary of State for the Colonies, Wilhelmstal, 22.3.1918.
197 Daye & Renkin, *Avec les Vainqueurs*, S. 158.

völkerung den Machtwechsel eindrucksvoll verdeutlichen, das rücksichtsvolle Verhalten der Truppen die Herzen der lokalen Bevölkerung gewinnen.[198] Jeder Sieg der alliierten Truppen wurde daher auch unter dem Aspekt des Eindrucks auf die lokale Bevölkerung diskutiert. So feierte Molitor seinen Einzug in Kigali, dem Sitz der deutschen Verwaltung in Ruanda, und in Nyanza, der Residenz des ruandischen Königs Musinga, nicht nur in seinem Bericht als einen Sieg, der einen tiefen Eindruck auf die Tutsi-Eliten gemacht habe, sondern er zelebrierte diesen Einzug auch mit allem Pomp und militärischem Zeremoniell, das er aufbieten konnte.[199]

Das Vertrauen der Bevölkerung durch ein rücksichtsvolles Verhalten der Truppen zu gewinnen erwies sich für die Belgier allerdings als eine unlösbare Aufgabe. Die belgischen Offiziere hatten ihre Truppen kaum unter Kontrolle. Immer wieder kam es zu Übergriffen auf die Lokalbevölkerung. Der belgische Einzug in Ruanda sprach jeder Politik Hohn, die sich zum Ziel gesetzt hatte, das Vertrauen und die Sympathie der Lokalbevölkerung zu gewinnen. Vor allem die Chiefs hatten in den besetzten Gebieten vielfach Misshandlungen und oft auch den Tod zu erleiden, denn durch deren Demütigung erhofften sich die *Bulamatari* und belgischen Offiziere einen leichteren Zugang zu Frauen und Lebensmitteln. Kein Wunder, dass die Belgier oft nur verlassene Dörfer vorfanden. Weil in der Region von Buganza alle Chiefs geflohen waren, setzten die Belgier kurzerhand einen Mann namens Madari ein, dessen einzige Qualifikation einige Brocken Swahili waren, die er bei seinen Reisen nach Buganda gelernt hatte. Madari erwies sich als ein willfähriger wie ambitionierter Helfer der Belgier. Er besorgte ihnen die geforderten Träger und Lebensmittel sowie die von den *Bulamatari* und belgischen Offizieren gewünschten Frauen.[200]

Auf den Schlachtfeldern war die neue Ordnung zunächst eher ein Chaos. In einem Krieg, in dem die Fronten wenig klar gezogen waren, war es für die Menschen nicht leicht zu erkennen, wer momentan die Macht verkörperte oder der aktuelle Sieger war. Wo die Frontlinien verliefen oder wer gerade die Kontrolle über dieses oder jenes Dorfes hatte , wer gerade wen tötete und aus welchem Grund – darüber waren sich selbst die britischen Verwaltungsoffiziere nicht immer im Klaren. Immer wieder tauchten Ge-

---

198 FP 1129/2657 Tombeur à Le major Commandant la Brigade Nord, Rutshuru, 25.3.1916; FP 1129/2657 Tombeur à le Major Commandant le 1e Régiment, Rutshuru, 22.3.1916.
199 FP 1129/2657 Molitor, Compte rendu des opérations du groupe offensif jusqu'a l'arrive a Kigali, Kigali. 12.5.1916.
200 Kabagema, *Ruanda*, S. 305; Patrick Lefèvre, *Les Militaires Belges Et Le Rwanda: 1916–2006*, (Paris: Editions Racine, 2006), S. 24.

rüchte über die Anwesenheit deutscher Truppen in der Kilimanjaro-Region auf, notierte der britische Verwaltungsoffizier Bagshave im September 1917. Auch Gerüchte über marodierende *King's African Rifles*, die einen weißen Siedler auf dem Gewissen hätten, kamen ihm zu Ohren. Kaum einem dieser Gerüchte könne man Glauben schenken, befand er, denn das Land sei in diesen Tagen voller Gerüchte. Bei seinen Touren durch seinen Bezirk geriet er dennoch des öfteren zwischen die Frontlinien deutscher Truppen und ihrer belgischen und mitunter auch afrikanischen Verfolger, die der Übegriffe auf ihre Dörfer überdrüssig, den kleinen umherschweifenden Patroullien von *Askari, Bulamatari* und Deserteuren nachstellten.[201]

Die Deutschen taten nach ihrem Abzug und bei ihrer sporadischen Wiederkehr so, als ob die lokale Bevölkerung immer noch Untertanen der deutschen Kolonialmacht seien und die Briten und Belgier verhielten sich bisweilen so, als ob es eine deutsche Kolonialherrschaft nie gegeben hatte. Für die Bevölkerung von Unyamwezi und Usukuma wurde mit der Rückkehr deutscher Truppen unter dem Kommando von Wintgens und Naumann Ende 1916 die Lage besonders unübersichtlich und zuweilen auch riskant. Panik machte sich unter der lokalen Bevölkerung Taboras und der Umgegend breit, als Gerüchte über einen bevorstehenden Sturm deutscher Truppen auf die Stadt laut wurden. Ob freiwillig oder gezwungen, die Bevölkerung hatte sich mit der alliierten Besatzung abgefunden und auch zumindest teilweise mit den Alliierten kooperiert. Die Deutschen interessierte dies aber wenig. Sie erwarteten von ihren ehemaligen Untertanen Loyalität. Wer in Verdacht geriet, allzu eilfertig und eng mit den neuen Machthabern kooperiert zu haben, wurde von den deutschen Truppen kurzerhand hingerichtet.[202] Die Alliierten wiederum achteten eifersüchtig auf jedes noch so kleine Anzeichen einer deutschfreundlichen Haltung seitens der lokalen Chiefs. Die Briten reagierten auf jeden Verdacht der Kooperation mit den Deutschen mit harschen Strafmaßnahmen. Als einige Chiefs in Unyamwezi es versäumt hatten, die Anwesenheit von Wintgens und Naumann in ihrem Gebiet den britischen Behörden zu melden, wurden sie kurzerhand verhaftet und deportiert. Nicht anders erging es einigen Sukuma-Chiefs, die nach der Niederlage der Briten und Belgier gegen Naumann bei den Kämpfen um die *Boma* von Ikoma, in Verdacht gerieten, mit den Deutschen gemein-

---

201 Bagshave, *Diaries*. 1.1.1917, 24.7.1917, 2.9. bis 13.9.1917.
202 MRAC Collection de Jean Scheppers; Extrait des notes autres que militaire du Capitaine-Commandant Scheppers, Dar es Salaam, 15.2.1917.

same Sache gemacht zu haben.²⁰³ Diese Paranoia der neuen Herren entsprang ihrem Nichtwissen über die lokalen Gesellschaften. Die belgischen Offiziere, oftmals frustriert über verlassene Dörfer und den passiven Widerstand der Bevölkerung, verdächtigten nahezu jeden Chief germanophil zu sein. Diesem Verdacht fielen einige Chiefs zum Opfer: Sie wurden wegen mangelnder Unterstützung der belgischen Truppen oder vermeintlicher Kooperation mit den Deutschen bestenfalls vor Kriegsgerichte gebracht, schlimmstenfalls sofort standrechtlich erschossen. Selbst der entfernt residierende Musinga kam mit jedem Kilometer, den der ehemalige Resident Ruandas, Max Wintgens, ihm näher kam, mehr und mehr in Verdacht, mit dem Deutschen in Kontakt zu stehen.²⁰⁴

Die afrikanische Bevölkerung indes reagierte auf die Ankunft von Truppen oft mit Flucht, denn für sie war die Begegnung mit den alliierten oder deutschen Truppen ein Vabanquespiel. Da machte es kaum einen Unterschied, welche Uniform die Soldaten trugen, die ihr Land durchstreiften; zumal die Uniformen der belgischen und deutschen Truppen sich sehr ähnlich sahen. Auch der Unterschied, ob der Bveölkerung reguläre Truppen oder marodierende Deserteure gegenüberstanden war oftmals ein eher theoretischer. Nur an wenigen Orten, so scheint es zumindest aus den Quellen hervorzugehen, gab es bewaffnete Zusammenstöße zwischen alliierten Truppen und der lokalen Bevölkerung. Zu regelrechten Gefechten sei es aber beim Einmarsch der Belgier in Unyamwezi gekommen, schrieb ein deutscher Missionar an seine Vorgesetzten in der Heimat. Die Belgier hätten mit Gewalt die Bevölkerung ganzer Dörfer zum Trägerdienst gepresst, diese hätte sich mit Flucht oder mit dem Überfall auf belgische Truppen diesen Rekrutierungen widersetzt.²⁰⁵ Beinahe alltäglich kam es zu Zusammenstößen zwischen der bis aufs Blut ausgeplünderten Bevölkerung und versprengten und marodierenden Truppen auch am Nordufer des Nyassa-Sees. Hier verweigerte ein Chief den Belgiern jedweden Zutritt zu seinem Land. Eine ihm entgegengeschickte Patrouille wurde nahezu aufgerieben und die Überlebenden mit der Botschaft des Chiefs an die Belgier zurückgeschickt, dass jeder Soldat oder Europäer, der sich seinem Land nähere, getötet werde. Nach dem Tod mehrerer Chiefs und der Entführung und Vergewaltigung mehrerer Frauen am Ostufer des Tanganyika-Sees began-

---
203 CMS-Archive, British Library, London: Rees an Manley, Brighton, Mai 1918.
204 FP 2659/1155 Compte rendu operation du 4eme Bon. Du 4 au 13 Juin 1917: Thomas an Commandant du 4eme Bon. 5.6.1917; MRAC Collection Thomas: Thomas an Huyghe, Tabora, 7.6.1917.
205 Bechler, *Zur Kriegszeit*, S. 29.

nen die Ginza einen regelrechten Aufstand gegen die belgischen Besatzungstruppen, bei dem eine ganze Anzahl von *Bulamatari* durch Giftpfeile getötet wurde. Das belgische Kommando erließ daraufhin Order an die Chiefs, marodierenden *Bulamatari* die Waffen wegzunehmen und diese mitsamt den Marodeuren auf den Verwaltungsposten abzuliefern.[206]

Der Gewaltraum des Ersten Weltkrieges erinnerte in vielem an den Gewaltraum der kolonialen Eroberungsphase. Nicht nur aufgrund der Art und Weise, wie Gewalt von den Truppen ausgeübt wurde, sondern auch im Verhalten der Bevölkerung bei Ankunft der neuen Herren und den Strategien, die sie nutzten, um die Gewalt einzudämmen. Sowohl für die Belgier als auch die Briten ging es nicht nur um die Besetzung des Territoriums einer feindlichen Kolonialmacht, sie sahen vielmehr in ihrer Ankunft den Beginn der eigenen kolonialen Herrschaft. Freilich hatten sie das Land nicht widerständigen Afrikanern zu entreißen, sondern widerständigen Deutschen. Hier wie dort war die Präsenz der Kolonialherren, ob alt oder neu, die von Peripatetikern. Im Laufe des Krieges verschob sich die Präsenz der peripatetischen Kolonialherren in Regionen, die bis dahin kaum von der kolonialen Herrschaft berührt gewesen waren. Beiderseits des Tanganyika-Sees etwa hatten Belgier und Deutsche bis dahin nur wenig Einfluss auf die lokalen Gesellschaften gehabt; Begegnungen zwischen den nominellen kolonialen Subjekten und den nominellen kolonialen Herren waren eher selten und zufällig. Schon zu Beginn des Krieges wurde das Gebiet nun zur Kampfzone, als sich hier belgische und deutsche Truppen beständige Scharmützel lieferten. Mitte 1916 eröffneten die Belgier am Ostufer des Sees eine Front, Anfang 1917 kam es hier zu einzelnen Gefechten zwischen Wintgens und seinen britischen und belgischen Verfolgern. Mitte 1918 wiederum erreichte Lettow-Vorbeck mit seinen Truppen die Region. Wo einst wenig von der Präsenz der Europäer und ihrer afrikanischen Soldaten zu spüren gewesen war, durchstreiften nun Truppen das Land auf der Suche nach dem Feind, nach etwas zu essen oder nach dem Weg nach Hause.

Kam es zu Kontakten zwischen Europäern und lokalen Chiefs, dann griffen letztere in gleichem Maße auf etablierte Muster der Begegnung mit den Kolonialherren aus der Phase der kolonialen Eroberung zurück, wie die neuen Herren diese Begegnungen im Lichte kolonialer Eroberungsdiskurse interpretierten. Die Beschreibungen ihrer Zusammentreffen mit der lokalen

---

206 MRAC Collection de Molitor, Rapport d'ensemble sur l'organisation du cercle de Ujiji du 10 août au 20 décembre 1916; RHO MSS Afr. 267 Watt *The tribe*: Historical notes from Felix Rutimbura.

Bevölkerung erinnert oft an Szenen des Erstkontakts: Hier die vor den Soldaten flüchtende Bevölkerung, stundenlange Verhandlungen mit Mittelsmännern über die Stellung von Führern und Lebensmitteln, sporadische Strafaktionen im Falle des Scheiterns dieser Verhandlungen; dort die typischen Schilderungen über die in der Wildnis verschwindenden »Wilden«.[207] Möglicherweise haben auch einige Afrikaner den Kontakt mit den Alliierten im Sinne des kolonialen Erstkontakts gesehen. So präsentierte ein Chief aus der Umgegend von Tabora dem belgischen Offizier Scheppers Empfehlungsschreiben, die er einst vom britischen Entdecker Henry Morton Stanley und dem Missionar Livingstone erhalten hatte. Sie hatten die Gegend um 1870, am Vorabend der kolonialen Eroberung, bereist.[208] In Ruanda trug die durch marodierende *Bulamatari* verängstigte Bevölkerung den ankommenden Truppen grüne Palmenzweige entgegen, um diesen ihr freundschaftliches Verhältnis anzuzeigen. Und sie brachten jene magischen Dinge, von denen sie wussten, dass sie die Europäer besänftigen: Fleisch und Eier. Die Belgier wiederum interpretierten dies, ganz im Sinne der kolonialen Eroberungszeremonik, als Zeichen ihrer Unterwerfung.[209] Auch der ruandische König Musinga agierte so, wie bei seiner ersten Begegnung mit einer europäischen Kolonialmacht und ihren Vertretern. Die belgischen Truppen hatten bei ihrer Ankunft seinen Palast über mehrere Stunden beschossen, trotz der weißen Fahnen, die ihm Wintgens bei seinem Abzug in die Hand gedrückt hatte. Erst als er die deutsche Fahne einholte, beendeten die Belgier ihr Bombardement. An der Spitze einer Deputation seiner Notabeln ging er den ankommenden belgischen Truppen entgegen und gab seiner Freundschaft mit den Belgiern Ausdruck. Freundschaft, das war eine Metapher der Etablierung von Beziehungen zwischen Kolonialherr und Kolonisiertem. Für Musinga ging es nicht um Unterwerfung, sondern Diplomatie. Die Belgier jedoch sahen darin eine Unterwerfungsgeste Musingas. Wie einst bei den Deutschen war diese Szene begleitet vom Austausch von Geschenken. Tombeur, der eigens zum Treffen mit Musinga angereist war, schenkte dem König einen Revolver und Kleidung. Musinga revanchierte sich dafür mit der Zusicherung, Träger und Lebensmittel für die belgischen Truppen zu stellen. Einzig den Zutritt zu seinem Palast verweigerte der Mo-

---

[207] MRAC Collection de Frederik Olsen, Compte rendu résumant les principaux faits intéressant la défense de la Colonie pendant le mois, Shangugu, 9.5.1916.
[208] MRAC Collection de Jean Scheppers: Mémoires du Colonel honoraire Scheppers, Vétéran de l'Etat Indépendant du Congo.
[209] Daye & Renkin, *Avec les Vainqueurs*, S. 131.

narch den Belgiern. Dies sei aus religiösen Gründen undenkbar, erklärte er.
Die Belgier wiederum spekulierten auf einen anderen Grund: Musinga wolle den Europäern seinen sagenhaften Harem verbergen. Und auch dieses Missverstehen hatte seine Tradition in der kolonialen Eroberungsphase: Das Insistieren auf religiöse Tabus, die von den Europäern als Aberglaube interpretiert und somit in gewisser Weise toleriert wurden.[210]

Doch Musinga hatte auch neue Formen der Kommunikation mit den Europäern eingeübt. Er sandte mehrere Briefe an die Kommandeure der belgischen Truppen. Zur Zeit der Deutschen hatte er in regelmäßigem Briefverkehr mit der Verwaltung gestanden, der langjährige Resident von Ruanda, Richard Kandt, hatte ihm eigens dafür einen Sekretär zur Seite gestellt. Die Briefe waren in Swahili, die Verkehrssprache der deutschen Kolonie, geschrieben. Jedoch nur die wenigsten belgischen Offiziere waren dieser Sprache mächtig. Und selbst jene, die Swahili sprachen, beherrschten nur den Dialekt des Kongo. Die Verständigung blieb schwer und vor allem geprägt von einem tiefen Misstrauen auf beiden Seiten. Musinga hatte einen zweifelhaften Ruf unter den belgischen Kolonialoffizieren. Ihm wurde eine allzu euphorische Unterstützung des Residenten Max Wintgens nachgesagt. Musinga selbst mochte, egal wie er zu den Deutschen oder Belgiern stand, der neuen Zeit nicht recht über den Weg getraut haben. Wintgens hatte ihm zum Abschied von den Siegen der Deutschen in Europa erzählt. Belgien sei von den Deutschen okkupiert und bald auch würden die Deutschen wieder Ruanda besetzen. Grund genug für den Monarchen, eine abwartende Haltung einzunehmen. Wie immer auch die Belgier Musinga sahen, in einem waren sich die meisten Offiziere einig: Musingas Macht über seine Untertanen war absolut. Daher waren die Belgier gewillt, den von den Deutschen geerbten Status quo zunächst beizubehalten. Ende April bestätigten sie Musinga in einer feierlichen Zeremonie, während derer der in Kigali stationierte Major De Clerck ein Telegramm des belgischen Königs an den König von Rwanda verlas. Wie im Kongo üblich, wurden Musinga die Insignien eines Chiefs von belgischen Gnaden überreicht. Damit war die formelle Einverleibung des Königreiches besiegelt, zumindest vor Ort. Nach einem britischen Bericht ließen die Belgier dem Monarchen in den ersten Jahren der Besatzung nahezu freie Hand. Dieser habe die Gelegenheit genutzt, sich

---

210 Ebd., S. 136, FP 829/262/1 Ruanda-Urundi, Décembre 1919, FP 1129/2657 Rapport du mois de mai 1918, MRAC Collection de Frederik Olsen, Compte rendu résumant les principaux faits intéressants la défense de la Colonie pendant le mois, Shangugu 9.5.1916.

auf brutalste Weise seiner Konkurrenten und Widersacher zu entledigen. Ob dies eine gezielte Politik der belgischen Offiziere war, mag bezweifelt werden. Sie werden kaum eine andere Wahl gehabt haben, wollten sie sich die Unterstützung des Monarchen bei der Rekrutierung von Trägern und der Aushebung von Nahrungsmitteln sichern.[211] So gaben sich die belgischen Offiziere gerne positiven Illusionen hin. Wie etwa der Offizier Scheppers, der Musinga nachsagte, dass sobald die belgischen Truppen sich seiner Residenz genähert hätten, dieser sein harsches Feudalsystem gelockert habe.[212]

Auch die britischen Beamten, die den Truppen folgten, befolgten zunächst jene typischen Begegnungszeremonien kolonialer Herrschaft im Frühstadium. Doch sie hatten nicht nur mit den stark zentralisierten Königreichen des Zwischenseengebiets zu tun, vielmehr mit einem Flickenteppich ganz unterschiedlicher lokaler Herrschaftsformen und kolonialer Ordnungsversuche der nunmehr abgezogenen Deutschen. Oft waren die Herrschaftsverhältnisse den neuen Herren kaum ersichtlich und damit die Antwort auf die Frage nach dem verantwortlichen Chief, von dem man im gleichen Atemzug die Unterwerfung und die Beschaffung von Lebensmitteln und Trägern fordern konnte, nicht immer leicht. Wie auch immer, in der Art und Weise, wie die Briten mit den Chiefs kommunizierten, unterschieden sie sich nur wenig von ihren Vorgängern. Was die Deutschen einst *Shauri* genannt hatten, das hochzeremonielle Gespräch zwischen Kolonialherren und afrikanischem Chief, hieß bei den Briten *Baraza* oder *Durbar*, aber es meinte nahezu das Gleiche. Nur das die Deutschen vielleicht eine Spur mehr Pomp bevorzugt hatten, während die Briten zunächst eher den freundlichen Berater gaben. So liest sich etwa das Tagebuch des Kolonialbeamten Bagshave wie eine endlose Aneinanderreihung von *Barazas*. Neben Forderungen nach Männern für den Militär- oder Trägerdienst sowie nach Lebensmitteln dienten die *Barazas* vor allem dazu, erste Einblicke in die lo-

---

211 R. Comte De Briey,»Musinga«, in: *Congo* ii, (1920) 1, S. 1–13, insbesondere S. 3, Anonymous,»Rapport sur l'administration belge du Ruanda-Urundi (1922-23)«, in: *Congo* iii, (1923) 2, S. 238-245, insbesondere S. 238. Louis de Lacger, *Ruanda* (Kabgayi Rwanda: 1961), S. 451; FP A/2425 Molitor, Role du Kivu dans l'organisation défensive de la Frontière Orientale (Extrait), Stanleyville, 8.8.1914; FP 2659/1155 Compte rendu operation du 4eme Bataillon du 4 au 13 Juin 1917), Thomas an Commandant du 4eme Bon., 5.6.1917; FP 829/262/1 Ruanda-Urundi, Décembre 1919; FP 2657/1137 Traduction de lettre Yuhi Musinga, Nyanza 20.5.1916; FP 829/262/1 Ruanda-Urundi, Décembre 1919; Lefèvre, *Les Militaires Belges*, S. 26.
212 MRAC Collection Jean Scheppers: 59.36.1 Mémoires du Colonel honoraire Scheppers, Vétéran de l'Etat Indépendant du Congo, n.d.

kalen Machtverhältnisse zu erlangen. Aber für Bagshave war es auch die Zeit der salomonischen Urteile, mit denen er zu ordnen meinte, was das Chaos des Krieges oder die Herrschaft der Deutschen in Unordnung gebracht hatten. Diese Rolle des unparteiischen Richters entsprach durchaus dem Selbstbild der britischen Kolonialbeamten der ersten Stunde. Doch weniger den Erwartungen der Briten entsprach das Verhalten der Afrikaner in diesen *Barazas*. Bagshave klagte immer wieder über die mangelnde Anwesenheit vor allem der älteren Chiefs bei seinen *Barazas*. Offenbar, so Bagashave, hätten die Afrikaner jeden Respekt vor dem »Serkal«, der Regierung, verloren. Undurchsichtig blieben ihm auch oftmals die fluktuierenden lokalen Machtverhältnisse. Da gab es ehemalige *Askari*, die die Macht vor Ort von den Deutschen geerbt hatten und, wie er schrieb, eine »semi-parasitäre« Existenz auf Kosten der lokalen Bevölkerung führten. Da waren die Massai und Baganda, die, einst von den Briten zum Viehraub ermuntert, nun kaum den feinen Unterschied beachten wollten, dass das einstmals deutsche Gebiet nun unter britischer Kontrolle stand. Und schließlich die Flut zurückkehrender Flüchtlinge, mit deren Ankunft Konflikte um Land und Zugehörigkeit bzw. Unterordnung unter den von den Briten hofierten Chiefs virulent wurden.[213]

Manchmal war es auch nur die Frage der Kleiderordnung, die die britischen Kolonialbeamten befremdete. Im Bericht über seine erste Inspektionsreise in den Bukoba-Bezirk drückte der oberste Kolonialbeamte der besetzten Gebiete und spätere Gouverneur, Horace Archer Byatt, seine Verwunderung über eine ihm entgegeneilende Prozession lokaler Würdenträger aus. Jeder der Chiefs sei ihm mit einem ganzen Heer von Gefolgsleuten entegegenkommen. Zwei hätten grelle Uniformen getragen, die sie von den Deutschen geschenkt bekommen hätten. Ob aus diesem Empfang eine freundliche Haltung sprach, könne er nicht mit Sicherheit sagen. Aber beim anschließenden *Durbar* hätten ihn die Chiefs mit Interesse und Zustimmung gelauscht, als er ihnen die Politik der neuen Regierung erläutert habe.[214] Viel neues muss er ihnen nicht erzählt haben, denn die britische Politik der ersten Jahre war von einer nahezu ängstlichen Verweigerung geprägt, den Status quo zu ändern. Die Deutschen hatten den Chiefs in der Region bei ihrem Abzug geraten, sich mit den Briten zu arrangieren.[215]

---

213 Bagshave, *Diaries*, 1916–1917.
214 NA CO 691/5 Byatt, Administrator's office, to the Principal Secretary of State for the Colonies, Wilhelmstal, 7.6.1917.
215 Austen, *Northwestern Tanzania*, S. 118, Peter A. Dumbuya, *Tanganyika under International Mandate, 1919–1946* (Lanham: University Press of America, 1996), S. 102.

Die britische Verwaltung der ersten Stunde war allerdings weniger von kolonialen Zielen, denn von militärischen Notwendigkeiten geprägt. Kaum dass die Deutschen abgezogen waren, wurden die Ostafrikaner in die Kriegsökonomie der Alliierten eingebunden. Das machte es für die Alliierten nicht gerade leichter, die Sympathien der vermeintlich Befreiten zu gewinnen. Wie die Deutschen vor ihnen waren es Träger und Lebensmittel, die die neuen Herren von der Bevölkerung wollten. Zudem mussten Straßen gebaut und die Bevölkerung in ihre Dörfer zurückgebracht werden. Marodierende Truppen, Hungersnöte und Epidemien hatten ganze Landstriche entvölkert. In Ugogo, das von den Deutschen in den ersten zwei Jahren des Krieges systematisch ausgeplündert worden und das durch die erbitterte Kämpfe des Jahres 1916 verwüstet worden war, führten die Forderungen der neuen Machthaber nach Nahrung und Männer für den Trägerdienst zum endgültigen Kollaps der lokalen Landwirtschaft. 1917 brach eine Hungersnot aus, die mehr als drei Jahre wütete und Zehntausende tötete. Viele verliessen ihre Dörfer und flohen in die Wäldern, wo sie sich vor den Briten versteckten und von wilden Früchten und Wurzeln lebten. Manche sahen sich gar gezwungen ihre Kinder zu verkaufen. Der Hungersnot folgte knapp ein Jahr später der Ausbruch der Spanischen Grippe, der die durch den Hunger geschwächte Bevölkerung nichts mehr entgegenzusetzen hatte.[216] Die Briten taten zunächst wenig, um der Bevölkerung von Ugogo zu helfen. Bittestellenden Afrikanern entgegnete der britische Offizier von Dodoma mit der Aufforderung zu verschwinden, da auch er ihnen kein Essen geben könne. Erst 1919 begannen die Behörden auf die Hungersnot zu reagieren und Lebensmittel an die Bevölkerung zu festgesetzten Preisen zu verkaufen. Für einen Großteil der Menschen, denen kaum etwas geblieben war, blieb nur der Weg in koloniale Ökonomie, wo sie sich als Tagelöhner verdingen mussten.[217]

Andernorts erwiesen sich die neuen Machthaber aber auch offener für das Leid der Bevölkerung. Das Hauptquartier der britischen Verwaltung in Aruscha beherbergte ein riesiges Flüchtlingslager, in dem die lokale Bevölkerung vor den anrückenden Kolonnen Naumanns, aber auch vor deren belgischen Verfolgern geflüchtet war. Hier verstanden die britischen Kolonialbeamten dies als eine sehr willkommene Gelegenheit, die Afrikaner für ihre Sache zu gewinnen und versuchten, den Notleidenden so gut es ging zu

---

216 Maddox, *Mtunya*, S. 181–197, insbesondere S. 184–186.
217 Ebd., S. 189.

helfen.²¹⁸ Eine ähnliche Situation herrschte etwa zur gleichen Zeit im Süden der Kolonie. Nach einem halben Jahr erbitterter Kämpfe waren Tausende von Flüchtlingen in die Hafenstadt Lindi geströmt, wo sie sich von den britischen Behörden eine Linderung ihrer Not versprachen. Immer wieder kamen die Leute mit Petitionen, in denen sie Nahrungsmittel, aber auch Kleidung forderten.²¹⁹

Ein erster Schritt hin zu einer aktiven Kolonialpolitik war die Unterteilung der besetzten Gebiete in zwei Zonen. In der nichtgefährdeten Zone nördlich der Mittelland-Bahn wurde bereits 1916 mit der Errichtung ziviler Verwaltungsstrukturen begonnen. Meist wurden ehemalige Offiziere der kämpfenden Truppen in den Rang von Verwaltungsoffizieren erhoben. Südlich der Mittelland-Bahn begann die gefährdete Zone, in der das Militär die Oberhoheit hatte. Allerdings bekamen sie Verwaltungsoffiziere zur Seite gestellt, die sie bei der Rekrutierung von Arbeitskräften, Trägern und bei der Beschaffung von Nahrungsmitteln unterstützen sollten.²²⁰ Während in den ersten Monaten der britischen Besatzung die Anforderungen der neuen Herren an die lokale Bevölkerung noch vergleichsweise gering waren, so brachte das Jahr 1917 eine massive Verschärfung der Rekrutierung von Trägern und Soldaten für die *King's African Rifles* und die *Carrier Corps*. Bagshave, mittlerweile zum Kilimanjaro versetzt, nahm schnell Abstand von seiner *laissez-faire*-Politik, die er noch in Lindi bevorzugt hatte. Nur zu gerne schien er das Angebot lokaler Chiefs annehmen zu wollen, ihm 150 neue Rekruten zu liefern, wenn sie denn Zwang anwenden dürften. Doch das vermeintlich gute Geschäft, mit dem sich die Chiefs das Wohlwollen Bagshaves sichern wollten, erwies sich für sie schnell als ein ruinöses. Die zwangsverpflichteten Männer desertierten en masse und zur Strafe forderte Bagshave von jedem der Chiefs zwei Kühe pro Deserteur.²²¹ In seiner ersten *Baraza* mit den Haya-Chiefs der Bukoba-Region war es für Byatt zunächst um ein Ausloten der politischen Verhältnisse vor Ort gegangen. Byatts wichtigste Forderung waren Männer für die *King's African Rifles* und Träger für die *Carrier Corps*. Die Deutschen hatten von den Haya-Chiefs des Bukoba-Bezirks im Verlaufe des Krieges zwar eine ganze Reihe von *Ruga-Ruga* gestellt bekommen, doch nur wenig Erfolg mit Rekrutierung von Trägern

---

218 Bagshave, *Diaries*, 1916–1917, 10.11.1916.
219 RHO MSS. Afr. S. 458 W.S.G. Barnes Papers: Letter book. 1915-1917: Barnes to DPO Lindi, Mingoyo, 14.8.1917; Bagshave, *Diaries*, 10.11.1916.
220 NA CO 691/4 Extract from a Memorandum, Col. W. J. Monson, Chief Political Officer; Dumbuya, *Tanganyika*, S. 102.
221 Bagshave, *Diaries*, 8.5.1917, 24.6.1917, 25.6.1917.

und *Askari* gehabt. Schon seit Beginn der deutschen Kolonialherrschaft hatten sich die Haya erfolgreich gegen Verpflichtungen des kolonialen Staates, die sie über die Grenzen ihrer Heimat hinausgeführt hätten, gewehrt. Die Briten waren weniger rücksichtsvoll und versuchten in großem Umfang Männer für den militärischen Dienst zu verpflichten. Das Resultat war, dass viele Haya im dienstfähigen Alter nach Uganda flohen. Diejenigen, derer die Briten habhaft werden konnte, gingen einem traurigen Schicksal entgegen. Nicht an das Klima der tiefer gelegenen Gebiete südlich ihrer Heimat gewöhnt, nur unzureichend mit Kleidung und Decken ausgerüstet, schlecht ernährt und einer rücksichtslosen Ausbeutung ausgesetzt, erkrankten viele der Haya-Träger und Soldaten und nicht wenige starben.[222]

Mehr Erfolg mit der Rekrutierung von Soldaten und Trägern hatten die Briten am südlichen Ufer des Viktoria-Sees. Hier hatte Wanderarbeit eine lange Tradition. Schon zu Zeiten des Karawanenhandels des 19. Jahrhunderts hatten sich viele Sukuma-Männer als Träger, Händler und bewaffnete Begleiter in den Karawanen verdingt. Die Deutschen hatten diese Bereitschaft der Sukuma für ihre Zwecke auszunutzen verstanden. Ein Großteil ihrer *Askari* und Träger kam aus dieser Region. Und auch die Briten profitierten während des Krieges davon, besonders unter vielen ehemaligen *Askari* war die Bereitschaft groß, sich bei den *King's African Rifles* zu verpflichten.[223] Doch anders als in den zentralisierten Haya-Königreichen des Bukoba-Bezirks, wo der Krieg nur geringe politische Erschütterungen hinterlassen hatte, war die politische Struktur in Usukuma während des Krieges ins Chaos abgedriftet. Viele der von den Deutschen eingesetzten und unterstützen Chiefs waren von ihren Untertanen verjagt worden. Dabei war das Ausmaß der Kampfhandlungen in der Region eher gering gewesen. Schwerer wog allerdings die unüberschaubare Situation, in wessen Hand sich die Macht in den ersten Monaten nach dem Abzug der Deutschen befand. Zwar hatten die Briten mit Tufnell einen sehr erfahrenen Kolonialbeamten als *Political Officer* installiert, dieser jedoch musste sich mit der Präsenz starker britischer und belgischer Truppen in seinem Gebiet abfinden. Die Belgier hatten in Mwanza eine Garnison ihrer Truppen sowie mehrere provisorische Camps in der Region zwischen Tabora und dem Südufer des Viktoria-Sees errichtet. Die Anwesenheit der belgischen Truppen trug wenig

---

222 NA CO 691/5 Byatt, Administrator's office, to the Principal Secretary of State for the Colonies, Wilhelmstal, 7.6.1917; Austen, *Northwestern Tanzania*, S. 125.
223 Austen, *Northwestern Tanzania*, S. 125.

zur Stabilität der Region bei, denn sie waren wenig zimperlich, wenn es um die Beschaffung von Lebensmitteln und Trägern ging.

Große Probleme hatten die Briten im Kilimanjaro-Gebiet. Hier hatten sich Deutsche und Briten nahezu zweieinhalb Jahre lang ununterbrochen Gefechte geliefert. Der Krieg hatte seine Spuren nicht nur in der zerstörten Infrastruktur, in den verwüsteten Landschaften und Dörfern hinterlassen, er hatte die politische Struktur des Gebietes nachhaltig beeinträchtigt. Die Briten hatten in den Massai willige Alliierte gegen die Deutschen gefunden. Diese hatten sich ihre Kooperation mit den Briten aber mit einem Freibrief für Viehraub vergüten lassen. Unter ihren Überfällen hatte die lokale Bevölkerung zu leiden gehabt. Sie musste den Verlust vieler Menschenleben und den Verlust ihres Viehs beklagen. Mit dem Ende der Kampfhandlungen und dem Abzug der Deutschen fiel es den Briten nicht gerade leicht, den Massai die neue Situation nun verständlich zu machen. Mehr noch, sie hatten auch Probleme, den in der Region lebenden Chagga die Vorteile der neuen Macht zu verdeutlichen. Ende 1916 machten Gerüchte über eine Verschwörung von Chagga-Chiefs gegen die Präsenz der Europäer die Runde. Als eine der Ursachen der Verschwörung beschrieb der verantwortliche Distriktbeamte den Abzug britischer Truppen aus der Region. Der Kolonialbeamte, obgleich ihm wenig gesicherte Informationen vorlagen, reagierte sofort und ließ elf Chiefs verhaften und deportieren.[224]

Doch nicht widerständige Chiefs bereiteten den Briten die größten Sorgen, sondern der Zerfall ihrer Macht infolge des Krieges. Das lag nicht nur am Kollaps der von den Deutschen geschaffenen politischen Strukturen. Die Forderungen der Militärs nach Trägern und Lebensmitteln fanden ihren Adressaten meistens in den lokalen Chiefs. Hier unterschieden sich die Militärs wenig von den Kolonialbeamten. Die Kollaboration, ob gewollt oder ungewollt, hatte aber für die Chiefs oft einen hohen Preis. Gegen sie richtete sich der Ärger der Bevölkerung, der das letzte Korn aus den Speichern geholt, das letzte Vieh von den Weiden getrieben und die jungen Männer zum Trägerdienst fortgeführt wurden. So bescheinigte denn auch ein lokaler Chief vom Makondeplateau dem britischen Verwaltungsoffizier Baines, dass er bei seinen Untertanen kaum noch Gehör fände, wenn er mit immer neuen Forderungen käme. Die Leute hätten ihre Nahrungsmittel versteckt und weigerten sich, diese herauszugeben. Auf seinen Befehl zum Arbeitsdienst reagierten sie mit der Flucht in die Wälder. Dort warteten sie dann bis der Chief unverrichteter Dinge wieder abzöge. Baines Ratschlag,

---

224 NA CO 691/4 Brief vom Administration Officer in Wilhelmstal, 22.2.1917

die Unwilligen bei den Briten anzuzeigen, konnte der *Akida* nicht viel abgewinnen. Wie sollte er auch? Baines Mittel, die Bevölkerung zur Anerkennung der lokalen Autoritäten zu zwingen, waren begrenzt und seine Argumente nicht gerade wohlfeil. Denn wie viele seiner britischen Kollegen steckte er in einer Zwickmühle: Gab es einerseits die Erfordernisse einer auf die Stärkung lokaler Autorität ausgerichteten Kolonialpolitik, standen andererseits die Anforderungen der Militärs nach immer mehr Arbeitskräften und Lebensmitteln,. Deren Beschaffung wiederum war nur um den Preis des Verlustes dieser Autorität bzw. Popularität zu haben. Über genügend Machtmittel jeden einzelnen Chief mit einer Polizeieskorte bei diesen Aufgaben zu unterstützen, verfügte auch Baines nicht.[225] Noch schlimmer erging es den Chiefs im von Hungersnot und Epidemien heimgesuchten Ugogo. Hier bezahlten einige der lokalen Vertreter des kolonialen Staates ihre Kooperation mit den Deutschen oder Briten mit dem Tod. Empörte und verzweifelte Dorfbewohner lynchten sie kurzerhand, als sie die Weisungen der Kolonialherren nach Trägern und Nahrung überbrachten. Noch 1920 sprachen britische Berichte vom Fehlen jeglicher Autorität oder gar Verwaltung in weiten Teilen Ugogos.[226]

Das Aktenstudium ihrer jeweiligen deutschen Vorgänger war in den ersten Stunden britischer Kolonialherrschaft die erste Informationsquelle für die neuen Kolonialbeamten. Was die britischen Kolonialoffiziere allerdings erstaunte, war die offensichtliche bürokratische Misswirtschaft der in Europa als Erfinder und Perfektionisten bürokratischer Verwaltung geltenden Deutschen. Eine einheitlich geregelte Bezahlung der lokalen Chiefs habe es nicht gegeben, resümierte ein britischer Offizier. Dem Missbrauch sei daher Tür und Tor geöffnet gewesen.[227] Auch Byatt kritisierte das deutsche System ob seiner Willkür und des grassierenden Amtsmissbrauchs seitens afrikanischer Intermediäre scharf. Die von den Deutschen rekrutierten Polizisten und *Akida* seien oftmals ehemalige Träger ihrer Karawanen und Expeditionen gewesen. Diese seien in der Mehrzahl rohe und ungebildete Männer, die die Bevölkerung bis aufs Blut gepeinigt hätten. Er habe daher die Entlassung eines Großteils der von den Deutschen übernommenen Polizei-*Askari* angeordnet.[228]

---

225 Barnes, *Safari Diary*, unveröffentlichtes Manuskript (Rhodes House Oxford, MSS. Afr. 459 Barnes Papers), Massasi, 9.12.1918.
226 Maddox, *Mtunya*, S. 181–197, insbesondere S. 194.
227 NA CO 691/5 Byatt, Administrator's office to CO, Wilhelmstal, 20.05.1917.
228 NA CO 691/ 14 Byatt, Administrator's Office, Wilhelmstal, to Principal Secretary of State for the Colonies, 22.3.1918.

Die deutsche Kolonialpolitik entsprach vielerorts wenig den Vorstellungen britischer Kolonialbeamter. Wenn es einen grundlegenden Gestus dieser Beamten in den ersten Jahren ihrer Tätigkeit gab, dann war es der der Abgrenzung von den deutschen Kolonialmethoden. Die britischen Militärs und Kolonialoffiziere bezogen einen Gutteil ihrer Legitimation als neue Kolonialherren aus ihrer harschen Verurteilung der Deutschen. Dies war nicht zuletzt eine Variation der propagandistischen Auseinandersetzungen, wie sie im Ersten Weltkrieg in Europa üblich waren. In vielen Regionen ihrer Kolonie hatten die Deutschen das *Akida*-System bevorzugt. Anstelle lokaler Herrscher hatten sie meist Händler von der Küste oder auch ehemalige *Askari* als lokale Stellvertreter des kolonialen Staates, die so genannten *Akida*, ernannt. Die britischen Kolonialbeamten jedoch gaben sich als glühende Verfechter der indirekten Herrschaft. Diese war kurz vor Kriegsbeginn im westafrikanischen Nigeria von seinem späteren Theoretiker Frederik Lugard erstmals als offizielle Kolonialpolitik formuliert und ausprobiert worden. Sicherlich hatte das britische Konzept der indirekten Herrschaft tiefe Wurzeln im angelsächsischen Diskurs über Afrika bzw. nicht-europäische Gesellschaften des 19. und 20. Jahrhunderts, doch es mag kein Zufall sein, dass es gerade im Begegnungsraum kolonialer Mächte im Ersten Weltkrieg solch eine Popularität gewann.[229]

Trotz aller ideologischen Bedenken gegenüber den deutschen Kolonialmethoden verlegten sich die britischen Kolonialbeamten auf eine Duldung der von den Deutschen übernommenen politischen Arrangements. Eindringlich warnte Byatt davor, unter den jetzigen Umständen, da die Kooperation der Chiefs und afrikanischen Verwaltungsangestellten nötiger sei denn je, irgendeine Art von »revolutionärer Änderung« durchzusetzen.[230]

---

229 David Spurr, *The rhetoric of empire. Colonial discourse in journalism, travel writing, and imperial administration* (Durham: Duke Univ. Press, 1993), S. 68, Trutz von Trotha, *Koloniale Herrschaft. Zur soziologischen Theorie der Staatsentstehung am Beispiel des »Schutzgebietes Togo«* (Tübingen: Mohr, 1994), S. 343, Mahmood Mamdani, *Citizen and subject: contemporary Africa and the legacy of late colonialism* (Princeton: Princeton University Press, 1996), S. 17, David Cannadine, *Ornamentalism. How the British saw their empire* (London: Penguin, 2001), S. 153; Andreas Eckert, *Herrschen und Verwalten: afrikanische Bürokraten, staatliche Ordnung und Politik in Tanzania, 1920–1970* (München: Oldenbourg Wissenschaftsverlag, 2007); S. 45; Justin Willis, »The administration of Bonde 1920–60: a study of the implementation of indirect rule in Tanganyika«, *African Affairs* 92 (1993), S. 53–68, insbesondere S. 55.

230 NA CO 691/5 Byatt, Administrator's office to CO, Wilhelmstal, 20.05.1917; J. Gus Liebenow, »Legitimacy of Alien Relationship: The Nyaturu of Tanganyika«, *The Western Political Quarterly* 14 (1961), S. 64–86, insbesondere S. 68–70.

Die *Akida* wurden auf ihren Posten belassen, wenn sie nicht mit den Deutschen mitgezogen oder von der Bevölkerung nach Abzug der Deutschen verjagt worden waren. Nur in wenigen Fällen setzten die Briten die von den Deutschen eingesetzte *Akida* oder Chiefs ab. Dort, wo sie es taten, war oftmals der Verdacht der Kooperation mit den Deutschen ein wesentlicher Grund. Setzten die Briten Chiefs aus eher kolonialpolitischen Erwägungen ab, befanden sie sich schnell in der Tradition deutscher Kolonialpolitik. Oftmals waren Chiefs, die sich schon zu deutschen Zeiten als widerständig gezeigt hatten, auch diejenigen, die den Briten die größten Scherereien machten. Dort, wo infolge des Krieges ein Machtvakuum entstanden war, überließen sie es oft der lokalen Bevölkerung, ihren *Akida* oder *Jumben* selbst zu bestimmen. Das war freilich kein Selbstversuch der Briten in der Einführung von Demokratie in einer Kolonie, sondern ein mehr oder weniger notwendiges Übel. Denn die britischen Beamten hatten zunächst nur wenig Einsicht in die politischen Machtverhältnisse vor Ort und noch weniger Zeit, diese zu gewinnen. Immer noch wurde im Süden der Kolonie und, zumindest 1917, auch im Norden gekämpft. In Lindi befragte Bagshave die örtlichen Notabeln, wen sie zum *Akida* haben wollten. Die Befragten wählten Hassan Ismail, einen einflussreichen Geschäftsmann. Tags darauf wurde er feierlich in sein Amt gehoben. Einen Monat später folgte in einer großen *Baraza* die Ernennung Rashid Masouds zum *Liwali*: Ein Mann, dem Bagshave nachsagte, den größten Einfluss in der Stadt zu haben. Sein Einfluss soll bis weit in das Hinterland gereicht haben.[231] Die ersten Wochen und Monate der britischen Besatzung waren bis zu einem gewissen Grad die Stunde der *Big Men*, jener Gruppe von Afrikanern und Indern, die ihren Einfluss während des Krieges hatten bewahren oder infolge des Abzugs der Deutschen und der Kriegswirren hatten ausbauen können.

Selbst in so heiklen Fragen wie der unter deutscher Kolonialherrschaft weitestgehend tolerierten Sklaverei mochten die Briten zunächst keine Änderung herbeiführen, auch wenn dies gegen alle ethischen Grundfesten britischer Kolonialpolitik verstoßen mochte. So votierte der erste britische Kolonialbeamte auf der Insel Mafia gegen eine Abschaffung der Sklaverei von heute auf morgen. Dies würde zu erheblichen Störungen der öffentlichen Ruhe und Ordnung führen, argumentierte der Brite. Und in der Tat, als die Briten einige Jahre später mit der Abschaffung der Sklaverei Ernst machten, wurden sie mit einer Flut von Verbrechensfällen konfrontiert, die mit den

---

[231] Bagshave, *Diaries*,. 22.10.1916, 28.11.1916; Eckert, *Herrschen und Verwalten*, S. 40.

neuen Eigentumsverhältnissen in Zusammenhang standen.[232] Auch Bagshave unterstütze die lokalen Eliten in der Frage der Sklaven. Dem Akida von Kiswere erteilte er das Recht, aufmüpfige und geflohene Sklaven mit jeweils drei Peitschenhieben zu züchtigen.[233]

Einzig im Zwischenseengebiet fanden die Briten eine politische Ordnung vor, der sie viel abgewinnen konnten. Kein Wunder, denn kaum anderswo in ihrer Kolonie hatten die deutschen Kolonialbeamten sich so eng an das britische Modell der indirekten Herrschaft angelehnt wie gerade hier. Kaum anderswo waren sie auch so erfolgreich in der Einbindung der lokalen Eliten in das koloniale Projekt gewesen. Wie erfolgreich, zeigte sich bei ihrem Abzug. Die von den Deutschen etablierten oder besser manipulierten politischen Strukturen blieben weitestgehend intakt, selbst wenn mit Kahigi von Kianja und Muthangariwa zwei der mächtigsten Haya-Herrscher gestorben waren. Selbst die kolonialen Bildungsprogramme waren von den Chiefs in Eigenregie weitergeführt worden. Das Urteil der britischen Kolonialbeamten fiel dementsprechend wohlwollend aus und es dauerte nach Einschätzung des britischen Verwaltungsbeamten Isherwood zehn Jahre, bis die Briten begannen, die von den Deutschen übernommenen Arrangements durch neue zu ersetzen.[234] Diese doch langanhaltende Toleranz gegenüber der deutschen Vergangenheit entsprang dem Mangel an Ressourcen der neuen Herren. Für einen grundlegenden Wandel fehlten den Briten genügend Verwaltungsbeamte. Noch 1929 musste sich der Verwalter des Maswa-Distrikts in Usukuma eingestehen, dass die britische Herrschaft hier immer noch in den Kinderschuhen stecke. Viele der Chiefs habe er nie besucht oder sie seien nie auf dem Verwaltungsposten erschienen. Die Schuld gab er der nicht-existierenden Infrastruktur. Straßen gäbe es so gut wie keine und wo es keine Straßen gäbe, da gäbe es auch keinen Einfluss der britischen Verwaltung. Selbst bei jenen Chiefs, die er getroffen habe, habe es erhebliche Kommunikationsprobleme gegeben. Oftmals seien

---

232 W. F. Page, *Mafia. District Report*, (Oxford: Rhodes House Library, W.F. Page Tanganyika Papers, 1924).
233 Bagshave, *Diaries*, 10.11.1916.
234 NA CO 691/5 Byatt, Administrator's office, Wilhelmstal, to Principal Secretary of State for the Colonies, 7.6.1917; A.A.M. Isherwood, *Memoranda on the Nyakato School and the question of reopening a government central school in Bukoba District*, unveröffentlichtes Manuskript (Oxford: Rhodes House Library, R.A. Mc. L Davidson Papers on Tanganyika education, 1939), S. 1.

es alte Männer gewesen, die kaum oder gar kein Swahili gesprochen hätten.²³⁵ Die Klage des Verwaltungsbeamten nur mit alten Männern konfrontiert zu sein, kam nicht von ungefähr. Viele der von den Deutschen rekrutierten und ausgebildeten afrikanischen Verwaltungsbeamten waren mit den deutschen Truppen mitgezogen. Dieser Exodus hinterließ den Briten ein schwieriges Erbe. Doch im Gefolge der britischen Truppen und Kolonialbeamten waren viele Baganda in die Region gekommen, mit deren Hilfe sie nun den Mangel an afrikanischen Intermediären zu lindern hofften. Oft waren dies ehemalige Soldaten der *King's African Rifles*, teilweise waren die Männer aber auch in den Regierungsschulen der britischen Nachbarkolonie ausgebildet worden und wurden nun an die Höfe der Chiefs geschickt, um diesen die Politik der Briten nahezubringen. In den kommenden Jahren sollten viele Söhne von Chiefs aus dem Zwischenseengebiet wiederum nach Uganda geschickt werden, wo sie eine Ausbildung für einen Verwaltungsjob in der nunmehr britischen Kolonie erhielten. Baganda jedoch nicht nur als Berater an den Höfen der Chiefs im Bukoba-Bezirk, sondern viele von ihnen wurden auch in den ersten Polizeitruppen der Briten eingesetzt. Und selbst ihre britischen Vorgesetzten hatten vielfach ihre Karriere in Uganda gemacht. Mit dem Einmarsch der Briten kam so der Einfluss der Baganda im Zwischenseengebiet zurück, die hier in vorkolonialer Zeit eine bedeutende Rolle als Regionalmacht gespielt hatten. Die Deutschen hatten diesen Einfluss damals weitestgehend zurückgedrängt. Die Baganda kamen nun zwar nicht wieder als regionale Ordnungsmacht vorkolonialen Stils zu neuen Ehren, wohl aber als Vertreter der neuen Kolonialmacht.²³⁶

Obgleich die Alliierten nur mit wenigen Fällen eines offenen und bewaffneten Widerstandes konfrontiert wurden, hielten sie es zunächst für ratsam, die militärische Drohkulisse aufrecht zu erhalten. Noch im Januar 1918 sah es der oberste Kolonialbeamte der besetzten Gebiete als geboten an, die Truppen nicht mit allzu großer Hast abzuziehen. Die Präsenz der Truppen würde den Afrikanern immer die Machtmöglichkeiten der neuen Herren vor Augen halten, argumentierte selbst Byatt, der ein eher konflikt-

---

235 G.W. Hucks, *Aide Memoire*, unveröffentlichtes Manuskript (Rhodes House Oxford:, Sukumaland Project Papers, n.d.), S. 26–28.
236 NA CO 691/5 Byatt, Administrator's Office to the Principal Secretary of State for the Colonies, Wilhelmstal, 7.6.1917; NA CO 691/ 14 Byatt, Administrator's Office, Wilhelmstal, to Principal Secretary of State for the Colonies, 22.3.1918; Austen, *Northwestern Tanzania*, S. 124.

geladenes Verhältnis zu den Militärs hatte.[237] Ein großes Problem waren die von den Deutschen zurückgelassenen Waffen. Kaum vorher war für die lokale Bevölkerung der Zugang zu modernen europäischen Gewehren so leicht wie während des Ersten Weltkrieges. Deserteure nahmen ihre Waffen in der Regel mit sich, wenn sie sich auf den gefährlichen Weg nach Hause machten. Allein in Ruanda, so ein britischer Geheimdienstler, seien Tausende von Waffen bei den von den Deutschen rekrutierten *Ruga-Ruga* verblieben. Die Ruander hätten sie sorgsam versteckt, niemand könne sagen, wie viele es seien und zu welchem Zwecke sie eingesetzt werden würden. Auch auf den Schlachtfeldern blieben moderne Waffen zu Hunderten liegen. Erstaunlich wenige Hinweise auf dieses Problem finden sich allerdings in britischen und belgischen Akten. Von einem schwunghaften Handel mit Waffen, die in großer Zahl nach der Schlacht von Mahiwa der lokalen Bevölkerung in die Hände gefallen war, berichtete der britische Verwaltungsbeamte Baines. In Lindi forderte der britische Verwaltungsbeamte die Bevölkerung auf, alles, was ihnen von den deutschen Truppen in die Hände gefallen war, den Briten auszuliefern. Neben einigen Gewehren brachten die Leute unter anderem auch ein Maschinengewehr samt Munition.[238]

Nicht nur herrenlose moderne Waffen erregten sorgenvolle Stirnesfalten bei manch einem britischen Kolonialoffizier, sondern auch moderne Ideen, die in Ostafrika nicht zuletzt durch den Krieg Aufwind erfahren hatten. Mit Argwohn beobachteten die britischen Beamten die Ausbreitung der *Watch Tower Church* am Ostufer des Tanganyika-Sees.[239] Die Kirche hatte eine wichtige Rolle im Chilembwe-Aufstand von 1915 gespielt. Zwar wurde der Aufstand innerhalb weniger Wochen brutal niedergeschlagen, der Einfluss der Chilembwe-Jünger schien sich aber in Windeseile in der Region auszubreiten. In Nyassaland, Nordrhodesien und im Norden Portugiesisch-Ostafrikas soll es bei Kriegsende 1.000 bis 9.000 Anhänger der *Watch Tower Church* gegeben haben. 1918 beschworen die Prediger der Kirche in Nordrhodesien das Ende der Welt herauf und forderten ihre Anhänger auf, die Zusammenarbeit mit der Kolonialverwaltung aufzukündigen. Sie sollten

---

237 NA CO 691/14 Byatt, Administrator's office, to the Principal Secretary of State for the Colonies, Wilhelmstal, 14.1.1918.
238 NA WO 106/259 Memorandum *Africa for the Africans and Pan-Islam. Recent Developments in Central and Eastern Africa* by Captain J.E.Philipps; W.S.G. Barnes, *Letter book. 1915-1917,* (Rhodes House Oxford, MSS. Afr. S. 458, W.S.G. Barnes Papers, n.d), Baines, *Safari Diary,* General Notes.
239 HMSO (His Majesty's Stationery Office), *Report on Tanganyika Territory for the Year 1921,* (London: HMSO, 1922), S.22.

weder Steuern zahlen noch Arbeitsdienste leisten. Verunsicherte Chiefs berichteten britischen Distriktverwaltern von Predigten, in denen Forderungen nach einem »Afrika für Afrikaner« laut geworden seien. Vermehrt kam es zu Übergriffen auf Bedienstete der Chiefs seitens aufgebrachter Anhänger der *Watch Tower Church*. Die britischen Kolonialbeamten sahen daher bald in der *Watch Tower Church* nicht nur eine religiöse Bewegung, sondern auch eine politische. Die Reaktion der Briten kam prompt und hart. Die führenden Vertreter der Kirche wurden verhaftet und in den Distriktsverwaltungen zur Beobachtung interniert.[240]

Britische Geheimdienstler sahen vielfältige Kontakte der *Watch Tower Church* zu anderen religiösen Bewegungen Ostafrikas. Sie vermuteten deren Einfluss selbst bis nach Uganda. Chilembwe-Jünger hätten einen gewissen Einfluss auf die *Young Baganda Society* gehabt, glaubte ein Distriktverwalter in Uganda. Die *Young Baganda* waren eine Organisation junger christlicher Konvertiten, die sich dem Einfluss der Missionen und der lokalen Autoritäten entgegenstellten.[241] Sie bedrohten damit zwei Grundpfeiler englischer Kolonialpolitik: Das Monopol der Missionare über die religiösen Welten vor allem in ländlichen Gebieten und die Autorität lokaler Eliten, ohne die die Politik der indirekten Herrschaft nicht funktionierte. Mehr aber noch, und dies war in vieler Hinsicht eine Entwicklung, die durch den Krieg angestoßen wurde, fürchteten sie um die »Schrebergartenwelten«, in denen die europäischen Kolonialherren die Afrikaner so gerne isolieren wollten. Die koloniale Welt, die den Afrikanern von den Europäern zugedacht wurde, war die der ländlichen Abgeschiedenheit, deren Zugänge von den Europäern kontrolliert werden sollten. Das galt sowohl für das, was aus dieser Welt herauskam als auch für das, was in diese Abgeschiedenheit hineingelangen sollte. Die *Watch Tower Church* und die *Young Baganda Society* waren daher auch wegen der translokalen Austauschprozesse, die sie ermöglichten, den

---

240 NA WO 106/258 Memorandum, From: Captain J.T. Philipps, M.C. Uganda Administration to The Secretary of State for the Colonies, Downing Street, S.W., n.d.; Karen E. Fields, »Charismatic religion as popular protest«, *Theory and Society* 11 (1982), S. 321–361, insbesondere S. 377; John Higginson, »Liberating the Captives: Independent Watchtower as an Avatar of Colonial Revolt in Southern Africa and Katanga, 1908–1941«, *Journal of Social History,* 26 (1992), S. 55–80, insbesondere S. 59.
241 NA WO 106/259 From Mr.J. Driberg to The Chief Secretary to The Goverment of Uganda.

britischen Kolonialherren ein Dorn im Auge. Sie fassten diese Bewegungen unter dem Schlagwort »Äthiopismus« zusammen.[242] Der Krieg und vor allem die Deportationen der Missionare in die Kriegsgefangenenlager hatten die zugegebenermaßen eher mageren Anfänge christlicher Missionierung in Ostafrika vielerorts zunichte gemacht. Missionsstationen waren verlassen und oft auch durch marodierende Soldaten oder Dorfbewohner geplündert worden. Afrikanische Missionslehrer und Konvertiten, wenn sie nicht den Weg in die Kriegsgefangenenlager hatten antreten müssen, bemühten sich, das Leben der Gemeinden fortzuführen und mancherorts brachte dies erste lokalen Formen christlicher Kirchen.[243] Im Hinterland der Küste und am Kilimanjaro waren durch den Exodus der Missionare die Afrikaner zwar Christen geblieben, hatten aber das strenge Regime, das ihnen die Europäer aufgezwungen hatten, ad acta gelegt. Polygamie und lokale Riten seien wieder in den Alltag der christlichen Gemeinden zurückgekehrt, beklagte ein britischer Missionar. Andernorts habe der Islam viele Konvertiten gewonnen.[244] Drastischere Bilder evozierte ein Bericht führender britischer Kolonialbeamter, die sich im Juni 1917 zu einem Gespräch über die Zukunft der Kolonie in London versammelt hatten. Afrikanische Kirchen seien in Ostafrika auf dem Vormarsch und mit ihnen käme zunehmend eine anti-europäische Stimmung auf. Diese habe bereits erste Todesopfer unter der europäischen Bevölkerung gefordert. Aufgeputschte Afrikaner hätten mehrere weiße Siedler umgebracht und anschließend »schwarze Messen« abgehalten, so die Beamten.[245]

Der Zwillingsbruder des »Äthiopismus« war für die britischen Geheimdienstler der »Pan-Islam«. Für sie schien er nicht minder gefährlich, nicht minder besorgniserregend. Mit großer Sorge hatten sie die deutsche *Jihad*-Propaganda in Afrika zur Kenntnis genommen. Wenn auch die deutsche Propaganda nicht sonderlich erfolgreich gewesen war, so geisterte das Gespenst des Islam als eine über ethnische und regionale Grenzen hinweg reichende Bewegung durch die Gedanken einiger britischer Beamter. In den

---

242 NA WO 106/259 British Policy in Africa Notes on a conversation which took place on June 29th, 1917.
243 White, *Magomero*, S. 166; Richard Gray, »Christianity«, in: *The Colonial Factor in Africa*, hrsg. von Andrew Roberts (Cambridge: Cambridge University Press, 1990), S. 140–190, insbesondere S. 174; M. Louise Pirouet, »East African Christians and World War I«, *The Journal of African History* xix (1978), S. 117–130, insbesondere S. 118, 126.
244 Great Britain. Foreign Office, *Reports on the treatment*, S. 257.
245 NA WO 106/259 British Policy in Africa Notes on a conversation which took place on June 29th, 1917.

Fokus der Geheimdienstler kamen in erster Linie die islamischen Bruderschaften, denen vor allem Captain James Philipps eine aggressive Missionierung während des Krieges und in den Nachkriegsjahren nachsagte. Mitunter seien sogar »anti-europäische Untertöne« zu vernehmen, warnte er. Denn der Islam sei in Afrika seit jeher auch ein politisches Bekenntnis gewesen. Zu erinnern sei nur an den Mahdi-Aufstand im Sudan oder die Senussi-Rebellion in Französisch-Nordafrika. Besondere Gefahr aber ginge von Deutsch-Ostafrika aus, denn hier habe die deutsche Propaganda alles getan, um eine anti-britische Stimmung unter den Muslimen zu verbreiten.[246]

Doch nicht alle britischen Kolonialbeamten teilten diese Sicht. Der Verwaltungsbeamte Hobley hielt den Islam für wenig bedeutsam in Ostafrika und die Warnungen vor einem anti-europäischen »Pan-Islam« für arg übertrieben. Auch der oberste britische Verwaltungsbeamte der besetzten Gebiete mochte nicht in Alarmstimmung verfallen. In einer Stellungnahme zu Philipps Memorandum sprach Byatt von offensichtlichen Fehlern bei der Einschätzung der Rolle des Islams in Ostafrika seitens der Geheimdienstler. Die Gefahr einer anti-europäischen islamischen Bewegung sehe er überhaupt nicht. Solange die Afrikaner seitens der Behörden gerecht und mit Güte behandelt sowie ihre materiellen Interessen gewahrt werden würden, dürften die Briten kaum Schwierigkeiten entgegensehen.[247]

Die Zahlen schienen allerdings für Philipps zu sprechen, zumindest wenn es um die Verbreitung des Islams in Ostafrika ging. Während des Krieges und in den ersten Nachkriegsjahren war die Zahl der Muslime rasant angestiegen. Nach heutigen Schätzungen bekannten sich in der ehemaligen deutschen Kolonie vor dem Krieg etwa 300.000 Afrikaner zum Islam. Das waren etwa 3 Prozent der Gesamtbevölkerung. Anderthalb Millionen Muslime soll es nach dem Krieg gegeben haben, ein Zuwachs von 22 Prozent im Hinblick auf die Gesamtbevölkerung.[248] Die Gründe für diesen Zuwachs schienen vielfältig, in den meisten Fällen aber mit dem Krieg zu tun zu haben. Die britischen Kolonialbeamten sahen in diesen religiösen Bewegungen eine Reaktion der Afrikaner auf die Krise der kolonialen Ordnung. Das Heilsversprechen des europäischen Kolonialismus sei auf den Schlacht-

---

246 NA WO 106/259 Memorandum *Africa for the Africans and Pan-Islam. Recent Developments in Central and Eastern Africa* by Captain J.E.Philipps; NA WO 106/259 British Policy in Africa Notes on a conversation which took place on June 29th, 1917.
247 Hobley, *Bantu Beliefs and Magic*, S. 293; NA CO 691/6 Brief des Administrator's Office, Wilhelmstal, vom 31.10.1917.
248 Nimtz, *Sufi Order*, S. 14.

feldern des Krieges ad absurdum geführt worden, kann man in den Randbemerkungen der Beamten zu ihren Berichten über den Islam in Ostafrika nachlesen. Vielfach machten sie auch die Afrikaner in den Uniformen der europäischen Kriegsmächte für die rasante Verbreitung des Islams verantwortlich. Wie die Askari der Schutztruppe, waren auch die *Bulamatari* der *Force Publique* oder die Soldaten der *King's African Rifles* und der westafrikanischen Regimenter in der Mehrzahl Muslime. Philipps drückte die Gefahr, die aus diesem Zusammentreffen von Muslimen in Ostafrika hervorzugehen schien, mit einem Anflug wallensteinscher Poesie aus: Als Geheimdienstoffizier habe er oft Afrikaner aus allen Teilen des Kontinents beim Lagerfeuer zusammensitzen sehen. Begannen die Gespräche auch immer mit den gleichen unverfänglichen Themen wie dem Essen oder Frauen, so endeten sie doch recht häufig auch mit Klagen über die Härte des Soldatenlebens und mit Reflexionen über die Alltäglichkeit des Todes der einst so sakrosankten Europäer. Von dort sei es nicht mehr weit bis zur Politik, warnte er. Soldaten aus Sierra Leone oder der südafrikanischen Union verglichen ihre Erfahrungen unter britischer Kolonialherrschaft mit denen der Ostafrikaner. Letztere lernten schnell, dass es erhebliche Unterschiede in der Behandlung von Afrikanern in den einzelnen Kolonien gäbe. Westafrikaner hätten ungleich mehr Privilegien als Ostafrikaner. Und so kämen letztere schnell zu dem Schluss, dass was Westafrikanern recht und billig sei, auch Ostafrikanern nicht vorenthalten werden durfte.[249] So waren die Schlachtfelder Ostafrikas, zumindest für einige britische Geheimdienstler und Kolonialbeamte, auch Brutstätten und Verbreitungsorte für »liberale Ideen«, in denen sie eine Gefahr für die britische Kolonialherrschaft sahen.[250]

Wie viel davon Paranoia war, ist schwer abzuschätzen. Immerhin gab es kaum nennenswerte politische Bewegungen unter den Ostafrikanern, die die britische Herrschaft in Frage stellten. Doch die Diskussion um den »Pan-Islam« oder »Äthiopismus« illustriert die Krisenstimmung der Briten in jenen Jahren. Der Krieg hatte, so scheint es, doch eine Reihe von Nebenwirkungen, die die Briten nicht antizipiert, wohl aber billigend in Kauf genommen hatten. Truppen aus Britisch-Nyassland, Britisch-Ostafrika, Sierra Leone, Nigeria, Südafrika und Indien hatten auf den Schlachtfeldern

---

249 NA WO 106/259 Memorandum *Africa for the Africans and Pan-Islam. Recent Developments in Central and Eastern Africa* by Captain J.E. Philipps.
250 NA WO 106/259 British Policy in Africa Notes on a conversation which took place on June 29th, 1917.

Ostafrikas gekämpft. Und mit den Truppen aus allen Ecken des Empires waren auch neue Weltsichten nach Ostafrika gekommen. Mit den Trägerrekrutierungen in ganz Ostafrika hatten sie viele junge afrikanische Männer aus jener Abgeschiedenheit ihrer engen dörflichen Welt herausgeholt, die die Apologeten des Modells indirekter Herrschaft ihnen so gerne anheim stellten. Ob dies schon vor dem Krieg vielerorts nicht mehr als eine der vielen Illusionen europäischer Kolonialbeamter war, sei dahingestellt. Dennoch hatte der Krieg viele Afrikaner aus ihrem gewohnten Lebensumfeld gerissen, wie der britische Kolonialbeamte Northcote warnte. Was für die Militärs eine Notwendigkeit des Krieges war, kam den Kolonialbeamten einer Horrorvision gleich. Es war dieser Preis des Krieges, den viele britische Kolonialpolitiker nicht zahlen wollten. Northcotes Forderung nach einem Wandel in der britischen Kolonialpolitik, die nunmehr vom »alten Bluff« der Vorkriegszeit abgehen sollte, in der die Welt der Europäer und Afrikaner fein säuberlich getrennt war, verhallte deswegen weitestgehend ungehört.[251]

Doch auch Philipps' Sicht setzte sich im Verwaltungsalltag in Ostafrika kaum durch, wohl nicht zuletzt, weil Byatt starke Vorbehalte gegen eine anti-islamische Politik hatte und keinen Konflikt mit den muslimischen Eliten riskieren wollte. Auch seine Untergebenen hielten einen Affront der Muslime nicht für hilfreich. In Lindi suchte Bagshave erst einmal den Kontakt zu den muslimischen Eliten. Bereits wenige Wochen nach Besetzung der Hafenstadt wohnte er den Festlichkeiten der muslimischen Gemeinde anlässlich des Endes des Ramadans bei. Das Fest wurde für ihn zu einem Panoptikum der lokalen Machtverhältnisse und zu einer Bühne, auf der die Politik der neuen Herren verkündet wurde.[252]

Die muslimischen Gemeinden hatten in der Tat weniger mit den Anfechtungen britischer Kolonialpolitik zu kämpfen, sondern eher mit sozialen Veränderungen, die der Krieg zwar nicht hervorgerufen, wohl aber doch verschärft hatte. Der Einfluss muslimischer Bruderschaften war für sie weitaus gefährlicher als für die britische Kolonialverwaltung. Noch wenige Jahre vor dem Krieg hatten die muslimischen Eliten das Aufkommen der Bruderschaften mithilfe der deutschen Kolonialverwaltung einzudämmen versucht. Nun aber waren die Deutschen fortgezogen und im Vakuum des Machtwechsels kamen neue Männer zu Macht und Einfluss. In Bagamoyo nutzte 1916 Shaykh Ramiya, *Khalifa* der Bruderschaft der *Qadiriyya* in der Stadt, die Gunst der Stunde. Er präsentierte sich den Briten als Oberhaupt

---

251 Northcote in Hodges, *Carrier Corps*, S. 196.
252 Bagshave, *Diaries*, 8.10.1916.

der muslimischen Gemeinde und hatte damit Erfolg. Sie setzen ihn als *Liwali*, als ihren lokalen Vertreter der Verwaltung, ein. Ramiya war ein ehemaliger Manyema-Sklave vom Westufer des Tanganyika-Sees und sein Aufstieg wurde von den etablierten Eliten der Stadt mit großem Missmut verfolgt. Ein anderes Beispiel kommt aus Utete, einer kleinen Stadt im Rufiji-Delta. Hier wurde Shaykh Abd Allah b. Hassan, ein führender *Qadiri* im Rufiji-Gebiet, von den Briten zum *Liwali* der Stadt ernannt. Mitte der 1920er Jahre stellten die britischen Kolonialbehörden fest, dass in einigen Dörfern des Deltas die eigentliche Macht nicht bei den lokalen Chiefs, sondern bei den lokalen Führern der *Qadiriyya* lag.[253]

Der Kampf um die neue Ordnung

In den letzten zwei Kriegsjahren und mithin den beiden ersten Jahren der alliierten Besatzung wandelten sich die verbündeten Briten, Belgier und Portugiesen zu Konkurrenten um die Kontrolle der ehemaligen deutschen Kolonie. Der Konflikt unter den Alliierten war letztlich ein Kampf um die neue koloniale Ordnung. Nachdem die Deutschen zumindest aus weiten Teilen ihrer Kolonie vertrieben worden waren, ging es nun Belgiern, Briten und Portugiesen um das Erbe der Deutschen. Vor allem die von allen Seiten gleichermaßen avisierten Gebietserweiterungen nach dem Ende des Krieges trugen viel dazu bei, die anglo-belgischen und auch anglo-portugiesischen Beziehungen zu vergiften. An der Grenze zu Portugiesisch-Ostafrika gab es für die britischen Verwaltungsbeamten immer wieder Anlass zu empörten Berichten von Übergriffen portugiesischer Kolonialtruppen auf das von Briten beanspruchte Gebiet. In einigen Grenzdörfern jenseits der Grenzen ihrer Kolonie hätten sie portugiesische Fahnen aufgezogen, wusste ein Beamter zu melden. Immer wieder hätten die Portugiesen regelrechte Jagd auf die Grenzbevölkerung gemacht, Männer und Frauen getötet und andere auf portugiesisches Territorium verschleppt. Die britischen Beamten hatten oft große Schwierigkeiten, in Kontakt mit der Bevölkerung zu treten, da viele bei Ankunft von Truppen bzw. von Verwaltungsbeamten in den Busch flüchteten.[254]

---

253 Nimtz, *Sufi Order*, S. 83.
254 NA CO 691/2 Operations. From General Smuts to the Chief of the Imperial General Staff, 16.10.1916; NA CO 691/2 Operations. From General Smuts to the Chief of the

Ebenso wie die Frontlinien wenig klar gezogen waren, waren auch die Grenzen der belgischen und britischen Besatzungszonen während des Krieges Gegenstand häufiger Verschiebungen. Im September 1916 hatten die Belgier das Rennen auf Tabora gewonnen. Nach Absprachen zwischen beiden Regierungen hatten sie damit auch das Recht, diese Gebiete in ihre provisorische Verwaltung zu nehmen. Zwar gab es zwischen den Belgiern und Briten Absprachen über die Zukunft der besetzten Gebiete, diese waren jedoch wenig konkret. Zunächst sollten die von den jeweiligen Truppen besetzten Gebiete unter deren Verwaltung fallen, bis eine endgültige Regelung nach dem Krieg gefunden worden wäre. Was Ruanda und Burundi betraf, gab es kaum Konflikte zwischen Briten und Belgiern. Doch Unyamwezi war ein Zankapfel, um den es sich offensichtlich zu streiten lohnte. Für die Politiker in Europa ging es um die Frage nach dem zukünftigen Status der besetzten Gebiete, für die Kommandeure vor Ort waren Fragen der Trägerrekutierung und der Lebensmittelbeschaffung entscheidender. Unyamwezi galt den Alliierten als wichtigstes Rekrutierungsgebiet für Träger und als bedeutender Lieferant für Lebensmittel. Mit der Mittelland-Bahn war zumindest eine rudimentäre Infrastruktur vorhanden, die für den Transport von Truppen und Nachschub genutzt werden konnte.[255]

Die Belgier hatten nach dem Chaos und dem Schrecken, den die *Bulamatari* in den ersten Wochen und Monaten in den belgischen Besatzungsgebieten verbreitet hatten, große Schwierigkeiten mit der Etablierung einer zumindest rudimentären Verwaltung. Seit Mitte 1916 kontrollierten sie Ruanda und Burundi sowie weite Teile des Gebiets südlich des Viktoria-Sees und östlich des Tanganyika-Sees. Mehr noch als die Briten enthielten sie sich zunächst der Formulierung einer expliziten Kolonialpolitik und beschränkten sich auf die Wahrung des Status quo, wie sie ihn von den Deutschen übernommen hatten. Die Belgier hatten zwar vor dem Krieg immer wieder Ansprüche auf einige Gebiete der deutschen Kolonie erhoben, 1916 aber waren Ruanda, Burundi und auch Unyamwezi für sie wenig mehr als mögliche Faustpfande für Verhandlungen über eine generelle Neuordnung der kolonialen Landkarte im östlichen Afrika. Dementsprechend verhalten waren die Anfänge der belgischen Kolonialpolitik in den besetzten Gebieten. Die deutsche Kolonialgesetzgebung wurde nahezu unverändert über-

---

Imperial General Staff, 24.9.1916; NA CO 691/44 Political Officer, Lindi to the Secretary to the Administration, Dar es Salaam, 17.11.1919.
255 FP 829/262/4 Mémorandum, Novembre 1916; FP 829/262/4 Renkin an Gouverneur Général, Le Havre, 21.8.1916; FP 829/262/4 Entretien Officieux de M. Orts avec Sir Ronald Graham du Foreign Office, Le Havre, 5.5.1917.

nommen, auch die meisten der afrikanischen Verwaltungsbeamten wurden in ihren Ämtern belassen. Die belgischen Besatzungsgebiete wurden in vier Zonen auftgeteilt, in die Residentur von Urundi, die Residentur von Ruanda, das Territorium von Usui und den Distrikt von Ujiji. In Ruanda übernahm Gerard Francois Declerck im April 1917 die Amtsgeschäfte, er hatte den Offizier Gustave Stevens abgelöst. Einige Monate zuvor war Edouard van den Eede zum Residenten von Urundi ernannt worden, er wechselte im Januar 1918 zur Residentur von Ruanda. Pierre Ryckmanns wurde im gleichen Monat zum Residenten von Urundi. Ujiji wurde zum Hauptstützpunkt der Verwaltung der besetzten Gebiete östlich des Tanganyika-Sees, die 1917 der belgische Offizier Malfeyt übernahm. Wie auch in den von den Briten besetzten Gebieten war das Personal der zivilen Verwaltung auf einen kleinen Kreis beschränkt.[256]

Die belgische Verwaltung trug dennoch einen durch und durch militärischen Charakter. Viele der ersten Kolonialbeamten kamen aus der *Force Publique*. Ihr Hauptziel war die Generierung von Ressourcen für den Krieg und die Aufrechterhaltung eines Mindestmaßes an Ruhe und Ordnung. Beides war jedoch mit großen Problemen verbunden, denn vielerorts war die afrikanische Bevölkerung geflohen oder befand sich am Rande einer offenen Rebellion. Selbst in Ujiji war die Situation für die Belgier mehr als prekär. Um das Vertrauen der Bevölkerung wiederzuerlangen, zogen die Belgier den größten Teil ihrer Truppen aus der Stadt ab und verlegten sie ins benachbarte Kigoma, wo sie große Lager für die Truppen und Träger gebaut hatten. Darüber hinaus verschärften sie, zumindest geht dies aus einem belgischen Bericht hervor, die Verfolgung von Kriegsverbrechen und versuchten einige der entführten Frauen ihren Familien zurückzugeben.[257]

Schon während der Offensive von 1916 war es immer wieder zu Konflikten zwischen Belgiern und Briten um das Verhalten der Truppen gegenüber der afrikanischen Bevölkerung gekommen. Im Frühjahr 1917, mehr als ein halbes Jahr nachdem die Deutschen abgezogen waren, flammten die Konflikte zwischen den Belgiern und Briten wieder und nun mit neuer Schärfe auf, als die Deutschen in Gestalt von Naumann und Wintgens

---

256 Lefèvre, *Les Militaires Belges*, S. 25.
257 MRAC Collection Molitor, Rapport d'ensemble sur l'organisation du cercle de Ujiji du 10 août au 20 décembre 1916; William Roger Louis, *Das Ende des deutschen Kolonialreiches* (Düsseldorf: Bertelsmann, 1971), S.54–58; Vanderlinden, *Pierre Ryckmanns*, S. 60–65; Thomas Laley, *Autorität und Staat in Burundi* (Berlin: D. Reimer, 1995), S. 277; Pierre Ryckmans & Vanderlinden, Jacques, *Inédits de P. Ryckmans: avec une introduction et des notes* (Bruxelles: Académie royale des sciences d'outre-mer, 1988), S. 108.

überraschender Weise den Krieg wieder in die besetzten Gebiete brachten. Die Briten waren zwar auf die Waffenhilfe der belgischen Truppen angewiesen, sahen aber die Präsenz der *Bulamatari* mit großem Argwohn. Ihnen legten die britischen Verwaltungsoffiziere zahlreichen Verbrechen gegen die Zivilbevölkerung zur Last. Vor allem die Frage, wer wo und auf welche Art Ressourcen von der lokalen Bevölkerung requirieren dürfte, erwies sich als ein beständiger Zankapfel zwischen den Alliierten. Hier ging es beileibe nicht um das Wohl der afrikanischen Bevölkerung, sondern vor allem um die mögliche Zukunft der besetzten Gebiete. Die Briten wollten den Anschein einer dauerhaften Präsenz der Belgier um jeden Preis vermeiden. Die Belgier waren dagegen in einer komplizierten Lage. Je mehr Präsenz sie in der ehemaligen deutschen Kolonie zeigten, um so größer war die Aussicht bei der Aufteilung der Kolonie nach dem Krieg gut wegzukommen. Daheim in Belgien aber waren sie auf das britische Wohlwollen angewiesen. Die belgische Regierung saß in London im Asyl und die britischen Diplomaten ließen wohl kaum eine Gelegenheit aus, bei Konfliktfragen diesen Umstand zu erwähnen. Nach langen diplomatischen Verhandlungen auf europäischer und lokaler Ebene einigten sich Briten und Belgier darauf, dass jeder belgischen Einheit ein britischer Verbindungsoffizier zur Seite gestellt werden sollte. Mehr noch verpflichteten die Briten die belgischen Offiziere, sich Quittungen für jeden rekrutierten Träger und für alle beschlagnahmten Nahrungsmittel von den lokalen Chiefs gegenzeichnen zu lassen. Doch der Kompromiss stieß auf eine Vielzahl von Schwierigkeiten. Die belgischen Offiziere sahen in der Präsenz der britischen Offiziere und in den Vorschriften für die Requisition eine demütigende Gängelung. Darüber hinaus waren sie wenig geneigt, jedem afrikanischen Chief eine Unterschrift unter eine dieser Quittungen abzuringen.[258]

Die belgische Frustration über die herablassende Haltung der Briten erreichte im März 1917 einen vorläufigen Höhepunkt, als sie auf Druck aus Europa Tabora und die angrenzenden Gebiete ihren Verbündeten übergeben mussten. Lange hatten die Offiziere und belgischen Kolonialbeamten vor Ort sich gegen die britischen Ansprüche gewehrt. Für sie kam der Abzug aus Tabora einer offenen Demütigung, einem Prestigeverlust als Kolonialmacht in Afrika gleich. Einige Offiziere beschworen gar eine Gefahr für die Moral der Truppe und der Bevölkerung des Kongo wie auch im Mutter-

---

258 FP 2660/1167 Rapport avec le »Supply« Britannique; Samson, *Britain, South Africa*, S. 24.

Die anglo-belgische Parade anlässlich der Übergabe Taboras an die Briten.

land herauf.[259] Doch es nutzte nichts, die Briten waren in der besseren Position. Zumindest eine Übergabe der Stadt mit allem militärischen Pomp wussten die Belgier den Briten abzuringen. Am 25. März 1917 übergaben die Belgier in einer sorgsam arrangierten Zeremonie die Stadt. Die Reden der belgischen und britischen Offiziere deklarierten eine Einmütigkeit, die es wohl nur in der Realität nie gegeben hatte. Trotz aller vorangegangener Kritik seitens britischer Kolonialoffiziere, betonte der britische Offizier Crofton die großartigen Leistungen der belgischen Verwaltung in der Region, trotz allen Missmuts des belgischen Offizierkorps lobte sein belgischer Gegenüber die gute Zusammenarbeit der Alliierten auf dem Schlachtfeld.[260]

Mit der Übergabe der Stadt hatten die Briten einen wichtigen Meilenstein im Kampf um die Kontrolle der ehemaligen deutschen Kolonie errungen. Nach dem militärischen Sieg hatten sie diesen Sieg mit harten Ban-

---

[259] FP 829/262/4 Heyens an Francis Hyde Villiers, Le Havre 14.12.1916; FP 829/262/4 Entretien des Ministres des Colonies et des Affaires Étrangères avec le Ministre d'Angleterre le 16 Novembre 1916; FP 829/262/4 Mémorandum, Novembre 1916.
[260] FP 829/262/3 Rapport sur la cérémonie de la remise de la place de Tabora aux autorités anglaises, 25.3.1917.

Die Einholung der belgischen Flagge in Tabora

dagen auf dem Feld der Diplomatie erkämpft. Als nützliches Argument hatte sich dabei der Vorwurf von Kriegsverbrechen der belgischen Truppen gegenüber der afrikanischen Zivilbevölkerung erwiesen.[261] Doch mit der Frucht dieses Erfolgs wussten die Briten zunächst so recht nichts anzufangen. Zwar hatten die Briten alles in allem erstaunlich wenige Schwierigkeiten bei der Übernahme der deutschen Kolonie. Der administrative und juristische Rahmen wurden schnell aus anderen Teilen des Empires übernommen und der ostafrikanischen Situation angepasst. Ein wenig indischer Strafkodex hier, ein wenig ugandisches Recht dort: Nur nicht vergessen die Überschriften und Begriffe den lokalen Gegebenheiten anzupassen, lautete das Rezept des ersten Verwaltungsbeamten der zukünftigen britischen Kolonie.[262] Doch während in Ostafrika die ersten Verwaltungsstrukturen aus dem Boden gestampft und die Konkurrenten um die eroberten Gebiete auf Distanz gehalten wurden, diskutierte man daheim in Großbritannien über die Zukunft der deutschen Kolonie. Das *War Office* war wenig begeistert über die zu erwartenden Kosten des Unternehmens. Ende 1917 war der Aus-

---

261 Siehe das Kapitel über Kriegsverbrechen.
262 NA CO 691/33 Byatt, Gouvernement House, to Principal Secretary of State for the Colonies, Dar es Salaam, 15.7.1920.

gang des Krieges in Europa ebenso ungewiss wie die koloniale Nachkriegsordnung in Afrika. Angesichts der enormen Belastungen des Empires an den vielen Fronten des Ersten Weltkrieges rangierte Ostafrika weit unten in der Prioritätenliste, wenn es um die Verteilung der ohnehin schmalen Ressourcen ging. Alle Bemühungen, so der Entwurf eines Telegramms des *War Office* an die britischen Verwaltungsoffiziere, sollten auf ein Mindestmaß reduziert werden. Die Präsenz der Briten, so die Forderung des Telegrammentwurfs, diene lediglich der Aufrechterhaltung von Ruhe und Ordnung. Die Truppen sollten weitestgehend abgezogen werden und nur an den Grenzen der britischen Kolonie oder an neuralgischen Punkten der Infrastruktur, wie Bahnstationen oder Brücken, stationiert werden. Den Schutz kommerzieller Interessen, auch von britischen Staatsbürgern, wollte das *War Office* nicht übernehmen.[263] Das *Colonial Office* widersprach diesen Plänen allerdings. Die Sicherheitslage in der deutschen Kolonie sei auch relevant für die benachbarten britischen Kolonien. Brächen hier Aufstände aus, dann bestünde die Gefahr, dass diese schnell auf britisches Territorium übergreifen könnten.[264] Das *Colonial Office* setzte sich letztendlich durch und das Telegramm des *War Office* blieb ein Entwurf. Nicht zuletzt mit Hilfe der Deutschen, deren Ausharren in Ostafrika einen Truppenabzug kaum realistisch erscheinen ließ. Als die letzten Deutschen ihre Waffen niederlegten, waren die Würfel für die Zukunft der Kolonie längst gefallen.

Der Konflikt zwischen den Alliierten brachte indes eine für die afrikanische Bevölkerung neue Erfahrung: Ihnen wurde ein gewisses Recht zur Kritik und Beschwerde zugesprochen und, mehr noch, dies verhallte nicht ungehört. Besonders die Belgier waren gezwungen, auf den Druck der Briten zu reagieren. Dies führte zwar nur in wenigen Fällen zu einer Änderung des Verhaltens ihrer Truppen oder der Verwaltungspraxis in den besetzten Gebieten, gebar jedoch einen Diskurs über die richtigen Methoden der Kolonialherrschaft.[265] Schon zu Beginn der Kämpfe in Ostafrika hatten sich die Briten als Befreier der afrikanischen Bevölkerung vom tyrannischen Joch deutscher Kolonialherrschaft gesehen. Bei Ankunft ihrer Truppen in Ostafrika machten sie jedoch zwiespältige Erfahrungen. In vielen Fällen reagierten die Afrikaner mit Desinteresse an den neuen Herren, in manchen Fällen zeigten sie gar eine gewisse Nostalgie gegenüber der deutschen Zeit

---

[263] NA CO 691/12 Draft Telegramm War Office to the Administrator, German East Africa and other Governors.
[264] NA CO 691/12 Memorandum Colonial Office upon War Office proposals as to policy in the immediate future with regard to German East Africa, n.d.
[265] FP 829/262/4 Renkin an Gouverneur Général, Le Havre, 21.8.1916.

und manchmal sahen sie in den Briten auch die Befreier.²⁶⁶ Was auch immer die Afrikaner über die neuen Herren dachten, die Briten wollten es gerne wissen. So wurde das Plebiszit über die deutsche und britische Kolonialherrschaft zu einem gerne gepflegten Hobby britischer Offiziere und Kolonialbeamter. Kaum ein durch seinen Verwaltungsbezirk reisender britischer Kolonialoffizier, der nicht mindestens einmal die Frage an seine afrikanischen Gegenüber stellte, was denn nun besser sei: die britische oder die deutsche Kolonialherrschaft? Die Befragten waren vielfach erfahren genug im Umgang mit den Kolonialherren und oft auch skeptisch genug ob der vagen Zukunft der Kolonie, um weder eindeutig mit »britisch« noch mit »deutsch« zu antworten. Wie Wintgens und Naumanns Zug durch den Norden der Kolonie ihnen gezeigt hatte, konnte die alten Herren jederzeit zurückkehren. Ein allzu eilfertiges »britisch« konnte, das hatten die Afrikaner in diesen Tagen lernen müssen, einem Todesurteil gleichkommen. Ein »deutsch« war aber mindestens ebenso wenig verheißungsvoll, denn das hätte die neuen Herren kränken können. Gerechtigkeit und Fairness waren keine Erfahrungen, die Afrikaner in der kolonialen Ordnung Europas bis dahin hatten machen können.²⁶⁷

Immerhin setzten die britischen Verwaltungsoffiziere etwas in Gang, was eine Neuheit in der modernen europäischen Kolonialgeschichte war. Sie befragten die Afrikaner über ihre Erfahrungen mit den Deutschen und die Ergebnisse dieser Befragungen werfen, obgleich sie mit gebotener Vorsicht ob ihrer Verflechtung mit Debatten um die Zukunft der Kolonie zu betrachten sind, ein durchaus realistisches Bild auf die deutsche Kolonialherrschaft. Die Afrikaner gaben vor allem eines zu Protokoll: Die Deutschen hätten mit harter und oft auch überaus brutaler Hand regiert. Meist

---

266 NA CO 691/14 Administrator's Office, Wilhelmstal, to Principal Secretary of State for the Colonies, 22.3.1918; NA CO 691/16 Byatt Administrations Office to the Principal Secretary of State for the Colonies, Wilhelmstal, 5.10.1918; NA CO 691/23 Political Office Handeni to the District Political Officer, Pangani, 12.2.1919; Frederik J. Bagshawe, »The Peoples of the Happy Valley (East Africa): The Aboriginal Races of Kondoa Irangi. Part IV: The Goroa and Their Kindred Hamitic Tribes, the Wambulu, or Erokh, the Wasi, or Alawa, and the Burungi«, *Journal of the Royal African Society* 25 (1925), S. 59–74, insbesondere S. 61. Zur Politik des *Colonial Office* siehe: Michael D. Callahan, *Mandates and empire. The League of Nations and Africa, 1914–1931*, (Brighton: Sussex Academic, 2008), S. 30.
267 NA CO 691/15 Wm J. Manyard to Major JA Warwick, Kola Ndoto, Usiha, 4.4.1918; NA CO 691/22 Telegram from the Acting Administrator of German East Africa to Secretary of State for the Colonies, 23.4.1919; NA CO 691/23 Political Office Handeni to The District Political Officer, Pangani, 12.2.1919.

war diese Hand nicht eine deutsche, sondern eine afrikanische gewesen. Für die Exzesse deutscher Kolonialherrschaft machten sie vor allem die Afrikaner in deutschen Diensten – die *Askari*, Polizisten und Angestellte der deutschen Verwaltung – verantwortlich. Diese freilich hätten im Einverständnis oder jenseits der Kontrolle ihrer Vorgesetzten agiert. Eine Herrschaft des Rechts sei die deutsche Zeit nicht gewesen. Stattdessen habe Willkür und Rechtlosigkeit geherrscht. Gerichtsverfahren seien rechtlose Veranstaltungen gewesen, in denen mithilfe von Folter Geständnisse erpresst worden seien und in denen die Richter nahezu nach Belieben Urteile gefällt hätten. Einzig die unter den Deutschen wohlgelittenen Eliten zeichneten ein etwas freundlicheres Bild deutscher Kolonialherrschaft. Der ehemalige *Askari* Schausch Ali als auch der amtierende *Akida* des Luwengu-Gebietes berichteten den britischen Beamten zwar von den Gräueltaten bei der Niederschlagung des Maji-Maji-Aufstandes, widersprachen aber Vorwürfen über Zwangsarbeit und Machtmissbrauch seitens der afrikanischen Vertreter des Kolonialstaates.[268]

Zwar enthoben die neuen Herren in der Regel nicht die einst von den Deutschen eingesetzten afrikanischen Chiefs und Beamten, sie verschärften aber die Kontrolle über sie. Das Recht zur körperlichen Züchtigung wurde ihnen nahezu genommen. Gegen Fälle von Korruption sollte scharf vorgegangen werden. Und auch das Gerichtswesen sollte nunmehr einer stärkeren europäischen Kontrolle und Normierung unterworfen werden. Ebenso sollte die Steuererhebung mehr auf die Notlage der Bevölkerung eingehen. Den afrikanischen Steuerzahlern sollte mehr Zeit gegeben werden, ihre Steuerversäumnisse zu begleichen, wenn sie in eine persönliche Notlage geraten seien.[269]

Die verhaltene Begeisterung vieler Afrikaner über die neuen Herren wurde zu einem doch recht häufig eingesetzten Argument der Zivilbehörden gegenüber den Militärs. Die Militärs wurden nicht müde, neue Träger für ihre Jagd auf die Truppen von Wintgens und Naumann oder die nach

---

[268] NA CO 691/14 Administrator's Office, Wilhelmstal, to Principal Secretary of State for the Colonies, 22.3.1918; NA C.O. 691/23 Political Office Handeni to The District Political Officer, Pangani, 12.2.1919; NA CO 691/29 Political Administration, Occupied Territory, German East Africa, Songea District to the Secretary of the Administration, Dar es Salaam, 2.2.1919; Geoffrey Douglas Popplewell, Random recollections of a District officer, unveröffentlichtes Manuskript (RHO MSS Afr s 2156, Mai 1990), S. 59.

[269] NA CO 691/14 Administrator's Office, Wilhelmstal, to Principal Secretary of State for the Colonies, 22.3.1918.

Portugiesisch-Ostafrika fliehende *Safari ya Bwana Lettow* zu fordern. Die Zivilbeamten wiesen ihnen gegenüber auf die enormen Belastungen für die Zivilbevölkerung hin, die aus diesen Anforderungen resultierten. Mit warnender Stimme etwa machte der oberste britische Zivilverwalter auf die Konsequenzen der massenhaften Trägerrekrutierungen und von Nachrichten über die hohe Sterblichkeitsrate der Träger für die Wahrnehmung der neuen Ordnung seitens der Ostafrikaner aufmerksam. Mit der Popularität britischer Herrschaft sei es unter den Afrikanern nicht zum besten bestellt. Denn in ihrer vermeintlichen Unkenntnis der größeren Zusammenhänge des Krieges würden diese kaum verstehen, warum so viele Männer für eine sinnlos erscheinende Unternehmung wie der Jagd nach ein paar versprengten Deutschen geopfert würden, orakelte Byatt. Anstelle von Jubel sei die Bevölkerung vielerorts am Rande eines Aufstandes. Dort allerdings, wo die Zivilverwaltung bereits seit geraumer Zeit ihr Werk verrichte, sei die Stimmung weitaus günstiger für die Briten. Wenngleich die durchgeführten Befragungen der reisenden Kolonialbeamten ergeben hätten, dass die Euphorie über die neuen Herren sich auch hier in Grenzen hielte. Gäbe es ein Plebiszit über die Zukunft der Kolonie, dann sei der Ausgang ungewiss.[270]

Für die britischen Verwaltungsoffiziere war der Vergleich zwischen deutscher und britischer Kolonialherrschaft auch mit ihrem eigenen Selbstbild verbunden. Die deutsche Herrschaft sei eine Zeit des Maschinengewehrs und der Peitsche gewesen, resümierte ein britischer Kolonialbeamter in diesen Jahren, die britische Zeit dagegen eine der Schreibmaschine. Oder mit anderen Worten: Während die deutsche Zeit durch eine ungezügelte Machtpolitik der Militärs geprägt gewesen sei, sei die britische bestimmt von der um Verständigung mit der afrikanischen Bevölkerung bemühten Verwaltung. Andere bezeichneten die deutsche Kolonialherrschaft als »politischen Kannibalismus«, in der die Afrikaner rücksichtslos ausgebeutet worden seien. Diese Zeit, so der belgische Kolonialminister Renkin in einer Diskussion mit Jan Smuts und hochrangigen britischen Kolonialbeamten, müsse nun der Vergangenheit angehören und einer Herrschaft der Liebe und Gerechtigkeit Platz machen.[271] Insofern mag der Erste Weltkrieg auch als eine

---

270 NA CO 691/14 Administrator's Office, Wilhelmstal, to the Principal Secretary of State for the Colonies, 22.3.1918. NA CO 691/15 Paraphrase of a telegram from the Administrator of German East Africa to the Secretary of State for the Colonies. (Received *Colonial Office* 12.22 a.m. 10th February, 1918), 9.2.1918.
271 Hobley, *Bantu Beliefs*, S. 292; Unbekannter britischer Offizier zitiert in M. Renkin & W. Long, »East Africa: Discussion«, *The Geographical Journal* 51 (1918), S. 145-149, insbesondere S. 146.

Zeitenwende im Selbstverständnis britischer Kolonialbeamter gesehen werden. In der Abgrenzung zur deutschen Herrschaft entwarfen sie eine Vision kolonialer Ordnung, die zumindest für die unmittelbaren Nachkriegsjahre einige Relevanz für das alltägliche Handeln vieler Kolonialbeamter hatte. Es ging nicht nur um das Selbstverständnis der Briten als Kolonialherren, vielmehr suchte das *Colonial Office*, das für Annektierung der besetzten Gebiete durch das Empire warb, Argumente gegen eine wachsende Schar von Kritikern einer kolonialen Weltordnung aus den Reihen der Labour-Party und vor allem von jenseits des Atlantiks. Der amerikanische Präsident Woodrow Wilson war ein ausgewiesener Gegner der Annektierung der deutschen Kolonialgebiete seitens der europäischen Kolonialmächte. Selbst der britische Premier Lloyd George hatte sich in einer Rede im Juni 1917 für eine Berücksichtigung afrikanischer Interessen ausgesprochen, wenn es um Nachkriegsordnung Afrikas gehen würde. Offensichtlich gab es eine Reihe von Missverständnissen zwischen den Londoner Kolonialbürokraten und den Offizieren vor Ort, was die Wege und die Ziele der Befragung der afrikanischen Bevölkerung betraf. Das *Colonial Office* wollte die Amerikaner beschwichtigen, die Offiziere dagegen suchten nach einem neuen Selbstbild als Kolonialherren. Wenn auch die Briten auch schnell ihre Illusion beerdigen mussten, von der Masse der afrikanischen Bevölkerung als Befreier gefeiert zu werden, so geisterte doch eine Zeitlang die Vision eines Plebiszits durch manch britischen Verwaltungskopf. Solchen Plänen wurde jedoch schnell eine Abfuhr erteilt. Zu risikoreich war wohl der Ausgang dieses neuen Selbstversuchs in Demokratie einer europäischen Kolonialmacht in Afrika. Die Argumente der Plebiszitgegner waren die altbekannten. Die Afrikaner seien schlichtweg unfähig, sich auszudrücken, es sei denn durch ihre Chiefs, die seien in vielen Fällen ja ehemals von deutschen Gnaden bestallte gewesen, befand ein Beamter. Byatt fand noch schärfere Töne: In dem Zustand der intellektuellen Entwicklung, in dem sich die Afrikaner augenblicklich befänden, seien sie schlichtweg nicht fähig, Entscheidungen von solch politischer Tragweite zu fällen, dies müssten die Europäer für sie tun.[272]

---

272 NA CO 691/14 Note by H. Read on Future of German East Africa, 9.2.1918; NA CO 691/14 Byatt, Administrator's Office, Wilhelmstal, to Principal Secretary of State for the Colonies, 22.3.1918; William. Roger Louis, »Great Britain and the African Peace Settlement of 1919«, *The American Historical Review* 71 (1966), S. 875–892; insbesondere S. 876; Michael D. Callahan, *Mandates and empire. The League of Nations and Africa, 1914–1931*, (Brighton: Sussex Academic, 2008), S. 16–18.

Auch andere Plänen wurden eiligst beerdigt, wie etwa dem Vorschlag des Vereins der britischen Kriegsveteranen, aus der ehemaligen deutschen Kolonie eine Art Altenheim für verdienstvolle britische Kolonialoffiziere zu machen. Dafür sollten die in deutschem Eigentum befindlichen Plantagen enteignet und an die Offiziere zu günstigen Konditionen verkauft werden. Ebenso scheiterten Pläne des *Indian Office*, die Hoheit über die Kolonie zu übernehmen und sie zum Siedlungs- und Geschäftsfeld für indische Kaufleute und Veteranen der am Krieg beteiligten indischen Regimenter zu machen.[273]

So war die Zukunft der Kolonie schnell geklärt. Britisch und kolonial sollte sie sein. 1917 oder 1918 war diese Zukunft zwar noch etwas entfernt, denn da waren immer noch die Deutschen, die nicht aufgeben wollten und da waren auch immer noch die Notwendigkeiten des Krieges, die ihren Tribut von der lokalen Bevölkerung forderten. Dennoch, schon früh rechneten die britischen Kolonialoffiziere und Kolonialpolitiker mit einer britischen Zukunft für Deutsch-Ostafrika. Einzig der Name für die neue Kolonie des Empires war für einige Zeit ungewiss. Im Gespräch waren die Klassiker britischer Namensgebung für überseeische Gebiete, die sich entweder an den Namen britischer Royals orientierten wie »New Georgia« oder »Windsor Land« aber auch Bezeichnungen, die mehr auf die Geschichte der Region verwiesen wie »Azania«, ein Begriff, den arabische Geographen der Antike geprägt hatten. Verworfen wurde rundweg der Vorschlag, das Gebiet nach seinem Eroberer Smuts zu benennen. Letztendlich entschieden sich die Verantwortlichen für die geographische Variante: »Tanganyika Territory«, benannt nach einem der größten Seen in der Region.[274]

Die Namensfindung, so banal sie erscheinen mag, illustrierte die Konfidenz der Briten, was die Zukunft der Kolonie als Teil des britischen Empires betraf. Dieses Selbstbewusstsein der neuen Kolonialherren erfuhr wohl die deutsche Zivilbevölkerung am deutlichsten. Für sie war der Einmarsch der britischen Truppen Fluch und Segen zugleich. Einerseits bedeuteten die Truppen die Wiederherstellung einer gewissen Ordnung, die bei Abzug der Deutschen schnell kollabiert war. Seit der Besetzung von Dar es Salaam durch britische Truppen im August 1916 hatte sich die Sicherheitslage in der Stadt dramatisch verschlechtert. Plünderungen waren an der Tagesordnung.

---
273 NA CO 691/22 Gouvernement House, to the Principal Secretary of State for the Colonies, Dar es Salaam, 13.6.1919; Herbert Luthy, »India and East Africa: Imperial Partnership at the End of the First World War«, *Journal of Contemporary History* 6 (1971), S. 55–85, insbesondere S. 58.
274 NA CO 691/29 Notes by Sir G. Fiddes for a Name for German East Africa, 21.1.1919.

und nur mit Mühe wurden die Briten Herr der Lage.²⁷⁵ Zudem waren die ersten Stunden und Tage der Besatzung für die deutschen Zivilisten oft mit Ausgangssperren und dem Verlust ihrer Privathäuser und -wohnungen verbunden, weil sie von den alliierten Offizieren als Quartiere beschlagnahmt wurden. Die Siedlersfrau Maria Gräfin Matuschka berichtete, dass sie all ihr Hab und Gut an indische und griechische Geschäftsleute hatte verkaufen müssen, weil sie über Nacht kein Geld mehr gehabt hatte. Die Briten hätten das deutsche Geld für ungültig erklärt.²⁷⁶ Neben diesen Widrigkeiten klagten die deutschen Zivilisten in der Regel über das Verhalten der britischen Offiziere, die aus dem Hochgefühl ihres Sieges keine Mördergrube machten. In Dar es Salaam wurden den Deutschen auferlegt, alle britischen Stabsoffiziere respektvoll zu grüßen. Großzügiger zeigten sich die Briten allerdings bei der Beerdigung deutscher Offiziere. Diese wurden auf Kosten der Militärverwaltung mit allen militärischen Ehren beigesetzt.²⁷⁷

Mit der Etablierung der britischen Kontrolle in den besetzten Gebieten setzte zunächst eine große Internierungswelle deutscher und österreichischer Staatsbürger und später eine Ausweisungswelle ein. Dieser forcierte deutsche Exodus schien oberste Priorität in der britischen Verwaltung zu haben. Wälzt man die Akten der Behörden, so gewinnt man schnell den Eindruck, dass die Mehrzahl der Korrespondenz um dieses Thema kreist. Die Briten gingen in diesem Vorhaben so konsequent wie rücksichtslos vor. Bereits im Sommer 1916, die deutschen Truppen standen immer noch im Süden der Kolonie, begann die Enteignung deutscher Plantagen. Deren Eigentümer konnten sich freilich gegen diese Verletzung internationalen Rechts nicht wehren, sie sassen längst in den Internierungslagern der Briten und wussten in den seltensten Fällen um den Verlust ihres Eigentums. Die Briten konnten allerdings zunächst wenig mit den verlassenen Gehöften und Plantagen anfangen. Mehr dagegen die afrikanische Bevölkerung, die angesichts des schwachen kolonialen Staates die verwaisten Behausungen plünderte.²⁷⁸

---

275 Andrew Burton, »Brothers by day: colonial policing in Dar es Salaam under British rule, 1919–61«, *Urban History* 30 (2003), S. 63–91, insbesondere S. 67; James R Brennan & Andrew Burton, *Dar es Salaam: histories from an emerging African metropolis*, (Oxford: African Books Collective, 2007), S. 29.
276 Maria Gräfin Matuschka, *Meine Erinnerungen aus Deutsch-Ostafrika* (Leipzig: Xenien, 1923), S. 102.
277 BA Militärarchiv N 14/18 Deutsches Stadtkomitee Daressalaam. Berichte für die Zeit vom 7.3.1917 bis 31.12.1919 von den Herrn A. Frühling, Berndt, u. C. Vincenti.
278 Bagshave, *Diaries*, 1.10.1916.

Repräsentationen

Helden

Ende 1918 war der Krieg für das Kaiserreich verloren. Doch selbst als in Europa die Waffen schon längst verstummt waren, kämpften Lettow-Vorbeck und seine Soldaten immer noch in Ostafrika. Am 25. November, zwei Wochen nach dem Ende der Kämpfe in Europa, ergaben sich die verbliebenen Offiziere und *Askari* den britischen Truppen bei Abercorn. Was dem Waffenstillstand von Abercorn folgte, war eine mehrmonatige Odyssee der deutschen Soldaten und Offiziere durch die alliierten Kriegsgefangenenlager. Tabora war die erste Station, ihr folgten die indischen oder ägyptischen Kriegsgefangenenlager. Im März 1919 aber fand die Odyssee ein Ende. An der Spitze seiner letzten Offiziere kehrte der nunmehr zum General beförderte Lettow-Vorbeck nach Berlin zurück. Zehntausende Berliner waren zu diesem verspäteten Triumphzug ans Brandenburger Tor gekommen. Nicht viele Paraden hatten die Berliner, einst so verwöhnt und begeistert von Preußens militärischem Pomp, in diesen Wochen und Monaten zu bestaunen gehabt. Nach dem verlorenen Krieg und den letzten beiden harten Kriegsjahren war das Verhältnis der Berliner zu den Militärs, gelinde gesagt, gestört. Wenn Uniformen im Stadtbild auftauchten, dann waren es die der revoltierenden Soldaten und Matrosen oder die der gegen sie kämpfenden Freikorpsangehörigen. Der einstige oberste militärische Zeremonienmeister, Kaiser Wilhelm II., war ins Exil in die Niederlande geflohen und die bürgerlichen Regierungsparteien der entstehenden Weimarer Republik scheuten sich, den militärischen Pomp der Kaiserzeit in ihre politische Repräsentationspraxis zu übernehmen.

Bis dahin waren nur wenige Nachrichten, aber umso mehr Gerüchte vom ostafrikanischen Kriegsschauplatz in die Heimat gelangt. Die letzten offiziellen Berichte des Oberkommandos der Schutztruppen stammten aus dem Jahre 1915. In den folgenden Jahren trafen die Meldungen aus Ostafrika oft über abenteuerliche und verschlungene Wege in der Heimat ein. Vieles, was man wusste aber stammte aus Nachrichten der alliierten Presse.

Kriegsgefangene deutsche Kaufleute, Missionare und Matrosen hatten in ihren Briefen an die Daheimgebliebenen einige spärliche Informationen verbreitet. Bereits 1918 erschienen die ersten Erlebnisberichte von deutschen Rückkehrern aus Ostafrika. Den Anfang machten zwei Missionare, die nach ihrer Inhaftierung in Tabora 1916 wenige Monate später in die Heimat gelangt waren. Unter der Herausgeberschaft von Theodor Bechler erschienen Erlebnisberichte deutscher Missionare aus Unyamwezi, das 1916 von belgischen und britischen Truppen erobert worden war.[1] Der in Ruanda stationierte Missionar Karl Roehl schilderte den Rückzug der deutschen Truppen unter Wintgens bis nach Tabora. Sein Buch trug den bezeichnenden Titel »Ostafrikas Heldenkampf«. Im gleichen Jahr folgte eine erste offizielle Darstellung der Ereignisse in Ostafrika durch Ludwig Boell, Offizier im Stab Lettow-Vorbecks.[2] Zwei Jahre später erschien Lettow-Vorbecks eigener Bericht über den Krieg in Ostafrika.[3] Das war der Auftakt zu einer ganzen Reihe von Publikationen deutscher Kriegsteilnehmer, die in den 1920ern das furiose Interesse der deutschen Öffentlichkeit am ostafrikanischen Kriegsschauplatz zu bedienen suchten. Einige dieser Publikationen erlebten drei bis fünf Auflagen. Der Bestseller unter den Erinnerungsbüchern aber blieb Lettow-Vorbecks »Heia Safari«, dass immerhin 280.000 mal über den Ladentisch ging.[4] Paradoxerweise waren die deutschen Kolonien in der deutschen Öffentlichkeit vorher selten so populär und präsent gewesen wie in diesen Nachkriegsjahren. Hatten vor dem Krieg vor allem Skandale für Nachrichten aus den Kolonien gesorgt, so waren es nun Heldensagen und abenteuerliche Geschichten von Siegen gegen einen übermächtigen Gegner in den Dschungeln des fernen Afrika.

Die Kolonialliteratur der Weimarer Republik war zu einem großen Teil von dieser Kriegsliteratur beherrscht und sie hat den Blick der Deutschen auf ihre Kolonialgeschichte maßgeblich beeinflusst. Bis heute hat der Krieg als eine vermeintliche Erfolgsstory deutscher Kolonialgeschichte kaum et-

---

1 Vgl. Bechler, *Zur Kriegszeit*.
2 Siehe Ludwig Boell, *Die Operationen in Ostafrika. Weltkrieg 1914–1918* (Hamburg: W. Dachert, 1918).
3 Siehe Emil von Lettow-Vorbeck, *Heia Safari. Deutschlands Kampf in Ostafrika* (Leipzig: 1920).
4 Vgl. Deppe, *Lettow-Vorbeck*; Schnee, *Meine Erlebnisse*; Hauer, *Kumbuke*; Heye, *Vitani*; Wenig, *Kriegs-Safari*; Elly Proempeler, *Kriegsgefangen quer durch Afrika; Erlebnisse einer deutschen Frau im Weltkriege* (Berlin: O. Elsner, 1918); Walter von Ruckteschell, *Der Feldzug in Ostafrika* (Berlin: Bermühler, 1919). Zu Lettow-Vorbecks publizistischer Tätigkeit siehe: Eckhard Michels, *Paul von Lettow-Vorbeck–»Der Held von Deutsch-Ostafrika«. Ein preussischer Kolonialoffizier* (Paderborn: Schöningh, 2008), S. 270.

was von seinem Glanz verloren. 2009 strahlte die ARD einen Mehrteiler über den Krieg in Ostafrika mit in Deutschland prominenten Schauspielern aus. Erzählt wird die Geschichte einer Siedlerfrau, die durch die Wirren des Krieges und die Wechselbäder ihrer Gefühle hin- und hergerissen wird. Am Ende landet sie, knapp ihrem sadistischen preußischen Offiziersgatten entronnen, in den Armen eines britischen Offiziers. Es ist eine Heldengeschichte, die von der Emanzipation einer Frau im wilhelminischen Deutschland und seinem kolonialen Ableger in Ostafrika handelt. Die anglophone Filmwelt hat schon vorher zwei ähnliche Heldensagen hervorgebracht: »African Queen« mit Humphrey Bogart und Katharine Hepburn und »Out of Africa« mit Meryl Streep und Robert Redford in den Hauptrollen. Auch hier geht es um Frauencharaktere, die in den Krisen des Weltkrieges zu überleben und sich selbst zu finden suchen. Die Missionarsfrau, die in »African Queen« einen notorisch betrunkenen Matrosen dazu bringt, ein deutsches Kriegsschiff auf dem Tanganyika-See zu sprengen, gehört ebenso dazu wie die dänische Schriftstellerin Karen Blixen, deren Weg in die Emanzipation während der ersten Monate des Krieges beginnt. Sie hat in ihrem später verfilmten Buch »Out of Africa« ein ähnliches Frauenschicksal wie der ARD-Dreiteiler beschrieben. Doch der Krieg spielt nur in den ersten Szenen eine Rolle und seine Schatten sind kurz. Er ist kaum mehr als eine interessante Unterbrechung in der täglichen Routine von Tennismatches, Jagdsafaris und Teegesellschaften der weißen Siedler. Auch in »African Queen« ist der Krieg nur Nebensache, gekämpft wird weniger auf dem Schlachtfeld, sondern um das Seelenheil eines Mannes. Afrikaner spielen in diesem Krieg nur eine Nebenrolle und auch die Deutschen sind eher Dekor in einer Geschichte, in der es um die Prüfungen des modernen Subjekts vor dem Hintergrund einer schier unbeherrschbaren Natur geht. Und da ist noch der 1976 gedrehte Film »Shout At The Devil« mit keinem geringeren als Roger Moore, dem damaligen James Bond-Darsteller. Er erzählt eine typische Abenteuerstory im Stil des britischen Kriegs- und Actionkinos der Siebziger Jahre, in der stets und ständig betrunkene Piloten und hemdsärmelige Großwildjäger ein deutsches Schiff (in Anlehnung an die »Königsberg« im Rufiji-Delta) in die Luft sprengen.

Der Weltkrieg in Ostafrika schien seit jeher eine besondere Kulisse für moderne Heldenmythen zu bieten und was heute Hollywood oder die deutsche Filmindustrie erzählen, weicht kaum von dem ab, was in der Erinnerungsliteratur der Veteranen des Krieges nachzulesen ist. Hier wie dort wird der afrikanische Kontinent zum Prüfstein für das moderne Individuum in seinen unterschiedlichen Facetten gemacht. Willenskraft, jene metaphysische Neufassung göttlichen Willens in der Moderne, und physische Kraft, die im 20. Jahrhundert als Synonym für den rationalisierten Körper des modernen Menschen in den verschiedenen Körperkulten ihre Grundlage hatte, werden in Afrika zu essentiellen Features des modernen Helden oder auch des Helden der Moderne. Dass Afrika (oder auch die Kolonien insgesamt) auch für die Anfänge einer feministischen Fassung der modernen Heldin-Saga interessant war, hat die Literaturwissenschaft schon seit Langem diskutiert.[5]

Der Held, so schrieb einst Walter Benjamin, ist eine genuine Figur der Moderne. In ihm ist das Versprechen von Individualität in einer Welt verkörpert, in der gerade diese Individualität beständig von der anonymen Masse moderner Gesellschaften aufgesogen zu werden scheint. Mehr noch verspricht sie dem Individuum eine gestalterische Macht in der Geschichte, die ansonsten den eher gesichtslosen Mechanismen von Ökonomie und Politik unterliegt. Ob dies nicht mehr als eine Illusion ist, darum streiten Historiker der unterschiedlichen Lager bis heute. Doch diese Heldenperspektive spielt eine wichtige Rolle in der Art und Weise, wie geschichtliche Akteure ihr Handeln in der Geschichte sehen und auch gestalten. Für Benjamin ist der Held wenig mehr als der Darsteller einer heroischen Rolle, unfähig selbst ein heroisches Leben zu leben. Er reflektiert dabei unzweifelhaft auf Karl Marx' Bemerkung über die Geburt der bürgerlichen Gesellschaft. Diese sei zwar aus den heroischen Momenten der Revolte und des Bürgerkriegs geboren worden, ihre Entstehung verdanke sie aber weitaus alltäglicheren Kräften: der Industrialisierung, der Urbanisierung und der Herausbildung bürgerlicher Gesellschaften.[6] Eine solche Sicht, so der französische Historiker und Philosoph Michel Foucault, entstand als sich im 18. und 19. Jahrhundert die europäischen Gesellschaften im Inneren pazifizierten und Krieg zum technologischen und professionellen Monopol des Staates wur-

---

5 Inderpal Grewal, *Home and harem: nation, gender, empire, and the cultures of travel* (Durham: Duke University Press, 1996); Krista O'Donnell, Bridenthal, Renate & Reagin, Nancy Ruth, *The Heimat abroad: the boundaries of Germanness* (Ann Arbor: The University of Michigan Press, 2005); James S. Duncan & Derek Gregory (Hrsg.), *Writes of passage. Reading travel writing*, (London: Routledge, 1999); Alison Blunt, *Writing women and space. Colonial and postcolonial geographies* (New York: Guilford, 1994); Alison Blunt & Shelagh J. Squire, »Travel, Gender, and Imperialism: Mary Kingsley and West Africa«, in: *The Canadian geographer* 40, (1996) 2, S. 183.

6 Karl Marx, »Der achtzehnte Brumaire des Louis Bonaparte«, in: *Ausgewählte Schriften in zwei Bänden* (Berlin: Dietz, 1989), S. 262-371, insbesondere S. 268; Walter Benjamin, *Gesammelte Schriften* (Frankfurt a. M.: Suhrkamp, 1991), S. 577, 600.

de. Je mehr der Krieg aus dem Alltag der sozialen Beziehungen verschwand, desto mehr wurde er als eine Wirkungsmacht der Geschichte, wenn nicht als *die* Wirkungsmacht der Geschichte, herausgestellt. Geschichte, so Foucault, wurde gesehen als getrieben von ebenso harten wie brutalen Dynamiken: Stärke gegen Schwäche, Siege und Niederlagen, rassische Überlegenheit gegen vermeintliche Unterlegenheit, oder, wie einige der deutschen Kolonialherren glaubten, kriegerische Karnivoren gegen schwächliche Vegetarier, für die sie einen großen Teil der ostafrikanischen Bevölkerung hielten.[7]

Die eher alltäglicheren Kräfte der Geschichte, wie Industrialisierung, Urbanisierung und sozialer Wandel, aber spielten ihrerseits eine bedeutende Rolle in der Art und Weise, wie die Kriege der Moderne ausgefochten wurden. Der Erste Weltkrieg war, wenn nicht immer in Ostafrika, so doch in Europa, ein beredtes Beispiel dafür. Armeen wurden immer mehr zu bürokratischen Organisationen, moderne Kriegstechnologien wandelten von Grund auf das militärische Handwerk und reduzierten gleichzeitig die Rolle des einzelnen Soldaten für den Ausgang der Schlacht. In der Tat ist der Erste Weltkrieg von Historikern oft als ein Krieg angesehen worden, in dem überkommene Muster der Kriegsführung mit den neuen technologischen Möglichkeiten der Kriegsmaschinerie kollidierten.[8] Diesem Umstand waren nicht zuletzt die hohen Opferzahlen unter den Soldaten geschuldet. Frontalangriffe im Stil des 19. Jahrhunderts auf die nunmehr mit moderner Artillerie und Maschinengewehren bestückten Stellungen des Feindes endeten in regelrechten Massakern der Angreifenden. Dennoch wurde der Mythos vom heldenhaften Soldaten gerade von den modernen Propagandamaschinerien, wohl einer der wichtigsten Innovationen des Ersten Weltkrieges, weitergesponnen. Doch die harschen Realitäten der Stellungskriege an der Westfront machten aus diesen Heldensagen nur allzu schnell eine Farce. Für den Schriftsteller Ernest Hemingway wie auch für viele andere

---

[7] Michel Foucault, *Vom Licht des Krieges zur Geburt der Geschichte* (Berlin: Merve, 1986); siehe auch Bruno Preisendörfer, *Staatsbildung als Königskunst. Ästhetik und Herrschaft im preußischen Absolutismus* (Berlin: Akademie-Verlag, 2000), S. 17.
[8] R.J.Q. Adams, »Introduction«, in: *The Great War, 1914-18. Essays on the military, political, and social history of the First World War*, hrsg. von ders. (London: Macmillan, 1990), S. 1-5; John Mosier, *The myth of the Great War. A new military history of World War I* (New York: HarperCollins, 2001).

seiner Zeitgenossen bedeutete dieser Krieg das Ende aller Vorstellungen von Heldenmut und Ritterlichkeit.[9] Der ostafrikanische Feldzug, so scheint es, bot da mehr Raum für Heldenerzählungen. Anders als an der Westfront mündeten die Kampfhandlungen nur selten in Pattsituationen eines Stellungskrieges, der, wie ein Historiker treffend schreibt, mit einem Höchstmaß an Überdruss und Tod einherging, mit der Tyrannei einer alltäglichen Routine bei gleichzeitiger Allgegenwart einer ebenso schnellen wie grauenhaften Auslöschung des Lebens.[10] Sicherlich gab es auch in Ostafrika Stellungskriege und Grabenkämpfe, doch diese dauerten selten länger als einige Tage. Größere Schlachten waren die Seltenheit und der technische Fortschritt in den Arsenalen der Armeen, obgleich durchaus in Ostafrika präsent, entfaltete hier nicht jene desaströse Wirkung wie auf den europäischen Schlachtfeldern. Das heißt allerdings nicht, dass der Krieg in Ostafrika für die europäischen wie auch afrikanischen Kombattanten nicht mit traumatischen Erfahrungen und entbehrungsreichen Zeiten einherging. Nur unterschieden sich diese Erfahrungen eben in Vielem von denen an der Westfront.

Dieses Kapitel beschreibt die Entstehung eines heroischen Narrativs, welches zur dominanten Diskursfigur in der deutschen und teilweise auch britischen Erinnerung an den Ersten Weltkrieg in Ostafrika werden sollte. Nicht zuletzt ist dieses heroische Narrativ eine Reaktion auf die Krise des europäischen Subjekts auf den ostafrikanischen Schlachtfeldern. Wie im vorherigen Kapitel bereits beschrieben, war dies gleichermaßen eine Krise kolonialer Realitäten und Diskurse. Und in dem Maße, wie das heroische Narrativ auf die individuellen Erfahrungen der Europäer im Krieg antwortete, so nahm es Bezug auf die koloniale Ordnung, die sich in einer offensichtlichen Krise befand oder in einer Krise gesehen wurde. Diese Erfahrung der Krise teilte das heroische Narrativ des Ersten Weltkrieges mit einem anderen Narrativ: das des kolonialen Helden zu Beginn der kolonialen Herrschaft. Was beide Narrative über das Moment der Krise des europäischen Subjekts in Afrika hinaus gemein hatten, war ihr Insistieren auf das Subjekt als eine Gestaltungsmacht von Geschichte. Koloniale Helden

---

9 Bernd Hüppauf, »Modernity and violence. Observations concerning a contradictionary relationship«, in: *War, violence and the modern condition*, hrsg. von Bernd Hüppauf (Berlin: de Gruyter, 1997), S. 1–32, insbesondere S. 2; Douglas Mackaman & Michael Mays, »The quickening of modernity, 1914–1918«, in: *World War I and the cultures of modernity*, hrsg. von dens. (Jackson: University Press of Mississippi, 2000), S. xvii–xxv, insbesondere S. xxi.
10 Chickering, *Imperial Germany*, S. 133.

erkundeten auf eigene Faust die weißen Flecken auf den Weltkarten Europas und erschufen ganze Kolonialimperien; die Helden des Ersten Weltkrieges in Ostafrika erfochten scheinbar unmögliche Siege gegen einen überlegenen Gegner und nicht zuletzt gegen sich selbst und die Gefahren der afrikanischen Wildnis. Die Kontinuitäten beider Heldennarrative wurden in keinem Geringeren als in Lettow-Vorbeck am sichtbarsten. Nach der gewonnenen Schlacht von Tanga, so ein deutscher Zeitzeuge, wurde der Offizier von Europäern wie *Askari* gleichermaßen als eine Inkarnation des mythischen Begründers der Kolonie, Hermann von Wissmann, gesehen.[11]

Die Geburt des Kolonialpioniers

Der moderne europäische Kolonialismus hat seit seinen ersten Tagen mit der Figur des Helden gespielt. Der Kampf um die Etablierung europäischer Herrschaft in Übersee war dabei ein zutiefst männliches Projekt, wie die Historikerin Helen Callaway in Bezug auf das britische Empire bemerkte: Für jene Männer, die auszogen, die britische Fahne in den entlegensten Teilen der Erde aufzupflanzen, so die Historikerin, war das Empire eine Spielwiese für das Ausleben spezifischer Vorstellungen von Maskulinität. Autorität, Gehorsam, innere Stärke, Loyalität und Selbstaufopferung im Dienst für die Sache seien die Koordinaten dieses männlichen Moralkodes gewesen. Wenn dies auch nicht immer mit dem einherging, was sich im Alltag der Kolonialherren abspielte, so war dies zumindest ein durchgängiges Thema in ihren Narrativen. Ihre Taten beschrieben sie als heroische Aktionen und Akte der Selbstdisziplin in der Frontierzone, wo Frauen ebenso keinen Platz hatten wie bourgeoise Alltagstypen.[12]

Für die erste Generation jener Männer, die das deutsche Kolonialreich in Übersee schufen, gebrauchten die Deutschen das Wort »Kolonialpionier«. Ein Begriff, der sowohl die Geschichtsträchtigkeit ihres Handelns als auch den Aufbruch oder auch Aufbrechung bislang »unberührter« Teile des Globus in sich aufnam. Kolonialpioniere waren die Männer der ersten Stunde:

---

11 Christensen, *Nordschleswiger*, S. 116.
12 Helen Callaway, »Purity and Exotica in Legitimating the Empire. Cultural constructions of gender, sexuality and race«, in: *Legitimacy anf the State in Twenthieth-Century Africa*, hrsg. von Terence O. Ranger & Olufemi Vaughan (Oxford: Oxford University Press, 1993), S. 31–61, insbesondere S. 47.

Jene, die das Land erforschten, eroberten und die Fundamente kolonialer Herrschaft legten. Dieser, weil geschichtsträchtige, auch heroische Akt ging mit der Erfahrung von Entbehrungen, Gefahr und auch vielfach mit der Selbstaufopferung für die Sache des Kolonialreiches einher. In Ostafrika war die Figur des Kolonialpioniers mit keinem anderen so verbunden wie mit Hermann von Wissmann, der seine Karriere als Forschungsreisender begann und dann zum Gründer der Schutztruppe und später der Kolonie wurde. Wissmanns engster Konkurrent im Anspruch auf diesen Thron war Carl Peters, der mit seinen Expeditionen und Schutzgebietsverträgen die rechtlichen Grundlagen für Deutschlands Kolonialreich in Ostafrika gelegt hatte. Doch im kolonialen Diskurs des Kaiserreichs spielte Peters kaum eine Rolle. Nach seiner Verurteilung wegen der Ermordung zweier Afrikaner versank er in der Versenkung, um erst durch die Nationalsozialisten wieder auf den Thron des wichtigsten Kolonialpioniers des Kaiserreichs gehoben zu werden.

Peters fehlte jedoch eine entscheidende Qualifikation für den Thron des Kolonialpioniers: Er war kein Militär. Dafür aber war Wissmann einer, auch wenn er seiner unehrenhaften Entlassung nur durch die Flucht nach Zentralafrika entgangen war. Für Wissmann verkörperten gerade die Offiziere der preußischen Infanterieregimenter den Idealtypus des Kolonialpioniers. Das hieß nicht zuletzt, dass der Kolonialpionier auch ein Aristokrat war, denn die stellten die Mehrheit dieses Offizierskorps. Das war ein weiteres Manko von Peters: Er war der Sohn eines Pastors. Auch Wissmann war von Geburt kein Aristokrat, immerhin aber der Sohn eines hohen preußischen Beamten. Den Mangel an Aristokratie konnte er zudem mit seiner Nobilierung in den 1890ern wettmachen. Von den Offizieren in der Schutztruppe forderte Wissmann viel: Sie sollten fähige Kommandeure und Diplomaten sein, Handwerker sowie Naturwissenschaftler und Ethnographen. Diese Rolle des Militärs für Deutschlands »Weg an die Sonne«, wie es in zeitgenössischen Parolen hieß, war so neu nicht. Zwanzig Jahre vor dem Startschuss zum kolonialen Eroberungsfeldzug in Ostafrika hatte das preußische Militär auf den Schlachtfeldern des Deutsch-Französischen Krieges einen wichtigen Grundstein für die Reichseinigung gelegt. Und einige der Offiziere von 1871 hatten auch einen Anteil an der Eroberung Ostafrikas. Kaum ein Offizier, der in die Kolonien ging, der nicht von der Idee besessen war, dass mit Krieg Geschichte gemacht wird. Für sie war die Gründung der Kolonien eine ähnliche »Pioniertat« wie es die Gründung des Kaiserreiches war.[13] Und es war eben diese Reputation auf den Schlachtfeldern Europas und Afrikas, die des Kaiserreichs Taufe als Kolonialmacht garantieren sollte. Diese Einsicht zu formulieren blieb allerdings einem Zivilisten vorbehalten: Carl Peters. Deutschlands Prestige als Kolonialmacht gründe sich, so bramarbasierte der Pastorssohn, auf seinem Ruf als die kriegerischste Nation Europas und dieser Ruf müsse unter allen Umständen aufrecht erhalten werden.[14]

Wissmanns Biographie verweist noch auf eine andere Seite des Kolonialpioniers. Bevor er zum Reichskommissar für Ostafrika ernannt wurde, hatte er eine eher wechselvolle Karriere hinter sich gebracht. Wegen eines Duells vor die Wahl gestellt, in Kerkerhaft zu gehen und unehrenhaft entlassen zu werden oder sich an der Zentral-Afrika-Expedition Carl Pogges zu beteiligen, entschied er sich für Letzteres. Er durchquerte in den nächsten Jahren zweimal den afrikanischen Kontinent von West nach Ost und avancierte schnell zum populärsten Afrikareisenden des Kaiserreichs. Kaum ein Wunder, dass Wissmann in seinen biographischen Notizen den Reisenden als ein Symbol der Freiheit von gesellschaftlichen Zwängen und bürokratischen Käfigen des alten Europas feierte. Weder war Wissmann mit dieser Haltung der einzige deutsche Kolonialpionier, noch war sie eine typisch deutsche Erscheinung. Auch in anderen europäischen Kolonialprojekten dominierten zu Beginn Abenteurer und gescheiterte Existenzen die Bühne und mit ihnen die ostentative Ablehnung gesellschaftlicher Normen der europäischen Heimat.

War der Kontinent im kolonialen Diskurs ein Hort afrikanischer Barbarei, so war er in gewisser Weise auch der Ort einer europäischen Barbarei, wenn man darunter die Negierung jeglicher gesellschaftlicher Konventionen seitens der Kolonisierenden der ersten Stunde verstehen mag. Noch in seiner Zeit als Reichskommissar hatte Wissmann erhebliche Konflikte mit seinen Vorgesetzten. Während die Berliner Bürokraten auf die Einhaltung von Ordres und Rechenschaftspflichten pochten, argumentierte Wissmann mit der besonderen Situation in Afrika, um sein Ausscheren aus der büro-

---

13 Vgl. Hermann von Wissmann, *Afrika. Schilderungen und Rathschläge zur Vorbereitung für den Aufenthalt und den Dienst in den deutschen Schutzgebieten* (Berlin: E.S. Mittler, 1895); Hermann von Wissmann & Franz Oskar Karstedt (Hrsg.), *Deutschlands grösster Afrikaner; sein Leben und Wirken unter Benutzung des Nachlasses*, (Berlin: A. Schall, 1907), Rochus Schmidt, *Kolonialpioniere. Persönliche Erinnerungen aus kolonialer Frühzeit* (Berlin: Safari-Verlag, 1938).
14 Carl Peters, *Die Gründung von Deutsch-Ostafrika. Kolonialpolitische Erinnerungen und Betrachtungen* (Berlin: Schwetschke, 1906), S. 252.

kratischen Ordnung zu rechtfertigen. Diese Konflikte brachten Wissmann nach gut zwei Jahren zu Fall. Auch sein Konkurrent Peters hatte seine Schwierigkeiten mit den Behörden daheim, sie führten letztendlich zu seinem Gerichtsverfahren. In Afrika, so lautete ein äußerst populäres Sprichwort, sei erstens alles anders und zweitens als man denke. Koloniale Karrieren waren, so der Soziologe Trutz von Trotha, abweichende Karrieren.[15] Weder passten sie so recht zu den Karrieremustern und Biographien daheim in der Metropole, noch waren sie immer in Einklang mit den Normen, wie sie die kolonialen Diskurse für das Verhalten der Europäer vorsahen. Die Figur des kolonialen Helden diente letztendlich dazu, diese Abweichungen zu eskamotieren. Vor allem die exzessive Gewalt bei der Eroberung Afrikas ließ sich damit entschuldigen. Gewalt wurde als unabwendbarer Teil des Geschichtsmoments dargestellt und legitimiert. Zudem verbarg er die offensichtlichen Abweichungen kolonialer Herrschaftspraxis von den in der Metropole üblichen Normen und Werten. Und hier gab es eine Menge zu verbergen: Die nicht enden wollenden Konflikte von Wissmann und seinen Nachfolgern im Amt mit den Vorgesetzten in Berlin, die häufigen Kolonialskandale, die prügelnde Bürokraten als ihre Hauptdarsteller hatten, die für preußische Maßstäbe katastrophale Rechtsverfassung der Kolonie, die dem Missbrauch Tür und Tor öffnete sowie die Gerüchte über finanzielles und bürokratisches Missmanagement.

Die Figur des Kolonialpioniers zelebrierte den Geruch der Freiheit in Abgrenzung zum eisernen Käfig rationaler Welten: Entschlossenheit des Willens und Unabhängigkeit anstelle bürokratischer Normen und Prozeduren, Maskulinität anstelle bürgerlicher Moral und, bis zu einem gewissen Grad, soldatische Kameradschaft anstelle von rassischen Differenzen. Sie fasste sexuelle Beziehungen der Offiziere zu afrikanischen Frauen als entschuldbaren Lapsus auf und sah die zivilisatorischen Missionsziele des Kolonialismus wie die Verkündung des Christentums als eine zu vernachlässigende, wenn nicht gar störende Aufgabe. Kolonialherrschaft wurde als eine Durchsetzung des Rechts des Stärkeren gesehen, nicht aber als ein langfristiges Projekt der Zivilisierung der afrikanischen Bevölkerung. Wenn die Kolonialpioniere überhaupt Notiz von den in der Heimat zirkulierenden Debatten über die Zivilisierungsmission Europas in Afrika nahmen, dann war ihnen diese Mission allenfalls relevant auf dem Kasernenhof, wo sie aus Afrikanern Soldaten nach dem Vorbild preußischer Militärtraditionen machen wollten.

---

15 Trotha, *Koloniale Herrschaft*, S. 98.

Erst in den letzten Jahren deutscher Kolonialherrschaft in Ostafrika begann die Dominanz der Kolonialpioniere zu wanken. Die Kolonialbehörden in der Heimat setzten 1908 eine neue Kolonialpolitik durch, die dem Treiben der deutschen Kolonialherren einen zivileren Anstrich geben und stärker in bürokratische und rechtliche Prozeduren einbetten sollte. Besonders unter den Gouverneuren Adolf Graf von Götzen und Albrecht Freiherr von Rechenberg wurde die in weiten Teilen der Kolonie immer noch existierende Militärherrschaft in zivile Verwaltungsstrukturen überführt. Dieser Wandel stieß auf den, wenn auch verhaltenen, Widerstand der Kolonialmilitärs, die ihre Autonomie bedroht sahen. Sie meinten das Gespenst des »Assessorismus« heraufziehen zu sehen, oder mit anderen Worten: das Regiment weltfremder Bürokraten. Solche Ressentiments der Offiziere ist in vielen ihrer Memoiren und Berichte nachzulesen, wo sie über die schwindende Welt des Abenteurertums, der Freiheit und einer ungezügelten Männlichkeit lamentieren. Aber es war nicht nur der Wandel in den Amtsstuben der Kolonie, die den heroischen und maskulinen Kult der ersten Jahrzehnte desavouierten. Vielmehr waren es auch die in immer größerer Zahl ihren Männern nachreisenden Beamten- und Offiziersgattinnen, mit denen die Antithese kolonialer Männlichkeit, das bürgerliche Familienleben, in der Kolonie Einzug hielt. Orte wie Dar es Salaam oder Tanga sahen die Entstehung einer kolonialen Gesellschaft aus Siedlern, Bürokraten, Kaufleuten und Missionaren. Zu guter Letzt hatte die europäische Zivilisation Ostafrika erreicht, wenn auch nur die Haushalte der Kolonialpioniere.

Im Jahre 1914 war die heroische Phase kolonialer Herrschaft an ihr Ende gelangt und durch eine kommerzielle und bürokratische Phase abgelöst worden, wie sie der oberste Kolonialbeamte des Kaiserreichs, Bernhard Dernburg bereits 1907 gefordert hatte. Mit Schnee war ein ziviler Beamter und noch dazu ein Bürgerlicher in den Gouverneurspalast eingezogen. Die Offiziere, die an der Eroberung der Kolonie teilgenommen hatten, waren in die Heimat zurückgegangen oder hatten sich in der Kolonie als Plantagenbesitzer niedergelassen. Einige versuchten den militärischen Charakter der ersten Jahre kolonialer Herrschaft auf ihren Besitzungen am Leben zu erhalten, wo sie ein harsches Regime über ihre afrikanischen Arbeiter und Diener errichteten. Morgendliche Zählappelle und Flaggenhissungen, Paraden ihrer uniformierten Wachleute ließen die längst versunkene Welt der Kolonialpioniere in ihren privaten Reichen aufleben. Und spät am Abend mochten sie gebeugt an ihren Memoiren schreiben, die vor dem Weltkrieg in beträchtlicher Anzahl in Deutschland publiziert wurden. Hier schrieben sie die Geschichte des Kolonialreiches als eine der Eroberung, der heldenhaften Taten und als letzte Frontierzone einer feudalherrlichen Männlichkeit.

Die Rückkehr des kolonialen Helden

Als der Krieg ausbrach, waren die in den Ruhestand versetzten Kolonialoffiziere unter den Ersten, die in die eiligst formierten Freiwilligeneinheiten eintraten. Meist waren es die zahlreichen Schützenvereine der Siedler und Beamten, die das Grundgerüst für die Freiwilligenkompanien bildeten. Vom Stammtisch des Hotels »Kaiserhof« rückten die teilweise doch schon etwas betagten Herren in die Scharmützel eines zunächst gemächlich dahinplätschernden Krieges. Härter gekämpft wurde indessen an einer anderen Front: Mit der Rückkehr der Kolonialkriegsveteranen brach jener Konflikt wieder auf, der die Kolonie so lange beherrscht hatte. Schnell gerieten Heinrich Schnee, der oberste Zivilbeamte und formelle Oberbefehlshaber der Kolonialtruppen und Kommandeur der Truppen Lettow-Vorbeck aneinander. Während der Zivilbeamte qua Herkunft und qua Karriere für die bürokratische Tradition des deutschen Kolonialismus und für des Kaiserreichs neue Kolonialpolitik stand, verkörperte der Militär wie kaum ein anderer die militärische Tradition des deutschen Kolonialismus. Zu einem der vehementesten Unterstützter von Lettow-Vorbecks Kriegsplänen gehörte Tom von Prince. Beide Offiziere kannten sich seit ihrer Grundausbildung in Deutschland. Prince stand Lettow-Vorbeck an Erfahrung in Kolonialkriegen kaum nach. Er war maßgeblich für die Eroberung des Inneren Ostafrikas verantwortlich gewesen und hatte in Unyamwezi und im Süden der Kolonie gekämpft. Vor allem aber war er aber für seinen Anteil an der Eroberung des Hehe-Reiches berühmt oder berüchtigt geworden. Die Afrikaner hatten ihm in diesen Jahren den zweifelhaften Titel »Bwana Sakarani« gegeben. Was Prince und seine Frau Magdalene von Prince gerne als der »Herr ohne Furcht« übersetzten, hatte im Swahili auch eine andere Bedeutung: der »Herr ohne Verstand« oder der »betrunkene Herr«.[16]

---

16 Für Prince Übersetzung des Namens siehe Magdalene von Prince, *Eine deutsche Frau im Innern Deutsch-Ostafrikas. 11 Jahre nach Tagebuchblättern erzählt* (Berlin: Mittler & Sohn, 1903), S. 122. Für eine alternative Übersetzung siehe: Ali bin Rajabu bin Said el-Mardjebi, »Vita vya Uhehe (Der Feldzug nach Uhehe)«, in: *Suaheli-Gedichte. Gesammelt und mit einer Übersetzung und Erläuterung versehen,* hrsg. von C. Velten (1918), S. 107–

Dem in den Ruhestand versetzten Veteranen der Kolonialkriege Prince oblag die Organisation der ersten Freiwilligenverbände in der Kilimanjaro-Region und in Usambara. Er führte auch den ersten deutschen Angriff auf britisches Gebiet: die Eroberung des Örtchens Taveta. Doch er fiel gleich zu Beginn des Krieges in der Schlacht um Tanga, als er im Häuserkampf gegen britische Truppen in den Kopf geschossen wurde. Herbert Patera, der Biograph oder besser Preissänger des Tom von Prince, wählte diese Szene als den Schlussakt eines Heldendramas, in der der Kolonialoffizier quasi im Alleingang die Schlacht von Tanga wendete und entschied.[17] Auch die Briten trugen ihren Teil zur Mythisierung des Tom von Prince bei. Der britische Infanteriesoldat Wynn E. Wynn schreibt in seine Erinnerungen an den Krieg, dass nach der Schlacht unter den Briten das Gerücht über eine Gruppe von drei deutschen Offizierswitwen kursiert habe. Sie wollten Rache an den Briten nehmen, weil ihre Männer in Tanga gefallen waren. Sie würden in nächtlichen Überfällen auf britische Stellungen Jagd auf die Briten machen, sie töten und ihre Leichen schänden. Die vermeintliche Führerin der rächenden Witwen sei eine gewisse Frau von Sturm gewesen. Sie ist leicht als Magdalene von Prince zu identifizieren.[18]

Während in Tanga ein kolonialer Held starb, wurde der Mythos des Lettow-Vorbeck geboren. Dass er als Inkarnation Wissmanns gefeiert wurde, verwundert kaum. Im Licht der Vorkriegskonflikte zwischen ziviler und militärischer Tradition des deutschen Kolonialismus erscheint diese Traditionslinie als mehr als nur ein Rückgriff auf die Ursprungsmythen der Kolonie. Mit Lettow-Vorbeck hatte die militärische Tradition ihre neue Gallionsfigur gefunden. Für die zivile Tradition, verkörpert von Schnee, war in diesen Tag kein Platz mehr. Im gleichen Moment, in dem Lettow-Vorbeck zum neuen kolonialen Helden mutierte, wurde Schnee ins Abseits gestellt.

Ein anderer Vorkriegsoffizier, der zum Kriegshelden avancierte, war Max Wintgens, in Friedenszeiten Interims-Resident von Ruanda und während

---

122, insbesondere S. 211; Rashid bin Hassani, »The Story of Rashid Bin Hassani«, in: *Ten Africans*, hrsg. von Margery Freda Perham (London: Faber and Faber, 1963), S. 81–119, insbesondere S. 133.

17 Herbert Viktor Patera, *Bwana Sakkarani. Deutsch-Ostafrika 1888–1914. Leben und Taten des Schutztruppenhauptmanns Tom von Prince* (Wien: 1933), S. 232. Die Gefechtsberichte der Schutztruppe geben allerdings kaum Raum für eine solche Interpretation. Siehe etwa den Bericht über das vom 2. bis 6.11. stattgehabte Gefecht von Tanga in Deutsch-Ostafrika, in: Deutsch-Ostafrika. Kaiserliches Gouvernement, *Zusammenstellung*, S. 107.

18 Wynn E. Wynn, *Ambush* (London: Hutchinson, 1937), S. 128.

des Krieges der kommandierende Offizier der nordwestlichen Truppen. Wintgens war möglicherweise der letzte Offizier der Kolonie, der Kolonialpolitik als Eroberungspolitik sah und auch sehen konnte. Ruanda war das letzte Gebiet, das die Deutschen okkupiert hatten und erst 1907 hatten sie hier administrative Strukturen etablieren können. Entgegen der Politik seines Vorgängers Richard Kandt hatte Wintgens in seiner Zeit als Resident militärische Mittel in der Kolonialpolitik favorisiert und war damit des öfteren in Konflikt mit seinen Vorgesetzten in Dar es Salaam gekommen. Bei der Niederschlagung einer Revolte im Norden Ruandas hatte er wissentlich die Befehle des Gouverneurs missachtet. Wie viele seiner Offizierskollegen war Wintgens davon überzeugt, dass das Treffen eigenständiger Entscheidungen zum Grundcharakter eines Kolonialoffiziers gehörte. Was ihm in Friedenszeiten harsche Kritik vonseiten der Administration einbrachte, machte ihn in Kriegszeiten zum Helden. Im Frühling 1917 startete Wintgens seine eigene Kampagne in den von den Briten und Belgiern besetzten Gebieten Unyamwezis und Usukumas. Sie dauerte mehr als acht Monate und wurde für die Alliierten zu einem Alptraum: Über mehrere Tausend Kilometer jagten sie Wintgens und seine Truppen. In seinen Memoiren kritisierte und lobte Lettow-Vorbeck, der von Wintgens Aktion genauso überrascht war wie die Alliierten, den Offizier im gleichen Atemzug. Für den Missionar Roehl, der zumindest die ersten Monate bei den Truppen von Wintgens verbracht hatte, aber war dies eine Heldentat, die »Bwana Tembahassi«, wie er von den Afrikanern genannt wurde, zum »gehörnten Siegfried« machte. Zu einem Symbol für die Macht und Stärke des Kaiserreiches.[19]

Wintgens Zug durch alliiertes Territorium band zwar beträchtliche Truppen des Gegners, führte aber nur selten zu größeren Kampfhandlungen. Was den Zug aber zum Stoff für ein Heldennarrativ machte, war nicht sein militärischer Nutzen, sondern, dass er Raum für individuelle Entscheidungen und Husarenstücke bot. Bereits in den ersten zwei Jahren des Krieges hatte Wintgens eine Vorliebe für überraschende Attacken auf kleine belgische Posten entwickelt. In der Regel wurden diese Grenzattacken in seinen Berichten an das Oberkommando als bedeutende Siege interpretiert. Wenn nicht schon auf militärischem Gebiet, dann doch wegen des Ein-

---

19 Roehl, *Heldenkampf*, S. 67; Lettow-Vorbeck, *Erinnerungen*, S. 155. Die Bedeutung des Namens »Tembahassi« ist unklar. Wahrscheinlich ist er dem Swahili entlehnt und ließe sich mit »wilder« oder auch »böser Elefant« übersetzen. Darüber hinaus ließe er sich auch mit »unfruchtbarer Elefant« übersetzen. Ich danke Lutz Diegner für die Recherche zu diesem Namen.

drucks, den sie auf die afrikanische Bevölkerung gemacht hätten. Als Wintgens die Insel Idjiwi im Kivu-See eroberte und dabei eine Garnison von 20 belgischen Soldaten gefangen nahm, notierte Roehl den vermeintlich ungeheuren Eindruck, den dieser Sieg auf die lokale Bevölkerung gemacht habe.[20] Dieses Argument war nicht neu und es war kein exklusiv deutsches. Bereits in der Phase kolonialer Eroberung hatte jeder Sieg Spekulationen über die psychologischen Folgen dieses Sieges hervorgebracht. Dass dieses Spekulieren nun im Ersten Weltkrieg wieder auferstand, war kein Zufall. Die Kriegsparteien fochten nicht nur um Siege gegen die andere Seite, sie führten den Krieg auch als einen Kampf um die Herzen und vor allem Sichtweisen der Afrikaner auf Europas koloniale Ordnung. Da mag es kaum verwundern, dass die Debatte unter den Alliierten um die psychologische Bedeutung militärischer Erfolge gegen die Deutschen besonders im Zusammenhang mit der Jagd auf Wintgens zu finden ist.[21] Für die neue koloniale Ordnung der Alliierten war die Rückkehr der Deutschen ein Trauma; und dies nicht zuletzt deshalb, weil die Verwaltungsoffiziere der festen Meinung waren, dass solche Ereignisse dem Ansehen der britischen oder belgischen Kolonialmacht schadeten. Sie sahen die Bedrohung nicht so sehr auf dem Schlachtfeld, sondern als eine, die für die Alliierten in den Köpfen der Afrikaner erwuchs. Der belgische Offizier und wohl hartnäckigste Naumann-Jäger Scheppers sinnierte über die Motive von Naumann und Wintgens im Frühjahr 1917 durch die halbe Kolonie zu irren mit der Überlegung, dass es den Deutschen vor allem darum gegangen sei, den Afrikanern, nunmehr unter alliierter Kontrolle, zu zeigen, dass die Deutschen immer noch präsent waren. Die Belgier dagegen hätten bei ihrer unglückseligen Verfolgungsjagd kein gutes Bild bei der afrikanischen Bevölkerung hinterlassen.[22] Vorschlägen, das Hauptquartier der Verwaltung in Wilhelmsthal angesichts der herannahenden Truppen Naumanns zu räumen, erteilte der britische Kolonialbeamte Horace Archer Byatt mit dem Verweis auf den möglichen

---

20 Karl Roehl, »Ruanda Erinnerungen (Zum Gedächtnis an Major Wintgens)«, in: *Koloniale Rundschau*, (1925), S. 289–298, insbesondere S. 296; Roehl, *Heldenkampf*, S. 33.
21 Bagenal, *The East African Campaign*, S. 82; NA CO 691/6 Byatt, Administrator's office, Wilhelmstal, 3.10.1917 to the Principal Secretary of State for the Colonies; Whitthall, *With Botha*, S. 275.
22 MRAC Collection de Jean Scheppers: 59.36.1 Mémoires du Colonel honoraire Scheppers, Vétéran de l'Etat Indépandant du Congo.

Prestigeverlust der Briten in den Augen der lokalen Bevölkerung eine Absage.[23]

Genauso erbittert, wie auf dem Schlachtfeld um jeden Quadratmeter gekämpft wurde, wurde auch auf dem Feld der Symbole und Repräsentationen um die möglichen Sichtweisen der Afrikaner gekämpft. Peters' Forderung, des Kaiserreichs Reputation als Kolonialmacht müsse auf dem Schlachtfeld erkämpft werden, geisterte immer noch durch die Köpfe der deutschen Offiziere und Soldaten. War der koloniale Kriegerkult in den letzten Friedensjahren in die Privatzimmer und die Memoiren der Offiziere versunken, so feierte er auf den Schlachtfeldern des Ersten Weltkrieges nun sein Comeback. Jetzt aber waren es nicht mehr nur die Afrikaner, die als Publikum dieser agonalen Aufführung herhalten mussten, sondern auch die Europäer, respektive die gegnerische Seite.

Die Geburt des kolonialen Kriegshelden hatte, wie der Beiname von Wintgens andeutet, eine afrikanische Note. Der Verweis auf solche Beinamen war in der Kolonialliteratur des Kaiserreiches nicht unüblich; sie sind in vielen Erinnerungsbüchern deutscher Kolonisierender nachzulesen, obgleich sie oft eine ambigue, bisweilen sogar pejorative Bedeutung hatten, wie etwa der Beinamen von Prince: »Bwana Sakarani«. Lettow-Vorbeck selbst gibt in seinen Erinnerungen den Namen preis, den ihm die *Askari* in den harten Tagen des Jahres 1917 gaben: der »Leichentuchschneider«.[24] Die Deutschen waren offensichtlich bereit diese Ambiguitäten zu akzeptieren, wenn sie bei den populären Kulturen ihrer *Askari* hausieren gingen. Das mag auf die Bedeutung der Afrikaner, insbesondere der *Askari*, für die Heldennarrative der Deutschen hinweisen. Die *Askari* hatten in diesem Narrativ eine doppelte Funktion: Zum einen waren sie selbst Gegenstand dieses Narrativs. Nicht als Individuen, aber als eine idealisierte Figur. Der zum »treuen *Askari*« stilisierte Afrikaner in deutscher Uniform wurde selbst zum Helden. So erreichte der *Askari* im Heldennarrativ der Nachkriegszeit eine Prominenz, die kaum der von Lettow-Vorbeck nachstand.

Britische Autoren kommentierten die Heldenfigur des *Askari* auf ihre Weise. In seiner Schilderung der Kapitulation der Truppen Tafels verhehlt der Offizier Clifford nicht seine Bewunderung für die Disziplin der *Askari*

---

23 NA CO 691/6 Byatt, Administrator's office, to Principal Secretary of State for the Colonies, Wilhelmstal, 3.10.1917.

24 Lettow-Vorbeck, *Mein Leben*, S. 158. Siehe auch Deppe, *Lettow-Vorbeck*, S. 240. Für die Spitznamen der Europäer in den Vorkriegsjahren siehe: Carl Velten, »Die Spitznamen der Europäer bei den Suaheli«, in: *Mitteilungen des Seminars für Orientalische Sprachen* III, (1900) 3, S. 191–197.

und Träger. Wie bei einer Parade seien die *Askari* in das Gefangenenlager einmarschiert. Von »maschinenhafter Präzision« seien die Bewegungen der Kolonne gewesen. Was aber das größte Erstaunen der britischen Offiziere erregt habe, sei gewesen, dass all dies in nahezu ununterbrochener Stille vor sich ging. Für jeden, resümiert der Autor, der weiß, wie schwer es sei, afrikanische Soldaten zur Disziplin zu zwingen, sei dies eine beeindruckende Szene gewesen. Selbst die Träger seien in absoluter Stille und Disziplin marschiert und dies hätten britische Offiziere nie zu erreichen vermocht. Und sie würden ein solches »Wunder« wohl auch nie erschaffen wollen: Es sei Ausdruck der militaristischen Tradition Preußens. Etwas, was den Briten durch und durch fremd sei.[25]

Zum anderen mussten die *Askari* als Claquere im Heldenkult der Offiziere herhalten. Preisgesänge der *Askari* auf ihre Offiziere lassen sich in mehreren Büchern finden; sie sind allerdings selten in ihrer Originalsprache abgedruckt und vermutlich einer starken redaktionellen Bearbeitung des Autoren unterworfen worden. Dennoch vermögen sie ein beredtes Licht auf die Selbstspiegelung der Offiziere in den Augen der *Askari* werfen. So beschreibt ein deutscher Offizier einen Tanz, den die *Askari* in den Kriegsgefangenenlagern bei Abercorn kurz nach der Kapitulation sangen. Dabei sangen sie auch ein Preislied auf Lettow-Vorbeck:

Wenn er auch im Pori zerrissene Kleider und einen ndeve mrefu (grossen Bart) gehabt habe, so sei er dennoch kijana (jung), wie er heute, nach der Wiedererrichtung seiner Bekleidung und seines Aeusseren beweise; ferner sei er stets hodari (tapfer) gewesen und ein mwenye akili (kluger Mann), wir sind keine Besiegten [...].[26]

Die Einbettung von Swahili-Vokabeln lässt den Versuch erkennen, eine vermeintliche Authentizität des Songs zu erzeugen. Schwieriger zu deuten ist der Inhalt: Zu sehr wird das Hohelied auf den General mit Motiven deutscher Heldenepen gesungen. Die beinahe sprichwörtliche Nonchalance, die Lettow-Vorbeck im Hinblick auf sein Äußeres an den Tag gelegt haben soll, lässt sich in vielen Erinnerungsbüchern deutscher Kriegsteilnehmer finden. Während die Schlichtheit des Äußeren ein in Europa durchaus tradiertes Dekor von Helden ist, mögen die Ostafrikaner eine durchaus andere Tradition gehabt haben. In den wenigen Heldenepen, die uns aus der Swahililite-

---

25 Clifford, *Gold Coast Regiment*, S. 203.
26 BArch Militärarchiv N 103/91 Wieland, Rudolf. Nachlaß von Lettow-Vorbeck: Schutztruppe für Deutsch-Ostafrika. Erlebnisse und Eindrücke vom Bekanntwerden des Waffenstillstandes bis zur Heimkehr der letzten 25 Lettow-Krieger.

ratur des 19. Jahrhunderts überliefert worden sind, erscheint der Held eher als ein generöser Lebemann.[27]

Die Rolle der *Askari* als Claqueure deutschen Heldentums kommt nicht von ungefähr, es gab wenige Konkurrenten in dieser Rolle. Konstruiert als ein hybrides Fabelwesen deutscher Kolonialliteratur war der *Askari* domestiziert genug, das Heldentum deutscher Offiziere zu erkennen und noch wild genug, um einen ursprünglichen wie instinktsicheren Blick für die von den Offizieren goutierten Aspekte ihrer Heldenrolle zu haben. Das war eine durchaus symbiotische Beziehung, die das Narrativ des Kriegshelden durch die Zeugnisse des *Askari* hervorbrachte. Während der Schlacht, so reüssierte der Freiwillige Hoffmeister, träte die »Persönlichkeit des Einzelnen« hervor. Der Offizier »musste Farbe bekennen und für seine Eigenschaften hatte der Farbige wie auch der Schenzi ein feines Gefühl«.[28] Noch besser als die deutschen Kameraden konnten die Afrikaner den Wert des Offiziers auf dem Schlachtfeld bemessen, oder besser: wittern. Nicht rationale Urteilskraft eben, sondern Gespür.

Interessant ist bei Hoffmeister die Unterscheidung zwischen dem »Farbigen« und dem »Schenzi«: Während mit Ersterem die *Askari* gemeint sind, verweist »Schenzi« auf die Träger und vielleicht auch auf die afrikanische Bevölkerung. »Schenzi« war ein häufig gebrauchtes Wort in der deutschen Kolonialliteratur. Die Deutschen borgten sich diesen Begriff aus dem Swahili und übersetzten es mit »Wilde«. Was nun den »Wilden« ausmachte, variierte stark. Die Swahili hatten damit all jene Afrikaner betitelt, die aus dem Inneren kamen, keine Muslime waren und nicht in den Städten der Küste wohnten. Vielfach übernahmen die Deutschen diese Konnotation. Manchmal fügten sie aber noch die rassistische Note kolonialer Diskurse oder als neue Bedeutung die Teilhabe am kolonialen Projekt hinzu. Sie bezeichneten damit alle Afrikaner, die sich dem Zugriff der Deutschen durch Flucht oder passivem Widerstand widersetzen. Die »Farbigen« waren zwar keine »Schenzi«, aber sie standen immer noch mit einem Bein in der »Wildnis«. Wenn auch die *Askari* durch die harte Schule preußischen Drills gegangen waren, so hatten sie den Instinkt des »Wilden« nicht verloren: Die

---

[27] Siehe dazu C. Velten, *Prosa und Poesie der Suaheli* (Berlin: C. Velten im Selbstverlag des Verfassers, 1907); C. Velten (Hrsg.), *Suaheli-Gedichte. Gesammelt und mit einer Übersetzung und Erläuterung versehen*, (Berlin 1918); Hemedi bin Abdallah Buhriy, *Utenzi wa vita vya Wadachi kutamalaki Mrima, 1307 A.H. The German conquest of the Swahili coast, 1891 A.D* (Dar es Salaam: East African Literature Bureau, 1960).

[28] Aufzeichnungen des Vizewachtmeisters d. Res. Dr. Hoffmeister, in: Foerster, Greiner & Witte (Hrsg.), *Kämpfer*, S. 66.

Deutschen brauchten diesen Instinkt bzw. das Heldennarrativ brauchte ihn zur Konstruktion des deutschen Helden. Erst der instinktsichere »Wilde« konnte aus dem ganzen Heldentheater einen Sinn produzieren. Doch der koloniale Kriegsheld hatte, so Hoffmeister, mehr als nur ein fähiger Kommandeur auf dem Schlachtfeld zu sein. Helden sind selten eindimensionale Konstruktionen, sie neigen zum Totalen. Wichtige Qualifikation eines Kriegshelden war neben seinem Wagemut auch seine intime Kenntnis des afrikanischen Soldaten und der »afrikanischen Situation«. Darin unterschied sich der koloniale Kriegsheld wenig von seinem Vorgänger dem Kolonialpionier. Von seinen Offizieren war Wissmann oft wegen seines nahezu magischen Einblicks in die Seele des *Askari* gepriesen worden und die Offiziere des Weltkrieges folgten dieser rhetorischen Figur nahtlos. In seinem Klagelied über seinen gefallenen Kameraden, den Feldwebel Gladser, weist der Offizier Derschwitz auf dessen besondere Beziehung zu seinen *Askari* und auf dessen intime Kenntnis ihres Seelenlebens hin, um mit der Einschätzung zu enden, dass jeder, der nur ein wenig von Afrika verstehe, den Verlust eines solchen Offiziers nachfühlen könne. Einem solchen vertrauten die *Askari* blind, ihm folgten sie überall hin.[29]

Die wenigsten deutschen Offiziere zogen den Anteil, den die *Askari* an den deutschen Erfolgen hatten, in Zweifel. Nur selten findet der Leser Hinweise auf substantielle Kritik vor allem an den langgedienten *Askari*. Meist sind sie voll des Lobes über deren Loyalität und Opfermut. Doch im gleichen Atemzug wie sie das Lob der *Askari* sangen, sangen sie ihr eigenes Lob: Ohne den deutschen Offizier gäbe es keinen *Askari* als Helden. Erst ein fähiger und erfahrener Offizier, so ihre Vorstellung, vermochte aus den Afrikanern *Askari* zu machen. Eine markante Szene beschreibt der Kriegsfreiwillige Wenig. Sie spielt in den letzten Tagen des Feldzugs, kurz vor der Kapitulation der Deutschen bei Abercorn. Bei einem Überraschungsangriff englischer Truppen auf eine deutsche Kolonne war der Kommandeur Hauptmann Müller im Niemandsland zwischen Briten und seinen ihm nachfolgenden *Askari* dem Kugelhagel der Briten ausgesetzt. Daraufhin habe seine Kompanie zum Sturmangriff auf die weit überlegenen Feinde angesetzt und sie in die Flucht geschlagen. Der afrikanische Unteroffizier, durch einen Brustschuss schwer verwundet, erklärte dem Hauptmann:

Als wir bei dir vorne das Schießen begann, sagte ich: Der Hauptmann ist da vorn und wird beschossen; da müssen wir sofort hin, sonst schießen sie den Hauptmann

---

29 Aufzeichnung des Oberleutnants d. Ldw. v. Debschitz, Führers der 29. Feldkompanie, in: Foerster, Greiner & Witte (Hrsg.), *Kämpfer*, S. 38.

tot. Die Kompanie wurde im Nu entwickelt, und dann stürmten wir, ohne viel zu schießen, einfach drauf los. [...] Die Engländer hatten das nicht erwartet. Denn als wir ganz dicht dran waren und hurra schrieen, liefen sie wie der Wind. Wir haben ziemlich starke Verluste, aber das macht nichts, die Hauptsache ist, du bist wieder da und bist nicht tot. Ich habe die *Askaris* noch nie so laufen sehen wie heute, nur weil sie den Hauptmann wieder haben wollten.[30]

Insgesamt 24 *Askari* soll die Kompanie laut Wenig innerhalb von zehn Minuten verloren haben. Das war die andere Seite der symbiotischen Beziehung zwischen Kriegshelden und *Askari*: Wie die *Askari* erst durch ihr Zeugnis den kolonialen Kriegshelden zu seiner Größe erhoben, so wurde der *Askari* erst durch den Offizier (bzw. seine Rettung) zum Helden.

Hoffmeister fasste die Koordinaten des kolonialen Kriegshelden sehr weit. Wie kaum ein anderer Offizier brachte er die Prämissen kolonialer Diskurse der Vorkriegszeit mit den Vorstellungen des Kriegshelden zusammen, wenn er auch nicht nahtlos an die Zeit der Kolonialpioniere anknüpfen konnte. Die Kolonialpioniere der ersten Stunde wie Carl Peters oder Hermann Wissmann pflegten die sexuellen Beziehungen zu afrikanischen Frauen oder auch zu Männern nonchalant in ihren Memoiren und Zeitungsartikeln zu vernachlässigen. Peters wurde infolgedessen jedoch immerhin wegen der Ermordung seiner Konkubine vor ein deutsches Gericht gestellt. Hoffmeister dagegen predigte Enthaltsamkeit. Mochte das Verhältnis zwischen Offizier und *Askari* auch noch so eng sein, mochten die Lebensumstände des Krieges auch noch so vehement die Unterschiede in der Lebensweise zwischen Europäern und Afrikaner hinwegwischen, für Hoffmeister war der koloniale Kriegsheld auch einer, der die rassischen Schranken aufrecht erhielt. Bier und Essen teilte der koloniale Offizier bereitwillig mit seinen *Askari*, doch die Distanz zum Afrikaner verteidigte er erbittert. Dies war ein Kampf gegen das Selbst bzw. gegen die tiefliegendste Angst europäischer Kolonialherren: Die Angst von Afrika aufgesogen zu werden, oder in der Sprache der Zeit, zu »vernegern«. Die Frontlinie, an der dieser Kampf am Erbittersten geführt würde, sei, so Hoffmeister, das Bett des Offiziers. Nichts würde die Schranke zwischen Schwarz und Weiß so desavouieren wie sexuelle Kontakte mit afrikanischen Frauen. Sie seien geeignet, den Nimbus des Europäers, diesen letzten Ort imaginierter Unterschiede, zu zerstören. Und es sei dieser Nimbus gewesen, der ihm, Hoffmeister, nicht nur die Autorität gegenüber seinen *Askari* sicherte, sondern auch sein Leben. Mehrmals hätten englische Spione nach seinem Leben getrach-

---

30 Richard Wenig, *In Monsun und Pori* (Safari-Verlag, 1922), S. 37.

tet und Afrikaner gedungen, ihn zu ermorden. Einzig sein Nimbus, bewahrt durch seine Enthaltsamkeit, habe ihn gerettet, da die Leute sich weigerten, dies zu tun.[31]

Rituale des kolonialen Kriegshelden

Das war das Ideal, der Alltag des Krieges allerdings sah anders aus. Nur allzu oft waren die Strapazen des Krieges wenig geeignet, Helden hervorzubringen. Nicht nur die Härten des Feldzugs, sondern auch Klima, Krankheiten und Nahrungsmangel zehrten am Nimbus der Offiziere. Das Heldennarrativ des Ersten Weltkrieges war nicht zuletzt eine Reaktion auf den Wandel der Beziehungen zwischen Kolonialherren und Kolonisierten, wie sie der Kriegsalltag bereithielt. Insbesondere die schwindenden Barrieren zwischen Schwarz und Weiß mussten in eine neue diskursive Ordnung gebracht werden, um diesen Wandel aufzufangen. Doch es war ein Selbstvergewisserungsdiskurs, kaum mehr. Hoffmeisters Mahnung an seine Kameraden, sich in sexueller Enthaltsamkeit zu üben, verpuffte weitestgehend ungehört. Dem Kriegsfreiwilligen Decher zufolge waren Beziehungen von Offizieren zu afrikanischen Frauen alltäglich und im Gegensatz zu den Vorkriegsjahren nichts mehr, was die Offiziere großartig zu verbergen trachteten.[32] In den Etappenlagern und Frontbehausungen war die bürgerliche Welt der kolonialen Städte ausgezogen, um einem maskulinen Frontierethos der Kolonialpioniere Platz zu machen.

War dieser Aspekt kolonialen Heldentums schwer durchzuhalten, so galt dies auch für die Prüfungen, die auf dem Schlachtfeld auf die Offiziere warteten. Schon in der Schlacht von Tanga vermutete der deutsche Arzt Hauer mit Sorge, dass die fliehenden deutschen Offiziere ein eher schlechtes Bild für die Afrikaner abgegeben hätten. In ähnlicher Weise äußerte sich auch der britische Verwaltungsoffizier Hobley: In einem Feldzug, schrieb er, in dem so viele Soldaten unterschiedlicher Rassen kämpften, sei der enge Kontakt zwischen Weißen und Schwarzen ein ebenso unabwendbarer wie nicht wünschenswerter Tatbestand. Die afrikanischen Truppen aber würden sehr schnell die Unzulänglichkeiten und die Verwundbarkeit der Euro-

---

31 Aufzeichnungen des Vizewachtmeisters d. Res. Dr. Hoffmeister, in: Foerster, Greiner & Witte (Hrsg.), *Kämpfer*, S. 66.
32 Decher, *Afrikanisches*, S. 49, 46, 59, 173, 210.

päer gewahr werden. Europäer würden durch Afrikaner niedergeschossen oder mit dem Bajonett niedergestreckt. Die Marschleistungen der Europäer hinkten bei Weitem denen der Afrikaner hinterher und oft verliefen sie sich in den undurchdringlichen Buschlandschaften. Und auch mit der Tapferkeit der Offiziere sei es oft nicht besser bestellt als mit der der Afrikaner. Kaum ein Wunder, so Hobley, dass angesichts all dessen das Prestige der Weißen während des Krieges gelitten habe.[33] Im agonalen Bühnenstück der europäischen Kriegsparteien sah der Brite nun auch die Afrikaner als Protagonisten. Und das war vielleicht das Neue im kolonialen Diskurs dieser Zeit: Die Afrikaner schienen nun nicht mehr nur auf die Zuschauerbank verbannt, wo sie dem munteren Treiben und den Selbstinszenierungen der Europäer zuschauten. Die Afrikaner als ernsthafte Konkurrenten im europäischen Heldenpantheon war etwas, was vor allem die Briten zumindest zu Beginn des Krieges nicht für möglich hielten. Dass dies eine Fehleinschätzung gewesen war, mussten sie bereits auf schmerzliche Weise in der Schlacht von Tanga erkennen. Im Jahre 1916 machten die südafrikanischen Truppen eine ähnliche Erfahrung. Zu Beginn der Offensive waren die Südafrikaner davon überzeugt, dass die Afrikaner keine ebenbürtigen Soldaten seien und sie erwarteten wenig Widerstand. Zu ihrer Überraschung schlugen die *Askari* nicht nur ihre Attacken zurück, sondern konnten ihnen auch herbe Verluste beibringen.

Das Heldennarrativ durchzieht die Erinnerungsliteratur der deutschen aber auch der alliierten Kriegsteilnehmer als dominierender Grundton. Nur wenige Autoren kratzten in ihren Büchern am Image der Offiziere. In Dechers außergewöhnlichem Buch über seine Erlebnisse während des Feldzuges kritisiert der Kriegsfreiwillige das deutsche Offizierskorps in scharfem Ton: Sinnlos sei dieser ganze Krieg in Ostafrika gewesen, lamentierte er und einzig und allein eine willkommene Gelegenheit für die Offiziere, ihre Uniformen mit Ehrenmedaillen zu dekorieren. Choleriker seien seine Vorgesetzten in der Mehrzahl gewesen, mit einem offensichtlichen Drang zu exzessivem Alkoholkonsum und ebenso häufigem Gebrauch der Nilpferdpeitsche. Seine Kritik an den Offizieren habe ihm den Ruf eines Sozialdemokraten eingebracht, und es gab im erzkonservativen Deutsch-Ostafrika wohl kaum ein härteres Schimpfwort.[34]

Doch trotz aller Kritik, Decher kämpfte bis zu seiner Gefangennahme in den letzten Monaten des Krieges. Doch viele andere taten es nicht. Hin-

---

33 Hobley, *Bantu Beliefs and Magic*, S. 288.
34 Decher, *Afrikanisches*, S. 118–120.

weise auf Desertionen deutscher Kriegsteilnehmer sind dünn gesät, doch es gibt sie durchaus. So verweist ein deutscher Offizier nahezu beiläufig auf eine der wohl gebräuchlichsten Methoden, aus dem Krieg auszuscheren. Es sei relativ einfach, sich auf einer Patrouille im unwegsamen Dschungel zu verirren und dem Feind in die Hände zu laufen. Eine andere Möglichkeit war sich krank zu melden, wie dies etwa eine ganze Anzahl von Offizieren beim Rückzug aus Tabora tat. Sie hatten sich vor dem Abmarsch der Truppen aus der Stadt im Hospital eingefunden, wo sie die Ankunft der Alliierten abwarteten. Auf diese Art konnten die deutschen Offiziere und Soldaten, den Krieg für sich beenden, ohne Gefahr zu laufen, als Verräter gebrandmarkt zu werden. In der Tat gibt es keinerlei Hinweise auf standrechtliche Verfahren gegen deutsche Deserteure, darin war dieses Kampfgebiet des Ersten Weltkrieges wohl einzigartig.

Für Europas Ruf als Heilsbringer Afrikas war, so Schnee und mit ihm viele andere Zeitzeugen, der Krieg eine Katastrophe. Schnees Frau Ada pflichtete ihrem Mann bei und notierte in ihren Erinnerungen, dass sie sich angesichts des europäischen Schlachtens auf afrikanischem Boden geschämt habe, vor allem vor den afrikanischen Christen. Gerade diesen hätten die Missionare – gleich ob Deutsche, Briten oder Franzosen – stets die »Lektion der Liebe« gepredigt. Nun aber würden sich die Europäer vor den Augen der Afrikaner gegenseitig abschlachten.[35] Nicht die europäische Zivilisation, wohl aber die deutsche Kultur und ihr Ansehen in Afrika machten dem Offizier Deppe Sorgen. Er verglich die *Safari ya Bwana Lettow* mit den Söldnerhorden des Dreißigjährigen Krieges:

Denn hinter uns lassen wir zerstörte Felder, restlos geplünderte Magazine und für die nächste Zeit Hungersnot. Wir sind keine Schrittmacher der Kultur mehr; unsere Spur ist gekennzeichnet von Tod, Plünderung und menschenleeren Dörfern, geradeso wie im Dreißigjährigen Krieg nach dem Durchmarsch der eigenen und feindlichen Truppen und ihres Trosses auch nicht blühende Dörfer und Felder zurückließen.[36]

Bis dahin hatten deutsche Offiziere selten mit einer solchen Offenheit und Schonungslosigkeit die Folgen von Gewalt, die von den Kolonialtruppen ausging, reflektiert. Für viele Jahre hatten sich die Militärs bei der Eroberung der Kolonie einer rücksichtslosen Politik der verbrannten Erde bedient und genauso lange hatten die Offiziere jede Kritik als Auswüchse eines »sentimentalen Humanismus« abgetan. Die Metaphorik des Dreißigjährigen

---

35 Schnee, *Meine Erlebnisse*, S. 41.
36 Deppe, *Lettow-Vorbeck*, S. 205.

Krieges spielte eine nicht unbedeutende Rolle in der Beschreibung der von metropolitanen Mustern abweichenden Praxis an der Peripherie. *Askari* wurden in diesem Diskurs als Landsknechte tituliert, um die Kriegerkultur der aus dem Sudan und Ägypten rekrutierten Söldner der ersten Stunde zu beschreiben. Was die *Askari* trotz allen preußischen Drills von den Rekruten daheim unterschied, war unter anderem, dass sie immer von ihren Familien begleitet wurden sowie die spartanischen Lebensumstände, die ihnen zugemutet werden konnten oder auch mit denen sie sich begnügten. Darüber hinaus wohnte der Landsknecht-Metapher ein Verweis auf die vermeintlich andere moralische Ökonomie afrikanischer Kriegerkulturen inne. Nicht für die hehre Sache der Nation fochten die afrikanischen Landsknechte, sondern für den schnöden Mammon. Gesetze des Krieges, wie sie in Europa zumindest in der Theorie galten, waren ihnen fremd: Plünderung, Vergewaltigung und Frauenraub sowie der Mord am verwundeten Feind waren notwendige Übel, bediente man sich ihrer. Der Griff in die deutsche Vergangenheit markierte die Differenz zwischen Afrika und Deutschland, ermöglichte aber im gleichen Atemzug eine Verbindung. Denn es waren immerhin die *Askari*, die die deutschen Siege auf dem Feld erfochten. Die Ambivalenz, die in diesem Umstand lag, musste innerhalb des kolonialen Diskurses aufgelöst werden. Afrika war anders, weil es in einer anderen geschichtlichen Zeit verhaftet sei. Selbst dort, wo diese Andersartigkeit am radikalsten ausgelöscht werden sollte, im Habitus der *Askari*, musste diese Andersartigkeit aber bis zu einem gewissen Grad bewahrt bleiben. Mit der Eingemeindung der *Askari* in das deutsche Mittelalter war dies in gewisser Weise möglich.

Diente in den Vorkriegsjahren die Metaphorik des Dreißigjährigen Krieges dem Versuch, den Erfolg des deutschen Kolonialprojektes – wenn auch als Abweichung von metroplitanen Vorstellungen – schön zu reden, so schien sie im Ersten Weltkrieg das Scheitern der zivilisatorischen Mission des Kaiserreichs in Afrika zu beschreiben. War die Gewalt der Kolonialtruppen bis dahin ein zu vernachlässigender Kollateralschaden kolonialer Eroberung, so mutierte diese Gewalt nun zu einem Zeichen für die Krise der kolonialen Ordnung bzw. für deren nahendes Ende. Gewalt begründete das deutsche Kolonialreich, mit Gewalt fand es sein dramaturgisches Ende. Eine solche Sicht hängt vor allem mit der Zeit und dem Ort des Schreibens der Autoren ab: Der Großteil der Augenzeugenberichte wurde nach dem Ende des Krieges geschrieben. Das deutsche Kolonialreich war ebenso verloren, wie die vertraute monarchische Ordnung in der Metropole. Für die in die Heimat zurückgekehrten Kriegsteilnehmer war dies zweifellos eine tiefgreifende Krisenerfahrung. Mehr noch taten die zwischen Briten und Deutschen nach dem Krieg mit einiger Erbitterung geführten Debatten um die »koloniale Schuld« des Kaiserreichs sowie die über Kriegsverbrechen ihr Übriges, den kolonialen Gewaltraum neu zu interpretieren. Gewalt wurde nun selbst zum Maßstab von Zivilisation. Im Kontrast zu einer vermeintlichen afrikanischen Art und Weise der Kriegsführung, war die europäische eine die durch Humanität und Ritterlichkeit geprägt war:

> Es ist bisweilen nicht leicht, die Überbleibsel alter Zeiten aus dem Denken und Empfinden der *Askari* zu vertreiben. So begreifen sie am Weißen nicht, dass er seinen Feind zuerst und dann mit rührender Treue pflegt; sie sind in ihrem Feindeshaß gewöhnt, die feindlichen Männer und ihre Weiber totzuschlagen und den Kindern den Schädel am nächsten Baumstamm zu zerschmettern. Doch bald respektierten die *Askari* die Gefangenen und auch das feindliche rote Kreuz unbedingt.[37]

Das Rote Kreuz wurde zum neuen Symbol europäischer Zivilisation und die Behandlung von Kriegsgefangenen für Europas neue Lektion an die Afrikaner, wie eine Missionarin und Krankenschwester während des Krieges in ihren Erinnerungen notierte.[38] Die Zielgruppe, an welche diese Lektion herangetragen wurde, waren wiederum vor allem die *Askari*. So weiß Deppe von einer Szene zu berichten, die sich am Ende des Krieges in Portugiesisch-Ostafrika abspielte. Nach einem Gefecht habe einer seiner *Askari* einen völlig verängstigen portugiesischen Offizier zu ihm geführt. Dieser sei dem Weinen nahe gewesen. Da habe ihm der *Askari* tröstend die Wange gestreichelt. Eine rührende Szene, wie der Autor schreibt, aber mehr noch:

> Und es ist pädagogisch interessant, wenn man bedenkt, wie gern derselbe Neger noch vor kurzer Zeit seine Gefangenen umgebracht hat, wie er ihn jetzt tröstet, wie eine Mutter ihr Kind. Er hat also von unserer Humanität gelernt. Es ist ein komisches Bild, weiss und schwarz in dieser Situation zu sehen; aber noch viel mehr beschämend, wenn man an den Rassenstolz denkt.[39]

Ob diese Szene zum Alltag des Krieges gehörte, mag mit einigem Zweifel gesehen werden. Laut dem Bericht des Kriegsfreiwilligen Wenig hatten die portugiesischen Offiziere und Soldaten nur wenig Gnade von den *Askari* zu erwarten. Die nach dem Übertritt über den Rovuma von den Deutschen

---

37 Deppe, *Lettow-Vorbeck*, S. 57.
38 Agnes von Lewinski, *Unter Kriegswettern in Ostafrika* (Leipzig: Frankenstein & Wagner, n.d.), S. 12.
39 Deppe, *Lettow-Vorbeck*, S. 172.

gestürmten Lager und Stützpunkte portugiesischer Truppen seien immer wieder zu Orten von Massakern geworden.[40] In deutschen Quellen taucht in diesem Zusammenhang immer wieder die Metaphorik des Dreißigjährigen Krieges auf. So etwa beim Kriegsfreiwilligen Otto Pentzel, der während des Krieges an der portugiesischen Grenze stationiert war. Nach dem Sturm auf einen portugiesischen Posten habe er seine *Askari* nur mit großer Mühe abhalten können, die gefangenen Feinde auszuplündern und zu töten. Ihn habe die ganze Szenerie an den Dreißigjährigen Krieg und seine *Askari* an Landsknechte nach der Eroberung einer mittelalterlichen Feste erinnert.[41]

Vor allem in den ersten zwei Jahren des Krieges, gekennzeichnet durch eine vergleichsweise geringe Intensität der Kämpfe, finden sich viele Beschreibungen, wie deutsche Offiziere den *Askari* diese neue Lektion nahe brachten. Mitunter war diese Lektion auch an die afrikanischen Soldaten der anderen Seite gerichtet.[42] Auch auf alliierter Seite sahen sich die Offiziere als Lehrmeister einer humaneren Kriegsweise. Als seine Truppen am Nyassa-See einen deutschen Posten einnahmen, habe er seine *King's African Rifles* kaum davon abhalten können, verwundete *Askari* mit dem Bajonett zu töten. Auf seine Frage, warum sie derart brutal gegen die *Askari* vorgingen, antworteten ihm seine Soldaten, dass es bei ihnen nun mal so Brauch sei. Die gefangenen *Askari* kämen aus ihrer Heimat und sie sähen daher keinen Grund, ihrem Brauch nicht zu folgen.[43]

Solcherart waren die neuen Szenen des kolonialen Kriegshelden, solcherart war nunmehr die europäische Zivilisierungsmission in Afrika: die Verhinderung von Kriegsverbrechen durch die afrikanischen Kriegsteilnehmer. Genauer gesagt, einer bestimmten Art von Kriegsverbrechen. Denn in diesen Szenen warfen sich die Offiziere vor allem zum Schutz europäischer Kombattanten oder zumindest von Afrikanern in Uniform auf. Diese neue europäische Zivilisierungsmission spielte jedoch mit althergebrachten Mustern kolonialer Diskurse. Hier waren die rationalen und disziplinierten Vertreter Europas und dort die zwar durch militärischen Drill disziplinierten Afrikaner, unter deren dünner Firnis der Zivilisation jedoch die, wie

---

40 Wenig, *Kriegs-Safari*, S. 25.
41 Pentzel, *Buschkampf in Ostafrika*, S. 44.
42 Bericht des Regierungsarztes Dr. Deppe, Leiter des Regierungskrankenhauses Tanga zum Gefecht in Tanga, in: Deutsch-Ostafrika. Kaiserliches Gouvernement, *Zusammenstellung*, S. 126; Tagebuch des Landsturmmannes Guth (im Zivilberuf Missionar) der 6. Schützenkompagnie, in: Foerster, Greiner & Witte (Hrsg.), *Kämpfer*, S. 27.
43 Wynn, *Ambush*, S. 104.

Heye bemerkt hatte, »Urbestie« afrikanischer Barbarei lauerte. Was in Zeiten kolonialer Eroberungsfeldzüge als tolerabel angesehen wurde, galt nun als inakzeptabel, wenn es in einem Krieg gegen den europäischen Feind ging, auch wenn dessen Armeen in der Mehrzahl aus Indern und Afrikanern bestanden. Zu diesem neuen Selbstverständnis mochte auch der Umstand beigetragen haben, dass die kolonialen Militärs im Weltkrieg nicht mehr unter sich waren. Vielmehr befanden sie sich nun in unmittelbarer Nachbarschaft zu den als Freiwillige rekrutierten Zivilisten oder, im Falle der Briten und Belgier, zu metropolitanen Truppen und Offizieren. Sie mochten zu einem Transfer metropolitaner Vorstellungen über eine humanere Kriegsführung nach Afrika beigetragen haben. Diente dieser Diskurs nicht zuletzt der Selbstvergewisserung europäischer Identitäten in Zeiten ihrer bis dahin größten Krise auf dem afrikanischen Kontinent, so ließ sich die heroische Pose der Verhinderung von Kriegsverbrechen auch propagandistisch verwerten und damit in die neue Betonung nationaler Identitäten innerhalb des vormals stärker als europäisch definierten Kolonialprojekts integrieren. Denn dem Bericht über die erfolgreiche Lektion humaner Kriegsführung, folgte nicht selten der Vergleich der eigenen afrikanischen Soldaten mit denen des Feindes.

Wenn das Rote Kreuz zum neuen Symbol europäischer Zivilisation in Afrika geworden war, dann war Ritterlichkeit ihr neues Ritual. Es war ein veritables Theater, das die Europäer vor sich selbst und vor allem vor den vielleicht etwas erstaunten Afrikanern aufführten, um dem europäischen Gemetzel auf afrikanischem Boden einen humanen Anstrich zu geben. Ganz den Kodizes der Haager Konvention entsprechend wurden gefangene britische Offiziere gegen ihr Ehrenwort, nicht mehr gegen die Deutschen zu kämpfen, aus der Gefangenschaft entlassen. Nicht allerdings, ohne dieses Treiben mit einem Verweis auf die vermeintlich rohe und unzivilisierte Kriegsführung afrikanischer Krieger zu kommentieren.[44] Afrikaner und Inder allerdings kamen, nebenbei bemerkt, nicht in den Genuss dieser neuen europäischen Ritterlichkeit. Sie wurden in das Heer der Träger eingereiht, das die Deutschen begleitete. In den Kampfpausen trafen sich britische und deutsche Offiziere mitunter zu Tee und Whisky, um Freundschaften zu schließen. Begebenheiten, wie sie etwa Wynn vom gentlemanliken Zusammentreffen eines englischen und deutschen Offiziers inmitten des Dschungels nach einem tagelangen Verfolgungsrennen schildert, oder die nahezu liebevolle Fürsorge eines deutschen Offiziers für einen in Not geratenen

---

44 Wenig, *Kriegs-Safari*, S. 25.

englischen Posten, der ihm gegenüberlag, gehörten aber eher den ersten Monaten des Krieges an.⁴⁵ An der generellen Situation änderten diese eher hilflosen Rituale ritterlicher Kriegsführung kaum etwas. Sie lösten Unverständnis und Verwunderung bei *Askari* und Trägern aus, die das merkwürdige Verhalten britischer und deutscher Offiziere, die sich während Kampfpause gegenseitig besuchten und miteinander speisten, beobachteten.⁴⁶ Und je länger der Krieg dauerte, desto härter wurde er und desto weniger Platz blieb für jene Vision kolonialer Ritterlichkeit, die das einst europäische Kolonialprojekt zumindest in die Kampfpause hinüberretten sollte.

Auf dem Schlachtfeld konnte der koloniale Held seinen wohlgelittenen Heldentod sterben, doch es war nicht so sehr der Tod auf dem Feld der Ehre, der seinen Tribut unter den Deutschen forderte, sondern der schleichende Tod infolge von Krankheiten, Hunger und Erschöpfung. Wie die Forschungsreisenden des 19. Jahrhunderts fühlten sich die Deutschen im Ersten Weltkrieg der gefahrvollen Welt des »Dunklen Kontinents« ausgeliefert und es war wiederum die Sprache des Abenteurertums und ein Hauch von Zivilisationskritik, die den Autoren der Erinnerungsliteratur die notwendigen Mittel zur Hand gaben, diese Erfahrungen mit dem metropolitanen Selbst in Einklang zu bringen. Mehr noch aber deuteten sie den Verlust der Unterschiede zwischen Afrikanern und Deutschen in der *Safari ya Bwana Lettow* als eine Reise in die Vergangenheit. Die Metaphorik des Dreißigjährigen Krieges spielte dabei eine zentrale Rolle. Nunmehr aber stand sie weniger für die Markierung einer Differenz, sondern wurde zu einer Repräsentation militärischer Identitäten der Deutschen selbst, vor allem in den Beschreibungen der *Safari ya Bwana Lettow*. Mit der gleichen Metaphorik, mit der das Scheitern der europäischen Zivilisationsmission beschrieben wurde, fassten die Deutschen auch das Entstehen einer neuen Ordnung. Im Wallensteinlager, das Deppe heraufbeschwor, lag zugleich die Exotik Afrikas wie auch die Selbstbeschreibung einer kolonialen Gesellschaft im Krieg. Der Historiker Vejas Gabriel Liuleevicus verweist darauf, dass auf dem osteuropäischen Kriegsschauplatz der Metaphorik des Landsknechts eine ähnliche Funktion zukam. Mit dem Rückgriff auf den Dreißigjährigen Krieg beschrieben die Deutschen in Osteuropa das Entstehen einer Gesellschaft, die im Krieg geboren werden würde und die nur im Krieg existierte. Sie kennzeichneten damit die Transformation einer Gesell-

---

45 Wynn, *Ambush*, S. 40; NA WO 106/273 Record of the 3rd Battalion the Kings African Rifles during the Great Campaign in East Africa 1914–18.
46 Muasya Maitha und Umoa M'bat'ha zitiert in Hodges, *Carrier Corps*, S. 64.

schaft im Krieg hin zu einer Gesellschaft des Krieges. Der Landsknecht wurde dabei zu einem neuen Typus Mensch, der alte soziale und ethnische Identitäten transzendierte. Er war die Verkörperung einer neuen »Kriegerrasse«.[47]

Was Liulevicius für Osteuropa beschreibt, ist in Vielem vergleichbar für die Transformation der kolonialen Gesellschaft in eine Gesellschaft des Krieges. In der *Safari ya Bwana Lettow* bestanden koloniale Beziehungsmuster in gewisser Weise fort, sie wurden aber zumindest aufgeweicht und zu etwas Anderem, vielleicht auch Neuem transformiert. Doch mit dem Ende der *Safari ya Bwana Lettow* verschwand sie in den Bücherregalen der Weimarer Republik. In Afrika lebte sie einzig in den Erinnerungen einiger Kriegsveteranen fort.

---

47 Vejas Gabriel Liulevicius, *War land on the Eastern Front. Culture, National Identity, and German Occupation in World War I* (Cambridge: Cambridge University Press, 2000), S. 40.

Afrikanische Perspektiven auf den Krieg

Während des Krieges und in den ersten Nachkriegsjahren versuchten europäische Offiziere und Missionare in apokalyptischen Visionen vom Zerfall der kolonialen Ordnung die Konsequenzen des Krieges im Denken der Afrikaner auszuloten. Wie in einem Spiegel betrachteten sie sich durch die Augen der Afrikaner und produzierten meist lediglich Konstrukte ihrer eigenen Fantasien und Stereotypen als wirkliche Einsichten in die Erfahrungen der afrikanischen Bevölkerung. Wir können viel aus ihren Projektionen über die ideologischen Grundlagen der europäischen Kolonialherrschaft lernen, über die afrikanischen Perspektiven auf den Krieg sagen sie sehr wenig aus. Dennoch bleibt die Frage: Wie sahen die afrikanischen Kriegsteilnehmer, wie sah die Zivilbevölkerung diesen Krieg? Antworten auf diese Fragen zu finden ist schwer: schriftliche oder mündliche Quellen von Afrikanern sind rar. Bei der Rekonstruktion afrikanischer Perspektiven stehen Historikern nur einige wenige und sehr disparate Stimmen zu Verfügung, die eher ein Puzzle hergeben, denn ein kohärentes Bild. Vor allem den beiden britischen Historikern Geoffrey Hodges und Lewis Greenstein haben wir die Bewahrung der Erinnerungen afrikanischer Kriegsteilnehmer zu verdanken, die auf Seiten der Briten kämpften. Von den aufseiten der Deutschen oder Belgier kämpfenden Afrikanern wissen wir dagegen nahezu nichts. Winzige und kaum kontextualisierbare Splitter ihrer Erfahrungen finden sich entweder in den Beschreibungen deutscher, belgischer und, wenngleich seltener, auch britischer Offiziere, wo sie durch die europäische Perspektiven gebrochen sind. Wir finden sie aber auch in den vielen Songs, die die Träger und *Askari* während des Krieges sangen. Wir wissen, so der Historiker John Iliffe, von den Trägern nur eines sicher: Dass sie zu Tausenden starben und dass sie auf den strapaziösen Märschen und in den Camps sangen.[1]

---

1 Iliffe, *Modern History*, S. 250.

Es sind diese Songs, die uns heute noch am ehesten über die Wahrnehmungen der Afrikaner von diesem Krieg Auskunft geben. Die Songs dieser Trägerkultur bildeten das, was die Historiker Leroy Vail und Landeg White als »Landkarten von Erfahrungen« bezeichnet haben.[2] In ihnen sind die historischen Erfahrungen der Träger über einen Zeitraum von nahezu Hundert Jahren sozialen und kulturellen Wandels enthalten, der durch den Karawanenhandel des 19. Jahrhunderts, den europäischen Kolonialismus und den Ersten Weltkrieg geprägt wurde. Doch wir wissen wenig über ihre Entstehungsgeschichte. Wir kennen oftmals weder die Autoren noch die genaue Zeit ihrer Entstehung. Manche Songs waren bereits in der Zeit des Karawanenhandels entstanden, wie der folgende aus Unyamwezi:

Gib einem Nyamwezi eine schwere Last.
Der neue Mond scheint so hell wie voll.
Wenn sie bunte Baumwolltücher trägt, putzt sie sich heraus.
Besser mit blauem calico, dunkel wie die Regenwolken.[3]

Zu der Zeit, als er von den Munitionsträgern in Morogoro und in Nairobi gesungen wurde, war dieser Song wahrscheinlich mehr als 30 Jahre alt. Er verweist auf das Forstbestehen einer Trägerkultur, die trotz der Einbindung in die koloniale Ökonomie und trotz der Disziplinierung der Träger in der Militärmaschinerie überlebt hatte. Seit mehr als einem Jahrhundert waren Nyamwezi-, Sukuma- und Swahiliträger im einem wörtlichen Sinne das Rückgrat des Handels gewesen und ihre Bedeutung war innerhalb der kolonialen Infrastruktur nur wenig gemindert worden. Kaum anderswo waren Afrikaner so stark in eine quasi-industrielle Arbeitswelt eingebunden wie im Trägerberuf; kaum anderswo aber hatten sich auch lokale Muster der Arbeitsorganisation so hartnäckig in der kolonialen Welt behauptet. Doch im harschen und brutalen System der Ausbeutung der *Safari ya Bwana Lettow* oder der belgischen und britischen Truppen war es für die Träger nicht leicht, diese Reste eines professionellen Selbstverständnisses und einer eigenen Lebenswelt zu behaupten. Für all diejenigen Träger, die entlang des Weges der Truppen rekrutiert worden waren, kam der Marsch einem Viehtrieb gleich. Sie hatten weder Erfahrungen im Leben auf dem Marsch noch

---

2 Leroy Vail & Landeg White, *Power and the praise poem. Southern African voices in history* (London: James Currey, 1991).
3 Ascan Roderich Lutteroth, *Tunakwenda. Auf Kriegssafari in Deutsch-Ostafrika* (Hamburg: Broschel & Co. 1938); H.E. Lambert, »The Beni Dance Songs«, in: *Swahili* 33, (1962/1963) 1, S. 18–21, insbesondere S. 20 [Übersetzung des Autoren].

verfügten sie über soziale Strukturen, die ihnen das Überleben erleichterten.

Viele Songs berichten von den harten Lebensbedingungen während des Krieges, wie jener folgende, der möglicherweise aus dem Jahre 1917 stammt als die Briten die Deutschen auf das Makondeplateau zurückgedrängt hatten. Es war eine Zeit, als das britische Etappensystem nahe am Kollaps war. Für die Träger war diese Zeit mit unsäglichen Entbehrungen verbunden. Dem Hunger nahe schleppten sie täglich über mehrere Dutzend Kilometer Nahrungsmittel und Munition zu den Truppen.

Oh, die Straße nach Lindi war staubig
Und die Straße nach Lindi war lang
Aber der Kerl, der die härteste Plackerei tat,
Und der Kerl, der das meiste falsch machte,
War ein Kavirondo-Träger mit seinem Kavirondo-Song
Da hieß es: »Porter njo hapa!« [Träger, komm her!]
Da hieß es: »Omera, hya! Git!« [Omera, los! Mach!]
Und Omera schimpfte nicht,
Er machte einfach seine Arbeit.[4]

Auch in einigen wenigen deutschen Quellen finden sich Niederschriften und Übersetzungen von Trägersongs, die den harten Alltags des Krieges schildern:

Ich möcht' kein Träger sein
Und auf einem Bein
Balancieren 75 Pfund,
Wenn's zu Tale geht
Und das Bein man hebt,
Um zu klimmen auf des Berges Rund
Wohl möcht ich Träger sein
Und von Lasten frei
Mit viel Poncho und mit viel Rupien
Im flotten Wettgesang
Den ganzen Weg entlang
Durch die Lande zieh'n.
Ich möcht' kein Träger sein
Und nachts so ganz allein
Liegen auf dem nassen Boden hin,
Wenn die Knute saust

---

4 Zitiert in Audrey Wipper, »The Gusii Rebels«, in: *Protest and Power in Black Africa*, hrsg. von Robert I. Rotberg & Ali A. Mazuri (New York: Oxford University Press, 1970), insbesondere S. 175 [Übersetzung des Autoren].

Und mich arg zersaust
Wo ich doch gar so empfindlich bin.
Wohl möcht' ich Träger sein
Wenn im Mondenschein
Kreist der grosse Pombekrug
Und beim Ngomatanz
In dem schönen Kranz
Man sich tut genug
Und übergenug – genug.
Gebt 'ne Last mir her,
Gross und dick und schwer
Gebt die allergrösste Last mir her,
Morgen bin ich fort,
Doch die Last Bleibt dort,
Und mein Platz bleibt leer, ganz leer.[5]

Was an diesem Song Hinzudichtung des Offiziers Deppe ist, wissen wir nicht. Die dort geschilderten Erfahrungen der Träger stimmen allerdings in vielem mit dem überein, was wir aus anderen Quellen wissen. So poetisch Deppes Übersetzung des Trägersongs aber auch klingen mag und welch Hohelied Deutsche, Belgier und Briten auf die Duldsamkeit und Leidensfähigkeit der Träger auch sangen, diese waren wenig gewillt, sich den harschen Lebensbedingungen so ohne weiteres zu fügen und ihre Haut für die Europäer widerstandslos zu Markte zu tragen. Träger aus Ruanda oder aus Uhaya weigerten sich oft außerhalb ihrer Region zu dienen.[6] Sie argumentierten gegenüber den Belgiern und Briten oft mit dem, was die Offiziere als Aberglauben bezeichneten. Bei jeder sich bietende Gelegenheit versuchten sie zu desertieren. Gelang ihnen die Flucht, reihten sie sich oft in das schattenhafte Heer der marodierenden und um ihr Überleben kämpfenden kleinen Gruppen ein, die das Kampfgebiet durchstreiften und dabei oft genug vom Opfer zum Täter wurden.

Dabei gab es durchaus auch im Ersten Weltkrieg Traditionen des Karawanenhandels, die den Trägern halfen, ihren Alltag zu meistern und ihre Chancen zu überleben zu vergrößern. Am ehesten gelang dies noch den erfahrenen und professionellen Trägern. Sie standen wie im 19. Jahrhundert unter dem Kommando und Schutz eines Trägerführers. Er vertrat die Interessen seiner Träger vor den Offizieren, handelte Marschpausen aus und

---

5 Deppe, *Lettow-Vorbeck*, S. 73.
6 FP 1129/2657 Compte rendu des opérations exécutée par la Brigade Sud; FP 1129/2657 Molitor, Compte rendu des opérations de la Brigade Nord durant le mois de juin 1916.

sorgte für die Organisation von Nahrung und Unterkunft in den Camps.⁷ Trägerführer waren in der Hierarchie der Karawanen einst geachtete Leute gewesen. Den Trägern boten sie den Schutz ihrer Patronage, den Europäern die einzige Garantie gegen die Desertion der Träger. In den Vorkriegsjahren hatten die Deutschen versucht die Rolle der Trägerführer in einem kolonialen Sinne umzudeuten. Nicht mehr in erster Linie Fürsprecher ihrer Leute sollten sie sein, sondern Aufseher. Deutsche Quellen aus der Zeit des Weltkrieges lassen vermuten, dass in der *Safari ya Bwana Lettow* die Trägerführer diese Funktion übernahmen. Als Aufseher wurden sie Teil der militärischen Hierarchie und dies war verbunden mit Status und Macht. Die hohe Fluktuation der entlang des Weges rekrutierten Träger machte eine soziale Bindung, wie sie im 19. Jahrhundert zwischen den Trägern und den Trägerführern geherrscht hatte, allerdings nahezu unmöglich. So brachten die Trägerführer ihr spezifisches Wissen der Trägerbehandlung in die *Safari ya Bwana Lettow* ein. Das Zusammenketten der Träger auf dem Marsch, die Dornenverhaue des Nachts – all das waren Praktiken, die zum Wissen des Karawanenhandels, und nebenbei auch des Sklavenhandels, gehörten.⁸

Jenseits der Statistiken militärischer Bürokratien haben wir kaum Kenntnis über das Leben der Träger auf dem Marsch. Was wir allerdings aus einigen Quellen erfahren können, ist, dass die Träger Kochgemeinschaften bildeten. Auch diese waren eine Erfindung des Karawanenhandels des 19. Jahrhunderts gewesen. Zumindest jene, die als professionelle Träger den Kompanien zugeordnet waren, mochten sich diese Institution auch im Krieg bewahrt haben. Immer noch hießen diese Kochgemeinschaften *Kambi*. Drei bis vier Männer (und oft auch eine Frau) teilten sich die tagtägliche Mühsal der Nahrungsbeschaffung und -zubereitung, sowie der Errichtung und des Abbaus von Schlafquartieren.⁹ Und wie auch schon im 19. Jahrhundert versuchten die Träger die verantwortlichen europäischen Offiziere in die Rolle des Fürsorgers und Ernährers zu drängen. Als etwa der Matrose Christensen auf die Jagd ging und seinen Trägern nach Wochen der Nahrungsknappheit Fleisch mitbrachte, sangen sie ein Hohelied auf ihn.¹⁰

Wie jeder Krieg war auch dieser Krieg eine Gewalterfahrung, die die afrikanischen Kriegsteilnehmer mit ambivalenten Gefühlen zurückließ.

---

7 Decher, *Afrikanisches*, S. 37; Christensen, *Nordschleswiger*, S. 120.
8 Deppe, *Lettow-Vorbeck*, S. 140. Für den Karawanenhandel des 19. Jahrhunderts siehe: Pesek, *Koloniale Herrschaft* und Steven J. Rockel, *Carriers of Culture: Labor on the Road in NineteenthCentury East Africa* (Portsmouth: Heinemann, 2006).
9 Hauer, *Kumbuke*, S. 156.
10 Christensen, *Nordschleswiger*, S. 153.

Die Wirkung moderner Waffen wie Artillerie und Flugzeuge, ging auch an den *Askari* nicht spurlos vorüber. Als die Briten zu Beginn der Smuts-Offensive von 1916 in den Steppen der Serengeti Panzerfahrzeuge einsetzten, flohen die deutschen *Askari* in panischer Flucht vor dieser neuen Waffe. Es war ein Glück für die Deutschen, dass die Briten aufgrund der geographischen Verhältnisse nur wenig Gelegenheit hatten, diese Panzerfahrzeuge einzusetzen. Artillerie-Duelle hinterließen grausam verstümmelte Leichen und für die Lebenden ein einprägsames Zeugnis der zerstörerischen Kraft der europäischen Moderne. Die Wirkung auf die Psyche der *Askari* und Träger war entsetzlich und durchaus vergleichbar mit den »shell-schock«-Traumata der europäischen Soldaten an der Westfront. Das Donnern eines deutschen Geschützes haben ihn wie betäubt gemacht, erinnerte sich der Träger Amini bin Saidi, der mit den rhodesischen Einheiten die Kämpfe in Malangali am Ostufer des Nyassa-Sees mitmachte. Tagelang sei er taub gewesen, nachts habe er nicht schlafen können und in ständiger Angst gelebt, dass er sterben müsse.[11] Die Schlacht von Malangali gehörte zu den verlustreichsten Kämpfen, an denen die rhodesischen Truppen beteiligt waren und wurde in vielen Lieder der afrikanischen Soldaten erinnert:

Mit Kanonen und Maschinengewehren
Bei Mlangali
Viele Menschen wurden getötet.[12]

Wie viele seiner Kameraden der *Carrier Corps* desertierte der Träger Marius Karatu, als er nach einem Gefecht vom Granatfeuer grausam verstümmelte Leichen sah.[13] Ein Veteran des Krieges erinnerte sich an die furchtbaren Wirkung der Geschütze und verglich den Krieg mit denen, die vor der Ankunft der Europäer in seiner Heimat geführt wurden. Nie habe es solch hohe Opferzahlen in den vorkolonialen Kriegen gegeben.[14] Die traumatischen Erfahrungen der Träger und *Askari* sind in vielen Songs wiedergegeben. Sie formulierten das Unsagbare ihrer Erfahrungen. Ein Song, der nach dem

---

11 Amini bin Saidi, »The Story of Amini bin Saidi of the Yao Tribe of Nyasaland«, in: *Ten Africans*, hrsg. von Margery Freda Perham (London: Faber and Faber, 1963), S. 139–157, insbesondere S. 145. Zu den psychischen Folgen der Artillerie-Duelle an der Westfront siehe: Peter Leese, *Shell Shock. Traumatic neurosis and the British soldiers of the First World War* (London: Palgrave Macmillan, 2002).
12 Melvin E. Page, »Malawians and the Great War: Oral History in Reconstructing Africa's Recent Past«, *The Oral History Review* 8 (1980), S. 49–61, insbesondere S. .52.
13 Hodges, *Carrier Corps*, S. 53.
14 Ebd., S. 63.

Krieg in Dörfern am Tanganyika-See gesungen wurde, weist auf ähnliche Erfahrungen hin:

Ich sollte mit ihnen weit weg gehen
Bringt Kanonen für einen furchtbaren Krieg
Lasst uns zur Küste zurückkehren, wir sind mutige Soldaten
Wir haben die Mitamba-Wilden besiegt.[15]

Noch viele Jahre nach dem Krieg traf Hodges auf ehemalige Träger, die sich weigerten über ihre Erlebnisse während des Krieges zu sprechen.[16] Gleichwohl versuchte auch manch afrikanischer Kriegsteilnehmer, dem Krieg einen Sinn zu abzugewinnen. Für viele der von Hodges und Greenstein interviewten Kriegsteilnehmer war es ein Krieg fern der Heimat und für eine Sache, die ihnen, trotz aller Propaganda, sinnlos erschien. Warum der Krieg in Afrika geführt wurde und wofür er gekämpft habe, wisse er auch nach all den Jahren nicht, gab ein ostafrikanischer Veteran, der auf Seiten der Briten gekämpft hatte, zu Protokoll. Andere interviewte Veteranen betonten immer wieder, dass für sie der Krieg in Ostafrika ein Krieg der Europäer gewesen sei. Er sei von den Europäern um Territorien und Macht geführt worden.[17]

Die britische Kriegspropaganda verkaufte den *Askari* und Trägern den Krieg als einen »Krieg der Zivilisationen«. Wie in Europa rückten sie die Deutschen in die Nähe von Barbaren und verbreiteten darüber hinaus Berichte über Gräueltaten deutscher Truppen in den besetzten Gebieten Europas. Für den Bischof der katholischen Mission von Zanzibar, Frank Weston, war es ein Krieg gegen die Dekadenz Europas, die vor allem in Deutschland verkörpert sei. Die Deutschen hätten Gott den Rücken gekehrt.[18] Solche eine Deutung des Krieges glich in erstaunlichem Maße den Prophezeiungen des Mumbo-Kults, der, 1913 von einem legendären Luo-Priester ins Leben gerufen, während und nach dem Ersten Weltkrieg im südwestlichen Kenya weite Verbreitung fand. Die Prophezeiung des Priesters versprachen das Ende der Präsenz der Europäer durch die reinigende Opferung von Vieh und die Verkehrung des europäischen Habitus durch seine Anhänger:

Ich bin der Gott Mumbo [...] Geh und sage allen Afrikanern, [...] dass von nun an ich ihr Gott bin. Diejenigen, die ich erwähle und auch diejeinigen, die mich aner-

---

15 Anonymous, »The Beni Society of Tanganyika Territory«, in: *Primitive Man* 11, (1938) 1/2, S. 74–81, insbesondere S. 80 [Übersetzung des Autoren].
16 Hodges, *Carrier Corps*, S. 70
17 Ebd., S. 170–181; Greenstein, *Nandi experience*, S. 82.
18 Weston zitiert in Hodges, *Carrier Corps*, S. 170.

kennen, werden für alle Zeiten in Reichtum leben. Ihr Korn wird wie von selbst wachsen und es wird für sie nicht mehr nötig sein zu arbeiten. [...] das Christentum ist verfault [mbovu] ebenso wie der Brauch der Christen, Kleidung zu tragen. Meine Anhänger sollen ihr Haar nicht mehr schneiden. Ihre Kleidung soll das Leder von Ziegen und Rindern sein und sie sollen sich nie wieder waschen. Alle Europäer sind eure Feinde und es wird in Kürze die Zeit kommen, da sie aus unserem Land verschwinden. Täglich sollt ihr mir Opfer bringen: Rinder, Schafe, Ziegen und Geflügel. All meine Anhänger sollen sofort ihre Rinder, Schafe und Ziegen schlachten.[19]

Im Mumbo-Kult verschmolzen partiell Elemente christlichen Millenarismus mit lokalen Tradition der Propheterie. Der Erste Weltkrieg musste nicht nur den Konvertiten oder den Anhänger des Mumbo-Kults wie die Erfüllung dieser Prophezeiungen erscheinen. Als 1914 deutsche Truppen nach Kissii vordrangen und die Stadt von den Briten geräumt wurde, sahen viele darin eine Erfüllung der Prophezeiung.[20]

Der Erste Weltkrieg sah in Ostafrika eine Vielzahl solcher Prophezeiungen entstehen. Die *Watch Tower Church* in Britisch-Nyassaland, die während des Krieges so sehr den Argwohn der britischen Kolonialbehörden erregte, fand auch deshalb so großen Zuspruch unter der afrikanischen Bevölkerung, weil sie mit den Bildern und Prophezeiungen eines christlichen Millenarismus operierte. Elliott Kamwana, einer der ersten afrikanischen Missionare der *Watch Tower Church* im Nyassaland, hatte unter anderem die Auflösung der europäischen Kirchen und des Staates prophezeit. Diese Prophezeiung sollte 1915 viele Anhänger Chilembwes inspirieren, obgleich sich Kamwana von den politischen Forderungen Chilembwes schnell distanzierte. 1918 interpretierten die Anhänger der *Watch Tower Church* in Nordrhodesien die Flucht der britischen Kolonialverwaltung vor den anrückenden Truppen Lettow-Vorbecks als ein Zeichen des nahenden Endes britischer Kolonialherrschaft.[21] Auch in der Ndochbiri-Rebellion von 1916 waren Prophezeiungen vom Ende der europäischen Kolonialherrschaft

---

19 Wipper, *The Gusii Rebels*, S. 377–426, insbesondere S. 390 [Übersetzung des Autoren].
20 Ebd., S. 377-426, insbesondere S. 177; Bethwell A. Ogot, »British Administration in the Central Nyanza district of Kenya, 1900–60«, *The Journal of African History* 4 (1963), S. 249-273, insbesondere S. 257; Brett L. Shadle, »Patronage, Millennialism and the Serpent God Mumbo in South-West Kenya, 1912–34«, *Africa* 72 (2002), S. 29-54, insbesondere S. 33; Savage & Monroe, Carrier Corps Recruitment, S. 313–342, insbesondere S. 318.
21 Richard Gray, »Christianity«, in: *The Colonial Factor in Africa*, hrsg. von Andrew Roberts (Cambridge: Cambridge University Press, 1990), S. 140–190, insbesondere S. 173; Karen E. Fields, »Charismatic religion as popular protest«, *Theory and Society* 11 (1982),

eine wichtige Inspirationsquelle gewesen.²² Noch 1922 erfuhr der britische Kolonialbeamte Bagshave in einer Unterhaltung mit dem *Liwali* von Singida, dass in der Region seit dem Krieg Prophezeiungen kursierten, in welchen behauptet wurde, dass ein gewisser Shaykh Ahmadi, der als ein Bewacher des Grabs von Mohammed in Medina gesehen wurde, eine Offenbarung gehabt habe. Der Prophet habe ihm seinen Gram über die Sünden der Menschen geklagt und das Ende der Welt vorausgesagt. Dem würde in diesem Jahr der Niedergang der Europäer vorangehen, dann würde der Himmel zur Hölle werden und schließlich der Dämon eines neues Christus kommen. Der *Liwali* konnte Bagshave die genaue Bedeutung dieser synkretistischen Prophezeiung nicht erklären, warnte ihn aber, dass die Region gerade von einer Welle islamischen Millienarismus heimgesucht würde.²³

Was viele dieser Prophezeiungen gemein hatten, war die Hoffnung auf ein Ende der europäischen Kolonialherrschaft. Kein Wunder, dass die britischen Kolonialbehörden äußerst nervös auf jeden Hinweis auf Prophezeiungen reagierten. So war der britische Verwaltungsbeamte von Aruscha der festen Überzeugung, dass der wesentliche Grund für die Verschwörung der Chagga-Chiefs im Jahre 1916 Prophezeiungen vom Ende der europäischen Herrschaft in Afrika gewesen seien, die unter den Afrikanern in der Kilimanjaro-Region große Popularität gewonnen hätten.²⁴

Während für viele Afrikaner der Krieg wie die Erfüllung von Prophezeiungen vom Ende der europäischen Herrschaft wirken mochte, sahen andere, vor allem die afrikanischen Kombattanten, im Krieg die Möglichkeit, neue Erfahrungen zu machen. Dass die Erfahrungen der afrikanischen Kriegsteilnehmer mit der modernen europäischen Kriegstechnologie beileibe nicht nur traumatisch waren, zeigt der oben zitierte Song. Er verweist gleichzeitig auf den Schrecken moderner Waffen wie auch auf die enthusiastische Partizipation an der Welt der Moderne. In Watkins *Carrier Corps* war es zumindest einigen wenigen Afrikanern vergönnt, das Fahren von Lastkraftwagen zu erlernen, einige wurden als Telegraphisten ausgebildet

---

S. 321–361, insbesondere S. 324; HMSO (His Majesty's Stationery Office), *Report on Tanganyika Territory for the Year 1921*, (London: HMSO, 1922), S.22.

22 NA WO 106/259 District Commissioner's office, Kabale, to The Provincial Commissioner, Western Province, Kigezi District, 26.6.1919; Elizabeth Hopkins, »The Nyabingi Cult of Southwestern Uganda«, in: *Protest and Power in Black Africa*, hrsg. von Robert I. Rotberg & Ali A. Mazuri (New York: Oxford University Press, 1971), S. 60–132, insbesondere S. 87.

23 Bagshave, *Diaries*, 21.2.1922.

24 NA CO 691/4 Brief vom Administration Officer in Wilhelmstal, 22.2.1917.

und andere wiederum lernten bei den *King's African Rifles* den Umgang mit Maschinengewehren und modernen Geschützen.²⁵ Die Metapher der Küste (»Lasst uns zur Küste zurückkehren, wir sind mutige Soldaten«) steht hier nicht umsonst. Noch bevor die Europäer meinten mit der Etablierung ihrer Kolonialherrschaft die Tore der Welt für Ostafrika zu öffnen, hatten Händler von der Küste vielfältigen Beziehungen zu den Anrainerregionen des Indischen Ozeans unterhalten. Sie handelten dort nicht nur mit Konsumprodukten wie Stoffen und Perlen, sondern tauschten auf ihren Fahrten auch neue Ideen und kulturelle Praxen aus. Wichtige Mittelsmänner dieses Kulturtransfers waren die Swahili der ostafrikanischen Küste. Ihre Städte waren seit vielen Jahrhunderten Knotenpunkte dieses Kulturtransfers gewesen. Hier wurden arabische, indische und europäische Einflüsse in neuen kulturelle Praxen und Moden umformuliert. Diese Rolle hatten die Swahili auch unter europäischer Kolonialherrschaft nur wenig eingebüßt. Und auch während des Ersten Weltkrieges und der Nachkriegsjahre gingen von den Swahilistädten und ihrer Kultur wichtige Impulse für die Ostafrikaner aus, wenn es darum ging, ihre Erfahrung mit dem Schlachthaus der Moderne auf ostafrikanischem Boden zu verarbeiten. Viele der Songs, die uns aus der Zeit des Ersten Weltkrieges überliefert sind, stammen von *Beni*-Tanzgruppen, die in den Kriegs- und Nachkriegsjahren in Ostafrika äußerst populär wurden. Seine Ursprünge hatte der Tanz in den ostafrikanischen Küstenstädten des ausgehenden 19. Jahrhunderts, vor allem in Mombasa und Lamu. Hier hatten reiche Patrizier sich durch Tanzwettbewerbe gegenseitig ausstechen wollen und dabei die ersten Beni-Tanzgruppen gegründet. Am Vorabend des Ersten Weltkrieges hatte die neue Tanzmode auch die deutsche Kolonie erreicht. Unzählige Tanzgruppen wetteiferten gegeneinander in der Kunst des Tanzens, der Poesie und vor allem in den anschließenden Festmählern. Schon in dieser Zeit verarbeiteten Afrikaner mit diesen Tänzen ihre Erfahrungen mit der europäischen Kolonialherrschaft und stellten sie gleichzeitig zur Schau. Europäisch anmutende Uniformen und Militärparaden entlehnte Choreographien porträtierten die koloniale Welt, wie sie die Afrikaner tagtäglich wahrnahmen: als eine Herrschaft der Uniformierten, der Militärs.²⁶

---

25 Buchanan, *Three Years*, S. 200. Siehe für die westafrikanischen Regimenter James K. Matthews, »World War I and the Rise of African Nationalism: Nigerian Veterans as Catalysts of Change«, *The Journal of Modern African Studies* 20 (1982), S. 493–502, insbesondere S. 495.
26 Siehe im Detail Ranger, *Dance & Scoiety*, S. 19ff.

Der Krieg trug die *Beni*-Tänze weit ins Innere des Kontinents. Es waren vor allem die *Askari* der Schutztruppe und die Soldaten der *King's African Rifles*, die für diesen Transfer verantwortlich waren. Schon vor dem Krieg hatten viele der Afrikaner in europäischer Uniform enthusiastisch in den *Beni*-Tanzgruppen getanzt und diese Tradition wurde auch im Ersten Weltkrieges in den Soldatencamps fortgeführt. Als die Soldaten nach Hause zurückkehrten, brachten sie diese Tanzmode in ihre Heimatgebiete. Wenn sie ihre Erinnerungen an den Krieg auch nicht in Büchern publizierten, so tanzten sie doch diese Erinnerungen an den Krieg. Ein britischer Missionar veröffentlichte in den 1930ern einen Bericht über einen solchen Tanz, den er im Archiv seiner Missionsstation in Ufipa, am Tanganyika-See gelegen, gefunden hatte und der wahrscheinlich von einem afrikanischen Missionszögling verfasst worden war. Die Beschreibung der Tänze lässt einige Rückschlüsse auf die Wahrnehmung des Krieges seitens der ostafrikanischen Bevölkerung zu. Dem Bericht zufolge waren die Tänzer in regelrechten Vereinen organisiert. Diese waren streng hierarchisch geordnet. An oberster Stelle stand entweder ein »King« oder »Kaiser«, gefolgt von »Obas« (Obersten), »Captains«, »Lieutenants«, »Richtern«, einem Finanzminister und einem Serganten. Jeder dieser hochrangigen Mitglieder des Vereins trug eine Uniform, oftmals mit entsprechenden Rangabzeichen. Die unteren Ränge waren den »Askari« vorbehalten. Mitglied konnte nur werden, wer sich nach allen Regeln der Bürokratie in die Listen einschrieb und einen Obulus entrichtete. Disziplin war oberstes Gebot. Diese wussten die Oberen des Vereins notfalls mit dem *Kiboko* durchzusetzen. Sinn und Zweck der Vereine waren Manöver, »Manova«, und wie der Begriff vermuten lässt, war dies eine durch und durch vom Militär inspirierte Veranstaltung. Zu Beginn der Manöver habe der »Kaiser« oder »King«, einen Tagesbefehl herausgegeben, in dem seinen »Soldaten« befohlen wurde, sich abseits des Dorfes zu militärischen Übungen zu versammeln. Daraufhin wurden zwei »Divisionen« aufgestellt, wobei die eine den »Feind« dargestellt habe. Diese sei von einem »Major« angeführt worden, während die andere vom »Kaiser« befehligt worden sei. Nach stundenlangen Märschen, bei denen die Paradeordnung mit dem *Kiboko* durchgesetzt wurde, sei es zur »Schlacht« gekommen, wobei jede Seite versucht hätte, so viele Gefangene wie möglich zu machen. Bei der Behandlung der Gefangenen sei peinlich auf Unterschiede in den Rängen geachtet worden: »Askari« seien zusammengeschnürt worden, während die höheren Ränge ihrer »Waffen« entledigt worden seien und unter Aufsicht eines »Leutnants« gestellt wurden.[27] Es war dies das Panoptikum eines Krieges, so wie die Ostafrikaner ihn mehr als vier Jahre erlebt hatten. Da war die Gewalt der Truppen, die mit dem *Kiboko* in der Hand ganze Dörfer auf der Suche nach Trägern zusammentrieben. Da war aber auch die so sorgsam von den Europäern inszenierte Ritterlichkeit des Krieges. Dass die Afrikaner den Krieg allerdings als wenig ritterlich erlebt hatten, darauf verwiesen Songs, die während der Tänze gesungen wurden:

Hört all meine Geliebten! Schwestern.
Sie jammerte als sie in Sansibar verheiratet wurde.
Hört Männer aus Mkanda
Ich gebar wegen eines Soldaten des 7. K.A.R.
Dieser Soldat kam und entjungferte mich in Sansibar.[28]

Dem Verfasser des Berichts zufolge, spielte der Song auf die massenhaften Verschleppungen und Vergewaltigungen von Frauen in der Region an. Als Täter werden hier sehr genau die Soldaten des 7. Bataillons des *King's African Rifles* benannt. Sie referieren damit auf Ereignisse, die in den britischen Akten kaum zu finden sind. Das Thema des Frauenraubs und der Vergewaltigung war auch in den Aufführungen des *Manova* zu finden. Den Siegreichen stand das Recht zu, nach dem *Manova* sexuelle Beziehungen zu den Frauen des »Gegners« anzubahnen. Nach der Schlacht, so mit kritischem Unterton (der Verfasser war immerhin ein christlicher Konvertit) folgte die »Orgie« des Nachts.[29]

Der Erste Weltkrieg hatte in Ostafrika jede Illusion einer Einmütigkeit der Europäer in der Erfüllung ihrer selbstverliehenen Zivilisierungsmission zerstoben. Anstelle war die Konkurrenz der europäischen Kolonialmächte offen zu Tage getreten. Das Thema des Agonalen war nun auch in den Tänzen in Ufipa wie auch anderswo in Ostafrika zu finden. In Ufipa hatten sich die Tänzer jeweils einem der zwei miteinander erbittert konkurrierenden Vereinen, entweder den »Alinoti« oder den »Marini« verschrieben. Diese Bezeichnungen fand der britische Anthropologe H.E. Lambert auch in den Städten Britisch-Ostafrikas und den Kriegsgefangenenlagern in Ostafrika wieder, wo die *Askari* ihrer baldigen Entlassung entgegensahen. Illife zufol-

---

27 Anonymous, *The Beni Society*, S. 74–81, insbesondere S. 79.
28 Ebd., S. 79 [Übersetzung des Autoren].
29 Ebd., S. 80.

ge sollen die *Askari* vornehmlich den »Marini« angehört haben, während die »Arinoti« oder »Alinoti« den Trägern vorbehalten waren.[30]

Genauso argwöhnisch, wie die britischen Kolonialbeamten die islamischen Bewegungen und die neuen christlichen Kirchen beobachteten, so waren auch die Tanzvereine ihnen suspekt. Kritik kam von allen Seiten und mit den unterschiedlichsten Argumenten. Missionare und Kolonialbeamte kritisierten einvernehmlich die »Orgien« des Nachts. Anderen sahen in einigen dieser Tanzvereine eine gewisse Nostalgie der deutschen Zeit am Werk. In Dar es Salaam hatte der ehemalige Adjutant Lettow-Vorbecks, Thomas Plantan, eine »Marini«-Gruppe gegründet, der er mit dem Titel »Majestät König von Hindenburg« vorstand, während sein unmittelbarer Konkurrent, Sapi bin Mkwawa, der in Uhehe nach dem Abzug der Deutschen den Thron seines legendären Vorfahren bestiegen hatte, den Titel »Seine Majestät Friedrich August von Sachsen« trug und einer »Arinoti«-Gruppe vorstand.[31] Dass die britischen Kolonialbeamten auf solche Ereignisse nervös reagierten, mag kaum verwundern. Für einige Empörung hatte in Tanga nach dem Krieg eine Gruppe ehemaliger *Askari* gesorgt, die es sich zur Gewohnheit gemacht hatten, Tag für Tag vor dem Büro des britischen Kolonialbeamten zu paradieren und ihn durch das Singen von Liedern an die Niederlage der Briten an gleicher Stelle zu Beginn des Krieges zu erinnern.[32]

Doch es war nicht nur die gekränkte Eitelkeit der britischen Offiziere, die sie der neuen Tanzmode wenig geneigt machten. Sie sahen in den *Beni* eine Bewegung, die die ethnischen Identitäten verschwommener und die Grenzen zwischen den einzelnen Ethnien durchlässiger machten. Dies war zumindest die Einschätzung eines Majors der *King's African Rifles*, der die Tänze in Nairobi und in den besetzten Gebieten beobachtet hatte. Politisch oder antibritisch seien diese Tanzvereine nicht, argumentierte er, jedoch erwachse aus dem Fakt, dass ihre Mitglieder aus den unterschiedlichsten Ethnien stammten, eine große Gefahr. Das würde den geeigneten Nährboden für den »Pan-Islamismus« und »Äthiopismus« bereitstellen.[33] Doch solche Befürchtungen kamen zu spät. Der Krieg hatte in der Tat die heile Welt der Ethnien, wie sie Briten so gern heraufbeschworen, erheblich erschüttert. Der Krieg hatte viele Menschen aus ihren Heimatregionen gerissen, sei es als Flüchtlinge, sei es als Träger oder Soldaten. Städte wie Dar es Salaam

---

30 H.E. Lambert, »The Beni Dance Songs«, in: *Swahili* 33, (1962/1963) 1, S. 18–21; Iliffe, *Modern History*, S. 248.
31 Ranger, *Dance and Society*, S. 57.
32 Ebd., S. 52.
33 NA WO 106/259 Report Muggeridge; Major of the KAR, Nairobi, 29.7.1919 .

hatten im Krieg eine nahezu kosmopolitische Aura bekommen. Soldaten aus allen Teilen Afrikas kamen durch die Stadt: Nigerianer, Menschen von der Goldküste, aus Britisch-Ostafrika, Sudanesen, Somalier, Soldaten aus dem belgischen Kongo, nicht zu vergessen die Hunderttausende von Trägern, die die Briten während ihres Feldzuges aus allen Ecken und Winkeln der Kolonie rekrutiert hatten. Die urbanen Zentren Tanganyikas waren zum Auffangbecken der afrikanischen Kriegsteilnehmer geworden, die nur wenig Lust verspürten, wieder in die heimatlichen Dörfer zurückzukehren. 1919 wiesen die britischen Behörden 4.000 ehemalige Träger und *Askari* aus Dar es Salaam aus und ordneten ihre Rückkehr in die Heimatdörfer an. Die Deportierten reagierten mit öffentlichen Protesten und passivem Widerstand. Einen wichtigen Part spielten in diesen Protesten *Beni*-Gruppen, die sich immer mehr zu Wohlfahrtsorganisationen für Kriegsveteranen mauserten.[34]

Wenig wissen wir über das Leben der *Askari* nach dem Krieg. Diejenigen, die den Krieg bis zuletzt mitgemacht hatten, kamen nach der Kapitulation in Kriegsgefangenschaft, aus der sie aber bereits nach wenigen Monaten größtenteils entlassen wurden. Für viele der Gefangenen hörte mit dem Frieden das Sterben nicht auf. In den Kriegsgefangenenlagern in Abercorn und Tabora sind, den Beobachtungen eines deutschen Offiziers zufolge, täglich Dutzende Träger und *Askari* an den Folgen der Spanischen Influenza und anderen Krankheiten gestorben.[35] Die ersten Jahre nach dem Krieg waren für viele ehemalige *Askari* eine schwere Zeit. Mehr noch als die Afrikaner, die auf britischer Seite gekämpft hatten, waren sie auf sich allein gestellt. Die Deutschen hatten ihnen in den letzten Kriegsmonaten keinen Sold mehr ausgezahlt. Zwar bemühte sich Lettow-Vorbeck in Deutschland, den *Askari* den ausstehenden Sold zukommen zu lassen, doch im Nachkriegsdeutschland hatten die politischen Verantwortlichen andere Prioritäten. Die britischen Behörden erwiesen sich zudem als wenig kooperativ und es folgten Jahre eines bürokratischen Kleinkrieges zwischen den Deutschen und den Briten. Erst Mitte der 1920er Jahre wurde mit der Auszahlung des

---

34 Ranger, *Dance and Society*, S.91; Andrew Burton, *African underclass: urbanisation, crime & colonial order in Dar es Salaam* (London: James Currey, 2005), S. 63..
35 BA Militärarchiv: N 103/91 Wieland, Rudolf. Nachlaß v. Lettow-Vorbeck: Schutztruppe für Deutsch-Ostafrika. Erlebnisse und Eindrücke vom Bekanntwerden des Waffenstillstandes bis zur Heimkehr der letzten 25 Lettow-Krieger.

ausstehenden Solds begonnen. Mittlerweile hatte durch die grassierende Inflation in Deutschland der Sold jedoch erheblich an Wert eingebüßt.[36] Nur wenige individuelle Schicksale von *Askari* sind uns bekannt. Kleist Plantan wurde aufgrund einer schweren Krankheit nur wenige Monate nach seiner Gefangennahme aus dem Lager entlassen. Aus dem ehemals wohlhabenden *Askari* war eine mittelloser Zivilist geworden. Aber er war ein gut ausgebildeter Mann. Auf der deutschen Regierungsschule hatte er das Schreiben mit einer Schreibmaschine gelernt. Er war des Englischen, Deutschen und Portugiesischen mächtig. Beides war ein Kapital, das auch unter den Briten nicht an Bedeutung verloren hatte. Nach wenigen Monaten der Suche fand er einen Job in der englischen Kolonialverwaltung.[37] Amini bin Saidi, der auf seiten der Briten als Träger gedient hatte, kam im letzten Kriegsjahr nach Dar es Salaam. Er wurde ausbezahlt und sollte in seine Heimat zurückkehren. In der Hoffnung auf Arbeit blieb er in Dar es Salaam; seine Zeit dort schilderte er als die schwerste seines Lebens. Sein Sold war schnell aufgezehrt und er litt Hunger. Erst als er durch die Vermittlung eines Bekannten Arbeit bei den Kolonialbehörden fand, besserte sich seine Lage.[38] Andere hatten weitaus weniger Glück. Briefe der *Askari* an deutsche Offiziere zeichnen ein düsteres Bild. Obgleich diese Briefe mit einiger Vorsicht behandelt werden müssen, dienten sie doch dem Ziel, den ausstehenden Sold von den Deutschen zu erhalten, mögen sie ein ungefähres Bild vom Leben der *Askari* nach dem Krieg geben. Ihre wirtschaftliche Lage war schlecht, einige lebten von Spenden deutscher Missionare. Herb war der Verlust des sozialen Prestiges, dass sie in der deutschen Kolonialordnung genossen hatten.

Nicht viel besser erging es den aufseiten der Briten dienenden Soldaten und Trägern. Im November 1918 begann die Kolonialverwaltung mit der Demobilisierung der *Askari* und Träger in der britischen Kolonie. Allein im Dezember kehrten 4.000 *Askari* in ihre Heimat zurück, zwischen März 1918

---

36 BA Militärarchiv N 14/20 Deutsches Stadt-Komitee in Daressalam. Schriftwechsel des Komitee-Mitgliedes C. Vincenti mit Privatpersonen: Vincenti an Lettow-Vorbeck, Dar es Salaam, 10.11.1919; BArch N103/94 Gutman an Lettow-Vorbeck, Berlin, 24.1.1921; BArch N103/94: Reichsministerium für Wiederaufbau, Kolonialzentralverwaltung an Lettow-Vorbeck, Berlin 29.10.1921; BArch N103/94: Reichsministerium für Wiederaufbau, Kolonialzentralverwaltung an Lettow-Vorbeck, Berlin, 23.12.1922.
37 Said, *The life and time*, S. 40.
38 Amini bin Saidi, »The Story of Amini bin Saidi of the Yao Tribe of Nyasaland«, in: *Ten Africans*, hrsg. von Margery Freda Perham (London: Faber and Faber, 1963), S. 139-157, insbesondere S.151.

und April 1919 wurden 73.057 Träger entlassen. Was immer sich die afrikanischen Kriegsteilnehmer nach dem Krieg erhofft hatten, sie wurden bitter enttäuscht. Von all den Versprechungen, dass sie nach dem Krieg Land und Pensionen bekämen, blieb nichts. Der koloniale Staat tat wenig für sie. Der britischen Kolonialverwaltung war sehr daran gelegen, so bald als möglich zum Status quo der Vorkriegszeit zurückzukehren. Die entlassenen *Askari* und Träger sollten in ihre Heimatdörfer zurückkehren und sich in ihr hergebrachtes Leben einfinden. Ausstehender Sold wurde nur sehr zögerlich ausbezahlt, in vielen Fällen nicht in voller Höhe. Soziale Fürsorge gab es kaum; die Beamten vertrauten auf die festen Bande familiärer Netzwerke, in welchen sie jeden Afrikaner eingebunden wähnten. Allein Kriegsversehrte bekamen eine schmale Pension und eine lebenslange Befreiung von der Kopf- oder Hüttensteuer zugesprochen.[39]

Vielerorts hatten die aus dem Krieg zurückkehrenden Männer große Probleme, in das Zivilleben zurückzukehren. Dazu trugen nicht nur die physischen und psychischen Narben bei, die der Krieg ihnen hinterlassen hatte. Der Krieg hatte teilweise auch ihre Einstellung zum Leben verändert. Viele waren nicht freiwillig in den Krieg gezogen und fühlten sich durch die lokalen Autoritäten, die oft maßgeblich an ihrer Rekrutierung beteiligt gewesen waren, betrogen. Die Rekrutierungen hatten es offensichtlich werden lassen, wie sehr die Chiefs in die koloniale Ordnung integriert waren und wie wenig sie die Interessen ihrer Leute vertreten wollten oder konnten. Vielfach weigerten sich die Veteranen zum normalen Lauf der Dinge zurückzukehren und wie vor dem Krieg auf den eigenen Feldern oder denen der Siedler zu arbeiten. Viele Kriegsveteranen behielten ihre Uniformen. Das war der Anlass zu vielfältigen Konflikten mit den Chiefs und den Ältesten in ihren Dörfern, die ihrerseits ihre khakifarbenen Quasi-Uniformen als Zeichen ihres Amtes betrachteten.[40]

---

39 Parsons, *African rank-and-file*, S. 228; Greenstein, *The Nandi experience*, S. 82; James K. Matthews, »Clock Towers for the Colonized: Demobilization of the Nigerian Military and the Readjustment of Its Veterans to Civilian Life, 1918–1925«, *International Journal of African Historical Studies* 14 (1981), S. 254–271, insbesondere S.260; John Barrett, *The Rank and File*, S. 105–115, insbesondere S. 114; Diana Ellis, »The Nandi Protest of 1923 in the Context of African Resistance to Colonial Rule in Kenya«, *The Journal of African History* 17 (1976), S. 555–575, insbesondere S. 562; ; Melvin E. Page, »The War of Thangata: Nyasaland and the East African Campaign, 1914-1918«, *Journal of African History* 19 (1978), S. 87–100, insbesondere S. 95.

40 Hodges, *Carrier Corps*, S. 199ff; Siehe für die westafrikanischen Veteranen: Matthews, *World War I*, S. 493–502, insbesondere S. 502.

Diese Konflikte zwischen den Kriegsveteranen und den Chiefs waren durchaus geeignet, die koloniale Ordnung und insbesondere die Grundfesten der *Indirect Rule* zu stören. Die *Indirect Rule* basierte auf der Akzeptanz der Autorität lokaler Chiefs seitens der lokalen Bevölkerung. Doch solche Konflikte waren kein genereller Trend. Für die aus dem Krieg zurückkehrenden Nandi, die auf Seiten der Briten einen beträchtlichen Teil der *King's African Rifles* und Träger gestellt hatten, schien sich nicht viel geändert zu haben, wie der Historiker Greenstein in seiner Studie über die Erfahrungen der Nandi im Ersten Weltkrieg zeigte. Viele gingen nach dem Krieg ihrer gewohnten Arbeit nach. Einige waren zu Wohlstand gekommen und investierten ihr Geld entlang hergebrachter Muster. Sie kauften Vieh und verwirklichten sich die Träume von Heirat und Familiengründung. Vereine von Kriegsveteranen – halb Wohlstandsorganisationen, halb Lobbygruppen, die sich beim Gouvernement für die Auszahlung von Pensionen und ausstehendem Sold einsetzten – wurden entlang bereits existierender Altersgruppen geschaffen.[41]

Die von den Kolonialbeamten und -offizieren befürchtete Politisierung der afrikanischen Kriegsteilnehmer blieb in den ersten Nachkriegsjahren weitestgehend aus. In den von Hodges geführten Interviews gaben die Veteranen zu Protokoll, dass ihnen angesichts der traumatischen Erfahrungen des Krieges, der sozialen Unsicherheit und der verheerenden Epidemien der Nachkriegszeit die Kraft für ein politisches Engagement fehlte.[42] Dennoch begannen sich schon in den ersten Nachkriegsjahren erste Formen afrikanischer Zivilgesellschaften, von den *Young Baganda*, der *Kikuyu Association* bis hin zu den afrikanischen Kirchen wie der *Watch Tower Church* oder die muslimischen Bruderschaften herauszubilden. In der ehemaligen deutschen Kolonie aber dauerte es bis 1929, bis sich Vergleichbares herausbildete. In diesem Jahr gründete sich die *Tanganyika African Association*, 1934 folgte die *Muslim Association of Tanganyika*. Eine bedeutende Rolle bei der Gründung dieser Interessenvertretungen hatten Mitglieder der islamischen Bruderschaften gehabt, unter anderen auch Thomas Plantan.[43] Doch nur weni-

---

41 Greenstein, *The Nandi experience*, S. 86, 92; A.T. Matson, »Reflections on the growth of political consciousness in Nandi«, in: *Politics and nationalism in colonial Kenya*, hrsg. von Bethwell A. Ogot (Nairobi: East African Pubishling House, 1972), S. 18–45, insbesondere S. 19. Für die westafrikanischen Veteranen des Krieges siehe: James Matthews, »World War I and the Rise of African Nationalism: Nigerian Veterans as Catalysts of Change«, *The Journal of Modern African Studies* 20 (1982), S. 493–502.
42 Hodges, *Carrier Corps*, S. 151.
43 Nimtz, *Islam and politics*, S. 87.

ge ehemalige *Askari* und Träger fanden sich bei den ersten afrikanischen politischen Organisationen ein, die in den 1920er Jahren gegründet wurden. Das erscheint nicht verwunderlich. Die ersten politischen Vereinigungen von Afrikanern in Britisch-Ostafrika formten sich entlang ethnisch definierter Identitäten und waren lokal begrenzt. Sie waren Interessenvertretungen von Farmern und Kleinhändlern oder Gouvernementsangestellten.[44]

Dennoch, viele der späteren afrikanischen Nationalisten waren Kriegsveteranen: Erica Fiah, in den 1930ern Herausgeber der Zeitschrift *Kwetu*, die zu den ersten Sprachrohren afrikanischer Nationalisten zählen dürfte, der spätere erste Präsident des unabhängigen Kenya, Jomo Kenyatta, Harry Thuku, Gründungsmitglied der *East Africa Association* (EAA), die 1921 als erste politische Interessenvertretung von Afrikanern in der britischen Kolonie ins Leben gerufen wurde, und Joseph Kang'ethe, Präsident der *Kikuyu Central Association* (KCA) hatten den Krieg als Träger in den *Carrier Corps* mitgemacht. Es ist schwer zu sagen, inwieweit ihre Kriegserfahrungen zur ihrer Politisierung beigetragen haben. Die interviewten Kriegsveteranen verneinten größtenteils einen Zusammenhang zwischen ihren Kriegserfahrungen und ihrem späteren politischen Engagement. Mehr noch als der Krieg habe sie die Diskussion um den ausstehenden Sold und das Weiterbestehen des *Kipande*-Systems in den 1920er Jahren zu politischen Aktivsten gemacht.[45]

---

44 Matson, *Reflections*, S. 34; Ahmed I. Salim, »Early Arab-Swahili protest in colonial Kenya«, in: *Politics and nationalism in colonial Kenya*, hrsg. von Bethwell A. Ogot (Nairobi: East African Pubishling House, 1972), S. 71–84, insbesondere S. 82; Ogot, *British Administration*, S. 249–273, insbesondere S. 261.
45 Parsons, *African rank-and-file*, S. 229; N. J. Westcott, »An East African Radical: the life of Erica Fiah«, *The Journal of African History* 22 (1981), S. 85–101, insbesondere S. 93.

Schluss

In einer 2002 erschienenen Sonderausgabe des *Spiegels* zum Ersten Weltkrieg bezeichnete Karl Schlögel dieses Ereignis als Auftakt für den »Dreißigjährigen Krieg des 20. Jahrhunderts«.[1] Man kann sich über diesen Vergleich im Hinblick auf die deutsche Geschichte streiten, in Ostafrika aber gewinnt er seinen besonderen Reiz. Schlögels These geht von einem ununterbrochenen, latenten bis offenen Krieg zwischen 1914 und 1945 in Europa aus. In Ostafrika würde der »Dreißigjährige Krieg des 20. Jahrhunderts« dagegen von 1889 bis 1918 gedauert haben. Er ging um die koloniale Landkarte Afrikas, die zunächst gegen den Widerstand der Afrikaner durchgesetzt werden sollte und ab 1914 auch zwischen den konkurrierenden europäischen Kolonialmächten geführt wurde. Dieser »Dreißigjährige Krieg« begann in Ostafrika mit der kolonialen Eroberung durch die Truppen Hermann von Wissmanns und endete mit der Kapitulation Lettow-Vorbecks bei Abercorn. Dazwischen lagen die Jahre der kolonialen Eroberung, die bis 1903 militärisch weitestgehend vollendet war sowie die Niederschlagung des Maji-Maji-Aufstandes von 1905/06, außerdem die letzten großen Strafexpeditionen in der Kolonie, die gegen die Anhänger der Ndungutse im Norden Ruandas im Jahre 1912 gingen. Es war aber auch die Zeit, in der die europäischen Kolonialmächte um die Aufteilung Afrikas kämpften, zunächst mit den Mitteln der Diplomatie und ab 1914 dann auch auf dem Schlachtfeld.

Schlögels Argument zielt vor allem auf die destruktive aber auch kreative Kraft des Dreißigjährigen Krieges. Der Krieg hatte weitreichende Folgen für die politische Landkarte Europas. Doch auch die sozialen Folgen waren tiefgreifend. Der Krieg und die in seinem Gefolge wütenden Hungersnöte und Seuchen entvölkerten ganze Regionen. Vielerorts lag die Wirtschaft am Boden und sollte sich erst nach Jahrzehnten erholen. Dies alles, so Schlögel, treffe auch für die beiden europäischen Weltkriege und die

---

1 Karl Schlögel, »Das Europa der Kriege. Der Dämon der Gewalt«, *Spiegel spezial*, 1. März.2002, S. 86..

Zwischenkriegszeit zu. Auch für Ostafrika? Die meisten Historiker sehen in der kolonialen Eroberung Ende des 19. Jahrhunderts durchaus eine tiefgreifende Zäsur in der Geschichte Afrikas. Als historisches Ereignis, das heißt als eine Umbruchsituation mit gravierenden Folgen sowohl für die koloniale Ordnung als auch für die afrikanischen Gesellschaften, ist der Erste Weltkrieg dagegen bislang nur selten von Afrikahistorikern gedeutet worden. Nicht mehr als einen Kleiderwechsel der Kolonialherren sei der Weltkrieg und die damit verbundende Neuordnung der kolonialen Landkarte Afrikas gewesen, befindet der britische Historiker Brian Kennth Digre.[2] Der britische Autor ist damit eine der letzten Stimmen in einem großen Chor von Historikern, die ähnlich argumentieren. Stagnation, so das vielfach gefällte Urteil, habe in den 1920er Jahren im *Tanganyika Territory* geherrscht.[3]

Von seinen sozialen und wirtschaftlichen Auswirkungen her scheint der Krieg in Ostafrika mit dem Dreißigjährigen Krieg im Europa des 17. Jahrhunderts dennoch durchaus vergleichbar. Der Krieg hatte in Ostafrika ein wirtschaftliches und soziales Trümmerfeld hinterlassen. Die Entwicklung der Wirtschaft war um Jahre zurückgeworfen. Hunderttausende junger Afrikaner hatten als Träger in den Armeen der Kriegsparteien gedient und viele waren den menschenunwürdigen Lebensbedingungen zum Opfer gefallen. Allein um den Vorkriegsstand an verfügbaren Arbeitskräften wiederherzustellen, brauchte es mehrere Jahre. Die Infrastruktur war zerstört, Dörfer von ihren Bewohnern auf der Flucht vor den marodierenden Truppen verlassen worden. Die Landwirtschaft lag vielerorts am Boden, weil es an jungen Männern fehlte, die die Felder vom Wildwuchs befreiten. Wie ein Gleichnis auf den Niedergang des kolonialen Zivilisations- und Modernisierungsprojektes überwucherte Wildnis einstmaliges Kulturland. Im letzten Jahr des Krieges erreichte die Spanische Grippe Ostafrika. Die Pandemie hatte für ihren Weg entlang der globalen Infrastruktur des Krieges nur wenige Woche gebraucht. Mehr als 100.000 Menschen fielen ihr in Ostafrika zum Opfer.[4] Afrika war auch in dieser Beziehung Teil des Weltkriegs geworden.

---

2 Digre, *Imperialism's new clothes*, S. 198.
3 Dumbuya, *Tanganyika*, S. 104; Austen, *Northwestern Tanganyika*, S. 119ff; Eckert, *Herrschen und Verwalten*, S.40.
4 Die genauen Umstände des Ausbruchs der Spanischen Grippen sind bis heute unbekannt. es wird allerdings vermutet, dass die Pandemie im März 1918 in einem amerikanischen Gefängnis ausbrach C.W. Potter, »A history of influenza«, *Journal of Applied Microbiology*, 91 (2001), S. 572–579, insbesondere S. 575; K. David Patterson & Gerald

Die katastrophalen Folgen des Ersten Weltkrieges in Ostafrika waren nicht zuletzt der besonderen Art der Kriegsführung beider Parteien geschuldet. Ihnen stand zwar das ganze Arsenal an moderner Kriegstechnologie zur Verfügung, eine moderne Infrastruktur aber, die die Truppen hätte in ausreichendem Maße versorgen können, fehlte nahezu vollständig. Diese fehlende Infrastruktur führte zu einer Kriegsführung, die auf einer schonungslosen Ausbeutung der Bevölkerung basierte. Kriegsverbrechen waren in diesem Krieg daher ein von den Verantwortlichen kalkulierter Kollateralschaden. Hier liegt vielleicht die eindeutigste Parallele zum Dreißigjährigen Krieg in Europa. Die afrikanische Zivilbevölkerung verglich denn wohl auch nicht ohne Grund den Ersten Weltkrieg mit den Sklavenjagden des 19. Jahrhunderts. Und auch die Deutschen zogen auf ihre eigene Art und Weise eine Parallele zu Europas vormodernen Kriegen.

Als der Krieg zu Ende war, hatten Hunderttausende Ostafrikaner den europäischen Krieg in Ostafrika mit ihrem Leben bezahlt. Genaue Opferzahlen sind bis heute unbekannt. Der Erste Weltkrieg wird nicht zuletzt deshalb als ein Markstein des 20. Jahrhunderts gesehen, weil die Frage von Kriegsverbrechen erstmals in der Geschichte des modernen Krieges eine prominente Rolle in der öffentlichen Diskussion Europas spielte. Dass diese Frage während des Krieges auch erstmals in einer umfassenden Weise an die Kolonialmilitärs gerichtet wurde, ist weitaus weniger ins Bewusstsein der Historiker gerückt. Sicherlich, es gab auch schon vor dem Krieg Debatten über das scheinbar uneingeschränkte Wüten der Kolonialtruppen in den Kolonien. Herero-Aufstand und Maji-Maji-Krieg hatten seinerzeit eine, wenn auch kurze, aber doch heftige Debatte im deutschen Reichstag und der Öffentlichkeit hervorgerufen. Diese Debatten hatten jedoch kaum an den Grundannahmen der deutschen Kolonialpolitik und noch weniger an der Praxis kolonialer Herrschaft vor Ort gerüttelt. Darüber hinaus wurden sie weitestgehend in einem nationalen Rahmen geführt. Im Kontext des Ersten Weltkrieg wurde daraus nicht nur eine europäische oder auch globale Debatte, sondern auch eine, die wesentlich die Identität der einzelnen Nationen prägen sollte. Der Versailler Vertrag und die damit einhergehende internationale Debatte über die deutsche Kriegsschuld haben die Identität der Deutschen während der Weimarer Republik ganz erheblich geprägt. Der Erste Weltkrieg schuf somit eine neue öffentliche Wahrnehmung der Rolle des Militärs in Kriegszeiten. Auch wenn dies nicht dazu führte, dass Kriegs-

---

F. Pyle, »The diffusion of influenza in sub-Saharan Africa during the 1918–1919 pandemic.«, *Social science & medicine* 17 (1983), S. 1299–1307, insbesondere S. 1300.

verbrechen in den Kolonien nun plötzlich ebenso der Vergangenheit angehörten wie in Europa dadurch Giftgaskrieg, Torpedoangriffe auf die Zivilschiffahrt oder Übergriffe auf die Zivilbevölkerung verhindert wurden. Die Debatte um Kriegsverbrechen am Vorabend des Ersten Weltkrieges war zweifellos ein Versuch, die Gewalt, mit der der Krieg einhergeht, in ein zivilisatorisches und rationales Korsett zu zwängen. Nicht das Töten sollte abgeschafft werden, doch aber bestimmte Formen der Gewalt, die mit dem zivilisatorischen Selbstverständnis des modernen Europas nicht mehr vereinbar schienen. Dass die Militärs die Grenze zwischen legitimen Formen der Gewalt anders zogen als ein Großteil der politischen Öffentlichkeit mag ebenso wenig verwundern wie der Umstand, dass all die hehren Vertragsformeln mitunter schnell auf dem Altar des Sieges geopfert wurden. Es war weniger der Wandel in der Praxis der Kriegsführung als ein Wandel der öffentlichen Wahrnehmung dieser Praxis, für die der Erste Weltkrieg steht.

Krieg ist eine Form der Gewaltausübung und dass wir den Ersten Weltkrieg einen modernen Krieg nennen, ist nicht nur dem Umstand geschuldet, dass er eine bis dahin kaum gekannte Mechanisierung und Rationalisierung der Organisation der Truppen und der militärischen Infrastruktur hervorbrachte, sondern auch, dass damit spezifische Formen der Gewalt einhergingen. Die industrialisierten und gleichsam bürokratisierten Schlachtfelder brachten ihre ganz eigenen Formen der Gewalt hervor, in der Gewalt zwar immer noch vom Individuum ausging, sie aber in einem hohen Maße eingebettet war in den Organisationsformen und Technologien des Militärapparates. Doch im gleichen Maße, wie das Versagen der rationalisierten Strukturen der Kriegsführung Kriegsverbrechen zur Folge hatte, so waren Kriegsverbrechen eine Folge dieser rationalisierten Kriegsführung. Der Diskurs der Kriegsverbrechen im Ersten Weltkrieg ist von diesem Gegensatz stark geprägt, auch in Ostafrika. Die gleichsam unkontrollierte Gewalt, die vom Individuum ausging, wurde dabei in gewisser Weise der kontrollierten Gewalt des Militärapparates entgegengestellt. Die Frage der Kriegsverbrechen wurde von den beteiligten Militärs in diesem Zwischenraum von kolonialem Gewaltraum und Gewaltraum des Ersten Weltkrieges diskutiert. Vielfach übernahmen sie zur Legitimierung des rücksichtslosen Verhaltens ihrer Truppen Argumente wie sie bereits während der kolonialen Eroberung weidlich kolportiert wurden. Paradoxerweise hat aber gerade die bürokratisch geregelte Ausbeutung der Afrikaner in den britischen *Carrier Corps* die meisten Opfer unter der afrikanischen Bevölkerung gefordert, wenngleich man gerade im Versagen dieser Bürokratie eine der Hauptursachen für den vielfachen Tod der Träger suchen muss.

Ein Resultat des Krieges in Ostafrika war die stärkere Anbindung der kolonialen Projekte an die Metropole. Diese ging zunächst entlang militärischer Strukturen vonstatten. Mit dem Krieg wurden im Falle der Briten und Belgier die Kolonialarmeen in weit höherem Maße als zuvor in die Befehlsstruktur der Metropole eingebunden. Im zweiten Jahr des Krieges wechselten die Zuständigkeiten für die Kolonialarmee in Ostafrika vom *Colonial Office* und dem *Indian Office* zum *War Office*. Offiziere aus den Reihen der metropolitanen Armeen füllten die Ränge der Kolonialarmeen auf. Das ging, wie etwa im Falle der Belgier, nicht ohne erhebliche Konflikte vonstatten. Und diese Konflikte mögen illustrieren, wie weit vor dem Krieg metropolitanes und koloniales Militär auseinandergedriftet waren. Selten zuvor war den Europäern bewusst, wie anders ihre Kolonien im Vergleich zu europäischen Maßstäben waren. Doch dies führte nicht zu einer umfassenden Neuformulierung der Kolonialpolitik der siegreichen Mächte.[5] Wohl aber zu einer Debatte, in der Europas Verantwortung in Afrika aufs Tapet gebracht wurde. Im Zentrum dieser Debatte stand allerdings nicht die eigene Kolonialpolitik, sondern die der Deutschen. Das wichtigste Argument der Alliierten für die Abschaffung des deutschen Kolonialreichs war, dass die Deutschen als Kolonialmacht versagt hätten. Die brutale Niederschlagung diverser Aufstände, aber auch Ereignisse während des Weltkrieges in Ostafrika lieferten den Alliierten illustere Beispiele für ihre Anschuldigungen. Doch noch bevor in den Verhandlungen von Versailles die Rede von der unverantwortlichen Kolonialpolitik des Kaiserreiches die Runde machte, waren die Akteure auf den Schlachtfeldern in einem virtuellen Dialog eingespannt, in dem die jeweilige Gegenseite die andere der Gefährdung europäischer Dominanz in Afrika beschuldigte. Die Briten taten dies mehr als die Deutschen, denn die hatten zumindest seit Ende 1916 andere Sorgen. Erst nach dem Krieg nutzten sie auf ihre Weise den Krieg für eine Rechtfertigung ihrer Kolonialpolitik.

Mit dem Ersten Weltkrieg holten die europäischen Kolonialmächte nicht nur die ausgebliebenen Konflikte um die Aufteilung des afrikanischen Kontinents nach, sie führten, angesichts einer durch das Kriegsgeschehen in Auflösung befindlichen kolonialen Ordnung, auch eine intensive Diskussion um die ethischen und politischen Koordinaten dieser Ordnung. Auch wenn koloniale Ziele kaum der Anlass für den Krieg gewesen waren, so war

---

5 Rathbone, *World War I and Africa*, S. 1–9, insbesondere S. 3.

der erste Weltkrieg doch letztendlich zu einem Krieg geworden, der die koloniale Landkarte der Welt veränderte. In den Nachbeben des Krieges und der Niederlage der Mittelmächte wurden die Kolonialreiche der Mittelmächte aufgelöst. An deren Stelle traten im Falle des ehemaligen Habsburger Reiches junge Nationalstaaten, im Falle des Osmanischen Reiches und des Deutschen Kolonialreiches übernahmen die Siegermächte deren Trümmer in ihre imperialen Strukturen auf. Nur das Zarenreich erlebte, allerdings des Zaren durch die Revolution der Bolschewiki beraubt, eine koloniale Expansion. Afrikas koloniale Zukunft wurde dagegen nicht durch Revolutionen, sondern an den Verhandlungstischen in Versailles entschieden. Auch wenn britische Kolonialbeamte für einige Jahre mit dem Gedanken eines Plebiszits spielten, in dem die Ostafrikaner über ihre Zukunft selbst entscheiden sollten, so setzte sich dies nicht bis in die Reihen der Diplomaten und Politiker in der Metropole durch.[6]

Es lässt sich mithin eine weitere Dimension des Ersten Weltkrieges aufzeigen. Er veränderte nicht nur Europa und seine politische Ordnung, sondern auch das Verhältnis der europäischen Kolonialmächte zueinander. Dieser Wandel betraf indes nicht nur die Grenzen der Kolonialreiche, sondern auch die Art und Weise, wie deren Kolonialpolitik formuliert wurde. Der Gewaltraum des Ersten Weltkrieges brachte dabei auch einen Raum der gegenseitigen Beobachtung der Kolonialmächte hervor, in dem die Akteure die Prämissen einer zukünftigen Kolonialpolitik aushandelten. Mit der Schaffung des Völkerbundes wurde dieser Raum der gegenseitigen Beobachtung in gewisser Weise institutionalisiert. Belgien, Frankreich und Großbritannien, die die ehemaligen deutschen Kolonien als Mandatsgebiete übertragen bekamen, waren bis zu einem gewissen Grad zur Rechenschaftspflicht über ihre Kolonialpolitik verpflichtet. Man kann mit einigem Recht die Mandatskommission des Völkerbunds als einen zahnlosen Papiertiger bezeichnen, der wenig Einfluss auf die Vorgänge in den ehemaligen deutschen Kolonien hatte, aber dennoch: Kaum vorher mussten die Kolonialmächte so detailliert Rechenschaft über ihr Treiben in Afrika ablegen wie nach dem Ersten Weltkrieg. Sowohl Belgien als auch Großbritannien lieferten, wenn mitunter auch widerwillig und oft auch etwas schönfärberisch, in regelmäßigen Abständen ihre Berichte an den Völkerbund ab. Die Versailler Friedensverhandlungen wurden mithin zu einem ersten Fo-

---

6 Callahan, *Mandates and empire*. S. 30.

rum, in denen Forderungen nach einem Ende der europäischen Kolonialordnung in Afrika erhoben wurden.[7]
Der große politische Wandel in Ostafrika aber blieb aus. Die Kolonialherrschaft Europas in Afrika blieb ein autoritäres Regime, in dem die Afrikaner nur wenige Mitspracherechte hatten. Die relative Ruhe und Stagnation der Nachkriegsjahre mag angesichts des veritablen Krisendiskurses britischer Kolonialbeamter verwundern. Sie hatten im Krieg eine große Gefahr für die koloniale Ordnung und ein erwachendes politisches Bewusstsein der Afrikaner gesehen. Einige hatten gar für einen grundlegenden Wandel britischer Kolonialpolitik votiert. Spätestens mit der *Native Authority Ordninance* von 1926 waren die Weichen jedoch auf die Einführung der *Indirect Rule* gestellt.[8] Doch diese Weichenstellung geschah nicht ohne erhebliche Proteste seitens einiger Kolonialbeamter. Anlässlich der Einführung der *Native Courts Bill* im Jahre 1929, die den Afrikanern das Recht einschränkte, vor ordentliche Gerichte zu gehen und anstelle dessen mit der Rechtsprechung ihrer Chiefs vorlieb nehmen mussten, bezeichnete ein ehemaliger Richter am Dar es Salaamer Gericht, diese Gesetzvorlage als zutiefst dem britischem Rechtsempfinden widersprechend. Entblößt vom Schutz ausgebildeter Juristen würden die Afrikaner in diesem Rechtsystem der Willkür ihrer Chiefs und der Ukasse eines ebenso willkürlich regierenden Gouverneurs ausgesetzt sein.[9]

Es bedurfte eines weiteren Weltkrieges bis sich dieses Krisenbewusstsein in einer Bereitschaft europäischer Kolonialherren niederschlug, dem kolonialen Treiben in Afrika ein Ende zu setzen. Der Erste Weltkrieg in Ostafrika mochte zumindest ein gewisses Potential des Wandels bereit gehalten haben. 1919 und 1945 waren historische Situationen, in denen Akteure auf politischen und sozialen Wandel mit einem Krisendiskurs reagierten. Es war dieser Krisendiskurs, der jedoch erst nach 1945 wesentlich zu einer Bereitschaft der verantwortlichen Politiker und Bürokraten beitrug, das koloniale Projekt zumindest in der bis dahin existierenden Form aufzugeben. Die Dekolonisierungsforschung hat für die 1950er und 1960er Jahre die komplexen Zusammenhänge zwischen Prozessen in den Kolonien und in den Metropolen herausgearbeitet. Vielleicht ist eine der wichtigsten Erkenntnisse dieser Forschung, dass gravierender politischer Wandel eines hi-

---

7 Ebd., S. 2.
8 NA CO 735/3 Native Authority Ordniance, No. 18, 1926, Dumbuya, *Tanganyika*, S. 104.
9 NA CO 691/104/1 Remarks on the Native Courts Bill (Second Reading). Siehe dazu im Detail: Eckert, *Herrschen und Verwalten*, Kapitel II.

storischen Ereignisses bedarf, das diesen Wandel katalysiert. Dass ein solches Ereignis aber auch ein entsprechendes Bewusstsein für die Notwendigkeit des Wandels, oder mit anderen Worten, ein Krisenbewusstsein, hervorbringt. Darüber hinaus ist ein solcher Wandel eingebettet in das Verhältnis von Metropole und Peripherie sowie in globale politische Prozesse. Was 1945 von 1918 unterschied, war nicht nur das Ausmaß an Austauschprozessen zwischen Metropole und Peripherie, sondern auch die ganz andere Konfiguration eines globales politischen Systems. Nach dem Zweiten Weltkrieg mehrten sich etwa die Reisen afrikanischer Eliten in die Metropolen der Kolonialmächte, aber auch zu den großen Bühnen der Weltpolitik, wie der Generalversammlungen der Vereinten Nationen. Von hier gingen wichtige Impulse für die Dekolonisierung aus.

Während die Vereinten Nationen nach 1945 eine Bühne und institutionelle Struktur für die Dekolonisierung bereitstellten, war der Völkerbund nach 1919 kaum in der Lage, das vom amerikanischen Präsidenten Woodrow Wilson avisierte Programm einer schrittweisen Dekolonisierung umzusetzen. Nach dem Ersten Weltkrieg fehlte es an der globalpolitischen Wetterlage, um aus dem Krisenbewusstsein der Kolonialherren und vielleicht auch einiger Afrikaner einen grundlegenden Wandel herbeizuführen. Insofern vermag dieses Buch zwar das Potential für den Wandel aufzeigen, das auf den Schlachtfeldern des Ersten Weltkrieges entstand, aber gleichzeitig auch das Ausbleiben dieses Wandels konstatieren. Nicht alle Krisen münden in Wandel und nicht alle Geschichten haben ein Ende. Doch wenn es etwas gab, das mit dem Ersten Weltkrieg in Ostafrika sein Ende fand, dann war es die Phase der Aufteilung des afrikanischen Kontinents unter den europäischen Kolonialmächten. Nach dreißig Jahren kolonialer Eroberungsfeldzüge, diplomatischer Ränkespiele und vier Jahren Weltkrieg war die koloniale Landkarte Afrikas vollendet.

Abbildungen

Ostafrika im Jahre 1914, verzeichnet sind die wichtigsten
Ortsnamen in der damaligen deutschen Schreibweise 43
Die Einberufung der deutschen Kriegsfreiwilligen 50
Eine aus Freiwilligen bestehende Schützenkompanie zu
Beginn des Krieges. 51
Die Ankunft britischer Kriegsschiffe vor Tanga 54
Der Gegenangriff der deutschen Truppen in der Schlacht
von Tanga 55
Der Krieg auf dem Tanganyika-See, ein deutsches
Patrouillenboot 60
Eine deutsche Patrouille auf dem Marsch durch unwegsames
Gelände 61
Befestigungsanlagen am Kilimanjaro 76
Deutsche Maschinengewehrstellung am Lingido-Pass. 77
Der Einmarsch belgischer Truppen in Kigali 84
Der belgische Kommandeur Tombeur während einer
Marschpause 85
Der Einmarsch belgischer Truppen in Tabora 88
Die Zeremonie der Belgier anlässlich der Eroberung Taboras 89
Askari beim Lesen der vom Gouvernement herausgegebenen
Zeitschrift Kiongozi. 136
Askari in ihrer Freizeit beim Kartenspiel 137
Kriegsgefangene als Träger bei den deutschen Truppen. 160
Träger während der Rast 161
Ruga-Ruga der Deutschen 194
Askarifrauen auf dem Marsch, vermutlich aus dem letzten
Kriegsjahr 195
Eine Waffenwerkstatt während des Krieges 214

Die Bergung von Munition eines vor der Küste versenkten
Versorgungsschiffes 215
Aushebung von Schutzgräben für die Zivilbevölkerung in
Dar es Salaam 216
Transport der geborgenen »Königsberg«-Geschütze durch
Tausende Afrikaner 217
Gräber britischer Gefallener bei Jassini 238
Gräber deutscher Gefallener (vermutlich in Tanga) 239
Gefangene englische Offiziere auf dem Marsch mit der
Safari ya Bwana Lettow 276
Indische Kriegsgefangene im Lager von Tabora 277
Die anglo-belgische Parade anlässlich der Übergabe Taboras
an die Briten..324
Die Einholung der belgischen Flagge in Tabora 325

Quellennachweis der Abbildungen

Abb. 1–4, 7– 8, 14, 17, 19, 21, 24–26 aus: Walther Dobbertin (Hrsg.), Die Soldaten Lettow-Vorbecks. Ein Buch von deutschem Wehrwillen und deutscher Waffenehre, (Wiederhof-Buchholz: W. Dobbertin, 1932), Abb. 5 aus: Wolfgang Foerster, Greiner, Helmuth & Witte, Hans (Hrsg.), Kämpfer an vergessenen Fronten. Fedlzugsbriefe, Kriegstägebücher und Berichte, (Berlin: Neufeld & Henius, 1931), Abb. 9–12, 27, 28 aus: Charles Stiénon, La campagne anglo-belge de L'Afrique Orientale Allemande (Berger-Levrault, 1917), Abb. 13 aus: Hugh Charles Clifford, The Gold Coast Regiment in the East African Campaign (London: Murray, 1920), Abb. 16, 17 aus: Richard Wenig, Kriegs-Safari, Erlebnisse und Eindrücke auf den Zügen Lettow-Vorbecks durch das östliche Afrika (Berlin: Scherl, 1920), Abb. 20 aus: Richard Wenig, In Monsun und Pori (Safari-Verlag, 1922), Abb. 22 aus: dem Bildarchiv der Deutschen Kolonialgesellschaft.

Bibliographie

Archive

Belgien
Ministère des Affaires étrangères, Belgique: Archives diplomatiques et archives africaines, Force Publique (FP)
Musée royal de l'Afrique centrale, Tervuren (MRAC)

Großbitannien
The National Archives of United Kingdom, Kew (NA)
Library of the Rhodes House, Oxford (RHO)
Church Missionary Society Archive (CMS–Archive)
University of Durham, Sudan Archive (DSA)
Imperial War Museum (IWM)

Deutschland
Bundesarchiv Lichterfelde (BArch)
Bundesarchiv Abteilung Militärarchiv (BArch, Abteilung Militärarchiv)

Tanzania
Tanzania National Archives (TNA)

Unveröffentlichte Manuskripte

J. C. Bagenal, *The East African Campaign. Written from a diary at Maneromango 1917.* (Rhodes House Oxford, C. J. Bagenal Papers, 1915–17, MSS Afr. s. 2351, n.d.).

F. J. E Bagshave,. *Personal Diaries.* (Rhodes House Oxford, Bagshave, F. J. E. Papers, MSS. Afr. s. 281–296, n.d.).

W. S. G. Barnes, *Letter book. 1915–1917,* (Rhodes House Oxford, W. S. G. Barnes Papers, MSS. Afr. S. 458, n.d.).

W. S. G. Barnes *Safari Diary,* (Rhodes House Oxford, W.S.G. Barnes Papers, MSS. Afr. 459, n.d.).

Ludwig Boell, *Der Feldzug in Ostafrika 1914–1918*, Manuskript (Bundesarchiv Freiburg, Abt. Militärarchiv, n.d.)
Gordon Convell. *Reminiscences of the military campaign in East Africa, 1914-1917*, (Rhodes House Oxford: Sir Gordon Convell MSS Afr. s 385-87, n.d.).
G. W. Hucks, *Aide Memoire*, (Rhodes House Oxford, Sukumaland Project, MSS Afr. 1738,24), n.d.
A. A. M. Isherwood, *Memoranda on the Nyakato School and the question of reopening a government central school in Bukoba district.* (Rhodes House Oxford, R.A. Mc. L Davidson Papers on Tanganyika education, MSS Afr. s. 999 (ii. i), 1939).
E. A. Leakey. *Buha, 1921–1932.* (Rhodes House Oxford, Leakey Papers, MSS Afr. s. 953, n.d.).
E. K. Lumley. *My African journey.* (Rhodes House Oxford, Lumley Papers, MSS Afr. s. 785, n.d.).
J. Rooke Johnston. *Bits & Pieces. Seven Years in the Western Provinces of Tanganyika Territory, 1933–1940.* (Rhodes House Oxford, J. Rooke Johnston Papers, MSS Afr. s. 1270, n.d.).
W. F. Page, *Mafia. District Report*, (Rhodes House Oxford, W.F. Page Tanganyika Papers, MSS Afr. s. 274, 1924).
Jean Schepers, Mémoires du Colonel honoraire Schepers, Vétéran de l'Etat Indépendant du Congo, (MRAC: Collection de Jean Scheppers, n.d.).
G. Baron Tombeur de Tabora. *La conquête du Ruanda-Urundi, d'après des ouvrages recentes. Major Tombeur de Tabora, (M*RAC Collection Tombeur de Tabora RG 1115, n.d.).
Rudolf Wieland, *Schutztruppe für Deutsch-Ostafrika. Erlebnisse und Eindrücke vom Bekanntwerden des Waffenstillstandes bis zur Heimkehr der letzten 25 Lettow-Krieger*, (Bundesarchiv Freiburg, Abt. Militärarchiv, N 103/91, n.d.).

Veröffentlichtes Quellenmaterial

Anonymous, »The Beni Society of Tanganyika Territory«, in: *Primitive Man* 11, (1938) 1/2, S. 74–81.
Anonymous, »Rapport sur l'administration belge du Ruanda–Urundi (1922–23)«, in: *Congo* iii, (1923) 2, S. 238–245.
Anonymous, »Le general Olsen«, *La revue coloniale belge*, (1947), S. 126–132.
Africanus, *The Prussian Lash in Africa* (London: Hodde & Stougthon, 1918).
Ali bin Rajabu bin Said el-Mardjebi, »Vita vya Uhehe (Der Feldzug nach Uhehe)«, in: *Suaheli-Gedichte. Gesammelt und mit einer Übersetzung und Erläuterung versehen*, hrsg. von C. Velten (1918), S. 107–122.
Amini bin Saidi, »The Story of Amini bin Saidi of the Yao Tribe of Nyasaland«, in: *Ten Africans*, hrsg. von Margery Freda Perham (London: Faber and Faber, 1963), S. 139–157.
Frederik J. Bagshawe, »The Peoples of the Happy Valley (East Africa): The Aboriginal Races of Kondoa Irangi. Part IV: The Goroa and Their Kindred Hamitic Tribes,

the Wambulu, or Erokh, the Wasi, or Alawa, and the Burungi«, *Journal of the Royal African Society* 25 (1925), S. 59–74.

Theodor Bechler, *Zur Kriegszeit in Deutsch-Ostafrika, im Kongo und in Frankreich Kriegserlebnisse und Gefangenschaft der Unyamwesi-Missionare der Brüdergemeinde in den Jahren 1914–17* (Herrnhut: 1918).

Carl Heinrich Becker, »Deutschland und der Islam«, in: *Der Deutsche Krieg. Politische Flugschriften*, (1914) 3, S. 5–31.

Hermann von Bengerstorf, *Unter der Tropensonne Afrikas* (Hamburg: Thaden, 1914).

E. William Bovill, »Notes from East Africa: The Uluguru Mountains and the Rufiji Plain«, *The Geographical Journal* 50 (1917), S. 277–283.

John Henry Briggs, *In the East African War Zone* (London: C.M.S, 1918).

P. Broyon–Mirambo, »Description of Unyamwezi, the territory of King Mirambo, and the best route thither from the east coast«, in: *Proceedings of the Royal Geographic Society* XXII, (1878), S. 28–36.

Angus Buchanan, *Three Years of War in East Africa* (London: Murray, 1919).

Christen P. Christensen, *Nordschleswiger verteidigen Deutsch–Ostafrika Bericht über die Fahrt des Blockadebrechers Kronborg und das Schicksal seiner Mannschaft in Deutsch-Ostafrika, 1914–1918* (Essen: Essener Verlagsanstalt, 1938).

Rickards Christopers, »Malaria in War«, *Transaction of the Royal Society of Tropical Medicine and Hygiene* xxxiii (1939), S. 277–292.

Hugh Charles Clifford, *The Gold Coast Regiment in the East African Campaign* (London: Murray, 1920).

John Johnston Collyer, *The South Africans with General Smuts in German East Africa, 1916* (Cape Town: Printed by the Government Printer, 1939).

J. H. V. Crowe, *General Smuts Campaign in East Africa* (London: Murray, 1918).

Dannert, »Mie Askari mdachi!«, in: *Das Kolonialbuch der Deutschen*, hrsg. von Willy Bolfinger & Hans Rauschnab (Stuttgart: Steffen, 1927), S. 75–81.

Pierre Daye & Renkin, Jules, *Avec les Vainqueurs de Tabora. Notes d'un colonial belge en Afrique orientale allemande* (Paris: Perrin, 1918).

Renauld Comte De Briey, »Musinga«, in: *Congo* ii, (1920) 1, S. 1–13.

—, »Belgium and Germany in Africa«, *Geographical Journal* 51 (1918), S. 293–303.

Maximilian Decher, *Afrikanisches und Allzu-bAfrikanisches. Erlebtes und Erlauschtes in Deutsch–Ostafrika, 1914–17* (Leipzig: O. Hillmann, 1932).

M.F. Dellicour, »La Conquête du Ruanda–Urundi«, *Bulletin des Seances. Institut Royal Colonial Belge*, vi (1935), S. 142–178.

Ludwig Deppe, *Mit Lettow–Vorbeck durch Afrika* (Berlin: Scherl, 1919).

Deutsch-Ostafrika. Kaiserliches Gouvernement, *Zusammenstellung der Berichte über die in den August, September, Oktober 1914 stattgefundenen Gefechte der Kaiserlichen Schutztruppe für Deutsch–Ostafrika* (Morogoro: Regierungsdruckerei, n.d. [1914]).

—, *Zusammenstellung der Berichte über die in den Monaten November, Dezember 1914 und Januar 1915 stattgefundenen Gefechte der Kaiserlichen Schutztruppe für*

Deutsch–Ostafrika nebst Nachtrag über die in den Monaten August bis Oktober stattgefundenen Gefechte (Morogoro: Regierungsdruckerei, n.d. [1915]).

Ivor Dennis Difford, *The Story of the 1st Battalion Cape Corps (1915–1919)* (Cape Town: Hortons, 1920).

Robert Valentine Dolbey, *Sketches of the East African Campaign* (London: Murray, 1918).

W. D. Downes, *The Nigerian Regiment in East Africa* (Driffield: Leonaur, 2008).

C. P. Fendall, *The East African force, 1915–1919; an unofficial record of its creation and fighting career, together with some account of the civil and military administrative conditions in East Africa before and during that period* (London: Witherby, 1921).

Wolfgang Foerster, Greiner, Helmuth & Witte, Hans (Hrsg.), *Kämpfer an vergessenen Fronten. Feldzugsbriefe, Kriegstagebücher und Berichte*, (Berlin: Neufeld & Henius, 1931).

Joseph Daniel Fewster, »A Hull Sergeant's Diary.« In *South African Military History Society*, 1999.

C. H. B. Grant, »Uha in Tanganyika Territory«, *The Geographical Journal* 66 (1925), S. 411–422.

Great Britain. Admiralty. Naval Intelligence Division, *A Handbook of German East Africa* (London: HMSO, 1920).

Great Britain. Foreign Office, *Reports on the treatment by the Germans of British prisoners and natives in German East Africa* (London: HMSO, Harrison & Sons Printers), 1917).

Great Britain. Government Committee on Treatment by the Enemy of British Prisoners of War, *British civilian prisoners in German East Africa; a report by the Government Committee on the Treatment by the Enemy of British Prisoners of War* (London: HMSO, PAlabaster Passmore & Sons Ltd., 1918).

Hugo Grothe, »Deutschland, die Türkei und der Islam. Ein Beitrag zu den Grundlinien der deutschen Weltpolitik im islamischen Orient«, in: *Zwischen Krieg und Frieden*, (1914) 4, S. 3–43.

Georg Julius Ernst Gürich, *Während des Krieges in Deutsch–Ostafrika und Südafrika. Meine Erlebnisse bei Ausbruch des Krieges in Deutsch–Ostafrika, im englischen Gefangenenlager in Südafrika und auf der Rückreise nach Europa* (Berlin: D. Riemer, 1916).

August Hauer, *Kumbuke. Erlebnisse eines Arztes in Deutsch–Ostafrika* (Berlin: Deutsch-Literarisches Institut J. Schneider, 1923).

—, »Als Frontarzt im Zuge Lettows«, in: *Deutsche Medizinische Wochenzeitschrift*, (1934) 48, S. 1852–1863.

Artur Heye, *Vitani: Kriegs– und Jagderlebnisse in Ostafrika, 1914–1916* (Leipzig: Grunow, 1922).

C. W. Hobley, *Bantu Beliefs and Magic* (London: Witherby, 1922).

E. C. Holtom, *Two years' captivity in German East Africa, being the personal experiences of Surgeon E. C. H, Royal Navy* (London: Hutchinson, 1919).

C. Snouck Hurgronje, *The holy war »made in Germany«* (New York: G.P. Putnam's Sons, 1915).
Ernst Jäckh, *Der aufsteigende Halbmond* (Stuttgart: Deutsche Verlagsanstalt, 1916).
Simbo Janira, *Kleiner Grosser Schwarzer Mann. Lebenserinnerungen eines Buschnegers* (Eisenach: Erich Röth, 1956).
Georg Kampffmeyer, »Nordwestafrika und Deutschland«, in: *Der Deutsche Krieg. Politische Flugschriften*, (1914) 21, S. 5–30.
Richard Kandt, »Bericht über meine Reisen und gesamte Tätigkeit in Deutsch–Ostafrika«, in: *Mitteilungen von Forschungsreisenden und Gelehrten aus den deutschen Schutzgebieten* 13, (1900) 3, S. 240–264.
Martin Kayamba Mdumi, »The story of Martin Kayamba Mdumi, M.B.E, of the Bondei Tribe«, in: *Ten Africans*, hrsg. von Margery Freda Perham (London: Faber and Faber, 1963), S. 173–272.
G.J. Keane, »The African Native Medical Corps«, *African Affairs* 19 (1920), S. 295–304.
W. D. Keyworth, »Severe Malaria among British Troops in the East African Campaign«, *Proceedings of the Royal Society of Medicine* 22 (1928), S. 103–114.
Owen Letcher, »Notes on the South-Western Area of »German« East Africa«, *The Geographical Journal* 51 (1918), S. 164–172.
—, *Cohort of the tropics; a story of the great war in Central Africa* (London: Waterlow & Sons, 1930).
Paul Emil von Lettow-Vorbeck, *Meine Erinnerungen an Ostafrika* (Leipzig: Quelle & Meyer, 1920).
—, *Was mir die Engländer über Ostafrika erzählten. Zwanglose Unterhaltungen mit ehemaligen Gegnern* (Berlin: K. F. Koehler, 1932).
—, *Mein Leben* (Biberach an der Riss: Koehler's Verlagsanstalt, 1957).
Agnes von Lewinski, *Unter Kriegswettern in Ostafrika* (Leipzig: Frankenstein & Wagner, n.d.).
William Lloyd-Jones, *K.A.R. Beeing an unofficial account of the origin and activities of the King's African Rifles* (London: Arrowsmith, 1926).
Ascan Roderich Lutteroth, *Tunakwenda. Auf Kriegssafari in Deutsch-Ostafrika* (Hamburg: Broschel & Co, 1938).
Ph. Marechal, »Philippe Molitor en de verdediging van Belgisch-Congo«, *Afrika Tervuren*, xxii (1976), S. 65–93.
Maria Gräfin Matuschka, *Meine Erinnerungen aus Deutsch–Ostafrika* (Leipzig: Xenien, 1923).
Richard Meinertzhagen, *Army Diary, 1899–1926* (London: 1926).
—, *Kenya Diary, 1902–1906* (Edinburgh: Oliver & Boyd, 1957).
John Guille Millais, *Life of Frederick Courtenay Selous, D. S. O, capt. 25th Royal fusiliers* (New York: Longmans Green and co, 1918).
Charles Miller, *Battle for Bundu: The First World War in East Africa* (New York: Macmillian, 1974).

Baron Moncheur, Alfred Sharpe & Charles Close, »Belgium and Germany in Africa: Discussion«, *The Geographical Journal* 51 (1918), S. 303–306.

Georges Moulaert, *La campagne du Tanganika (1916–1917)* (Bruxelles: L'Édition universelle s.a, 1934).

Emmanuel Muller, *Les troupes du Katanga et les campagnes d'Afrique, 1914–1918* (Bruxelles: Etablissements généraux d'imprimerie, 1935).

Edward Northey, »The East African Campaign«, *African Affairs* 18 (1919), S. 81–87.

Herbert Viktor Patera, *Bwana Sakkarani. Deutsch-Ostafrika 1888–1914. Leben und Taten des Schutztruppenhauptmanns Tom von Prince* (Wien: 1933).

Otto Pentzel, *Buschkampf in Ostafrika* (Stuttgart: R. Thienemann, 1935).

Carl Peters, *Die Gründung von Deutsch-Ostafrika. Kolonialpolitische Erinnerungen und Betrachtungen* (Berlin: Schwetschke, 1906).

Hans Poeschel, *Die Stimme Deutsch-Ostafrikas; die Engländer im Urteil unserer ostafrikanischen Neger* (Berlin: Scherl, 1919).

Magdalene von Prince, *Eine deutsche Frau im Innern Deutsch-Ostafrikas. 11 Jahre nach Tagebuchblättern erzählt* (Berlin: Mittler & Sohn, 1903).

M. Renkin & W. Long, »East Africa: Discussion«, *The Geographical Journal* 51 (1918), S. 145–149.

Rashid bin Hassani, »The Story of Rashid Bin Hassani«, in: *Ten Africans*, hrsg. von Margery Freda Perham (London: Faber and Faber, 1963), S. 81–119.

Julius Richter, »The German National Conference and Islam«, in: *The Moslem World* 1, (1911) 1, S. 54–58.

Karl Roehl, *Ostafrikas Heldenkampf. Nach eigenen Erlebnissen dargestellt* (Berlin: M. Warneck, 1918).

Richard Schäfer, *Islam und Weltkrieg* (Leipzig: Krüger, 1915).

Rochus Schmidt, *Kolonialpioniere. Persönliche Erinnerungen aus kolonialer Frühzeit* (Berlin: Safari-Verlag, 1938).

Ada Schnee, »Ostafrikanisches Wirtschaftsleben im Kriege«, in: *Koloniale Rundschau*, (1918a), S. 9–25.

Ada Adeline Schnee, *Meine Erlebnisse während der Kriegszeit in Deutsch-Ostafrika* (Leipzig: Quelle & Meyer, 1918b).

Heinrich Schnee, *Deutsch-Ostafrika im Weltkriege – wie wir lebten und kämpften* (Leipzig: Quelle & Meyer, 1919).

Heinrich Schnee & Wali Ali bin Divani. *Bekanntmachung betreffemd den heiligen Krieg gegen England, Frankreich, Russland, Belgien u. Serbien, Morogoro den 25. Februar 1915. Mit arabischer und Suaheli Übersetzung und einer Photographie des Eingeborenen-Richters Wali Ali bin Divani, dem Verfasser des arabischen Textes der Bekanntmachung*. Manuskript in der Staatsbilbliothek zu Berlin, n.d.

Jan C. Smuts, »East Africa«, *The Geographical Journal* 51 (1918), S. 129–145

Ernest Frederick Spanton, *In German Gaols: a narrative of two years captivity in German East Africa* (London: Society for Promoting Christian Knowledge, 1917).

Charles Stiénon, *La campagne anglo-belge de L'Afrique Orientale Allemande* (Berger-Levrault, 1917).

Willibald von Stuemer, »Mukama Kahigi«, in: *Das Koloniale Jahrbuch*, (1939)413–417.

J. J. O'Sullevan, »Campaign on German East Africa-Rhodesian Border«, *African Affairs* 15 (1916), S. 209–215.

Theodor Tafel, »Von der Schutztruppe in Ostafrika«, in: *Deutsche Kolonialzeitung* 31, (1914) 28, S. 463–465.

E. S. Thompson. »A Machine Gunner's Odyssey Through German East Africa: The Diary of E S Thompson, Part 1 January 1916 – February 1917.« In *Military History Journal*, 1987.

G. Baron Tombeur de Tabora. *La conquête du Ruanda-Urundi, d'après des ouvrages recentes*. n.d.

Stephen Trowbridge Van Rensselaer & Selim Effendi Abd-ul-Ahad, »The Moslem press and the war«, in: *The Moslem World* 5, (1915) 4, S. 413–425.

van Leeuw, »Souvenirs de deux années de captivité en Afrique orientale allemande. Août 1914–Septembre 1916«, in: *Congo* iii, (1923) 3, S. 313–334.

Théophile Théodore Joseph Antoine Wahis, »La Participation Belge à la Conquête du Cameroun et de l'Afrique Orientale Allemande«, in: *Congo* I, (1920) 1&2, S. 3–43.

Wahle, *Erinnerungen an meine Kriegsjahre in Deutsch-Ostafrika, 1914–1918* (1920), im Selbstverlag.

Leo Walmsley, »The Aeroplane in African Exploration«, *The Geographical Journal* 54 (1919), S. 296–297

Richard Wenig, *Kriegs-Safari, Erlebnisse und Eindrücke auf den Zügen Lettow–Vorbecks durch das östliche Afrika* (Berlin: Scherl, 1920).

—, *In Monsun und Pori* (Berlin: Safari-Verlag, 1922).

W. Whitthall, *With Botha and Smuts in Africa* (London: Casell, 1917).

Christopher James Wilson, *The story of the East African Mounted Rifles* (Selbstverlag, 1938).

Hermann von Wissmann, *Afrika. Schilderungen und Rathschläge zur Vorbereitung für den Aufenthalt und den Dienst in den deutschen Schutzgebieten* (Berlin: E.S. Mittler, 1895).

Hermann von Wissmann & Karstedt, Franz Oskar (Hrsg.), *Deutschlands grösster Afrikaner; sein Leben und Wirken unter Benutzung des Nachlasses*, (Berlin: A. Schall, 1907).

Wynn E. Wynn, *Ambush* (London: Hutchinson, 1937).

Francis Brett Young, *Marching on Tanga. With General Smuts in East Africa* (New York: E.P. Dutton, 1917).

Adolf Zimmermann, *Mit Dernburg nach Ostafrika* (Berlin: C.A. Schwetschte, 1908).

Sekundärliteratur

R. J. Q. Adams, »Introduction«, in: *The Great War, 1914–18. Essays on the military, political, and social history of the First World War*, hrsg. von R. J. Q. Adams (London: Macmillan, 1990), S. 1–5.

David M. Anderson, »Master and Servant in Colonial Kenya«, *Journal of African History* 41 (2000), S. 459–485.

Ross Anderson, *Forgotten front. The East Africa Campaign 1914–1918* (Stroud: Tempus, 2004).

Warwick Anderson, »Disease, Race, and Empire«, in: *Bulletin of the History of Medicine* 70, (1996) 1, S. 62–67.

C. M. Andrew & A. S. Kanya-Forstner, »France, Africa, and the First World War«, *The Journal of African History* 19 (1978), S. 11–23.

—, »The French Colonial Party and French Colonial War Aims, 1914–1918«, *The Historical Journal* 17 (1974), S. 79–106.

David Arnold, »Introduction: disease, medicine and empire«, in: *Imperial medicine and indegenous societies*, hrsg. von David Arnold (Manchester: Manchester University Press, 1988), S. 1–26.

Adrien Atiman, »Adrien Atiman«, in: *Tanganyika Notes and Records*, (1944) 22, S. 46–76.

Ralph A. Austen, *Northwestern Tanzania under German and British Rule. Colonial Policy and Tribal Politics, 1889–1939* (New Haven: Yale University Press, 1968).

Howard Bailes, »Technology and Imperialism: A Case Study of the Victorian Army in Africa«, *Victorian Studies* 24 (1980), S. 83–104.

John Barrett, »The Rank and File of the Colonial Army in Nigeria, 1914–18«, *The Journal of Modern African Studies* 15 (2008), S. 105–115.

Walter Benjamin, *Gesammelte Schriften* (Frankfurt a. M.: Suhrkamp, 1991).

Deogratias Kamanzi Bimanyu, *The Waungwana of Eastern Zaire, 1880–1900*. Ph.D. thesis, University of London, 1976.

Alison Blunt, *Writing women and space. Colonial and postcolonial geographies* (New York: Guilford, 1994).

Alison Blunt & Shelagh J. Squire, »Travel, Gender, and Imperialism: Mary Kingsley and West Africa«, in: *The Canadian geographer. Géographe canadien* 40, (1996) 2, S. 183.

James R Brennan & Andrew Burton, *Dar es Salaam: histories from an emerging African metropolis*, (Oxford: African Books Collective, 2007).

Stephen Broadberry & Harrison, Mark (Hrsg.), *The Economics of World War I*, (Cambridge: Cambridge University Press, 2005).

James Ambrose Brown, *They fought for King and Kaiser: South Africans in German East Africa, 1916* (Johannesburg: Ashanti Publishers, 1991).

Andrew Burton, »Brothers by day: colonial policing in Dar es Salaam under British rule, 1919–61«, *Urban History* 30 (2003), S. 63–91.

—, *African underclass: urbanisation, crime & colonial order in Dar es Salaam* (London: James Currey, 2005),

Michael D. Callahan, *A sacred trust. The League of Nations and Africa, 1929–1946*, (Brighton: Sussex Academic Press, 2004).

—, Mandates and empire. The League of Nations and Africa, 1914–1931, (Brighton: Sussex Academic, 2008).

Helen Callaway, »Purity and Exotica in Legitimating the Empire. Cultural constructions of gender, sexuality and race«, in: *Legitimacy anf the State in Twenthieth-Century Africa*, hrsg. von Terence O. Ranger & Olufemi Vaughan (Oxford: Oxford University Press, 1993), S. 31–61.

David Cannadine, *Ornamentalism. How the British saw their empire* (London: Penguin, 2001).

Roger Chickering, *Imperial Germany and the Great War, 1914–1918* (Cambridge: Cambridge University Press, 1998).

E. M. Collingham, *Imperial Bodies. The Physical Experience of the Raj, c. 1800–1947* (Cambridge: Polity, 2001).

Philip D. Curtin, »Disease and Empire«, in: *Warm climates and Western medicine. The emergence of tropical medicine*, 1500–1900, hrsg. von David Arnold (Amsterdam: Rodopi, 1996), S. 99–107.

Marc H. Dawson, »The 1920s anti-yaws campaigns and colonial medical policy in Kenya«, *The International Journal of African Historical Studies* 20 (1987), S. 417–435.

William Deakin, »Imperial Germany and the Holy War in Africa, 1914–1918«, in: *University of Leeds Review*, (1985/86), S. 75–95.

Georges Delpierre, »Tabora 1916: de la symbolique d'une victoire«, in: *RBHC*, (2002) 3–4, S. 351–381.

Greg Dening, *Mr Bligh's bad language – passion, power and theatre on the Bounty* (Cambridge: Cambridge University Press, 1992).

Brian Kenneth Digre, *Imperialism's new clothes: the repartition of tropical Africa, 1914–1919* (New York: P. Lang, 1990).

Peter A. Dumbuya, *Tanganyika under International Mandate, 1919–1946* (Lanham: University Press of America, 1996).

James S. Duncan & Gregory, Derek (Hrsg.), *Writes of passage. Reading travel writing*, (London: Routledge, 1999).

Andreas Eckert, *Herrschen und Verwalten: afrikanische Bürokraten, staatliche Ordnung und Politik in Tanzania, 1920–1970* (München: Oldenbourg Wissenschaftsverlag, 2007).

Diana Ellis, »The Nandi Protest of 1923 in the Context of African Resistance to Colonial Rule in Kenya«, *The Journal of African History* 17 (1976), S. 555–575.

James G. Ellison, »A Fierce Hunger: Tracing Impacts of the 1918–19 Influenza Epidemic in Southwest Tanzania«, in *The Spanish Influenza Pandemic of 1918–19: New Perspectives*, hrsg. von H. Phillips and David Killingray (London: Routledge, 2003), S. 221–230.

Jan Esche, *Koloniales Anspruchdenken in Deutschland im Ersten Weltkrieg, während der Versailler Friedensverhandlungen und in der Weimarer Republik (1914 bis 1933)*. Dissertation, Universität Hamburg, 1989.

Byron Farwell, *The Great war in Africa, 1914–1918* (New York: Norton, 1986).

Karen E. Fields, »Charismatic religion as popular protest«, *Theory and Society* 11 (1982), S. 321–361.

Michel Foucault, *Vom Licht des Krieges zur Geburt der Geschichte* (Berlin: Merve, 1986).

Kent Forster, »The Quest for East African Neutrality in 1915«, *African Studies Review* 22 (1979), S. 73–82.

P. J. L. Frankl, »The Exile of Sayyid Khalid bin Barghash Al–BuSa'idi«, *British Journal of Middle Eastern Studies* 33 (2006), S. 161–177.

John S. Galbraith, »British War Aims in World War I: A Commentary on Statesmanship«, *The Journal of Imperial and Commonwealth History* 13 (1984), S. 25–45.

Imanuel Geiss, »The Outbreak of the First World War and German War Aims«, *Journal of Contemporary History* 1 (1966), S. 75–91.

Jonathon Glassman, *Feasts and riot. Revelry, rebellion, and popular consciousness on the Swahili coast, 1856–1888* (Portsmouth: Heinemann, 1995).

Ch Didier Gondola, *The history of Congo* (Westport: Greenwood Press, 2002).

Richard Gray, »Christianity«, in: *The Colonial Factor in Africa*, hrsg. von Andrew Roberts (Cambridge: Cambridge University Press, 1990), S. 140–190.

Lewis J. Greenstein, »The Nandi experience in the First World War«, in: *Africa and the First World War*, hrsg. von Melvin E. Page (New York: St. Martin's Press, 1987), S. 81–94.

Inderpal Grewal, *Home and harem: nation, gender, empire, and the cultures of travel* (Durham: Duke University Press, 1996).

Albert Grundlingh, *Fighting their own war: South African blacks and the First World War* (Johannesburg: Ravan Press, 1987).

—, »The King's Afrikaners? Enlistment and Ethnic Identity in the Union of South Africa's Defence Force During the Second World War, 1939–45«, T*he Journal of African History* 40 (1999), S. 351–365.

William F. Gutteridge, »Military and police forces in colonial Africa«, in *Colonialism in Africa, 1870–1960*, hrsg. von Lewis H. Gann & Peter Duignan (Cambridge: Cambridge University Press, 1970), 286–319.

W. O. Henderson, »The War Economy of German East Africa, 1914–1917«, *The Economic History Review* 13 (1943), S. 104–110.

Robert L. Hess, »Italy and Africa: Colonial Ambitions in the First World War«, *The Journal of African History* 4 (1963), S. 105–126.

John Higginson, »Liberating the Captives: Independent Watchtower as an Avatar of Colonial Revolt in Southern Africa and Katanga, 1908-1941«, *Journal of Social History,* 26 (1992), S. 55–80.

Geoffrey Hodges, »African manpower statistics for the British forces in East Africa, 1914–1918«, in: *Journal of African History* xix, (1978) 1, S. 101–116.

—, *The Carrier Corps. Military Labor in the East African Campaign 1914–1918* (London: Oxford University Press, 1986).

—, »Military Labour in East Africa and its impact on Kenya«, in: *Africa and the First World War*, hrsg. von Melvin E. Page (New York: St. Martin's Press, 1987), S. 137–151.

—, »African Manpower Statistics for the British Forces in East Africa, 1914–1918«, *The Journal of African History* 19 (1978), S. 101–116.

Geoffrey Hodges & Griffin, Roy, *Kariakor – The carrier corps. The story of the military labour forces in the conquest of German East Africa, 1914 to 1918* (Nairobi: Nairobi University Press, 1999).

Ruth Holland, »Feet and hands of the army«, *British Medical Journal* 295 (1987), S. 970–972.

Elizabeth Hopkins, »The Nyabingi Cult of Southwestern Uganda«, in: *Protest and Power in Black Africa*, hrsg. von Robert I. Rotberg & Ali A. Mazuri (New York: Oxford University Press, 1971), S. 60–132.

Edwin P. Hoyt, *The Germans Who Never Lost. The Story of The Königsberg* (New York: Funk & Wagnalls, 1968).

—, *Guerilla. Colonel von Lettow–Vorbeck and Germany's East African Empire* (New York: Macmillan, 1981).

Bernd Hüppauf, »Modernity and violence. Observations concerning a contradictionary relationship«, in: *War, violence and the modern condition*, hrsg. von Bernd Hüppauf (Berlin: de Gruyter, 1997), S. 1–32.

John Iliffe, *A Modern History of Tanganyika* (Cambridge: Cambridge University Press, 1979).

Innocent Kabagema, *Ruanda unter deutscher Kolonialherrschaft 1899–1916* (Frankfurt a. M.: Lang, 1993).

P. Adgie Kenneth, *Askaris, Asymmetry, and Small Wars: Operational Art and the German East African Campaign , 1914–1918* (Fort Leavenworth: US Army Command & General Staff, School of Advanced Military Studies, 2001).

David Killingray, »Guardians of empire«, in: *Guardians of empire: the armed forces of the colonial powers c. 1700–1964*, hrsg. von Killingray David & Omissi David (Manchester: Manchester University Press, 1999), S. 1–24.

—, »Repercussions of World War I in the Gold Coast«, *The Journal of African History* 19 (1978), S. 39–59.

—, »Military and Labour Recruitment in the Gold Coast During the Second World War«, *The Journal of African History* 23 (1982), S. 83–95.

—, »Labour Exploitation for Military Campaigns in British Colonial Africa 1870–1945«, *Journal of Contemporary History* 24 (1989), S. 483–501.

David Killingray & James Matthews, »Beasts of Burden: British West African Carriers in the First World War«, *Canadian Journal of African Studies* 13 (1979), S. 5–23.

Juhani Koponen, *Development for exploitation. German colonial policies in Mainland Tanzania, 1884–1914* (Hamburg: LIT, 1995).

Hans Koritschoner, »Some East African Native Songs«, in: *Tanganyika Notes and Records*, (1937) 4, S. 51–64.

Hans Krech, *Die Kampfhandlungen in den ehemaligen deutschen Kolonien in Afrika während des 1. Weltkriegs* (Berlin: Köster, 1999).

Louis de Lacger, *Ruanda* (Kabgayi: 1961).

Thomas Laley, *Autorität und Staat in Burundi* (Berlin: D. Reimer, 1995).

H. E. Lambert, »The Beni Dance Songs«, in: *Swahili* 33, (1962/1963) 1, S. 18–21.

Peter Leese, *Shell Shock. Traumatic neurosis and the British soldiers of the First World War* (London: Palgrave Macmillan, 2002).

Patrick Lefèvre, *Les Militaires Belges Et Le Rwanda: 1916–2006*, (Paris: Editions Racine, 2006).

J. Gus Liebenow, »Legitimacy of Alien Relationship: The Nyaturu of Tanganyika«, *The Western Political Quarterly* 14 (1961), S. 64–86.

Ian Linden & Linden, Jane, »John Chilembwe and the new Jerusalem«, in: *The Journal of African History* 12, (1971) 4, S. 629–651.

Vejas Gabriel Liulevicius, *War land on the Eastern Front. Culture, National Identity, and German Occupation in World War I* (Cambridge: Cambridge University Press, 2000).

John Lonsdale & Bruce Berman, »Coping with the Contradictions: The Development of the Colonial State in Kenya, 1895–1914«, *The Journal of African History* 20 (1979), S. 487–505.

William Roger Louis, *Ruanda–Urundi* (Oxford: 1963).

—, »Great Britain and the African Peace Settlement of 1919«, *The American Historical Review* 71 (1966), S. 875.

—, »African Origins of the Mandates Idea«, *International Organization* 19 (1967), S. 20–36.

—, *Das Ende des deutschen Kolonialreiches* (Düsseldorf . Bertelsmann, 1971).

—, *Ruanda–Urundi, 1884–1919* (Westport: Greenwood Press, 1979).

Joe Lunn, *Memoirs of the Maelstrom. A Senegalese oral history of the First World War* (Portsmouth: Heinemann, 1999).

Herbert Luthy, »India and East Africa: Imperial Partnership at the End of the First World War«, *Journal of Contemporary History* 6 (1971), S. 55–85.

Bror Urme MacDonell, *Mzee Ali: The Biography of an African Slave-Raider Turned Askari & Scout*, (Brixton: 30 Degrees South, 2006).

Douglas Mackaman & Michael Mays, »The quickening of modernity, 1914–1918«, in: *World War I and the cultures of modernity*, hrsg. von Douglas Mackaman & Michael Mays (Jackson: University Press of Mississippi, 2000), S. xvii–xxv.

Roy M. MacLeod & Lewis, Milton James, *Disease, medicine, and empire: Perspectives on Western medicine and the experience of European expansion* (London: Routledge, 1988).

Gregory Maddox, »Mtunya: Famine in Central Tanzania, 1917–20«, *The Journal of African History* 31 (1990), S. 181–197.

—, »Njaa: Food Shortages and Famines in Tanzania between the Wars«, *The International Journal of African Historical Studies* 19 (1986), S. 17–34.

Mahmood Mamdani, *Citizen and subject: contemporary Africa and the legacy of late colonialism* (Princeton: Princeton University Press, 1996).

Risto Marjomaa, »The Martial Spirit: Yao Soldiers in British Service in Nyasaland (Malawi), 1895–1939«, *The Journal of African History* 44 (2003), S. 413–432.

Karl Marx, »Der achtzehnte Brumaire des Louis Bonaparte«, in: *Ausgewählte Schriften in zwei Bänden*, hrsg. von Karl Marx & Friedrich Engels (Berlin: Dietz, 1989), S. 262–371.

James K. Matthews, »World War I and the Rise of African Nationalism: Nigerian Veterans as Catalysts of Change«, *The Journal of Modern African Studies* 20 (1982), S. 493–502.

—, »Clock Towers for the Colonized: Demobilization of the Nigerian Military and the Readjustment of Its Veterans to Civilian Life, 1918–1925«, *International Journal of African Historical Studies* 14 (1981), S. 254–271.

—, »Reluctant allies: Nigerian responses to military recruitment 1914–18«, in *Africa and the First World War*, hrsg. von Melvin E. Page (New York: St. Martin's Press, 1987), 95–114.

A.T. Matson, »Reflections on the growth of political consciousness in Nandi«, in: *Politics and nationalism in colonial Kenya*, hrsg. von Bethwell A. Ogot (Nairobi: East African Pubishling House, 1972), S. 18–45.

Donald M. McKale, »Germany and the Arab Question in the First World War«, *Middle Eastern Studies* 29 (1993), S. 236–253.

—, »The Kaiser's Spy: Max Von Oppenheim and the Anglo–German Rivalry before and During the First World War«, *European History Quarterly* 27 (1997), S. 199–219.

Peter McLaughlin, »The legacy of conquest: African manpower in Southern Rhodoesia during the First World War«, in: *Africa and the First World War*, hrsg. von Melvin E. Page (New York: St. Martin's Press, 1987), S. 115–136.

Marc Michel, *Les Africains et la grande guerre: l'appel à l'Afrique, 1914–1918*, (Paris: Karthala, 2003).

John H. Morrow, »Knights of the sky. The rise of military aviation«, in: *Authority, identity, and the social history of the Great War*, hrsg. von Frans Coetzee & Marilyn Shevin–Coetzee (Oxford: Berghahn Books, 1995), S. 305–324.

John Mosier, *The myth of the Great War. A new military history of World War I* (New York: Harper Collins, 2001).

Leonard Mosley, *Duel for Kilimanjaro. An account of the East African Campaign, 1914–1918* (London: Weidenfeld & Nicolson, 1963).

Mwelwa C. Musambachime, »Military Violence Against Civilians: The Case of the Congolese and Zairean Military in the Pedicle 1890–1988«, *International Journal of African Historical Studie*s 23 (1990), S. 643–664.

Isidore Ndaywel é Nziem, Théophile Obenga & Pierre Salmon, *Histoire générale du Congo: de l'héritage ancien áa la râepublique dâemocratique* (Bruxelles: De Boeck & Larsier, 1998).

August H. Nimtz, *Islam and politics in East Africa: the Sufi order in Tanzania* (Minneapolis: University of Minnesota Press, 1980).

Canda Njangu, »L'effort de guerre 1914 – 1918: coup de grâce porte a la résistance des Bashi«, in *Les réactions africaines a la colonisation en afrique centrale. Actes du Colloque international d'histoire Kigali, 06 – 10 mai 1985*, hrsg. von Emmanuel Niezimana (Kigali: Publication de la faculté des lettres de l'université nationale du Rwanda, 1986), 223–242.

Krista O'Donnell, Renate Bridenthal & Nancy Ruth Reagin, *The Heimat abroad: the boundaries of Germanness* (Ann Arbor: The University of Michigan Press, 2005).

Thomas P. Ofcansky, »The East African Campaign in the Rhodesian Herald«, *History in Africa* 13 (1986), S. 283–293.

John Overton, »War and Economic Underdevelopment? State Exploitation and African Response in Kenya 1914–1918«, *The International Journal of African Historical Studies* 22 (1989), S. 201–221.

Bethwell A. Ogot, »British Administration in the Central Nyanza district of Kenya, 1900–60«, *The Journal of African History* 4 (1963), S. 249–273.

Akinjide Osuntokun, »Disaffection and Revolts in Nigeria during the First World War, 1914–1918«, *Canadian Journal of African Studies* 5 (1971), S. 171–192.

John Overton, »War and Economic Underdevelopment? State Exploitation and African Response in Kenya 1914–1918«, *The International Journal of African Historical Studies* 22 (1989), S. 201–221.

Melvin E. Page, »Black man in a white man's war«, in: *Africa and the First World War*, hrsg. von Melvin E. Page (New York: St. Martin's Press, 1987), S. 1–27.

—, »The Great War and Chewa Society in Malawi«, *Journal of Southern African Studies* 6 (1980), S. 171–182.

—, »Malawians and the Great War: Oral History in Reconstructing Africa's Recent Past«, *The Oral History Review* 8 (1980), S. 49–61.

—, »The War of Thangata: Nyasaland and the East African Campaign, 1914–1918«, *Journal of African History* 19 (1978), S. 87–100.

—, »With Jannie in the Jungle: European Humor in an East African Campaign, 1914–1918«, *The International Journal of African Historical Studies* 14 (1981), S. 466–481.

Edward Paice, *World War I. The African Front* (New York: Pegasus Books, 2008).

Timothy Hamilton Parsons, *The African rank–and–file. Social implications of colonial military service in the King's African Rifles, 1902–1964* (Oxford: James Currey, 2000).

—, »Wakamba Warriors Are Soldiers of the Queen: The Evolution of the Kamba as a Martial Race, 1890–1970«, *Ethnohistory* 46 (1999), S. 671–701.

Kevin Patience, *Königsberg: a German East Africa raider* (Bahrain: K. Patience, 1997).

David Patterson, »The Giriama Risings of 1913–1914«, *African Historical Studies* 3 (1970), S. 89–99.

David Patterson & Gerald F. Pyle, »The Diffusion of Influenza in Sub–Saharan Africa During the 1918–1919 Pandemic«, *Social science & medicine* 17 (1983), S. 1299–1307.

Michael Pesek, »Kreuz oder Halbmond. Die deutsche Kolonialpolitik zwischen Pragmatismus und Paranoia in Deutsch-Ostafrika, 1908–1914«, in: *Mission und Gewalt*, hrsg. von Ullrich van Heyden & Jürrgen Becher (Stuttgart: Steiner, 2000).

—, »Sulayman b. Nasir al-Lamki and German colonial policies towards Muslim communities in German East Africa«, in: *Islam in Africa*, hrsg. von Thomas Bierschenk & Georg Stauth (Münster: LIT, 2002), S. 211–229.

—, »Islam und Politik in Deutsch-Ostafrika, 1905–1919«, in: *Alles unter Kontrolle–Disziplinierungsverfahren im kolonialen Tanzania (1850–1960)*, hrsg. von Albert Wirz, Katrin Bromber & Andreas Eckert (Hamburg: LIT, 2003), S. 99–140.

—, *Koloniale Herrschaft in Deutsch-Ostafrika. Expeditionen, Militär und Verwaltung seit 1880* (Frankfurt a. M.: Campus, 2005).

—, »Praxis und Repräsentation kolonialer Herrschaft: Die Ankunft des Staatssekretärs Dernburg am Hofe Kahigis von Kianja, 1907«, in: *Die Ankunft des Anderen. Empfangszeremonien im interkulturellen und intertemporalen Vergleich*, hrsg. von Susann Baller, Michael Pesek, Ruth Schilling & Ines Stolpe (Frankfurt a.M.: Campus, 2008a), S. 199–225.

—, »Performing the Metropolitan habitus. Images of European modernity in cross–cultural encounters in 19th century Eastern Africa«, in: *Configurations of modernity*, hrsg. von Vincent Houben & Mona Schrempf (Frankfurt a. M.: Campus, 2008b), S. 41–66.

M. Louise Pirouet, »East African Christians and World War I«, T*he Journal of African History* xix (1978), S. 117–130.

S. D. Pradhan, *Indian army in East Africa, 1914–1918* (New Delhi India: National Book Organisation, 1991).

Bruno Preisendörfer, *Staatsbildung als Königskunst. Ästhetik und Herrschaft im preußischen Absolutismus* (Berlin: Akademie-Verlag, 2000).

Richard Rathbone, »World War I and Africa: Introduction«, *The Journal of African History* 19 (1978), S. 1–9.

Terence O. Ranger, *Dance and society in Eastern Africa, 1890–1970: the Beni-Ngoma* (London: Heinemann, 1975).

Corey W. Reigel, *The First World War in East Africa – a reinterpretation* (Ann Arbor: Univeristy Microfilms International, 1991).

Dave Renton, Seddon, David & Zeilig, Leo, *The Congo: plunder and resistance* (London: Zed Books, 2007).

Robert I. Rotberg, »Chilembwe's Revolt Reconsidered«, in: *Protest and Power in Black Africa*, hrsg. von Robert I. Rotberg & Ali A. Mazuri (New York: Oxford University Press, 1971), S. 133–163.

W. Michael Ryan, »The Influence of the Imperial Frontier on British Doctrines of Mechanized Warfare«, *Albion: A Quarterly Journal Concerned with British Studies* 15 (1983), S. 123–142.

Pierre Ryckmans & Vanderlinden, Jacques, *Inédits de P. Ryckmans: avec une introduction et des notes* (Bruxelles: Académie royale des sciences d'outre–mer, 1988).

Mohamed Said, *The life and time of Abdulwahid Sykes* (London: Minerva Press, 1998).

Anne Samson, *Britain, South Africa and the East Africa Campaign, 1914–1918: The Union Comes of Age*, (New York: Tauris Academic Studies, 2006).

Donald C. Savage & J. Forbes Monroe, »Carrier Corps Recruitment in the British East African Protectorate, 1914–18«, T*he Journal of African History* 2 (1966), S. 313–342.

Brett L. Shadle, »Patronage, Millennialism and the Serpent God Mumbo in South–West Kenya, 1912–34«, *Africa* 72 (2002), S. 29–54.

Karl Schlögel. Das Europa der Kriege. Der Dämon der Gewalt. *Speigel special*, 01.03.2002, S. 86.

H.C. Sloley, »The South African Native Labour Contingent, 1916«, *The Journal of African History* 19 (1978), S. 199–211.

Ian R. G. Spencer, »The First World War and the origins of the dual policy of development in Kenya 1914–1922«, *World Development* 9 (1981), S. 735–748.

David Spurr, *The rhetoric of empire. Colonial discourse in journalism, travel writing, and imperial administration* (Durham: Duke Univ. Press, 1993).

Timothy Joseph Stapleton, *No insignificant part. The Rhodesian Native Reagiment and the East African Campaign of the First World War* (Waterloo: Wilfried Laurier University Press, 2006).

—, »The Composition of the Rhodesia Native Regiment During the First World War: A Look at the Evidence«, *History in Africa* 30 (2003), S. 283–295.

Charles C. Stewart, »Islam«, in: *The Colonial Factor in Africa*, hrsg. von Andrew Roberts (Cambridge: Cambridge University Press, 1990), S. 191–223.

Hew Strachan, *The First World War in Africa*, (Oxford: Oxford University Press, 2004)

—, »The First World War as a global war«, *First World War Studies* 1 (2010), S. 3–14.

Roger Tangri, »Some new aspects of the Nyasaland native rising of 1915«, in: *African Historical Studies* 4, (1971) 2, S. 305–313.

Trutz von Trotha, *Koloniale Herrschaft. Zur soziologischen Theorie der Staatsentstehung am Beispiel des »Schutzgebietes Togo«* (Tübingen: Mohr, 1994).

Roger Thomas, »Military Recruitment in the Gold Coast During the First World War«, *Cahiers d'Etudes Africaines* 15 (1975), S. 57–83.

Leroy Vail & White, Landeg, *Power and the praise poem. Southern African voices in history* (London: James Currey, 1991).

Carl Velten, »Die Spitznamen der Europäer bei den Suaheli«, in: *Mitteilungen des Seminars für Orientalische Sprachen* III, (1900) 3, S. 191–197.

Evanson N. Wamagatta, »British Administration and the Chiefs' Tyranny in Early Colonial Kenya: A Case Study of the First Generation of Chiefs from Kiambu District, 1895–1920«, *Journal of Asian and African Studies* 44 (2009), S. 371–388.

Elizabeth Watkins, *Oscar from Africa: The Biography of Oscar Ferris Watkins, 1877–1943* (London: Britwell Books, 1995).

Landeg White, »Tribes and the aftermath of the Chilembwe rising«, *African Affairs* 83 (1984), S. 511–541.

Justin Willis, »The administration of Bonde 1920–60: a study of the implementation of indirect rule in Tanganyika«, *African Affairs* 92 (1993), S. 53–68.

Audrey Wipper, »The Gusii Rebels«, in: *Protest and Power in Black Africa*, hrsg. von Robert I. Rotberg & Ali A. Mazuri (New York: Oxford University Press, 1970).

Trevor Wilson, »The Significance of the First World War in Modern History«, in: The Great War, 1914–18. *Essays on the military, political, and social history of the First World War*, hrsg. von R. J. Q. Adams (London: Macmillan, 1990), S. 7–30.

Diana Wylie, »Confrontation over Kenya: the Colonial Office and its Critics 1918–1940«, *The Journal of African History* 18 (1977), S. 427–447.

Jacques Vanderlinden, *Pierre Ryckmans, 1891–1959: coloniser dans l'honneur* (Bruxelles: De Boeck université, 1994).

N. J. Westcott, »An East African Radical: the life of Erica Fiah«, *The Journal of African History* 22 (1981), S. 85–101.

Albert Wirz, »Essen und Herrschen. Zur Ethnographie der kolonialen Küche in Kamerun vor 1914«, in: *Genève–Afrique* 22, (1984) 2, S. 38–62.

Index

A

Abercorn 119, 335, 351, 353, 377, 382
Afrikanische Kirchen 316
Afrikanische Zivilbevölkerung
  Flüchtlingslager 305
  Hungersnöte 256
  Kooperation mit den Alliierten 225, 226
  Kooperation mit den Deutschen 298
  Massaker an 225, 228, 229, 298
  Reaktionen auf Kriegsbeginn 209
  Widerstand gegen die Alliierten 299
  Widerstand gegen die Deutschen 94, 225, 227ff.
Aitken, Arthur 56
Alliierte
  Konflikte zwischen Belgiern und Briten 90, 99f., 106, 253, 260f., 321, 323
  Konflikte zwischen Portugiesen und Briten 321
Araberkorps 68, 191, 193
Artillerie
  Einsatz in Ostafrika 52f., 55f., 67, 70, 74f., 78, 80, 89, 93, 97, 104, 114, 157, 212, 217, 221, 244, 339, 369, 373
Aruscha 80, 110, 305, 372
Askari 42, 48, 50ff., 58f., 62, 64f., 68ff., 74, 76, 79ff., 91ff., 96, 98f., 104ff., 119f., 123, 127, 130ff., 157, 162f., 190ff., 194ff., 212, 216, 219f., 227ff., 256, 261ff., 292, 294, 298, 304, 307ff., 318, 328, 335, 344, 350ff.
  als Claqueure des kolonialen Helden 352
  als Helden 350
  als Intermediäre kolonialer Herrschaft 134ff.
  Askari-Dynastien 140
  ethnische Identitäten 139
  Korpsgeist 138
  Lohn 135
  Religion 138
  »Soldatenrepubliken« in Portugiesisch-Ostafrika 228
Askarifrauen 49, 195, 198ff.

B

Bagamoyo 48, 269, 319
Baganda 184, 193, 220f., 265, 313, 315, 380
Bagshave, Francis John Edward 122, 127, 196, 203, 253, 262f., 298, 303ff., 311f., 319, 332, 372
Barue-Rebbelion 228
Bataille, Major 88, 89, 201f.
Becker, Carl 286ff., 292f.
Beeves 78, 103f.
Befreier
  die Briten als Befreier 326
  die Deutschen als 63, 112
Belfield, Henry Conway, Sir 44, 49, 207
Berliner Afrikakonferenz 11
Biologisches Institut von Armani 216
Blixen, Karen 337

Boeckmann, Walter 127, 203, 262
Bogart, Humphrey 67, 337
Brigade Nord 74, 83, 85ff., 175, 201f., 257, 259, 297, 367
Brigade Sud 65, 83, 85, 91, 165, 367
Briggs, John Henry 267f.
Britisch-Nyassaland 50, 72, 129, 166, 170, 276, 293f., 371
Britisch-Ostafrika 42, 50, 129, 166, 167, 176, 286, 318, 376, 380
Buganza 250, 297
Bukoba 35, 62, 96, 110, 157, 192f., 219, 226, 249, 253, 255f., 263, 304, 306f., 312f.
Bulamatari 63, 73f., 83ff., 99, 106, 110, 121, 127, 178f., 186, 200ff., 241ff., 280, 297ff., 318, 321, 323
  Kriegsverbrechen 299ff.
Burundi 10, 36, 65, 83ff., 174, 222, 321
Buxton, Thomas Fowell, Sir 186
Byatt, Horace 109f., 182, 241, 304, 306ff., 317, 319, 325, 330, 349f.

C

Carrier Corps 42ff., 97, 101, 105, 118, 176, 182, 186, 152, 154, 157, 161ff., 237, 306, 319, 362, 369f., 372, 379ff., 385
Chagga 224, 308, 372
Chahafi 221
Chahafi, Boma von 64f.
Chilembwe-Aufstand 170, 314f.
Cold Coast Regiment 97
Colonial Office 10, 13, 45, 58, 71, 156, 326, 329, 386
Crewe, Charles 83, 90

D

d'Ardoye, Jonghe, Comte 101, 109
Dar es Salaam 41, 47, 49, 53, 67, 77, 80, 96, 135, 141, 149, 154f., 181, 184, 331, 209, 213, 216, 240, 244, 260, 280ff., 298, 321, 325, 345, 348, 352, 376ff.
Daye, Pierre 74, 88, 90, 173, 174, 255, 256, 280, 296, 301, 302
Decher, Maximillian 122, 146, 147, 151ff., 160ff., 191, 225, 227, 233, 265, 277f., 355f., 368
Declerck, Gerard Francois 322
Delcommune 60
Dernburg, Bernhard 12, 27, 28, 35, 231, 345
Deutscher Kolonialbund 284
Deutsch-Südwestafrika 28, 77
Dobahika
  Schlacht bei 85, 86
Dodoma 81, 146, 184
Dorn, Carl 280, 281
Doulton, E. W. 268
Dreißigjähriger Krieg als Metapher 196, 357, 358, 360, 362, 363, 382, 383, 384
Durbecq 181, 184

E

Edwards, W. F. S. 106, 183
Entente
  Zugriff auf Ressourcen der Kolonien 8
Enva Pascha 285
Epidemien
  Dysenterie 102, 180
  Grippe 117
  Malaria 102, 121f., 177, 213
  Meningitis 92, 102, 121
  Schwarzwasserfieber 141, 213
  Spirillose 121
  Syphilis 121f.
  Tuberkulose 121
  Typhus 159, 197
Erster Weltkrieg

als Krieg von Kolonialmächten 8, 9,
      10, 13, 16
als Materialschlacht 17
als Propagandakrieg 22
in Afrika
   als Gentlemen-Krieg 17, 23, 52,
      68, 85
   Diplomatie zur Verhinderung 12
   Planungen des Generalbstabs 44
   Planungen des War Office 45
Europäer
   als Bwana mkubwa 32, 230f.
   Habitus 32, 34
   Körper in der Krise 33, 76, 233, 236
   Umgang mit gefallenen 239ff.
Europäische Zivilbevölkerung
   als Opfer von Gewalt 225, 241, 249
   Enteignungen 332
   Furcht vor Aufständen 207f.
   Gerüchte 208
   Konsumverhalten 218
   Versorgung mit Nahrungsmitteln
      213, 218, 235, 271
   Zwangsarbeit 272ff.

F

Falkenhausen, Konrad von 65
Falkenstein, Walter von 93, 293
Fashoda-Krise 10
Flugzeuge
   Einsatz in Ostafrika 74, 75, 86, 369
Force Publique 119, 63, 65, 73f., 99,
      104, 200, 119, 127, 130, 178,
      186, 219, 242ff., 254ff., 295,
      318
   Afrikanische Frauen in der 127, 200,
      201f., 256, 257
   Disziplinarverfahren gegen Offiziere
      202, 261
   Konflikte zwischen metropolitanen
      und kolonialen Offizieren
      256ff.
   Probleme im Offizierskorps 254, 258

Freiwilligeneinheiten, europäische
   Bowker's Horse 49
   Jagers' Scouts 193
   Legion of Frontiersmen 49
   Plateau South Africans 49
   Schützenvereine 47, 49, 346
   Wessel's Scouts 49, 193

G

Gazi 52
Ginza 300
Gottorp 86
Götzen, Adolf Graf von 345
Graf von Götzen (Schiff) 60, 86
Grawert, Werner von 93, 96
Großbritannien
   Interessen im Krieg 13
Grothe, Hugo 286f.
Gudovius, Eberhard 84f.

H

Haager Landkriegsordnung 149, 243,
      245, 266
   Bruch der 244
Haideni 159, 275
Hammerstein, Alexander Freiherr von
      58f.
Handgranaten
   Einsatz in Ostafrika 75, 96
Hauer, August 74, 144, 148, 150,
      162f., 191, 200, 217, 225f.,
      232f., 238f., 336, 355, 368
Haxthausen 244
Haya 158, 306f., 312
Hedwig von Wissmann (Schiff)
      60, 67f.
Hehe 95, 140, 141, 224, 227, 246,
      346
Hemingway, Ernest 339
Henry, Josué 44, 45, 207, 301
Hepburn, Katherine 67, 337
Herero- und Nama-Aufstand 20, 28,
      244

Herrschaftsrepräsentation 25
  Kaisergeburtstage 147
  Sedantage 147
Heye, Artur 42, 230, 231, 336, 361
Hobley, C. W. 238f., 317, 329, 355f.
Hoffmeister 122, 237, 240, 352ff.
Holtom, E. C. 270ff.
Hoskins, Reginald 79, 101, 102, 103, 176, 177
Hübner, Friedrich 96, 282
Huyghe, Armand Christophe 92, 99, 102f., 107, 130, 175ff., 200ff., 254ff., 299

I

Idjiwi 63, 175, 296, 349
Ikoma
  Gefecht bei 107ff., 298
Ilembule 96
Indian Office 13, 45, 50, 58, 71f., 247, 331, 386
Iringa 82, 93, 103
Irreguläre 187
Islam
  Haltung der Briten zum 316, 319
  in Deutsch-Ostafrika 282ff.
  Senussi-Bruderschaften 285, 288ff., 317
  Sufi-Bruderschaften 138
  Verbreitung durch Krieg 318
Issansu 251
Itaga 89

J

Janira Simba 251
Jassini
  Schlacht von 48, 58f., 66, 148, 191, 238
Jihad-Propaganda, deutsche 148, 282, 285ff., 316
  im Sudan 289ff., 317
  Rolle des osmanischen Sultans 286ff.
  und die Muslime Indiens 285, 287
  und die Muslime in Nordafrika 286, 288, 290
  und die Muslime in Westafrika 289f.

K

Kabati
  Gefecht bei 45f.
Kagera-Fluss 62, 84
Kahe
  Schlacht bei 79
Kahigi von Kianja, Chief 62, 189, 222, 223, 312
Kaiserreich
  Interessen im Krieg 10, 13
  Mittel-Afrika-Pläne 10, 14
Kampffmeyer, Georg 286
Kannibalismus 251f.
Kap-Kairo-Eisenbahn 10, 14
Karawanenhandel (19. Jahrhundert) 188, 189, 252, 365, 368
Kasama 119
Kashmir Rifles 56
Kasigao-Berge 71
Kato
  Schlacht von 85
Kayamba, Martin 209, 248, 249, 268, 269, 275, 276
Kepler, Arthur 58
Khalifa bin Harub, Sultan 292
Kibata
  Schlacht von 96, 97, 237
Kibati 83, 84, 165, 172, 179f., 185
Kiborani 268
Kifumbiro 62
Kigali 84, 254, 297
Kigezi 65, 221, 372
Kigoma 86, 119, 154, 181, 184, 261, 322
Kilimanjaro 80, 109, 45, 48, 51, 53f., 65, 71, 76, 78, 79, 196, 127, 144, 164, 185, 213, 222, 224f., 265ff., 298, 306, 308, 316,

347, 372
Kilimatinde 268ff.
Kilwa 96, 103, 119, 140, 190
Kingani
 60, 67, 68
King's African Rifles 49f., 58, 62, 65, 152, 153, 71ff., 95ff., 115, 118, 121, 128ff., 136ff., 140, 152, 223, 225, 237, 251, 256, 277, 295, 298, 306f., 313, 318, 360, 372f., 376
Kiromo 108
Kisenyi 64
Kissaki 93, 97
Kissi 62
Kitanda 97f.
Kitchener, Herbert, Lord 44, 71
Kitunda 108
Kivu-See 30, 64, 72, 83, 142, 175, 191, 296, 349
Kiziba 189, 219, 223
Koloniale Helden
 als Kolonialpioniere 341
 Lettow-Vorbeck als 347
 Maskulinität 341, 344
 Max Wintgens als 347
 Ritterlichkeit (Kult der) 17, 340, 359, 361, 362, 375
 und die Opposition zu bürgerlichen Normen 344
Koloniale Ordnung
 Afrikanische Intermediäre 29f., 80, 313
 als lokaler Kompromiss 28
 als nomadische Ordnung 80
 europäische Dimensionen 11
 Gewalterfahrung 27
 Herrschaftsverhältnisse vor dem Krieg 210ff.
 Krisendiskurs 207, 237, 340
 Militärdiktatur 29
 Ordnung des Schlachtfelds 24, 25
 Raum- und Zeitstrukturen 24, 33, 35
 Repräsentation von 31
 Ressourcen 27
 Strafexpeditionen 24
 Verwaltungspraxis 28, 219
Kondoa-Irangi 80, 104, 109, 122, 203, 237, 262
Kongo 10, 11, 36, 41, 45, 68, 72, 73, 87, 106, 119, 165, 172, 174, 177, 182, 185, 187, 201f., 217, 219, 243ff., 250, 257, 302, 377
Königsberg (Kreuzer) 17, 67, 80, 82, 89, 93, 97, 157, 217, 227, 232f., 337
Kraut, Georg 75, 92, 93, 98f., 105
Krieg
 als Testfall für koloniale Ordnung 210, 212–216
 Infrastruktur 19, 29, 71, 79, 45, 46, 70, 159, 172, 130, 131, 154, 155, 210ff., 219, 220, 222, 233, 235, 308, 312, 321, 326, 365, 383, 384, 385
Kriegsgefangenenlager
 Alliierte in deutschen 267ff.
 Deutsche in alliierten 278ff.
 in Ägypten 281
 in Indien 281
Kriegsökonomie 213ff.
Kriegsverbrechen
 der Briten 263ff.
 der Force Publique 248ff.
 der Schutztruppe 261ff.
 durch afrikanische Irreguläre 264

L

Lagneaux, Leutnant 202, 255, 257, 261
Langenn-Steinkeller, Erich von 92
Larsen 107, 110, 182, 201
Lastkraftwagen 81, 102, 103, 372
Lawrence, T. E. 290
Lettow-Vorbeck, Paul von 44, 47, 48,

50, 53, 57, 58, 59, 61, 64, 67, 69, 74, 78, 79, 80, 81, 82, 92, 93, 94, 96, 97, 98, 101, 104, 105, 111ff., 127, 133, 141ff., 152ff., 196ff., 202, 208, 217, 227ff., 246, 261f., 278, 300, 335f., 341, 346ff., 357, 359, 367, 368, 376ff.,382
Liebermann 103
Likongo-Fluss 114
Lindi 103, 228, 229, 306, 311, 314, 319, 321, 366
Liwale 115, 229, 232
Lol Kissale 79
Longido 164, 166
Longido-Bergmassiv
  Schlacht am (1914) 58
  Schlacht am (1915) 164
Looff, Max 227
Lugard, Frederik 310
Luisimbi von Nkalinzi, Chief 229
Lulanguru 87ff., 259
Lumley, Edward Kenneth 223, 226
Lupembe 93
Lweikiza von Bugabo, Chief 222

M

Machemba, Chief 94, 227
Mafia (Insel) 311f.
Mahenge 82, 92f., 98, 102ff., 165, 222, 237, 260
Mahiwa
  Schlacht bei 104f., 113, 115, 237, 240, 314
Maji-Maji-Aufstand 28, 94, 224, 244, 328, 382
Makonde 227, 228
Makondeplateau 105, 112, 176, 222, 308, 366
Malagarassi 87
Malangali 82, 93, 369
Malfeyt 322
Malleson, Wilfired 78

Malongwe 108
Manyema 140, 252
Maria Hilf 85
Marodeure 253, 257, 300, 305
Marokko-Krise 11
Maschinengewehre 51, 52, 55, 56, 57, 59, 70, 75, 108, 114, 171, 191, 314
Massai 193f., 224, 225, 227, 265, 304, 308
Mbugwe 143, 203
Mchichira 100
Meinertzhagen, Richard 49, 54, 55, 56, 76ff., 135, 264, 274
Methner 95, 295
Military Labour Bureau (MLB) 167, 171, 176, 180, 183
Minenwerfer 75
Mittellandbahn 53, 77, 80f., 86f., 90, 92, 103, 108, 154, 157, 213, 222, 306, 321
Mkalama 109
Mkapira 92
Mklama 109, 153
Mkundi 112
Mkwawa von Uhehe, Chief 94
Molitor, Philippe 74, 86, 175, 296, 297, 300, 303, 322, 367
Mombasa 66, 154, 281, 373
Moore, Roger 337
Morogoro 42, 51, 81, 158, 215, 241, 268, 280, 281, 285, 365
Moschi 80, 135
Moulaert, George 86, 92, 103
Mueller, Emmanuel 79, 88, 90, 99, 100, 121, 248, 258
Musinga, König 83, 175, 221, 223, 250, 297, 299, 301ff.
Musoma 161
Muthangariwa von Kziba, Chief 189, 219, 223, 312
Mwansa 140
Mwanza 83, 140, 157, 253, 307

Mzololo (Korporal) 276

N

Nairobi 9, 19, 49, 66, 110, 149, 151, 281, 365, 376, 380f.
Namacurra 118
Namirrue 118
Namur 74
Nandi 20, 129, 143, 151, 194, 238, 370, 379, 380
Nandi Scouts 194
Narungombe
  Schlacht bei 103, 104
Naumann, Heinrich 121, 108ff., 203, 127, 143, 149, 153, 165, 177, 183, 185, 255, 257, 259, 261ff., 298, 305, 322, 327f., 349
Ndala 90, 251, 253f.
Ndebele 129, 244
Neu Langenburg 82
Newala 95, 100ff., 142, 228
Ngomano 114
Ngominyi 93
Nguni 105, 114, 132, 138, 140ff.
Nguru 109
Nigeria 176, 289f., 295, 310, 318
Norforce 82, 98, 106
Northcote 319
Northey, Edward 72, 82, 92, 96, 97, 98, 99, 103ff., 130, 149, 160, 163, 197, 236
North Lancashire Regiment 56, 96, 128, 240, 247, 264
Nyabingi-Kult 64, 65, 221, 372
Nyanza 250, 254, 297, 303
Nyassa-See 11, 52, 59, 65, 66, 82, 103, 106, 118, 132, 152, 167, 299, 360, 369
Nyiramba 140

O

Olsen, Frederik 83ff., 165, 178, 181f., 246, 301, 302

Oppenheim, Max von 285
Osmanisches Reich 7ff., 285ff.
Osterhage 104f., 217, 240
Otto, Ernst 58

P

Pan-Islamismus 238, 292f., 316ff.
Panzerfahrzeuge 74f., 369
Pare-Gebirge 48, 52ff., 61, 65, 70, 80, 172, 219, 265, 267
Pegasus (Kreuzer) 19, 67
Pentzel, Otto 142, 360
Peters, Carl 342ff.
Philipps, James E. 238, 294, 314ff.
Plantan (Effendi) 140f.
Plantan, Kleist 141, 144
Plantan, Thomas 141, 144
Pogge, Carl 343
Porto Amelia 115
Portugal 46, 100
Portugiesisch-Ostafrika 11, 18, 46, 111f., 18, 127, 131, 140ff., 192, 198f., 227f., 262, 320, 329, 359
Prince, Tom von 47ff., 246, 346ff., 347, 350
Prophezeiungen 315
Prostitution 122, 144, 199, 203, 250, 262

Q

Quadiriyya 320

R

Rau, Anna 241
Reata-Pass 78, 79
Rechenberg, Albrecht Freiherr von 345
Redford, Robert 337
Rees, D. E. 267ff., 299
Rhodes, Cecil 10
Rhodesia Native Regiment 18, 21f., 36, 72, 97, 101f., 117, 128, 139

Rhodesien 72, 106, 118, 129, 208
Roehl, Karl 189, 198, 214, 217f., 220, 224, 232, 235, 248f., 256, 280, 336, 348f.
Rouling 85
Rovuma-Fluss 100ff., 127, 192, 196, 202f., 228f., 233, 359
Royal Navy 14, 41, 45, 48, 54, 67, 80, 157, 163, 166, 209, 213, 271
  Bombardements deutscher Häfen 41, 47, 48, 54, 56, 67
  Seeblockade deutscher Häfen 14, 41, 67, 210, 213
Ruanda 46, 63, 64, 65, 83, 84, 86, 145, 165, 174, 175, 189, 190, 191, 198, 199 303, 321, 219, 222f., 229, 248, 250, 254ff., 261, 265, 296, 297, 299, 301ff., 314, 321, 336, 347ff., 367, 382
Rufiji-Fluss 97, 101, 103
Ruga-Ruga 83, 99, 55, 62ff., 83, 127, 148, 187ff., 219ff. 245, 265, 306, 314
Ruhudje-Tal 97

S

Safari ya Bwana Lettow 79, 113ff., 127, 130, 131, 148, 150, 160, 162, 196ff., 229, 230, 236, 276, 329, 357, 362f., 365, 368
  Afrikanische Frauen in der 143, 196, 198
  Distinktionen in der 234, 236
  Europäische Frauen in der 79
  Plünderungen 143, 162, 199, 232
  Versogrung mit Lebensmitteln 236
Said Khalifa 292
Salaita 75
Sansibar-Helgoland-Vertrag 292
Sapi bin Mkwawa 224, 376
Schäfer, Richard 289
Scheppers, Jan 74, 84, 90, 100, 108, 111, 202, 243, 249, 252, 256, 260, 298, 301, 303, 349
Schirati 62, 63, 66
Schnee, Heinrich 41f., 44, 47f., 57, 59, 111f., 119, 153, 156f., 207, 209, 214, 220, 225, 229, 232, 233ff., 267, 285, 294, 336, 345ff., 357
Schutztruppe
  Desertionen 150, 152
  Machtverhältnis zwischen Offizieren und Askari 142, 145
  medizinische Versorgung 217
  militärische Ränge
    Betschausch 141f.
    Effendi 141
    Schausch 141
    Sol 141
  Rekrutierungen vor dem Krieg 131
  Rekrutierungen während des Krieges 130, 151
Scott-Brown (Missionar) 274
Service arrière et bases (SAB) 180ff., 254, 255, 260
Shangugu 83, 301, 302
Shaykh Abd Allah b. Hassan 320
Shaykh Ramiya 319
Sierra Leone 176, 290, 318
Singida 140, 372
Smuts, Jan 71, 75, 77ff., 92, 96ff., 139, 154f., 159, 164, 176, 192, 193, 217, 222, 240, 320, 331, 369
Solf, Wilhelm 47, 66, 240, 279
Songea 82, 93, 145, 328
Spangenberg, Walter 114, 119, 193, 237
Spanton, Frederick 38, 272ff., 294
Sphinxhafen 65
Spicer-Simpson, Basil 68
Stevens, Gustave 322
St. Moritz 106
Streep, Meryl 337
Stuemer, Willibald 113, 219, 223

T

Tabora 73, 74, 77, 86, 87, 88, 89, 90, 91, 92, 99, 107, 108, 123, 149, 151, 152, 155, 165, 173, 175, 198, 200, 202, 215, 248ff., 256, 259, 263, 268, 271ff., 288, 294, 296, 298ff., 307, 321, 323ff., 336, 357, 377
Tafel, Theodor 105f., 146f., 214, 235
Tanga 79f., 97, 48, 53ff., 66, 69, 140, 149f., 159, 164, 166, 191, 213, 238ff., 244, 268, 341, 345, 347, 355f., 360, 376
Tanganyika-See 48, 59ff., 67, 72, 82f., 86, 132, 140, 142, 154, 157, 178f., 213, 223, 229, 250ff., 294, 299ff., 312, 314, 320ff., 331, 337, 370f., 374, 380, 383, 388
Taveta 47ff., 143, 244, 347
Thomas, Oberst 99, 108, 110, 138, 141, 144, 173, 175, 178f., 182, 186, 201f., 230, 257ff.,299, 303, 322, 376, 380
Tighe, Michael 59, 79
Times 273
Tombeur, Charles 72ff., 83ff., 165, 172, 175, 200, 242ff., 256, 258f., 295, 296f., 301
Träger
  als Kombattanten 162
  Ausrüstung 173, 178
  bürokratische Erfassung 123, 166, 181
  Camps 159, 166, 177f., 180
  in der Force Publique 156ff.
  in der Safari ya Bwana Lettow 155, 161, 162
  Kipande-System 158, 159, 169, 381
  Kriegsgefangene als 277f.
  medizinische Versorgung 159, 173, 186
  Verlustraten 156, 179, 184, 186
  Verpflegung 173, 179f.
  Zusammenkettung 115, 163
Trägerrekrutierung
  bürokratische Erfassung 169, 180
  Folgen für die koloniale Ordnung 319
  Konflikten zwischen den Alliierten 183
  Widerstand gegen 84, 160, 161, 175
  Zwangsrekrutierungen 159, 168, 174, 182
Tufnell 260, 307
Tutsi 221, 250, 297

U

Uganda 35, 36, 45, 48, 50, 65, 71, 73, 152, 163, 192, 221, 249, 297, 307, 313, 315, 372
Ugandabahn 52, 67, 71
Ugogo 109, 146, 265, 267
Uhehe 95, 224, 227, 346, 376
Ujiji 86, 107, 110, 178ff. 200, 202, 213, 250, 254, 257, 259f., 294, 300, 322
Ukerewe 83
Unyamwezi 21, 30, 86, 94, 108f., 132, 150, 153, 158, 161, 183, 189, 222, 241, 251ff., 262ff., 298f., 321, 336, 346, 365
Usambara-Bahn 54, 80, 164
Ussoke 87, 90f., 248, 257
Usukuma 132, 149ff., 158, 189, 252f., 260ff., 298, 307, 312
Usumbura 140, 259
Utete 320

V

van den Eede, Edouard 322
Van Deventer, Jakobus 79, 80ff., 97f., 103ff., 115ff.
Versorgung der Truppen 80, 81, 84, 87, 97, 98, 102, 103, 117, 164, 165

Viktoria-See 35, 41, 51, 53, 59, 62f., 66, 74, 83f., 108, 167, 192, 220, 222, 226, 260, 265, 307, 321

W

Waffenhandel 314
Wahle, Kurt 61, 69f., 92ff., 99, 105, 117f., 143, 157, 159, 163, 165, 190, 197, 199, 216
Wanyamwezi 129, 133, 140, 175, 178, 365
War Office 22, 50, 71f., 103, 109, 115, 120, 163, 176, 186, 190, 240, 244, 291, 325, 326, 386
Wasukuma 129, 133, 140, 298, 307, 365
Waswahili 133
Watch Tower Church 314ff., 371, 380
Watkins, Oskar W. 166ff., 201, 372
Weber 83, 99, 258
Wenig, Richard 127, 143, 153, 165, 198, 199, 262, 336, 353, 354, 359, 360, 361, 377
Westfront (Europa) 72, 73, 74, 78, 90
Wilhelm II. 11, 17, 47, 146, 147, 148, 285f., 294, 335, 374
Wingate, Reginald, Sir 290, 291
Wintgens, Max 63ff., 84ff., 106ff., 127, 144, 149, 165, 177, 183, 185, 198, 224, 229, 252, 255, 262, 298ff., 322, 327f., 336, 347ff.,
Wissmann, Hermann von 138, 141, 341ff., 353
Woodwards (Missionar) 274

Y

Young Baganda Society 315

Z

Zürich, Georg 207
Zwischenseengebiet 45, 63, 72, 83, 158, 189, 191, 214, 221, 249, 289, 312f.

Globalgeschichte

Claudia Kraft, Alf Lüdtke, Jürgen Martschukat (Hg.)
Kolonialgeschichten
Regionale Perspektiven auf ein globales Phänomen
2010, 394 Seiten, ISBN 978-3-593-39031-4

Michael Pesek
Das Ende eines Kolonialreiches
Ostafrika im Ersten Weltkrieg
2010, ca. 370 Seiten, ISBN 978-3-593-39184-7

Christopher A. Bayly
Die Geburt der modernen Welt
Eine Globalgeschichte 1780–1914
2008, 650 Seiten, ISBN 978-3-593-38724-6

Hubertus Büschel, Daniel Speich (Hg.)
Entwicklungswelten
Globalgeschichte der Entwicklungszusammenarbeit
2009, 325 Seiten, ISBN 978-3-593-39015-4

Alexander Engel
Farben der Globalisierung
Die Entstehung moderner Märkte für Farbstoffe 1500–1900
2009, 386 Seiten, ISBN 978-3-593-38869-4

Sebastian Conrad, Andreas Eckert, Ulrike Freitag (Hg.)
Globalgeschichte
Theorien, Ansätze, Themen
2007, 347 Seiten, ISBN 978-3-593-38333-0

Frankfurt · New York

Mehr Informationen unter
www.campus.de/wissenschaft